中国平板显示年鉴

2012

中国光学光电子行业协会液晶分会　编

電子工業出版社
Publishing House of Electronics Industry
北京·BEIJING

图书在版编目（CIP）数据

中国平板显示年鉴. 2012/中国光学光电子行业协会液晶分会编. —北京：电子工业出版社，2013.4
ISBN 978-7-121-19808-3

Ⅰ. ①中… Ⅱ. ①中… Ⅲ. ①平板显示器件—电子工业—中国—2012—年鉴 Ⅳ. ①F426.63-54

中国版本图书馆 CIP 数据核字（2013）第 048277 号

责任编辑：徐蔷薇
特约编辑：劳嫦娟
印　　刷：涿州市京南印刷厂
装　　订：涿州市京南印刷厂
出版发行：电子工业出版社
　　　　　北京市海淀区万寿路 173 信箱　邮编 100036
开　　本：880×1230　1/16　印　张：38.5　字　数：1147.6 千字　彩　插：2
印　　次：2013 年 4 月第 1 次印刷
定　　价：980.00 元

凡所购买电子工业出版社图书有缺损问题，请向购买书店调换。若书店售缺，请与本社发行部联系，联系及邮购电话：（010）88254888。

质量投诉请发邮件至 zlts@phei.com.cn，盗版侵权举报请发邮件至 dbqq@phei.com.cn。

服务热线：（010）88258888。

《中国平板显示年鉴 2012》编辑委员会

刘瑞林	中国光学光电子行业协会液晶分会常务副理事长
	天马微电子股份有限公司
李　超	中国光学光电子行业协会液晶分会副理事长
	深圳晶华显示器材有限公司总经理
李绍宗	中国光学光电子行业协会液晶分会常务副理事长
	深圳莱宝高科技股份有限公司总经理
李　军	中国光学光电子行业协会液晶分会常务副理事长
	北京清华液晶技术工程研究中心主任
邱　勇	清华大学教授
	北京维信诺科技有限公司首席科学家
	昆山维信诺显示技术有限公司首席科学家
陈向真	中国光学光电子行业协会液晶分会副理事长
	中国电子科技集团公司第55研究所平板显示工程研究中心主任
欧阳钟灿	中科院院士
	中科院理论物理所原所长
柯汉奇	中国光学光电子行业协会液晶分会副理事长
	中国南玻集团股份有限公司副总裁
高鸿锦	中国光学光电子行业协会液晶分会名誉理事长
	清华大学教授
贾英杰	中国光学光电子行业协会液晶分会副理事长
	河北冀雅电子有限公司董事长
彭红兵	中华人民共和国工业和信息化部电子信息司副司长
梁新清	中国光学光电子行业协会液晶分会秘书长
	京东方科技集团股份有限公司副董事长
董友梅	京东方科技集团股份有限公司高级副总裁
董绪旺	中国光学光电子行业协会液晶分会名誉理事长

《中国平板显示年鉴 2012》编辑部

编 辑 说 明

平板显示是世界显示行业发展的趋势，平板显示行业近年来无论在东亚还是在中国都得到突飞猛进的发展。编辑出版一部全面展示中国平板显示产业发展全貌的年鉴具有十分重要的意义。《中国平板显示年鉴》是由中国光学光电子行业协会液晶分会主办、北京清华液晶技术工程研究中心具体组织编纂的一部每年正式印刷发行的综合性出版物。

北京清华液晶技术工程研究中心从 2000 年开始编纂中国光学光电子行业协会液晶分会年鉴，先后出版了 13 期。2012 版《中国平板显示年鉴》全面、客观地反映了我国 2011 年平板显示产业各领域的发展现状；集中展示了产业年度成就的全貌和发展趋势；全面介绍了政府主管领导、专家学者对我国平板显示产业发展的思考和建议；介绍了国家新近出台的政策法规；提供了行业和相关市场的最新信息，为国家宏观调控和企业经营管理决策提供客观依据。我们将不遗余力，不断改进编纂工作，使其真正成为一部具有权威性和指导性的大型工具书。

2012 版《中国平板显示年鉴》内容包括平板行业综述、主管领导讲话（专文）、分专业报告（产业链上下游产业状况）、各省市产业发展状况、专家论文（专题研究）、国家及省/市产业政策法规汇编、企业名录等方面。平板显示技术一般涵盖液晶显示（LCD）、等离子体显示（PDP）、有机电致发光显示（OLED/PLED）、发光二极管显示（LED）、场致发射平板显示（FED）、电致发光显示（ELD）、真空荧光显示（VFD）、投影显示等。年鉴不仅涉及平板显示器件，还尽可能涵盖所有相关材料和设备，以及为它们配套服务的相关产业。2012 版《中国平板显示年鉴》受各种条件限制，还未能覆盖平板显示技术的所有领域，这需要我们在今后的年鉴编纂工作中力争做得更加完善、全面。

本年鉴中所列的中国数据，除特别说明外，均指中国大陆地区数据，不含中国港、澳、台地区数据。

2012 版《中国平板显示年鉴》在编辑过程中，得到了国家工业和信息化部电子信息司和许多省（市）产业主管部门领导，以及行业专家们的大力支持，在此一并表示感谢。

由于我们水平有限，年鉴中一定存在不少错误和不足之处，所以诚恳欢迎广大读者提出宝贵意见和建议，以利改进，使《中国平板显示年鉴》越办越好。

如有任何意见及建议请与我们联系：
《中国平板显示年鉴》编辑部
地址：北京清华大学东门同方大厦 A 座 6 层　　邮编：100084
联系电话：010-62771794　62785753
传真：010-62788710
E-mail：chinafpd@163.com

《中国平板显示年鉴》编辑部
2012 年 10 月

目　录

第1章 专文

从五方面推进企业技术创新

工业和信息化部部长　苗　圩

工业和信息化部（以下简称“工信部”）自成立以来，紧紧围绕坚持走中国特色的新型工业化道路，以提升企业技术创新能力，促进科技与工业经济紧密结合为目标，以建设以企业为主体、市场为导向、产学研用相结合的技术创新体系为主线，着力突破制约工业和通信业发展的关键技术、核心技术和共性技术，大力推动科技成果产业化，为加快工业经济发展方式转变提供了有力的支撑。

在政策规划研究制定方面，工信部会同科技部、财政部和国家税务总局联合发布了《国家产业技术政策》，对构建产业技术创新体系提出了具体的要求。近期，工信部又制定并且发布了重点行业《产业关键共性技术发展指南（2011年）》，从节能环保与资源综合利用、原材料工业、装备制造业、消费品工业、电子制造业、软件和信息服务业等8个领域，阐述了176项产业关键共性技术发展的方向和应用，引导地方、行业和企业以及研究机构开展有针对性的技术创新工作。

在核心技术和关键技术攻关方面，工信部主要负责的4个民口国家科技重大专项实施进展良好，较好地发挥了对产业技术升级，特别是关键共性技术开发及产业化的引领和促进作用。比如，“核高基”[①]专项安排的核心电子器件一批关键技术在航天工程当中得到了应用，“高档数控机床与基础制造装备”专项研制完成了一批支撑国民经济和国防建设重大装备，如内蒙古的3.6 万t黑色金属垂直挤压机等十多种重大的装备，不仅填补了国内的空白，而且达到了国际先进水平。

在科技成果产业化方面，从2010年开始，工信部与财政部共同组织实施了重大科技成果的转化项目，两年共投入资金近20亿元，支持300余个项目进行成果转化。同时，工信部还与国家发改委、科技部、商务部、国家知识产权局联合发布了《当前优先发展的高技术产业化重点领域指南（2011年度）》。此外，我国在建材、石化、钢铁、有色金属、装备制造、电子信息等行业多项关键技术、核心技术上实现了产业化，建成了一批具有自主知识产权的生产线和生产装置。

在推进技术创新体系建设方面，工信部与科技部签署了《联合培育和建设国家重点实验室的合作协议》，在工业和信息化部直属科研机构和7所大学当中有计划、有重点地联合培育和建设国家重点实验室。工信部还与广东省人民政府共同签署了《全面推进产学研合作协议》，积极推动和支持各地开展产学研用的合作。截止到2010年年底，国家级企业技术中心已达到729家，地方企业技术创新中心达到了5 500多家。从2010年开始，工信部与财政部联合开展“国家技术创新示范企业”认定工作，2011年首批确定55家“国家技术创新示范企业”。

在推进知识产权和标准化方面，工信部及时建立和完善了物联网、节能和新能源汽车、智能制造装备、三网融合，半导体照明等重要领域的知识产权保护和标准制定，实现了标准、知识产权与技术创新的良性互动。同时，工信部大力推动我国自主知识产权技术成为行业标准、国家标准乃至国际标准，促进自主创新的成果转化和应用。此外，工信部认真落实知识产权行动计划，积极协助处理工业通信业领域知识产权国际争端，坚决打击侵犯知识产权的行为，维护了知识产权创造人的合法权益。

科技是经济社会发展的强大动力，当前和今后一个时期，是全面建设小康社会的关键时期，也是深化改革开放、加快转变经济发展方式的攻坚时期。大力推进工业行业和企业的技术创新工作，是充分发挥科技对经济发展的引领和支撑作用，实现工业通信业又好又快发展的内在要求，也是应对日趋激烈的国际产业和科技竞争，不断地提高产业综合实力和核心竞争力的迫切需要。工业和信息化系统

① 核高基：核心电子器件，高端通用芯片及基础软件。

要站在全局和战略的高度，进一步增强责任感、紧迫感，深入落实科学发展观，坚持把推进自主创新和科技进步作为工业转型升级的关键环节，全面贯彻国家“十二五”规划纲要和国家中长期科技发展规划纲要，扎实地抓好《“十二五”产业技术创新规划》的实施，从根本上扭转关键核心技术受制于人的局面，努力掌握一批具有自主知识产权的核心技术，不断提高工业通信业整体素质和核心竞争力。

一是要大力开发行业关键和共性技术。继续加快实施“核高基”等国家科技重大专项，加大资金投入，实现重点领域核心技术的突破，围绕资源综合利用和节能降耗、新材料制备、智能制造装备、信息化和工业化深度融合等重点方向，充分发挥行业龙头企业的主导作用和科研院所的支撑作用，创新工作机制，加强产业重大技术开发，推动解决工业发展当中的技术、工艺和装备瓶颈。

二是要全力做好战略性新兴产业的技术突破和产业化。加强部内资源整合，加强与相关部委和地方工信系统的联动，重点围绕节能环保装备、新一代信息技术、生物医药、高端装备制造、新材料、新能源汽车等战略性新兴产业的培育和发展，加快编制、发布重点领域的专项规划。依托骨干企业，加大对重大关键技术的研发，突破新兴产业的核心关键技术。

三是要加强技术创新的体系建设。要加快建立一批产业技术开发平台和行业重点实验室，在重点领域建设一批产学研用相结合的开放型技术创新战略联盟。推动重点产业集聚区中介服务机构和公共服务平台建设，加强关键和共性技术的推广和应用。

鼓励加强企业技术中心等研发机构的建设，进一步完善国家技术创新示范企业的认定工作，加大对中小企业技术创新的支持，鼓励中小企业与大企业、区域技术创新的有效协同和配合，走“专、精、特、新”差异化创新的道路。

四是要大力实施科技成果的转化。充分发挥企业的主动性、积极性，推动信息通信技术、新材料、先进制造等高新技术领域的科技成果产业化，支撑重点产业向产业链的高端发展，以品种、质量、综合利用、环境保护、节能减排、安全生产为重点，积极地研究开发新技术、新工艺，推广先进的制造技术和清洁生产方式，加强环保和资源综合利用等技术推广和应用。

五是要进一步做好知识产权和标准化工作。加快出台标准化工作和知识产权保护工作的指导意见，做好重点领域的知识产权分析和布局，加强标准顶层设计，加大自主知识产权标准的实施力度，积极支持国内企业参与国际标准的制定，提升对重要国际标准制定的参与度，还要积极承担基础性、公益性、共性技术标准的制定工作，完善行业知识产权预警和纠纷应对机制。

推进工业和企业技术创新意义重大，任务繁重，要以这次会议为契机，在党中央、国务院的坚强领导下，深入贯彻落实科学发展观，进一步加强组织领导，加强沟通协调，加强政策支持，将技术创新作为工业和信息化系统的旗帜性工作，抓好抓实，为促进经济社会又好又快的发展，为全面建设小康社会、建设创新型国家做出新的更大的贡献。

（资料来源：《中国企业报》，本文系苗圩在2011年全国企业技术创新大会上的讲话，发表时有删节，标题为编者所加）

电子信息产业十年回望与展望

工业和信息化部总经济师　周子学

十年前，在我国加入 WTO 时，发达国家主导着国际规则，发展中国家（比如我国）市场很大，但是缺乏自主研发能力和制造能力，跨国公司在整个世界进行产业布局。值得一提的是，当时电子信息产业作为中国加入 WTO 的先导，加入世贸组织。国家也大幅降低电子产品进出口关税来促进加入 WTO。

从 2001 年到 2011 年，是电子信息产业变化最大的十年。十年来，地方政府竞相招商引资，跨国公司向中国大量转移生产力，产业规模不断扩大，产业体系基本建成，并向社会提供大批就业岗位。值得一提的是，我们也有了自己的跨国公司，比如华为、中兴等。但是，我国电子信息产业在迅速发展的同时，也积累了一些结构问题，造成了产业结构失衡，比如在产品结构、技术结构、企业结构、市场结构、经济性质结构、区域结构、人才结构等方面的失衡。我国从 2006 年起就一直致力于结构调整，取得了一些成果。2010 年以后，这种结构失衡的状况已经得到了很大改观。

继续抢占产业竞争新高点

2008 年国际金融危机以后，不管是西方的回归工业化，还是新型经济体都在重新寻找自己竞争的制高点，电子信息产业无一例外成为各国竞争的最主要产业。电子信息产业的通用性、可持续性、高渗透性等特性决定了其依然是最具活力的产业。它对经济增长的贡献也将越来越大，随着产业的逐渐成熟，电子信息产业将像水、能源等人类不可或缺的资源一样，成为人类的必需品。为抢占产业竞争的新高点，世界各国纷纷推出了新的电子信息产业发展战略，比如发达国家出台“智慧地球”、物联网等一系列发展战略。

为抢占竞争制高点，我国要加快落实《国务院关于加快培育和发展战略性新兴产业的决定》。国家以“决定”的形式发布该条文，说明国家的坚定决心。信息技术产业是国家和我们整个业界高度关注和必将高度发展的领域。我们要抢占新一代信息技术竞争制高点，掌握核心技术，发展新产业，开发新商业模式。我国要加大培育和发展内需市场，在政策上对信息产业发展给予支持，比如优化市场环境、补贴消费、增加收入等；在出口方面，加快企业的转型，比如发展国内市场业务，培育自主品牌等。

在国际金融危机的经济形势下，我们应该怎么来看发展？从长远来看，我认为国际市场的增量中心已经慢慢向新兴经济体转移。十年前，国际跨国公司左右市场，发达国家控制或者制定规则；现在不同了，国际重心已经向发展中国家市场转移了。在我国，城镇化、全面小康社会建设等将带动国内消费市场持续扩大。

虽然从短期来看，国际市场不景气，但是我们也不能放弃，我们需要去开拓一些新兴国家的市场。同时，我们要大力开发国内市场，这是我国信息产业未来的工作重点。在培育国内市场方面，要增加农民收入和居民收入，国家已经在下大力气做这件事情。未来，在政策方面，我们要优化市场，创造竞争的市场环境。在出口方面，要加快企业转型，发展国内市场业务，培育自主品牌。

能源流给西部发展带来新机遇

历史经验告诉我们，物流和资金流的集散地在区位上一般叠加在一起。我们曾经预测：将来信息流很发达时，可能与物流、资金流在区位上重叠。 云计算、互联网、物联网等的发展，使我们的预测得到初步验证。海量的信息流使我们不得不考虑到能源流问题。这是产业布局的新趋势，也是我国西部地区发展的新机遇。

在此趋势下，我国中西部能源基地信息业将得到快速发展，信息的集中存储、运算与提供服务，将产生巨型的信息基地（如 IDC 等）。由于产业发展而产生的巨大信息流对能源消耗水平空前提高，中西部能源富集地区更具发展优势，产业将向新疆、内蒙古、山西等区域发展，因此，中西部地区要做好发展准备。当然，这个产业布局在规划上有很多细节工作要做，现在只是提出来，让大家有这样的认识。

信息产业发展进入第三阶段

目前，信息产业发展历经了独立发展和融合发展两个阶段。在信息产业发展的前期，产业以独立存在的形式为主，产品以独立形态出现，比如硬件、软件、信息服务等。在融合发展阶段，产业的融合日益深化，甚至成为其他产业的重要内生发展变量，这时出现了大量新产品类别、新组织形态和新商业模式。目前信息产业已经进入融合发展阶段。而在未来，信息产业将会进入第三个阶段，它将促进社会的大分工。那时，技术的进步使 IT 业本身不断复杂化和虚拟化，传统产业的生产工具在信息技术的深度融合下日益智能化，云计算等新技术使用户获得信息日趋简单化。

在未来，信息产业将有两大功能：改造提升传统产业，它的本质是对传统工具的智能化改造，是一种信息技术嵌入式的改造或替代性的改造，使之成为传统产业发展的内生变量；满足经济社会及个人对信息越来越大的需求，促进社会的进步和人们生活质量的提升。融合以后会体现社会的大分工，就是全面提升产业的质量，全面降低社会成本。

对云计算的概念，我们应该理解为，云计算不是人人去做云计算，而是很多人用云计算，这样“信息社会”这个名字就名副其实了。

（资料来源：本文根据周子学总经济师在 2011 年中国信息产业经济年会上的讲话内容整理，未经本人审阅。）

区域适当分散　主体必须集中

——对中国平板显示产业发展规律的思考与认识

工业和信息化部总经济师　周子学

电子信息产业是解决与信息相关的各种问题的，人对信息利用得越多就越自由。用电子技术处理信息，就出现了电子信息技术，信息由此产生了革命性的变化。人对信息的获取，主要通过两个器官——眼睛和耳朵。有关研究指出，人对信息的汲取 75%靠眼睛，25%靠耳朵。作为人类进入信息社会的重要交互界面，显示技术及显示器件显得特别重要。

计算机需要显示，电视机需要显示，“显示无处不在”已是共识。电视机是以视觉为主的产品，大尺寸是电视产业的发展方向。“大”对于显示技术来讲就有其特殊性，面板尺寸越大，对质量的控制难度就越高。因此，就彩电领域的显示技术而言，尺寸越大技术越难实现。无论是之前的 CRT（阴极射线管显示器）技术，还是目前主流的 TFT-LCD（薄膜晶体管液晶显示器）技术，甚至正处于培育发展过程中的 OLED（有机电致发光显示器）技术，向大尺寸方向发展都具有较高的技术难度。

电视机是包括声音和图像等技术的综合电子信息产品，当电视机发展到平板时代，其最核心的显示器件（面板）就成为最重要的一个环节。面板的生产制造是彩电工业最核心的环节，这一核心问题不解决，中国彩电工业的发展将非常被动。彩电企业采购面板，组装成电视整机，在平板显示产业的价值链中所占比重不到 20%，80%以上的价值存在于面板及其上游材料和装备之中。作为电视整机企业，80%的价值不能掌控，这样的企业是没有竞争力的。因此，面板的制造在电视工业中就显得极为重要。

彩电工业起源于 20 世纪 60 年代的 CRT。由于历史的原因，我国在 CRT 时代有相当长的一段时间一直处于落后状态。20 世纪 80 年代中期，在政府的主导下，我国实施了“彩电一条龙”工程，取得了较大的成功，彩电工业实现了突破性的发展。当时，我国还没有完全从计划经济走向市场经济，政府的主导作用很强，政府对重大工程的决策较有力，行动较快，因此，在 CRT 时代，我们跟上了全球彩电产业发展的步伐。

25 年后的今天，由于我们没有正确判断彩电产业的发展形势，没有正确认识平板显示产业的发展规律，并尽快布局，在新型平板显示领域，我们又一次被拉开了距离。

如今，政府和产业界已经意识到这一问题。2009 年后，中国平板显示产业开始加速发展，但我们已经至少落后了 5～8 年的时间，失去了很好的发展机会，错过了市场主体培育的最佳时期。

“区域适当分散，主体必须集中”是平板显示产业发展的规律性趋势

从全球平板显示产业的发展情况看，这一产业已经形成相对成熟的产业体系。特别是以 TFT-LCD 为代表的主流产品，技术已经相对成熟。再向前发展，就是要把面板尺寸越做越大，对应于工业生产，就是要把面板生产线的世代越做越高。面板尺寸越大，越便于经济切割，其经济切割的效率越高，这也是为什么这一产业要向大尺寸方向发展的一个重要原因。不过，不同世代的显示器件产品，其基本性能和技术特征并没有大的变化和不同。

因此，当前培育我国的平板显示产业，是要促使我们的产业按照规律发展。这一规律，主要体现在产业布局和产业组织上。由于我国人口多、地域广、地方投资有积极性等特点，从产业布局角度看，可以实现生产地的适度分散，这样既实现了产业贴近市场，又可以利用地方的投资解决经营主体的资金问题；从产业组织角度看，就是要实现生产主体的高度集中，以实现规模经济效率和效益。区域适度分散是指面板制造企业可以在多个地区设厂，主体的集中是指经营主体必须少而强。

“区域适当分散，主体必须集中”这句话可以从五个方面来理解。

第一，投资主体应多元化。

平板显示产业需要资金高度密集。平板显示产业的投资巨大，一条生产线就需要几百亿元，一个企业如果形成规模，至少要有3～5条生产线，仅是生产线的投资建设，总计就是千亿元量级。因此，能够进入这一行业的投资主体，一定是净资产达到数百亿元量级的企业。可见，不是随便一家企业或投资机构可以进入这一产业的。面对融资强度大、频率高的平板显示项目，投资主体应该多元化，融资渠道需要多元化。融资问题不能解决，就形不成多条生产线的规模化效益，就很可能会陷入长期的亏损经营困境，最终的停产或出售也就难以避免。

第二，投资建厂的区域可以适当分散。

面板可以理解为一个薄的玻璃制品，相对来讲产品不便于运输，需要考虑产品的经济运输半径和市场分布。在产业布局上，可根据彩电生产基地的分布情况，在不同的区域投资建设面板生产工厂。围绕面板厂，形成上游配套及下游整机生产，甚至就地销售的产业链模式。因此，面板生产线可以建设在全球各地人口密集的地区，也就是有市场需求的地方。

第三，经营主体必须集中。

面板产业的规模经济特征明显。规模经济理论指出在一特定时期内，企业产品绝对量增加时，其单位成本下降，即扩大经营规模可以降低平均成本，从而提高利润水平。面板产业的经济生产规模水平很高，按照目前的经验看，至少需要 3 条以上生产线才能实现规模经济效益。这种规模经济不仅体现在生产线数量上，也体现在企业在采购、销售过程中的价格谈判能力上。由于面板的上游环节如材料、设备，下游的彩电生产环节都是全球一些大产业，面板生产企业的采购规模和对面板市场的控制能力，都将在很大程度上影响企业的生产成本和销售价格。没有规模，采购成本很难降下来；没有规模，销售价格很难得到稳定。

此外，面板产业也是一个技术改进特别快、涉及领域特别广的行业，企业需要长期研发或跟踪行业的最新技术。从研发角度看，只有具有较大生产规模的企业，才能够有实力持续增加研发的投入，实现技术的领先。

从全球来看，目前做大尺寸面板的企业，不超过10家。排名在前5名之后的企业，很难有竞争优势。因此，中国要发展平板显示产业，经营主体必须集中。这是由产业发展规律决定的。

第四，产业链必须延长。

面板是平板显示产业的核心，但只做面板风险较大。目前国内几家面板企业，都面临融资困难、价格受别人的左右等难题，上游材料、设备也受制于人，还没有走上平稳发展的坦途。反观那些产业链很完整的国际企业，如三星、LG，从原材料、装备一直到整机全面覆盖，基本做到了全产业链经营。全产业链经营的好处就是可以做到“东方不亮西方亮”，而且可以做到策略性的定价，即为了市场的覆盖，把产业链中某一个区段的价格压低，用产业链中其他环节的高利润弥补。由于操作的灵活性，国际反倾销也很难对其产生制约，这就是企业的一种经营策略，一种市场营销手段。拥有完整的产业链，就能很自如地经营，这样就可以把竞争对手挤出行业之外。因此，中国平板显示产业要发展，经营主体必须着力向产业链的上下游延伸。

第五，前沿技术必须自己突破。

平板显示产业是一个技术引领的产业，虽然基本原理相对成熟，已经没有太大的新突破，但在改进型的技术以及面板制造的工艺过程、良品率的提升、新材料的替代等方面，还有很多可以挖掘的空间。要进入这个产业，就必须在技术上走在他人的前面。技术上的突破，一种是通过自己研发实现技术突破；另一种是通过自己拥有的技术，与他人交换技术。任何一家公司都不可能完整地掌握所有技术，处于垄断地位的公司，常常会牵头成立一个类似联盟的组织。建立联盟的目的就是为了实现技术的互换和共享，从而降低技术获取成本，其基础是自己必须拥有可以和他人交换的技术，这就要求面板生产企业在前沿新技术上，要有持续自有技术突破。

只有提高对发展规律的认识，才能提升对产业宏观调控的能力

"区域可以适当分散，经营主体必须集中"是平板显示产业发展的规律性趋势，行业内外对此要有正确的理解和认识。我们要遵从规律、顺应规律、适应规律，才能促进产业的健康发展。

从日、韩的发展经验来看，他们制定的产业政策和规划都比较合理。TFT-LCD 技术起源于欧、美，而产业化却在东亚的日本、韩国等。一个很重要的原因就是，东亚地区在这一产业领域的政府调控和干预能力以及介入的深度，远远高于欧、美。比如，鼓励和支持少数几家企业，给少数几家企业以优惠的政策。我们现在也有一些对平板显示产业的扶持政策，但与日、韩相比差距较大。因此，中国平板显示产业的发展，需要进一步提高政府的调控和引导能力。

只有整合产业链，才能形成规模效应。我们还没有像三星、LG 这样的全产业链的公司。中国台湾地区没有，中国大陆地区也没有。中国台湾地区有较大的面板生产企业，但缺少电视整机品牌企业；大陆地区有电视整机品牌企业，但缺乏产业链核心的器件。大陆只有京东方等少数几家面板企业，企业的规模还小，赢利能力较弱。2009 年以来，有多家企业相继进入面板生产领域，这样经营主体就多了。我们不是说生产线建得多了，而是一个经营主体只建一条生产线，形不成规模。他们也都有建更多生产线的计划，但又面临巨大融资、人才聚集、市场开拓等诸多难题。

我国要发展平板显示产业，就必须整合出一两家全产业链的企业。整合就是生产力，整合就是竞争力，完不成整合，中国平板显示产业就没有竞争力。业界要形成共识，让中国的一两家全产业链的企业尽快整合出来。政府要支持企业开展重组整合、资本联合、产业技术联盟等，逐步培育具备较强竞争力的大企业。

有机电子产业发展现状与前景展望

工业和信息化部总经济师 周子学

进入21世纪，一种被称为“有机电子（Organic Electronics）”的新型电子材料因3位科学家的获奖，受到世界各主要国家的重视。2000年，诺贝尔化学奖授予美国人阿兰·西爵（Alan J. Heeger）、阿兰·麦克达尔密（Alan G. MacDiarmid）和日本人白川英树（Hideki Shirakawa）。短短几年，基于有机电子的新产品、新应用大量涌现。目前，有机电子技术还处于发展前期，一些关键的技术还有待突破，但其无可比拟的优势和广泛的应用前景，将给信息产业乃至整个经济、社会带来又一次深刻的影响，发展潜力巨大。

一、有机电子产业发展现状

（一）有机电子产业技术受到高度重视

1. 各国/地区高度重视有机电子的发展，纷纷布局各自的发展战略，加大投入力度

欧洲国家普遍以研究机构和业界共同合作的模式，加速研究进程。PolyApply 与 Shift 计划是其中的两个重点项目，研究经费超过3 500万欧元，开发可以应用到多领域的聚合体以及软性电路封装与连结技术等。

美国的科研机构和企业从20世纪90年代起就开始进行有关研究，贝尔实验室、IBM 、SiPix、Universal Display 等在有机晶体管、发光二极管、显示设备、电子纸等方面取得了较为显著的成果。

日本在薄膜显示器方面投入力量较大。日本先后成立了有机半导体发光器件研发基地、有机电子研究所等，同时日本经济产业省自2002年起，5年内投入约40亿日元用于有机显示器项目的开发。

韩国将大力发展有机电子产业作为重要国策，是典型的国家主导行为。在有机发光显示技术上，韩国力争在这一领域占据全球领先地位。自2001年起的10年间，韩国政府每年投资30 亿韩元用于该领域的研发，仅2009年一年的研发经费就超过2亿美元，远远超过英国、美国和日本。韩国知识经济部和教育科技部组织多个科研单位、高校和电子制造厂商，合力进行 OLED、有机晶体管和印刷电子设备的研发工作，取得了多项专利和成果。

我国台湾地区从2003年开始着力于有机电子的研发，2005年成立“软性电子产业推动联盟”，并将其定为未来三大重点发展的新科技之一，主要方向为印刷式 RFID、柔性显示器和有机太阳能电池等。

英国在有机电子领域开展多项前沿研究。英国成立柔性电子领导小组，组织、支持和指导有关部门、企业和研究机构开展相关研究。2009年，英国政府出台了《塑料电子：英国走向成功战略》，同时投入2 800万英镑支持该领域研究。该战略是英国重点发展先进制造的各项举措之一，而发展先进制造业又是英国此前出台的《新产业新职业》经济复苏战略计划中的四大优先发展领域之一。

2. 我国对有机电子的支持力度不断加大，技术与国际领先水平较为接近

在全球有机电子技术发展大潮下，我国已经认识到有机电子的战略性意义，不断提高重视程度并加大支持力度。

在科研方面，中科院化学所、清华大学化学系有机光电子与分子实验室、香港分子功能材料研究所、苏州大学功能纳米与软物质（材料）实验室、江苏省有机电子与信息显示重点实验室、北京邮电大学等高校和科研机构，在材料、器件、设备、应用等方面进行深入研究。国家投入专项资金支持相关研究，2006 年中科院承担的“有机 TFT 器件研究”项目通过验收，在显示器件加工工艺、有机薄膜制备、材料合成关键环节上都取得了突破。全光刻工艺制备 OTFT（有机薄膜晶体管）技术综合性能指标超过目前国际上已公布的同类光刻工艺制备 OTFT。

在产业化方面，江苏、广东等省在现有产业基础上取得了一定成绩，如龙腾光电、维信诺、方升光电、彩虹等企业，在 OLED 领域具备了研发和生产能力。

（二）有机电子应用初现端倪

1. 有机显示领域率先崛起

OLED（有机电致发光显示）因无需背光系统使得耗电量更小，比 LCD（液晶显示）的亮度更高；由于采用有机材料，制造工艺更简单；视野范围更广，可制成尺寸更大。这些突出的优点决定了 OLED 将成为下一代显示技术的主流。

目前，OLED 已经在一些小型设备中得到较为广泛的应用，例如移动电话、掌上型电脑以及数码相机等。随着技术研发的进展，OLED 的应用范围将逐步扩大到平板显示器、汽车仪表盘以及柔性显示器等领域。

三星是全球 OLED 显示领域的领导者。目前三星已经建成多条低世代 OLED 生产线，并率先应用于一些消费电子产品，为其带来了丰富的回报。三星计划于近期新建一条 8 代 OLED 生产线，届时将可量产 40 英寸以上的大屏幕电视机。

此外，电子墨水技术目前也已经广泛地应用于电子阅读器，如电子书等领域。

2. 有机照明领域蓄势待发

有机电致发光照明效率高。目前，白炽灯的发光效率仅为 6 lm/W，日光灯为 24 lm/W，节能灯为 48 lm/W，LED 为 74 lm/W。在有机照明领域，欧司朗公司已经开发出了照明效率达 87 lm/W 的有机电致发光（Organic Electro Luminescence，OEL）技术产品，德国德勒斯登科技大学研制的照明技术已达到 90 lm/W。此外，美国、欧盟也加紧这一领域的研究，并分别开发了 1 万 h 寿命、50 lm/W 以上能效的 OEL 照明产品。

3. 基于印刷的有机 RFID 发展路线日益明确

有机薄膜晶体管的出现，使得采用卷对卷（R2R）印刷技术，批量生产有机 RFID 标签成为可能。它与无机标签相比，在生产成本、产品弹性、功耗等方面具有明显的优势。印刷有机电子将可能成为 RFID 产品最适宜的技术发展路线。

4. 有机太阳能电池快速进步

能够在多种材质表面“印制”的有机物太阳能电池（Organic Photo Voltaic，OPV）因具有成本低廉、制造容易、重量轻和易弯曲的特点而成为目前研究的热点。OPV 领域的研究与应用正在不断突破，德国西门子公司的研究人员将导电塑料与碳 60 分子，结合制成了新型太阳能电池。美国贝尔实验室的科学家则利用并五苯来取代太阳能电池中的硅，并取得成功。2010 年，Solarmer 能源公司宣布其电池效率再创新高，高达 8.13%的转换率已通过国家可再生能源实验室（NREL）认证。OPV 有望成为具有成本效益及竞争力优势的技术。

二、有机电子产业前景展望

（一）有机电子技术优势明显

1. 性能优越

由于有机电子材料容易加工成薄膜并且具有良好的延展特性，有机电子材料的出现，必将导致柔性电子产品的出现，更能满足现代电子产品轻薄、便携及易于设计等方面的需求。与传统的硅基半导体材料相比，有机电子材料的产品特征优势可概括为：大面积制造、柔韧性好、透明性好、超薄、重量轻等。

2. 成本低

有机电子制造工艺相对简单，且生产成本更低。有机材料可利用溶液进行大面积旋涂、打印，同时，有机材料可以在较低温度条件下制作，可选择耐热性较差的塑料基板，能够降低制作的成本。

3. 投资规模较小

由于采用有机材料，制作过程相对简化，单位成本和设备投资较低，极大地降低了进入的门槛和投资风险。例如，OLED 的投资规模大约是数千万美元的量级，仅为 TFT-LCD 生产线的 10%左右。又如，芯片巨擘英特尔（Intel）需要花费数 10 亿美元来建构其领先的晶圆厂，相比之下，仅需要 1 亿～2 亿美元的投资额，就有可能兴建一座具备全面生产能力的有机电子产品工厂。

4. 节能、环保

有机电子产品的节能优势显著。以照明和显示比较为例，白炽灯在工作时，实际上只有 5%的能源用于照明，OLED 光源较传统白炽灯可节省耗电 70%以上。29 英寸 CRT 电视机的功耗在 200W 左右，40 英寸 TFT-LCD 液晶电视的功耗在 200W 左右，50 英寸 PDP 的功耗在 500W 以上。而一台 40 英寸的大尺寸 AM-OLED 电视，功耗将在 100W 以下。因此，OLED 被认为最有发展前景的显示技术之一。

在环保方面，有机电子的制造工艺比传统的半导体生长和光刻制造工艺优越得多，大大节省了水和电的使用，同时也避免了大量强酸强碱化学物质的排放。

（二）产业发展空间巨大

未来 10 年，将是有机电子产业高速发展的时期，有机半导体、有机电子产品的应用领域将越来越广泛，市场规模将越来越大。以下是综合 iSuppli、NanoMarkets、IDTechEx、中国台湾工研院等机构的预测，得出的有机电子各主要领域未来市场规模。

OEL 照明市场规模：2015 年达到 150 亿美元，2020 年达到 500 亿美元。

OLED 显示市场规模：2015 年达 600 亿美元，2020 年达到 1 500 亿美元。

有机 RFID 市场规模：2015 年达到 150 亿美元，2020 年达到 300 亿美元。

有机太阳能电池市场规模：2015 年将达到 100 亿美元，2020 年达到 300 亿美元。

印刷等装备市场规模：2015 年预计将达 40 亿美元；2020 年达到 120 亿美元。

其他应用产品市场：到 2015 年，基于有机半导体材料的其他电子产品，如智能传感器、玩具、电池、服装、医疗电子等的市场规模预计将达到 50 亿美元以上的规模。

（三）有机电子将可能发展成为信息产业的主导

1. 传统半导体材料和技术面临挑战

目前，传统的以硅、锗等半导体材料为基础的电子器件将受到严峻的挑战，这些挑战既有原理性的物理限制，又有技术性的工艺限制。一是产品形状固定、易碎、非柔性，难以契合未来的需求趋势。二是硅晶体的生产成本十分昂贵，竞争优势不易持续。三是传统的单晶硅半导体生产流程和工艺过于复杂。四是硅半导体开始面临线宽的物理极限。

2. 有机电子对硅基电子的替代进程加快

据有关调查显示，目前全球投入有机电子领域的研发十分活跃，有机电子技术得以快速进步。预计，未来几年将是有机电子技术和产业化实现突破的加速期。业界人士认为，有机电子将会比硅基电子走得更远，其对硅基电子的替代趋势明显。

三、加快发展有机电子产业

（1）加快成立有机电子产业联盟。组建由行业协会、科研院所和企业等相关机构共同参与的有机电子产业联盟，共同推进有机电子技术、标准、专利和产业化发展。

（2）加快制定有机电子产业发展规划。把有机电子产业确定为我国重点培育发展的产业，按照发展战略性新兴产业的要求，制定专项规划。

（3）建立国家扶持机制。着力支持重大关键技术研发、重大产业创新发展等。鼓励和引导金融资本支持有机电子企业的产业化。

（4）加强国际合作。国际上一些研究机构和企业在有机电子研发的道路上已经走了 10 多年，有的研发成果已经接近产业化，还培育出一批有机电子的专业人才。我国要加强与国际相关机构和企业的合作，加快技术进步和产业化进程。

（5）加快引进和培养有机电子专业人才。加快培养专业型人才，研究制定并实施人才激励政策和制度，形成有利于各类人才引进和发展的环境。

新形势下的中国平板显示产业

工业和信息化部电子信息司副司长　刁石京

平板显示是电子信息产业重要的组成部分和增长点。2010 年全球平板显示产业规模约为 900 亿美元，其中 TFT-LCD 占 86.4%。显示平板化之后，应用领域越来越宽，从电视延伸到广告、户外展示等领域，成为人类获取信息的重要来源。另外，平板显示产业还是国家科技水平非常重要的标志。TFT-LCD 集成了液晶技术、薄膜半导体技术、电子技术、材料技术、精密装备制造技术等多个领域的高新技术，跨越了化工、材料、半导体、光电子、精密仪器设备等多个行业，是一个产业链结构复杂的复合型高科技行业。平板显示产业也被列入了战略性新兴产业中。

作为一个高风险、高投入的行业，平板显示产业的发展需要政府的持续强力投入，上下游产业链的建设，企业整合和跨国合作，还需要以政、产、学、研合作模式，集中支撑企业提高核心技术能力。

现在，整个产业的技术发展趋势可以用 4 个“更”来描述：“更大”，为了适应多种应用的需求，液晶面板的尺寸需要做大；“更高”，现在的高清分辨率达到 1 920×1 080 像素，但是人类对画质感受的要求是无穷无尽的，另外，更大的画面也对显示分辨率提出了更高的要求；“更多”，显示器能显示的色彩要更多，色域要更加宽广，让用户有更丰富的享受；“更低”，随着显示屏数量的增多，屏幕的增大，低功耗成为显示技术的发展方向。

建设平板显示产业是非常有重要意义的事情。缺乏面板供应的话，我国整个彩电工业将陷入非常大的危机。现在，我国大陆地区已经逐渐具备大尺寸液晶电视用 LCD 面板生产能力，预计到 2012 年，大陆液晶面板产能约为 8 000 万片（以 42 英寸计），可满足国内液晶电视面板的大部分需求；等离子显示方面，我国也建设了四川长虹和合肥鑫昊两条生产线，预计到 2012 年，我国 PDP 面板产能达到 450 万片/年（以 42 英寸计），基本满足国内市场需求；有机电致发光显示产业方面，到 2012 年，大陆产 PM-OLED 将广泛应用于显示、照明等领域，AM-OLED 将实现 3 英寸以上产品批量生产能力；而在平板显示相关配套产业建设方面，我国也正在形成一条完整的产业链。例如，对平板产业最重要的、占到了整个液晶屏成本的 17%～18%的玻璃基板方面，我国已经有企业进入了这一领域，并开始量产。其他的原料和设备的供应也有了实质性的进展。

目前，我国平板显示产业还存在一些问题。包括规模小、竞争能力不强，自主研发的能力较差、核心材料的基础研发尚未取得突破，本地配套的能力还不强，投融资政策有待进一步完善等。工业和信息化部和发改委也在 2010 年专门就此印发了《2010—2012 年平板产业发展规划》，明确提出“到 2012 年，我国平板显示生产技术达到国际先进水平，在工艺、材料、装备等方面构建具有自主知识产权的技术创新体系，产业规模占全球比重由当前的 5%提升到 20%以上，支撑我国彩电产业的转型和升级”。

平板显示产业在“十二五”期间的发展思路，可以用三句话概括：立足技术创新，建立健全产业体系，统筹规划、健康发展。在此基础上，要合理控制产业规模，优化产业布局，加强技术创新，推动产业配套，完善政策环境。要把关键设备和原材料本地化，完善产业链，形成规模优势，并把 TFT-LCD 和 PDP 这两条线的优势发挥出来，延伸到 OLED 等新兴显示技术的发展上，加强产业链建设，在“十二五”期间，努力使我国平板显示产业走在世界前列。

优化布局 完善配套 发展平板显示产业

工业和信息化部电子信息司副司长 刁石京

“十二五”时期，我国平板显示产业的发展思路是合理控制产业规模，优化产业布局，加强技术创新，推动产业配套，完善政策环境，重视新兴显示技术研发。

发展平板显示产业意义重大

平板显示产业是电子信息产业重要的组成部分和增长点。平板显示技术自20世纪90年代开始迅速发展，目前已日益成熟并被广泛应用。2010年全球平板显示产业规模约为900亿美元，其中TFT-LCD占86.4%。

平板显示产业已成为人类获取信息的重要来源，科技水平的重要标志。2008年国产OLED产品成功应用在舱外宇航服显示系统上；2010年1月NASA表示将在下一代宇航服上引入OLED显示技术。

产业技术高度密集。TFT-LCD集成了液晶技术、薄膜半导体技术、电子技术、材料技术、精密装备制造技术等多个领域的高新技术，跨越了化工、材料、半导体、光电子、精密仪器设备等多个行业，是一个产业链结构复杂的复合型高科技行业。以液晶面板应用的半导体技术为例，面板上的TFT面积仅为数十纳米，不同膜层镀膜厚度最低为几个微米，精度要求极高。

《国务院关于加快培育和发展战略性新兴产业的决定》明确将节能环保、新一代信息技术（包含新型平板显示）、生物、高端装备制造、新能源、新材料和新能源汽车7个产业列为战略性新兴产业，并要求集中力量，加快推进。

平板显示产业已成为我国国民经济增长的重要支撑。2010年，我国手机、彩电、微机、数码相机等产品产量均位列世界第一。

日本、韩国、中国台湾地区、中国大陆地区是全球显示产业的重点区域。日本、韩国和中国台湾地区产业发展共性优势包括：一是政府部门强力持续投资；二是完善的上下游产业链建设；三是重视企业整合和跨国合作；四是以政、产、学、研合作模式，集中支撑企业提高核心技术能力。

产业及技术发展趋势

技术进步使得平板显示产品周期进一步缩短。LED背光、3D电视、智能电视渐成主流。分辨率不断提高，2011年5月夏普展出85英寸的16倍全高清的HDTV，像素为7 680×4 320。节能环保成为显示产业发展的硬指标。美国能源之星（Energy Star）将于2011年9月30日生效，指标要求更加严格，新标准中20～50英寸的能耗基本在1.3～2.1W/英寸。

全球产业集中度进一步提高。技术快速发展，战略性调整进程加快。基于薄型化、低功耗、基板集成芯片、倍频、LED背光源技术的LCD，高发光效率的PDP等新产品加速推出。中小尺寸AM-OLED开始进入商用。联合与合作加强，大企业之间加强联合，共建高世代线或联合研发OLED等新型显示产业。战略转移加快，国际金融危机及市场需求驱动加速了核心面板制造由日本、韩国和我国台湾地区向我国大陆地区转移。

大陆显示产业发展概况

2010 年大陆平板电视（液晶和等离子电视）产量为 9 086 万台，同比增长 24.7%；占大陆彩电产量的比重为 79.1%。大陆出口彩电 6 628 万台，其中平板电视出口量占 78.7%。

在液晶显示产业中，逐渐具备大尺寸（32 英寸以上）液晶电视用 LCD 面板生产能力；预计到 2012 年，大陆液晶面板产能约为 8 000 万片（以 42 英寸计），可满足国内液晶电视面板的大部分需求。电子基金支持 13 个项目，资助资金 7 400 万元，涉及液晶电视面板工艺、LED 背光源等多个领域。

在等离子显示产业中，预计到 2012 年，我国 PDP 面板产能达到 450 万片/年（以 42 英寸计），基本满足国内市场需求。电子基金支持 8 个项目，资助资金 5 900 万元，涉及大尺寸 PDP 高清面板及模组等多个领域。

在有机电致发光显示产业中，到 2012 年，大陆 PM-OLED 将广泛应用于显示、照明等领域；AM-OLED 将实现 3 英寸以上产品批量生产能力。电子基金支持 6 个项目，资助资金 2 600 万元，涉及 AM-OLED、OLED 照明等多个领域。

在配套产业中，咸阳彩虹及郑州液晶基板玻璃项目已达到第 5 代批量生产要求；彩虹张家港、合肥基板玻璃项目进展顺利；中建材成都中光电基板玻璃项目、郑州旭飞项目顺利推进；上海广电富士彩膜项目投产，已为国内 5 代线供货；镀膜、切割、清洗、贴膜等专用设备研发也取得实质性进展。电子基金支持 39 个项目，资助资金 7 350 万元，涉及基板玻璃、偏光片、掩膜版、湿化学品等配套材料以及移载传送、自动检测、玻璃切割、偏光片贴附除泡等专用装备等多个方面。

在标准领域，2003 年成立“平板显示技术标准工作组”，以平板显示器件为主，兼顾上下游，如材料、整机和设备等，从事其标准化工作的技术组织；下设 4 个专业分组：液晶显示技术（LCD）分组、等离子显示技术（PDP）分组、有机发光二极管显示技术（OLED）分组和半导体发光二极管显示技术（LED 屏）分组；已制定出版平板显示领域国家标准 17 项，将进一步完善 TFT-LCD、PDP、OLED、LED 背光、LED 显示屏五大标准体系；已负责制定并出版 OLED 测试标准等国际标准 2 项；现正主持 2 项国际标准的制定和 2 项国际标准的修订。

政策环境日益完善。《电子信息产业调整和振兴规划》明确将“新型显示和彩电工业转型”作为重点工程之一。平板显示优惠政策将有关鼓励政策执行期延长 3 年，并将优惠政策范围扩大至 PDP 和 OLED 生产企业。2008 年 11 月，由工业和信息化部等联合在全国推广“家电下乡”，包括彩电在内的家电，按销售价格 13%予以补贴。2010 年 9 月 8 日通过的《国务院关于加快培育和发展战略性新兴产业的决定》，将新型平板显示列为发展重点。

我国平板显示产业存在的主要问题包括：产业总体规模相对弱小、企业竞争能力不强；自主研发实力有所提升，但仍缺乏核心技术；原材料、元器件和专用生产设备等本地化配套能力不足，难以有效降低产品成本，提高市场竞争力；投融资和税收政策有待进一步完善。

工业和信息化部和国家发改委联合印发的《2010—2012 年平板产业发展规划》明确提出“到 2012 年，我国平板显示生产技术达到国际先进水平，在工艺、材料、装备等方面构建具有自主知识产权的技术创新体系，产业规模占全球比重由当前的 5%提升到 20%以上，支撑我国彩电产业的转型和升级。”目前，新型显示产业作为战略性新型产业的重要组成部分，国家有关部门正在制定“十二五”发展规划。

“十二五”发展思路和重点

“十二五”时期，我国平板显示产业发展的指导思想是立足技术创新，建立健全产业体系，统筹规划、健康发展。发展思路是合理控制产业规模，优化产业布局，加强技术创新，推动产业配套，完善政策环境，重视新兴显示技术研发。

“十二五”时期产业发展的重点是：在 TFT 方面，支持高世代 TFT-LCD 生产线建设；支持关键配套原材料及生产设备的本地化；关注低温多晶硅等 TFT 技术。在 PDP 方面，支持加快形成规模优势；加强技术创新；建立完整的本地配套产业链。在 OLED 方面，支持建设 OLED 创新平台，加快推动 AM-OLED 产业化；培育产业链；推动建设具备国际竞争力的 OLED 企业；还将关注 3D 显示、电子纸显示等其他新型显示技术的发展；关注低功耗、超轻薄等技术的应用。

第2章 综述

2011年中国平板显示行业发展概况

中国光学光电子行业协会液晶分会 胡春明 高鸿锦

一、全球平板显示产业发展概况

2010年，全球显示产业产值超过千亿美元，达到1 162.96亿美元，同比增长了26%（见表1）。其中，TFT-LCD的渗透率也首次超过了90%。2011年，全球显示产业产值受到经济大环境的影响有所衰退，产值同比下滑了4.6个百分点，为1 109.16亿美元。其中，TFT-LCD、PDP和CRT的市场渗透率均下滑了1个百分点。而OLED的产值却逆势上扬，其市场渗透率反增2个百分点，达到了3%，已接近了PDP 4%的渗透率水平。

表1 2009—2014年全球显示产业产值情况

（单位：亿美元）

年 份	2009	2010	2011	2012（F）	2013（F）	2014（F）
TFT-LCD	822.52	1 059.30	993.39	1 129.55	1 261.77	1 298.26
PDP	44.20	48.97	43.51	34.77	23.88	15.26
OLED	8.28	15.69	37.04	81.77	130.59	177.26
CRT	16.96	10.86	7.07	3.95	1.49	0.53
PM-LCD	21.16	16.78	12.48	9.70	8.11	7.31
AM-EPD	3.51	6.80	9.73	8.39	8.54	8.96
其 他	4.50	4.58	5.95	10.06	3.87	3.73
合 计	921.12	1162.96	1 109.16	1 278.19	1 438.24	1 511.31

2011年，全球平板显示产业主要的发展特点可以总结为两点：一是市场整体疲软，二是智能移动产品成为亮点。

市场整体疲软主要表现在两个方面，一是需求增长不如预期，二是产量增加、产值缩水。根据统计，2011年，大尺寸面板出货约7.02亿片；中小尺寸面板出货约17.10亿片。业内在2011年年初对大尺寸面板出货的预计增长率约为17%，而实际只有5.6%；对中小尺寸面板出货的预计增长率约为58%，而实际只有18%。尽管面板出货同比均有不同程度的增长，但受面板价格连续17个月低迷的影响，全球显示产业产值还是首次出现了自2008年以来的负增长。

2011年，传统大尺寸面板的需求成长主要受惠于平板电脑市场需求的大幅增长，而液晶电视、显示器和小笔记本电脑的面板需求则分别呈现6%、5%和15%的衰退，虽然常规笔记本电脑也有约5%的年增长率，但总体来说，大尺寸面板的需求成长远低于原本的市场期待。反映到整机产品上，2011年，全球液晶电视的销售量约为2.06亿台，同比增长了仅7%；以台式电脑、笔记本电脑等为代表的IT产品的销量约为4.16亿台，同比增长了9%。以上情况说明：传统大尺寸产品（IT和TV）已经进入稳固增长阶段，今后的增长幅度将非常有限。

与之相反，智能移动产品则正在快速成长。智能移动产品的代表是平板电脑和智能手机。

2010年平板电脑从无到有，共出货约2 840万台。2011年发展到约7 270万台的出货量，同比增长了近3倍。预计到2014年，平板电脑出货量将达到1.35亿台，几乎是2010年的5倍。

智能手机方面，2010年，智能手机快速普及，逐渐走向大众化，全年出货3.02亿部。2011年出货增长至约4.52亿部，增幅近50%。预计2014年出货将达到9.67亿部，为2010年的3倍。

随着智能移动产品的进步，人们对无处不在的互联需求会愈加强烈，反过来又激发了更多对于智能移动互联产品的需求。相较于已趋于平缓成长的传统大尺寸产品，小巧、灵活的移动互联产品蕴涵着巨大的市场潜力，大尺寸市场则在平稳增长的同时略显暗淡。

但我们还需注意到，传统大尺寸市场在整个显示产业中仍占绝大多数比重。以智能手机为主的中小尺寸产品在整个显示产业中所占的比重仍为少数。2011 年，在整个显示产业的约 1 109 亿美元产值中，传统大尺寸产品的产值约为 755 亿美元，而中小尺寸产品的产值则只有 354 亿美元，占比为 32%。

二、中国平板显示产业发展概况

在平板显示产业，从 2011 年开始，中国的重要性日益突出。

从产业链下游整机的需求来看，在彩电、显示器、笔记本电脑这三大平板显示产业的应用领域，中国的需求都相当可观。根据中国各有关行业协会的最新估算，2011 年，我国的彩电需求规模约为 4 200 万台，约占全球需求的 20%，同比增长了 6.5%，已经超越美国成为全球最大的需求市场；我国显示器的需求规模约为 3 400 万台，占全球需求的 19%，同比增长了约 3%；我国笔记本电脑的需求规模约为 2 700 万台，同比增长了近 30%，占全球需求的 15%。除此之外，我国手机的需求规模约为 2.9 亿部，同比增长了 25%，占全球需求的 17%。以上这些数据表明：在全球需求整体疲软的情形下，中国的需求仍在以较高的比率增长，对全球平板显示产业的拉动作用将越来越明显。

而从整机供给来看，公开数据显示：2011 年，中国笔记本电脑的产量约为 2.44 亿台，全球产量约为 4.06 亿台，“中国制造”所占比例超过了 60%。而全球显示器 2011 年的产量约为 2 亿台，其中“中国制造”所占比例与笔记本电脑差不多，也超过了 60%。2011 年，中国彩电的产量约为 1.24 亿台，而全球的彩电产量则约 2.52 亿台，也就是说，全球有近一半的彩电是中国生产的。以上数据表明：中国不仅拥有强大的购买力，是全球重要的市场，而且还拥有强大的制造能力，是最大的“世界工厂”。

但从中游面板的情况来看，尽管最近几年经过政府和行业的共同努力，我们取得了不错的成绩，截至 2011 年年底，我国已拥有液晶面板第 2.5 代线 2 条、第 4.5 代线 4 条、第 5 代及 5.5 代线 4 条，在建的厦门天马第 5.5 代线 1 条、第 6 代线 1 条、第 8.5 代线已经投产的有 2 条，延期的有 3 条，还有 2 条高世代线已经获批，正在筹备当中。但与下游整机对面板的需求相比，中游面板的供给能力还有不足，对进口的依赖程度还很高，2011 年，我国液晶面板的进口金额达到了 471.9 亿美元，仅次于石油、铁矿石、集成电路和初级形状塑料。从全球 TFT-LCD 面板市场的市占率来看，2011 年，韩国的市占率为 48%，稳居龙头；中国台湾地区的市占率为 34.2%；日本的市占率为 11.6%，中国大陆地区的市占率仅为 6%。随着国内面板产线的相继投产，预计从 2012 年至 2014 年，中国大陆面板的市占率将保持持续增长态势，从 2012 年的 9.9%，一路攀升到 2013 年、2014 年的 13.2%、18.6%。而除中国大陆地之外，韩国、日本和中国台湾地区的面板市占率均有不同程度的降低（见表 2）。

表 2　2011—2014 年全球 TFT-LCD 面板市占率情况

年　份	2011	2012（F）	2013（F）	2014（F）
中国大陆地区	6.0%	9.9%	13.2%	18.6%
中国台湾地区	34.4%	32.6%	30.9%	28.4%
日　本	11.6%	9.9%	9.3%	8.9%
韩　国	48.0%	47.6%	46.6%	44.1%

随着我国中游面板产能的不断扩大，上游材料和设备产业也得到了迅猛发展。一方面是国际知名的材料和设备厂商纷纷投资设厂，为面板产线本地化配套；另一方面是国内企业在技术上不断突破，填补产业空白，逐渐形成完整的本土化产业链。根据我们的统计，2011 年，我国平板显示行业

上游材料和设备共实现新增投资约 107 亿美元，折合人民币接近 700 亿元，全年的市场规模累计约为 166 亿元。

（一）2011 年中国平板显示市场

1. LCD 市场

1）液晶电视

2011 年，全球彩电产业增速减缓、总出货量低于预期，我国彩电产业平稳、低速增长。根据中国电子视像行业协会的统计，2011 年，我国彩电产量为 1.24 亿台，同比增长 8.5%。其中，液晶电视产量为 0.98 亿台，渗透率为 79%，同比增长 11.4%。

奥维咨询（AVC）发布的数据显示：2011 年我国的彩电零售量为 4 183 万台，同比增长了 4.5%。其中，液晶电视的销量为 3 683 万台，同比增长率为 10.6%。从液晶电视的增长率变化来看，2008 年为 60%，2009 年为 90%，2010 年不到 40%，2011 年仅为 10.6%，由此可知，液晶电视的渗透率基本达到了上限。

“以旧换新”政策已经按照原计划于 2011 年 12 月结束，部分省市的“家电下乡”政策也于 2011 年 11 月结束。在家电下乡的带动下，截至 2011 年 11 月，家电下乡产品累计销售 2.1 亿台，销售额高达 4 874 亿元。这些拉动消费政策的出台，为近几年电视市场的快速成长起到了巨大的推动作用。

2011 年，我国电视厂商的利润激增。上市企业的年报显示，黑色家电的利润从第三季度开始超过了白色家电。电视厂商利润提升的主要原因有两个：一是各厂商坚持严格控制成本，努力改善利润构成；二是下半年液晶面板价格稳定，并且出现了降价，给整机厂商创造了良机。

从国内液晶电视市场的竞争格局来看，2011 年，国内企业与国外企业之间长期保持的“销售份额 75:25”的格局发生了变化，到 2011 年第四季度，国内企业的份额上升到了 84%，农村市场成为了份额增加的源泉。

从国内液晶电视市场的产品结构来看，到 2011 年第四季度，LED 背光的液晶电视市场渗透率已经达到 58%，预计 2012 年将进一步提高到 71%；而 CCFL 背光的液晶电视由于仍具有一定的成本优势，因此在中小尺寸和农村市场依然具有一席之地；3D 电视的渗透率到 2011 年 12 月已经达到 21%，预计 2012 年将增长到 41.6%；互联网电视的渗透率虽然曾一度徘徊在 20%～30%，但从 2011 第四季度起快速攀升到了 40%。在互联网电视中，智能电视占 30%，安卓（Android）系统电视占 6%。安卓以其成熟的技术、标准化平台，以及众多的应用软件，受到了电视厂商的青睐。

随着面板工艺和技术的改善，窄边框面板不断涌现，电视屏幕的尺寸也出现了多样化的趋势。39 英寸、43 英寸、48 英寸、50 英寸等新尺寸面板不断涌现。

2）微型计算机

2011 年，我国微型电子计算机累计产量达到 3.25 亿台，同比增长近 36%，增速较上年提高 10.32 个百分点。全球产能，尤其是平板电脑产能向我国转移，是造成国内整机产量增速远超全球平均水平的主要原因。

就国内市场而言，2011 年以来，我国计算机整体市场增速有所下降，整体销量约为 5 675 万台，增长 25%左右。其中，台式机增长缓慢，全年销量约为 2 373 万台，增幅在 10%左右；笔记本电脑销量增长近 30%，约 2 733 万台；平板电脑迎来了预期中的爆发式成长，销量为近 330 万台，成为计算机市场最大的热点。

2011 年，计算机产品结构变化较为明显，14 英寸笔记本比重为 46.1%，依然保持主流地位；台式机大尺寸产品比重有所上升，21.5 英寸以上占比为 43.9%，逐渐接近一半份额。此外，一体机和超极本作为台式机和笔记本差异化发展的换代产品，也逐渐成为市场热点。

目前，我国计算机市场面临的主要问题有两个方面：一是价格持续走低，提升产品利润成为厂商关注的焦点；二是传统行业市场应用逐渐趋向饱和，用户的个性化需求难以把握。

3）手机

2011 年，我国手机产量约为 11.72 亿部，比 2010 年增长 15.5%。其中，出口约 8.85 亿部，比 2010 年增长 139%。2011 年出口额约为 627.6 亿美元，比 2010 年增长 34.2%。2011 年，手机出口平均价格比 2010 年增长 15.0%。中国手机出口平均价格自 2007 年以来连续下滑，这是第一次上升，主要是高价位的智能手机特别是苹果 iPhone 的大量出货，拉高了平均价格。

2011 年，全球手机市场出货量达到 16 亿部，同比增长 16.8%。2011 年，全球智能手机和 3G 市场进入高速增长阶段，智能手机的需求增长势头强劲。智能手机产品越来越丰富，应用越来越全面，价格平民化等都是推动全球手机市场增长的重要原因。

我国手机产业在国际和国内市场快速发展的衬托下，继续保持高速增长的发展势头，根据公开数据显示，2011 年我国手机销售量达到 2.87 亿部，同比增长 12%，增长率低于 2010 年。

从产品类型来看，各类型手机百花齐放，智能、3G、GPS 手机成为中国手机市场热度最高的三种机型。其中智能手机用户关注度最高，成为消费者换机和购机时的首选，也成为中国手机市场销量增长的新动力。

从品牌竞争格局来看，尽管中国手机市场话语权仍然掌握在国外或中国台系品牌手中，但中国大陆地区的品牌阵营正在重新崛起的事实不容忽视。不少国产品牌，如联想、华为、中兴等借助智能、3G 的东风采取了全新的产品及市场竞争策略，并取得了群体性突破。

2. PDP 电视市场

2011 年，在我国 1.24 亿台彩电产量中，PDP 电视的产量约为 370 万台，渗透率接近 3%，同比增长 25%。其中，国内市场的销量为 271 万台，同比增长了约 30%。以上数据表明，尽管 PDP 电视在电视市场中仍处于小众地位，但其市场发展已经有了一定回暖，究其原因是：消费者对 3D 的认知度越来越高，而 PDP 电视的技术特征使得其在 3D 电视领域拥有一定优势，3D 电视的兴起为 PDP 电视的复苏也提供了新的机会。

从全球市场的出货量看，松下出货 570 万台占首位，三星出货 520 万台紧随其后；松下的出货量同比下降 20%，三星则同比成长 4%，与松下的差距逐渐缩小。

3. LED 显示屏市场

根据公开数据显示，2011 年我国 LED 显示屏产值约为 219 亿元，同比增长 18%。LED 显示屏在 2011 年呈现出量增价跌的态势，2011 年中国 LED 显示屏出货量同比增长 47.5%，但显示屏价格却同比下降了 20%。

LED 显示屏目前主要应用在证券交易和金融信息显示、体育场馆、城市及公共广场、交通、企业形象宣传、商业广告等领域中。其中，“证券交易和金融信息显示”这一领域的 LED 显示屏占到了 2008 年前国内 LED 显示屏需求量的 50%以上，目前仍有较大的需求。

从全球市场来看，目前 LED 显示屏的主要制造厂商仍然集中在日本、北美等地，我国 LED 显示屏制造厂商出口的份额在其中微不足道。据不完全统计，世界上目前至少有 150 家厂商生产全彩屏，其中产品齐全、规模较大的公司约有 30 家。

从 2011 年我国 LED 显示屏的出口情况来看，全球市场对于中国 LED 显示屏的需求具有一定量的增长，但是由于产品本身的局限，较为发达地区并未有很好的开发。但是 LED 作为一个新兴环保产业，仍具有较好的发展前景。

4. OLED市场

2011年，全球OLED市场的销售规模为37.04亿美元，是2010年（15.69亿美元）的2.36倍。从细分市场来看，以智能手机等小尺寸显示器搭载的AM-OLED市场规模从2010年的12.49亿美元增加到2011年的33.62亿美元，增长了169%。PM-OLED市场规模则从2010年的3.2亿美元小幅增长到2011年的3.42亿美元，增长了7%。

2011年，全球OLED面板的出货总量为1.48亿片，与2010年出货1.11亿片相比，同比增长了34%。其中，PM-OLED面板的出货量为0.59亿片，同比下降5%；AM-OLED面板的出货量为0.89亿片，同比增长82%。

就国内市场而言，2011年，我国OLED面板的出货量在200万片左右，同比增长31.9%。我国的OLED产品现主要以小尺寸的PM-OLED面板为主，尺寸集中在2～3英寸。目前，我国进入OLED领域的企业还不多，尚处于产业化的初期，特别是在AM-OLED上的技术研发方面，与国外还有一定的差距。

5. 大屏幕投影机市场

2011年，我国投影机一跃成为全球最大市场，不论是销量，还是市场保有量，均成为世界第一。其中，全年总销量为168.5万台，同比增长近30%。

我国投影机市场的成长主要应归功于政府项目的推动，文化共享工程一直是推动投影机市场发展的动力之一，对投影机设备的巨大需求促进了该市场的持续增长。

（二）2011年中国平板显示产业发展现状

1. LCD产业发展现状

2011年全行业销售总值为572.6亿元。其中，器件381.6亿元，占全年销售总值的67%；原材料166亿元，占29%；设备25亿元，占4%。

2011年是中国LCD行业“厚积薄发、不断突破”的一年。

2011年3月，中电熊猫第6代线投产；6月，京东方北京第8.5代线投产；8月，TCL华星光电第8.5代线也如期投产。这三条产线都在当年顺利实现量产。而取得发改委审批的三星、LG和友达所建的高世代线因经济不景气和自身原因等因素推迟开工，客观上为本土面板厂商提供了宽松的产能爬坡时间，为日后争取国内更大的市场份额奠定了基础。但是，同时这也将严重影响国家原定扩产预定目标的实现。

本土高世代面板产线的相继投产，标志着我国LCD行业已经完成了“从无到有、从小到大”的发展阶段，开始向“从弱变强”迈进。而作为全球平板显示产业的重要一极，中国的LCD产业已经在面板这一核心环节上具备了参与国际竞争的基础。

随着我国面板产线的进一步扩大，使得上游材料及设备的相关商机受到关注。国际面板上游材料及设备厂商纷纷在大陆配套设厂。以基板玻璃来说，包括康宁、旭硝子、电气硝子在内的企业都已分别前往中国大陆的北京、昆山及深圳、上海等地区设厂，以便就近供应。偏光片大厂日东、住友、LG化学也分别赴苏州、上海、深圳、无锡、北京、南京等地设厂，中国台湾地区偏光片大厂明基材料、奇美材料则在苏州、宁波布局。液晶材料方面，国际厂商默克的液晶材料应用实验室在上海投用。导光板材料也有奇美实业、Kolon、三菱Rayon等就地供货。背光模组，如瑞仪、中光电、辅祥、奇菱、大亿科等台厂则早已配合面板客户后段产能所在，于中国当地布局多年。

通过这些国际材料和设备厂商在中国投资的产品上市和技术人员流动，也将先进的技术扩散到了中国企业，带动了上游材料及设备的本土化。2011年，我国在LCD行业产业链上游材料的本土化工作上取得了较大的进展。

基板玻璃首先被国内厂商本土化攻陷，以彩虹、旭飞、东旭及成都中光电为代表的国内基板玻璃企业成功进军基板玻璃领域，打破国外垄断，成为液晶上游材料国产化的样板。基板玻璃国产化步伐明显加快。

本土光学膜厂商在国际光学膜巨头的垄断中也取得突围，凯鑫森背光源模组用光学膜生产项目的投产，填补了国内此项技术的空白，改变了我国在这一领域全部依赖进口的局面；康得新开发的两款增亮膜产品替代了目前韩国三星量产中的增亮膜产品，成为京东方的配套工厂；深圳三利谱生产出国内首条宽幅（1 490mm）TFT 型偏光片，打破了国内中、大尺寸 TFT 偏光片完全依赖进口的局面。

根据我们的统计，由于我国大陆面板投资的拉动，2011 年，LCD 行业上游材料和设备共实现新增投资约 107 亿美元，折合人民币接近 700 亿元，其中，国外厂商的投资约 30 亿美元，折合人民币约 195 亿元，占比为 28%。其他 72%的投资均为国内厂商所有。其中，液晶基板玻璃新增投资约 350 亿元，偏光片为 13 亿元，液晶材料为 11 亿元，膜材及背光材料为 70 亿元，设备、IC 等其他投资为 60 亿元，合计为 504 亿元。

根据我们的不完全统计，2011 年在 LCD 行业的上游材料领域，全年的市场规模累计约为 166 亿元。

2011 年，我国 LCD 产业的技术进步主要体现在低成本、低能耗、节能环保的 LED 背光技术开发以及液晶面板窄边框技术和广视角技术等方面。

以背光技术为例，随着 LED 背光在显示终端领域的渗透率不断提升，LED 背光技术一直都在不断改善。从最初的点阵式发展到今天的侧光式就是其中一种技术提升。在各种明显的优势下，厂家近年来积极发展 LED 背光液晶电视。海信、TCL、康佳、创维等国内本地品牌都在研发自家的 LED 背光，其中技术提升及成本控制都是重要一环。

2. PDP 产业发展现状

尽管 PDP 电视在整个彩电市场中仍处于小众地位，但 2011 年受 3D 兴起的影响，PDP 产业出现了回暖。目前，松下和长虹仍然在持续进行新的产能扩张，上海松下计划引进日本松下 P3 生产线，年产将达到 300 万片。长虹的二期工程将扩展产能到 300 万片/年，加上合肥鑫昊的 150 万片/年，这一轮投资建设完成之后，我国国内 PDP 模组产能布局将达到年产 600 万～700 万片，此规模与日本和韩国的规模接近，将接近全球 PDP 2010 年销量的 1/3。

此外，原材料、玻璃等上游企业逐步实现国产化配套，国内 PDP 产业链正在建设完善。2011 年关键器件本土化配套率已经达到 80%，屏材料的本土化配套率也达到 60%。预计 2012 年将实现关键器件本土化配套率 90%以上，屏材料配套率 80%的目标，力争在“十二五”末实现 PDP 配套产业链建设基本完成；模组零部件全部实现本土化配套，物料清单（Bill of Materials，BOM）成本比行业平均成本低 30%；屏工艺材料全部实现本土化配套，BOM 成本比同期进口材料低 20%；工艺设备在二期项目中本土化率达到 70%，平均配套成本比一期低 35%左右的目标。随着国内产业链建设的逐步完善，PDP 的生产成本将大幅下降，到 2012 年年底 50 英寸全高清的 PDP 模组价格将从现在的 321 美元下降到 279 美元，而液晶模组现在的价格为 520 美元，到 2012 年年底将下降到 428 美元，PDP 将相较 LCD 保持 150～200 美元的成本价格优势。

3. OLED 产业发展现状

从各方面情况看，全球 AM-OLED 产业尚不成熟。产业化方面，目前除韩国三星实现量产以外，其他企业均处于研发和试生产阶段；技术方面，全球多种技术路线并行发展，各有千秋，在一定程度上分散了资金、技术和人才等资源；产业链方面，全球 OLED 产业规模尚未壮大，配套材料成本目前还难以降低。

OLED 市场需求旺盛，三星 SMD 在 AM-OLED 上的优势明显，AM-OLED 的出货量高达 8 800 万片，占全球 97%以上的份额。中国台湾智晶光电出货量为 1 580 万片，居第二位；中国维信诺出货量达 1 457 万片，从 2010 年的第五位跃居至第三位；中国台湾铼宝和日本先锋分列第四、第五位。除了三星为 SMD 产品，其余各家均为 PM-OLED 产品。

OLED 产业发展受到了我国政府的高度关注，在工信部等相关部委的支持下，我国的 OLED 研发取得了突破性进展。截至 2011 年年底，维信诺、天马、京东方以及其他企业先后宣布投建 AM-OLED 生产线，布局新型显示技术。在相关材料、装备、工艺技术等关键领域，我国也已具备了一定的研发及产业化能力（见表 3）。

表 3　我国 OLED 企业基本情况

企　业	投资时间	基本情况
信利	2005.6	一条生产线实现量产，主要集中在小尺寸 PM-OLED 器件
维信诺	2008.1	小尺寸 PM-OLED 器件已经实现量产，2011 年 8 月开始在昆山市筹备建设第 4.5 代以上 AM-OLED 生产线
广东中显	2008.12	首期投资 5 亿港元建设多条 TFT AM-OLED 显示屏生产线，计划年产 5 000 万块 2 英寸全彩 OLED 显示屏
成都虹视	2009.11	生产方向将主要瞄准成熟工艺的 PM-OLED 生产，建成后将形成年产 1 200 万片 OLED 显示屏
宏威数码	2009.6	从事 OLED 生产设备的开发，已经能够实现量产设备的国产化
彩虹集团	2009.5	OLED 生产线分别在陕西咸阳和广东佛山市顺德奠基，成为国内首条 AM-OLED 生产线
厦门天马	2009.6	第 4.5 代 AM-OLED 中试线，建设周期 3 年，计划产能 180 万片
京东方	2011.8	主要生产以 LTPS LCD 和 AM-OLED 技术为主的中小尺寸显示器件，项目计划总投资 220 亿元

在基础研究、核心材料、关键设备、行业标准、知识产权等方面，2011 年 6 月成立的中国 OLED 产业联盟已经开展相关研究工作，力争从 2012 年开始，逐步缩小与国际领先水平的差距。

我国目前发展 OLED 产业最主要的难点是：三星等企业已经在产业化领域占据了主导地位，对后进入者重重阻挠。我国产业如何突破关键技术、关键材料和关键设备的封锁是急需解决的难题。在关键技术方面，低温多晶硅、金属氧化物、有机成膜和封装等技术我国虽然有了一定的突破，但差距还很明显；关键材料、驱动 IC、导电玻璃、封装玻璃、有机材料等仍需从国外进口；在关键设备方面，国内在蒸镀设备上目前已有一定突破，但在设备稳定性、产能和性价比上，尤其是成套设备的系统化技术仍受制于人。

4. *LED 产业发展现状*

LED 显示屏是 LED 产业中发展较早而且较快成熟的产业，目前在全世界范围被广泛使用。2006—2008 年，全球 LED 显示屏的增长速度维持在 18%左右。2008 年后，由于国际金融环境遭遇严寒，随着雷曼兄弟的倒闭，接踵而来的金融风暴席卷全球。但是 LED 作为新兴环保产业，有着较大的应用空间，虽然由于金融危机等原因造成了产品利润不断下滑，但 LED 显示屏在总体市场需求方面依然坚挺，只是采购商们对产品及其质量提出了更高的要求。

我国 LED 显示屏产业起步于 20 世纪 90 年代初，并且始终保持高速的发展。成长态势明显大于国际平均速度。2011 年度中国 LED 显示应用行业发展整体规模较上年度有所增长，行业年度市场销售总额达到 220 亿元，比 2009 年的 190 亿元增长了 16%。相比以往年度 40%的增幅，整体增长幅度有较大回落。

LED 外延芯片作为 LED 产业链的上游，技术的发展提升对 LED 应用发展有着巨大的影响。我国 LED 芯片在关键核心技术方面与国外还存在着明显的差距，近年来在科技部“973”、“863”、“支撑计划”等的支持下，技术进步迅速，在硅衬底外延片等技术方面居于国际领先的水平，但总体上产业化水平还远远不够。

尽管如此，我国 LED 显示屏产业格局近年来逐渐与国际接轨，且发生了质的变化，行业内专业化分工逐渐形成，专注于显示屏生产的制造商、市场渠道销售商、工程安装售后服务运营商等各类专门企业相继出现，分工明确、密切合作、发展共赢的局面正在形成，专业化分工有利于做精、做大、做强，对推动整个产业的健康发展有着积极的意义。随着市场需求的上升、国内产业出口渐成规模、技术水平与国际接轨、上下游产业间实现良性互动以及重大活动带动产业发展、政府政策助推等有利因素的促进，我国的 LED 产业格局将不断完善，最终形成自己的核心竞争力，有清晰的产品路线和技术路线，使得产业实现可持续发展。

2011年中国液晶行业发展概况*

中国光学光电子行业协会液晶分会　胡春明　高鸿锦

2011年是中国液晶行业"厚积薄发、不断突破"的一年。

2011年3月，中电熊猫第6代线投产；6月，京东方北京第8.5代线投产；8月，TCL华星光电第8.5代线也如期投产。这三条产线都在当年顺利实现量产。而取得发改委审批的三星、LG和友达所建的高世代线因经济不景气和自身原因等因素推迟开工，客观上为本土面板厂商提供了宽松的产能爬坡时间，为日后争取国内更大的市场份额奠定了基础。但是，同时这也将严重影响国家原定扩产预定目标的实现。

本土高世代面板产线的相继投产，标志着中国液晶行业已经完成了"从无到有、从小到大"的发展阶段，开始向"从弱变强"迈进。而作为全球平板显示产业的重要一极，中国的液晶产业已经在面板这一核心环节上具备了参与国际竞争的基础。

一、2011年行业总体情况

对于液晶行业年度发展状况，我们在2010年的基础上进一步扩大了调研范围，并根据不同领域设计了更有针对性的调研问卷，使得所采集的数据更加翔实、具体。

调查结果显示：2011年全行业销售总值为572.6亿元。其中，器件381.6亿元，占全年销售总值的67%；原材料166亿元，占29%；设备25亿元，占4%。

二、各主要部分的情况

（一）器件

2011年，国内液晶器件企业总计实现销售约381.6亿元，与2010年相比增长了15.6%。其中，TFT-LCD为331.6亿元，占比约为87%，TN/STN为50亿元，占比约为13%。

TFT-LCD面板方面，截至2011年年底，全球第5代以上高世代TFT-LCD面板生产线共有45条，其中中国大陆地区有8条，占比为17.78%（见表1）。

表1　全球第5代以上TFT-LCD面板生产线分布

世　代	第5代	第5.5代	第6代	第7代	第7.5代	第8.5代	第10代	小　计
日　本	0	0	2	0	1	1	1	5
韩　国	4	1	1	0	3	3	0	12
中国台湾地区	8	1	5	0	3	3	0	20
中国大陆地区	3	2	1	0	0	2	0	8
小　计	15	4	9	0	7	9	1	45

预计到2014年，中国大陆地区还将增加几条高世代TFT-LCD面板生产线，包括厦门天马和鄂尔多斯源盛的各1条第5.5代线，成都天亿的1条第6代线，以及其他高世代线。

* 除本文加以特别说明的以外，所有统计数据均来自液晶分会。

2011 年，国内 TFT-LCD 面板企业总计实现销售 261.6 亿元，与 2010 年相比增长了 21.67%。其中，信利和汕头超声的 2 条第 2.5 代线实现销售约 21 亿元，同比增长 40%，在总额中的占比为 8%；上海天马、成都天马、武汉天马和成都京东方的 4 条第 4.5 代线实现销售约 64 亿元，同比增长 137%，占比为 25%；上海中航光电、北京京东方光电和昆山龙腾的 3 条第 5 代线实现销售约 91 亿元，深超光电的 1 条第 5.5 代线实现销售约 35 亿元。第 5 代线总计实现销售约 126 亿元，同比下降 26.32%，占比为 48%；合肥京东方和中电熊猫 2 条第 6 代线共实现销售约 48 亿元，与 2010 年只有合肥京东方不足 1.4 亿元的销售额相比，大幅增长，占比为 18%；北京京东方显示和深圳华星光电 2 条第 8.5 代线从 2011 年开始逐步量产，当年实现销售约 2.6 亿元，在总额中的占比约为 1%。

液晶模组方面，根据我们的不完全统计，2011 年国内模组厂商的产值依然有超过千亿元的规模。例如，扣除加工贸易的因素，国内模组的销售规模同比增长了 10%左右，销售额近 70 亿元。

随着面板产业逐渐进入成熟期，单纯由面板带来的价格波动对整机产品的影响日渐缩小，这给模组厂商尤其是那些规模较小且无面板厂商或整机厂商为依托的模组厂商带来了很大的生存压力。

在面板企业所销售的产品中，模组所占的比例从 2011 年开始减少。以天马为例，在其 2010 年的销售收入中，面板的占比为 20.32%，模组的占比为 79.68%；2011 年，面板的占比提高到了 28.21%，而模组的占比则下降到了 71.79%。但总体来说，面板企业所销售的产品中仍以模组为主。

对于进入模组领域的国产彩电厂商而言，目前除 TCL 投产华星光电进入面板领域以外，其他彩电厂商并没有从根本上解决面板供应的问题。尽管通过模组段的合作，很多彩电厂商得到一些国外面板厂提供面板的协议或承诺，可是到面板供不应求的时候，这些协议与承诺能够得到多大程度的兑现仍然是个问号。另外，无论国外还是国内面板厂建造的模组厂，其模组生产基本由面板厂主导，面板来源也基本一致。然而，彩电厂商在向上游延伸进入模组生产时，同一型号的模组产品可能会有数个不同的面板来源，这就需要有不同的背光模组进行搭配。在此情况下，做好库存管理、严把质量关，将是国内彩电厂商需要关注的重点。

TN/STN 方面，目前主要产品的应用领域，如消费电子、固定电话、车载显示等产品已经接近饱和，市场成长空间不大。而对于充满诱惑的手机应用市场，TN/STN 的各项性能很难与 TFT-LCD 及 OLED 等技术比拼。目前在第三世界国家，TN/STN 还有一定的市场空间，但已所剩无几。国内部分厂商现在处于半停产状态，也有部分厂商甚至已经退出或被并购。根据我们的不完全统计，2011 年国内 TN/STN 企业的销售规模继续缩减了 10%左右，全年实现销售收入约 50 亿元。

（二）相关材料

随着我国面板产线的进一步扩大，使得上游材料及设备的相关商机受到关注。国际面板上游材料及设备厂商纷纷在大陆配套设厂。以基板玻璃来说，包括康宁、旭硝子、电气硝子在内的企业，都已分别前往中国大陆的北京、昆山及深圳、上海等地区设厂，以便就近供应。偏光片大厂日东、住友、LG 化学也分别赴苏州、上海、深圳、无锡、北京、南京等地设厂，中国台湾地区偏光片大厂明基材料、奇美材料则在苏州、宁波布局。液晶材料方面，国际厂商默克的液晶材料应用实验室在上海投用。导光板材料也有奇美实业、Kolon、三菱 Rayon 等就地供货。背光模组，如瑞仪、中光电、辅祥、奇菱、大亿科等台厂则早已配合面板客户后段产能所在，于中国当地布局多年。

通过这些国际材料和设备厂商在中国投资的产品上市和技术人员流动，也将先进的技术扩散到了中国企业，带动了上游材料及设备的本土化。2011 年，我国在液晶行业产业链上游材料的本土化工作上取得了较大的进展。

基板玻璃首先被国内厂商本土化攻陷，以彩虹、旭飞、东旭及成都中光电为代表的国内基板玻璃企业成功进军基板玻璃领域，打破国外垄断，成为液晶上游材料国产化的样板。基板玻璃国产化步伐明显加快。

本土光学膜厂商在国际光学膜巨头的垄断中也取得突围，凯鑫森背光源模组用光学膜生产项目的投产，填补了国内此项技术的空白，改变了我国在这一领域全部依赖进口的局面；康得新开发的两款增亮膜产品替代了目前韩国三星量产中的增亮膜产品，成为京东方的配套工厂；深圳三利谱生产出国内首条宽幅（1 490mm）TFT 型偏光片，打破了国内中、大尺寸 TFT 偏光片完全依赖进口的局面。

根据我们的统计，由于中国大陆面板投资的拉动，2011 年，液晶行业上游材料和设备共实现新增投资约 107 亿美元，折合人民币接近 700 亿元，其中，国外厂商的投资约 30 亿美元，折合人民币约 195 亿元，占比为 28%。其他 72%的投资均系国内厂商所为。其中，液晶基板玻璃新增投资约 350 亿元，偏光片为 13 亿元，液晶材料为 11 亿元，膜材及背光材料为 70 亿元，设备、IC 等其他投资为 60 亿元，合计为 504 亿元。

根据我们的不完全统计，2011 年在液晶行业的上游材料领域，全年的市场规模累计约为 166 亿元。

1. *液晶材料*

2011 年，全球液晶材料行业被德国 Merck 和日本 Chisso 垄断的局面仍未被完全打破。日本 Chisso 的市场份额不断扩大，有超越德国 Merck 成为全球第一的趋势。在整体经济环境不振和行业低迷的大背景下，全球液晶材料市场需求量与 2010 年相比略有下降。国内企业在稳固旧有市场地位的基础上，不断取得技术及专利突破，使得国产化配套比例稳步提升。

在液晶单体市场，2011 年国内企业的销量受出口萎缩的影响有约 20%左右的衰退，达到约 400t。目前国内的主要厂商是：西安瑞联、西安彩晶、烟台万润、浙江永太、上海康鹏和江苏广域。这些企业的主要客户是德国 Merck 和日本 Chisso。

在混合液晶市场，TN/STN 型液晶基本上被国内企业所垄断，上述国外企业基本退出了该领域。根据我们的不完全统计，2011 年的销量约为 68t，在全球所占的市场份额超过了 80%。但在高端 STN 型液晶和宽温液晶等方面，Merck 和 DIC 还有一定的市场份额。TFT 型液晶全球每年的需求量为 350～400t，国内企业如诚志永华、江苏和成和北京八亿时空等企业 2011 年的销量合计只有约 8.5t，在全球的占比还比较少，90%左右的市场被德国 Merck 和日本 Chisso 所占据。与 2010 年相比，国内企业 2011 年混合液晶的销量增长了 60%。

根据我们对国内主要企业的不完全统计，2011 年国内液晶材料市场规模约为 18 亿元，与 2010 年相比缩减了 10%。

在专利技术上，Merck 和 Chisso 拥有较多数量，其中很大一部分将要到期。这些企业正通过将单体专利转变成配方专利的形式延长有效期，这给国内企业的国产化进程造成了新的障碍。国内企业通过对液晶专利尤其是 TFT 型液晶专利的常年分析、研究，目前已经取得了多项关键突破。

未来国内企业还会继续扩大在 TFT 型液晶上的投资，争取进一步扩大产能。2011 年 11 月，诚志永华承建的 TFT 液晶材料暨其他显示材料生产基地项目开工建设。该项目建设分两期完成，一期投产后年产 TFT 液晶能力达 50t，其他液晶 20t。二期完成后，年产 TFT 液晶 100t。达产后预计实现年销售收入 16.7 亿元。此外，江苏和成也计划在 2014 年前将现有年产 20t 的产能扩大到 100t。

2. *基板玻璃*

2011 年，全球基板玻璃的市场规模折合人民币约为 937 亿元（145 亿美元），同比下降 14%。出货面积约为 3.23m^2，只比 2010 年减少了 1%。造成市场规模衰退的主要原因是产品价格的大幅下降。2011 年各季度主要世代液晶基板玻璃平均价格如表 2 所示。

表 2 2011 年各季度主要世代液晶基板玻璃平均价格

（单位：美元/片）

规　格	第一季度	第二季度	第三季度	第四季度
8.5G	258.7	252.8	247.9	243.1
6G	134.1	131.1	128.5	126.1
5.5G	79.4	77.6	76.1	74.7
5G	72.8	71.1	69.8	68.4
4.5G	33.9	33.1	32.5	32.4

从表 2 可以看出，从 2011 年下半年开始，价格下降的幅度开始加大。价格下降首先是 2011 年第三季度由日本电气硝子率先在韩国市场开始的，从第四季度开始，前两大基板玻璃厂商康宁和旭硝子的供货单价比上一季度下调了 5%～10%，而在此之前的早些时候，这两家公司的降价幅度还不到 5%。

2011 年，国内之前投建的基板玻璃项目进展显著，部分厂商的产品已向客户供货，具体情况如表 3 所示。

表 3 2011 年国内基板玻璃企业项目建设成果

公　司	项　目	成　果	备　注
康宁	北京第 8.5 代前段熔炉和后段裁切加工生产线	产线建设顺利推进	计划投资 8.7 亿美元，最大年产能 216 万片
旭硝子（昆山）	旭硝子显示玻璃（昆山）有限公司第 8 代 TFT-LCD 基板玻璃研磨切割生产线	正式投产	首期总投资 2.5 亿美元，最终投资总额约 10 亿美元，总占地面积 600 亩。待项目全部建成后将拥有 6 条研磨切割生产线，可年产基板玻璃 600 万 m^2
旭硝子（深圳）	旭硝子显示玻璃（深圳）有限公司第 8 代 TFT-LCD 基板玻璃研磨切割生产线	开工建设	计划投资 220 亿日元，月产能 12 万片
彩虹	咸阳 CX02 生产线	全线贯通，并已生产出合格的液晶基板玻璃产品	2009 年 5 月 19 日动工，3 条第 5 代兼容 5.5 代生产线，总投资 17 亿元，年产 221 万 m^2
彩虹	合肥第 6 代基板玻璃生产线 CH01 线	引板成功，首块半成品下线	6 月 29 日，基板玻璃良品率已接近设计良品率
东旭	郑州旭飞光电科技有限公司第 5 代基板玻璃	第一批 3 000 片第 5 代液晶基板玻璃正式发往下游用户	2009 年建设，首条生产线总投资 9 亿元，年产基板玻璃 78 万 m^2。8 月 16 日，一期工程全线投产
东旭	石家庄旭新液晶基板玻璃项目	首条生产线窑炉正式点火	2009 年 9 月 24 日奠基，该公司计划建设三条液晶基板玻璃生产线，年生产液晶基板玻璃 245 万 m^2
中建材	成都中光电科技有限公司第 4.5 代液晶基板玻璃	0.5mm 厚的基板玻璃生产线实现量产	规划分两期建成 10 条线，总建设规划用地 400 亩，其中一期工程 173 亩，总投资 27 亿元，共建设 3 条 0.5mm 的第 4.5 代（730mm×920mm）液晶基板玻璃生产线，设计产能 300 万片

在生产线逐渐投产的同时，新的投资也大幅增加，据初步统计，若东旭芜湖项目以一期工程投资额计算，2011 年计划投资总额已达 350 亿元，其中主要以东旭的投资为主。

康宁、旭硝子、电气硝子等国外企业投资中国的步伐不断加快，国内企业目前在技术积累、良率、质量、专利以及上游产业链配套等方面还与国外企业存在差距，需要进一步加快速度，争取占领更大的市场份额。

截至 2011 年年底，我国包括量产、在建以及拟建的本土化液晶基板玻璃生产线总计 30 条。其中包括，第 4.5 代生产线 3 条，第 5 代生产线 17 条，第 6 代生产线 10 条。如果加上外资企业在中国建设的液晶基板玻璃生产线，包括康宁在北京投建的 1 条第 5 代后段加工生产线和 1 条第 8.5 代前段熔炉及后段裁切生产线；电气硝子在上海投建的 1 条第 5 代后段加工生产线；旭硝子分别在昆山和深圳投建的各 1 条第 8.5 代后段加工生产线，则生产线总计为 35 条。

根据我们的不完全统计，国内主要基板玻璃厂商（包括外资厂商在国内投建的基板玻璃企业）2011 年的销售规模约为 11 亿元。

3. ITO 导电玻璃

目前，国内生产 ITO 导电玻璃的厂商约有 26 家，产线条数共计 54 条。其中，芜湖长信、蚌埠华益、深圳南玻和深圳莱宝 4 家企业总共拥有生产线 24 条，产量和销售规模的占比过半。

随着整个平板显示产业向中国的不断转移，日韩等国已逐步退出 ITO 导电玻璃行业，我国已经成为全球 ITO 导电玻璃的主要生产国。随着技术的不断成熟，成本压力越来越大，ITO 导电玻璃的竞争也日趋白热化。

2011 年，受益于触摸屏市场持续增长，国内 ITO 导电玻璃厂商的销售规模也不断扩大。根据我们的不完全统计，销售规模约为 28 亿元，销量约为 2 500 万 m^2，与 2010 年相比增长了 1 倍。

尽管我们在 ITO 国产化方面取得了很大成就，但从 ITO 导电玻璃的上游原材料来说，超薄基板玻璃和 ITO 靶材现在依然长期依赖进口。国内有些玻璃厂商和靶材厂商经过不断努力，已经实现了小规模商用，但离全面替代国外进口材料还相差甚远，ITO 导电玻璃产业链的完善尚需时日。同时，在 TFT 用 ITO 方面，特别是 PVD 设备领域我们还有很大差距。对 ITO 来讲，我们还可以开发更多的应用。

4. 彩膜

目前，国内只有第 5 代 TFT 面板生产线没有内置彩膜生产线，其余 TFT 面板厂均已实现了彩膜内置。上海光电富士是国内唯一一家供应第 5 代 TFT 面板彩膜的厂商，2011 年，该厂商实现销售收入 5 亿元，销量 500K 片，与 2010 年相比，销售收入增长了近 18%，销量增长了约 22%。

目前，上海光电富士的产能是两条线共 80K 片/月，原来玻璃厚度只是 0.5～0.7mm，2011 年经过生产线改造，已经可以生产 0.4mm 厚度的玻璃，产品尺寸范围是 1.77～23.6 英寸。

上海光电富士目前的产能只能满足国内 3 条第 5 代线大约 30%的需求。预计 2012 年，该厂商的销量将达到 700K 片，2013 年实现满产。

5. 偏光片

2011 年，全球大尺寸偏光片的市场规模约为 77 亿美元，销售面积约为 3.2 亿 m^2。跟 2010 年相比，虽然销售面积增长了 6%，但销售金额却下降了 5%，呈现出“量增额减”的态势。

在市场占有率方面，LG 化学在显示器领域位居第一；而在笔记本电脑领域，则以住友化学和日东电工合占 70%的市场份额领先；在液晶电视领域，日东电工以近 1/3 的市场占有率独占鳌头。

国内市场方面，目前，企业共有偏光片产线 9 条：盛波光电 3 条，三利谱 3 条，温州侨业 1 条、佛山纬达 2 条。其中 6 条生产 TN/STN-LCD 用偏光片，三利谱目前已成功生产出中小尺寸 TFT 偏光片，其国内第一条宽幅（1 490mm）TFT 型偏光片生产线已于 2011 年 8 月正式投产。盛波公司的宽幅（1 490mm）TFT 型偏光片生产线将于 2011 年 12 月底试生产（见表 4）。

表 4　国内主要偏光片厂家产线情况

厂　　家	生产产品	产线条数	投产时间	预产/实产（万 m^2/年）	
盛波光电	TN/STN	3	1996 年第三季度	230	230
温州侨业	TN/STN	1	2002 年第二季度	170	170
佛山纬达	TN/STN	2	2004 年第四季度	83	83
三利谱	TN/STN/TFT	2	2008 年第三季度	90	120
三利谱	TFT	1（1 490mm）	2011 年第三季度	400	—
盛波光电	TFT	1（1 490mm）	2011 年第四季度	400	—

除此之外，全球主要偏光片厂商都在我国投资建设了工厂。例如，LG 在广州建立的乐金化学、住友在无锡建立的无锡住化以及日东在深圳建立的深圳日东等。但这些企业都只从事偏光片的后段裁切，而关键的前段工序则仍然放在境外。

根据我们的不完全统计，2011 年，国内外资偏光片厂商的销售规模接近 150 亿元，比 2010 年的 70 亿元增长了 1 倍多。销售大幅增长的主要原因是国内液晶面板厂纷纷建设投产且国内的偏光片厂商还未开始涉足 TFT 尤其是宽幅 TFT 领域。本土偏光片厂商目前还主要以销售 TN/STN 及 3D 眼镜用偏光片为主，宽幅 TFT 偏光片还刚开始。2011 年，这三类偏光片的销售占比结构发生了改变，3D 眼镜用偏光片负增长，TFT 偏光片快速增长，TN/STN 偏光片稳步增长。

综合以上情况，扣除返销出口的因素，2011 年国内的偏光片销售规模约为 12 亿元，同比增长了 20%。

今后，随着国内面板厂的逐步投产，国内大尺寸偏光片市场给本土偏光片厂商提供了发展机遇，深圳三利谱和盛波光电都有在现有宽幅 TFT 偏光片产线上继续投资的计划，预计到“十二五”末，偏光片的国产化配套率将达到 30%。

6. 背光模组

LED 背光在继 2010 年大幅增长之后，从 2011 年开始主导背光领域。在 CCFL 时代，国内由于上游面板产业链的薄弱，背光模组产业没能获得很好的发展，LED 时代将是中国背光模组产业加速发展的一个有利时机。

由于近年来液晶显示产业的竞争越来越激烈，企业为解决与国际大厂争夺关键原材料、成本降低、产品差异化等问题，内制化与垂直整合日益盛行，背光模组产业同样如此，因此，由电视厂或面板厂组建背光模组厂，进行配套生产，最终形成产业集群，将成为未来 LED 背光模组产业的主流经营模式。

国内的背光模组企业多数为台企，基本上与大陆的电视整机厂商开展合作。另外，面板厂商对背光模组的投资从 2011 年开始也有所增加。例如，位于鄂尔多斯的内蒙古特弘众普新光源科技有限公司 LED 背光源复合导光板生产线于 2011 年 10 月投产。其项目总投资 60 亿元，包含两个子项目，其一为投资 25 亿元、年产 42 英寸超薄复合导光板 6 000 万片的 LED 平板光源项目，已经启动，年内达到 1 000K 片/月的产能；其二为投资 35 亿元的年产 60 万吨 PMMA 板项目。台湾茂林也决定在北京投资设立大尺寸导光板生产基地的方案，投资金额为 3 500 万美元。第一阶段将设置 30 万片/月的产能，最终规划为 75 万片/月。

当前，国内背光模组厂商所面临的主要问题依然是产品只停留在设计组装阶段，上游产业链并没有完全建立起来，尤其是科技含量高、产品附加值高的部分依然被国外所控制。因此，加大新产品和新技术的研发投资力度，加快量产步伐是产业今后的努力方向。

2011 年，经过我们的不完全统计，国内背光模组企业的销售规模依然过百亿元，只是各厂商返销出口的比例均有不同程度的降低，而内销的比例则有所提高，内销的规模约为 42 亿元，相比 2010 年增长了近 17%。

7. 触摸屏

2011年最热的平板显示技术当属触摸屏技术。近几年来，在iPhone的带动下，电容式触摸屏逐步走热，2011年超过电阻式成为主流。而电容式触摸屏的厂商也日益增多，以至于行业竞争达到了混战的状态。不同背景的厂商均加入了触摸屏的行列，试图分一杯羹。其中，以韩国、日本、中国台湾地区、中国大陆地区厂商为多。韩系厂商多为面板厂商出身，如三星、LG，主要集中在AM-OLED，走On-Cell的技术路线，三星拥有全球绝大部分产能。日系厂商以老牌的面板厂商为主，如夏普、东芝，走In-Cell技术路线，目前夏普、东芝具备量产能力，但良率尚不高。也有像日本写真这样的非面板厂商进入触摸屏领域。台系厂商一部分为面板厂商，如奇美、友达等，走On-Cell和In-Cell的技术路线，另一部分为TPK等非面板厂商。台系厂商目前是触摸屏领域的一股重要力量，拥有全球最大的产能，发展最早并且技术也多样。大陆厂商进入电容式触摸屏行业较晚，以莱宝为代表的传感器厂商2010年开始为台湾TPK配套量产传感器，之后以其高速成长和丰厚的利润吸引众多厂商纷纷投身进来。无论在产能、技术还是战略上，大陆厂商都较台湾厂商迟一步。

触摸屏应用的范围呈现多样化，手机、电子阅读器、平板电脑各大市场全面启动。首先，手机是触摸屏的主要市场。以出货量来看，手机仍是触摸屏技术最主要的应用。其次，笔记本电脑设备上的触摸屏应用越来越多。最后，数字相机、摄录像机等领域触摸屏应用也将有不错成长。此外，随着触摸屏技术在高透光率、低能耗与手势识别方面发展更出色，将使得触摸屏技术有机会在新应用领域，如电子阅读器、游戏机等做进一步渗透。

2011年，全球触摸屏市场的规模已达到销售量12亿片，同比增长60%，销售额约为130亿美元，同比增长90%*。国内的触摸屏厂商现有100余家，过去均以生产电阻式触摸屏为主，从2010年开始才开始积极扩张电容式触摸屏的产能。

根据我们对国内主要触摸屏厂商的不完全统计，2011年国内触摸屏市场的规模约为20亿元，与2010年相比，增长了1/3。

在上游产业链的国产化配套方面，国内触摸屏厂商在ITO导电玻璃、盖板玻璃及触控IC等方面已经开始实现自制，产业链逐步完善。

8. 其他材料

2011年，液晶行业上游其他材料，如光学膜、靶材、掩膜版、驱动IC、特殊气体、导电胶、光刻胶等纷纷有企业进行投资。

目前国内光学膜的主要厂商为合肥乐凯、北京康得新和上海凯鑫森。合肥乐凯2011年投建了二期TAC膜生产线，其光学硬化膜产线也于6月开始量产；上海凯鑫森则继续扩大旗下光学膜生产线，在已有6条产线的基础上，2011年7月再投资2.2亿元建设19条生产线；北京康得新在2011年10月在张家港投建了年产4 000万m^2的光学膜生产基地，主要产品为扩散膜、增亮膜、ITO膜、IMD膜、导光膜、3D膜等光学膜。

靶材方面，国内的主要厂商有常州苏晶和宁波江丰等。常州苏晶主要生产Mo靶材和Al靶材，主要客户是中华映管、友达和奇美，目前已开始向国内的面板厂商小批量供货；宁波江丰目前的工厂仅具备样品生产能力，预计2012年才能形成批量产能。

驱动IC方面，2011年6月，江苏汇成微在扬州投建的驱动IC项目开工。该项目总投资约30亿元，分两期投资。全部达产后，将会形成月产8英寸芯片5万片、12英寸芯片1万片、测试封装集成电路1.47亿颗的生产规模。

---

* 2011年触摸屏及其材料新建项目及新增产能情况详见《平板显示产业2011年盘点》中的表7。

特种气体方面，目前国内的主要厂商包括洛阳黎明化工设计研究院和位于邯郸的中国船舶重工集团 718 所。前者可以生产 SF_6、CF_3 和 CF_4 气体，而后者的主要产品是 NF_3 和 H_2 气体。

根据我们对这些厂商的不完全统计，2011 年液晶面板其他材料的市场规模约为 30 亿元，相比 2010 年增长了 36%。其中，特种气体的市场规模约为 6 亿元，光学膜的市场规模约为 5 亿元，掩膜版的市场规模约为 3 亿元，靶材的市场规模约为 2 亿元，其他材料如驱动 IC、导电胶、光刻胶、湿化学品和金属边框元器件等的市场规模合计约为 14 亿元。

（三）设备

随着国内面板生产线的不断投资建设，国外设备厂商也加紧了向中国大陆转移的速度。目前，面板生产线的主要设备均为国外厂商所提供，国内设备厂商能为面板厂商进行国产化配套的设备主要有：自动化光学检测设备，代表厂商为肇庆中导；UV 固化炉、真空退火炉，代表企业为北京七星华创；自动超声波清洗设备，代表企业为北京清大天达；物流传送系统，代表企业为七星华创和清大天达；高真空专用干泵，代表企业有苏州瑞昇和北京京东方真空技术公司。此外，深圳清溢除为面板厂商提供掩膜版外，还能生产激光修复设备。

根据我们对以上设备厂商的不完全统计，2011 年，国内设备的市场规模约为 25 亿元，比 2010 年增长 25%。

2011 年电子信息产业统计公报

工业和信息化部运行监测协调局

2011 年是我国电子信息产业调整转型的重要一年。面对国际环境新变化和国内经济运行新形势，全行业努力克服各种困难，不断巩固和扩大应对国际金融危机的成果，产业发展呈现出生产较快增长、投资高位运行、外贸出口逐步趋稳、结构调整扎实推进的良好局面，为推动信息化发展和促进两化融合发挥了积极作用，在国民经济发展中的地位不断提高。

一、产业地位保持领先，经济贡献日益突出

（一）在工业行业中保持领先地位

2011 年，规模以上电子信息制造业增加值、投资增速分别高于工业平均水平 2.0 和近 20 个百分点。行业收入、利润占全国工业比重分别达到 8.9%和 6.1%，电子制造业在整体工业中的领先和支柱作用日益凸显。

（二）对国民经济的贡献日益加大

2011 年，规模以上电子信息制造业从业人员 940 万人，比 2010 年新增 60 万人，占全国城镇新增就业人口的 4.9%。上缴税金 1 245 亿元，同比增长 31.0%，增速高出全国工业平均水平 6.2 个百分点。电子信息产品进出口总额达 11 292.3 亿美元，占全国外贸进出口总额的 31.0%。电子信息产业在国民经济中的重要性不断提高。

（三）为信息化建设发挥有力支撑

截至 2011 年年底，我国手机普及率达到 73.6 部/百人，比 2010 年提高 9.2 部/百人；3G 网络渗透率达到 13.0%，比 2010 年提高 7.5 个百分点。我国互联网普及率达到 38.3%，比上年提高 4.0 个百分点；其中手机上网用户占到网民总数的 69.4%，比上年提高 3.2 个百分点。城镇居民的彩电、计算机拥有率超过 135 台/百户和 70 台/百户，均比上年有所提高。金融、电信、电力、能源和政府等领域的软件业务收入增势迅猛；信息技术对其他行业的渗透进一步深化，为改造提升传统产业、促进工业节能减排、扶持中小企业发展及推动通信业转型发展等发挥了积极作用。

（四）全球产业大国地位不断凸显

2011 年，我国彩电、手机、计算机等主要电子产品产量占全球出货量的比重分别达到 48.8%、70.6%和 90.6%，均名列世界第一位。软件业收入占全球软件企业收入的比重超过 15%。我国电子信息产业的国际地位不断提高。

二、产业规模持续扩大，结构调整扎实推进

（一）产业规模稳步增长

2011 年，我国电子信息产业实现销售收入 93 000 亿元，增幅超过 20%；其中，规模以上制造业实现收入 74 909 亿元，同比增长 17.1%；软件业实现收入 18 468 亿元（快报数据），比上年增长 35.9%。

规模以上电子信息制造业实现销售产值 75 445 亿元，同比增长 21.1%。手机、计算机、彩电、集成电路等主要产品产量分别达到 11.3 亿部、3.2 亿台、1.2 亿台和 719.6 亿块，同比分别增长 13.5%、30.3%、3.4%和 10.3%。

（二）经济效益波动明显

2011 年，规模以上电子信息制造业实现主营业务收入 74 909 亿元，同比增长 17.1%；实现利润总额 3 300 亿元，同比增长 16.8%。行业销售利润率为 4.4%，与 2010 年基本持平；全年有 6 个月份的利润呈下降态势，波动较为明显。行业主营业务成本占主营业务收入的比重达到 88.7%，比 2010 年提高 0.6 个百分点。行业中亏损企业 2 497 个，同比增长 36.7%，企业亏损面达到 16.6%；亏损企业亏损额同比增长 52.9%。

（三）外贸增速逐步趋稳

2011 年，电子信息产品进出口增速呈前高后低态势，全年进出口总额达到 11 292.3 亿美元，同比增长 11.5%，占全国外贸总额的 31.0%。其中，出口 6 612.0 亿美元，同比增长 11.9%，增速比 2010 年同期下滑 17.4 个百分点，占全国外贸出口额的 34.8%；进口 4 680.3 亿美元，同比增长 11.0%，增速比 2010 年同期下降 23.0 个百分点，占全国外贸进口额的 26.8%。出口额排名前三位的产品为：笔记本电脑 1 058.8 亿美元，增长 11.1%；手机 627.6 亿美元，增长 34.3%；集成电路 325.7 亿美元，增长 11.4%。

（四）投资保持快速增长

2011 年 1～11 月，电子信息产业 500 万元以上项目完成固定资产投资 8 183 亿元，同比增长 56%，高于工业投资 29.2 个百分点。其中，电池行业完成投资达 1 505 亿元，占全行业投资的比重为 18.4%，同比增长 111.7%，成为电子信息产业中投资最密集、增长最快的领域。1～11 月，电子信息产业新开工项目 6 523 个，同比增长 59.1%，扭转了 2010 年同期下滑的局面。其中，电子元器件、信息机电和信息化学品制造行业新开工项目数增长均超过 55%，个数占全行业的 70%。

（五）结构调整不断深化

1. 软硬件比例趋于合理，行业结构不断改善

2011 年，我国电子信息产业中软件业收入比重接近 20%，与上年（17.5%）相比有明显提高。在制造业中，随着新型显示器件、LED、光伏产品等领域的快速发展，电子元、器件和电子材料行业收入比重达到 36.7%，比上年提高 1.2 个百分点。在软件业中，服务化趋势明显，信息技术咨询服务、数据处理和运营服务分别实现收入 1 864 和 3 028 亿元，所占比重分别达到 10.1%和 16.4%，比上年分别提高 0.7 和 1.1 个百分点。

2. 内销市场稳步增长，产业对外依存度下降

2011 年，规模以上电子信息制造业实现内销产值 34 165 亿元，同比增长 31.0%，比行业销售产值增速和出口交货值增速分别高 9.9 和 17.1 个百分点。电子制造业对外依存度（54.7%）比上年下降 3.5 个百分点。

3. 内资企业快速发展，本土企业实力增强

2011 年，规模以上电子信息制造业中内资企业销售产值、出口交货值增速分别达到 31.1%和 16.4%，分别高于行业平均水平 10.0 和 2.5 个百分点。内资企业经营水平不断提高，销售利润率达到 6.6%，高于行业平均水平 2.2 个百分点。

4. 产业转移步伐加快，区域结构持续优化

2011 年，中、西部地区规模以上电子信息制造业销售产值分别增长 63.1%和 74.3%，分别高出全国平均水平 42 和 53.2 个百分点；两个地区实现出口交货值增长均超过 110%。东部地区电子制造业销售产值和出口交货值分别增长 15.9%和 9.1%，分别低于全国平均水平 5.2 和 4.8 个百分点，产业在东部地区的销售产值和出口交货值比重（84.6%和 91.5%）分别比 2010 年同期下降 3.8 和 4.0 个百分点。

5. 外贸结构继续调整，抵御风险能力增强

2011 年，我国电子信息产品出口中：一般贸易出口 1 194.7 亿美元，同比增长 22.3%，比重达到 18.1%，较上年提高 1.6 个百分点；内资企业出口 1 237.7 亿美元，比重达 18.7%，比上年提高 0.8 个百分点；前十位出口对象所占比重为 72.3%，比上年下降 0.3 个百分点；出口前五位省市所占比重为 84.9%，比上年下降 2.2 个百分点。

（六）科研创新成果显著

截至 2011 年年底，全国信息技术领域专利申请总量达到 136.4 万件，占工业行业专利申请量的 35.7%；比上年增加 22.95 万件，同比增长 20.2%；信息技术领域专利申请总量和新增量在各工业行业中均居于首位。产业内领军企业华为和中兴的专利申请量分别达到 3.04 万件和 2.48 万件，明显领先于其他企业。在 2011 年度国家科学技术奖励大会上，武汉邮电科学研究院、海尔集团和华为技术有限公司等多家企业荣获国家科学技术进步奖，在新型显示技术、移动宽带、光通信等多个领域取得新突破，为促进产业结构调整，推进产学研体系健康发展发挥了积极作用。

在当前的产业运行中，也存在一些问题和矛盾，需要引起重视并及时采取应对措施。一是自主创新不足、缺乏核心技术，产业发展受制于人。二是国内成本优势正在逐步削弱，原材料价格、用工成本持续走高，人民币面临的升值压力将加大，沿海地区土地日趋紧张，传统的制造业基地地位面临挑战。三是行业发展秩序仍待规范，部分领域重复建设现象明显；价格战等低端竞争形式依然存在；产品质量和售后服务问题仍较突出。

下一阶段，国际经济环境复杂严峻，国内经济发展中不平衡、不协调、不可持续的矛盾和问题仍很突出。产业发展面临着国际市场需求疲软、贸易保护主义愈演愈烈、世界范围内信息技术产业竞争加剧等挑战；同时也具有国内市场稳步增长、信息化建设全面深化、产业结构持续调整等积极因素，预计 2012 年产业发展增速将与 2011 年基本持平。我们既要看到诸多有利条件，坚定发展的信心，更要充分估计形势的复杂性和严峻性，切实增强危机意识和忧患意识，做好应对更大困难挑战的准备。

附表：

表 1 2011 年电子信息产业主要指标完成情况

	单 位	2011 年	增速（%）
一、规模以上电子信息制造业			
主营业务收入	亿元	74 909	17.1
利润总额	亿元	3 300	16.8
税金总额	亿元	1 245	31.0
从业人员	万人	940	6.8
固定资产投资	亿元	8 183	56.0
电子信息产品进出口总额	亿美元	11 292.3	11.5
其中：出口额	亿美元	6 612.0	11.9
进口额	亿美元	4 680.3	11.0
二、软件业			
软件业收入	亿元	18 468	35.9

续 表

	单　位	2011 年	增速（%）
三、主要产品产量			
手机	万部	113 257.6	13.5
微型计算机	万台	32 036.7	30.3
彩色电视机	万台	12 231.4	3.4
集成电路	亿块	719.6	10.3
程控交换机	万线	3 034.0	-3.2

附图：

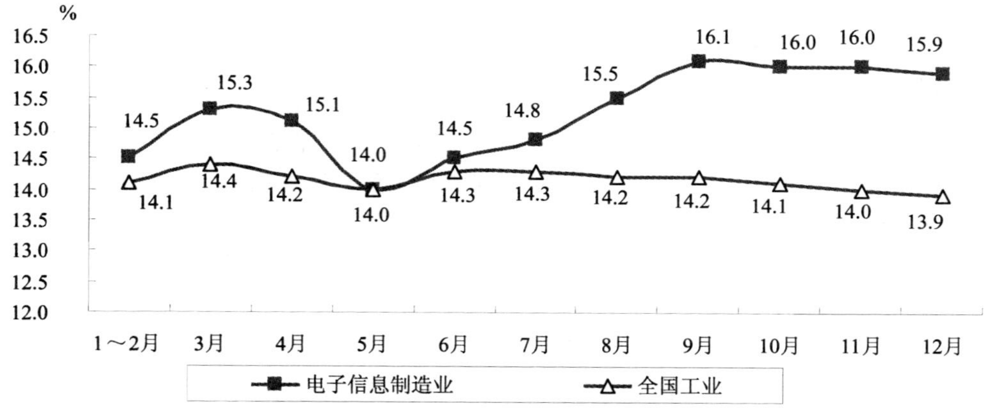

图 1　2011 年电子信息制造业与全国工业增加值累计增速对比

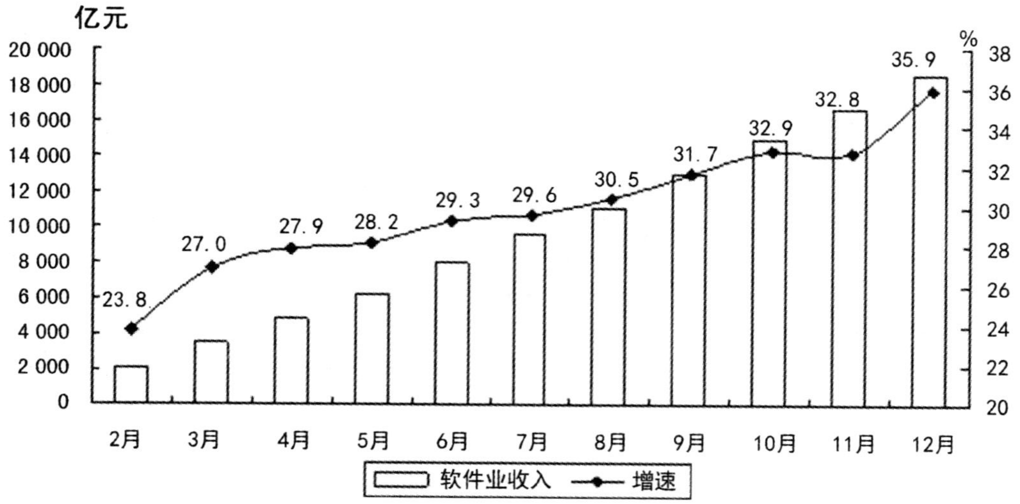

图 2　2011 年软件业累计收入完成情况

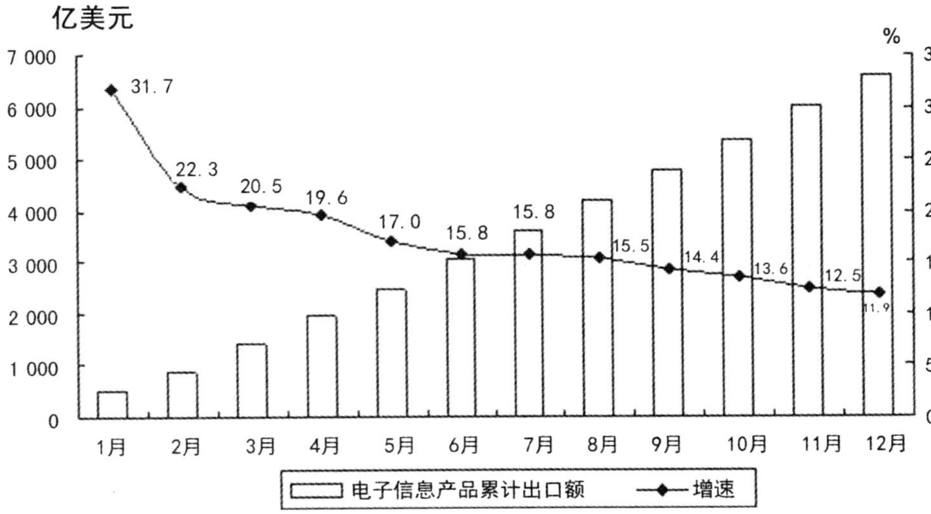

图3 2011年电子信息产品累计出口额情况

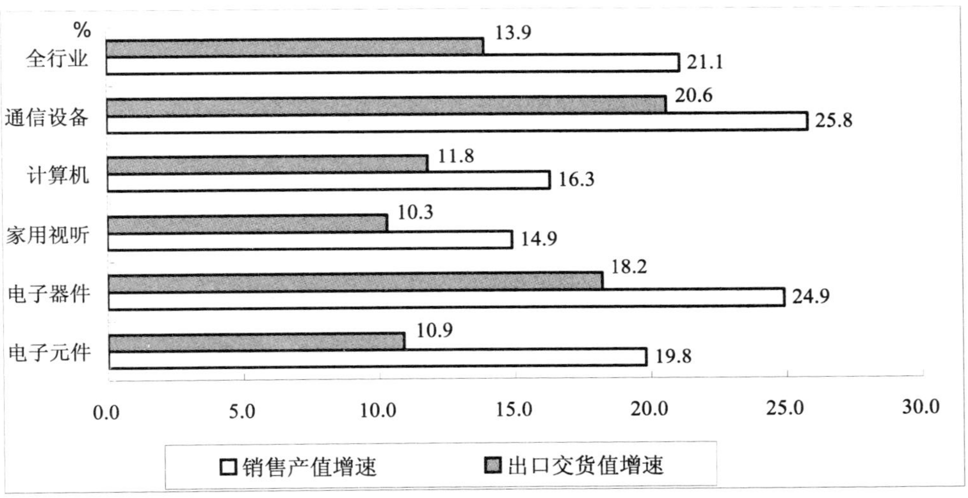

图4 2011年电子信息制造业主要行业发展态势对比

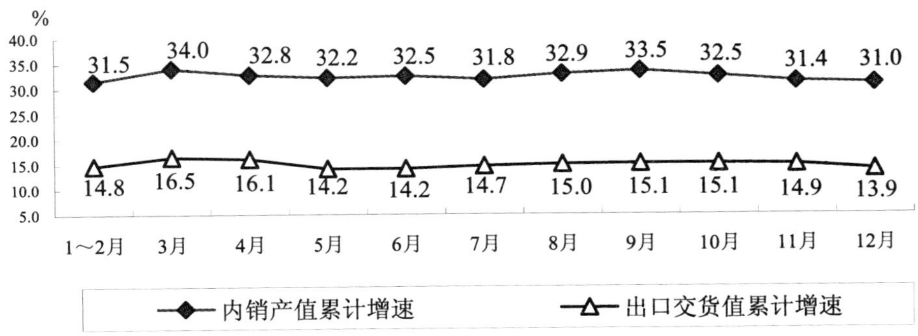

图5 2011年电子信息制造业内外销产值累计增速对比

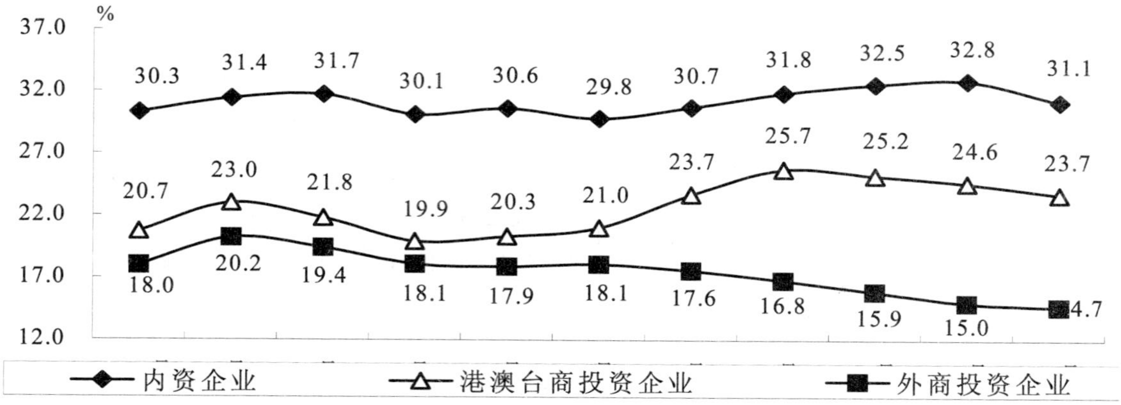

图 6　2011 年电子信息制造业不同性质企业销售产值累计增速对比

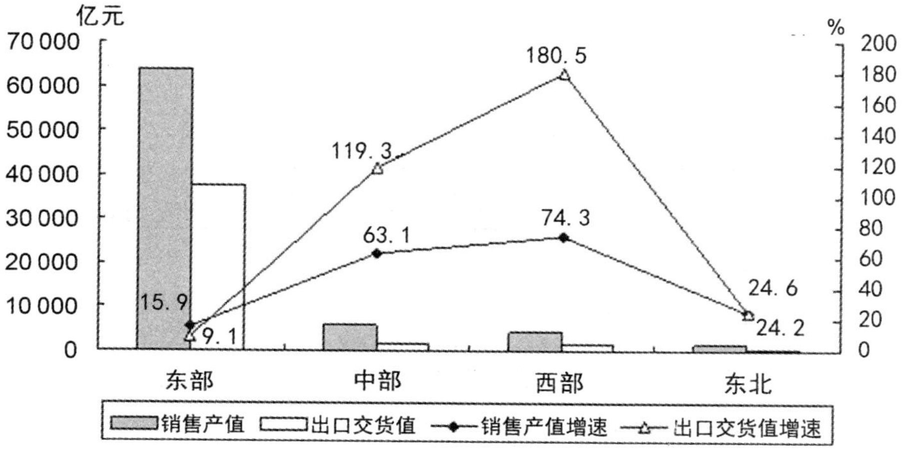

图 7　2011 年东、中、西、东北部电子信息制造业发展态势对比

平板显示产业2011年盘点

一、面板产业：小尺寸赚 大尺寸亏

2011年，受美债风波和欧债危机的影响，整个世界经济低迷，消费者消费意愿下降。大尺寸平板显示产业亦显现出萧条景象，液晶面板厂商获利者寡亏损者众；等离子面板厂商则减产自保。然而在中小尺寸领域，液晶面板在智能手机及平板电脑需求的驱动下表现不俗，OLED则在三星的推动下逆市发展。整个市场可以用“小尺寸赚，大尺寸亏”一句话来概括。

（一）液晶面板：苦乐不均

DisplaySearch数据显示，2011年液晶面板厂商营收达到854亿美元，相对2010年的923亿美元有所下降。

大尺寸面板方面，液晶电视面板出货量达到2.127亿片，显示器面板出货量为1.97亿片，笔记本电脑面板出货量为2.821亿片。反观2010年全年的面板出货数据，这三种应用类别的面板出货量分别为2.148亿片、2.069亿片、2.344亿片，2011年除显示器面板有所减少之外，其余的为正增长状态（见表1）。

表1 2010—2011年大尺寸面板出货量

（单位：百万片）

2011年													
时 间	1月	2月	3月	4月	5月	6月	7月	8月	9月	10月	11月	12月	合计
TV	16.5	15.8	18.2	17.5	17.7	18	17.1	17.7	18.5	18.9	19.8	17.0	212.7
MNT	17.1	14.4	18	17	17.7	16.4	15.3	16.6	16.4	15.7	16.1	16.3	197
NB	19.8	18.3	23	23.6	26.5	25.9	25.9	25.8	26.1	23.7	21.1	22.4	282.1
2010年													
TV	16.1	14.3	16.9	16.8	17.6	17.6	18.2	19.5	19.8	18.9	20.1	19.0	214.8
MNT	18.7	15.0	19.8	17.7	18.8	17.9	16.2	15.6	15.2	16.1	18.3	17.6	206.9
NB	17.1	16.2	19.6	18.5	21.4	21.0	18.0	18.8	19.6	20.3	22.1	21.8	234.4

资料来源：DisplaySearch。

在出货量增长的情况下，面板厂商的营收不增反降，已体现出2011年大尺寸面板价格依然处于下跌趋势。例如，42英寸液晶电视的平均价格由2011年第一季度的243美元下跌至第四季度的210美元，17英寸显示器面板由57.6美元下跌至55.5美元，14英寸笔记本电脑面板由42.4美元下跌至38美元（见图1）。正是由于价格的下跌，2011年多数面板厂商大幅亏损。

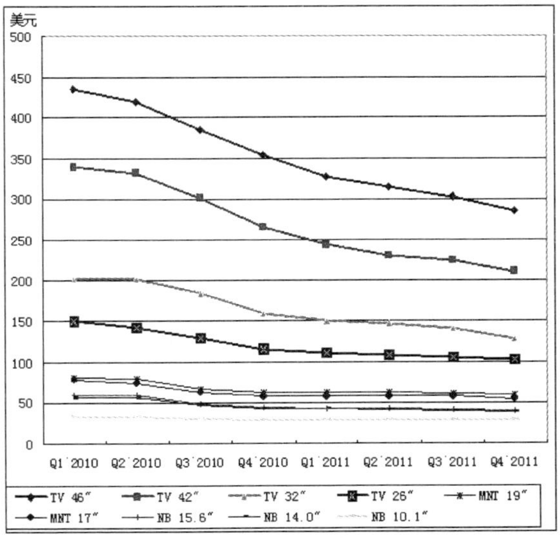

图1 2010—2011年大尺寸液晶面板价格变化

资料来源：Witsview。

中小尺寸面板方面，苹果犹如“财神爷”，其中小尺寸面板的订单往往给面板厂商带来一笔丰厚的利润，使得一些在大尺寸领域亏损的面板厂商减亏。同时由于苹果iPhone及iPad的推出，智能手机及平板电脑一时风靡，拉动了中小尺寸面板的需求，在出货量和价格方面都有所增长。据台湾拓墣产研的数据显示，

2011 年全球手机及平板电脑液晶面板的出货量达到了 16.84 亿片，比 2010 年的 16.14 亿片增加 7 000 万片，其中传统的 STN 型液晶面板的市场份额逐步被 TFT-LCD 所挤占，而在 TFT-LCD 中，LTPS 面板也在逐步增加（见表 2）。

表 2　2010—2011 年全球手机及平板电脑面板出货量

（单位：亿片）

时　　间	2010 年				2011 年			
	第一季度	第二季度	第三季度	第四季度	第一季度	第二季度	第三季度	第四季度
LTPS TFT-LCD	0.69	0.78	1.02	0.96	0.96	1.02	1.08	1.08
a-Si TFT-LCD	2.34	2.52	2.64	2.25	2.28	3	3	2.8
CSTN LCD	0.66	0.66	0.48	0.48	0.36	0.36	0.24	0.24
MSTN LCD	0.18	0.18	0.18	0.12	0.12	0.06	0.12	0.12
合计	3.87	4.14	4.32	3.81	3.72	4.44	4.44	4.24
全年	16.14				16.84			

注：2011 年第四季度为估算值。

资料来源：台湾拓墣产研。

价格方面，根据 DisplaySearch 的报告显示，中小尺寸 TFT-LCD 的单片平均售价从 2010 年第三季度的 10.86 美元涨到 2011 年第三季度的 12.78 美元。其中，非晶硅（a-Si TFT-LCD）的价格从 9.49 美元涨到 10.24 美元；低温多晶硅（LTPS TFT-LCD）的价格涨幅更加明显，从 14.87 美元涨到 21.72 美元（见图 2）。正是由于价格的上涨，中小尺寸的利润空间渐渐放大。

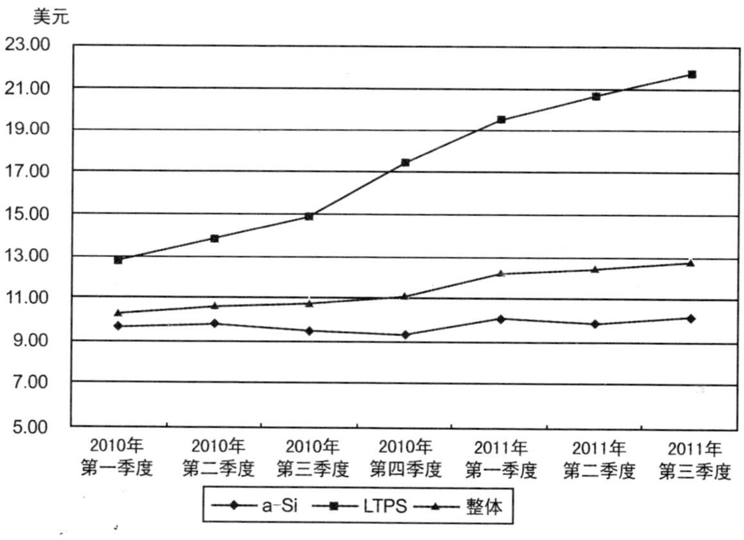

图 2　2010—2011 年中小尺寸 TFT-LCD 的平均售价

资料来源：DisplaySearch。

尽管小尺寸领域价量齐升，但这一领域的产值只占整个液晶面板产业的一小部分，难以弥补液晶面板厂商们在大尺寸领域的亏损，因此，对于液晶面板厂商来说，2011 年也算是寒冬，液晶面板行业也有了一定的调整。

从厂商分布上来讲，日本索尼所选择的是将其与三星合资企业的股权出售给三星，退出液晶面板领域；松下对此也举棋不定，原先计划出售旗下的 IPS Alpha，在韩国三星与 LGD 宣布 2012 年投建或改造现有生产线进入大尺寸 OLED 领域之后，亦欲将现有生产线进行改造；而在小尺寸领域，由带有政府背景的投资公司整合日立、松下、索尼的小尺寸面板业务，组建 Japan Display 公司，使该公司一举成为全球中小尺寸面板的领头羊；夏普的生产线由于地震和需求的影响，产能利用率也不高。经过整合后的日本面板产业，一大一小的格局基本显现，即 Japan Display 专注小尺寸领域，夏普致力于大尺寸面板。韩国和中国台湾地区虽然没有进行企业间的整合，但投资计划无限期推迟，如 LGD 广州、三星苏州、友达昆山的第 8.5 代线均向后推迟，无明确的量产时间，同时面板厂商的高管也换了不少，台湾的面板厂商瀚宇彩晶甚至计划停止在公开市场销售其大尺寸液晶面板，转而仅为自有品牌显示器供应“限量版”面板。

从面板生产线产品的应用来看，形成了由大转小的趋势。由于中小尺寸的需求量提升，利润较为可观，面板厂商便将原来生产 IT 面板的生产线改造成生产中小尺寸产品，如第 5 代线，而原用于生产电视面板的第 6 代线替代第 5 代线的功能，甚至有厂商利用第 8 代线来生产平板电脑面板。然而，随着产能的逐渐扩大，供需的状况亦将改变，从 10 月开始，手机面板的价格开始出现下探趋势。

此外，大尺寸面板方面新的尺寸也开始推广，如 39 英寸、43 英寸、48 英寸等规格的面板。

反观国内，却是我国面板业里程碑式的一年，随着南京熊猫第 6 代线的投产、京东方及华星光电的第 8.5 代线陆续量产，正式标志着我国告别液晶电视面板全依赖进口的时代。然而，这三家企业可能将面临一段更艰苦的日子。

（二）等离子面板：外冷内热

等离子显示在近几年来一直处于衰退状态，日本的富士通、日立等厂商先后退出等离子领域。到目前为止，等离子面板的生产厂商也只剩下韩国的三星 SDI、LGE、日本松下以及我国的长虹。但松下也于 11 月宣布计划将其 2009 年 12 月才投产的尼崎第三等离子工厂关闭，只保留 2010 年 4 月投产的第四等离子面板厂，并且其产品更趋向于等离子拼接墙的应用。松下的这一举动，使得等离子电视面板的出货量呈下探趋势。台湾 DIGITIMES 的报告指出，2011 年全球 PDP 面板市场预估为 1 775 万片，将较 2010 年的 1 880 万片减少 5.6%。其中韩国 PDP 面板大厂三星 SDI 2011 年的 PDP 面板出货量预计可达到 676 万片，将较 2010 年增长 6%，增长率远优于市场平均水平。

2010 年第三季度至 2011 年第四季度全球 PDP 面板模块出货量变化情况如图 3 所示。

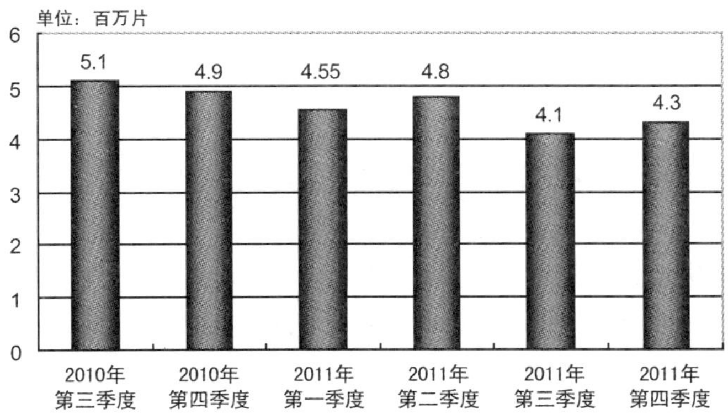

图 3 2010 年第三季度至 2011 年第四季度全球 PDP 面板模块出货量变化情况

资料来源：三星 SDI，2011/11；DIGITIMES 整理，2011/12。

在全球等离子面板出货量下滑的情况下，国内等离子面板的出货量开始攀升。随着长虹旗下虹欧等离子生产线产能的逐渐提高，加上可以算是长虹所有的合肥鑫昊等离子 2 月投产，另在电视从 2D 到 3D 转换，TCL、海信等整机厂商重拾等离子电视等多重因素的驱动下，国内等离子面板的出货数量相对于 2010 年来说有较大的提升。据相关资料显示，长虹等离子面板的产量已经由 2010 年的 40 万片提升到现在的 110 万片左右，2012 年的产量将达到 200 万片。然而，随着全球产能的逐步下调，相关的配套厂商亦会因无利可图而选择退出，所以现在对于国内的等离子面板生产商来说，加快原材料的本土化配套已成为当务之急，否则会遭“无米之炊”之困。

（三）AM-OLED：备受追捧

AM-OLED 无疑是 2011 年的一个热门话题，随着三星第 5.5 代 AM-OLED 的量产，AM-OLED 面板开始大规模进入智能手机及平板电脑领域，其中三星占据了大部分的产能，产品也主要供货给自主的手机品牌厂。在三星的带动下，AM-OLED 在智能手机及平板电脑领域的出货量 2011 年达到了 1.2 亿片，增长近 200%（见表 3）。同时，三星、LGD 及索尼等日韩厂商还高调宣布进入 OLED 电视生产领域，使得 OLED 霎时间成为业内追捧的对象，甚至出现将在几年内替代液晶成为主流的言论。

表 3　2010—2011 年全球手机及平板电脑的 AM-OLED 出货量

（单位：亿片）

时　间	2010 年				2011 年			
	第一季度	第二季度	第三季度	第四季度	第一季度	第二季度	第三季度	第四季度
AM-OLED	0.06	0.06	0.12	0.18	0.18	0.24	0.36	0.42
全年	0.42				1.2			

注：2011 年第四季度为估算值。

资料来源：台湾拓墣产研。

在外界热捧的环境下，2011 年国内的 AM-OLED 在投资及技术上均取得一定的突破。投资方面，京东方宣布在内蒙古鄂尔多斯兴建第 5.5 代 AM-OLED 生产线，维信诺 8 月宣布 AM-OLED 正式进军大规模产业化，彩虹的佛山项目后期工程逐步开工，信利等厂商也准备投建第 4.5 代的 AM-OLED 生产线。技术方面，维信诺先后宣布生产出 7.6 英寸、12 英寸的 AM-OLED 产品，佛山彩虹的 3.2 英寸 AM-OLED 屏于 10 月正式点亮。除此之外，国内的众多厂商还联合成立了中国 OLED 产业联盟，以求“抱团”发展。在 OLED 发展的过程中，我们要吸取 TFT-LCD 的经验和教训，在发展器件的同时加大上游材料的研发，以求在 OLED 大规模产业化到来之际与境外企业保持最小的差距。

（平板显示文摘　刘万贤）

二、行业虽难　上游材料投资热度不减

2011 年，液晶面板价格持续下挫，三星、友达等国际一线液晶面板大厂皆告亏损；而我国液晶面板企业在困难中依然前行，两条第 8.5 代线相继量产，新线建设也在积极推进。同时，上游原材料方面的投资建设，依旧持续升温。2011 年，我国有多条液晶基板玻璃线建成，多条膜材料线开工建设，偏光片项目也进展顺利。

（一）基板玻璃

2011 年，此前建设的基板玻璃项目陆续投产，部分厂商的产品已实现向客户供货，具体情况如表 4 所示。

表 4　2011 年 TFT-LCD 基板玻璃成果

日　期	公　司	项　目	成　果	备　注
1 月 16 日	彩虹	咸阳 CX02 生产线	全线贯通，并已生产出合格的液晶基板玻璃产品	2009 年 5 月 19 日动工，3 条第 5 代兼容第 5.5 代生产线，总投资 17 亿元，年产 221 万 m^2
1 月 30 日	彩虹	合肥第 6 代基板玻璃生产线 CH01 线	引板成功，首块半成品下线	6 月 29 日，基板玻璃良品率已接近设计良品率
3 月 20 日	东旭	郑州旭飞光电科技有限公司第 5 代基板玻璃	第一批3 000片第5代液晶基板玻璃正式发往下游用户	2009 年建设，首条生产线总投资 9 亿元，年产基板玻璃 78 万 m^2。8 月 16 日，一期工程全线投产
5 月 28 日	东旭	石家庄旭新液晶基板玻璃项目	首条生产线窑炉正式点火	2009 年 9 月 24 日奠基，该公司计划建设三条液晶基板玻璃生产线，年生产液晶基板玻璃 245 万 m^2
6 月 30 日	中建材	成都中光电科技有限公司第 4.5 代液晶基板玻璃	0.5mm 厚的基板玻璃生产线实现量产	规划分两期建成 10 条线，总建设规划用地 400 亩，其中一期工程 173 亩，总投资 27 亿元，共建设 3 条 0.5mm 的第 4.5 代（730mm×920mm）液晶基板玻璃生产线，设计产能 300 万片
11 月 22 日	旭硝子	旭硝子显示玻璃（昆山）有限公司第 8 代 TFT-LCD 基板玻璃研磨切割生产线	正式投产	首期总投资 2.5 亿美元，最终投资总额约 10 亿美元，总占地面积 600 亩。待项目全部建成后将拥有 6 条研磨切割生产线，可年产基板玻璃 600 万 m^2

在生产线逐渐投产的同时，新的投资也大幅增加（见表 5），据初步统计，若东旭芜湖项目以一期工程投资额计算，2011 年计划投资总额已达到 350 亿元，其中主要以东旭的投资为主。如此庞大的投资，如何解决资金问题将是这些企业所面临的问题。同时，LGD、三星、友达第 8.5 代线推迟的计划，也让基板玻璃的投资充满变数，其中的某些投资或许会因此而推迟甚至取消。

表 5　2011 年 TFT-LCD 基板玻璃新投资

日　期	公　司	项　目	方　式	投资额	年产能	备　注
4 月 15 日	东旭	辽宁营口基板玻璃生产线	签约	90 亿元	495 万片	将分两期建设 9 条 5～6 代 TFT-LCD 基板玻璃生产线，一期项目总投资 30 亿元
4 月 18 日	彩虹	佛山顺德第 8.5 代基板玻璃项目	签约	66 亿元	220 万片	首期投资 66 亿元，两年内先建成 8 条第 8.5 代生产线。年产第 8.5 代基板玻璃 220 万片。该项目最终将建 12 条第 8.5 代及以上世代线的平板显示用基板玻璃生产线，项目计划总投资约 116 亿元
6 月	中建材	佛山三水基板玻璃生产线	计划	约 40 亿元	9～12t	TFT-LCD 基板玻璃生产线项目由中建材投资 30 多亿元，用地 200 亩，建设 4 条第 6 代至第 8 代 TFT-LCD 基板玻璃生产线，单线投资 9 亿～10 亿元，预计年出货量达到 9～12t

续 表

日　期	公　司	项　目	方　式	投资额	年产能	备　注
6月23日	旭硝子	深圳第 8.5 代 TFT-LCD 基板玻璃项目	开工建设	220 亿日元（约 18 亿元）	144 万片	预计将于 2012 年实现量产
8月16日	东旭	郑州旭飞光电科技有限公司基板玻璃二期工程	开工建设	25 亿元	220 万 m^2	本项目将再建三条液晶基板玻璃生产线
9月28日	东旭	芜湖平板显示基板玻璃产业园项目	开工建设	350 亿元	未知	建设 50 条平板显示基板玻璃生产线，另配套建设液晶玻璃研究院和平板显示玻璃装备制造基地等项目。其中，一期项目建设 8 条第 6 代液晶基板玻璃生产线、1 条第 8.5 代液晶基板玻璃实验生产线。12 月 23 日的股票增发预案改为建设 10 条第 6 代（兼容第 5.5 代）TFT-LCD 基板玻璃生产线，项目总投资 757 652.00 万元，生产能力为第 6 代 TFT-LCD 基板玻璃 500 万片/年
11月20日	东旭	武汉光谷 TFT 液晶基板玻璃项目	签约	52 亿元	未知	东旭集团武汉液晶基板玻璃项目首期将建设 6 条生产线，2012 年年底投产后年产值将达 30 亿元以上，后期该项目还将建设 6 条生产线

（二）偏光片

2011 年，深圳三利谱和盛波光电的 1 490mm 宽幅 TFT-LCD 用偏光片生产线成功投产，结束了我国中、大尺寸 TFT 偏光片长期依赖进口的局面。

在 10 月 28 日投产的深圳三利谱光电的国内首条宽幅（1 490mm）TFT 型偏光片生产线，总投资 2.8 亿元，预计年产能为 600 万 m^2。根据公司的规划，在未来的 5 年内，将在此生产线的基础上，再建成 3 条宽幅 TFT 偏光片生产线，届时其总产能将达到 3 000 万 m^2/年。

12 月 28 日投产的深纺集团盛波光电 TFT-LCD 用偏光片同样是幅宽为 1 490mm。该公司规划的一期建设投资 9.26 亿元，建设一条幅宽 1 490mm 和一条幅宽 650mm 的 TFT-LCD 用偏光片生产线，新增产能 800 万 m^2。

（三）LC 及 OLED 材料

2011 年年初，阿格蕾雅光电材料有限公司入驻广东佛山，在佛山顺德区投资建设 OLED 材料核心产品研究与量产化生产基地。未来 5 年将计划总投资约 3 亿～5 亿元。

2011 年 11 月 12 日，国内首家百吨级 TFT 液晶材料生产基地在河北省石家庄高新技术产业开发区奠基。由石家庄诚志永华投资建设，项目总投资 3.2 亿元，建设分两期完成。其中一期项目 TFT 液晶材料年产可达 50t，TN、STN 型液晶达 40t。两期项目全部建成投产后，TFT 液晶材料可实现年产 100t。

此外，山东省胶南市引进新加坡 AJA 集团项目，总投资 1.2 亿美元。其中生产基地投资 7 000 万美元，主要生产液晶及配套产品、化工产品、光伏材料；研发中心项目投资 5 000 万美元，主要从事液晶材料的基础研究和应用研究，以及国际先进产品在中国的应用转化和测试。

烟台万润是 Merck、Chisso 和 DIC 全球重要的液晶单体和液晶中间体供应商之一， 2011 年液晶单体的销量快速增加，创出历史新高。

（四）膜材料及背光材料

在液晶显示用膜材料及背光材料方面，2011 年也有多条线投产、多条线投资开建。

3 月 3 日，中国乐凯集团股份有限公司液晶显示器用 TAC 膜二期生产线和太阳能电池背膜第三条生产线项目在河北保定正式开工建设，总投资 3.5 亿元。

6 月 28 日，韩国 SKC 功能薄膜项目正式落户江苏南通经济技术开发区，总投资 3 亿美元。

7 月 16 日，“液晶电视用新型光学材料项目”落户山西平遥。该项目一期投资 5.6 亿元，2012 年 4 月项目建成，预计年产 LED 背光用导光板 600 万 m^2。

凯鑫森上海功能性薄膜产业基地二期项目于 7 月 26 日在上海金山正式开工。其中投资 1.3 亿元的一期 6 条 TFT-LCD 光学膜生产线已建成投产，此次开工的二期项目投资 2.2 亿元，将再建 19 条 TFT-LCD 光学膜生产线，计划 2012 年 6 月完成。总共 25 条生产线建成后，可年产扩散膜、棱镜膜、微透膜和复合膜 7 440 万 m^2。

合肥乐凯科技产业有限公司 3 号精密涂布生产线 6 月正式量产。该生产线主要生产高档光学级聚酯薄膜深加工涂层材料，目前可生产平板显示用光学硬化膜和模内装饰技术（IMD）用光学硬化膜等。

8 月底，山东圣丰洋有限责任公司实施的特种聚酯薄膜项目正式在山东潍坊高新区落户。该项目总投资 9 980 万美元，主要建设 9 万 t 特种聚酯薄膜研发生产基地，生产的特种功能性聚酯薄膜广泛应用于电子、电气和太阳能产业，包括 TFT-LCD 背光源用基材膜片、热缩膜等特种薄膜产品。

8 月 22 日，天龙控股的山西金正光学科技有限公司的 TFT-LCD（LED）光学薄膜项目开工建设。该项目引进 5 条 1.2m 宽幅光学薄膜自动生产线，产量为 1 200 万 m^2/年。

10 月 18 日，北京康得新在张家港年产 4 000 万 m^2 的光学膜示范基地正式投产，主要产品为扩散膜、增亮膜、ITO 膜、IMD 膜、导光膜、3D 膜等光学膜。

10 月下旬，位于鄂尔多斯的内蒙古特弘众普新光源科技有限公司 LED 背光源复合导光板生产线投产。其项目总投资 60 亿元，包含两个子项目，其一为投资 25 亿元、年产 42 英寸超薄复合导光板 6 000 万片的 LED 平板光源项目，于 4 月 25 日启动，年内达到 1 000K 片/月的产能；其二为投资 35 亿元的年产 60 万吨 PMMA 板项目。

11 月初，苏州东山精密制造股份有限公司发布公告宣布，公司生产的液晶电视 LED 背光源已经进入批量生产阶段。

台湾茂林在 11 月 4 日举办的业绩说明会上表示，董事会已经通过在北京投资设立大尺寸导光板生产基地的方案，投资金额为 3 500 万美元。第一阶段将设置每月 30 万片的产能，最终规划为每月 75 万片。

（五）设备、IC 及其他

除上述投资外，2011 年在 PCB、设备、IC 等领域亦有不少新项目开建。

6 月 19 日，江苏汇成微电子有限公司在扬州市举行 LCD 驱动 IC 项目开工。该项目总投资约 30 亿元，分两期投资。全部达产后，将会形成月产 8 英寸 5 万片芯片、12 英寸 1 万片芯片、测试封装集成电路 1.47 亿颗 IC 的生产规模。

7 月 30 日，天津芯硕精密机械有限公司北方生产基地落户天津开发区。该项目计划投资 10 亿元，计划用 5 年时间，在开发区建立世界级集成电路装备工程技术中心，将主要建设激光直接成像设备系统、高端 PCB 及先进封装载板整机装备。

8 月上旬，由大连交通大学与中国建材国际工程集团有限公司双方共同建设的“光电应用材料大连产学研基地”落户大连旅顺科技创新园。该基地将投资 20 亿元，重点引入平板显示器 ITO 靶材、后续薄膜太阳能电池 AZO 靶材、铜铟镓硒靶材以及薄膜太阳能电池 4 个项目。

北京七星华创电子股份有限公司 9 月 28 日董事会通过决议，公司同意以超募资金 241.02 万元对

“TFT-LCD 专用设备产业化项目”追加投资。该项目总投资为 8 099 万元。由于 TFT-LCD 第 8 代（及以上）线生产设备的研发和制造需要，公司对与设计产能相匹配的设备采购、安装与调试及工器具的投资增加。本项目完成达产后，年产 UV 固化炉 10 台，磨边后清洗设备 10 台，自动移载设备 80 套。

除国内企业竞相进行平板显示上游材料、设备的投资建设外，境外资本也纷纷进入。

日本东京电子 1 月 18 日在昆山设立的东电光电半导体设备（昆山）有限公司，投资总额为 4 亿美元，其中一期投资总额 1.5 亿美元。东电昆山主要从事新型平板显示、太阳能和半导体设备的设计、研发、生产及售后服务。该项目达到设计生产能力后，将年产各类设备 500 台套。

4 月 20 日，四川省遂宁创新工业园与台湾志超科技在苏州举行入园协议签约仪式。此项目总投资约 3 亿美元，年产电路板约 400 万 m^2，建设期 5 年。

6 月 16 日，欧洲最大的印刷电路板生产商——奥地利奥特斯集团重庆生产基地在鱼复工业园奠基。该基地总投资为 6.2 亿美元，一期投资 2.97 亿美元建设生产基地，该项目预计两年建成，建成后产值将达 30 亿元。基地主要生产手机、掌上电脑等手提电子产品以及汽车所需的高技术印刷电路板。

11 月 1 日，扬州百德光电有限公司投产。该企业总投资 2 500 万美元。公司主要产品包括 TFT-LCD 面板薄化、玻璃强化等玻璃相关产品。百德光电系毛里求斯茂益国际有限公司在扬州设立的外商独资企业。公司在亚洲市场份额约占 60%，主要合作伙伴包括富士康、奇美电子、友达光电等。

川岳科技扬州有限公司 11 月正式运营投产。该公司主要生产与销售电子纸模块和中小尺寸（10.4 英寸以下）的薄膜晶体管彩色液晶显示面板，月产电子纸可达 250 万片以上。

综上所述，2011 年我国平板显示产业上游原材料方面投资规模空前，并涉及越来越多的领域。相信在业界企业的共同努力之下，制约我国平板显示产业发展的上游原材料瓶颈问题将会逐步得以解决。

（平板显示文摘 李雷广）

三、面板技术：LTPS 及氧化物 TFT 趋于成熟

尽管 2011 年液晶面板制造业在经济指标上表现疲软，但在技术方面却不断进步，低温多晶硅（LTPS）TFT 开始走进更高世代的面板生产线，氧化物 TFT-LCD 备受关注，窄边框技术使得诸多新尺寸的面板涌现市场。此外，光取向、高分辨率、新液晶配方、高开口率、低阻抗性金属材料、COA（Color Filter On Array）、薄玻璃基板、黑色矩阵宽幅缩减等技术亦成为面板厂商下一步将要发展的技术。

（一）LTPS 产业化加速

由于采用低温多晶硅（LTPS）工艺技术生产的液晶面板有利于提高面板开口率，使显示器亮度提升、耗电降低，适用于生产更轻薄、低耗电、高分辨率的产品。由于可提高载流子迁移率，电流驱动能力得到了提升，另外还可形成 n 通道 TFT 和 p 通道 TFT，因此除了显示器功能之外，还可在玻璃基板上一体集成以 CMOS 电路为基础的周边驱动电路、SRAM 电路以及 D-A 转换器等。通过实现周边驱动电路的一体化，能够提高可靠性。

在 2011 年 10 月 26～28 日举行的“FPD International 2011”（FPDI 2011）上，东芝移动显示器（TMD）展出 6.1 英寸 2 560×1 600 像素液晶面板。该面板的分辨率高达 498ppi，可显示与照片画质相媲美的影像，实现了不断推进高精细化。现有智能手机配备的是 330ppi 左右的液晶面板，开发品的分辨率是其 1.5 倍左右。“虽然还要看用户的需求，但计划 2012 年量产”。TMD 开发品的驱动元件采用了低温多晶硅（LTPS）TFT，实现了高精细化。不过，该公司没有公布开发品的面板开口率和耗电量数值，只表示这两个数值“在相同画面尺寸中，均低于分辨率为 330ppi 左右的液晶面板”。为提高面板开口率，将色彩表现范围减小到了 NTSC 规格比 61%。

LTPS TFT 是东芝 1997 年就实现投产的技术，此前一般应用于手机、PDA、数码相机和数码摄像机领域。由于智能手机及平板电脑对液晶面板的分辨率要求越来越高，加上面板厂商亦在开发该附加值的产品，以求寻找新的赢利点；同时，LTPS TFT 背板也被认为是目前唯一可以大量生产 AM-OLED 面板的技术，2011 年，低温多晶硅工艺正被面板大厂（如 Samsung、奇美电子、友达光电等）加速导入。中国大陆的天马微电子 2011 年在厦门投资第 5.5 代 LTPS 生产线，深圳深超光电也将其第 5 代线改造成 LTPS 工艺并实现量产。

正是由于众多厂商的力挺，相关机构认为，LTPS 设备支出在 2011 年飙升至最高点，达到 24 亿美元。根据市场研究机构 DisplaySearch 新发布的平板显示器供应链与面板厂资本支出季报，2010 年全球 LTPS 工艺生产设备市场规模仅约 5 亿余美元，预估 2011 年将暴增至 24 亿美元，并将突破前次高峰（2002 年约为 17 亿～18 亿美元），可望创下新高。

（二）氧化物 TFT 备受关注

氧化物 TFT 技术最早系由日本细野秀雄教授于 1995 年首次发表，2004 年细野秀雄教授带领的日本东京大学研究团队又发表采用 IGZO 薄膜制作的 TFT 组件，其后，韩国、日本与中国台湾相关厂商自 2006 年起陆续发表采用氧化物半导体的试制品。在 2011 年的各种会议上，氧化物 TFT 成为大家追捧的热点。

在 2011 年 5 月 15 日～20 日在美国洛杉矶举行的全球最大的显示器学会（SID）上，氧化物半导体 TFT 被讨论得最多。而且，有关高可靠性的发布趋于增加，令人感到氧化物 TFT 终于接近了实用化水平。

台湾交通大学发布了通过纳米点掺杂实现 79cm^2/Vs 高电子迁移率的氧化物 TFT，遗憾的是未公布与可靠性相关的数据。

SMD 发布了用 Hf 取代 IGZO（GIZO）的 Ga 而制成的 HfInZnO（HIZO）TFT。电子迁移率为 10cm^2/Vs，但能获得 V_{th}=0.38V、S=0.21V/dec、导通/截止比为 8 位数以上的出色特性。SMD 利用该 HfInZnO TFT，试制了 14 英寸 QFHD（960×540 像素）OLED 面板。

韩国延世大学和韩国三星尖端技术研究所发布了采用涂布工艺的、双沟道构造的氧化物 TFT。退火温度略高，为 350℃。沟道采用薄 IZO 层和厚 AIZO（AlInZnO）层的两层构造。迁移率为 5.02cm^2/Vs，V_{th}=0.35V。

索尼发布了顶栅型的、实现了自对准构造的氧化物 TFT。通过干蚀刻形成栅极电极和栅极绝缘膜的图案后，为了自对准形成源极区和漏极区，通过溅射形成 Al 层，并在氧雾环境下进行 300℃的退火处理。在形成源极区和漏极区之后，立即形成作为保护层的 Al_2O_3 层，因此还容易确保可靠性。由于掩膜数仅为 4 张，因此还有利于降低成本。

美国 CBRITE 公司发布了 IGZO 类的氧化物 TFT。试制生产线为第 2.5 代（基板尺寸为 370mm×470mm），正在试制 4.8 英寸 QVGA OLED 面板。电子迁移率达到 80cm^2/Vs，导通/截止比接近 9 位数。BT 试验结果表明，在 V_g=20V、60℃、63 小时的条件下 ΔV_{th}=1V。

东京工业大学教授细野秀雄表示：“作为全球首例 Ambipolar 氧化物 TFT，试制出了基于 SnO 的 CMOS TFT”。p 沟道的迁移率为 0.81cm^2/Vs，n 沟道的迁移率为 5×10^{-4}cm^2/Vs，据称已证实逆变器电路可正常工作。

在 2011 年 12 月 7～9 日举办的第 18 届国际显示器会议（IDW）上，比利时 IMEC、Katholieke 大学、Gent 大学、德国 Evonik Degussa 和荷兰 Holst Center，发布了在 250℃低温下形成的涂布型氧化物 TFT。电子迁移率为 2cm^2/Vs，导通截止比为 8 位数，性能较高。涂布型氧化物 TFT 在聚酰亚胺基板上直接形成。开态电流的偏差在近区范围为 5.8%，在整个基板上为 14.4%。通过组合使用并五苯 TFT，还试制出了 CMOS 电路。

东芝移动显示器（TMD）发布了在塑料基板上形成的非晶 IGAO（a-IGZO）TFT。采用的方法不是在柔性基板上直接形成 TFT，而是在玻璃基板上涂布聚酰亚胺，待 TFT 形成后将其从玻璃基板上剥离。采用该方法的话，现有生产线几乎可以直接使用，因此具有可轻松转为量产的优点。该 TFT 采用具有蚀刻终止层（Etching Stopper）的底栅构造，退火温度在 300℃以下。玻璃基板上的 TFT 和聚酰亚胺上的 TFT 在初期特性上没有差别。另外，剥离后的特性也没有变化。通过将 IGZO 形成时的压力降至 1mTorr 左右，抑制了正向 BTS 的偏移量（Shift Amount），退火温度在 260℃～290℃的范围时，温度越高，偏移量越少。将玻璃基板与聚酰亚胺基板进行比较可以发现，BTS 测试结果几乎没有差别，在 2 000s 内为 23mV。

索尼发布了采用多晶氧化物 TFT 的有源矩阵驱动 OLED（AM-OLED）面板。其沟道层采用多晶 IGO 膜取代了原来的非晶 IGZO 膜。电子迁移率高达 22～24cm^2/Vs，遇到 DHF 溶液也基本不会被蚀刻，因此适合反向通道蚀刻型 TFT。

国内方面，广州新视界光电科技有限公司是深圳创维集团与华南理工大学成立的合资公司，开发基于 IGZO 的 TFT 基板技术，取得了一些进展，已经建成 8 英寸（边长 200mm×200mm）TFT 基板中试试验线，拥有较好的设备条件。目前，试验线已经打通了金属氧化物 TFT 基板的工艺流程，设计制备了 1 英寸、2.2 英寸和 7 英寸 3 个系列的 TFT 基板，实现了 AM-OLED 的视频显示。广州新视界光电科技有限公司开发的金属氧化物 TFT 基板，技术指标可与其他公司报道的技术指标相当，具有一定的生产潜力。

产业化方面，2011 年，氧化物半导体工艺已被预期将由夏普用于大量生产 IGZO-LCD 面板，以供应给 iPad3 使用，韩系面板厂也正在发展属于自己的氧化物半导体工艺量产计划。

2011—2013 年全球主要面板厂 LTPS 及 IGZO TFT 扩产计划如表 6 所示。

表 6　2011—2013 年全球主要面板厂 LTPS 及 IGZO TFT 扩产计划

	LTPS TFT	IGZO TFT
较适合的应用类别	>300ppi 或 10 英寸以下	250～300ppi 或 4 英寸以上
日厂扩产计划	Janpan Display（第 5.5 代、第 6 代），夏普（6 代）	夏普（第 8 代）
韩厂扩产计划	SMD（第 5.5 代）	三星（第 5 代、第 8.5 代）、LGD（第 8.5 代）
中国台厂扩产计划	友达（第 3.5 代）	友达（第 5 代）、奇美（第 5.5 代）

（三）窄边框加大面板尺寸

除低温多晶硅与氧化物 TFT 之外，边框减窄技术亦是 2011 年的一个热点。

在 2011 年 5 月 15 日～20 日在美国洛杉矶举行的全球最大的显示器学会（SID）上， LG Display 展示的是左右边框宽度只有 1mm 的窄边框液晶面板。为了实现 1mm 的宽度，采用了扫描线不左右引出，而是沿数据线上下引出的特殊构造。因此上下的边框宽度略微变宽，而左右较窄。如果因设计上的关系必须要将左右边框变窄至极限的话，这是一个很实用的方法。

奇菱科技展出的 55 英寸超窄边框 LED 背光液晶显示器和 55 英寸超薄型 LED 背光液晶显示器超窄边框显示器的边框宽度仅为 5.7mm，超薄型显示器的厚度未标明，估计只有 1cm 多。

在太平洋横滨会展中心举行的“FPD International 2011”上，东芝移动显示器（TMD）开发出了左右边框宽度只有 0.5mm 的 4.3 英寸液晶面板，TMD 解说员表示，现有量产产品的“左右边框宽度为 1.0～1.2mm”，此次将其降到了 1/2 以下。该面板将用于高性能智能手机等，预计从 2012 年上半年开始量产。面板的驱动元件采用低温多晶硅 TFT。左右的边框部分在玻璃基板上形成了栅极驱动电路。“为将该电路收纳在 0.5mm 宽的边框内，采用了现有产品没有使用过的设计规则”。另外，还较现有产品缩短了粘贴 TFT 和彩色滤光片这两片玻璃基板的密封胶线宽度。

三星也展出了面板部分最薄处仅为 6.8mm 的 55 英寸超薄机型，边框（Bezel）宽度也减小到了 6.8mm。

奇美电也展示了 1.1mm 超窄边框高分辨率 IPS 面板，该 1.1mm 边框能表现出高分辨率（720HD）IPS 面板品质，降低了面板模组大小，符合智能手机使用者对于窄边框的需求。另外，奇美将非晶硅栅极驱动电路（a-SiGOP）制作于液晶面板上，不需额外的栅极驱动 IC（Gate Driver IC），不仅可以降低成本、维持低耗电量，有效缩减面板边框，而且可以增加消费性可携式移动设备显示器外观设计自由度。

由于边框的减窄，多种新规格的液晶面板进入市场，如三星推出 43 英寸与 48 英寸，奇美推出新的尺寸 39 英寸与 50 英寸面板。

（四）光取向技术崭露头角

以前液晶的取向一般以摩擦取向为主要工艺。2009 年 9 月，夏普发布了采用光取向技术制造的、名为“UV^2A”的自主 VA 模式液晶面板。近年来，随着面板分辨率要求的进一步提升，光取向技术将会达到较大的发展。

在太平洋横滨会展中心举行的“FPD International 2011”上，台湾奇美电子展出了采用光取向技术的 IPS 方式液晶面板，画面尺寸为 4.5 英寸，像素数为 720×1 280。该公司解说员表示，“预定从 2012 年中期开始”量产用于智能手机等的中小尺寸液晶面板。光取向技术为控制液晶分子的配置方向（取向）而利用了紫外光。夏普已在堺工厂和龟山第二工厂导入了光取向技术的制造设备。此次，奇美电子在 IPS 方式液晶面板的制造中采用了光取向技术。据奇美电子的解说员介绍，与摩擦布进行取向的“摩擦法（Rubbing）相比，光取向技术的漏光较少，对比度提高 20%～30%”。开发产品由奇美电子的试产线制造，“今后将向量产线导入设备”，此次开发产品的亮度为 350cd/m^2，对比度为 1 000:1。视角上下左右均为 176 度，色彩表现范围按 NTSC 规格比为 72%。响应速度为 22ms。驱动元件采用低温多晶硅 TFT。

在 2011 国际平板显示产业高峰论坛（北京）的演讲中，V-Technology 的执行董事、技术开发负责人兼技术开发部长植木俊博表示，在曝光设备方面，V-Technology 已在日本、韩国、中国大陆以及中国台湾地区面向采用光取向技术的 VA 式液晶面板供应了 13 台曝光设备。2011 年还供应了 1 台用于生产 3D 液晶面板用部材的卷对卷曝光设备。V-Technology 在中国大陆、韩国和中国台湾地区的销售额高于日本国内。

激烈的竞争必将导致技术的进步，得技术者得天下，市场的低迷，或许为潜心研发新技术提供了一个有利的时机。

（综合自日经 BP 社，平板显示文摘 2011 年全年报纸）

四、触摸屏投资一枝独秀

2011 年，相对于液晶面板投资逐渐趋缓的状况，触摸屏领域却不断有新军加入，从触摸屏到其上游材料，均有公司一掷千金。在大量资本进入的同时，触摸屏的相关技术亦是日新月异，不断向前发展。据 DisplaySearch 介绍，触摸屏的整体市场规模 2011 年达到了 12 亿片，超过 130 亿美元，预计按数量计算将比上年大幅增长 60%，按金额计算将大幅增长 90%。

（一）投资逐渐升温

2011 年，由于智能手机及平板电脑需求的攀升，触摸屏的市场容量随之扩大，触摸屏现有厂商不断扩产，同时不少公司进入该领域，致使国内出现一轮触摸屏投资的热潮。据不完全统计，中国大陆已建成投产、计划投资建设的触摸屏项目，累计投资金额将超过 150 多亿元。若所有项目均成功投产，其各种尺寸、各种规格的触摸屏产能将达到 2.5 亿片以上。而从触摸屏的种类来看，电容屏成为投资的主流。受触摸屏投资的驱动，触摸屏所使用的 ITO 导电膜、玻璃原片及强化玻璃等的投资也水涨船高（见表 7）。

表 7　2011 年触摸屏及其材料新建项目及新增产能情况

项　目	地　点	产品情况	投资额	年产能	备　注
晟光科技	安徽蚌埠	电容式触摸屏	5.1 亿元	90 万张（400mm×500mm）	由福建新威投资，已于 2011 年 9 月投产
中建材	安徽蚌埠	ITO 导电玻璃		1 亿 mm^2	2011 年 5 月 18 日开工建设
		触摸屏导电玻璃		130 万片	
华映光电	福建福州	触摸屏		240 万片	触摸屏模块产品规模已达到 20 万片/月，2012 年可扩充至 60 万片/月
台湾胜华	广东东莞	触摸屏	1.5 亿美元	8 400 万片	松山湖 2012 年 10 英寸触摸屏产能将达到每月 400 万片，加上现在万士达的 300 万片，总计将达 700 万片
寰达光电	广东惠州	电容式触摸屏	1 亿美元		2011 年 11 月 9 日签约
河北视窗	河北廊坊	电子玻璃	12 亿元	128 万重箱	2011 年 11 月 18 日正式点火，生产 0.33 到 0.7mm 超薄电子玻璃
安彩	河南安阳	电容式触摸屏	106 480 万元	1 892.16 万片	2011 年 12 月 1 日，安彩发布了非公开发行股票预案
		超薄基板玻璃	42 200 万元	1 440 万 m^2	2011 年 12 月 1 日，安彩发布了非公开发行股票预案。可生产 0.5mm（力争 0.35mm）产品 745 万 m^2，0.7mm 产品 587 万 m^2，1.1mm 产品 108 万 m^2
香港华艺	河南兰考	电容式触摸屏	42 亿元		总投资 42 亿元，一期投资 13.8 亿元，主要生产电容式触摸屏。已于 2011 年第四季度开工建设
恒兆电子	河南孟津	ITO 导电玻璃	2.7 亿元	2 400 万片	将建设 6 条 ITO 导电玻璃生产线，设计年产能 2 400 万片。第一条生产线已于 2011 年 6 月 18 日投入试生产
河南国控宇飞	河南郑州	触摸屏盖板玻璃	6 亿元	240 万 m^2	2011 年 5 月 22 日奠基，预计 2012 年 3 月投产。后续还将建设 3 条，年产量将达到 960 万 m^2
宇顺赤壁	湖北赤壁		8.3 亿元		一期投资 8.3 亿元，电子玻璃研发生产线 1 条、玻璃加工线 1 条、电容式触摸屏生产线 1 条
长沙宇顺	湖南长沙	电容式触摸屏	9 727 万元	720 万片	建成后将年产 720 万片电容式触摸屏产品
介面光电	湖南长沙	触摸屏模组	4.2 亿元	6 000 万片	一期工程将实现每月生产 500 万片手机用触摸屏，已于 2011 年 9 月 29 日投产。计划总投资 14 亿元，分四期进行
和霖光电	江苏昆山	电容式触摸屏	2 500 万美元	500 万片	公司主要从事显示屏材料及触摸屏器件制造和销售，2011 年 1 月 11 日投产
深越光电	江苏昆山	触摸屏	4.5 亿元	4 800 万片	2011 年 12 月 9 日签约，预计 2012 年年底建成量产后可每月产 400 万片手机触摸屏
华东电子	江苏南京	电容式触摸屏	5 亿元		将建设 550mm×650mm 投射电容式触摸屏项目
南京汇金锦元	江苏南京	ITO 导电薄膜	1 800 万美元	168 万 m^2	一期 2011 年年底已试生产。电阻式 108 万 m^2，电容式 60 万 m^2
无锡丽格	江苏无锡	电容式触摸屏		1 000 万片	2011 年 5 月 28 日正式投产
吴江南玻	江苏吴江	电子平板显示玻璃	近 10 亿元	2.2 万 t	年产太阳能光伏玻璃 17.9 万 t；低辐射镀膜玻璃 13.8 万 t；电子平板显示玻璃 2.2 万 t，2011 年 6 月 22 日点火

续 表

项 目	地 点	产品情况	投资额	年产能	备 注
荧茂光电	江苏徐州	触摸屏	2亿美元	11万片	台湾强茂投资，一期投产后年产全系列尺寸电子触摸屏11万套、保护镜片2万余片
欧菲光	江西南昌	强化玻璃和触摸屏	10亿元		设计产能薄膜式手机电容屏4 800万片和中大尺寸360万片。现已试产
航天五院	山东青岛	电容式触摸屏	2.2亿元	200万片	将建设AR镀膜生产线、多点液晶触摸屏产品研发生产基地，年生产触摸屏200万片、镀膜液晶屏500万片
烟台华汇电子	山东烟台	触摸屏	3.8亿美元		2011年6月13日签约。一期以生产触摸屏应用材料，后期将导入贵金属薄膜电极材料的生产
上海腾信光电	上海	第5代触摸屏		24万片	生产电容式触摸屏及其他光电产品与设备，计划于2012年7月1日正式投产
天津富纳源创	天津	CNT触摸屏	3亿元	2 400万片（以3.2英寸计）	2011年由富士康投资成立，10月已投产
莱宝高科	重庆	小尺寸	87 250万元	3 300万片（以3.5英寸计）	一体化电容式触摸屏项目，包括小尺寸和中尺寸两个子项目，2011年12月20日已取得土地使用权
		中尺寸	105 166万元	1 100万片（以10英寸计）	
超声电子		电容式触摸屏	6亿元	600万片	预计在2012年10月试生产。目前电容式触摸产能约为5万m^2（以3.7英寸计100万片/月），扩产后将达到近600万片/月
长信科技		ITO导电玻璃	1.34亿元		2011年4月建成

（二）技术不断更新

电容式触摸屏按技术分类主要有外附式（Out-Cell）、内嵌式（On-Cell及In-Cell）两大类，目前主流的G-G以及G-F-F模式都属于Out-Cell大类。从技术演进规律来看，基于成本和良率考虑，减少昂贵的玻璃基板、薄膜等材料，以及轻薄化是未来发展主流。

因此，在2011年，为了达到轻薄化的目的，出现了一些新的技术，这些新技术包括：①在保护玻璃罩上形成触摸传感器的“玻璃罩一体型”。玻璃罩一体型可以省去此前除保护玻璃罩之外作触摸传感器基板用的玻璃和薄膜。因触摸屏模块只需一片玻璃基板即可，所以还称为“One Glass Solution（OGS）”等。台湾友达光电（AUO）已从2011年第四季度开始面向平板终端量产。台湾奇美电子（CMI）也在2011年10月的展会“FPD International 2011”上展示了玻璃罩一体型触摸屏，宣布涉足该领域。②在液晶盒之外、彩色滤光片基板外表面形成触摸传感器的“On-Cell型”。On-Cell型已在韩国三星电子的智能手机用OLED面板上率先实现了实用化，目前正采取行动在液晶面板上也实现实用化。液晶面板厂商旨在实现On-Cell型触摸屏量产的共同开发委托也飞向了整机厂商和材料厂商。③在液晶盒内部、彩色滤光片基板内表面形成触摸传感器的“In-Cell型”。In-Cell型方面，在2011年5月于美国举行的最大规模显示器学会“SID”上，东芝移动显示器发布了In-Cell型液晶面板，显示像素内嵌入可多点检测的电容式触摸屏功能。画面尺寸为7英寸，像素为1 024×600。与需要外置触摸屏的原产品相比，厚度是其43%，约为1mm，重量是其48%，为225g。苹果投入内嵌式（In-Cell）触摸屏开发已经不是秘密，不过近期传出苹果将派员与面板合作伙伴LGD、TMD（Toshiba Mobile Display）、夏普于2012年年中展开试做，显示内嵌式触摸屏将应用在苹果下一代的新产品中。由于内嵌式触摸屏一直有杂讯偏多造成触控操作干扰的问题，而生产良率更是只有30%～40%的水平，也让量产性备受质疑。

此外，在触摸屏的原材料方面，出现一些新的薄膜以替代原来的ITO薄膜。

由于目前触摸屏主流原料氧化铟锡（Indium Tin Oxide，ITO）面临铟矿短缺、原料出口受限以及价格飙涨等问题，各种新型透明导电膜材料遂纷纷出笼，并试图以更高导电性与更低成本的产品诉求，吸引触摸屏厂采用，以期提升市场渗透率，打破透明导电膜市场由 ITO 主导的局面。事实上，目前氧化锌（ZnO）、ITO 纳米粒子、导电性高分子 PEDOT、金属银纳米线、碳纳米管薄膜（CNT-based Thin Films）与氟掺杂氧化锡（LFTO）正逐渐被许多研究机构与厂商开发出来。

在 2011 年深圳高交会期间，富士康由旗下的天津富纳源创科技推出采用碳纳米管（CNT）材料的触摸屏。采用 CNT 膜比采用 ITO 膜节省约 10%～20%的成本。该技术出自富士康与清华大学合作的产学研平台，并由富士康投资 3 亿元于 2011 年在天津成立产业化公司。在产能方面，以 3.2 英寸屏幕为例，目前每个月约有 200 万片的生产能力。此种新技术的出现，对现有技术的触摸屏将会带来冲击。

（三）风险悄然显现

随着触摸屏投资渐热与技术的不断更新，切入触摸屏领域的厂商将面临技术和市场两方面的风险。

其一为技术风险。从几年来触摸屏技术的发展轨迹看，主流技术并没有稳定下来，不到两年就有很大变化。这个因素不能不考虑。

触摸屏市场初期以电阻式为主流产品，但从 2011 年开始为了提高显示效率、强化结构，以及多点触摸等目的与效果，市场上纷纷采用电容式触摸屏，进而使电容式触摸屏在触摸屏领域成了主流产品。同时，近期智能终端设备的厚度与显示画质成为厂商之间的竞争焦点，玻璃式触摸屏成了主流技术产品。目前，薄膜式触摸屏的边框宽幅为 60～80μm，但在玻璃式触摸屏上导入 LCD 的工艺之后，使得在玻璃式触摸屏上得以实现 5～10μm 的边框厚度。

现在比较普遍的看法是，触摸屏正朝向结合表层保护玻璃和触摸屏传感器的“One Glass Solution”，以及将触摸屏传感器内嵌于面中的“内嵌式技术”发展。所谓“One Glass Solution”，也叫 Touch on Lens（Sensor on Cover）技术，减少了投射式电容触摸屏的结构层，能有效地降低材料厂成本、减少触摸屏模块的厚度和重量，还可以应用于非显示屏幕上。

而所谓“内嵌式技术”，包括 On-Cell 和 In-Cell。On-Cell 是将触摸屏传感器整合到显示屏（如 TFT-LCD 等）上，In-Cell 则是触摸屏传感器整合到彩色滤光片上。这类技术的首选将会是显示器面板制造商，因为他们将有能力充分利用显示屏与触摸屏产能，而触摸屏也将不再另需基板。

其二为市场风险。触摸屏热潮的出现，使得诸多触摸屏厂商大赚一笔，综观各触摸屏厂商的营收情况，均表现出高成长、高利润的特点。触摸屏的迅速发展，使得全球掀起一轮触摸屏的投资热潮，众多厂商纷纷加大投入，欲分享此次触摸屏热潮下的“一杯羹”。同时原来的触摸屏企业也纷纷扩产，形成触摸屏市场群雄逐鹿的态势。

触摸屏，不论电阻式还是电容式，相对而言投资不大，技术门槛不高，规模可大可小，上手比较快。这轮卷进来的许多企业则是把原来的 TFT 阵列生产线或彩色滤光片生产线转为生产触摸屏，可迅速开出产能，而且产量都不小。面对着众多的厂商进驻，有些厂商及机构预计在不久的将来会进入“战火纷飞”的时代，并开始担忧产能过剩的问题，产品降价风险将进一步加大。

（综合自 2011 年平板显示文摘）

2011年电子信息产品进出口情况

工业和信息化部运行监测协调局

2011年，我国电子信息产品进出口保持增长态势，进出口总额11 292.3亿美元，同比增长11.5%，占全国外贸总额的31.0%，比上年下降3.1个百分点。其中，出口6 612.0亿美元，同比增长11.9%，占全国外贸出口额的34.8%，对全国外贸出口增长贡献率达21.9%。从月度走势看，受上年基数逐步走高影响，总体呈前高后低态势，特别是9月后，出口增速连续低于10%。进口4 680.3亿美元，同比增长11.0%，占全国外贸进口额的26.8%，对全国外贸进口增长的贡献率为13.3%。

一、基础行业出口相对平稳，整机行业出口增势不一

2011年，电子元件、电子器件行业出口增长相对平稳，出口额分别达到881.4和757.0亿美元，同比分别增长15.3%和11.0%，增速均在10%以上。在整机行业中，家电与计算机行业出口增长缓慢，出口额分别为946.2和2 293.9亿美元，同比分别增长7.9%和5.6%，增速分别低于全行业平均水平4.0和6.3个百分点；通信设备行业保持较快增长，出口额1 300.2亿美元，同比增长26.6%，增速高于全行业平均水平14.7个百分点。出口金额排名前三位的产品为：笔记本电脑1 058.8 亿美元，增长11.1%；手机627.6亿美元，增长34.3%；集成电路325.7亿美元，增长11.4%。

进口方面，电子元器件和计算机产品仍占主要地位。2011年，电子元件产品进口960.4亿美元，增长5.5%；电子器件产品进口1955.6亿美元，同比增长8.4%；计算机类产品进口602.3亿美元，增长2.1%。

二、对欧美发达经济体出口形势低迷，对新兴市场出口增长较快

2011年下半年以来，欧美发达国家受各方面不利因素影响，经济增长缓慢，我国对欧美国家电子信息产品出口形势相对低迷。对美国和英国分别出口1 259.2亿美元和121.2亿美元，同比分别增长9.5%和0.7%，分别低于平均水平2.4和11.2个百分点；对德国、法国、波兰和西班牙等国出口呈下降态势，出口额分别为279.7亿美元、96.5亿美元、40.7亿美元和38.2亿美元，同比分别下降1.6%、5.5%、4.9%和16.0%。对亚洲地区和新兴市场出口增长较快。对中国香港地区出口电子信息产品1 597.5亿美元，同比增长15.5%；对日本出口455.6亿美元，同比增长16.2%；对韩国出口295.4亿美元，同比增长10.5%；对中国台湾地区出口163.7亿美元，同比分别增长10.8%。此外，对巴西、俄罗斯等新兴市场国家出口快速增长，出口额分别为101.5亿美元和79.0亿美元，同比分别增长17.0%和23.4%。

从主要进口来源地看，国货复进口967.0亿美元，同比增长15.5%；自韩国进口额821.4亿美元，同比增长10.9%；自中国台湾地区进口763.3亿美元，同比增长7.1%。列第四至第十位的国家和地区分别是：日本、马来西亚、美国、泰国、德国、菲律宾和新加坡。

三、一般贸易出口增长较快，加工贸易出口比重下降

2011 年，我国电子信息产品出口贸易方式结构持续优化。2011 年全年，一般贸易出口 1 194.7 亿美元，同比增长 22.3%，增速比行业平均水平高 10.4 个百分点，占行业比重（18.1%）比上年同期提高 1.6 个百分点。来、进料加工贸易出口额分别为 500.6 亿美元和 4 492.1 亿美元，同比分别增长-12.4%和 11.7%，增速分别低于行业平均水平 24.3 和 0.2 个百分点，加工贸易出口比重为 75.5%，比上年同期下降 2.2 个百分点。

进口方面，进料加工贸易进口 2 149.8 亿美元，同比增长 14.8%，占比为 45.9%；来料加工贸易进口 445.2 亿美元，同比下降 17.1%，占比为 9.5%；一般贸易进口 1 114.7 亿美元，同比增长 17.0%，占比为 23.8%。

四、外资企业出口相对缓慢，内资企业出口比重提升

2011 年，外商独资企业出口 4 290.4 亿美元，增长 12.2%；中外合资企业出口 1 022.2 亿美元，增长 5.4%，增速低于平均水平 6.5 个百分点；中外合作企业出口 61.6 亿美元，增长 7.5%，增速低于平均水平 4.4 个百分点。内资企业出口 1 237.7 亿美元，比重达到 18.7%，比上年同期提高 0.8 个百分点。其中，民营企业出口增势突出，出口额 693.2 亿美元，同比增长 33.2%，高于出口平均增速 21.3 个百分点。

进口方面，外商独资企业进口 2 935.3 亿美元，同比增长 9.4%；中外合资企业进口 741.4 亿美元，同比增长 8.6%；中外合作企业进口 9.5 亿美元，同比下滑 22.7%；民营、国有和集体企业分别进口 569.4 亿美元、382.0 亿美元和 42.3 亿美元，同比分别增长 34.7%、5.5%和-17.6%。

五、东部地区出口增速差别较大，部分中西部省市增长较快

2011 年，电子产品出口额排名前五位的省市为广东、江苏、上海、浙江和山东，出口额分别为 2 727.6 亿美元、1 417.6 亿美元、1 005.7 亿美元、248.0 亿美元和 211.8 亿美元美元，同比分别增长 13.5%、3.2%、9.7%、10.7%和-7.6%。广东出口增长相对突出，其余四省市出口增速低于全国平均水平。中西部一些省市电子信息产品出口增势突出，重庆、河南、四川同比分别增长 646.8%、724.5%和 193.8%。

电子信息产品进口额前五位省市为广东、江苏、上海、北京、天津，进口额分别达到 1843.4 亿美元、942.7 亿美元、760.1 亿美元、214.8 亿美元和 169.5 亿美元。

附图：

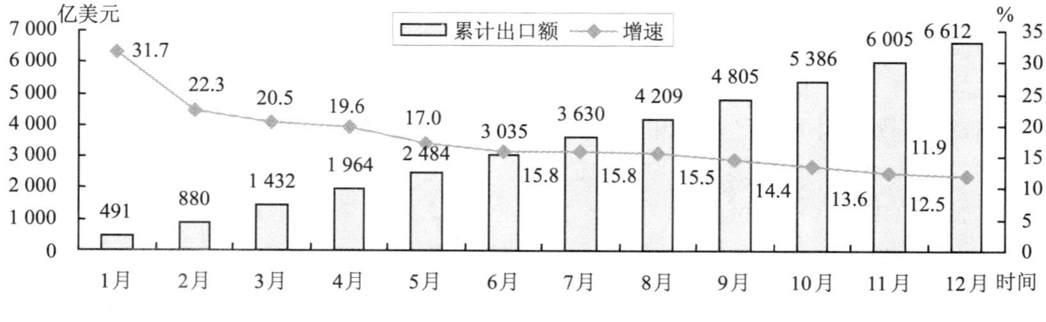

图 1 2011 年 1～12 月我国电子信息产品累计出口情况

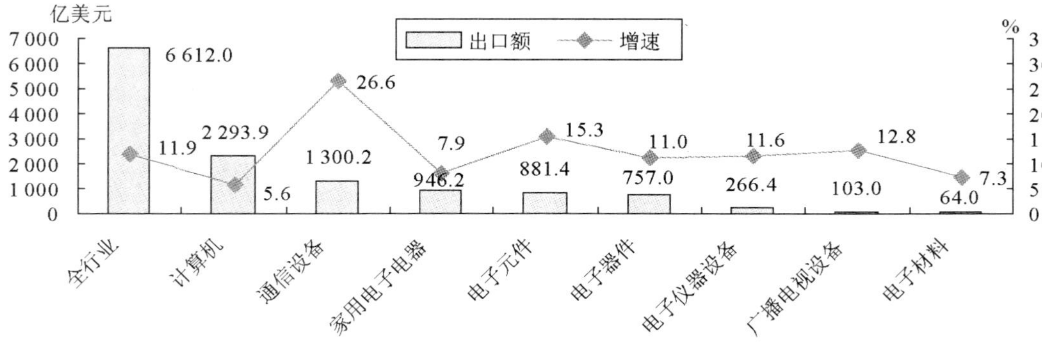

图 2　2011 年各行业出口情况对比

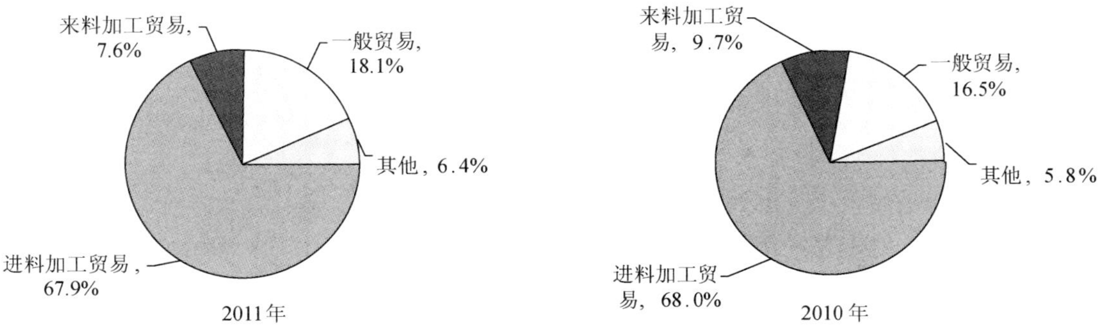

图 3　2011 年与 2010 年电子信息产品出口贸易方式结构对比

第3章

产业概况

2011 年国内外显示器件用电子玻璃产业回顾暨今后态势展望

彩虹集团公司　张渭川　李党会

玻璃是平板显示器件（FPD）制造过程中非常重要的一种基础性原材料，随着 FPD 产业的持续进步，今天显示器件用玻璃产品已经发展成为一个极具规模和影响力的重要产业分支，而且正在随着 FPD 产业的发展而不断成长。

一、TFT-LCD 用基板玻璃

1. 市场综述

受全球发达国家经济低迷，尤其是欧债危机愈演愈烈的影响，2011 年全球 TFT-LCD 市场表现不佳，导致基板玻璃产业呈现了近几年来罕见的衰退。尤其是 2011 年第三季度，全球 TFT-LCD 基板玻璃出货面积环比衰退幅度达 10%以上，是金融危机后表现最差的一个季度。这与整个 2010 年该产业所呈现的超预期增长态势形成了鲜明对照（见图 1）。

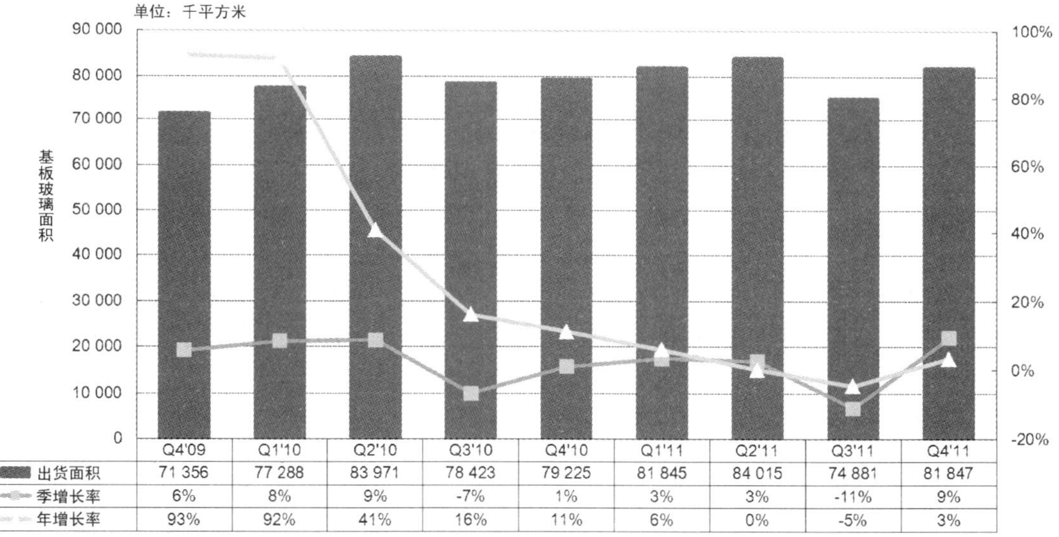

	Q4'09	Q1'10	Q2'10	Q3'10	Q4'10	Q1'11	Q2'11	Q3'11	Q4'11
出货面积	71 356	77 288	83 971	78 423	79 225	81 845	84 015	74 881	81 847
季增长率	6%	8%	9%	-7%	1%	3%	3%	-11%	9%
年增长率	93%	92%	41%	16%	11%	6%	0%	-5%	3%

图 1　2010—2011 年全球 TFT-LCD 基板玻璃出货面积

资料来源：DisplaySearch，2012Q1，另若非特别注明，图表来源均为 DisplaySearch 2012Q1 相关报告。

比出货面积衰退更加严重的是价格的下滑。由于下游需求不振，一些厂家为扩大市场份额开始主动大幅降价，尤其是部分日本厂家在产品价格上采取了比行业龙头康宁更加“激进”的价格策略，受此影响，长期以来表现相对坚挺的基板玻璃价格自 2011 年第三季度开始呈现了罕见的下滑（见表 1）。

表 1　TFT-LCD 基板玻璃降价幅度

时　间	2009 第二季度—2011 第二季度	2011 第三季度	2011 第四季度	2012 第一季度
单位面积的环比降幅	2%～5%	4%～7%	7%～12%	10%～14%

资料来源：DisplaySearch，上市公司信息披露等。

由于面板厂家已经连续 6 个季度以上都呈现赤字运营，从而严重削弱了基板玻璃厂家的产品议价能力，导致基板玻璃厂家长久以来得以维持的偏高利润率格局不复存在。从康宁等代表性玻璃厂家的经营业绩可以明显反映出这种趋势。当然，与整个 LCD 产业链上其他环节的厂家相比，基板玻璃的利润率水平虽有降低但还是相对较高。以康宁为例，整个 2011 下半年其基板玻璃业务销售额为 15.65 亿美元，同比还有 1 成以上的增长，但利润额则下降了 27.5%，不过，即便如此，其下半年基板玻璃业务所创造的净利润率仍达 35.9%。与此相似，旭硝子、NEG 等厂家的基板玻璃业务经营业绩在 2011 年也都呈现利润缩水的态势，不过，相对于面板厂家的大面积亏损而言，在如此糟糕的全球宏观经济背景下，基板玻璃厂家业绩依然可圈可点。

显然，对任何一个产业而言，一旦价格下降呈现“失控”状态，该产业的灾难也就不可避免了。正因如此，基板玻璃厂家也试图改变基板玻璃价格超预期下滑态势，为此一些厂家做出了“限产保价”的无奈抉择，如康宁在 2011 年第四季度时已经宣布了全球玻璃产能减少 25%的一揽子措施，而旭硝子方面，中国台湾地区和日本的窑炉也有部分予以提前冷修或暂时停运的举措。不过，由于基板玻璃厂家日益增多，在这些传统大厂限产的同时，也有一些厂家在加大产能的释放，例如，日本 NEG 就在 2012 年 5 月宣布拟投资 330 亿日元在韩国坡州建设完整的第 8.5 代基板玻璃新工厂，该计划将于 2013 年 9 月完成，产品主供 LGD。这是 NEG 在海外的第一座基板玻璃窑炉。无独有偶，同样在韩国，LG 化学采用原肖特公司技术的浮法工艺的一座 TFT-LCD 基板玻璃窑炉目前也已经点火。除此之外，在中国大陆地区，一些新建的基板玻璃生产线也在稳步推进中，从而使得基板玻璃的供应方阵营持续扩大。

在此背景下，基板玻璃今后的价格走势恐怕难以像前几年那样乐观。这从一些咨询公司对未来几年基板玻璃价格的预测及其变化可以得到反映，而且越是远期，其价格下降幅度也就越大，比如，某业者在 2011 年第二季度时曾预测一块第 5 代基板玻璃（1 100mm×1 300mm）在 2015 年第二季度时的价格为 4 431 日元，但到了 2012 年第一季度时，同样是该业者预测 2015 年第二季度时的价格只有 3 251 日元，换言之，不到一年时间，业者对三四年后第 5 代基板玻璃价格的预测值就缩水了近 30%。

基板玻璃销量的增长乏力和价格的快速下跌导致 2011 年全年的基板玻璃销售额出现了历史上的首次下滑——全年销售额 11 540 亿日元（约合 145 亿美元），下降 14%，而此前，即使在金融危机肆虐全球的 2008 年和 2009 年，全球基板玻璃销售额依然有所增长。更为严重的是，从基板玻璃市场的需求和价格走势看，2012 年的走势依然不容乐观，预计 2012 年销售额还将有 10%左右的下降幅度，这意味着 2010 年全球基板玻璃产业所实现的 13 350 亿日元的行业销售额很有可能成为整个产业的最高峰值，换言之，基板玻璃产业此前所呈现的高速增长态势在 2011 年已经戛然而止，该行业的拐点也就此出现。

当然，就基板玻璃出货面积而言，由于 LCD-TV、平板电脑等的增长动力仍在，所以未来几年仍能保持一定的增长态势，不过，与此前多年平均每年年均增长 20%～30%以上的高速增长态势相比，今后 LCD 基板玻璃的增速明显降低，以至于难以抵消每年价格下跌带来的收入缩水（见图 2）。

在基板玻璃的供应格局方面，虽然总体上几大海外巨头对市场高度垄断的格局依然未有改变，但在局部方面则变化不小，比如，康宁的龙头地位虽然仍得以维持但正在受到日本厂家的挑战，尤其值得一提的是，2011 年第四季度，中国大陆地区基板玻璃厂家在全球的出货量份额已经达到了 0.2%，虽然这一数额还很小，但毕竟标志着中国本土基板玻璃厂家已经正式“闪亮登场”了（见图 3）。在今后全球基板玻璃总体供应宽松的背景下，基板玻璃厂家的竞争会越来越激烈，更重要的是，在宽松的产品供应下，规模与品牌在竞争中的重要性将不断降低，相反，成本和客户的重要性则不断提高，显然，这对于刚刚进入基板玻璃行业的中国基板玻璃厂家而言非常有利。

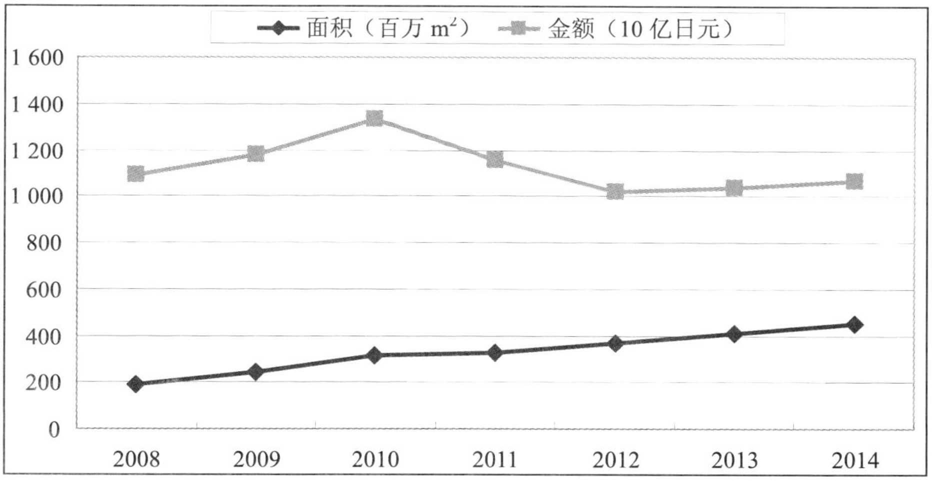

图 2　未来几年全球 LCD 基板玻璃市场的出货面积与出货金额预测

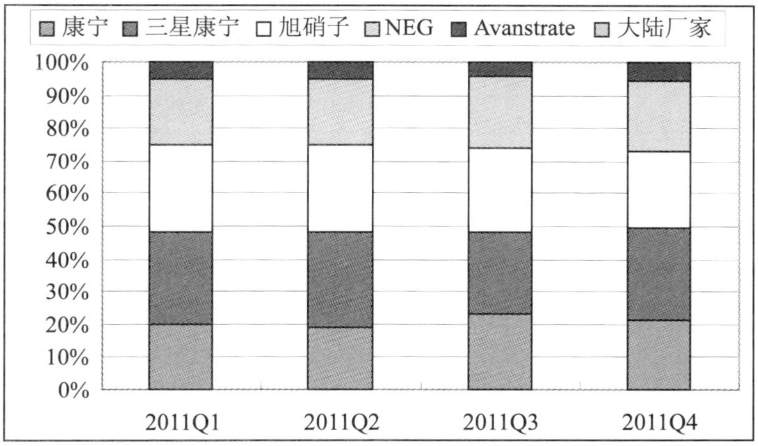

图 3　2011 年全球 TFT 基板玻璃供应的面积份额

虽然全球范围内基板玻璃产业发展的黄金期已经渐行渐远，但同样不可否认的是，在中国，该产业的黄金期却正在到来。这是产品需求、厂家供应、政府调控等几方面因素共同作用的结果。首先，从国内液晶基板玻璃的产品需求来看，国内基板玻璃的需求仍在高速增长中，甚至有进一步加速的态势，其中最为明显的迹象就是，不但搁置多日的三星、LGD 在华高世代液晶面板线在 2012 年上半年又纷纷重启，而且合肥鑫晟的第 8.5 代液晶面板线、南京的第 10 代面板线、多地的第 5.5～第 6 代 LTPS 面板线（LCD/OLED）又都提上了建设日程，这些新建线体对国内基板玻璃市场的拉动效应是不言而喻的；其次，从产品的供应看，国内基板玻璃的本土供应能力正在呈现出实质性突破，这其中不仅有海外厂家在华直投的生产线，如康宁在北京建设的第 8.5 代液晶基板玻璃生产线预计将于 2012 年下半年量产，而且更有以彩虹集团、河北东旭等为代表的本土基板玻璃厂家，如彩虹集团目前已有 3 条生产线开始了批量销售，并均已切换为 0.5mm 厚的超薄产品，另有数条生产线也进入产品认证阶段，尤其是其位于合肥的第 6 代生产线产品认证进展顺利，表明国内基板玻璃厂家有能力向更高世代扩张。东旭方面，位于郑州的旭飞光电基板玻璃项目一期第 5 代基板玻璃生产线也已经能够稳定生产 0.7mm、0.5mm 厚度等基板玻璃，产品也通过了多家下游客户的认证并实现稳定供货。旭飞二期的 3 条生产线目前正在建设中，其中的第一条线有望在2012年年中投入试生产。除旭飞外，东旭集团还通过资本市场增发募资以启动在安徽芜湖建设10条第6代基板玻璃生产线，另外，该公司在石家庄的旭新公司也已经点火并进入试运行（见表2）。

表2　国内基板玻璃生产线投资与建设情况一览表（仅前段）

厂　家	地　点	世　代	条　数	年产能（万㎡）	备　注
彩虹	咸阳	5	1	75	
	咸阳	5	3	221	两条线已经量产，另一条线在建
	张家港	5	3	221	两条线已经量产，另一条线在建
	合肥	5	2	150	规划中
	合肥	6	4	377	两条线试运营，两条线在建
东旭集团	郑州	5	4	298	前两条分别于2010年8月和2012年7月量产
	石家庄	5	3	245	首条线2011年5月点火试运行，另两条线在建
	芜湖	6	10	1 388	首期建设已经开始，2013年第四季度后陆续量产
中建材	成都	4.5	3	201	首条已量产，另两条在建
康宁	北京	8.5	4	1 320	2012下半年开始量产

2. 技术发展

2011年，基板玻璃在技术方面的发展大致有三个基本方向：第一，超薄化。随着平板电脑、智能手机等便携产品市场的强劲增长，产品超薄化趋势越来越明显，这必然推动基板玻璃的超薄化。目前，就全球看，第8.5代线上使用0.5mm基板的趋势已经形成，在各个基板玻璃厂家所推出的第8.5代基板玻璃中，0.5mm已经占有很大比重。但相对而言，在玻璃超薄化方面，康宁公司处于领先地位。2010年，该公司的0.4mm的第5代基板玻璃已经推出，而2012年5月，该公司又宣布已经正式量产0.3mm的第6代基板玻璃，这样一来，即使制作智能手机和平板电脑这样对便携性和轻薄化要求很高的产品，已经无须再对基板玻璃进行减薄，从而大大降低了面板厂家的制作成本和制造时间。继康宁以后，NEG也自2012年第一季度开始量产0.3mm的电视用基板玻璃，初期将占该公司总体产量的3成以上，以后还将逐步增加。其他几家公司也都有一些0.4～0.5mm的超薄产品上市，包括彩虹、东旭等国内厂家。面板厂家的超薄基板玻璃投入情况如表3所示。

表3　面板厂家的超薄基板玻璃投入情况

世　代	现　在	将　来
第5代	0.5mm/0.63mm/0.7mm	0.3mm/0.4mm/0.5mm
第6代	0.7mm	0.4～0.5mm
第7代	0.7mm	0.5mm（2010年第三季度以后）
第8代	0.7mm	0.5mm（2011年第一季度以后）

相对而言，韩国面板厂家更加重视超薄基板玻璃的采用，例如，2012上半年，韩国厂家第6代面板线上0.5mm投片量已经占到了50%，而中国台湾地区厂家同期大约只占其总投片量的20%左右。至

于国内面板厂家，则相对较慢，目前 0.5/0.7mm 基板都有相当的采购量，但也有一些面板厂家在第 5 代线上开始小批量采用 0.4mm 基板。在此背景下，目前国内有一些专业的基板玻璃减薄厂家开始对现有的普通基板玻璃进行减薄，代表厂家如安徽的长信科技和江西的沃格光电。

第二，精细化。精细化主要是指适应于 LTPS/IGZO/OLED 等新一代显示技术的基板玻璃。随着智能手机等的热销，LTPS-LCD/OLED 面板的需求持续上升，适应于这些精细化显示的基板玻璃也成为基板玻璃市场的一个重要热点，为此，各家公司纷纷推出了自己的相关基板玻璃产品，如康宁目前主推的 Lotus 玻璃，可以较好地解决 600℃高温下玻璃的翘曲、收缩和应力问题，同时玻璃表面的杂质也进一步降低。与此同时，Avanstrate 也在近期推出了适用于 LTPS/OLED 市场的基板玻璃新品。

第三，柔性化。柔性化是未来显示器件的一个重要发展方向，相应地，可弯曲、可折叠的基板玻璃也就应运而生。在 2012 年的 SID（国际信息显示会议）上，几大基板厂家均有柔性玻璃产品展出，如康宁的 Willow®玻璃、肖特的 Xensation®玻璃。不过，目前各家均没有进入商业化生产时代。

二、防护玻璃市场

防护玻璃（又名盖板玻璃）是伴随着触摸屏尤其是电容式触摸屏市场的发展而发展起来的。2011 年全球盖板玻璃出货量 7.55 亿片，同比增长 146%，如图 4 所示。其中，84.4%应用于手机，而用于平板电脑的增长更快，2011 年出货量 7 250 万片，同比增长 178%。2011 年盖板玻璃销售额 46 亿美元（大约为基板玻璃营收额的 30%），同比增长 151%。

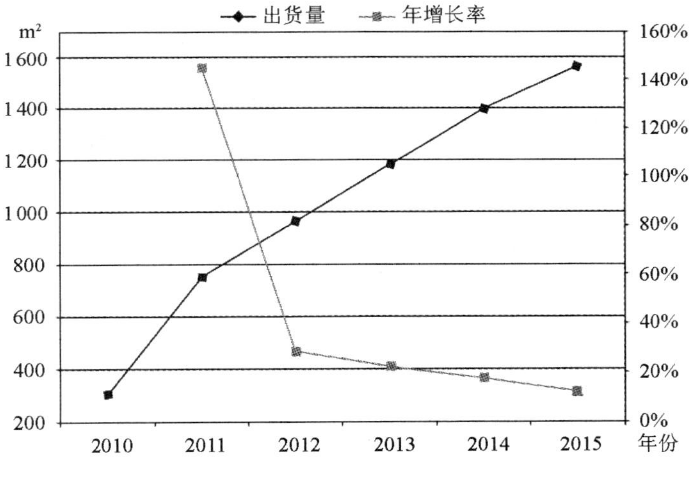

图 4　全球防护玻璃市场

目前，防护玻璃在手机、平板电脑等产品中的应用越来越广泛，2011 年，装配防护玻璃的手机出货量超过了全部手机数量的 30%。新的支持智能手机的操作系统（WP7.5, Symbian, iOS, Bada 和 Android）都提供了触摸屏及盖板玻璃设计。对于一些并不必需防护玻璃的电子产品而言，如笔记本电脑，仅仅用来观看，而不交互作用，因此保护问题并不重要。但即便如此，一些高端品牌的笔记本仍然会采用防护玻璃以美化装饰，提高产品对消费者的吸引力，这方面最典型的就是苹果公司的 MacBook Pro 笔记本。电脑显示器仅仅用来观看，而不交互作用，或许将鼓励更多的品牌商考虑改变其现有的设计，使其产品更具吸引力。

目前，能够充作保护玻璃的产品除玻璃外，还有塑料，最典型的如亚克力，同时，即使就玻璃而言也有钠钙玻璃与铝硅酸盐玻璃之分。这几种潜在防护材料的性能比较如表4所示。

表4 几种防护材料的性能比较

	亚克力	化学强化的钠钙玻璃	化学强化的铝硅酸盐玻璃	备 注
抗刮擦	×	△	○	化学强化后的产品性能更好
耐久性	×	△	○	
坚固度和薄型化	×	○	○	
用户漂移	×	○	○	玻璃的触摸敏感性好于亚克力
稳定性（温度和湿度变化时）	×	△	○	除了外部温度与湿度以外，电子产品内部的热量也会加速 cover lens（镜片）的劣化

注：○：优 △：良 ×：差

目前，中高端产品以铝硅酸盐玻璃为主，而亚克力和钠钙玻璃多以低端应用产品为主。但总体而言，铝硅酸盐玻璃将是防护玻璃市场的主流方向（见图5）。

防护玻璃（铝硅酸盐/钠钙）目前的主要供应商基本上都是传统的显示器件领域玻璃巨头，如康宁、旭硝子等，其中康宁凭借其著名的Gorilla®防护玻璃成为全球防护玻璃市场的龙头，不过，其他一些厂家也正在迅速赶上，如NEG和德国肖特，虽然肖特已经退出了TFT-LCD基板玻璃产业，这从侧面说明了防护玻璃市场的潜力（见图6）。

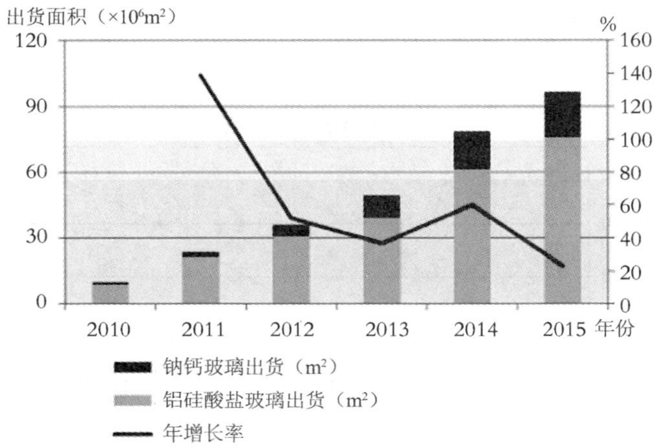

图5 全球防护玻璃市场出货面积

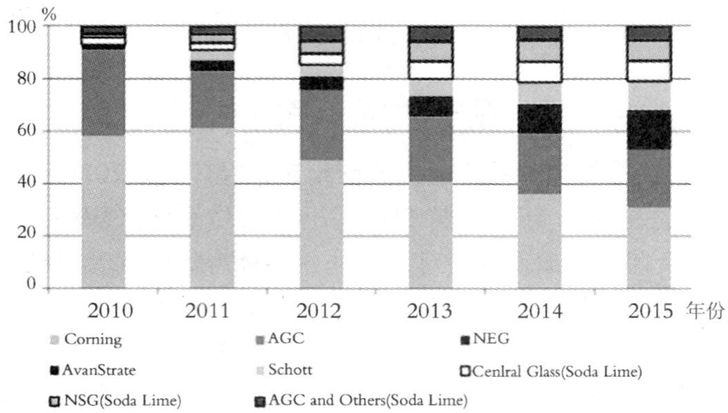

图6 全球防护玻璃市场的供应商结构

防护玻璃生产技术和 TFT-LCD 基板玻璃生产技术一样，也有熔融法（康宁）和浮法（NEG/肖特）两种，其中，康宁熔融法生产的 Gorilla®玻璃以其很高的表面质量和化学性能而成为防护玻璃市场最具代表性的产品。

目前，随着产品超薄性能要求日益严苛，除了防护玻璃和基板玻璃需要尽可能薄型化以外，单玻璃触摸屏方案（One Glass Solution，OGS）也是一个重要的方向，其实质是把防护玻璃和 Sensor 玻璃合二为一，从而减少一块玻璃的应用，不仅可以有效降低产品厚度，而且对降低产品成本大有裨益。有预测显示，虽然目前触摸屏仍以双玻璃结构为主，但未来 3～5 年内，单玻璃结构将成为技术主流。

如果采用 OGS 工艺，目前面临的一个重要挑战在于如何兼顾产品性能和量产性，这是因为在单玻璃工艺中，如果先对大片玻璃进行化学强化，强化后再切割，这样一来最终产品的强度有了保证，如耐磨性，但通常强化后的玻璃很难切割，而且切割后容易在边沿部位产生微裂纹，从而降低了工艺合格率；如果先对大片进行切割，再进行强化，这样一来切割环节变得容易且良品率很高，但需要对数目众多的小片玻璃进行强化，这样加工效率很低。在此情况下，康宁在 2011 年推出了专门针对 OGS 工艺的玻璃产品——整张离子交换（Ion Exchange-Full Sheet，IOX-FS）。该品和 Gorilla®一样均属于铝硅酸盐玻璃，但其只有 Gorilla®强度的 75%～80%，但仍然明显大于钠钙玻璃。显然，该款玻璃实际上是在玻璃强度与可切割性二者之间进行了折中，这也是 2011 年防护玻璃市场的一个重要突破。

除康宁以外，其他厂家也不断探索防护玻璃的新技术，如旭硝子认为盖板玻璃的需求将会从 2D 进化到 2.5D 或 3D，为此公司正在整合以前的汽车玻璃生产技术。

目前，防护玻璃的增长趋势已经非常明显，甚至超过了 TFT-LCD 基板玻璃市场而成为电子玻璃领域最有潜力的产品，仅从康宁看，Gorilla®已经成为该公司增长最快的业务之一，2011 年销售额是 2010 年的近 3 倍，全年突破 7 亿美元大关。正因如此，多个厂家都纷纷瞄准该市场以抢夺巨大的商机，如旭硝子主推的 Dragontrail™、NEG 主推的 CX-01、肖特的 Xensation®等。面对竞争，康宁也在近期推出了 Gorilla®玻璃的换代产品——Gorilla 2 玻璃，该产品能使防护玻璃厚度减少 20%，同时保持了良好的抗损性、韧性、耐划伤性能。此外，一些厂家已经推出了基于 Gorilla 2 的电子产品。

产能方面，康宁正在将越来越多的 TFT-LCD 窑炉改为 Gorilla®生产，而旭硝子、NEG 则主要采用新建窑炉的形式。例如，NEG 正筹划在 2012 年内建设一个采用浮法工艺生产盖板玻璃的新窑炉。旭硝子则在 2011 年实现了新窑炉的提前量产，窑炉引出量高达 300t/d 以上，从而显著提高了供应能力。除了铝硅酸盐 Dragontrail®玻璃以外，旭硝子也生产用于盖板和触摸屏的钠钙玻璃，其泰国工厂熔炉的生产能力约为每天 300t。除此之外，肖特也在采用微浮法工艺来生产盖板玻璃，并推出了 Xensation 3D 盖板玻璃，是用于曲面形状设计的 3D 盖板玻璃。与此同时，另一家液晶基板玻璃厂家——Avanstrate 也在积极涉足该领域，预计 2012 年年中 Avanstrate 公司也将有 1～2 座工厂专门生产盖板玻璃。可以预见，在供应商的加码投资和下游市场的强劲需求双重因素推动下，防护玻璃市场今后几年将进入快车道。

钠钙型防护玻璃也是防护玻璃市场的重要组成部分，虽然其潜力不如铝硅酸盐玻璃，但其市场在今后几年的增长性也非常确定。钠钙玻璃以日系厂家为主，如日本的旭硝子、中央硝子和板硝子。在国内，一些传统的电子玻璃厂家也纷纷进军其中，除了早就跻身该领域并颇有斩获的洛阳玻璃以外，这一两年间又新增了安彩高科、南玻、中建材等厂家，如安彩高科 2012 年 5 月在安阳高新区开始建设浮法工艺的超薄基板玻璃生产线，项目涵盖了 1.1mm、0.7mm、0.5mm 等多款规格的超薄玻璃，并有望实现 0.35mm 产品的生产。

中国 TFT-LCD 用背光源的现况与展望

北京京东方茶谷电子有限公司　马国恒　杨东升　李秀真　乔中莲

一、引言

液晶显示器（LCD）是光调制器件，本身并不发光，为了清楚地看清液晶显示器的显示内容，需要配置合适的背光源。背光源是存在于 TFT-LCD 内部的一个重要的光学部件。背光源产业是 TFT 产业链中重要的一环。背光源占 TFT-LCD 模块的 30%以上的成本，背光源产业对于具有千亿美元规模的平板显示产业来说，具有非常重要的战略意义。背光源的三个重要组成部分是光源、导光板、光学膜，占整个背光模组源成本的 72%。背光源产业的发展能够促进 TFT 产业链的完善，带动背光源上游配套产业的聚集，能够带动产业结构的优化升级。背光源的能效占液晶显示能效的 70%～90%，背光源产业的发展能加快平板显示的升级换代，推进节能减排、家电下乡等惠民政策的实施。

背光源从光源上讲，主要分为 CCFL 背光源和 LED 背光源。目前 LED 背光源正在取代 CCFL 背光源，占据市场主导地位。随着平板显示技术的不断升级，LED 背光源液晶电视开始逐步走进人们的视线。LED 背光源的液晶显示器最先开始应用在部分高端笔记本上，而近几年，三星、海信等中外彩电企业都相继推出了 LED 背光源液晶电视。LED 背光源凭借着出色的画质表现以及节能环保等诸多优点，正式成为市场主流。

二、背光源发展的现状

背光源就终端产品分类，有电视、显示器、笔记本、平板电脑、手机用背光源。手机也逐渐分化成智能手机和非智能手机。非智能机 1.5～2.0 英寸的产品成为其主流。智能手机的尺寸范围涉及 3.5～7 英寸以内的范围。笔记本由于平板电脑的出现，其市场份额被逐渐压缩。现在传统液晶面板的产能趋于饱和，各个厂商纷纷布局下一代 OLED 显示。对于液晶部分将主要通过提高其分辨率来争取市场。现阶段虽然在小尺寸显示产品应用上被 OLED 显示冲击，但是就整体规模而言依然不能撼动液晶显示的主导地位。背光源始终伴随着液晶显示的发展而发展。液晶产业是目前唯一具有可以从小尺寸到中尺寸，再到大尺寸全系列都可以涉足的产业，是目前与人类进行交互的最好的工具，因此可以预见 LCD 具有广阔的前景，与之相伴的 LED 背光源产品也具有广阔的应用前景。LED 背光源在液晶显示领域的应用情况如表 1 所示。

表 1　LED 背光源产品在液晶显示领域的应用

类　别	应用领域	尺　寸	关 注 点	LED 产品
小尺寸 LCD 背光	手机	小于 3.0 英寸	轻薄 待机时间	侧光 LED（Side View）
	数码相机/录像机	2.0～4.0 英寸	轻薄 待机时间	侧光 LED（Side View）
	游戏机/GPS	4.0～7.0 英寸	待机时间长 色域更宽	侧光 LED（Side View） 高色域侧光 LED

续表

类　别	应用领域	尺　寸	关 注 点	LED 产品
笔记本电脑背光	超便携笔记本	小于 10.0 英寸	价格 待机时间长	小功率顶发光 LED（Mini Top View LED）
	便携式笔记本	10.0～13.3 英寸	待机时间长 轻薄	侧发光 LED（Side View LED）
	主流笔记本	13.3～17.0 英寸	价格	小功率顶发光 LED（Mini Top View LED）
	多媒体笔记本	大于 17.0 英寸	高显示色域	全彩 LED（Full color） 高色域白光 LED(High Gamut White LED）
显示器背光	一般桌面液晶显示器（侧光式）	小于 20.1 英寸	价格 待机时间	顶发光 LED　（Top View LED）
	大尺寸液晶显示器（直下式）	大于 20.1 英寸	图像品质	全彩 LED（ Full color LED） 高色域白光 LED(High Gamut White LED）
电视和公共信息显示器背光	液晶电视	30～70 英寸	可靠性 图像品质	高色域白光 LED（High Gamut white LED） 三基色 LED（R,G,B LED）
	公共信息显示器	大于 70 英寸	可靠性 高亮度	大功率 LED（Power LED） 顶发光 LED（Top View LED）

三、背光源的市场发展趋势

LED 背光源是 CCFL 背光源的有力替代者。随着 LED 技术的成熟及成本的不断下降，LED 背光模组在 LCD 中的应用率逐年上升，2009 年，LED 背光液晶电视全球渗透率不足 1%。2010 年，LED 背光液晶电视全球渗透率却猛增到 25%，全球液晶电视出货量大约达到 1.9 亿台。同年，平板电视能效标准实施，把中国市场中的 LED 背光液晶电视推向了巅峰，也是全球电视市场的拐点。2011 年，全球 LED 背光液晶电视出货渗透率达到 48%，较 2010 年的 25%大幅提高。根据市场研究机构 IDC 调查及预测，2012 年、2013 年全球 LED 背光电视出货渗透率将分别增长 73%、86%。一连串的数字说明，LED 背光模组将成为液晶电视配置的标配，成为市场主流趋势不可阻挡，表 2 为 CCFL 和 LED 背光源的总体出货情况。

CCFL 背光源将继续被低成本直下 LED 背光所替代。据预测，低成本直下 LED 背光电视的份额占整个 LCD 电视市场 20%左右时将达到饱和。直下 LED 背光将在入门或主流机种领域替代 CCFL 背光。与之相对，侧光 LED 背光电视出货将持续增加（见图 1）。

表 2　背光源的市场份额

（单位：百万个）

年　份	2010	2011	2012	2013	2014	2015	2016	2017	2018	2019
CCFL	359.7	228.8	124.6	52.0	12.0	0.8	0.0			
LED	292.5	460.4	611.9	765.2	888.9	979.3	1 050.0	1 106.8	1 154.1	1 201.5
LCD 总和	652.2	689.3	736.5	817.2	900.9	980.1	1 050.0	1 106.8	1 154.1	1 201.5
LED 渗透率	45%	67%	83%	94%	99%	100%	100%	100%	100%	100%

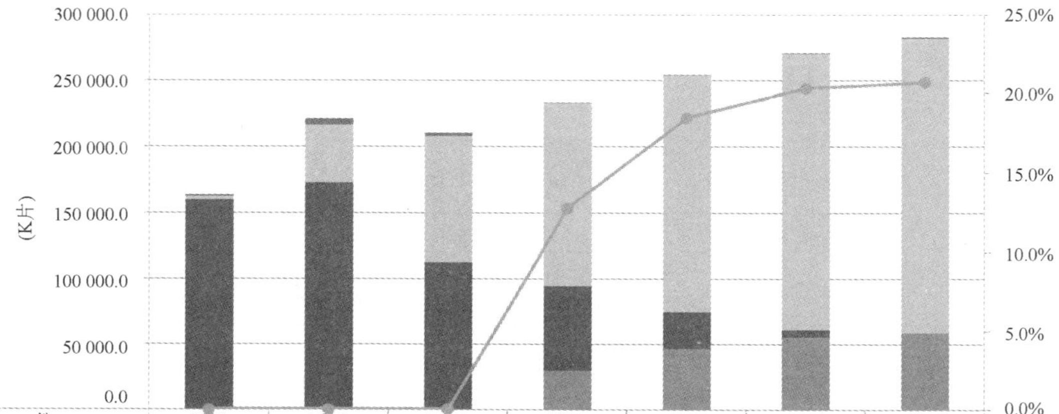

年　份	2009	2010	2011	2012	2013	2014	2015
传统直下LED	1 035.2	4 724.4	2 255.8	687.3	627.5	982.0	1 545.2
侧光LED	2 787.3	43 798.7	95 493.9	138 378.3	179 535.2	209 359.9	223 101.7
CCFL	159 585.4	172 310.2	112 466.6	64 273.9	27 557.4	5 559.9	0.0
新低成本直下LED	0.0	0.0	15.0	29 869.0	47 074.0	55 145.2	58 728.2
新低成本直下LED增长率	0.0%	0.0%	0.0%	12.8%	18.5%	20.3%	20.7%

图 1　不同种类的背光源的比例以及新低成本直下机种（L）的增长率

资料来源：DisplaySearch。

随着中国液晶电视市场的不断增长，LED 在大尺寸背光源中渗透率不断增加，未来几年中国背光模组产业有望得到迅速发展。受此趋势的吸引，本土企业抓住商机开始涉足大尺寸背光模组的生产制造，众多日韩及中国台湾地区企业也纷纷至中国大陆地区投资建厂。同时，国内各大电视厂、液晶面板厂基于垂直整合策略考虑也不断向背光模组制造领域延伸，逐步形成中国液晶模组生产领域的三大势力。这三方未来的竞合关系将是中国背光模组产业一段时期内的主旋律，也关乎中国整个 LED 产业和液晶显示产业的健康与发展。同时，三大势力布局中国 LED 背光模组产业，也决定着全球背光模组产业未来的竞争格局。可以预见，背光模组产业版图面临重整。

四、LED 背光源技术发展趋势

1. LED 技术

LED 作为背光源的关键部件，对于背光源起到了决定性的作用。LED 是背光源电特性的主要体现。低功耗就要求现在的产品要能够亮度更高，光效也要更高。对于不同的产品而言，对于产品的要求也略有不同。LED 产品为了满足液晶显示小中大尺寸型号开发了多种规格，目前应用在手机上的主流规格有 020 和 206。NB 的主流规格有 208、3810 和 3014，MNT 的主流规格有 3020、5630 和 7020，TV 侧光式的主流规格有 5630、6030 和 7020，TV 直下式的主流规格有 3838、3228、3528、3535 和 3030。大尺寸直下式 LED 背光源正在向多元化发展，透镜可以改变 LED 的光场分布的光学系统，提升 LED 的出光效率和出光角度，LED 加透镜的设计也成为一种趋势。

2. 导光板技术

导光板技术是背光源的核心技术。对于中小尺寸而言，市场上导光板成型还是以注塑成型为主。但是由于其光学网点（Pattern）的加工方式不同，导致其光源利用的效率也不同。就光学网点加工方式来分，有蚀刻加工、激光加工、机械撞击加工。蚀刻方式已经逐渐退出了历史舞台。激光加工与机械撞击加工占据了主导地位。机械撞击加工在光学处理的问题性与光效体现上要优于激光加工，所以大有取而代之的趋势。电镀加工网点虽然在加工精度、稳定性、光效上比其他三项都好，但开发时间过长。对于快速变化的消费电子产品，撞点加工越来越受青睐。

在中尺寸背光源的导光板加工技术中，注塑仍然具有很大优势。但是从显示器到电视的背光源序列中，由于注塑机台能力的限制，只能采用其他的加工方式。为了提高导光板光效，在导光板出光面加工 V 结构也成为很普遍的应用。当然，要加工这个结构，对于注塑模具来讲可以采用电镀与机加工的方式。背光源的导光板技术虽然蓬勃发展，但传统技术仍然受青睐。绝大多数的技术不被大陆背光企业掌握。表 3 为导光板网点加工方式对比。

表 3　导光板网点加工方式对比

工　艺	超薄导光板	精细或新型图形	热点方案	生产效率
注射	◎	◎	◎	◎
丝网印刷	×	×	△	△
激光雕刻	×	×	△	△
喷墨	×	△	△	×
热辊凸版	×	◎	△	×
热压	×	◎	△	×

注：◎：优　△：困难　×：差

3. 光学膜材

光学膜材也是背光源的主要组成部分。在增亮膜方面，3M 与乐晶星处于第一集团。他们在高增益棱镜的技术方面处于领先地位。其他的厂家则为日本、韩国和中国台湾地区的一些企业。乐凯与康得新是增亮膜领域的新军，也是中国大陆企业，在增亮膜领域意图占有一席之地。底反射片中国大陆地区厂家没有生产，技术上还是被国外与中国台湾地区所把持。

五、LED 背光源的产品发展趋势

1. 低成本 LED 背光源

DisplaySearch 研究报告指出，2012 年 LED 背光将被广泛地应用在 1～70 英寸的液晶显示器中。报告还指出，价格一直是阻碍 LED 背光普及的一个重要因素，但 LED 背光模组成本的下降幅度超过了传统 CCFL 背光模组。随着更多厂商对 LED 背光技术的研发，其成本价格正在逐步下降。为了刺激 LED 背光产品的销售，LED 背光源的设计纷纷朝向低成本、降低亮度等方向发展。

在大尺寸领域，低成本直下式 LED BLU 材料成本预计是 CCFL 背光的 1.3～1.4 倍，而侧光 LED BLU 的材料成本是 CCFL 的 2 倍。低成本直下式 LED 背光电视是未来电视市场的新趋势。对于低成本直下式背光源（结构如图 2 所示）的解决方案有三种：LED 增加一个透镜；LED 增加两个透镜；带网点设计的扩散板。根据 DisplaySearch 对低成本直下式背光源的预测，CCFL 背光将被低成本直下式 LED 背光源取而代之，2015 年将消失。预计 2014 年，低成本直下式背光电视将占整个液晶电视市场的 20%左右。

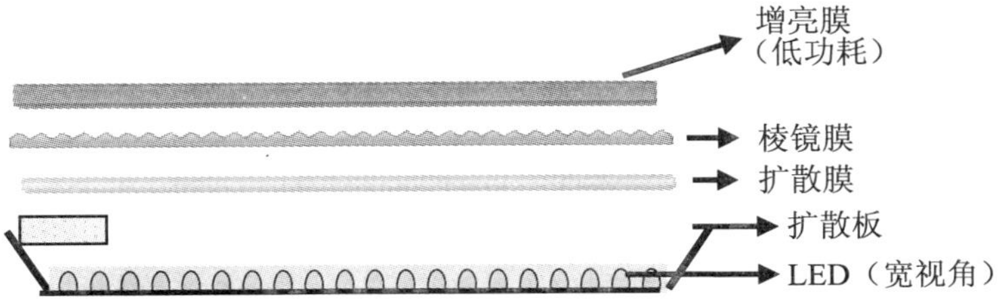

图 2　低成本直下式 LED 背光源结构示意

2. 低功耗侧光式背光源

在提倡低碳生活的今天，节能被越来越多的消费者认可。功耗是显示器或电视的衡量参数之一，也是消费者选购时最方便、直观的参考标准。未来低功耗的产品会越来越受消费者的青睐。直下式 LED 背光源应用动态背光技术，很大程度地降低了背光源的功耗，提高了电视产品的对比度，但是要求 LED 数量比较多，电视产品的厚度比较大，美观度以及灵活性稍差。侧发光式 LED 大尺寸背光源技术集合了超薄、美观、LED、低功耗的优势。在侧发光式 LED 大尺寸背光源上，引用动态背光技术，能够大大降低背光源的功耗。侧入式 LED 背光源通过 LED 交叉控制，达到区域控制，从而从一定程度上降低功耗。

目前，侧光式 LED 背光源还是各尺寸型号主要的显示方式。据预测，2015 年之前，侧光式 LED 背光源的主导地位不会改变，但 CCFL 背光源将逐渐消失，直下式 LED 背光源根据尺寸型号的不同增加的份额也不相同。

3. 角发光 LED 背光源

2012 年，中尺寸背光源发光方式和结构的发展趋势由单边入光方式逐渐变更为两角入光方式。32 英寸未来的发光方式为线发光到点发光的发展趋势，最终为两角发光方式。46 英寸未来的发展方式为双边发光到单长边再到单短边发光。55 英寸未来的发展方式也是由双长边发展到单短边的发光方式。

4. 窄边框背光源

超窄边框设计是利用特殊型号 LED 或结构设计使得画面到显示器件边缘距离小于常规尺寸，是市场未来的发展趋势。窄边框技术能够充分发挥电视画面的延展性，视角更宽，是对电视外观的一大进步和革新（见图 3）。

图 3　窄边框技术

超窄边框背光源设计难点在于必须运用合理的设计及新技术来解决画面边缘明暗不均的问题。超窄边框技术是为减小显示区域到产品外框的距离（A），在光学设计时必须减小 LED 之间的距离（P），如果 LED 之间的距离大于一定数值，会产生萤火虫（Hotspot）画面不良。

超窄边框背光源光学技术设计要点：对应不同的设计结构安排可采用不同的光学入光设计。

5. 3D 电视用背光源

裸眼 3D 技术在设计时存在最大的技术问题是透过 3D 膜片的光线分行后产生了干涉不良。对于不同 3D 显示效果的显示产品，都要求背光源的亮度提高 20%以上。为了提高背光源的亮度，需要通过对导光板（Light Guide Plate，LGP）出光面的微结构设计以及 LED 发光面增加透镜设计，使 LED 灯在最短距离达到混光要求，并且提高光源在 LGP 的传输效率，改变原有侧入式由于长距离传输所带来的光损失的问题。LED 背光源在满足大尺寸直下式背光源做到超薄的同时，也会满足 3D 背光源产品的需要。

六、国内外背光源标准体系建立情况

液晶显示用背光组件在国内、外的标准制定工作都已开始进行，随着标准的制定，未来背光的发展更加规范，目前国际上 IEC/TC110 电子显示器件标准委员会主席为我国东南大学的王保平教授。

IEC/TC110 共成立了 8 个工作分组，WG2 是 LCD，WG4 是 PDP，WG5 是 OLED LCD-BLU，WG6 是 3D，WG7 是电子纸，WG8 是柔性显示，HHG 协调各工作组，HHG2 是有关视觉的测试方法。目前 IEC/TC110 专家在 110 名左右，其中中国专家占 20 名。

目前，国内相关行业标准由工信部平板显示技术标准工作组和半导体照明技术标准工作组组织，汇集京东方科技集团、京东方茶谷、青岛海信、中国计量科学院等重点企业，根据目前我国产业状况和需求来制定标准，目前标准的框架结构如表 4 所示。目前，标准体系中的第 1 部分、第 2 部分、第 3 部分、第 6-1、6-2 部分已经审定完毕，处于等待上传报批稿阶段。其他部分标准正在着手准备中。

表 4 液晶显示器用背光模组标准体系计划

标准分类		标准明细
第 1 部分	顶层	液晶显示用背光组件 第 1 部分：总规范
第 2 部分	CCFL	液晶显示用背光组件 第 2 部分：CCFL 背光组件空白详细规范
第 3 部分	LED	液晶显示用背光组件 第 3-1 部分：便携式显示用 LED 背光组件空白详细规范
		液晶显示用背光组件 第 3-2 部分：显示器用 LED 背光组件空白详细规范
		液晶显示用背光组件 第 3-3 部分：电视接收机用 LED 背光组件空白详细规范
		液晶显示用背光组件 第 3-4 部分：车载用 LED 背光组件空白详细规范
		液晶显示用背光组件 第 3-5 部分：家用电器用 LED 背光组件空白详细规范
		液晶显示用背光组件 第 3-6 部分：工业仪表用 LED 背光组件空白详细规范
第 4 部分	通用	液晶显示用背光组件 第 4 部分：基本额定值和特性
第 5 部分	通用	液晶显示用背光组件 第 5 部分：环境试验方法
第 6 部分	通用	液晶显示用背光组件 第 6 部分：测试方法 液晶显示用背光组件 第 6-1 部分：光学与光电参数
		液晶显示用背光组件 第 6-2 部分：动态光学与光电参数
		液晶显示用背光组件 第 6-3 部分：加速寿命试验方法
第 7 部分	通用	液晶显示用背光组件 第 7 部分：电气接口
第 8 部分	通用	液晶显示用背光组件 第 8 部分：机械接口

七、结束语

2012 年将是 LCD 背光源发展的重要一年，LED 背光源在中小尺寸领域将完全替代 CCFL 背光源。在大尺寸领域，LED 背光源凭借绿色环保、低碳节能、超薄流线外观、高色彩还原性的逼真显示等优点，其市场渗透率逐渐增大。总而言之，LED 背光源正式成为市场主流。中国 TFT-LCD 背光源产业经过发展，仍然面临很大困难。但中国的市场还在进一步扩大，中国的消费电子企业在国际上的影响力也越来越大。我们要以此为契机，跟紧市场，提倡技术革新，以挑战者的心态去做事，把中国的背光源事业做大做强。

2011年全球液晶材料市场状况简析

清华大学化学系　梁 晓

一、前言

2011年，全球金融危机的阴霾始终笼罩在消费品市场上空，包括手机、数码相框、数码相机、GPS、笔记本电脑、液晶电视和液晶显示器等终端产品的产量较2010年相比始终没有新的突破。韩国、日本、中国台湾地区及中国大陆各种世代的TFT面板生产企业均出现了亏损。中国大陆的传统TN、STN面板生产企业，有相当一部分处于苦苦维持的状态，除深圳天马、汕尾信利、汕头超声等这样有规模和技术实力的大企业外，一些规模小、档次低的企业纷纷停产或倒闭，并且这些传统LCD企业都面临产品结构调整或转型，整体形势不容乐观。从应用结构来看，移动通信、液晶电视、笔记本电脑和液晶显示器这几大领域仍将几乎占据整个市场份额；从产品结构来看，大尺寸化、宽屏化、超薄化的发展趋势不会改变；需要指出的是，由于苹果公司的iPhone和iPad的出现和不停的更新换代以及韩国三星公司在智能移动市场的突出表现，引领了触摸屏式中小尺寸TFT面板的生产热潮，并且这一势头还将延续。

在TFT-LCD面板生产企业中，全球五大面板厂商依然占据市场主体，但随着中国大陆从国家层面对平板显示行业进行了战略规划，在TFT-LCD面板行业不断进行投入，京东方的合肥第6代线在2011年不仅达产，而且良品率和品质都顺利达到设计要求，运转良好，包括北京京东方、昆山龙腾光电、中航电子及深圳深超电子在内的4条第5代线运转良好，成都京东方、上海天马、成都天马3条第4.5线运转良好。此外，2011年，北京京东方的第8.5代线、深圳华星光电的第8.5代线都已经进入了试产阶段，中国大陆在高世代TFT-LCD面板的生产中积累了大量的经验，随着时间的推移将获得更多的话语权。

在传统的TN、STN型LCD生产企业中，目前，中国大陆的企业已经占据了绝对的主导地位，除了垄断中低端市场外，在车载等高端市场也逐渐站稳了脚跟。

二、液晶材料的前沿技术及发展趋势

目前，在显示领域，TFT 液晶技术已经成为主流技术，它主要包括以下几种模式：扭曲向列相型（TN TFT-LCD）、共面转换技术型（IPS TFT-LCD）、边缘场开关（FFS TFT-LCD）和垂直排列型（VA TFT-LCD），除上述几类TFT-LCD显示模式外，还包括光学补偿弯曲排列（OCB）和蓝相（Blue-LCD）等TFT-LCD显示模式，但由于种种原因，这两种模式尚未真正实现大规模生产。

1. 垂直排列型（VA）

VA模式的TFT液晶显示视角好，达到178°以上，对比度高，生产工艺简单，制盒过程无须摩擦，成品率高，目前是大尺寸液晶电视机和高端中小尺寸产品的主流（约占80%），包括日本Sharp、韩国Samsung、中国台湾地区的CMO和AUO等在内的大尺寸电视面板厂商主要采用这类模式。

VA模式由于液晶分子在盒内为垂直排列，因此要求所使用的液晶介电常数（$\Delta\varepsilon$）为负，即为负性液晶材料。对于VA型混合液晶而言，多年来专利一直被德国Merck公司所持有，但从2007年开始，日本Chisso的VA型液晶突破了Merck的专利壁垒，实现批量销售，从2009年开始，日本的DIC在VA型液晶方面同样取得了突破，尤其是与韩国三星公司进行了充分合作，同样占据了一定的市场份额。虽然Merck垄断VA液晶市场的局面已经被打破，但除了两家日本企业在VA型液晶市场取得了突破外，VA型液晶的市场准入门槛还相当高，其他液晶生产商想进入这块市场的难度是最大的。

2. 共面转换技术型（IPS）和边缘场开关（FFS）

IPS 模式将细条型正负电极间隔排列在同一基板上，使得液晶分子在平行于玻璃基板的平面内旋转，由于光从不同角度传播的光程相差不大，因此无须补偿膜就可以获得良好的视角特性，达到 170°以上。FFS 技术通过同一平面内像素间电极产生边缘电场，使电极间以及电极正上方的取向液晶分子都能在（平行于基板）平面方向发生旋转转换，从而提高液晶层的透光效率。FFS 技术克服了常规平面方向转换（In-Plane-Switching，IPS）技术透光效率低的问题，在宽视角的前提下，实现高的透光效率。目前，IPS 和 FFS 模式主要应用于大尺寸电视和一些高端显示器，包括韩国 LG Display、日本 Hitachi 和中国的京东方等在内的面板厂商使用这类模式。需要指出的是，由于苹果公司的 iPhone 显示屏采用了 IPS 技术，因此在小尺寸移动市场，IPS 显示屏增长趋势明显。

IPS 和 FFS 模式通常采用正性液晶，并且要求液晶的驱动电压较低（介电常数 $\Delta\varepsilon$ 大）。对于 IPS 和 FFS 型混合液晶而言，目前的专利主要为德国 Merck 和日本 Chissso 公司所持有，市场也被这两家公司垄断，但中国大陆的企业在这类液晶方面同样进行了大量的研究，目前在专利方面已经取得了一定的突破，有小批量的液晶已经被一些面板企业采用。

3. 扭曲向列相型（TN 型）

TN 型 TFT 液晶显示是历史最悠久、发展最成熟的显示模式，TN 模式与 TFT 技术的完美结合是液晶显示发展最重要的契机和原因。其产品包括台式 PC 监视器、便携 PC、掌上 PC、移动通信、车载设备、摄像机和数码相机监视器、PDA、数码相框等。此外，随着液晶显示技术的不断发展，宽视角补偿膜被应用于 TN 型 TFT 液晶显示，使得中小尺寸的液晶电视也应用该技术。目前包括第 5 代线及以下的 TFT 面板生产线几乎都采用 TN 模式。

对 TN 型 TFT 液晶而言，德国 Merck 和日本 Chisso 仍然持有较多数量的专利，但有相当多的一部分到 2012 年左右基本到期。通过对专利的研究发现，Merck 和 Chisso 的单体专利虽然有很多即将到期，但在专利到期前的一段时间，这两家公司又通过申请配方专利的形式，将这些专利到期的单体使用到混合液晶中再次申请专利，利用这样的方式造成专利延期，这是目前其他混合液晶材料生产企业必须面临的问题。值得指出的是，近年来，中国大陆的企业对 TFT 液晶的专利问题非常关注，同时进行了大量的研究和探索，如石家庄诚志永华通过对混合液晶配方专利的大量分析和研究，开发出了具有多元环二氟甲氧桥类的单体液晶，在此基础上，得到了具有企业自主知识产权的混合液晶配方，也得到了中华映管、瀚宇彩晶、京东方等企业的认可；江苏和成以茚环结构为突破，开发出一系列的正性和负性单体液晶，并将其应用到混合液晶中，得到了一系列具有自主知识产权的混合液晶配方，得到了包括 AUO、天马等面板企业的认可；北京八亿时空以嘧啶类液晶和五元环液晶为突破，申请了一系列的混合液晶专利，目前专利得到了奇美和中华映管等公司的认可。除上述三家液晶企业外，中国大陆的其他液晶企业，如江苏晶美晟、西安彩晶、西安瑞联、烟台万润、江苏广域化学及浙江永太等企业，也纷纷在液晶材料方面申请了专利。

目前，包括日本 DIC，中国大陆的石家庄诚志永华、江苏和成等一些混合液晶生产厂家都在 TN-TFT 液晶材料方面取得了一定的突破。DIC 在韩国和中国台湾的企业取得了一定的销售，诚志永华、江苏和成和北京八亿时空在中国大陆的一些第 5 代线以下面板生产企业以及大量的切裂灌小尺寸手机用 TFT 显示屏取得了销售。从 TFT 混合液晶的发展可以发现，虽然包括 DIC、诚志永华和江苏和成等企业已经慢慢打破两家巨头的垄断，为今后的发展积累了大量的经验，但想从根本上动摇 Merck 和 Chisso 的地位，可谓任重道远。尤其是目前面对中国大陆市场高世代 TFT 面板生产线的建设高潮，能否成为这场盛宴的参与者还是仅仅做一个看客，市场将拭目以待。

对 TN 型 TFT 液晶材料而言，要求其旋转黏度低，光学各向异性大，清亮点覆盖范围更宽；对 IPS 和 FFS 型 TFT 液晶材料而言，要求其选择黏度低，介电常数更大；对 VA 型 TFT 液晶材料而言，要求其负介电常数更大，旋转黏度低，光学各向异性大。此外，为了降低驱动电压，降低功耗，要求各类液晶材料降低阈值电压，介电各向异性越大越好。

除了上述几种 TFT 液晶技术外，虽然在 2008 年 SID 上，韩国 Samsung 公司已经推出了基于蓝相液晶显示技术的 TFT-LCD 样机，并且目前有多家企业和研究机构都在进行蓝相液晶的研究，使得蓝相液晶成为近期液晶材料和显示领域为数不多的研究热点，但从目前的发展来看，如果蓝相液晶显示不能够在液晶材料的工作温度范围、驱动电压及材料寿命方面取得突破，就很难在市场上进行推广。

在显示领域，其他液晶材料，如铁电液晶、PDLC 液晶、多稳态液晶等都有一些需求，但由于种种局限，覆盖面太窄，难以成为主流。从 2008 年开始，北京汉朗科技推出了基于近晶相液晶的多稳态液晶显示，该显示技术具有低功耗、制备工艺简单等特点，在电子标签、电子纸、调光玻璃等领域有一定的应用前景。

在非显示领域，液晶材料的研究及发展大致包括以下几个方面：

（1）液晶材料的光子学和液晶激光的研究，包括液晶的光子带隙材料、旋转向列相或胆甾相液晶的空间周期性研究、液晶的无镜激射及液晶的蓝相激射等；

（2）弯曲型液晶材料的研究，包括双轴向列相液晶、弯曲芯近晶相液晶等；

（3）液晶弹性体的研究，包括基于液晶弹性体的人工肌肉、聚合物稳定性铁电液晶等；

（4）工作于非可见波段的液晶器件和材料；

（5）新一代硅基液晶技术的非显示应用。

三、全球液晶材料市场状况

目前，综观全球液晶材料行业，在 TFT 混合液晶方面，德国 Merck 和日本 Chisso 占据市场主导地位的格局仍然没有被打破，尤其是日本的 Chisso 公司，近年来一方面加强了新型液晶材料，尤其是负性液晶材料的开发，另一方面不断扩大从中国大陆的单体液晶采购，多渠道培养供应商，因此无论从液晶品种还是从液晶价格方面都有超越德国 Merck 的趋势，其市场份额也在不断扩大。日本 DIC、中国大陆的诚志永华和江苏和成在低端 TFT 混合液晶市场占有一定的份额。

在传统的 TN、STN 型混合液晶市场方面则呈现了一个完全相反的局面。除了在高端的 STN、宽温液晶及一些特殊用途的液晶方面 Merck 和 DIC 还占有一定的市场份额，其他市场基本被中国大陆的混合液晶厂商垄断。尤其是江苏和成、北京八亿时空和烟台显华，2011 年分别在传统的中高端混合液晶市场和低端混合液晶市场取得了发展，所占有的市场份额得到一定提升。

从各种市场信息和数据以及与许多 TFT-LCD 面板厂商的交流来看，笔者对 2011 年 TFT 混合液晶材料的全球市场销量进行了估计，如表 1 所示。

表 1　2011 年全球 TFT-LCD 用液晶材料销量估测值

公司名称	产品类型	销量（t）	市场份额（%）
Merck	VA 型	150	约 67
	IPS 型	30	约 40
	TN 型	120	约 39
Chisso	VA 型	60	约 26
	IPS 型	50	约 60
	TN 型	150	约 49
DIC	TN 型	30	约 10
	VA 型	15	7
诚志永华	TN 型	4	1～2
	FFS 型	1	<1
江苏和成	TN 型	3	1
八亿时空	TN 型	0.5	<0.5

从上述数据可以看出，在 TFT 液晶材料市场，德国 Merck 公司和日本 Chisso 公司的领先地位仍然保持，但其他液晶生产企业都已经慢慢进入，尤其是中国大陆的液晶企业，随着中国大陆高世代线的不断建立和完善，其市场份额将会不断得到增长。

从各种市场信息和数据以及与许多传统的 LCD 生产商及混合液晶材料生产商的交流来看，笔者对 2011 年传统 TN、STN 混合液晶材料的全球市场销量进行了估计，如表 2 所示。

表 2　2011 年 TN、STN 混合液晶材料市场销量情况估测值

公司名称	产品类型	销量（t）
Merck	高档 STN、宽温 TN、VA 等	约 8
DIC	STN、宽温 TN 等	约 8
诚志永华	HTN、STN、宽温 TN、第一极小、VA 等	约 21
江苏和成	HTN、STN、宽温 TN、第一极小、VA 等	约 15
烟台显华	低档 TN、HTN、宽温 TN、STN 等	约 16
八亿时空	低档 TN、HTN、宽温、STN 等	约 8
迈尔斯通	低档 TN、HTN、宽温、STN 等	约 3
其他	低档 TN、HTN、宽温等	约 5

由于传统的 TN、STN 混合液晶的种类非常多，因此无法对其进行详细分类和分析，只能对其进行一个大致的分类。从表 2 可以看出，传统的高端市场仍然被 Merck 和 DIC 占领，高端市场的附加值很高，具有很高的利润，这也是 Merck 为什么还没有完全放弃传统高端市场的原因，也是 DIC 在如此恶劣的竞争环境下仍然能够生存的一个重要原因。而在中国大陆众多的混合液晶材料生产企业中，石家庄诚志永华在 2011 年保持了市场第一的位置，其产品也是覆盖面最广的，但其市场份额正在不断被其他企业蚕食，诚志永华已经逐渐放弃了低端混合液晶市场。在中高端的 STN、宽温、第一极小及 VA 型混合液晶方面，江苏和成的技术优势和市场优势不断发挥，获得了相当大的市场份额，发展势头迅猛；而烟台显华通过低价策略，在低档 TN、HTN 型混合液晶方面占据主导；北京八亿时空在中高端混合液晶市场也取得了一定的成绩。

与 2010 年相类似，2011 年，在 TFT-LCD 用液晶材料的中间体和单体生产方面，中国的多家企业依然保持了强劲的发展势头，同样为全球的 TFT 液晶材料生产做出了重要的贡献。包括西安瑞联近代电子材料有限责任公司、西安彩晶光电科技股份有限公司、烟台万润精细化工有限责任公司、上海康鹏化学有限公司、浙江永太科技股份有限公司和江苏广域化学有限公司等在内的多家公司，继续为国外几家 TFT 液晶材料生产厂商服务，在生产规模、销售规模等方面取得了较好的业绩。

2011 年全球彩色滤光片产业现状与发展

成都京东方光电科技有限公司　曹成熙　张 甜　隆清德　张智软

一、市场分析

近年来，光电显示产业中以薄膜晶体管液晶显示器件（TFT-LCD）为首的平板显示（FPD）产业得到了迅速发展。由于 TFT-LCD 具有一系列突出的优点，其产品几乎涵盖整个信息应用领域，包括电视、个人计算机、笔记本电脑、手机、GPS、PDA、仪器仪表和公共显示等方面，应用领域非常广泛，具有巨大的市场潜力。它将计算机、办公自动化、电视、通信和仪器仪表等产品推向了一个崭新的发展阶段。国际著名咨询公司 DisplaySearch 研究表明，全球 FPD 产业 2011 年整体产值达到了 1 109 亿美元，2012 年全球 FPD 产业产值将达到 1 278 亿美元。整体 FPD 产业 2011 年以前年复合增长率为 20%以上，以后增幅趋稳，将维持在 10%左右，显示出 FPD 产业仍处于增长期。

从产业链配套来说，彩色滤光片（Color Filter，CF）是 TFT-LCD 重要的关键配套件之一，也是显示器件真彩色化的必要组件。在 TFT-LCD 显示面板制作工艺中，每块 LCD 显示面板就需要搭配一片 CF 玻璃基板，以构成一块完整的 LCD 显示面板，可以说两者是一个共同体。近年来，随着国内液晶面板厂商的不断兴建，CF 生产厂商也随着面板厂商的发展不断进行新世代设备的投资。特别是充分利用现代物流业的发展，内置（In-house）方式供应 CF 已越来越明显。内置的实现可减少产品库存，降低运送风险及材料成本。

根据 DisplaySearch 的报告显示，目前全球在建 CF 生产线如表 1 所示。

表 1　全球在建 CF 生产线统计

国　家	厂　商	工　厂	条　数	尺寸（mm×mm）	月产能（万片）	投产时间
韩国	LGD	坡州 P9 G8	1	2 200×2 500	63	2011 年 7 月
中国	京东方	北京 B4	2	2 200×2 500	50	2011 年 11 月
日本	东丽	加贺 G5.5	1	1 300×1 500	22	2011 年 11 月
中国	华星光电	深圳	2	2 200×2 500	33	2011 年 12 月
中国	华星光电	深圳 G4 R&D	1	730×920	5	2012 年 7 月
中国	天马	厦门 LTPS	1	1 300×1 500	32	2012 年 7 月
中国	天马	厦门 LTPS	2	1 300×1 500	32	2012 年 12 月
中国	京东方	北京 B4	3	2 200×2 500	33	2013 年 2 月
中国	三星	苏州	1	2 200×2 500	63	2013 年 3 月
日本	日本显示	茂原	1	1 500×1 850	37	2013 年 4 月
中国	京东方	合肥 B3	3	1 500×1 850	33	2013 年 6 月
中国	京东方	合肥 B5	1	2 200×2 500	50	2013 年 6 月
中国	大日本印刷	昆山	1	2 200×2 500	50	2013 年 6 月
中国	京东方	鄂尔多斯 B6 LTPS	1	1 300×1 500	17	2013 年 7 月
中国	LGD	广州	1	2 200×2 500	73	2013 年 11 月
中国	三星	苏州	2	2 200×2 500	42	2013 年 12 月
中国	奇美	成都	1	2 200×2 500	44	2014 年 2 月
中国	京东方	合肥 B5	1	2 200×2 500	50	2014 年 4 月
中国	大日本印刷	昆山	2	2 200×2 500	50	2014 年 4 月
韩国	LGD	P10 IGZO	1	2 200×2 500	33	2014 年 9 月
韩国	三星	汤井 L9-1	1	3 000×3 320	33	2014 年 9 月

资料来源：DisplaySearch 2012 Q1。

1. 国内外现状

CF 是 LCD 面板实现彩色化显示的关键原材料，必须与 LCD 面板一对一同样大小搭配使用，因此 CF 的技术发展与 LCD 面板的技术发展息息相关。日本、韩国是早期制造 CF 的国家，虽然近几年我国企业也在努力追赶，但目前生产 CF 的许多关键技术、重要生产设备以及光刻胶等关键原材料仍主要掌握在日韩厂商手中。随着 2003 年以来全球彩屏手机的兴起和迅速普及，以及液晶显示器、笔记本电脑、液晶电视等产品销量的快速增长，带动了 TFT-LCD 彩色面板市场快速扩张，生产 LCD 面板的关键原材料 CF 的产量也随之获得大幅增长。韩国、中国台湾和中国大陆抓住 LCD 行业发展的机遇，推动本地 CF 产业快速发展。

在 TFT-LCD 用 CF 方面，目前日本的凸版印刷（Toppan）、大日本印刷（DNP）和 Toray 仍是 CF 专业制造商；韩国和中国台湾的主要液晶面板厂多数选择 CF 内置（In-house）；目前国内 TFT-LCD 用 CF 的生产基本也已实现内置（In-house）。其中韩国面板厂由于拥有多条大尺寸面板生产线，CF 的产量也最多，占到全球总产量的 40%左右；日本的专业 CF 制造商则以生产第 6 代线以下所用的 CF 为主。各厂商产能分布情况统计如图 1 所示。

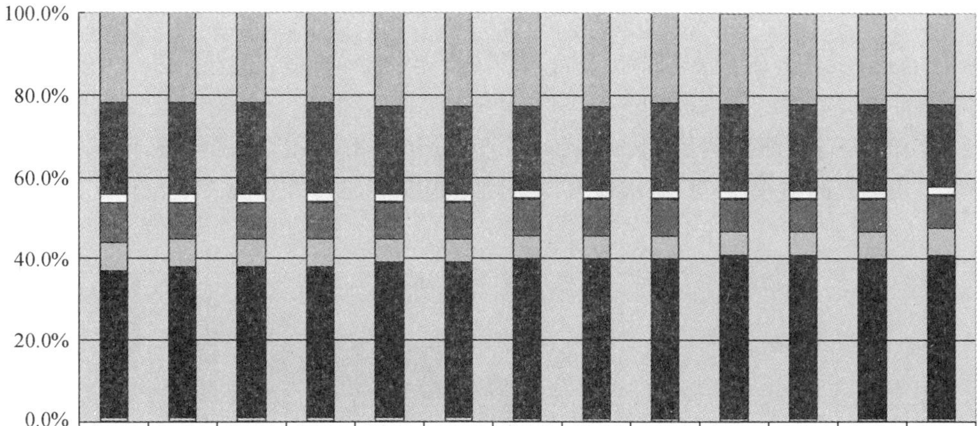

	Q3'11	Q4'11	Q1'12	Q2'12	Q3'12	Q4'12	Q1'13	Q2'13	Q3'13	Q4'13	Q1'14	Q2'14	Q3'14
其他专业制造商	0.9%	0.9%	0.9%	0.9%	0.9%	0.9%	0.8%	0.8%	0.8%	0.8%	0.8%	0.8%	0.8%
台湾专业制造商	0%	0%	0%	0%	0%	0%	0%	0%	0%	0%	0%	0%	0%
其他内置厂商	36%	37%	37%	37%	38%	38%	39%	39%	39%	40%	40%	39%	40%
Toppan	7%	7%	7%	7%	6%	6%	6%	6%	6%	6%	6%	7%	7%
DNP	10%	9%	9%	9%	9%	9%	9%	9%	9%	8%	8%	8%	8%
Toray	0.2%	0.2%	0.2%	0.4%	0.4%	0.4%	0.4%	0.4%	0.4%	0.4%	0.4%	0.4%	0.4%
STI/DSTI	2.1%	2.1%	2.1%	2.0%	1.9%	1.9%	1.9%	1.9%	1.9%	1.8%	1.8%	1.8%	1.8%
Samsung	22%	22%	22%	22%	21%	21%	20%	20%	21%	21%	21%	21%	20%
LGD	22%	22%	22%	22%	23%	23%	23%	23%	22%	22%	22%	22%	22%

图 1　各厂商产能分布情况统计

资料来源：DisplaySearch 2012 Q1。

2. 市场分析

作为与 TFT-LCD 的共同体，每块 LCD 显示面板需要搭配一片 CF 玻璃基板，以构成一块完整的 LCD 显示面板，因此 TFT-LCD 的广阔市场将同样是 CF 的广阔市场。CF 市场供需趋势如图 2 所示。

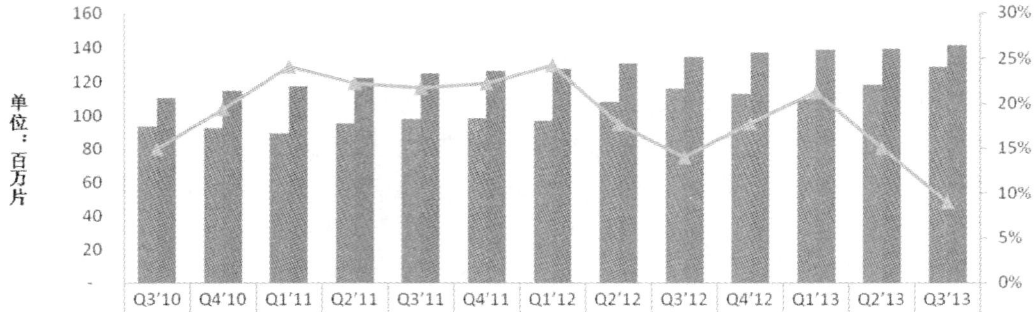

	Q3'10	Q4'10	Q1'11	Q2'11	Q3'11	Q4'11	Q1'12	Q2'12	Q3'12	Q4'12	Q1'13	Q2'13	Q3'13
CF需求	93	92	89	95	97	98	96	107	115	112	109	118	128
CF供给	110	114	117	122	124	126	127	130	134	137	138	139	141
供需比	15%	19%	24%	22%	22%	22%	24%	18%	14%	18%	21%	15%	9%

图 2　CF 市场供需趋势

资料来源：DisplaySearch 2012 Q1。

注：供需比=（供给-需求）/供给，根据研究表明，10%～15%为合理的供需配置。供给与需求数量折合为 19 英寸显示屏计算。

根据 DisplaySearch 的报告显示，2011 年第四季度 CF 的供给超过需求，2012 年第二季度，CF 将处于短缺局面，供需情况呈现波动。

2011 年 CF 全球需求量达到 11.6 亿片，比 2010 年增长 4%，2012 年预计将达到 13.35 亿片，增幅达到 15%。其中液晶电视用 CF 需求最大，占比达到 50%左右（见图 3）。

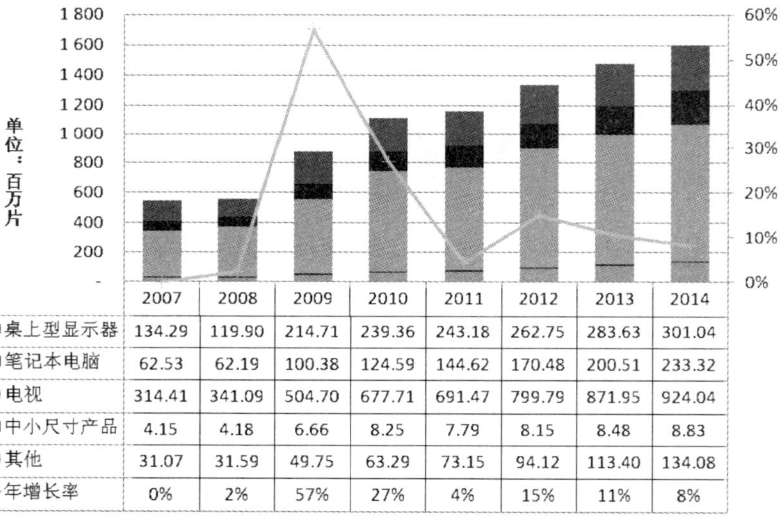

	2007	2008	2009	2010	2011	2012	2013	2014
桌上型显示器	134.29	119.90	214.71	239.36	243.18	262.75	283.63	301.04
笔记本电脑	62.53	62.19	100.38	124.59	144.62	170.48	200.51	233.32
电视	314.41	341.09	504.70	677.71	691.47	799.79	871.95	924.04
中小尺寸产品	4.15	4.18	6.66	8.25	7.79	8.15	8.48	8.83
其他	31.07	31.59	49.75	63.29	73.15	94.12	113.40	134.08
年增长率	0%	2%	57%	27%	4%	15%	11%	8%

图 3　CF 需求预测——根据产品分类

资料来源：DisplaySearch 2012 Q1。

3. 内置 CF 是 TFT-LCD 产业发展的趋势

三星、LGD、友达、奇美、京东方等全球领先的液晶面板厂新建的 TFT-LCD 工厂大多选择 CF 内置（In-house）方式，其中 LGD、奇美、京东方的 CF 内置率已超过 70%，CF 内置化是产业发展的趋势。CF 内置和专业制造产能比较如图 4 所示。

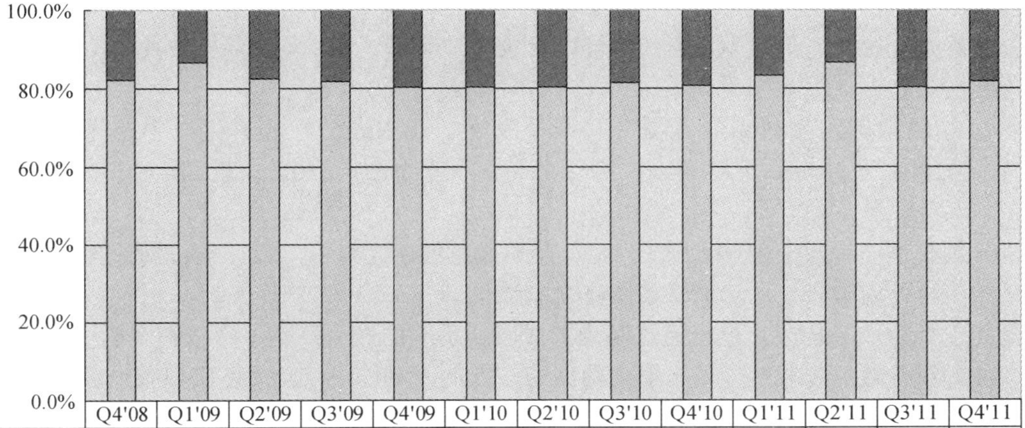

	Q4'08	Q1'09	Q2'09	Q3'09	Q4'09	Q1'10	Q2'10	Q3'10	Q4'10	Q1'11	Q2'11	Q3'11	Q4'11
□ 内置厂商	82.1%	86.8%	82.6%	81.9%	80.4%	80.4%	80.3%	81.4%	80.8%	83.2%	86.5%	80.3%	81.9%
■ 专业制造商	17.9%	13.2%	17.4%	18.1%	19.6%	19.6%	19.7%	18.6%	19.2%	16.8%	13.5%	19.7%	18.1%

图 4 CF 内置和专业制造产能比较

资料来源：DisplaySearch 2012 Q1。

目前以京东方为首的国内厂商也开始实现了 CF 内置，包括京东方成都第 4.5 代 TFT-LCD 生产线、北京第 8.5 代 TFT-LCD 生产线、合肥第 6.5 代 TFT-LCD 生产线、鄂尔多斯第 5.5 代 AM-OLED 生产线；天马武汉第 4.5 代 TFT-LCD 生产线、厦门第 5.5 代 LTPS 生产线；华星深圳第 8.5 代 TFT-LCD 生产线等均已实现或规划 CF 内置。

TFT-LCD 与 CF 的同步建设和同步运营，CF 和 LCD 设计一体化对于降低成本，持续改善 LCD 产品的品质和性能，增强市场竞争力具有非常重要的作用。

二、CF 目前主要量产技术分析

CF 制造工艺一般分为颜料分散法、染料分散法、印刷法和电镀法四种。几种主要 CF 制作工艺的性能比较如表 2 所示。

表 2 制作工艺的性能比较

比较项目	颜料分散法	染 色 法	印 刷 法	电 镀 法
膜厚（μm）	0.8～2.5	1.0～2.5	1.5～3.5	1.5～2.5
线条最小尺寸（μm）	10～20	10～20	70～100	10～20
表面平整度	好	好	好	最好
分光特性	好	最好	好	好
着色剂	颜料	染料	颜料	颜料
热稳定性（℃）	220～300	180	250	250
热稳定性（h）	＞500	＜100	＞500	＞500
耐化学药品	好	较好	好	好
优点	耐热、耐光	精细	耐热、耐光	平整、耐热、耐光
缺点	成本高	耐性差	精度差	不适于规模生产

现在国际上广泛使用的是颜料分散法。颜料分散法是将颜料分散在感光胶中，通过掩膜曝光，被曝光部分的感光胶聚合，不易为显影液溶解，在显影时保留下来，其余部分被冲洗掉，如此重复数次，形成彩色膜层。

颜料分散法常用的颜料为酞青类等，粒径应小于 0.2μm。在颜料生产中首先形成的是线度为 0.1～0.5μm 的单晶，称为一次粒子。它们易聚集成线度为 0.1～10μm 的二次粒子，所以必须分散后才能使用。

彩色光刻胶是一种用于生产 CF 红、绿、蓝三原色的感光材料，CF 一般是通过在玻璃基板上涂布彩色光刻胶，再使用曝光技术形成像素图案来制造。

光刻胶由多种成分构成，包括通过曝光形成硬化诱因的光引发剂、形成图案的光刻胶聚合物、着色颜料、使颜料分散的分散剂、用于形成图案的多官能团单体，以及用以实现整洁涂布的溶剂。

目前使用的光刻胶为负性材料，利用曝光部分会交联固化，通过碱性显影液不溶的性质来绘制图案。其中，形成色彩的颜料种类格外少。而且，颜料原本就不溶于有机溶剂，要想使颜料稳定分散于有机溶剂中，需要使用分散剂。分散剂通常使用特制聚合物。此外，形成图案的聚合物则使用数种聚合物，一般多使用丙烯酸类聚合物，使用丙烯酸类聚合物的原因在于可轻松发挥碱溶解性。而且，通过改变官能团，还可赋予各种各样的功能。通过这些手段，便可控制光刻胶性能及永久性能。光刻胶反应机理如图 5 所示。

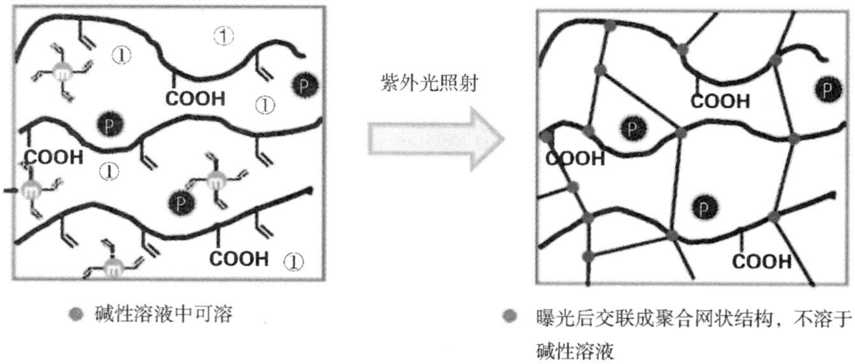

图 5　光刻胶反应机理

上述这种颜料分散法，工艺简单，光敏性好，是目前大生产中用得最多的。制成的滤色片有很高的热稳定性，可耐 250℃高温，而且化学稳定性、耐湿性和耐磨性也很好。

精工爱普生曾于 2006 年开发出了采用喷墨技术制造液晶面板 CF 的装置，并向夏普制造大屏幕电视专用液晶面板的龟山第 2 工厂供货，但由于种种原因未被大规模普及采用。

2012 年 6 月，DNP 公开发表了使用柔性玻璃作为基板以卷对卷（R2R）方式制造 CF 的工艺，该工艺所使用的是厚度仅为 0.05～0.07mm 的极薄玻璃基板。由于非常薄，即使弯曲也不会破裂，该滤光片的最小弯曲半径为 3cm。由于 R2R 要求基板可以弯曲，因此以前普遍使用树脂薄膜作为基板。如果能够使用玻璃基板，不仅能够扩大成膜工艺的选择范围，而且玻璃具有耐热性、气密性、伸缩性等特点，比树脂薄膜更为有利。该工艺预计于 2014 年度开始量产。

以上四种工艺各有各自的市场，其中，颜料分散法以其优越的热、光稳定性已逐步取代染色法成为当今最具竞争力的 CF 制作方法，占据了国际市场 90%以上的份额，目前世界主流的 CF 制造厂商包括 CF 内置生产的液晶面板厂商均采用颜料分散法。

三、CF 发展方向

1. 高分辨率

自 2010 年以来，高分辨率液晶面板就已经引起了市场更多的关注。在手机等小尺寸面板上最成熟的高分辨产品，又被称为“视网膜（Retina）屏幕”，它可以将 960×640 的像素压缩到一个 3.5 英寸的显示屏内——这样高的像素密度，甚至超过了人类视网膜的分辨能力，因此可以带来“最接近真实”的柔滑显示效果。此种面板被应用在苹果手机上，取得了非常好的市场效果。2012 年日本显示器公司开发出了分辨率高达 651ppi 的 2.3 英寸 1 280×800 像素液晶面板（见图 6）。作为直视型显示器，“实现了世界最高水平的分辨率”新产品的像素间距仅为 39μm。

图 6　日本显示器公司公布的 2.3 英寸 651ppi 的显示器

随着美国苹果公司 iPad3 的上市，高分辨的争夺战逐渐延伸至中大尺寸液晶显示器上，人们对分辨率的认识上升到一个新的阶段。

在大尺寸的液晶电视应用方面，2012 年 4 月，夏普正式发布了采用 IGZO 材料的新型高分辨率液晶面板产品，包括：32 英寸的 4K×2K 分辨率的显示器面板（140ppi），10 英寸具有 WQXGA 分辨率 2 560×1 600 的笔记本电脑用面板（300ppi），以及 7 英寸分辨率为 1280×800 的平板电脑用面板（217ppi）。

高分辨率液晶面板对 CF 提出了高分辨率的要求，越来越高的分辨率要求像素越来越小。不过，液晶面板高精细化到 400ppi 以上时存在技术课题。由于平均每一个像素的开口率较低，因此背光源的光利用效率下降，容易导致亮度降低及耗电量上升。实际上，从面板开口率来看，403ppi 产品为 50%，498ppi 产品为 41%～49%，651ppi 产品为 32%，为了保持与现在的产品具有相同的开口率，黑矩阵（BM）的线宽越来越细。凸版印刷制作高精细黑矩阵在 330ppi 时线宽已达到 5.5μm，预计在 440ppi 时线宽可以细至 4μm，针对 500ppi 的分辨率，黑矩阵线宽要求达到 3μm（见图 7）。

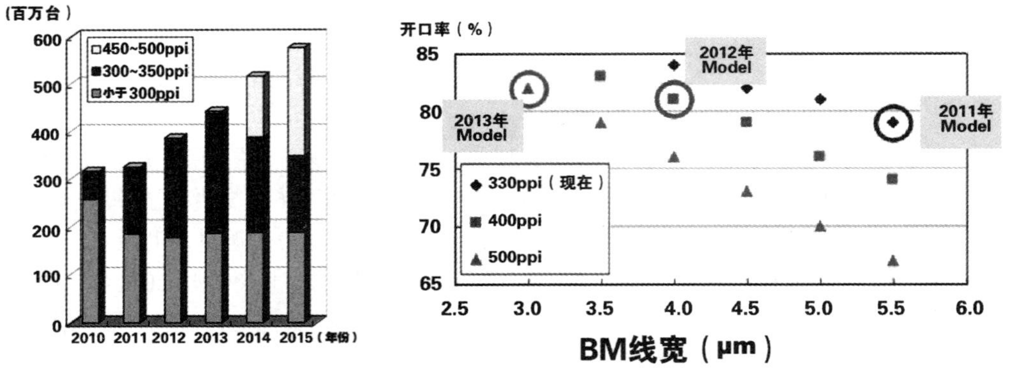

图 7　LTPS-LCD 需求预测黑矩阵（BM）线宽与开口率的关系

CF 高精细的趋势对材料和设备提出了新的挑战，普通的黑矩阵材料在应对高精细时容易出现膜层脱落，遮光性能不足等，坡度角太小，在线宽很小时导致对比度降低。各大材料厂商在改善高分辨率的黑矩阵材料方面不遗余力。在 CD Bias、坡度角形状与角度、角段差以及与玻璃基板的黏附力以及高遮光方面入手进行改善。

同时，对于高精细的追求也进一步刺激了对设备改造的市场，最初应用于普通分辨率的曝光机，如日立的接近式曝光机的改造需求显得尤为迫切，过滤掉多余的曝光波段或提升光线的垂直度都成为改造的选择。

2. 高光透过率

高的分辨率对光透过率的要求也越来越严格，一方面，高分辨率要求像素越来越小，为了保持现有产品的透过率，可以通过降低黑矩阵线宽以提高开口率，也可以通过材料改进来提升透过率。目前材料厂商主要从以下几方面入手。

1）颜料细化

颜料颗粒粒径如果太大，就会直接导致光线被阻挡而未能全部通过；如果是小粒径颜料与大粒径颜料混合而成的彩色光刻胶的话，就容易产生光的散射，结果会使光透过率下降，同时对比度也会不同程度下降。要想提高透过率与对比度，就必须统一颜料的粒径且尽可能小。只要减小粒径，形状及粒径不均现象就会减轻，但如果颜料颗粒粒径过小的话，颜料就会发生团聚现象，仍会形成大粒径的颜料，这部分问题可通过纳米技术来解决，如图 8 所示。

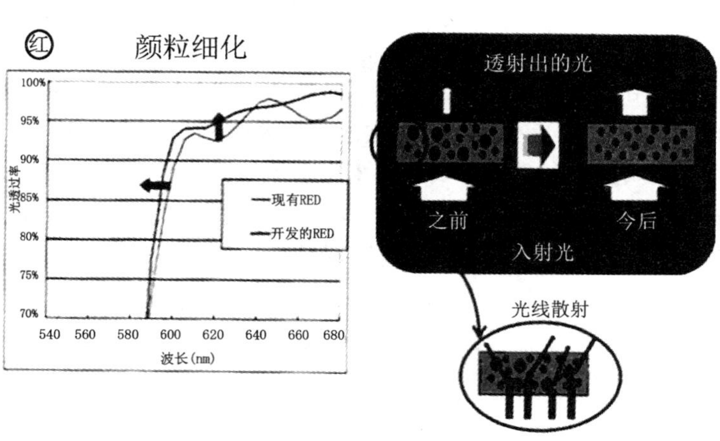

图 8　颜料粒径大小影响光的透过性

2）开发高透过率新材料

通过开发新的 CF 光刻胶组成成分，可适当提升彩膜的透过率，开发的主要对象有：①颜料；②分散剂；③粘黏剂。

由于形成色彩的颜料种类格外少，因此颜料的开发不仅体现在寻找新种类颜料上，也在于不同颜料之间的组合。同时，颜料原本就不溶于有机溶剂，要想使颜料稳定分散于有机溶剂中，需要使用分散剂。分散剂随着颜料会最终固化成为 CF 中的组成部分，分散剂对光的透过率有较大影响，因此寻找和合成高透过率的分散剂也是提升 CF 性能的必要途径。而形成图案的聚合物粘黏剂则使用数种聚合物，一般多使用丙烯酸类聚合物。使用丙烯酸类聚合物的原因在于可轻松发挥碱溶解性。而且，通过侧链官能团的不同修饰，还可赋予各种各样的功能。通过这些手段，便可控制光的透过性（见图 9）。

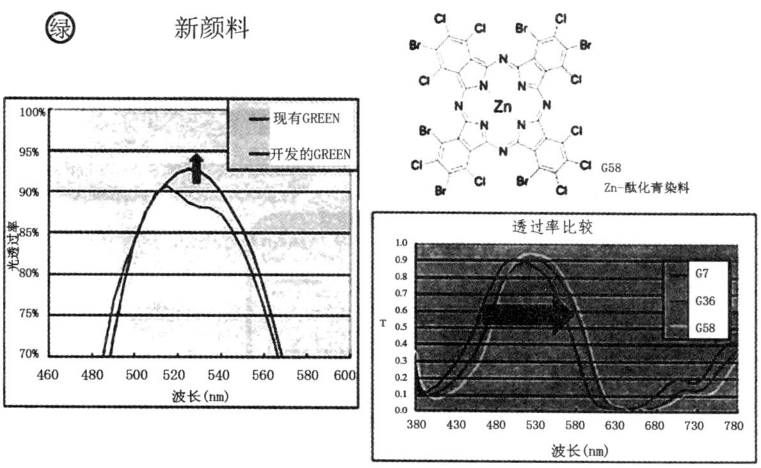

图 9 高透过性的光刻胶组成材料提升光透过率

3）染料

由于形成色彩的颜料的种类格外少，对于形成色彩物质的不断探索使开发者们将目光投向了另一种形成色彩的物质——染料。

由于染料的可溶解特性，因此对光的阻挡和散射非常小，相比较于颜料有非常大的提高，但是由于染料的不稳定性和制成品的光敏感度差的问题，限制了其在 CF 中的使用。目前各光刻胶生产厂商主要的突破点在蓝色染料方面，且是部分颜料和染料的混合体，如图 10 所示。

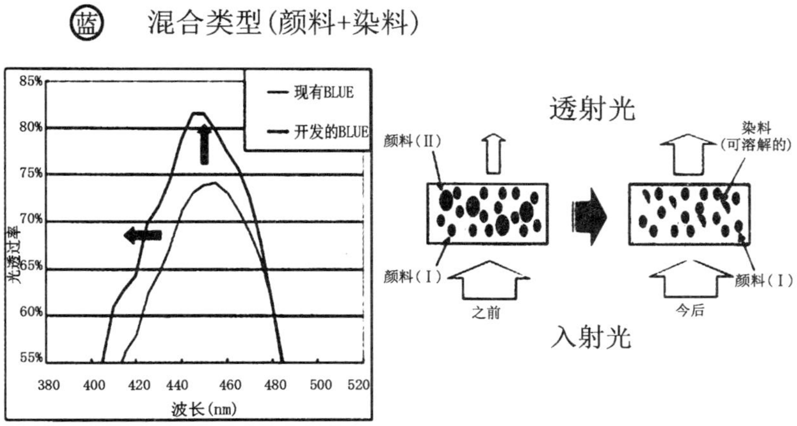

图 10 颜料+染料混合型应用于光刻胶中对光的透过率的影响

另外，作为制造高亮度面板的方法，在 TFT 阵列上形成彩色滤光层的"Color Filter On Array（COA）"技术能够降低黑色矩阵的线宽，大大提高开口率，透过率也会相应大幅度提高，从而可以降低功耗。

四、新技术

1. RGBW 技术

随着显示技术的发展以及人们消费水平的提高，消费者在挑选显示器时已经不仅仅注重显示器的技术性能和价格，图像显示的视觉感受已经成为选择显示器的一个重要方面。而对于图像的显示效果来说，颜色和亮度又是最直观、最容易被人眼所感受的因素。目前所广泛使用的显示设备，特别诸如手机、笔记本电脑等便携式设备，多存在亮度不足的缺陷，而要提高显示的亮度、扩大色域，就要增加功耗，这对于便携式设备来说是致命的。

RGBW 技术可以说是应运而生。它是把一种白色子像素 W 添加到红、绿、蓝三色子像素组成的传统的 RGB 条纹排列中，然后再应用相应的子像素成像技术，以人眼看见图像的方式对那些子像素进行排列，从而实现图像显示。RGBW 技术的最大优势在于，因彩色滤光片中除 RGB 三色以外增加了 W 白色透光区域，从而可以显著提高 LCD 对背光的利用率，增加 LCD 的显示亮度，降低显示功耗。

图 11 所示为两种常见的 RGBW 排列方式，目前各大公司多采用传统的条纹状 RGBW 方式，而事实上由于列驱动 IC 成本比行驱动 IC 成本高，棋盘状排列的 RGBW 结构成本明显会低得多。然而，棋盘状 RGBW 排列的使用却面临着专利限制，这也是目前各大公司多采用条纹状 RGBW 方式的原因。

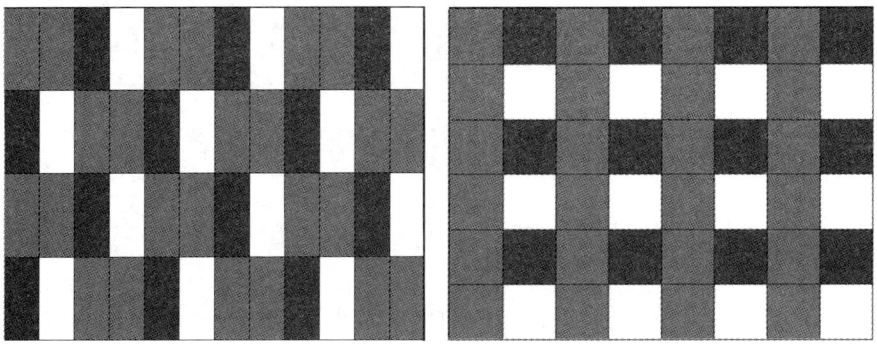

（a）条纹状 RGBW　　（b）棋盘状 RGBW

图 11　RGBW 排列方式图

RGBW 结构的显示器因其亮度高、功耗低，同时也提高了电池的使用寿命，对移动便携式显示器有着巨大的吸引力。目前，三星、LG 等各大公司纷纷投入 RGBW 相关技术与产品的开发，如索尼开发的"White Magic"液晶屏技术等。

2. COA 技术

传统的 TFT-LCD 面板制作方式是由一片 TFT 面板玻璃，与另一片 CF 玻璃贴合而成，两层玻璃中间再灌入液晶分子。这样 TFT 玻璃与 CF 玻璃在贴合中的对位必须非常精准，同时就会造成显示屏的开口率较低。为了克服这个问题，业内提出了 COA 技术的概念。

COA（CF on Array）的技术原理为在下玻璃基板上完成 TFT 制程后，紧跟着进行 CF 制程，而上玻璃仅单纯做 ITO 涂覆处理，具体结构如图 12 所示。

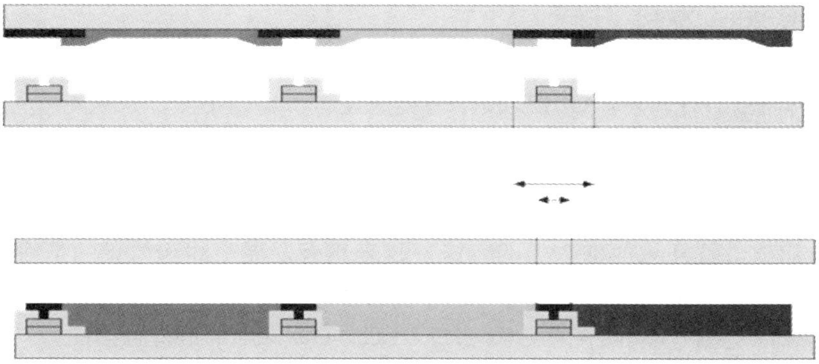

图 12　COA 结构图

COA 技术具有以下优点：

（1）上下基板自对准，省却了对准工艺。在传统结构中，当上下两片玻璃分别加工完成薄膜晶体管和 CF 层后，需要将两片玻璃上相应的像素位置对准后再封盒，对准工艺的准确性直接影响产品的质量。而采用 COA 技术后，两者都在一片玻璃上，可以自对准，省却了对准工艺，简化了加工过程，提高了产品质量。

（2）降低了生产成本。由于将彩色滤光层制备在薄膜晶体管上，简化了 CF 的制作工艺，提高了生产效率，同时可减少材料使用量，有效地降低了成本，有助于提升产品竞争力。

（3）提高了产品性能，增大了开口率，提高了光透过率。采用 COA 技术可降低黑色矩阵的线宽，大大提高开口率，光透过率也会相应大幅度提高，同时降低功耗。

由于 COA 技术具备上述优点，目前各大厂商纷纷投资进行相关研究。自东芝公司发布 COA 技术以来，三星、LG、夏普、Hannstar 等厂商都开发了自己的原型技术。据韩国 eTimesinternet 报道，三星电子已经开始采用 COA 技术生产 TFT-LCD 产品。

3. TP In-Cell 技术

随着近几年苹果 iPhone 系列的热卖，触控（TP）显示逐渐为广大消费者认可，目前几乎已被视为高端智能手机产品的必需元素。目前发展最好的触摸屏是电容式触摸屏，其基本组成是：在一块玻璃基板上制作第一层 Sensor 感应层，接着再制作第二层 Sensor 感应层，最后在表面覆盖一层保护膜，形成电容式触摸屏，然后将触摸屏和 TFT-LCD 液晶面板贴合，就能实现触控功能。

然而，随着电子产品设计日趋更轻、更薄的发展要求，上述传统的外挂式触控显示（TP Out Cell）显得越来越笨重，而内嵌式触控技术（包括 On-Cell 和 In-Cell 两种）被各界看好，很有机会“抢攻”大中小尺寸触摸屏应用市场，目前已经成为热门话题。

内嵌式触控技术可以真正实现一站式无缝生产，On-Cell 和 In-Cell 技术也被称为触控显示的最终解决方案。其缺点在于对良品率要求很高，如果触控模块出现问题则会影响整块面板，但由于内嵌式技术一方面能够简化生产流程且触摸屏能做到最轻薄，另一方面由于面板厂商集成触控模块只需要 5～10 美元的成本，其相对 Out Cell 外挂式触控的方式能够节省 35%的成本，因此各面板厂商非常有动力提升良品率，以早日实现内嵌式触摸屏技术的盈利。

TP On-Cell 技术可以称为半集成方式，将触控屏 Sensor 直接做在 LCD 显示屏 CF 板的背面，目前该技术比较成熟，主要应用在三星 Super AM-OLED 屏上。而 TP In-Cell 技术则将触控层完全集成到 LCD 面板中，近期 LGD 等厂家声称已解决了触控层对 LCD 的干扰问题，剩下的只需要提升良品率，2013 年中期有望小批量试生产，但要量产仍有待时日。

五、CF 产线未来的发展方向

从长远来看，未来 LTPS 技术、OLED 技术将会是显示市场的主流，未来 CF 生产厂商何去何从，根据目前市场和技术的发展趋势，主要有以下几种。

1. Touch Panel On Cell

相对于将触摸面板外置在液晶面板上的方法，越来越有发展空间和前景的是将触摸面板功能与液晶面板集成一体化（见图 13 和图 14）。这类集成一体化包括“In-Cell”方法和“On-Cell”方法。In-Cell 是指将触摸面板功能嵌入到 TFT 晶体管、CF 上的方法。On-Cell 是指将触摸面板功能与 CF 基板集成到一张玻璃基板上，目前市场上还没有大批量供货的案例，包括日本、韩国企业，以及国内的京东方等都在积极布局 On-Cell 并已经有样品试产。

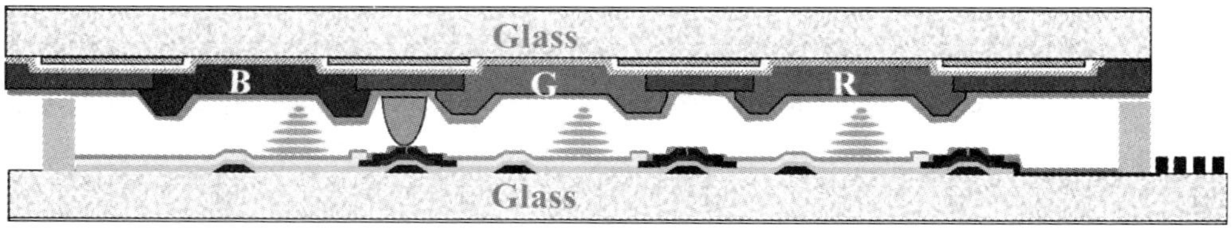

图 13　普通液晶盒结构（无 TP 层）

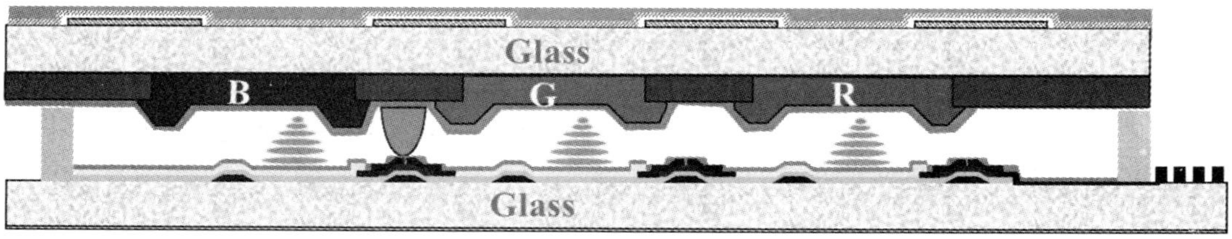

图 14　触摸集成功能液晶盒结构

如果能使原本外置的触摸面板部件与液晶面板实现一体化，便有可能实现面板的薄型化。In-Cell 技术的提案以前就提出过，但受制于成品率和噪声的影响，实用化未能取得进展。其原因在于，需要在 TFT 阵列基板上的像素内部嵌入触摸传感器功能。为此，必须使用复杂的半导体制造工艺，这成为提高成品率的绊脚石。另外，在像素内嵌入触摸传感器，可利用于显示的面积部分便会减少，这又是导致画质劣化的主要原因，同时，液晶面板产生的噪声会导致触摸传感器的灵敏度降低。

不过，随着 On-Cell 技术的亮相，液晶和触摸面板的一体化迎来了转机，也为未来 CF 生产厂商迎来了持续发展的契机。由于只需在 CF 基板和偏光板之间形成简单的透明电极图案等，因此容易确保成品率。另外，像素内的有效显示区域的面积也不会减小，几乎不会由此发生画质劣化现象。唯一需要解决的就是触摸面板的保护问题。

如果 On-Cell 方式等液晶一体化技术得到普及，就无需再使用外置的触摸面板部件。制造触摸面板的厂商很有可能从原来的外置触摸面板厂商转型为液晶面板和 CF 厂商。产品厂商从触摸面板厂商手中采购外置部件的原供应链也将完全改变。

2. 白色 OLED

OLED 作为下一代梦幻般的显示器，具有全固态、主动发光、高亮度、高对比度、超薄、低功耗、全视角、可实现柔性显示、透明显示等诸多优点，被业界认为最有发展前景的新型显示技术之一，是国际上高技术领域的一个竞争热点。OLED 的彩色化技术适合量产大尺寸的暂时只有两种——白色OLED+彩色滤光膜（Color Filter）和 RGB 像素独立发光。

1）白色 OLED+CF

此种技术是利用白光 OLED 结合彩色滤光膜，首先制备发白光 OLED 的器件，然后通过彩色滤光膜得到三基色，再组合三基色实现彩色显示。该项技术的关键在于获得高效率和高纯度的白光。它的制作过程不需要金属荫罩对位技术，可采用成熟的液晶显示器 LCD 的彩色滤光膜制作技术，所以是未来大尺寸全彩色 OLED 显示器具有潜力的全彩色化技术之一，但采用此技术造成了光利用率的降低。目前夏普、奇美以及 LGD 均采用白光搭配 CF 技术。

2）RGB 像素独立发光

利用发光材料独立发光是目前采用最多的彩色模式。它是利用精密的金属荫罩与 CCD 像素对位技术，首先制备红、绿、蓝三基色发光中心，然后调节三种颜色组合的混色比，产生真彩色，使三色 OLED 元件独立发光构成一个像素。该项技术的关键在于提高发光材料的色纯度和发光效率，发光材料的发光效率和寿命都有待提高。不断地开发性能优良的发光材料应该是材料开发工作者的一项艰巨而长期的课题，同时金属荫罩刻蚀技术也至关重要。采用 RGB 像素独立发光的主要有韩国三星。

从材料的角度看，目前只有 RGB 像素独立发光技术和白色 OLED+CF 可量产大尺寸 OLED。RGB 像素独立发光的优势在于色彩和亮度，仅从技术角度考虑，大部分企业在生产 OLED 产品时会采用 RGB 技术，但是白光产品工艺简单、成品率高、成本较低，适合大规模低、成本生产。从行业的长远发展来看，RGB 像素独立发光技术更有发展前景。

白色 OLED+CF 方式与分涂 RGB 三色发光材料的方式相比，除了容易实现大屏幕化外，还易于确保量产时的成品率。但存在的问题是，采用 CF 会导致耗电量增加，光透过率下降。不过可通过追加 W（透明）CF，降低耗电量。与采用分涂 RGB 三色发光材料的方式相比，白色 OLED+CF 方式平均显示画面的耗电量稍高一些，但全白显示时的耗电量较低，W 部分没有滤光片，因此具有可提高亮度的优点，显示某种特定颜色时，只需点亮 W 和 RGB 中的 2 种颜色即可，因此有利于提高 OLED 元件的寿命。不过为了达到高 NTSC 规格比，需要合理控制 RGB 层厚度，并且大多数都将 CF 形成于 TFT 底板上（Color Filter on Array）。

总之，2011 年彩色滤光片产业呈现内置化、高分辨率、高光透过率的发展趋势。而展望未来，通过开展白色 OLED+CF、RGB 像素独立发光、TP 内置化工艺等创新发展模式，彩色滤光片产业将迎来更加广阔的发展前景。

2011 年 ITO 导电玻璃产业现状与发展

芜湖长信科技股份有限公司

平板显示器件具有重量轻、厚度薄、体积小、无辐射等优点。随着移动通信技术、宽带互联网技术、无线互联网技术的发展，已成为显示技术发展的方向并得以迅速发展和应用。全球平板显示器的生产制造多年来已经逐步向我国大陆集结转移，并在我国形成了完整的产业链，目前我国 TN、STN-LCD 及相关产品的产量已占世界产量的 90%以上。电容式触摸屏是目前主流的触摸屏技术，智能手机放量拉动小尺寸触摸屏需求，平板电脑出货量增长触发中尺寸触摸屏需求，超极本（Ultrabook）2011 年下半年开始出货提升大尺寸触摸屏需求，触摸屏市场规模正在快速增长，整个触摸屏产业也正在往中国大陆集聚。可以预见，这一产业在中国大陆将会稳定发展并不断进步和创造商机。

ITO 是一种具有良好透明导电性能的金属化合物，具有禁带宽、可见光谱区光透射率高和电阻率低等特性，广泛地应用于平板显示器件、太阳能电池、特殊功能窗口涂层及其他光电器件领域，是目前 LCD、OLED、PDP、触摸屏等各类平板显示器件最主要的透明导电电极材料，是平板显示器件的关键基础材料，随着触摸屏和 LCD 的发展，ITO 玻璃产业也将会不断发展进步和创造新的商机。

一、产业情况

2011 年 ITO 导电玻璃产业发展因平板显示和触摸屏行业发展而变化着，主要表现为：LCD 方面的应用受经济环境不利因素的影响需求增加明显减弱；电阻式触摸屏方面的应用受 ITO Film 和电容式触摸屏的影响和冲击，需求量也相应减少；电容式触摸屏应用在快速增长。随着电容式触摸屏的迅速发展，ITO 导电玻璃将面临新的机遇和挑战。

目前，全球生产 ITO 导电玻璃的企业主要分布在中国大陆、中国台湾以及韩国、日本等；大量生产主要集中在中国大陆地区，中国台湾地区还有几家 ITO 玻璃厂家，主要以电容式触摸屏为主；日本、韩国的 ITO 玻璃所占比例较少，其主要面向本国市场。目前国内有很多家 ITO 玻璃生产厂家，具有较大规模和影响力的厂商主要有芜湖长信、深圳莱宝、深圳南玻和蚌埠华益等。

1. 芜湖长信

长信科技是全球 ITO 导电玻璃最主要的供应商之一，已拥有德国、日本及国内先进大型磁控溅射真空镀膜导电玻璃生产线十几条，配备了切割磨边、抛光研磨、化学钢化等一系列完整制造系统，产销量连续多年居全球第一位，产品远销海内外。长信科技不仅是全球规模最大的 ITO 导电膜玻璃制造商，而且产品质量、性能深得众多高端 LCD 客户的青睐，产品大量应用于 STN-LCD 产品上，在 ITO 导电玻璃市场的占有率达 20%以上，高端 STN 类 ITO 导电玻璃产品及触摸屏市场份额更高、销售量位居同行之首。

经过十余年的发展，长信科技已成为国内重要的平板显示关键基础材料生产基地，业务领域不断扩展，产品由过去的 LCD 用 TN、STN ITO 导电玻璃和电阻式触摸屏 ITO 玻璃，扩展至目前电容触摸屏及 TP-Sensor 玻璃以及特种 AR ITO 和 IM ITO 导电玻璃，目前，公司依托 ITO 真空镀膜优势在大力推动电容式触摸屏项目的发展。

2. 深圳莱宝

莱宝高科的 ITO 导电玻璃有很好的生产基础，产品的竞争力和影响力在同行中位居前列，近些年公司相继开发生产了中小尺寸彩色滤光片（Color Filter）、TFT-LCD，并重点投资了电容式触摸屏项目，其触摸屏传感器（CTP Sensor）及其模组项目生产规模、产销量在国内处于领先水平。

3. 深圳南玻

南玻是目前国内比较大的玻璃生产集团，ITO 导电膜玻璃的产销量保持相对稳定的态势，公司在 ITO 导电玻璃发展的基础上也先后开发生产彩色滤光片（Color Filter）、电容式触摸屏项目，并与莱宝公司相继都成为 iPhone 手机电容屏 Sensor 制造商。ITO 玻璃在整个南玻集团业务中的比例不大，南玻主要业务是建筑用平板玻璃和节能玻璃。在 ITO 导电玻璃业务上南玻定位高端，主要是 STN 以及触摸屏相关的产品。

4. 蚌埠华益

方兴科技持股 75%的子公司蚌埠华益，ITO 导电膜玻璃生产在不断发展扩大，目前拥有 ITO 导电膜玻璃生产线十余条，在行业内有较强的竞争力，每月 ITO 导电玻璃产销量达 200 多万片，是国内 ITO 导电玻璃产品主要供应商之一。

二、ITO 导电玻璃的技术发展

之前，ITO 玻璃主要需求来自 LCD 和电阻式触摸屏领域，2011 年电容式触摸屏的快速发展，对 ITO 玻璃的需求和技术规格有了新的要求。

（一）LCD 用 TN、STN-ITO 导电玻璃

TN-LCD 为扭曲向列型，当两侧透明电子通电时，液晶分子将入射光旋转 90°。TN-LCD 显示器是字符型液晶显示器，只能显示黑白色，通常应用在电子表、计算器、简单的掌上游戏机、普通仪表等消费性电子产品上。TN-LCD 是液晶显示器中最早应用的产品，随着技术的革新，TN-LCD 无法满足市场的需求，ITO 导电玻璃厂商也在不断地进行产品的研发，进而扩展到 STN-LCD。STN-LCD 为超扭曲向列型，当两侧透明电极通电时，液晶分子将入射光旋转 180°～270°。STN-LCD 具有大容量、彩色化等特点，除了黑白显示之外，同时也支持彩色显示，多用于手机、数字汽车仪表等车载产品、掌上游戏机和 PDA 等便携式产品。

TN/STN-LCD 用 ITO 玻璃技术上已成熟，重点是良品率的提升和售后服务能力的保障。从市场方面来看，目前市场对 TN/STN ITO 玻璃的需求较为稳定。虽然竞争日趋激烈，但产量还是稳中有升。

（二）电阻屏用 ITO 导电玻璃

虽然电容式触摸屏的出现使得电阻式触摸屏的发展受到很大的影响，但电阻式触摸屏在工控、医疗仪器等产品市场仍然占据很大比例，在低端消费电子产品上还是有一定市场；整个电阻式触摸屏产业对 ITO 玻璃的市场需求变化不大，但今后的上升空间有限。

（三）电容式触摸屏用 ITO 导电玻璃

2007 年 7 月苹果推出 iPhone 电容式多点触摸手机，电容式触摸屏及其应用受到相关产业的高度关注，也对平板显示行业的发展产生了重要的影响。例如，NOKIA、MOTOROLA、三星等手机巨头以及生产笔记本电脑、TFT 面板的国际大厂，无一不高度重视，积极投入研发跟进。

触摸屏在手机、媒体播放器与导航仪等手持式设备中的渗透率增长相当快速，在接下来几年，我们可以看到触摸屏在较大尺寸应用，如电脑一体机、上网本/平板电脑、教育与培训、公共信息广告牌

与自主登机等方面也会有很好的成长。触摸屏已成为数十亿美元的产业，而且仍处于高速成长中。

据 DisplaySearch 研究报告显示，2010 年全球触摸屏市场规模为 59.3 亿美元，年增长率达 152%，2011 年全球触摸市场规模为 104.2 亿美元，年增长率达 76%。预计 2014 年可望达到 156 亿美元，其中 10 英寸以上的触摸屏为 35 亿美元，10 英寸以下为 121 亿美元，是触摸屏的主要发展力量。推动触摸屏市场成长的最大动力来自智能手机，其次是平板电脑；2011 年全球智能手机市场比 2010 年增长超过 90%，而且一直到 2015 年均会以 43%的年增率成长。平板电脑 2011—2015 年也会以 47%的年增率增长。因此，智能手机和平板电脑几乎必备的触摸屏也会跟着水涨船高。在智能手机和平板电脑中，几乎全部会用到电容式触摸屏。无疑多点式电容触摸屏将是触摸屏技术未来一段时间的主流。全球触摸屏市场预测如图 1 所示。

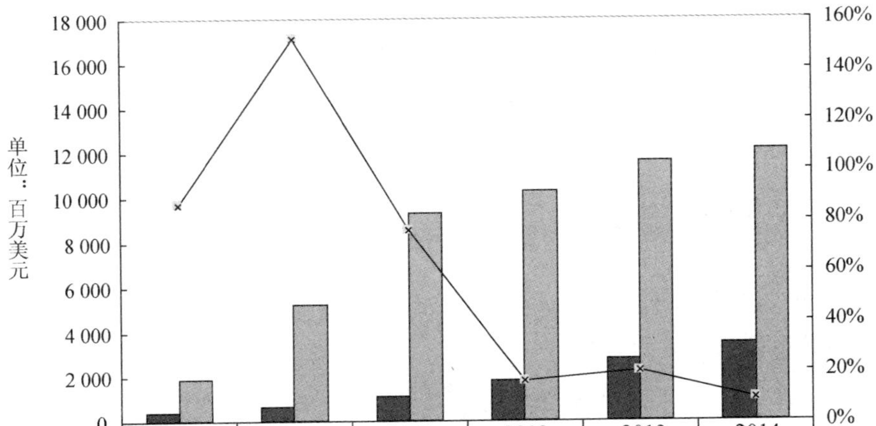

	2009	2010	2011	2012	2013	2014
大尺寸（＞10英寸）	433.3	677.5	1114.5	1795	2771.8	3512.3
中小尺寸（≤10英寸）	1 921.2	5 255.9	9 304.4	10 287.5	11 634.8	12 127.9
年增长率	86%	152%	76%	16%	20%	9%

图 1　全球触摸屏市场预测

资料来源：日本 Ukai 显示器件研究所。

2011 年电容式触摸屏对 ITO 导电玻璃需求急剧增加，同时对 ITO 玻璃的技术要求也与之前的 LCD 和电阻式触摸屏用 ITO 玻璃有着新的变化。

电容式触摸屏 ITO 玻璃目前主要有以下几种要求。

1. DITO&SITO

Glass-based 技术可分为双面 ITO（DITO）结构和单面 ITO（SITO）结构：双面 ITO 结构利用上下两面 ITO 导电玻璃去检测 *X* 方向和 *Y* 方向的移动，而单面 ITO 结构只能在一面 ITO 导电玻璃上通过隔离不同区域来检测 *X* 方向和 *Y* 方向的移动。相比单面 ITO 结构，双面 ITO 结构精确度更高，敏感性更高，响应时间更短。目前苹果所有产品都是使用双面 ITO 结构。

DITO&SITO 膜层结构示意如图 2 所示，单面搭桥（SITO）结构示意如图 3 所示。

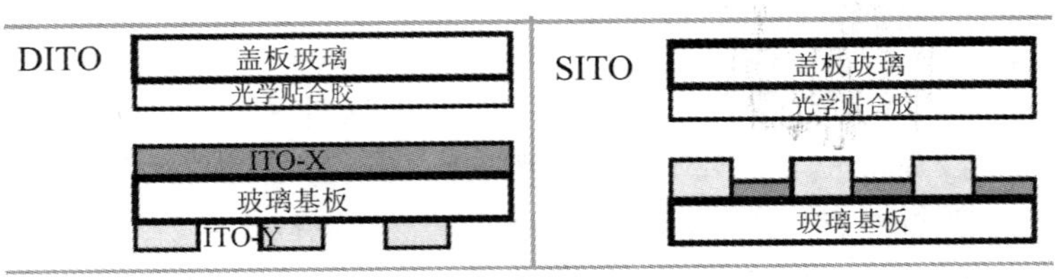

图 2　DITO&SITO 膜层结构示意

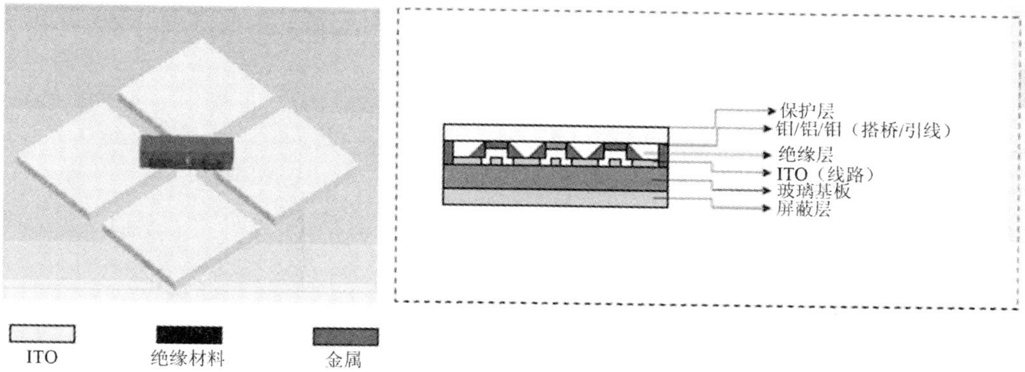

图 3　单面搭桥（SITO）结构示意

2. 低温 ITO 镀膜

随着市场要求的提高，对 SITO 搭桥的电容式触摸屏需求越来越多。由于玻璃基板中已有有机物质存在，因此在 ITO 镀膜中对温度有进一步的要求，进而低温 ITO 镀膜应运而生，对 ITO 膜层的工艺技术和品质有了更高的要求。

3. 消影 ITO 导电玻璃

随着大尺寸触摸屏应用的增多，对 ITO 的阻值要求更低。由于低阻值 ITO 玻璃经过刻蚀后与未刻蚀的 ITO 膜之间有色差，使得 ITO 线条显示非常清晰，会在触摸屏上看到图形，影响触摸屏的美观和显示效果。因此，ITO 导电玻璃厂商积极投入研发以解决此问题，消影 ITO 玻璃的研发是国际上该行业的热点之一。芜湖长信是国内率先研制出消影 ITO 导电玻璃的 ITO 导电玻璃厂商，通过多层光学薄膜的设计和沉积，使得镀 ITO 后的整体折射率与玻璃相近，这样在 ITO 刻蚀后与已未刻蚀的 ITO 膜之间无色差，从而提升终端产品的视觉效果。

四、结束语

2011 年，ITO 导电玻璃在市场、技术创新、产业规模等方面都取得了较大进展。特别是电容式触摸屏的发展给 ITO 导电玻璃带来了新的活力，电容屏用 ITO 导电玻璃无疑将成为 2011 年乃至更长时间内玻璃产品市场的主要发展方向，其商机正在日益显现。同时企业需要不断地进行技术研发，以拓展高档 ITO 导电玻璃市场。

随着 Windows 8 的发布，超极本和台式计算机上采用电容式触摸屏的数量会越来越多，对 ITO 导电玻璃的需要也越来越多，由于面积较大，所需的产能和产线会有更大的要求，因此在未来几年内，ITO 导电玻璃产业将有更大的发展。

无源液晶显示面板市场状况回顾与展望

河北冀雅电子有限公司　孙彦水

一、无源液晶显示面板市场状况回顾

（一）近 10 年来无源液晶显示面板市场规模变化情况

全球范围内，无源液晶显示器（以下简称 TN/STN 面板）市场在 2006 年达到巅峰并创造了近 60 亿美元的年产值后，就一路直线下滑，到 2012 年，其年产值只有不到 25 亿美元，只占最高峰时年产值的大约 4 成。最近 10 年 TN/STN 液晶面板市场规模变化情况如图 1 所示。

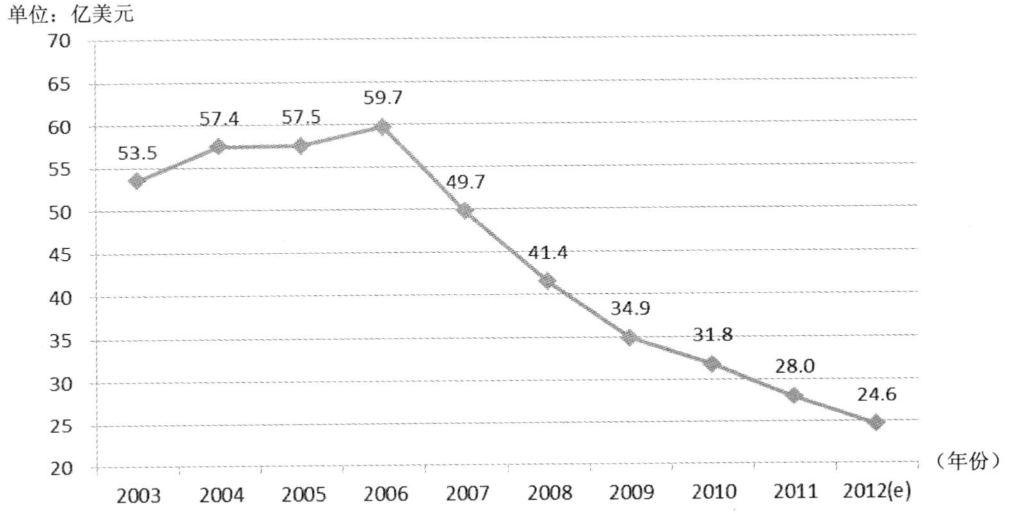

图 1　最近 10 年全球 TN/STN 液晶面板市场规模变化情况

TN/STN 面板之所以连年衰退，主要源于中小尺寸 TFT-LCD 面板对中高端手机等消费电子产品面板市场的迅速占领以及近来 OLED 面板对中小尺寸中高端消费类电子产品面板市场的侵蚀。其衰退部分主要对应的是 C-STN 和高端 STN，至于位于 TN/STN 面板市场最低端的 TN 产品，则保持了相对稳定的市场规模。

（二）近年来全球 TN/STN 面板主要产地市场变化情况

全球 TN/STN 面板主要产地集中在亚洲，中国大陆、中国台湾、日本的产值总和近年来已经占全球的 9 成以上。全球前三甲近年来 TN/STN 面板本土产值变化情况如图 2 所示。

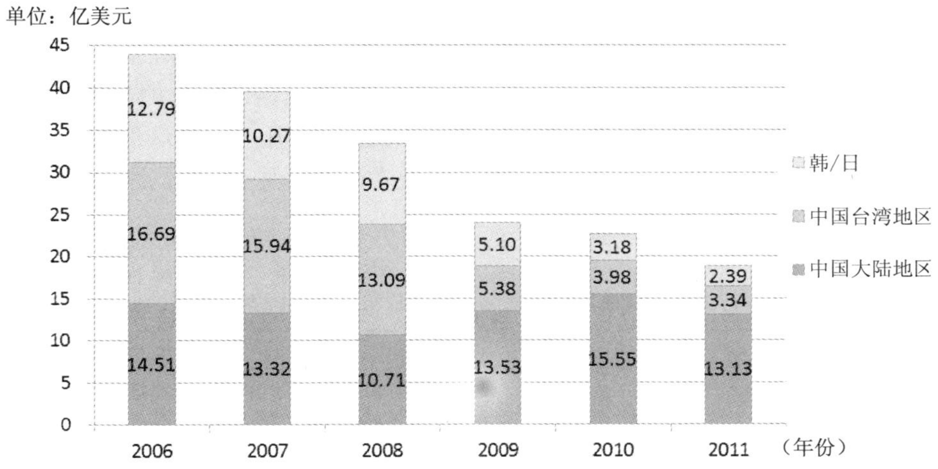

注：在“韩/日”产值数据中，2006 年的为韩国的产值，其后几年的是日本的产值。

图 2　全球前三甲近年来 TN/STN 面板本土产值变化情况

前三甲 TN/STN 面板本土产值各自在全球的市场占有率方面，中国台湾地区自 2006 年起连续 3 年独占鳌头；中国大陆地区则从 2009 年开始位居第一；韩国在 2005 年排名第一，2006 年排名第三，2007 年后退出前三甲；日本则从 2007 年以来一直位居第三。TN/STN 面板前三甲近年来本土产值在全球占比变化情况如图 3 所示。

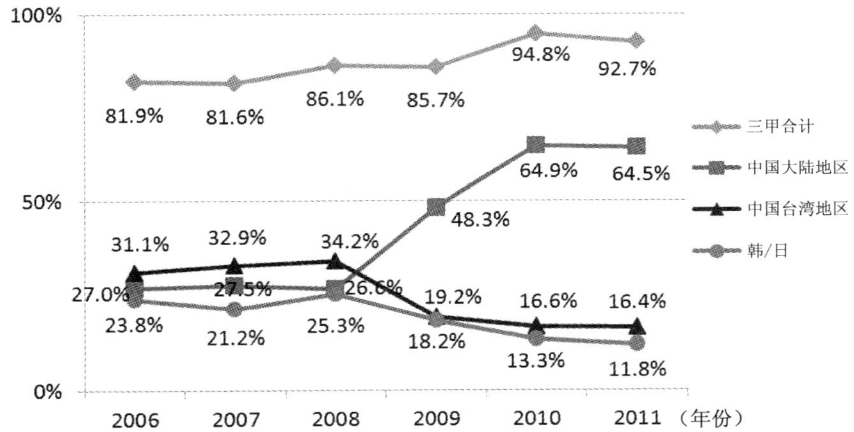

注：在“韩/日”占比数据中，2006 年的为韩国的数据，其后几年的是日本的数据。

图 3　TN/STN 面板前三甲近年来本土产值在全球占比变化情况

中国大陆地区所产 TN/STN 面板的年产值在全球市场中的占比近年来大幅飙升，其增减趋势与全球 TN/STN 面板市场规模急速下滑的大势也不相吻合，甚至有的年份还逆势上扬。若再观察其产量变动的态势，考虑到近年来 TN/STN 面板价格持续下滑的因素，便可推知：近年中，中国大陆地区 TN/STN 面板在其产值同比增长的年份，其产量增长的幅度会更大；在其产值同比降低的年份，其产量同比降低的幅度要小。

上述现象之所以会发生，其原因至少应该有以下几点：其一，境外企业在转型过程中选择了将 STN

类面板的生产从其本土主要向位于中国大陆的企业转移；其二，境外企业在加速放弃 TN/STN 面板业务的同时，“存量市场”向中国大陆本土企业进行转移；其三，近三年来中国大陆企业 TN 类面板因智能电表、3D 眼镜、光控电焊面罩等“增量市场”的提速而有所增长；其四，中国大陆本土企业在市场竞争中更多情况下还处于市场追随者乃至拾遗补缺者的地位。中国大陆本土企业的这种地位固然能减少市场领导者往往所必须承担的巨大风险，但也会因此使得竞争乏力，处境面临尴尬也往往是在所难免的了。

（三）TN/STN 面板行业进入衰退期前后面临的经济形势及相关国家（地区）业者的总体动向（见表 1）

表 1　TN/STN 面板行业进入衰退期前后面临的经济形势及相关国家（地区）业者的总体动向

年　度	TN/STN 面板行业当时面临的形势	相关国家（地区）TN/STN 面板业者的总体动向
2007	TFT-LCD 面板技术日渐成熟并在高端产品上逐渐推开。C-STN、STN 面板逐渐失去在该细分市场的竞争优势，TN/STN 面板行业开始出现整体衰退迹象。只是此时 TFT-LCD 供不应求，加之 STN 类面板因其低功耗及低价格而仍受青睐，故 TN/STN 面板业者利用此机会延缓了其衰退速度	在日本，爱普生影像、夏普等主要 STN 厂家在该类产品上几乎都严重亏损，日本 STN 业者开始逐渐退出，有所保留的也往往只剩用于车载或工控的高端 STN 类面板； 韩国只有三星 SDI 在生产 STN 类面板； 中国台湾地区业者一方面抓住机会多供相对物美价廉的 STN 类面板，一方面开始朝 TFT-LCD 发展，规模较小的业者则开始着手和 TFT-LCD 厂联盟，如开展 TFT-LCD 后道模块的组装
2008	由美国次贷危机引发的全球金融风暴及经济低迷持续影响消费市场； TFT-LCD 面板供过于求更加挤压 TN/STN 生存空间； 中小尺寸面板价格持续下跌； TN/STN 面板市场急速下滑	日本 STN 面板业者或转移到中国大陆生产或将停产的 STN 旧产线改造成触摸屏产线； 台湾业者加快转型速度，制定精简 STN 产品线的计划，开始投入电容式触摸屏的开发并实现量产，同时继续大力切入 TFT-LCD 面板领域
2009	全球 TN/STN 面板受到 TFT-LCD 挤压的同时，又面对来自 AMOLED 的新挑战； TFT-LCD 面板产能持续过剩； TN/STN 面板价格已跌至很低	日本、韩国、中国台湾等持续减少 TN/STN 面板产出； 在中国台湾，部分厂商成功转型 TFT-LCD 面板领域，部分则成功切入电容式触摸屏供应链，还有的转投 LED 散热模块市场
2010	中低端消费电子产品也开始逐渐采用 TFT-LCD 面板，TN/STN 面板尤其是其中的 C-STN 和高端 STN 面板的生存空间急速收缩	在日本，触摸屏开始量产； 中国台湾业者在电容式触摸屏领域开始有大的斩获； 中国大陆 TN/STN 面板产值比全球巅峰时期还要高，但产出多以低端低价的单色面板为主
2011	在原本由单色 TN/STN 面板占统治地位的汽车仪表等车载电子显示领域以及高端工业仪表等领域，TFT-LCD 面板也开始大举切入，乃至 OLED 面板也可见身影； TN/STN 面板行业整体颓势不减，只有其中最低端的 TN 类面板连续保持了相对稳定	在中国台湾和日本，TN/STN 面板的年产值均已降到各自巅峰时期的两成左右，这在平板显示领域几乎可以说是已经无足轻重了； 中国大陆 TN/STN 面板保持了巅峰时期 9 成以上的年产值，但产出仍以低端低价的单色面板为主

（四）TN/STN 面板行业进入衰退期以来海外原主要厂商转型动态（见表 2）

表 2　TN/STN 面板行业进入衰退期以来海外原主要厂商转型动态

国家（地区）	厂　商	相关动态
日本	精工爱普生（Seiko Epson）	精工爱普生于 2003 年关闭位于台湾的单色 STN 面板工厂； 爱普生旗下位于日本本土的 EID（Epson Imaging Devices）原本以 C-STN 手机面板产品为主，2008 年将停产后的 C-STN 产线改造成触摸屏产线。 停止 MD-TFD 的生产与营运，全力持续开发 TFT 面板

续表

国家（地区）	厂　商	相关动态
日本	光王 （Optrex）	OPTREX 在汽车仪表 STN 液晶屏等方面拥有稳固的客户基础和竞争优势，但并未一味固守。其开发的 3. 5 英寸、5.7 英寸、6.5 英寸等尺寸的触摸屏于 2010 年实现量产。 OPTREX AMERICA 也于 2011 年推出超高亮度 TFT-LCD （注：OPTREX 于 2012 年被京瓷收购）
中国台湾地区	胜华 （Wintek）	胜华科技 2006、2008 年先后购得瀚宇彩晶两条第 3 代 TFT-LCD 面板生产线； 2008 年与夏普签订包括 TFT-LCD 在内的专利交互许可协议； 2008 年与苹果合作，成功切入电容式触摸屏市场； 2009 年大批量生产触摸屏； 2010 年打进苹果 iPad 供应链并大批量供货，同年其全球触摸屏市占率已达 19%。 2012 年，与和鑫光电合作，切入单片玻璃触控方案（One Glass Solution，OGS）的中大尺寸应用领域
	凌巨 （Giantplus）	凌巨科技在 2008 年与华映进行策略联盟，取得第 3 代 TFT 面板产线； 2010 年跨入触摸屏，其触摸屏产能已达 400 万片/月
	全台 （EDT）	全台晶像 2008 年切入电容触摸屏，2009 年月获认证； 2010 年以 3.5 英寸与 7 英寸为主的触摸屏模块批量生产； 2011 年触摸屏产品在其总业绩中的占比已达 35%以上。对触摸屏产能进行扩充及迁移，中国台湾高雄厂以触摸屏前段制程为主，触摸屏后段模块产能移往大陆东莞厂

（五）生产基地主要位于中国大陆的 TN/STN 面板业内原来或现今主要厂商近年相关动态及基本状况（见表 3）

表 3　生产基地主要位于中国大陆的 TN/STN 面板业内原来或现今主要厂商近年相关动态及基本状况

厂　商	面板类产品 2011 年市场状况		相关动态
	营业额	主要细分市场、主要客户	
信利	97.6 亿港元	C-STN 产品占 10%，单色产品占 25%，TFT 及触摸屏等产品占 65%； 中国大陆占 69%、韩国占 17%、中国香港占 4%、日本占 4%、欧洲占 2%、其他占 4%； 智能手机面板及电容式触摸屏是其主要细分市场，在中国大陆手机面板市场的份额据称超过 5 成，竞争对手主要有富士康、比亚迪； 主要客户有联想、华为、中兴、TCL、K-Touch 等	2007 年 7 月 TFT-LCD 量产，9 月电阻式触摸屏量产； 2008 年 TFT-LCD 扩充产能；建成电容式触摸屏产线； 2009 年量产用于 3D 眼镜的 3D-LCD glass 产品并扩充产能，建立第五、第六条 CSTN/FSTN/TN 生产线。建立电子纸产线； 2011 年计划建立 AM-OLED 生产线及第 4.5 代 TFT 生产线，TFT 模组销量在全球排在三星、夏普及胜华之后位居第四； 2012 年与美国 MasterImage 3D, Inc.合作，着力推广包括 TFT-LCD、3D 光栅以及触摸屏在内的完整的 3D 显示解决方案。OGS 小片式及大片式电容屏均实现量产
天马	45.3 亿元	主要细分市场有移动电话、车载显示、仪器仪表、3D 眼镜、医疗器械等； 主要客户有华为、三星、广州西可、中兴康讯、歌尔声学、闻泰、兼松（中国）、天津摩比斯、TCL、MITAC、Avaya 等； 五大客户占集团总营业额的 30%，最大客户华为占集团总营业额的 10%	2008 年 3 月，上海天马第 4.5 代 TFT 工厂竣工；6 月，拥有新建 STN 类车载面板生产线的车机工厂投产；10 月，关闭了生产低端 TN 类面板的老二厂。 2010 年 2 月，上海天马第 4.5 代 AM-OLED 中试线研发项目开工；6 月，成都天马第 4.5 代 TFT-LCD 生产线投产；12 月，武汉天马第 4.5 代 TFT-LCD 及 CF（彩色滤光片）生产线投产。当年 3D 眼镜产品占全球市场 6 成份额。 2011 年 5 月，厦门天马第 5.5 代 TFT-LCD 生产线动工；7 月，对位于日本、前身为 NEC LCD Technologies, Ltd.的 NLT 公司进行托管，以 NEC 所原本拥有的高端超细腻 TFT-LCD 等技术，主要生产医疗、工控类显示面板。 2012 年厦门天马第 5.5 代 LTPS-LCD 一期完成试生产；12 月，第 4.5 代 LTPS-OLED 中试线完成 4.3 英寸 WVGA 全彩 AM-OLED 点亮

续表

厂　商	面板类产品 2011 年市场状况		相关动态
	营业额	主要细分市场、主要客户	
精电	21.3 亿港元	汽车产品占比为 57%，其余依次为电表、家电、医疗器械、仪器仪表； 欧洲市场总占比为 41.6%；中国占 26.6%；韩国占 13.1%；美洲占 12.4%； 汽车产品中欧洲排第一，韩国排第二，中国大陆以占其汽车产品的 14%排第三； 美国市场主要是机械类、电表类及医疗用品类客户； 五大客户占集团总营业额的 21%，最大客户占集团总营业额的 8%	2006—2010 年的 5 年间，精电的汽车显示屏营业额增加了 3 倍。 2009 年及以前专注于单色显示面板。 2010 年开始发展汽车及工业 TFT-LCD 产品。下半年量产 3D 眼镜，并因此带来可观收益。 2011 年，首个汽车 TFT 项目量产，同年，以工业及汽车用触摸屏为首要发展目标，成立了专门队伍拓展此业务。 2012 年触摸屏加大投入，生产线预计于 2013 年年初投产
超声	9.4 亿元	产品涵盖单色、彩色 STN，TFT 模块，触摸屏（TP）模块、电容式触摸屏（CTP）模块； 主要细分市场包括通信、数码、汽车、电子标签、仪器仪表等； 总业务中，内销占 52.2%，外销占 47.8%； 第一客户中兴的 CTP 产品在总营业额中占比为 16.3%	2011 年 7 月，触摸屏传感器项目投产，当年新增销售收入近 5000 万元； 2011 年 12 月 14 日审议通过了《关于成立汕头超声显示器（三厂）有限公司的议案》，拟设立全资子公司开始实施电容式触摸屏产业化建设项目
宇顺	8.5 亿元	TN/STN 面板占 12%，TN/STN 模组占 24.3%，TFT 模组占 56.8%，CTP 模组占 4.9%。 内销占 85.8%，外销占 14.2%。 主要客户：中兴占 35.9%（CTP+TFT），华为占 7%，TAKEBISHI 占 3.4%，欧姆龙（大连）占 2.9%，康佳通信占 2.9%。前五大客户占总营业额的 52%。 其他客户有兴飞、宁波三星、步步高、美的、格力、TCL、LG	2007 年和 2008 年各建设 2 条 TFT 模组线。 2011 年，新增电容式触摸屏和光学玻璃两个投资项目，建立起涵盖 LCD、CTP（电容式触摸屏）、LENS（光学玻璃）的产品体系。2011 年 12 月，中小尺寸 TFT-LCD 模组项目完工。 2012 年上半年，基本完成中兴康讯触控显示一体化模组新产品的导入验证工作
冀雅	6.2 亿元	以中高档单色 TN/STN 面板为主。产品覆盖车载显示、仪器仪表、家用电器、光阀产品、商用金融、办公设备、医疗保健等诸多领域。 总业务中，内销占约 2/3，外销占 1/3。 主要客户有海尔、海信、美的、林洋、松下 、LXD、SPX、UT、Landis+ gyr 等	2009 年 11 月，收购上广电两条单色液晶显示屏生产线及其模组生产线，次年 3 月冀雅（上海）正式挂牌运营； 2011 年 3 月，冀雅电子 TN/STN 面板项目在环首都经济圈的固安工业区签约落户，次年 6 月厂房奠基

（六）TN/STN 面板现存主要细分市场覆盖领域概述

TN/STN 面板市场的总体规模确实在急剧萎缩，但是其覆盖领域却是有增无减，只是在各领域、各用途之间，其用量往往差别巨大。

归纳 TN/STN 面板的现存细分市场，至少涉及以下应用领域和产品类别。

（1）家用电器类：空调、冰箱、洗衣机等传统的白色家电，微波炉、电磁炉、电饭煲、油烟机、洗碗机、消毒柜、热水器、吸尘器等厨卫家电，饮水机、电暖器、加湿器、咖啡壶、足浴盆等其他小家电。

（2）车载显示类：汽车仪表、汽车音响、汽车导航、汽车空调、倒车雷达、胎压测试仪、汽车黑匣子、出租车计价器、不停车付费器等。

（3）仪器仪表类：智能电表等电工仪表、工业仪表、水热气等计量仪表、分析仪器仪表、实验仪器仪表等。

（4）商用金融类：POS 机、收款机、电子秤、加油机、加气机、充电桩、点菜器、股票机、密码器等。

（5）光阀产品类：3D 眼镜、自动变光焊接滤光镜、汽车遮阳板、汽车后视镜、太阳镜、消防头盔等。

（6）文教用品类：电子辞典、学习机、翻译机、录音笔、计算器、电教终端、电子记事本等。

（7）医疗保健类：血压计、血糖计、温度计、跑步机、计步器、健身器、按摩椅等。

（8）通信工具类：低端手机、无绳电话、公用电话、固定电话、对讲机等。

（9）办公设施类：传真机、打印机、复印机、碎纸机、文件柜等。

（10）休闲用品类：游戏机、随身听、点播器、钓鱼器等。

（11）计时工具类：钟、表、万年历、计时器等。

（12）军事体育类：望远镜、瞄准器等。

（13）其他：电梯、礼品等。

二、无源液晶显示面板市场状况展望

（一）关于 TN/STN 面板的应用领域

随着时代的进步，人们的诉求也越来越丰富多彩——信息化、智能化、数字化、精准化、网络化、小型化、个性化、人性化等，不一而足。这些诉求正越来越普遍而深刻地影响着各个领域、各个层面和各类人群——从设计者到使用者，从工业品到消费品，从已有产品到新创产品等。而显示界面在满足上述需求时，往往能起到关键的、画龙点睛的作用。这是因为，首先，产品功能和相关信息需要通过显示界面传递给使用者；使用者认知、体验和操控相关产品，判断其是否满足特定的需求等，也必须通过显示界面这个最直观、最直接的渠道和桥梁。其次，使用者尤其是消费者在选购产品时往往首先根据外观基本确定产品的档次，产品的科技感、时尚感、现代感在显示器件上往往能得到集中体现。因此，总体而言，平板显示面临的将会是一个长盛不衰的过程。在这种大背景下，具有较高性能价格比的 TN/STN 面板应该不会迅速走向消亡。当然，需要直面的是 TN/STN 面板被其他类型显示面板所取代的广度、深度和速度，以及存量市场和增量市场的总体规模能在多大程度上满足现有及新增产能的“胃口”。

（二）关于 TN/STN 面板的技术发展

按照通常的逻辑，TN/STN 面板都已衰退多年，再谈其技术发展问题似乎显得不合时宜了，其实未必尽然。现仍在众多领域广泛采用的 TN/STN 面板，在实际使用过程中仍有诸多待解决的课题。

1. 超低温使用环境下光电特性明显变差

TN 的工作温度在低温端为-40℃左右，虽然和 TFT-LCD 目前一般为-20℃，工业级和汽车级为-30℃的低端工作温度相比占有明显优势，但-40℃左右时的 TN 的响应速度往往只能达到秒级。这种响应速度对于高纬度地区冬天室外等应用环境，尤其是对于汽车仪表显示来说，显然令人难以接受。

2. 驱动路数受限制

TN/STN 面板的驱动路数当前只能做到 240 路，更高路数时电光参数会严重劣化，难以达到足够的对比度。

3. 响应速度慢，无法动画显示

显示动画需要响应速度在 16ms 以下，这对于 TN/STN 面板来说是难以达到的。

4. 视角范围窄

不按设定的视向或超出一定的视角观察时，会产生明显的对比度降低甚至灰度反转现象，难以满足广视角乃至全视角的需求。

5. 用作光学快门类产品时的不足

目前技术还难以同时兼顾光学快门类尤其是其中的自动变光焊接滤光镜产品对开关速度、光漫射、透过率均匀性、透过率的角度依赖性等重要性能指标的要求。

如能比较圆满地解决这些问题，其价值显然是毋庸置疑的。毕竟，至少在目前，TN/STN 面板在国计民生众多领域中的涵盖面，是其他任何显示面板所不能比拟的。

三、从 LCD 到 LCE——无源 LCD 行业可否再造辉煌

诚然，TN/STN 面板作为显示器件已经风光不再。但是变换一个视角和思路，无源液晶显示器产业或许可以柳暗花明——把视野从 LCD 拓展为 LCE，即从 Liquid Crystal Display（液晶显示器）改变为 Liquid Crystal Element（液晶器件），换句话说，就是是否可以考虑把液晶主要在显示领域的应用大力扩展到非显示领域中去。

液晶的研究和应用多年来一直以显示作为其主导方向。随着人们对液晶认识的不断深入以及相关技术的进步，开拓液晶新应用领域的必要性、可行性和重要性正在越来越多地形成共识。至少在以下几个领域，有的是已经大批量实际应用，有的是已经或正在取得重大的实用性进展。

（一）非显示液晶器件

利用液晶的独特性质，可以在非显示领域实现经典固体材料不容易达到的功能和效果。液晶器件在通信、成像、传感和光学控制等领域，正呈现出越来越广阔的发展空间。

1. 光通信液晶器件

随着光通信的高速发展，系统对光器件的性能要求越来越趋于多样化。基于液晶的光器件以液晶自身独特的优势——小体积的阵列集成，大的电光系数，很低的电压驱动，低功耗，现有技术成熟，制作成本低，无运动部件的实现动态调节等——在众多新技术中大有脱颖而出的势头。

光通信领域开发出的液晶器件有：光可变衰减器、光功率分配器、波长阻隔器、波长选择开关、动态增益斜率补偿器、动态增益均衡器、光可调滤波器、空间光调制器、可调光功率波分复用器、偏振控制器等。该领域业内预测：随着技术不断完善和应用，液晶将成为光通信领域中光器件的一种主流技术。

2. 太赫兹液晶器件

太赫兹（Terahertz）波，通常简称为 THz，指的是频率在 0.1～10THz 的电磁辐射。该波段介于红外线和微波之间，属中远红外波段。其能量辐射的大小介于电子和光子之间。太赫兹技术在国际上被认为是电子和信息领域的重大科学问题。从具体应用层面讲，太赫兹技术在传感、成像、通信等方面有着巨大的潜在市场。就宏观领域而言，在电子、信息、生命、国防、航天等方面，太赫兹技术蕴藏着广阔的应用前景。液晶器件在该领域的应用目前见诸文献的有液晶太赫兹开关、太赫兹波调制器、太赫兹滤波器等。

3. 液晶透镜

使用液晶制作光学器件的特点在于制作的器件体积小、结构紧凑和可以电控调谐，因此液晶是制作小型自适应光学器件的极佳材料，光学变焦液晶透镜就是其中一类应用。目前液晶透镜已经开发出多种类型，如单圆孔电极液晶透镜、模式电极液晶透镜、浮雕外形液晶透镜等。除此之外，近年来正在发展之中的还有用于裸眼 3D 显示的液晶柱状透镜等。

4. 液晶光阀

事实上，这些年液晶光阀已经被成功应用到多个领域，除了对通信领域的光开关可能相对陌生外，像 3D 快门眼镜、光控电焊面罩等，都是液晶光阀大批量成功应用的典型案例。此外，在防炫目汽车后视镜、汽车遮阳板、消防头盔、投影机，太阳镜等产品中，液晶光阀产品也都在逐步进行渗透。

5. 液晶光栅

液晶光栅属于液晶光学器件中的一类。总体而言，它在光通信尤其是空间光通信领域具有良好的发展前景。在空间光通信中，精确的 APT（捕获、对准、跟踪——Acquisition、Pointing、Tracking）是关键技术。原有 APT 技术大都采用机械式执行机构，其重量、体积和功耗较大，响应速度较低。相比之下，液晶光栅器件具有诸多优点，其驱动电压低、功耗小、体积小、重量轻、衍射和偏振特性电压可调等特点，几乎可满足空间光通信所有重要指标的要求。尤其在不涉及传输码型和码率的空间光束捕获、扫描、偏转、控制方面，液晶衍射光栅器件完全可以进入实用化。

近年来，随着 3D 显示技术的突飞猛进，用于裸眼 3D 图像显示的液晶光栅也取得了相当进展。

6. 其他液晶光学器件

见诸文献的有液晶快门、液晶光圈等成像系统的光学器件。

7. 用于微波频段的液晶器件

见诸文献的有液晶微波波长选择器、液晶微波波长波束调制器等。

8. 液晶传感器

作为特殊的“敏感元件”，液晶也被引入传感器领域，如液晶生物传感器、液晶化学传感器、液晶电磁场传感器、液晶电压传感器、液晶超声波传感器、液晶红外线传感器、液晶微位移传感器、液晶温度传感器、液晶加速度传感器等。

（二）LCD 辅件

在液晶显示领域，有一类器件是作为 LCD 的辅助器件而存在的。其显著特点是：尽管自身不使用液晶，但其加工工艺和 LCD 在相当程度上兼容。这使得它们先天就和 LCD 产业具有高度关联性。比如电阻式触摸屏、某些类型的电容式触摸屏、LCD 加热片等。把它们纳入“LCE”的视野，也是有其合理性的。实事上，它们往往就是 LCD 前道生产工艺基础上的衍生产品。

（三）液晶激光

自从 20 世纪末液晶的无镜激射被实现以来，液晶激光技术正在取得长足进展，拥有越来越广阔的应用前景。它们可以作为一种简单、小型、柔性、大面积、低阈值及可调谐的激光源，也可以作为可切换光源用以替代传统的 LED 背光源，还可作为滤波器用来改善电光源发射的光谱和方向性。在电光及非线性光学的应用中，它们可以用来作为光放大器，电或光开关，快速光调制器及柔性无镜共振腔等。

（四）新液晶材料

由于相同的渊源，非显示领域的新型液晶材料似乎也可以纳入 LCE 的范畴。如液晶的光子带隙材料、液晶弹性体及人工肌肉、适于非可见波段的液晶材料等。

上述在“LCE”概念下粗略归纳的几类事物，在技术渊源上有的和无源 LCD 很近，有的则相去甚远。其中多数也不是利用现有 TN/STN 面板生产设备和技术就可以直接转产的。但是无论如何，毕竟它们都和液晶密切相关。如果相关各方不再仅仅拘泥于“显示”，而是有所拓展、有所创新的话，那么，急速衰退多年的无源 LCD 行业或许就能够开拓出一片新的“蓝海”。

注：本文采用的数据系笔者根据 PIDA、IEK、DisplaySearch 等机构发布的相关文献以及上市公司年报、企业网站、门户网站等信息源整合而来。

作者简介：孙彦水，男，冀雅电子市场部经理。邮箱：ziyan@jiyalcd.com。

In-Cell 触摸屏用掩膜版技术介绍

深圳清溢光电股份有限公司　张　平

一、前言

据 DisplaySearch 数据显示，2011 年主要的触控传感器，包含电阻式、投射式电容、单片式投射式电容（sensor-on-cover）和面板内嵌式投射式电容（On-Cell）触控感应器的总产量为 960 万 m^2，较 2010 年的 580 万 m^2 取得了 66%的年增长率。NPD DisplaySearch 预测，2012 年触控感应器将达到 1 300 万 m^2，并将于 2014 年上升到 1 640 万 m^2。触摸屏 2011 年产值达 130 亿美元，比上年增长 90%，估计 2017 年将成长到 239 亿美元。DisplaySearch 新兴显示技术研究副总 Jennifer Colegrove 博士指出："简易化投射电容触控的设计有两种方式，一种是表面玻璃整合触控（Sensor-On-Cover or Called One Glass Solution），另一种是面板内嵌式触控（In/On-Cell），In-Cell 技术的新工艺，可以将触摸屏传感器真正整合到 LCD 屏幕里，因此使屏幕减少一层，使终端应用更加轻薄化。美国商标暨专利办公室（U.S. Patent and Trademark Office，USPTO）在 2012 年 8 月通过了苹果于 2007 年所申请的 In-Cell 概念专利，将感应功能嵌入显示器中，苹果最新的 iPhone 5 使用了 In-Cell 设计，以减少 iPhone 厚度。一体化触摸屏技术比较如图 1 所示。

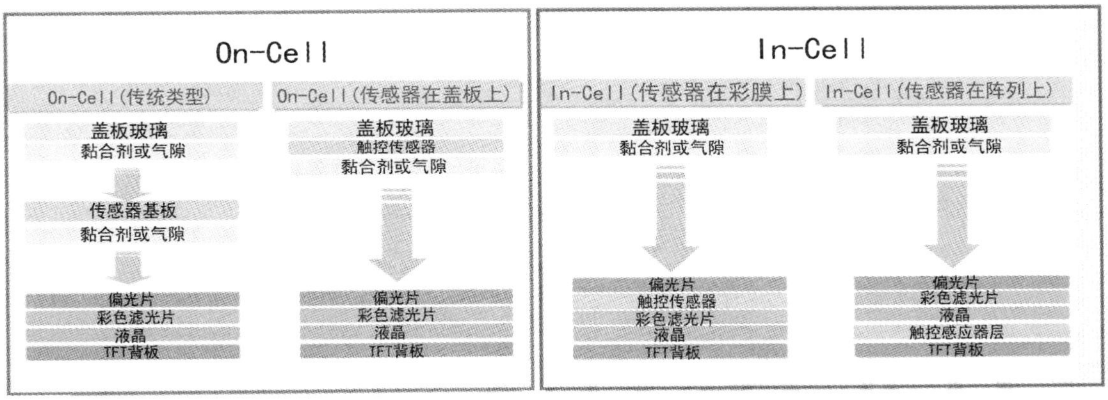

图 1　一体化触摸屏技术比较

资料来源：拓墣研究所。

二、In-Cell 触摸屏用掩膜版技术与相关设备

1. 掩膜版

如表 1 所示，随着触摸屏产业的扩大发展与玻璃基板的大型化，掩膜版尺寸也逐步大型化。中尺寸（450mm×500mm～800mm×960mm）主要以 On-Cell 触摸屏为主，掩膜版基材使用苏打玻璃制作。In-Cell 触控制程则进一步整合于显示面板内，即彩色滤光片（Color Filter）玻璃与 TFT Array 玻璃合起来的 Cell 内。全新的 In-Cell 技术由于减少了透明区域造成开口率下降，因此需要更强背光，增加了电耗；Color Filter 与 Array 上增加元件影响面板寿命；增加掩膜版数量及制程会导致面板良品率下降，In-Cell 技术对掩膜版有较高要求，而根据 In-Cell 工艺要求，主要是大尺寸（700mm×800mm 以上）石英材料要具有膨胀率

小和透过率高等特性。为提高触摸屏的性能及效率，对掩膜版的线路设计、CD、TP 精度、缺陷控制和缺陷修补的要求将更加精细。目前部分日本厂商已将 In-Cell 良品率从 40%提升到 80%，具备量产水平。

表 1　触摸屏用掩膜版尺寸

类　型	掩膜版尺寸（mm×mm）	备　注
On-Cell	127×127	石英基材
	450×550	苏打基材
	620×720	苏打基材
	700×800	苏打基材
	800×960	苏打基材
	850×1 200	石英基材
In-Cell	700×800	石英基材
	800×960	石英基材
	850×1 200	石英基材

以下是具体的制造流程和检测流程：数据转换→光刻→显影→刻蚀→脱膜→精度测量→初始清洗→缺陷检测→缺陷修补→再次清洗→最后检查→包装出货。

掩膜厂商具备 In-Cell 用掩膜版技术与量产能力，需要具备光刻、显影、蚀刻、精度测量、清洗、缺陷检测和修补的能力。In-Cell 用掩膜版的产品标准与 Color Filter 和 Array 用掩膜版的标准基本相同，如表 2 所示，如 CD 控制在 0.3μm。

表 2　In-Cell 触摸屏用掩膜版关键指标

项　目	说　明
临界尺寸平均误差	≤±0.3μm
公称尺寸偏差	≤±0.5μm
缺陷	2μm 未见
图形位置	≤±1.0mm
Mura	肉眼观察没发现

2. 掩膜版光刻设备

目前瑞典厂商推出的大型光刻机系列可用于 In-Cell 和 On-Cell 触摸屏用掩膜版的制作。

3. 掩膜版后处理技术与设备

完成光刻工序后，需要对半成品进行显影、蚀刻和清洗等处理。中小尺寸 On-Cell 采用人工化学处理方式可以达到产品标准，而大尺寸 On-Cell 和 In-Cell 用掩膜版由于产品精度、缺陷控制和表面洁净度要求非常高，因此需要掩膜供应商在显影、蚀刻及清洗工序采用专业自动化的处理设备，而处理工艺则需要掩膜供应商大量实验的摸索工艺公式和调试程序，形成工艺 know-how，指标方能达到稳定量产的要求。

4. 掩膜版缺陷检查技术与设备

触摸屏用掩膜版检查设备主要是采用 Lasertec 公司的掩膜版缺陷检查设备以及大型光罩使用的基板缺陷检查设备。以 51MD 为例的检出感度为 0.75μm，检查每一枚 700mm×800mm 掩膜版约需 1.9h，此设备能满足 In-Cell 用掩膜版检查要求。

5. 掩膜版测量技术与设备

触摸屏需要用 4～6 张掩膜版进行套合生产， In-Cell 用掩膜版主要是与 TFT CF 或 ARRAY 及 AM-OLED 面板进行套合，借此掩膜版厂商需要具有 CD 和 TP 测量功能的设备，确保产品的 CD 和 TP 标准能够符合要求。国际掩膜版厂商采用瑞典 TP 设备进行 TP 测量可以达到要求。CD 测量设备需要达到 0.3μm 的 CD 精度要求，目前清溢公司自己研发的第二代 CD 测量设备已经用于高精度 CD 测量生产，实现国产化。

6. 掩膜版修补设备

从良品率角度考虑需要对掩膜版的针孔、凹陷、黑点和毛刺等缺陷进行修复。关于缺陷修补技术，国内部分厂商采用人工金属修补方式进行缺陷修补，优点是成本低，缺点主要是修补均匀性、阻旋光性能和耐清洗能力差，人工金属修补可以用于中小尺寸 On-Cell 掩膜版。大尺寸 On-Cell 和 In-Cell 用掩膜版厂商均采用 LCVD 设备进行缺陷修补方能达到 0.45μm（补）0.2μm（修）的品质标准。目前清溢公司采用自主研发的第二代 LCVD 修补设备已经用于大尺寸 On-Cell 和 In-Cell 用掩膜版修补，实现国产化。

三、总结

生产 LCD 屏时，触摸屏、CF 和 Array 基板用的掩膜版，需要 4～6 道；触摸屏与 Array、CF 或 AM-OLED 基板组合用的掩膜版，则需要 4～8 道。因此，量产大尺寸 LCD 屏产品的过程中，大约共需使用 8 道的掩膜版。中国大陆地区具备生产中小尺寸 On-Cell 用掩膜能力的厂商有多家，部分厂商如达到生产大尺寸 On-Cell 和 In-Cell 用掩膜版技术与生产能力，则需要加大工艺技术开发和购置配套设备，以此提升中国掩膜版产业的整体产能和技术水平。

2011 年 OLED 产业市场及技术发展状况

维信偌公司

有机电致发光显示器（Organic Light Emitting Display，OLED）是继 LCD（液晶显示器）之后的新一代显示技术。OLED 是一种自发光的显示器，其结构简单，具有使用功耗低、响应速度快、视角宽、自发光无需背光源、器件更薄、对比度更高、色彩更鲜艳、高低温性能优越等特点，易于实现 3D 显示、柔性显示和透明显示，被业界称为“梦幻显示器”，是最具发展前景的新型显示技术之一。

一、2011 年全球 OLED 产业市场及技术的发展状况

（一）全球 OLED 产业发展状况

2011 年，OLED 正逐渐成长为全球面板巨头的投资热点，PM-OLED 产业维持平稳发展，各大厂商纷纷加大面向中大尺寸 AM-OLED 市场的布局力度。

三星的第 5.5 代 AM-OLED（1 300mm×1 500mm）量产线已于 2011 年 6 月量产，正在投建第 8 代 AM-OLED 生产线。三星 SMD 和 LG Display 还公布 2012 年下半年将向市场投放 55 英寸的 OLED TV。中国台湾地区的两大面板巨头——友达光电和奇美电子，则开始调整和提高现有 OLED 面板生产线布局：友达规划对既有产线进行整改，如新竹的第 3.5 代 LTPS TFT 线和新加坡的第 4.5 代 LTPS TFT 线都规划了部分产能转向 AM-OLED，预计 2012 年下半年开始陆续投产；奇美现已在第 3.5 代 LTPS TFT 线上试制 AM-OLED 中小尺寸显示屏，并将逐步进行产能扩增。

权威市场调研机构 DisplaySearch 的数据报告显示，2011 年全球 OLED 产值较 2010 年呈大幅攀升态势，全球 OLED 面板出货金额达到 38.6 亿美元，较之 2010 年增长了 23 亿美元。受到智能手机爆炸性增长的市场需求影响，AM-OLED 出货金额高达 35.2 亿美元，占据 OLED 出货 90%以上的份额。AM-OLED 面板在 9 英寸及更小尺寸的中小尺寸面板市场的渗透率，正在加速提升，与 TFT-LCD 液晶面板形成强劲的竞争态势。2010 年，AM-OLED 在中小尺寸面板市场渗透率约为 6%，但 2011 年 AM-OLED 面板在中小尺寸面板市场的渗透率已冲到 12%。

从供货商排名来看，由于 OLED 市场的旺盛需求，三星 SMD 的优势继续放大，出货量高达 8 800 万片（全部是 AM-OLED，占据全球 97%以上的份额）；中国台湾智晶光电出货量为 1 580 万片，位居第二；中国大陆厂商维信诺出货量达 1 457 万片，从 2010 年的第五位跃居至第三位，中国台湾铼宝和日本先锋分列第四、第五位，其中后几位都是 PM-OLED 产品供应商。

2011 年，伴随着整个 OLED 市场重心向 AM-OLED 的转移，各大厂商将目光聚焦于 AM-OLED 产业的发展，韩国三星在 PM-OLED 的基础上培育出了 AM-OLED，在 AM-OLED 相对成熟后，撤出了在 PM-OLED 领域的竞争，转而将精力集中于 AM-OLED 产业和市场的拓展。全球 PM-OLED 生产线分布及市场份额如表 1 所示。

表 1　2011 年全球 PM-OLED 生产线分布及运营情况

公司名称	市场份额	生产线数量
智晶光电	25.9%	2
维信诺	23.8%	1
铼宝	18.5%	2
先锋	15.3%	2

续表

公司名称	市场份额	生产线数量
信利	1.8%	1
日本精机	1.4%	1

资料来源：DisplaySearch 及相关报道。

（二）全球 OLED 技术和市场发展状况

1. OLED 显示

伴随着智能手机的大规模普及和三星第 5.5 代 AM-OLED 量产线的大批量出货，手机仍然是 OLED 主要的应用领域。据统计，2011 年全球 OLED 手机已达到 1.3 亿部，在智能手机应用之出货量约达 4 100 万支，较 2010 年大幅增长 210%，在智能手机市场的比重约达 9.2%。

根据 DisplaySearch 2011 年第四季度的统计和预测，在未来的 5 年里将会有 50%以上的 OLED 显示器被应用到手机领域，同时电视和电脑等也将更加广泛地采用 AM-OLED（见图 1）。

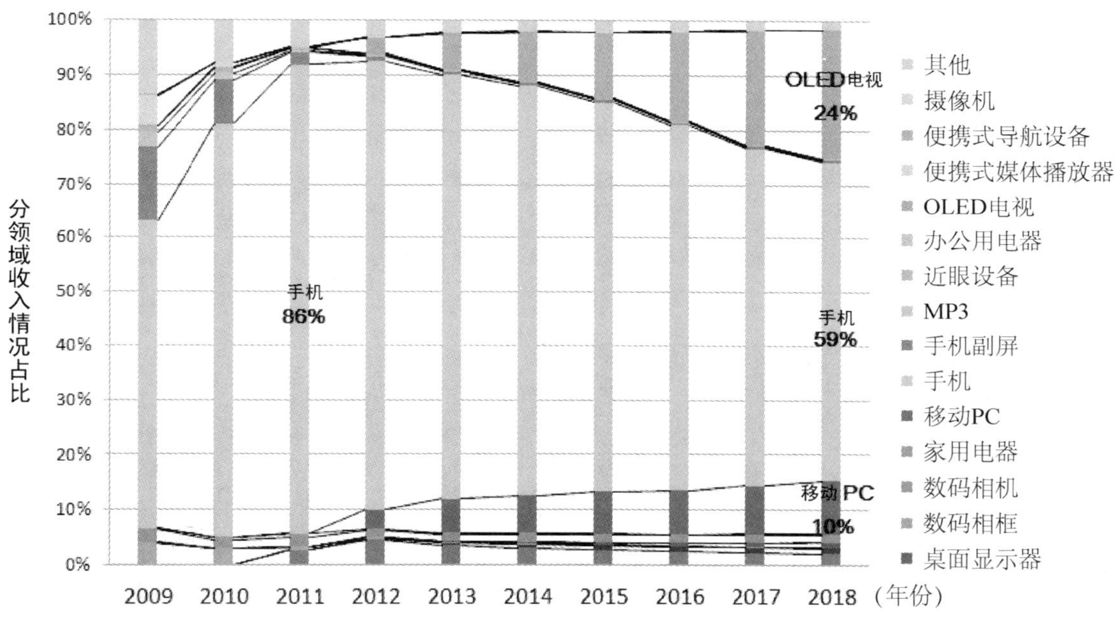

图 1　OLED 应用领域预测

资料来源：DisplaySearch。

在大尺寸领域，2011 年度国际消费类电子产品展览会（CES）上，三菱公司展示了 155 英寸的 OLED 电视，这款电视由许多小块 OLED 面板组合而成。中国台湾友达光电在日本横滨举行的“FPD International 2011”上，展出了 32 英寸的 OLED 电视样品，这是在 IGZO TFT 驱动的 OLED 面板中最大的画面尺寸（见图 2）。

索尼在 2011 年 11 月 16 日～19 日于德国杜塞尔多夫举行的“MEDICA 2011”上，大力宣传了 2011 年 11 月刚刚上市的 25 英寸医用 OLED 显示器（见图 3）。配备的 OLED 面板采用了索尼自主开发的“超级顶部发光（Super Top Emission）”构造，像素为全高清（1 920×1 080）。

图 2　友达光电 32 英寸 OLED 电视样品

图 3　索尼医用 OLED 显示器

韩国 LG 显示器 2011 年 12 月 26 日正式宣布，开发出了 55 英寸的 OLED 电视。LG 介绍，该公司的 55 英寸 OLED 面板厚度只有 4mm，实现了薄型、轻量，耗电量低于该公司的液晶面板，对比度高达 10 万比 1 以上，像素响应速度也是液晶面板的 1 000 倍以上（见图 4）。

2. 柔性 OLED 显示

OLED 可实现基于塑料基板和金属基板的柔性显示，这一直以来是 OLED 领域的研究热点。2010 年三星和罗姆等厂商就曾对外发布过柔性 OLED 的概念产品和柔性显示样品，2011 年，更多的 OLED 厂商加入了柔性 OLED 研发的大军。友达光电开发出了 4 英寸的柔性 OLED 面板，并在横滨会展中心举行的“FPD International 2011”上进行展示（见图 5）。这款样品厚度仅为 0.3mm，像素为 240×320，OLED 元件采用了从 TFT 基板提取光的底发光型构造。

图 4　LG 55 英寸 OLED 显示器

图 5　友达光电 OLED 柔性显示器

三星公司推出了该公司研发的一款全新可折叠式 AM-OLED 显示屏，该款显示屏可以像纸片一样进行折叠并重新伸展，而这样的折叠伸展可以达到 10 万次的耐久度且不会对显示屏本身造成损坏，这项显示屏技术采用了两块 AM-OLED 面板、硅橡胶以及配备了模块化外框的玻璃壳层（见图 6）。

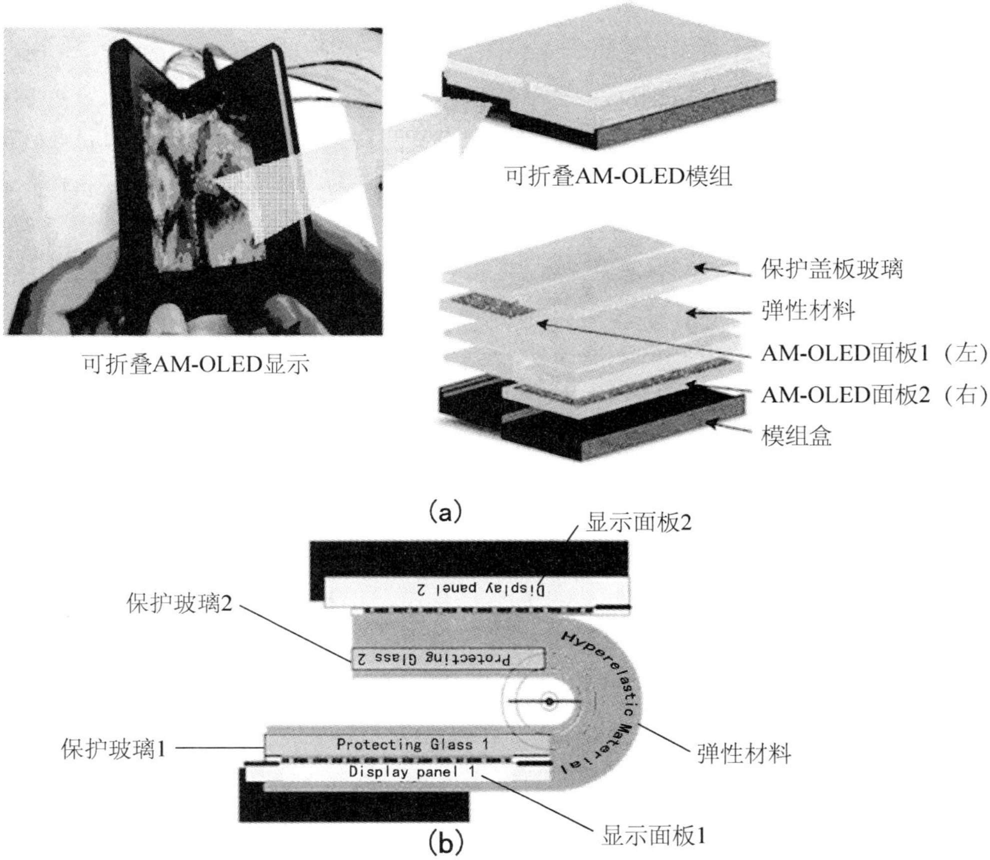

图 6　三星可折叠 OLED 显示器

在三星等各大厂商纷纷进行 OLED 柔性技术研发的同时，该项技术也引起了韩国国家层面的支持和重视。2011 年韩国政府组建了 OLED 显示和照明技术联盟，该联盟计划由 26 个机构和企业组成，它们将开发柔性显示器及材料，并计划在 2018 年生产 40 英寸的柔性电视。

3. OLED 透明显示

此前，韩国三星和 NeoView Kolon 公司曾展出其研制的 OLED 透明显示屏。2011 年这项技术逐步走向了产业化，应用领域也更为广泛。

TDK 公布了其于 2011 年 3 月开始量产的透明 OLED 面板的结构，屏幕尺寸为 2.4 英寸，像素为 QVGA（240×320），可实现彩色显示。该面板已被联想的手机所采用，于 2011 年 3 月开始投放市场。

近年来，3D 技术受到热捧，但是由于景深存在限制，这种技术并不完善，通常要求用户佩戴眼镜，甚至配备昂贵的投影设备。2011 年苹果提出一种新的解决方案——一种多层显示系统，通过由多个透明的 OLED 屏幕叠加而成，从而为一个图像创造多个层次，进而形成虚拟景深。3D 技术和 OLED 技术相结合，势必会给观众带来更完美的视觉体验。

4. OLED 照明

随着白光 OLED 技术的不断成熟，OLED 照明产业化的雏形也逐渐形成。业界涌现出多个专门为 OLED 照明而成立的新公司，多条针对 OLED 照明产业化技术开发与生产的中试生产线也在陆续建设。

在日本，山形大学研究所的 Kido 教授与三菱重工（Mitsubishi Heavy Industries）、罗姆（ROHM）等公司合资成立了专注于 OLED 照明的公司 Lumiotec 公司，该公司从 2011 年 1 月开始量产 OLED 照明面板；柯尼卡公司在 2011 年 3 月开始销售 OLED 照明屏；松下公司致力于高显色性 OLED 照明产品的开发，初期应用于博物馆等对照明质量要求较高的领域。在欧洲，欧司朗的一条新型 OLED 试点生产线于 2011 年 8 月底建成投产，设备耗资 2 000 万欧元，产线位于德国雷根斯堡，主要用于生产透明的 OLED 面板；法国的 Astron FIAMM 公司现有一条 OLED 照明 2 代中试线（370mm×470mm）。在韩国，LG 公司从 2011 年 11 月开始启动第 2 代照明面板试生产线建设，预计 2012 年下半年实现面板的量产。部分 OLED 照明公司投资及产线现状如表 2 所示。

国内企业在 OLED 照明方面也有产品推出，如维信诺推出了数款 OLED 照明模块及灯具（见图 7）。

表 2　部分 OLED 照明公司投资及产线现状

公　司	量产时间	量产计划	产线地址	公布投资额	信息公布日
Lumiotec	2011 年	每年 60 000 片	日本	初期投入 14 亿日元	2011-01
Philips	2011 年 10 月	—	德国亚琛	4 000 万欧元	2011-05-19
Kaneka	2011 年秋	—	日本	—	2011-07-13
Osram	2011 年	—	德国雷根斯堡	2 000 万欧元	2011-09-04
三菱公司	2011 年	预定由先锋公司进行量产	日本	—	2011-05-16
ELTechno	2012 年 6 月	2012 年度生产线利用率达 6 成，营收 132 000 万日元	日本熊本	约 15 亿日元	2011-10-19
LG	2012 年	第 2 代线（370mm×470mm）	—	—	2012-01-13

图 7　维信诺公司推出的 OLED 照明模块及灯具

二、2011 年中国 OLED 产业状况

（一）中国 OLED 产业发展状况

OLED 近两年来在国内得到了广泛的关注，自 2008 年维信诺公司建成中国第一条 OLED 大规模生产线至今，中国大陆已有多家企业将目光投向了 OLED，尤其是面向中大尺寸的 AM-OLED。全国性的产业联盟也已经建立。2011 年 6 月 2 日，由国内 19 家 OLED 企事业单位共同发起的中国 OLED 产业联盟在广东惠州正式宣布成立，旨在引导成员单位在整合产业资源、加强信息交流、推动技术合作、开拓应用市场、推进相关标准制定和知识产权保护等方面广泛开展合作。

在中小尺寸 OLED 领域，维信诺公司 2008 年依靠自主技术建成的国内首条 OLED 大规模生产线，2010 年虹视、彩虹引进国外二手设备建成了 PM-OLED 生产线。其中，维信诺公司建成的 OLED 大规模生产线，与全球范围内的同类生产线相比，生产节拍最快，产能最大，工艺技术达到国际领先水平。

在中大尺寸 AM-OLED 领域，维信诺公司和昆山工研院等企业联合成立了昆山平板显示中心，于

2010 年建成了国内首条 LTPS TFT 背板驱动的 AM-OLED 中试生产线。2011 年昆山维信诺光电技术有限公司成立，正式启动 AM-OLED 大规模产业化项目，计划 2012 年启动建设一条第 5.5 代 AM-OLED 大规模生产线，该条生产线建成投产后，维信诺公司将成为全球唯一一家同时拥有 PM-OLED 大规模生产线和 AM-OLED 大规模生产线的企业。2010 年，上海天马有限公司在现有第 4.5 代 TFT-LCD 生产线场地内建设了一条月加工玻璃基板 1 000 张的第 4.5 代 AM-OLED 中试线，2011 年这条 AM-OLED 中试生产线开始进行流片。京东方也正式对外发布，计划在鄂尔多斯建设一条第 5.5 代 AM-OLED 生产线。

在 OLED 照明产业方面，维信诺公司 2009 年就进入 OLED 照明领域，OLED 照明产品已经小批量供应市场。2011 年南京第壹有机光电建成了 2 000m^2 的洁净厂房，中试放大线建成。

（二）技术和市场发展状况

清华大学和维信诺公司经过十余年的技术开发及产业化工作，系统掌握了 OLED 材料、器件、工艺、驱动等关键技术和产品制备工艺；成功开发出新型高性能电子注入技术，突破了国外专利的限制；发明了高性能电子传输材料，取代了业界常用的传统材料；发明了新型器件结构，性能居国际领先水平；解决了高亮度、高对比度、抗震动、抗电磁干扰等技术问题，成功地将 OLED 显示器应用于“神七”舱外航天服上，开创了国际先例。2012 年 2 月，维信诺公司清华大学的 OLED 项目获得 2011 年度我国科学技术奖最高奖——国家技术发明奖一等奖。截至 2012 年 5 月，清华大学和维信诺公司已申请专利 391 项，其中发明专利近 300 项，已授权 141 项。清华大学和维信诺公司还是 OLED 国际标准和 OLED 国家标准的主要参与者，现已完成国际标准一项，国家标准两项，军用标准一项。

国内越来越多的研究单位和企业开始关注 AM-OLED 大尺寸显示，加大在 AM-OLED 领域的研发力度。在大尺寸 AM-OLED 领域，清华大学和维信诺公司实现了 AM-OLED 制造工艺技术的全线贯通，2011 年先后开发出了 7.6 英寸和 12 英寸 AM-OLED 显示屏（见图 8），标志着我国 AM-OLED 技术正式进入“大屏”时代。据悉，上海天马微电子股份有限公司也开发出了 12 英寸 AM-OLED 显示屏。

在 OLED 照明研究领域，在我国进行白光 OLED 研发的单位包括清华大学、吉林大学、苏州大学、华南理工大学、中科院理化所、长春应用化学研究所、维信诺公司、南京第壹有机光电等。国内 OLED 照明技术与产业化推进程度与国际水平基本同步。

图 8　维信诺和昆山平板显示中心开发的 12 英寸 AM-OLED 显示屏

清华大学早在 2009 年开发的白光荧光 OLED 在 1 000cd/m^2 的高亮度下寿命就已经超过 10 万 h；2009 年在中国国际半导体照明展览会暨论坛（SSL2009）会议上，清华大学报道的无光取出结构的荧光磷光复合结构白光器件的发光效率超过 50lm/W；2011 年，华南理工大学采用溶液加工法来制备高分子基的 OLED 照明器件，目前也实现了 40lm/W（总发光效率可达 50lm/W）的高水平白光；长春应用化学研究所、吉林大学等单位也在白光照明方面取得很大进展。

在市场方面，维信诺公司是中国大陆唯一一家实现 OLED 产品大规模量产的企业，现已开发出 30 多个系列，300 余款 OLED 显示产品，其中小尺寸 OLED 产品出货量已位列全球第二位。产品遍及欧洲、日本、韩国等国内外市场，广泛应用于 MP3、手机等便携式消费类产品，以及工控仪表、医疗仪器、金融信息、煤矿安全、智能监控系统等领域。广东信利 2003 年建成中试生产线，目前也有小批量产品供应市场。

PDP 技术现状及未来发展趋势

四川世纪双虹显示器件有限公司北京研发中心　李海燕

一、PDP 行业现状及发展趋势

在 2011 年 PDP TV 出货实绩方面，松下达到 570 万台而居首位，三星达到 520 万台，LG 电子达到 430 万台。松下同比下滑 20%，三星同比增长 4%，与松下的差距缩小。在 PDP TV 市场，中国品牌长虹同比增长 158%，达到 150 万台。国内 PDP 市场销量逐年上涨，主要原因有：①国内经济状况总体保持稳定，在物价水平 CPI 不断高启的同时，电子消费品依然在降价，所以市场对这一类消费的需求是不断增强的；②人口基数大，市场规模庞大，人口流动性不断增加，对 CRT 彩电的更换、第二台彩电的消费需求不会减弱；③商业竞争对商用显示的需求增加，未来甚至可能会超过民用总量。因此，国内销售量将持续稳定，保持在 250 万台以上的规模（见图 1）。

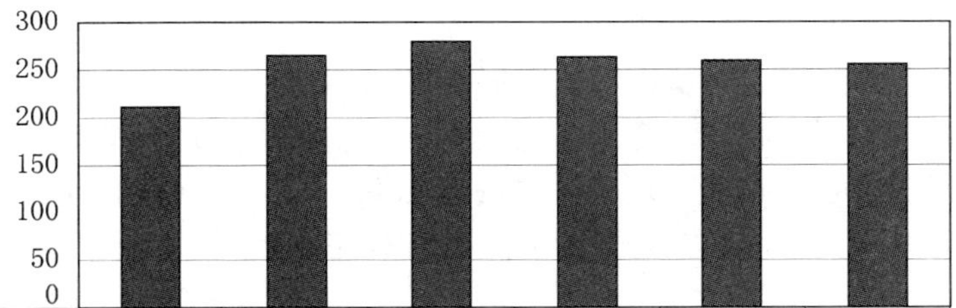

年　　份	2010	2011	2012	2013	2014	2015
■ 销量（万台）	211	265	280	263	260	255

图 1　国内 PDP 市场销售量预测

根据 2011 年 5 月 27 日北京中标院能效修订启动会议讨论结果，中国平板电视能耗标准将进行修订，PDP 一级能效指数将从 1.2 提高至 1.8（见表 1），能耗标准已经广泛应用于各种领域，彩电产品标准是其中最为严格的标准之一，是决定产品是否被批准上市，是否能获得政策支助的重要评价指标。

表 1　中国平板电视新能效标准

类　型	一　级	二　级	三　级
LCD	2.6（原 1.4）	1.8（原 1.0）	1（原 0.6）
PDP	1.8（原 1.2）	1.6（原 1.0）	1（原 0.6）

二、PDP 技术发展现状

与 LCD 相比，PDP 在行业投资成本、画质、3D 效果上具有明显优势，但与 LCD 相比也具有功耗较高的缺点，为此，PDP 技术的主要发展方向为在保持画质优先的基础上降低功耗，2011 年各大公司都在该方面进行了大量的研究，并取得了突破性的进展，其中主要包括掺 Ca 氧化镁薄膜技术、3D 显示亮度提高技术、超高清显示技术以及为了提高画质而开发的新型滤光膜技术和超黑显示技术，这些技术的开发及运用，使得 PDP 画质优势更加明显，同时提高了 PDP 的发光光效，降低了 PDP 的功耗。

1. 新型的掺 Ca 氧化镁技术

目前新型的掺 Ca 氧化镁技术（以下简称 CMO 薄膜技术）——即用掺 Ca 的氧化镁薄膜替代原有的纯氧化镁薄膜，已经成功批量生产 42 英寸和 50 英寸 HD（1 024mm×768mm）产品，产品已经在美国和南美市场上销售。该技术使得 PDP 光效大大提高，降低了功耗，具体运用的是 8%的掺 Ca 氧化镁技术，经过量产验证显示 8%CMO 发光效率和放电电压达到最佳值，发光效率提高 23%，电压下降 11V。量产产品经过寿命测试，9 000h 加速测试后，放电电压没有明显上升，如图 2 所示。

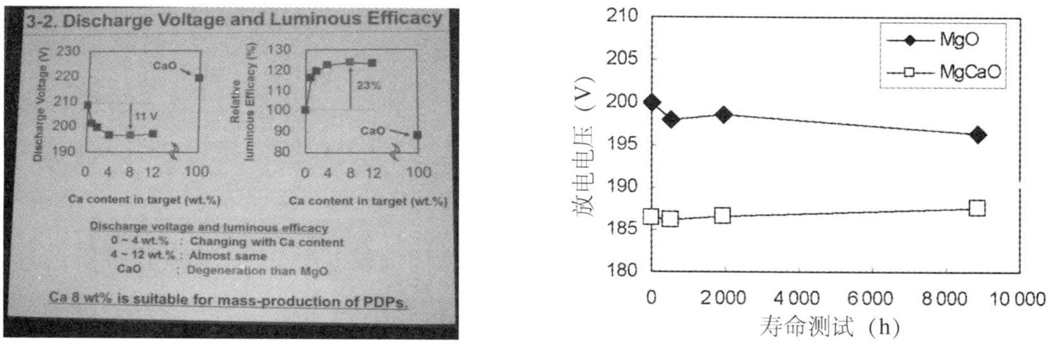

图 2　CMO 薄膜技术性能测试结果

2. PDP 3D 显示亮度提高技术

3D 电视需求的提高推动了平板显示行业的发展，特别是在大尺寸方面的发展，对于 3D 电视而言，PDP 3D 电视占据了 42 英寸 3D 电视 50%以上的市场份额，为此，PDP 在 3D 方向技术的研发就显得尤为重要。由于 3D 显示需要响应时间更快的荧光粉，而要满足更快的响应时间，将会降低荧光粉的亮度，从而降低发光光效，为了保证不降低光效，技术开发的方向主要集中在新型单元结构设计、新型电极材料、新型前后板介质材料以及高反射窄障壁材料方面，其中单元结构采用 RGB 不同的单元尺寸，具体结果如图 3 所示。另外，上述技术再配合 CMO 薄膜技术，使得 3D PDP 电视的亮度提高了 1.5 倍。

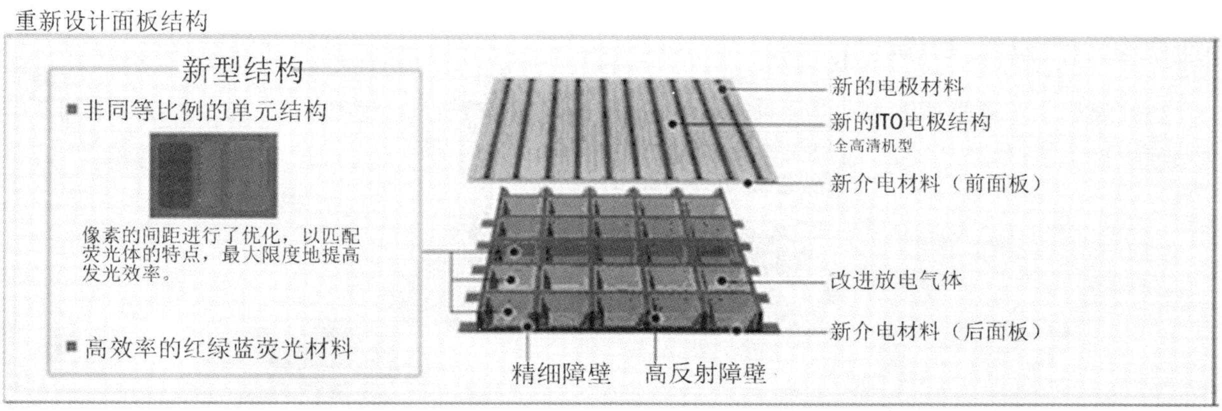

图 3　提高 3D PDP 亮度所采用的技术

3. 新型滤光膜技术

采用新型滤光膜可以更有效地阻挡外界光线，减少屏内像素发光的吸收，提高屏清晰度。由于使用新的滤光膜加上屏发光效率的提高，使得在亮的区域对比度提高了 1 倍（见图 4）。

滤光膜的效果对比图

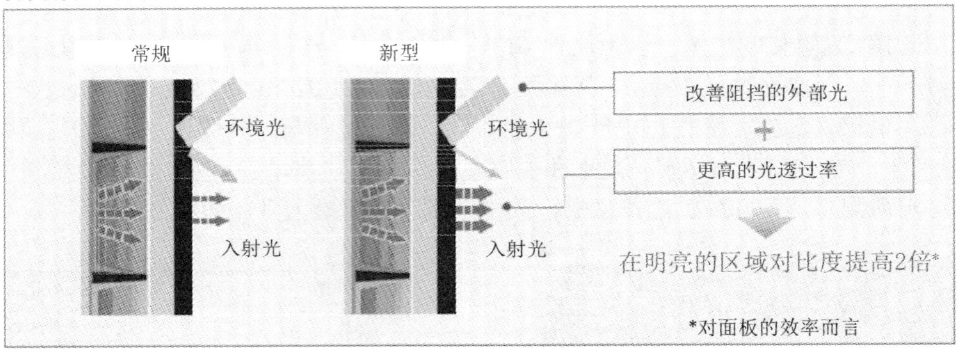

图 4　新型滤光膜技术

4. 超黑显示技术

通过开发新型复位波形技术，使得在 PDP 非发光单元的预放电更小，从而使得背景光进一步下降（见图 5），黑场更黑，黑色层次感更强（见图 6）。

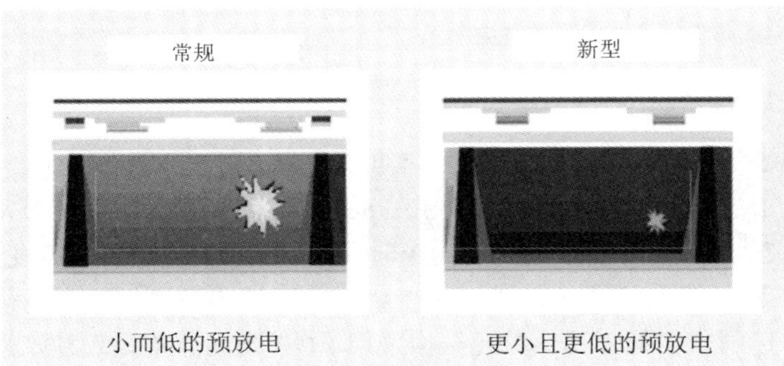

图 5　超黑背景技术

图 6　超黑显示实际对比

5. 超快速聚焦子场驱动技术

超快速聚焦子场驱动技术可以针对人眼感兴趣的运动图像进行子场级的发光强度优化（见图 7），通过缩短每个维持放电时间，可以集中维持发光在几个特定的子场。

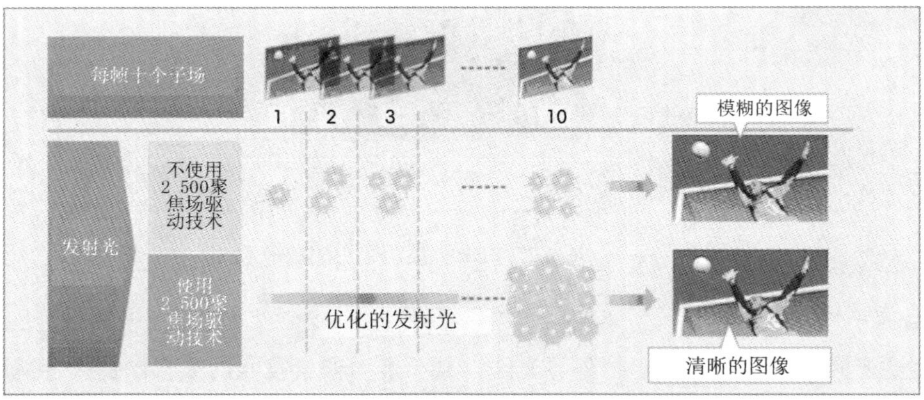

图 7　超快速聚焦子场驱动技术

6. 新型低灰阶驱动技术

通过开发新型驱动波形，使得在电影模式下，暗场的层次提高了 4 倍，总的灰阶达到 24 576 个层次（见图 8）。暗场状态下的效果如图 9 所示。

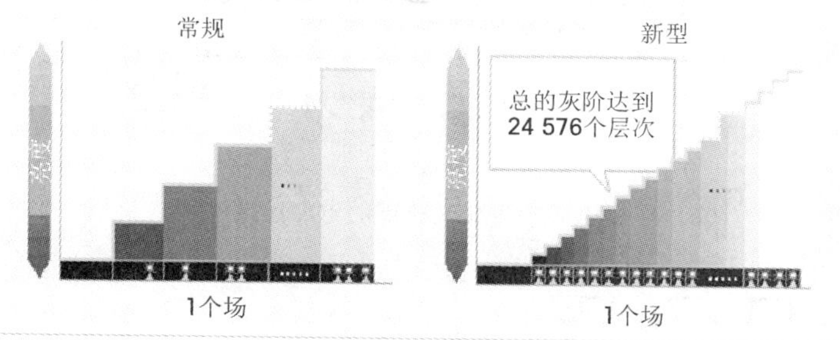

图 8　低灰阶驱动技术

图 9　暗场层次提高对比效果

三、PDP 技术发展趋势

PDP 未来技术发展趋势主要包括：超高光效的技术开发、柔性超薄 PDP 显示技术开发、掺 Ca 氧化镁薄膜技术及提高工作气体中的 Xe 含量甚至使用纯 Xe 气体技术、磁性薄膜技术等。

1. 超高光效技术

PDP 依靠惰性气体放电产生真空紫外线（VUV）激发荧光粉发光显示图像，气体放电产生 VUV 的效率只有 10%，严重制约了 PDP 效率的提升。因此，如何提高真空紫外光的利用率成为了 PDP 未来技术发展的重要课题。主要的技术方向一方面集中在研究开发高效、稳定，并能在气体中发射电子的电子源，激发 Ne，Xe 等惰性气体，使 VUV 的效率提高到 30%以上，从而使 PDP 的发光效率得到革命性的提高，预计可以使 PDP 光效由目前的 2lm/W 提高到 5lm/W 以上，从而延续和扩展 PDP 的产业周期。另一方面在于研究如何在现有的基础上，提高紫外光的利用率，即开发能反射紫外光的材料（紫外光的波长集中在 142nm 和 173nm 波段），并制备在 PDP 的单元结构中，将原来被前基板吸收的紫外光反射到荧光粉上，激发荧光粉发光，从而提高紫外光的使用效率。

具体的技术方向包括以下三个方面：一是基于多孔多晶硅电子源发射材料的开发及应用研究，二是基于碳纳米管或者氧化锌等材料的开发及应用研究，三是紫外反光材料的开发及在 PDP 上的应用研究。其中前两个技术方向的大致原理相同，但在材料开发方向上有所不同。

1）基于多孔多晶硅电子源发射材料的开发及应用研究

基于目前 PDP 的器件结构和制作工艺，研究开发能用于 PDP 的多孔多晶硅电子源及其制作工艺。当对该电子发射源施加一定的电压时（一般为 30V 以内），阴极电子注入多孔多晶硅层，被电场加速获得更高能量后从多晶硅的表面氧化层释放出来，具有合适能量的电子可激发气体，可得到较高的紫外线效率。具体的原理及原型器件模型如图 10 所示。

本技术方向的主要研究内容包括：纳米晶体硅电子源器件结构、材料和制备工艺开发、纳米晶体硅电子源的电子发射特性研究、电子发射的能量分布、控制方法、激发气体的机理研究以及阵列电子源制作及其效率、发光特性研究等内容。

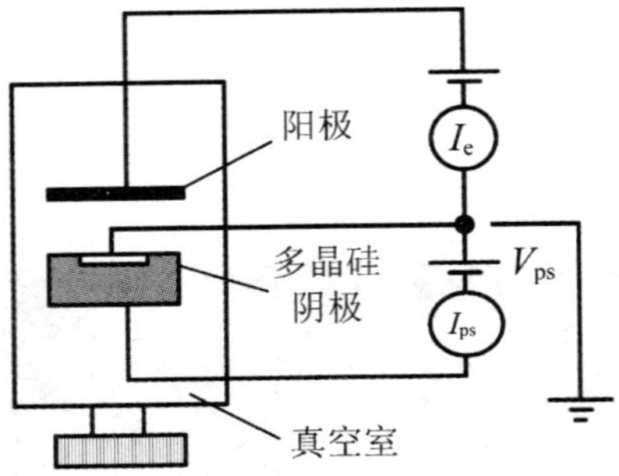

（a）电子源VUV测试的电路连接方法

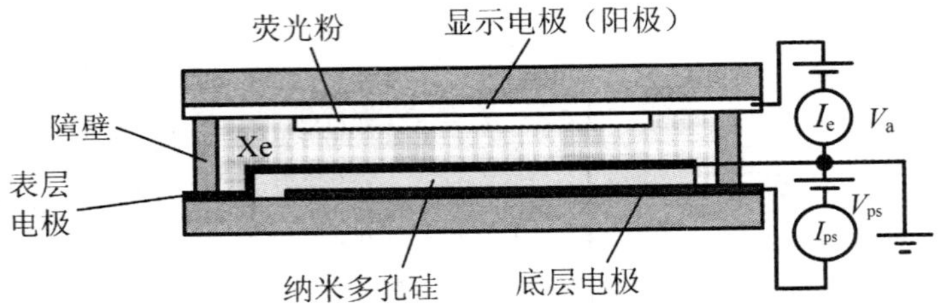

（b）样品VUV和可见光测试的电路连接方法

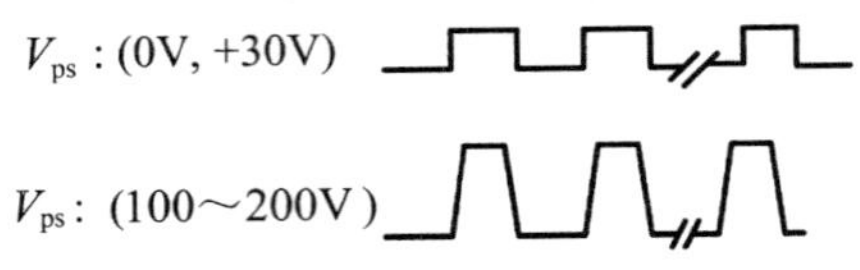

（c）偏置电压和阳极电压的控制波形

图 10　电子发射材料原理及原型器件模型

2）基于碳纳米管的电子发射材料的开发及应用研究

通过研究碳纳米管场致发射材料的制备、表面改性、开口处理，开发出适合 PDP 使用的电子发射材料，并将该材料用于 PDP 的结构中，通过辅助电子的发射，降低 PDP 的维持电压，提高 PDP 的发光效率。在碳纳米管阵列的制备方面拟采用等离子增强化学气相沉积（PECVD）和微波等离子体化学气相沉积（MWPCVD）来实现高度定向排列的碳纳米管束阵列。为了满足 PDP 制备工艺的要求，将探索无需光刻的条件下采用喷涂工艺实现碳纳米管阵列密度可控的制备工艺，以适用未来 PDP 的需求。碳纳米管电子发射材料的制备工艺如图 11 所示。

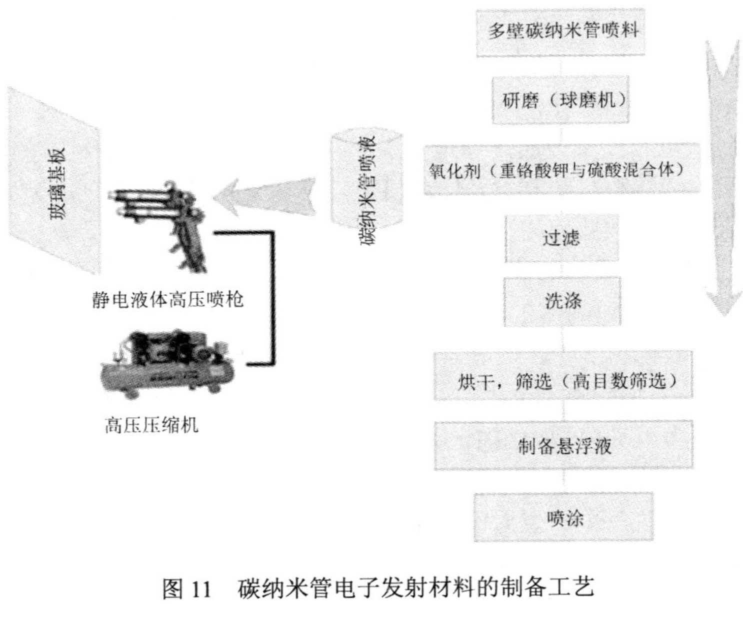

图 11　碳纳米管电子发射材料的制备工艺

本技术方向主要是研究如何提高碳纳米管电子发射能力并用于 PDP 结构，电子发射材料的发射能力主要由以下因素决定：加在发射体表面的局域电场（βE，β 为场增强因子，E 为阴阳极间的宏观电场）

和发射体的逸出功 F，材料的量子态密度也对场致发射有重要影响。因此，除了改善发射体的几何结构以获得尽可能大的场增强因子外，降低表面逸出功也是改善材料场发射性能的重要方面。碳纳米管的逸出功比较高，在 4.5～5.0eV 之间，碳纳米管的优良场致发射性能主要来自巨大的高径比及量子效应。如果能降低碳纳米管的逸出功，则其开启电压和阈值电压将大大降低。用于 PDP 的场致发射阵列要求具有非常低的阈值电压，因此必须通过对碳纳米管表面改性来获得低的逸出功，从而降低碳纳米管的阈值电压。

目前主要通过对碳纳米管进行表面修饰和碳纳米管制备过程中掺杂来降低逸出功。表面改性采用在碳纳米管表面沉积过渡金属 Ti、Ba 等元素及其氧化物，通过碳纳米管对上述元素及氧化物的相互作用，从而改变其能态结构，降低逸出功。制备过程掺杂采用在制备过程中通入氮气或者液态三聚氰胺、硼烷来实现，使碳纳米管中有小部分碳原子被氮原子或者硼原子取代，从而使碳纳米管的能带结构发生改变，电子态密度也发生改变，从而使逸出功明显降低。

碳纳米管开口的处理对于提高电子发射能力至关重要。生长的碳纳米管端面呈现光滑的半球面结构。半球面上的碳原子之间有强共价键使它们结合在一起。电子运动受到很强烈的共价键约束，电子要逸出碳原子的束缚要克服很大的势垒。对碳纳米管端面采用开口技术后，使原来的共价键受到破坏，碳原子对电子的束缚减弱。另外，开口后的碳纳米管的场增强因子也大大得到提高。理论计算和实践测试证明，开口后的碳纳米管的开启电压大大降低，发射电流密度也大大提高。

可采用 PECVD 设备，控制好等离子体能量，加入配置好的混合气体，在一定偏压和温度下对生长的碳纳米管进行开口处理。

3）紫外反光材料的开发及在 PDP 上的应用研究

PDP 的发光是先有电子在工作气体中撞击惰性原子，产生真空紫外线，然后再由真空紫外线激发荧光粉发出可见光实现的。在现有的 PDP 结构中（见图 12），电子撞击惰性原子所产生的紫外光只有部分用于激发荧光粉，大部分紫外光被前基板上的结构层所吸收而成为无效功耗。本技术方向拟开发一种紫外反光材料，将原来被前基板所吸收的紫外光反射到荧光粉上，用于提高 PDP 的光效，预计本技术的完成，可以提高光效 30%～40%。

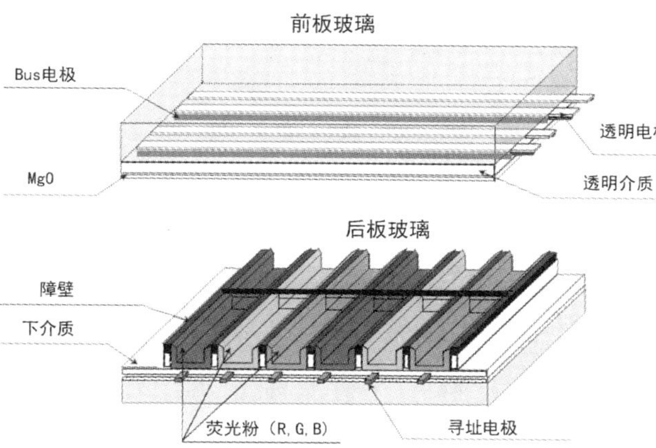

图 12　PDP 结构示意

2. 柔性超薄 PDP 显示技术

1）开发柔性超薄 PDP 显示技术的意义

通过开发柔性超薄 PDP，最终可实现卷对卷的生产工艺，该技术不仅可以大幅度降低生产成本，还可以满足特殊形状显示器的需求，即可根据用户需求的外观形状进行切割。

原有 PDP 屏的结构是以 1.8mm 的玻璃基板作为衬底，然后在其上制作各种结构层达到显示的效果，而柔性超薄玻璃基本直接作为前后介质，既省去了原有的 1.8mm 的玻璃基板，也省掉了制作前、后介质的工艺，其结构如图 13 所示，此种结构不仅可以大大降低 PDP 的成本，同时也可以大大减少 PDP 的厚度。具体节省的成本主要包括以下几个方面：一是可以减少上、下两块玻璃基板（目前玻璃基板占据了屏成本的 30%以上）；二是可以省掉前、后介质的制作工艺，首先前后介质的材料成本每张 42 英寸屏就可以节省 11 元左右，目前 PDP 前、后介质烧结的温度都在 600℃左右，省掉这两个工艺后，可以大大节能减排（降低的能耗以现有绵阳 C1 线的工艺折算，年降低能耗约 2 000 万 kW • h 电）。因此，该技术开发对于降低 PDP 的成本具有重要意义。另外，本技术可以采用介电常数为 5（目前量产线上的前介质介电常数 7，后介质介电常数 22）的超薄玻璃作为前后介质，这对提高 PDP 光效也将起到一定效果。

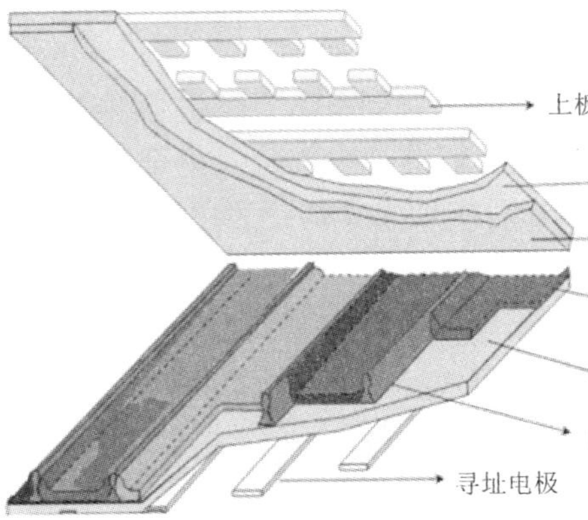

图 13　柔性超薄 PDP 结构

2）柔性超薄 PDP 技术研究内容

（1）障壁预制体工艺开发。障壁预制体的开发主要包括感光陶瓷障壁预制体、刻蚀陶瓷障壁预制体。

感光陶瓷障壁预制体开发：主要是采用现有感光障壁浆料，再经过相关工艺开发，实现障壁预制体的制作，目前的感光障壁预制体已做出成型的样片，如图 14 所示，其优点是工艺简单，成本较低，缺点是精度还需进一步优化。

刻蚀陶瓷障壁预制体工艺开发：利用现有刻蚀障壁浆料，经过相关工艺开发，实现障壁预制体的制作，目前的感光障壁预制体也已做成成型样片，如图 15 所示，其优点是障壁制作精度较高，但缺点是工艺复杂，成本较高。

图 14　感光陶瓷障壁预制体样片

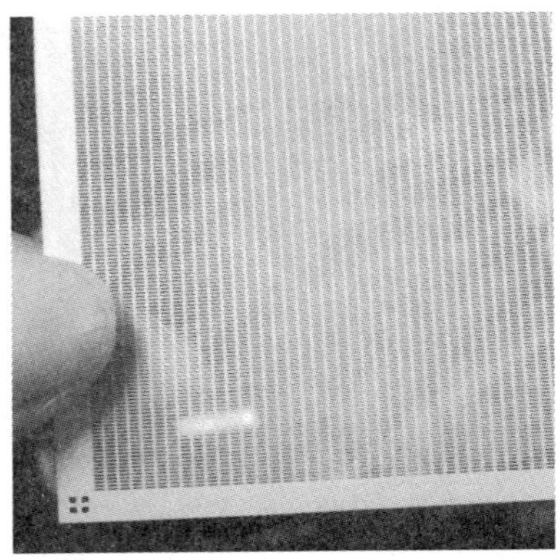

图 15　刻蚀陶瓷障壁预制体样片

（2）真空封接工艺开发。开发不带排气管的封接工艺是该技术开发中最重要的部分，这不仅要开发出与超薄玻璃膨胀系数相匹配的封接低玻粉，并且要开发适合的封接框制作工艺，其中封接框制作可采用丝网印刷工艺或者是涂覆工艺，制作精细的封接线条。由于超薄玻璃基板的厚度只有数十微米，且其膨胀系数较低，一般为 3×10^{-6}/K，为此，开发适合超薄玻璃基板的低温封接低玻粉成为了本技术发展的重要因素，目前 NEG 公司已经开发出了适合超薄玻璃基板的低温封接低玻粉，这为本技术的发展提供了支持，目前已经制备出的超薄 PDP 器件原型如图 16 所示。

（3）低温烧结银电极开发。如果能实现银电极的低温烧结，就可大幅度降低动能成本，并能改善超薄玻璃的热形变，目前已制作出完好的 460℃烧结的银电极，如图 17 所示。

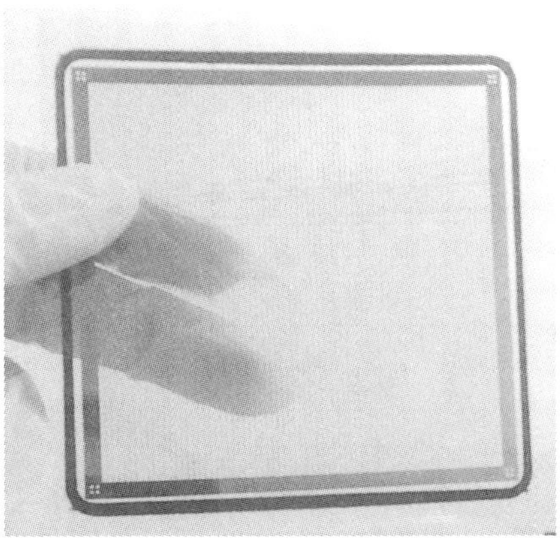

图 16　带障壁的常压下超薄 PDP 封接样品

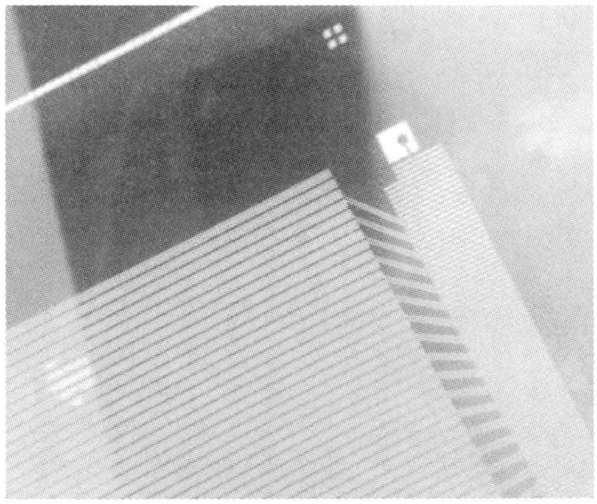

图 17　460℃烧结后的银电极

（4）PET-ITO 工艺开发。在 PET 膜上制作完成 ITO 电极，可实现较好的柔性，并能省去超薄 PDP 的电极保护膜材料，可降低材料成本。

3. 掺 Ca 氧化镁薄膜技术及高 Xe 工作气体技术

在 PDP 中使用高 Xe 工作气体能有效地提高 PDP 屏的发光效率。但是 Xe 离子诱导 MgO 表面二次电子发射系数几乎为 0，因此在高 Xe 工作气体下，MgO-PDP 的放电电压很高。而在 CMO 材料中，CaO 的掺入使得原有 MgO 的价带能级上限提高，禁带宽度变窄，因此大大提高了 Xe 离子诱导的二次电子发射系数，具体原理如图 18 所示。CMO 使得在 PDP 中应用高 Xe 成为可能，不仅提高了 PDP 屏的发光效率，而且降低了工作电压。

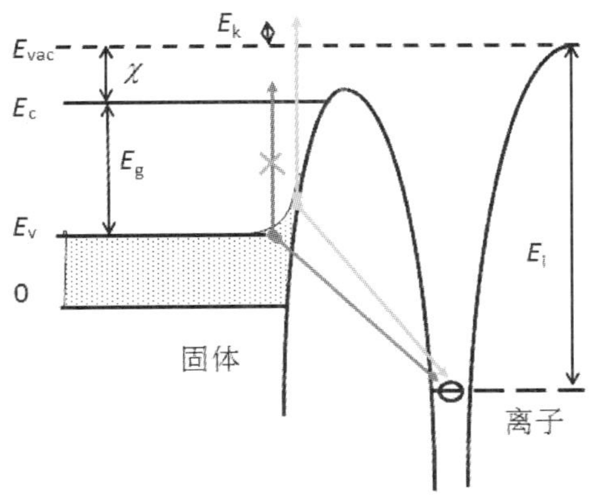

图 18　Xe 离子在保护膜表面进行二次电子发射

随着PDP发光效率的提高，放电功耗进一步降低，无效功耗占PDP整机功耗的比例大大增加。如图19所示，降低屏电容和减少低APL值屏亮度可以有效地降低IEC功耗，发光效率提升对功耗下降不存在线性关系，若不降低无效功耗和恒定功耗，只提高发光效率是无法大幅度降低整机功耗。

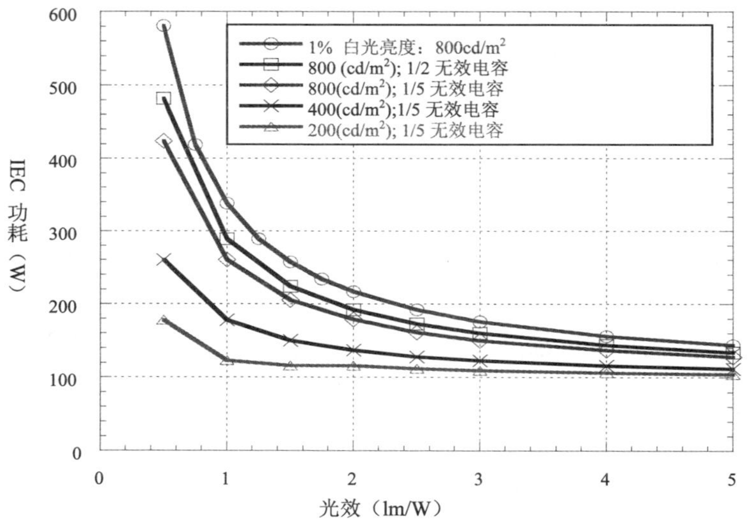

图19　IEC功耗与光效关系

而PDP的无效功耗与屏电容、维持电压以及能量恢复系数成正比，为此要想降低无效功耗，可以通过优化放电单元结构，降低屏电容来实现。通过降低电容，降低单元放电强度，可以减少充放电过程中的损耗，从而达到降低无效功耗的目的，另外，采用CMO技术可以有效地控制维持放电的电压，达到降低无效功耗的目的。

氙气的含量增加可以提高发光效率，一般而言，PDP工作气在常规气压下（360Torr，1Torr≈133Pa），氙气的含量需要提升到20%～30%，PDP工作气体在低气压下（130Torr），氙气含量要提升到80%～100%。提高氙气的含量虽然可以提高光效，然而增加氙气的含量将会使前板和后板之间的放电电压上升，另外，复位波形相关的电压也将会增加，必须通过单元结构改进和驱动方式的优化来弥补超高Xe或全Xe带来的复位电压上升的困难点。

掺Ca氧化镁薄膜及高Xe技术开发的方向主要集中于Ca含量、Xe含量对于PDP光效影响的研究，目前8%的Ca含量已经量产，但提高光效的幅度有限，开发12%、15%Ca含量的薄膜成为了下一步的发展方向，同时，Xe含量也在逐步提高，包括20%、30%甚至纯Xe工作气体等。

4. 磁性薄膜材料开发

在PDP单元中一般采用惰性气体，如Ne、Xe等混合气体进行部分电离放电（低温等离子体）。在气体电离后，一般会产生如下几种粒子：正负离子、电子、基态原子（分子）、激发态原子（分子）、光子。而这些粒子的相互作用和各自的运动，构成了PDP发光的核心。在对惰性气体的讨论中，气体都是以原子性质存在的，在外加电场的作用下，带电离子（即正离子、负离子和电子）将会受电场力的影响而运动。其中电子由于质量低，因此运动速度快，在运动中可以激发基态的气体原子。当气体原子受到带电粒子或亚稳态原子碰撞而激发时，会进入激发态，从激发态向低能级跃迁时则会发出光子。气体放电的伏安特性曲线如图20所示。气体在D到G的三个区域是可以正常放电的。在放电时带电粒子会增多，从而导致激发态原子增加，使得荧光物质发光，PDP单元工作。其中电离过程由三部分构成：电子受电场加速与气体原子碰撞、正离子受电场加速与气体原子碰撞、正离子打在介质表面时产生二次电子。

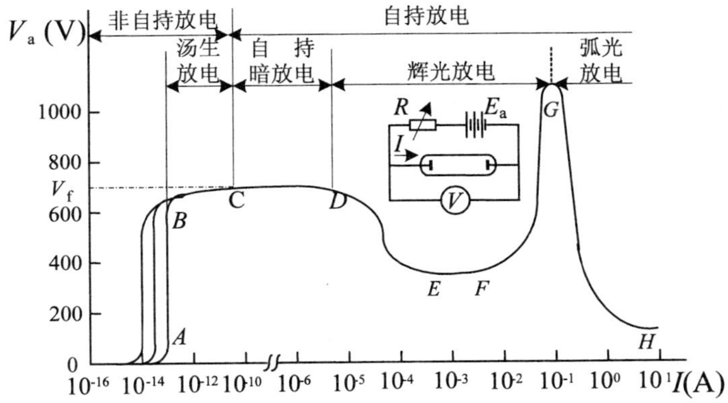

图 20　气体放电的伏安特性曲线

在放电过程中，电子和气体原子之间的碰撞概率与电子在气体原子中的平均自由程有关，考虑到电子在磁场中偏转的特性，在 PDP 单元中合适地引入磁场可以让电子路径增长，增加电子与气体原子撞击的概率，从而增加在一次放电过程中产生光子的效率，以达到更高的发光效率。

2011 年度中国 LED 显示应用行业发展报告

中国光学光电子行业协会副理事长 LED 显示应用分会理事长　关积珍

一、综述

（1）2011 年度中国 LED 显示应用行业发展整体规模较上年度有所增长，行业年度市场销售总额达到 220 亿元，比 2010 年的 190 亿元增长了 16%。相比以往年度 40%的增幅，整体增长幅度有较大回落。

（2）2011 年度 LED 显示应用行业规模企业成长明显，年度销售额上亿元的企业达到 40 家；2 亿元以上的企业有 24 家；3 亿元以上的企业有 10 家；有 3 家企业的销售额达到了 5 亿元以上。

（3）2011 年度 LED 显示应用行业企业发展正式与资本市场接轨，受到资本市场关注。行业内雷曼光电、洲明科技、奥拓电子、联建光电等企业相继在深交所上市，标志着行业发展进入新的阶段。

（4）国内首部 LED 显示应用行业发展年鉴正式出版发行。由 LED 显示应用行业协会编写出版的《中国 LED 显示应用产业发展年鉴（2010）》，全面总结和展示了中国 LED 显示应用行业和会员单位近年来的发展成就。

（5）LED 照明市场持续升温，推动 LED 产业整体发展并引发资本高度关注和青睐。受其影响，LED 显示应用行业发展迎来新的历史机遇，同时也面临重大挑战。

二、行业总体情况

截至 2011 年年末，中国光学光电子行业协会 LED 显示应用分会共有会员企业 294 家，基本上涵盖了中国 LED 显示应用领域的骨干企业和主要生产单位。估计全国具有一定规模的 LED 显示应用产品制造和工程实施企业有 400 家左右，全国各种类型和规模从事 LED 显示应用业务的企业数量应该在 1 000 家左右。

2012 年年初，中国光学光电子行业协会 LED 显示应用分会对会员单位 2011 年度生产经营情况进行了例行的年度统计。提交 2011 年度统计数据的有 150 家企业，均为行业协会会员单位，包括了行业内各个地区的骨干企业和主要代表性企业。根据统计资料，2011 年度行业发展总体情况如下。

1. 行业从业人员

所统计的 150 家企业 2011 年度的从业人数为 32 098 人，其中管理人员 6 007 人，占从业人数的 20%左右；科技人员 6 368 人，占到从业人数的 20%左右；生产工人数 19 733 人，占到从业人数的 60%左右。估计全国 LED 显示应用行业从业人数为 50 000 人左右。

表 1 是近 5 年 LED 显示应用行业统计的从业人数的发展变化情况，从中可以看出，行业的总体从业人员规模在不断扩大，人员中管理人员、科技人员和生产工人人数之间的比例也趋于稳定。

表 1　近 5 年 LED 显示应用行业从业人员情况

项目＼年度	2007	2008	2009	2010	2011
行业从业人数（协会统计）	16 356	19 645	23 383	25 350	32 098
其中：管理人员	2 729	3 850	4 214	4 615	6 007
科技人员	4 341	5 500	5 811	7 163	6 368
生产工人	9 286	10 295	13 358	13 572	19 733
全国从业人数（估计）	30 000	35 000	40 000	50 000	55 000

2. 产业总体规模

据中国光学光电子行业协会 LED 显示应用分会对 150 家会员单位的统计，2011 年度统计的 150 家会员企业的销售总额约为 147 亿元。所统计的 147 亿元销售总额中，出口额为 26 亿元，其他 LED 显示应用产品销售 23 亿元，均比 2010 年度有增长。

表 2 是近 5 年全国 LED 显示应用产业总体规模的变化情况。

表 2　近 5 年全国 LED 显示应用产业总体规模情况

（单位：亿元）

	2007 年		2008 年		2009 年		2010 年		2011 年	
	协　会	全　国	协　会	全　国	协　会	全　国	协　会	全　国	协　会	全　国
销售总额	60.1	72	76.8	100	94.6	140	112	190	147	220
其中：出口额	11.5		14.6		16.3		20.2		26.0	
其他 LED 显示应用产品	7.0		10.0		13.5		19.5		23.0	

3. 产业构成与分布

从产业布局上，2011 年的统计表明，我国 LED 显示应用产业主要还是集中在华东和华南地区，这两个地区的产业总体规模占到全国的 75%以上，产业聚集效应愈加明显。表 3 为近年来行业协会统计的 LED 显示应用产业按地区的分布情况。

表 3　LED 显示应用产业按地区的分布情况

（单位：亿元）

	2007 年		2008 年		2009 年		2010 年		2011 年	
	产　值	比　例	产　值	比　例	产　值	比　例	产　值	比　例	产　值	比　例
东北	1.82	3.0%	5.9	7.7%	3.2	3.4%	2.7	2.4%	4.3	2.9%
华北	8.05	13.4%	11.6	15.1%	15	15.9%	16.3	14.6%	16.5	11.2%
华东	23.82	39.6%	25.1	32.7%	31.5	33.3%	36.8	32.9%	49.6	33.7%
西南、西北、华中	4.05	6.7%	7.9	10.3%	8.3	8.8%	11.1	9.9%	15.6	10.6%
华南	22.77	37.8%	26.3	34.2%	36.6	38.7%	45.1	40.2%	61.0	41.6%

从销售收入的构成看，全行业仍然是以 LED 显示屏收入为主，但其他 LED 显示应用产品近年来发展迅速并保持稳定的比例，出口产品也保持一定的份额并逐年有所增长。根据统计的资料分析，在显示屏的销售收入中，室外显示屏占到 65%左右，室内显示屏占到 35%左右。表 4 是 2011 年度协会统计的 LED 显示应用行业销售构成情况。

表 4　2011 年度 LED 显示应用行业销售构成情况

	金额（亿元）	备　注
全部销售收入	147	150 家会员单位统计
其中：显示屏销售收入	124	占全部销售收入的 84.4%
室外显示屏	80.5	
室内显示屏	43.5	
其他 LED 显示应用产品	23	占全部销售收入的 15.6%
出口	26	占当年销售收入的 15%

三、市场发展情况

1. 市场增长变化

图 1 是我国的 LED 显示应用市场从 1997 以来逐年的增长变化情况。2000 年前的增长率基本在每年 30%以上。2000—2006 年，每年的增长幅度在 15%左右，2007—2010 年的增幅在 40%左右。2011 年增幅有较大滑落，大概在 16%。从产业发展规律看，行业已进入新一轮的调整期。

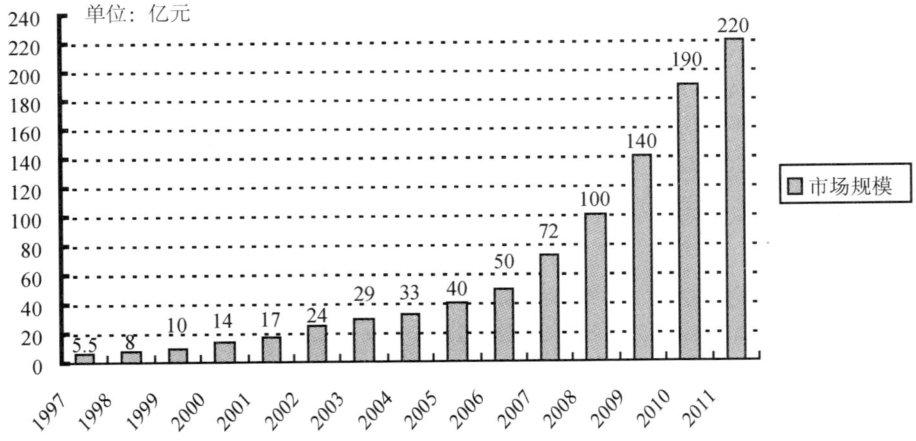

图 1　1997—2011 年全国 LED 显示应用市场规模增长变化

2. 出口情况

据对 150 家会员单位的统计，2011 年度 LED 显示应用产品的出口额为 26 亿元，主要集中在华南地区，出口额为 18.5 亿元，占到 70%以上。华东地区出口额为 5.3 亿元，占 20%左右。其他地区出口较少。表 5 是近 5 年协会统计的全国主要地区的 LED 显示应用产品出口额情况。

表 5　近 5 年全国主要地区的 LED 显示应用产品出口额情况

（单位：亿元）

	2007 年	2008 年	2009 年	2010 年	2011 年
销售总额	60.10	76.80	94.60	112.00	147.00
出口额	11.50	14.60	16.28	20.20	26.05
其中：华南地区	8.15	10.32	10.77	13.44	18.50
华东地区	2.00	1.80	3.80	4.50	5.30
华北地区	0.40	0.46	0.63	0.84	0.74
西南、西北、华中	0.70	1.70	1.07	1.42	1.46
东北地区	0.12	0.32	0.01	0	0.05

行业内的部分企业已经形成了稳定的国际市场出口，并成为业务的固定构成。根据不完全统计，2011 年度出口额度在 5 000 万元以上的企业有：上海三思、福建富顺、南京汉德森、深圳艾比森、深圳锐拓、深圳雷曼、深圳奥拓、深圳联建、深圳洲明、深圳迈锐、深圳大族元亨、深圳蓝普、深圳丽晶、深圳联腾、惠州德赛、惠州兆光、北京利亚德、四川九州、西安青松等。其中的部分企业年度出口额已超过亿元。

四、技术创新、标准化和知识产权

面向市场需求，技术创新发展，是我国 LED 显示应用行业长期以来的优良传统。2011 年度，行业内的许多企业在产品技术开发、专利和知识产权保护等方面积极开展了工作，结合重大工程应用需求，取得了许多创新技术成果。部分骨干企业积极承担了“十二五”国家 863 计划、国家科技支撑计划科技项目，部分企业发展得到了国家发改委节能专项、产业化专项以及工信部电子信息发展基金等支持。

2011 年度，行业整体技术创新方向主要集中在大屏幕控制、高密度显示新产品开发、特殊项目异性工程化设计、LED 显示应用拓展产品以及产品可靠性、节能等方面。在传统 LED 显示屏领域，各种室内外 LED 显示屏关键技术基本成熟，产品整机在可靠性和工艺水平方面不断改进和完善，形成了标准化系列产品。

行业技术创新不断发展，取得了积极的成效。在异型显示屏、高密度、高清晰度显示、色彩还原、逐点校正、驱动电路、系统控制等技术应用方面，广泛采用新技术、新材料，产品推陈出新。针对 LED 显示应用新兴市场领域，许多企业在景观照明、城市亮化等领域开发了多项创新技术和产品。随着低碳社会发展理念的深入，LED 显示节能设计也普遍受到重视。为达到更加良好的显示效果，室内高密度、高分辨率的表贴全彩色显示屏受到行业内技术研发的重视，开发出了许多独具特色的新产品，室外表贴高密度 LED 显示屏产品也已经开始进入市场。LED 专用 IC 开发、大面积显示控制、系统自动检测、环路备份、远程控制等技术不断完善，显示屏散热、防护等可靠性技术手段也得到进一步提升。

在由中国电子报、行业协会等组织的 2011 中国 LED 行业年度评选中，利亚德公司研发的“高亮度 LED 电视大屏幕显示技术”、深圳立翔慧科公司研发的“LED 显示屏可伸缩技术”荣获 “2011 中国 LED 创新产品和技术奖”。

2011 年，LED 显示应用行业协会在河北石家庄组织召开了“2011 全国 LED 显示应用技术交流暨产业研讨会”，来自行业内外的近 300 名代表出席会议，对 LED 显示应用技术发展趋势、热点技术问题等进行了广泛交流和探讨，会议邀请了有关领导和专家对 LED 产业发展进行了解析，对加强产业链协作、推进 LED 产业健康发展起到了积极的作用。此次会议得到石家庄市政府的重视和大力支持，政府有关部门介绍了石家庄光谷建设发展规划。会议期间与会者实地参观考察了石家庄高新区产业基地。

2011 年度 LED 显示应用行业继续推进信息产业行业标准《LED 显示屏通用规范》和《LED 显示屏测试方法》等标准的宣贯实施，目前这两项标准得到社会各界的广泛认可，为行业规范发展起到了有效的监督保障作用。2011 年，协会标准化工作组积极参与行业标准化工作，在 LED 器件、半导体照明等行业标准的制修订等方面开展了大量的工作。

知识产权方面，据协会对 150 家主要企业的不完全统计，2011 年 LED 显示应用行业内企业申请专利 843 项，取得专利授权数 483 项，取得软件著作权登记 343 项，申请注册商标数 133 个。截至 2011 年年底，LED 显示应用行业协会主要成员单位取得专利授权数 1 500 多项，其中取得授权的发明专利数近 200 项，取得软件著作权登记 350 多项，注册取得授权商标近 400 项。

五、典型工程和应用项目

继 2008 年奥运会、2009 年新中国成立 60 周年庆典、2010 年上海世博会和广州亚运会等 LED 显示大规模应用之后，2011 年 LED 显示应用行业进入常态市场发展，行业内众多企业成功实施了许多具有影响力的典型工程和应用项目，展示了行业技术创新发展水平，反映出企业的经营发展和进步。

在由中国电子报、行业协会等组织的 2011 中国 LED 行业年度评选中，北京金立翔艺彩科技股份有限公司完成的“深圳大运会开幕式世界之门 LED 彩屏”、上海信茂新技术有限公司完成的“江阴魔方时代广场主楼LED照明工程”、北京世纪澄通电子有限公司完成的“2011首届北京职业公路自行车赛大型车载屏”、南京洛普股份有限公司完成的“无锡市综合交通枢纽巨型LED幕墙”等项目，荣获2011中国LED应用工程优秀奖。

“深圳大运会开幕式世界之门LED彩屏”项目是金立翔公司继2008奥运会开幕式后的又一杰作。其创意来自于深圳湾体育中心东面面朝大海的门形玻璃幕墙建筑结构，钢结构门长110m，高26m，门上有360多个可以自由开启的小门，每个小门内藏一名演员表演。整个“世界之门”被LED彩幕包覆，实际使用面积达到6 000m^2，采用像素间距10mm、总像素近6 000万的全彩色视频显示。结构上设计了在高密度显示的前提下达到50%的通透率，以有效降低风阻，保证稳定性，同时，针对炎热多雨等特殊户外环境，在散热防护等方面进行了多项创新设计，集成了LED显示最新技术。系统采用自主知识产权控制技术，6 000万个全彩色LED像素跟随音乐随意控制，同时360个小门显示内容自由组合，超大规模控制，巨大的“世界之门”在大运会闪耀亮相，惊艳四方。

上海信茂新技术有限公司完成的“江阴魔方时代广场主楼LED照明工程”，是LED显示亮化应用工程中具有代表性的创新工程。项目总面积6 400 m^2，分别由4个1 600 m^{2}的立面组成，是国内首个分体自动升降式LED显示设备，可以分解为1 200个显示单元进行升降控制，由1 200个电机集群式控制。项目采用轻型材料、超薄设计，具有良好的自散热性能。由92万颗LED灯组合成的建筑魔方大屏幕，通过PLG控制系统编程进行全彩色控制，画面绚烂多彩。设计上采用了节能、低碳的百叶窗设计，百叶灯条在可控制升降的同时，作为亮丽的墙体装饰，屏体展开通透率达到80%以上，可对采光进行调节。整个显示魔方视觉效果具有极大的震撼力。江阴魔方时代广场被誉为江阴城市客厅众多建筑中的绚丽明珠。

北京世纪澄通电子有限公司完成的“2011首届北京职业公路自行车赛大型车载屏”，是一种移动式可液压伸缩的车载显示屏系统。系统由LED显示屏、钢结构、液压系统组成，其中LED显示屏采用P10室外全彩屏，高4.8m。长9.6m；钢结构由三节长9.6m、高1.92m、0.96m、1.92m的三段铰链连接而成；液压部分由四组液压装置分别支撑上中、中下两部分，构成屏幕三折两级液压可折叠升降，打开后大屏幕升起，底沿距地面3m，箱体采用4位平衡支撑。该显示屏系统在2011年10月的赛事期间，随自行车队环游北京，最后于天安门前展出，全程跟踪现场比赛并向全球120多个国家转播。

南京洛普股份有限公司完成的“无锡市综合交通枢纽巨型LED幕墙”位于无锡火车站北广场。无锡火车站是集国铁、地铁、城铁、长途客运、城市公交等功能于一体的综合交通枢纽，是无锡的主要客流集散地。整个幕墙显示面积达2 507m^2。项目像素间距为42.5mm和50mm，红绿蓝各65 536级灰度，具备单点亮度校正和单点颜色校正，集成应用了多项LED显示技术。该幕墙投入使用后，为无锡火车站增添了新的城市景观。

2011年度，深圳雷曼公司完成的“中超联赛LED球场显示屏项目”、深圳三升公司完成的“广州正佳广场LED户外显示屏”、深圳洲明公司完成的“兰州城市监督管理中心P3室内全彩色LED显示屏”、深圳联腾公司完成的“辛亥百年中国中山印项目”、四川九州公司完成的“九州工业园户外亮化工程”、利亚德公司完成的“北京市安全生产监督管理局LED电视大屏幕显示系统”等项目，都是行业具有代表性的应用项目。行业内的企业在各个领域成功实施并完成了数千个LED显示应用工程项目，展示了各自的风采。

六、企业发展

2011年度LED显示应用行业发展中的一个特点是企业发展迅速，规模企业数量明显增加。2011年，LED显示应用行业内的雷曼光电、洲明科技、奥拓电子、联建光电等企业相继上市，还有部分企业进行了重组并购，LED 显示应用成为 LED 资本市场的新宠，随着资本的介入，LED 显示应用行业企业发展格局也将面临重大调整。

在 LED 显示应用行业协会统计的 150 家会员单位中，有 40 家企业 2011 年度 LED 显示应用产品销售额超过亿元。2011 年销售额在亿元以上的 40 家企业名单如下（排名不分先后）。

1. 华南地区：19 家

- 深圳雷曼光电科技股份有限公司
- 深圳市奥拓电子股份有限公司
- 深圳市联建光电股份有限公司
- 深圳市洲明科技股份有限公司
- 深圳市艾比森光电股份有限公司
- 深圳三升高科技股份有限公司
- 深圳市立翔慧科光电科技有限公司
- 深圳市丽晶光电科技股份有限公司
- 深圳市大族元亨光电股份有限公司
- 深圳市锐拓显示技术有限公司
- 深圳市联腾科技有限公司
- 深圳市电明科技有限责任公司
- 深圳市联诚发科技有限公司
- 深圳蓝普科技有限公司
- 深圳路升光电科技有限公司
- 深圳市日上光电有限公司
- 深圳市迈锐光电有限公司
- 惠州市兆光光电科技有限公司
- 惠州市德赛智能科技有限公司

2. 华东地区：10 家

- 上海三思科技发展有限公司
- 南京洛普股份有限公司
- 南京汉德森科技股份有限公司
- 江苏恒润国际集团有限公司
- 福建富顺电子有限公司
- 厦门强力巨彩光电科技有限公司
- 海峡彩亮（漳州）光电有限公司
- 泉州彩亮电子有限公司
- 福建泰德光电有限公司
- 福建泰德视讯数码科技有限公司

3. 华北地区：6 家

- 利亚德光电股份有限公司
- 北京世纪澄通电子有限公司
- 北京彩易达科技发展有限公司

- 北京天马辉电子技术有限责任公司
- 北京彩讯科技股份有限公司
- 北京平安力合科技发展有限公司

4. 西南、西北及华中地区：4 家

- 西安青松科技股份有限公司
- 四川科维实业有限责任公司
- 四川九州光电科技股份有限公司
- 湖南明和光电设备有限公司

5. 东北地区：1 家

- 大连世纪长城光电科技有限公司

2011 销售额超过亿元的 40 家企业，其年度销售额总计达到了 106 亿元，占统计企业总销售额的 72%，占全国销售额的 50%左右。规模型骨干企业的分布主要集中在华南区域，表 6 是近年来 LED 显示应用行业销售额亿元以上企业地区分布。

表 6　近年来 LED 显示应用行业销售额亿元以上企业地区分布

（单位：家）

	全　国	华南地区	华东地区	华北地区	西南、西北、华中地区	东北地区
2008 年	25	13	4	3	3	2
2009 年	27	13	5	4	3	2
2010 年	33	18	7	5	2	1
2011 年	40	19	10	6	4	1

在 2011 销售额超过亿元的 40 家企业中，销售额超过 2 亿元的企业有 24 家，地区分布如表 7 所示。

表 7　近年来 LED 显示应用行业销售额 2 亿元以上企业地区分布

（单位：家）

	全　国	华南地区	华东地区	华北地区	西南、西北、华中地区	东北地区
2009 年	11	2	5	3	1	0
2010 年	16	8	5	2	1	0
2011 年	24	13	7	2	1	1

在 LED 显示应用行业协会统计的 150 家会员单位中，2011 年度销售额在 3 亿元以上的企业有 10 家，其中华南地区有 5 家，华东地区有 3 家，华北地区有 2 家。

根据统计，LED 显示应用行业 2011 年度销售额达到 5 亿元以上的企业有 3 家，为上海三思科技发展有限公司、深圳市洲明科技股份有限公司和深圳市联建光电股份有限公司。

在由中国电子报、行业协会等组织的 2011 中国 LED 行业年度评选中，会员企业单位取得多项奖励：福建富顺电子有限公司、深圳三升高科技股份有限公司、北京世纪澄通电子有限公司、深圳市联腾科技有限公司、华灿光电股份有限公司等企业荣获“2011 中国 LED 最具成长性企业”；杭州士兰明芯科技有限公司、深圳雷曼光电科技股份有限公司、深圳市联建光电股份有限公司、深圳市洲明科技股份有限公司、深圳市艾比森光电股份有限公司等企业荣获“2011 中国 LED 行业年度影响力企业”；广州中大中鸣科技有限公司、四川九州光电科技股份有限公司等企业荣获“2011 中国 LED 行业特别鼓励奖”。

七、总结和展望

回顾总结 2011 年度我国 LED 显示应用产业发展，有以下几点认识：

（1）LED 显示应用产业总体发展达到了一定的规模，核心关键技术发展比较成熟并形成标准化和系列化产品，产品质量和可靠性总体有了显著的提升，专业化分工和业务协作模式普遍。产品应用领域不断拓展，但市场增长幅度放缓。行业内规模企业成长迅速，有影响力的品牌企业发展较快，形成了一批规模骨干企业，具备了较强的综合实力。

（2）LED 显示应用行业技术不断创新，LED 上游产业发展对显示应用产业的发展促进作用明显，基于 LED 芯片材料、驱动 IC、控制系统等技术的发展，在 LED 显示综合应用、半导体照明、灯饰亮化工程等方面形成了较强的技术基础和生产工程基础。行业内新产品、新技术推广应用迅速，重大工程应用、特殊需求满足的综合技术工程能力增强。

（3）产业发展集约化方向凸现，产业格局将面临重大调整。华南地区和华东地区由于具有良好的产业发展综合环境，集中了 LED 显示应用行业较多的规模企业，产业在这两个区域的聚集趋势明显。同时，随着部分骨干企业的上市，市场竞争将更为激烈，营销模式和产业格局都面临重大调整。

（4）市场需求趋势降幅明显，2008 年奥运会、2009 年国庆、2010 年世博会等重大活动对产业发展带动的时效性已经显现，同时，受国家宏观经济下行形势的影响，预计整体市场增长幅度将会进入调整时期，资金供给和投入不足使行业内众多企业面临资金压力。

（5）市场竞争日趋激烈，近年受 LED 照明应用吸引，众多进入 LED 行业的资金和新的企业，在 LED 照明主体市场没有完全形成之前，其产能消化和业务转型对 LED 显示应用产品市场形成挤占。行业内骨干企业面临规模和利润提升的压力，中小企业市场空间和生存发展环境不容乐观。

展望 LED 显示应用产业，未来发展总体上前景光明，但是也需要业界多些理性认识。

（1）前几年 LED 成为投资热点，上游产业领域企业呈群雄逐鹿之势。未来发展必将回归理性，品牌、技术等核心竞争要素作用突出。LED 显示应用企业要未雨绸缪，提高持续发展的应对能力。

LED 外延芯片作为 LED 产业链的上游，技术的发展提升对 LED 应用发展有着巨大的影响。一方面，我国 LED 芯片在关键核心技术方面与国外还存在着明显的差距，近年来在科技部 973、863、支撑计划等的支持下，技术进步迅速，在硅衬底外延片等技术方面居于国际领先的水平，但总体上产业化水平还远远不够。另外，芯片技术正处于迅速提升阶段，核心技术尚不能支持可重复性大生产，作为产业投资存在较大的潜在风险。值得注意的是，目前众多资本纷纷投入芯片产业，多处建厂、致力做大，导致芯片产业投资过热。从国内外相关产业的发展经验来看，高技术的外延芯片技术及其产业化需要时间和过程，产业将不断地调整和完善，最终的格局只能是少数掌握核心自主知识产权技术、规模品牌明显的厂家成为行业主力并统率市场。

尽管 LED 显示应用产业发展潜力巨大，但目前国家和地方政府对 LED 显示应用产业的发展还缺乏战略层面的积极政策支持，在技术创新、扶持中小企业发展、企业项目融资、建设项目管理规范、技术监督等方面，产业发展缺乏有效的政策保障措施。LED 显示应用企业要加强企业综合素质的提升，基于已有的技术和产品基础，强化核心竞争力，以创新发展丰富产业内容，积极探索新的发展模式，打造核心竞争力，提高企业长期发展的能力。

（2）LED 显示应用领域资本市场将带动产业进入新的发展阶段，产业格局面临重大调整。行业内将在骨干企业和上市企业的主导下进行资源配置、要素重组和市场调整。

2011 年，LED 显示应用行业内的雷曼光电、洲明科技、奥拓电子、联建光电等企业相继上市，近期又有几家企业上市，还有部分企业进行了重组并购，LED 显示应用成为 LED 资本市场的新宠。随着资本的介入，LED 显示应用行业的格局将面临重大调整。

在 LED 整体产业链中，LED 器件生产的龙头企业和显示产品生产的骨干企业，可能将重新界定上下游产业的分工，突出体现专业化分工和协作。在 LED 显示应用产业中，产业内的企业群体将适当分类，逐步形成以关键控制系统技术研发为主的技术开发型企业，以规模化、标准化生产为主的产品制造型企业，以市场应用推广为主的技术服务型企业，以满足专业市场需求为主的专业应用型企业等。

（3）创新发展，合作共赢。自主创新是我国 LED 显示应用产业长期发展的重要保障，我们要在新的发展形势下予以保持和提升，同时，业内要加强合作，共同营造良好的市场发展环境。

在 LED 显示应用领域，我国的主要技术和主导产品基本上都是立足国内自主开发的，形成了一系列代表产品。为适应 LED 显示应用市场的需求变化，LED 显示应用产品进行了技术创新，许多新技术成果用于重点工程，取得了优良的效果。近年来许多企业在半导体景观照明、城市亮化等领域形成了一系列新型 LED 显示应用产品。针对特殊使用要求，异型 LED 显示应用技术近年来发展迅速，大大拓展了 LED 显示的应用范围。随着 LED 显示应用的广泛和普及，LED 显示节能、网络化智能控制平台、显示系统远程智能监测等都是新的技术创新方向。

LED 显示应用是完全市场化的领域，规范竞争是保持发展活力的重要机制。要密切关注市场竞争秩序的保持，预防严重不规范情况的再次出现。行业内应通过标准化、质量保证等共识推动行业技术产品的不断深化，把握应用需求，创新发展新产品、新技术，加强协同创新，深化 LED 显示应用产品的技术内涵，丰富产品体系，提升核心关键技术，突出主导产品的优势，共同营造 LED 显示应用产业健康发展的环境。

（4）关注 LED 照明市场的发展，积极开展相关技术和市场储备，谨慎把握进入时机和条件，不断拓展 LED 显示应用产业发展总体空间。

产业界、资本和政府都对 LED 照明寄予了无限的期望。特殊照明领域的成功应用和重大示范工程的带动效应，加之国家在节能环保方面的政策导向，使得 LED 照明时代“呼之欲出”，各级地方政府全力以赴，企图以 LED 照明打造新兴产业增长点。从客观层面分析，在照明的主导市场领域，产品、技术乃至标准、规范等，似乎还有许多空白工作；以目前的 LED 照明产品成本，倘若替代传统光源产品，尚有许多经济方面的制约；LED 作为一种新兴的照明技术产品，确实是重要的发展方向，但要支撑起一个照明时代，还有许多方面需要发展和提高。

企业是创新的主体，更是产业形成和发展的关键。企业的使命是通过创新技术和产品满足市场，获取利润。目前 LED 照明技术产品的利润空间有限，难以形成持续创新发展的后劲。没有持续发展的企业群体，产业发展很难走上健康、科学、有序之路。LED 产业在经历了第一轮投资热捧之后，进入了一个理性发展阶段，随着技术进步和应用市场提升，产业将随着市场、技术的变化日趋成熟。对于显示应用行业的众多企业，业务方向的调整和市场的跟随，要立足自身优势，注重专业领域的提升和发展。

（5）积极行动，把握发展机遇，LED 上下游产业互动，协同发展。随着 LED 材料、驱动 IC、控制等技术的发展，LED 显示应用、半导体照明、灯饰亮化等技术基础和生产工程基础将更加完善，LED 显示应用产业发展将面临良好的机遇。LED 产业链上下游之间应加强合作，良性互动，有效促进发展，促进产业总体提升。

2011 年大屏幕与投影显示现状与发展趋势

中国电子视像协会大屏幕分会　赵汉鼎　张京黔　赵　林

一、投影机与大屏幕拼接显示屏市场概况

我们所讨论的大屏幕显示是指投影显示与大屏幕系统集成拼接显示（不含 LED 显示屏）两部分，主要用于专业与商用市场。随着我国经济发展，信息化的推进，大屏幕显示产业持续实现高速度增长，这是信息产业中少有的。下面就 2011 年投影机与大屏幕拼接显示屏市场情况进行介绍。

（一）投影机市场情况

1. 投影机概述

投影显示的特点是把输入的图像或文本信息通过显示器件转换成图像光信号，再经过投影镜头投影到屏幕上，形成放大的图像或文章，人们最终观看到的是在投影屏幕上显示的被放大的图像或文本。正因为如此，投影显示具有许多优点与优势。

由于当前投影显示采用的是微显示器件（MD），外加光源，投影显示所用的微显示器件开口率较大，光效率较高，因而亮度高、分辨力高。液晶反射型显示器的对比度较液晶透射式显示器更高。外光源如果用的是固体光源（LED 与激光），色饱和度会更高、图像也非常艳丽。

微显示投影的优势是：显示器件尺寸小、节约材料，如显示相同尺寸图像的微显示器件所用的材料仅是平板显示的万分之几；是当前最省电的显示产品（不仅终端产品省电，而且制造过程也较其他显示器件省电）；产品与制造过程不污染环境，产品更环保；符合循环经济发展的趋势。

2. 2011 年投影机市场

来自太平洋媒体协会（PMA）的报告显示，2011 年全球投影机市场出货量达 1 000 余万台，该数据的预估充分考虑了当前全球的经济形势，进行了适当的调低。但与 2010 年相比，增长率仍然达到 20%，到 2015 年有望达到 3 940 万台。

据 IDC 数据显示，2011 年中国的投影机市场全年出货量为 160 万台，较 2010 年增长 28.6%。据中国海关统计，2011 年我国出口各种投影机 6 154 232 台。

按照应用环境和用户的不同，现大致将投影机分为三类。

1）主流型投影机（亮度在 500～4999lm 之间），主要应用于教育、商务、办公、家用等

应用于教育、企业和家用的主流投影机在 2011 年全球实现 800 万台的出货量，预计到 2015 年将达到 1 200 万台的出货量，其中尤以交互投影机和短焦投影机、超短焦投影机增长量最为迅速。新型激光源和 LED 光源技术应用将会大大增加交互、3D 和 PC 投影机的市场需求量。

短焦和超短焦投影机产品具有投射距离短，适应狭小空间投影、高精度、损失小等特点，加之其与电子白板配合良好的特性，逐渐得到了市场的认识与接受。随着市场对短焦、超短焦投影产品接受程度的不断增加，加上厂商的大力推广，短焦、超短焦市场迅速增长，甚至超出了市场普遍的预期。

2）高端工程机（亮度在 5 000lm 以上），主要应用于大型礼堂、数字电影院、虚拟和仿真场合

高端工程型投影机的销售持续强于整体市场。在第三季度，全球数字影院投影机安装量超过 6 万台。在超高亮度投影机市场，分辨力持续转向 WXGA 和 WUXGA 在高端市场尤为明显。高端工程型投影机在发展中国家继续保持增长，但增长最快的部分仍为标准分辨力的投影机。

高端工程机有望从2011年的20万台增长到2015年的43万台，复合增长率达21%。发达国家对宽屏高端机型需求猛增，发展中国家则与其经济发展速度相匹配，需求旺盛。3D将成为数字电影放映机市场进一步增长的主要因素，中国电影市场的全面繁荣将推动高端投影机发展。

2011年的中国电影市场依然是一片歌舞升平，随着人们对生活质量的追求与影院经营服务方式的改变以及3D电影的兴起，看电影的人数增多，新兴影院近年来遍地开花。我们通过一些数据来说明这个问题。

影院建设方面：2010年中国平均每天增加4.3块银幕，居世界之最；2011年，中国电影平均每天增加的银幕数更是达到8块。到2011年年底，全国的银幕总数接近10 000块。票房也在大幅度增加，2010年中国电影全国票房达101.72亿元，2011年中国电影的全国票房已突破130亿元，继续保持着约30%的增长率。

在中国，电影院线不只是在一、二线城市快速发展，三、四线城市同样潜力巨大。现在数字放映机市场已遍及全国各地，涉及二、三线甚至四、五线城市。三、四线城市影院一般为3～4个厅，通常全部置1台2K放映机，2～3台1.3K放映机。

三、四线城市的部署目前还是靠院线，而如今院线都突破了地域限制，遍布全国各地。当院线在大城市扎根以后，为谋求生存，还会不断延伸。将会都从一、二线城市向三、四线城市延伸。有利润的地方，都会有投资方的出现。在经济欠发达的、可能不会产生效益的地方，政府也会出手，在电影方面中央政府在推动文化产业的实践中，会免费投入一些资源到中西部，支持当地发展电影事业。有利益方投资再加上国家的支持，三、四线城市包括以后最远端的城镇都会有数字电影。

3）微型投影机（亮度在500lm以下）：口袋式微型投影机与迷你式微型投影机

口袋式微型投影机：在国外称做Pico-Projector。通常对该投影机两个方面有一定限制。一是尺寸：通常尺寸为手机大小；电池续航要求：在不接外电情况下至少有2h以上的续航时间。此外，重量一般不超过 0.2kg，有的还规定不需要风扇或超小静音风扇散热，可以随身携带（能放进口袋），可以投影至50英寸以上屏幕，因此有时也被称为袖珍式口袋投影机（Pocket Projector）。

迷你式微型投影机：国外一般称做Mini-Projector，是传统投影机的缩小版，它与口袋式微型投影机的区别在：尺寸通常会略大，一般与一本字典大小相当，重量一般在0.5kg左右，绝大部分的迷你式投影机不带电池，由于其本身的功耗较大些，用外接电源，其电扇较大，且有一定噪声。

目前微型投影机所用的显示器件（习惯也称芯片）有两类：一类是硅基液晶（LCOS），对色彩的实现方式又分为色序型与彩色滤光型；另一类是数字光处理器（DLP）。

微型投影机所用的光源有气体光源与固体光源两类，所谓气体光源，主要指超高压汞灯（UHP），而固体光源分发光二极管（LED）、激光（LD）与混合光源（LPD）。由于UHP光源体积大，且寿命短，除极少数迷你式投影机为了降低成本外已很少用。

微型投影机2011年的市场出货量预计将比2010年的100万台增长了1倍多。每个用户购买微型投影机的用途各不相同，企业用户大多用于商业演示，而个人用户则更多用于观看图像。观看视频是购买微型投影机的主要需求。因此内建投影机功能的数码相机和摄像机（DV）销售很火暴，内建微型投影机的手机也开始在新兴国家市场快速增长。

3. 当前投影机市场面临的问题与优势

当前投影机市场面临的主要问题如下：

液晶（LCD）显示大尺寸化。由于液晶显示技术不断进步，向大尺寸显示器方向发展，国内第 8.5代生产线投产后，使60英寸左右的液晶显示器价格大幅度下降，大屏幕液晶显示拼接价格也相应下降，对投影显示市场产生了一定冲击，原先在大屏幕显示市场中一家独大的投影机市场有了竞争对手。

尽管液晶显示设备不断冲击，投影机仍有不少功能是液晶显示设备不具有的。例如，投影机最大的好处就是在相同大屏幕尺寸的两种显示设备中，投影机价格较液晶显示设备便宜，比如在一个会议室内至少要用 70～80 英寸屏幕显示设备才能满足要求，相同屏幕尺寸的投影机要比液晶显示设备价格便宜而且省电。

投影机不易损坏。在教室或会议室液晶显示设备容易损坏，而投影机由于安装在较高位置，且所占空间也小，损坏风险较小。

投影机较平板显示设备容易实现屏幕大尺寸化，液晶显示设备投巨资建成第 8.5 代线生产的屏幕尺寸在 60 英寸左右，如要再生产更大屏幕尺寸显示器，必须再投更多资金建设更高世代的生产线，而投影机不需要更多的投资，就可以生产 150～200 英寸显示屏的投影机，不仅投资少，价格显著便宜，而且省电更加显明。

投影机应用面比液晶显示设备广阔。液晶显示设备局限于一个固定框架，如果对显示设备无特殊要求，液晶平板显示设备就可以满足需要。但在一些特殊的显示应用场合，尤其是大型和一些不规则的图像显示领域，投影机优势就非常明显。

液晶显示拼接由于受到物理因素限制，不论拼缝多窄，始终都有缝隙，许多用户都不希望显示效果受到拼墙之间的拼缝所影响，一旦要对硬屏进行拼接，必然就会对颜色、伽马和光输出进行调整；而投影机则能做到真正的无缝拼接，可以对生成的图像进行修饰，还可以创建出不同形状和图像，能从垂直、水平方向灵活成像，甚至还可以创建动态氛围。投影机完全能满足用户以最小的拼缝实现最大画面效果的需求。因此，在需要大尺寸屏幕的高端会议室，投影机地位仍是不可动摇的。

（二）大屏幕拼接显示屏市场概况

大屏幕拼接显示屏最早出现在 20 世纪 80 年代初，到现在已有近 40 年了，从开始用 CRT 显示器到投影显示器，演变到现在用 MD 投影与平板显示（等离子与液晶），并且以多种形式被用于众多场合，几乎无处不在。例如，车站的大屏幕信息展牌，交管局的多屏幕拼接显示屏实时路况显示，展览厅的大屏幕展示拼接显示屏，演示舞台的视频显示系统，电视台与大型显示会议室大屏拼接显示，体育场馆及各种赛事，企业监控与平安城市监控等都有大屏幕拼接显示屏。随着经济发展与信息化推进，大屏幕拼接显示屏技术不断进步，市场也越来越大，已成为大屏幕显示产业一支重要门类，并且逐年高速增长。

1. 大屏幕拼接显示屏市场

（1）2011 年大屏幕市场整体规模及增长率如图 1 所示。

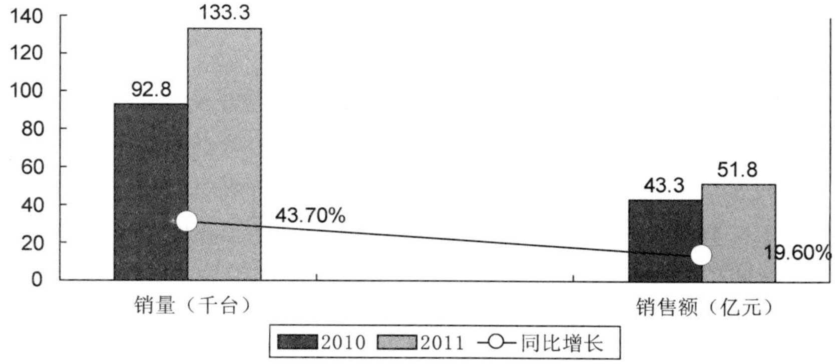

图 1　2011 年大屏幕市场整体规模及增长率

（2）2011 年大屏幕拼接墙市场按产品结构分的销售量如图 2 所示。

（3）2011 年大屏幕市场拼接屏市场按产品结构分的销售额如图 3 所示。

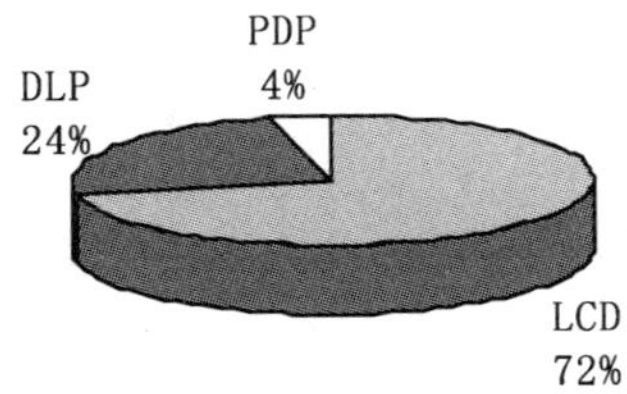

图 2　2011 年大屏幕拼接屏市场按产品结构分的销售量

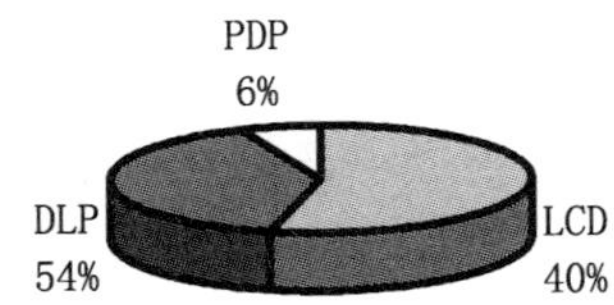

图 3　2011 年大屏幕拼接屏市场按产品结构分的销售额

（4）2011 年大屏幕拼接屏市场按产品尺寸结构分的销售量如图 4 所示。

（5）大屏幕拼接屏市场按应用行业结构分的销售额如图 5 所示。

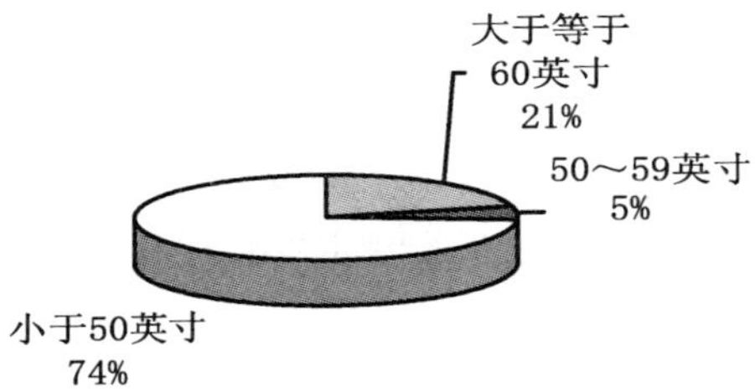

图 4　2011 年大屏幕拼接屏按产品尺寸结构分的销售量

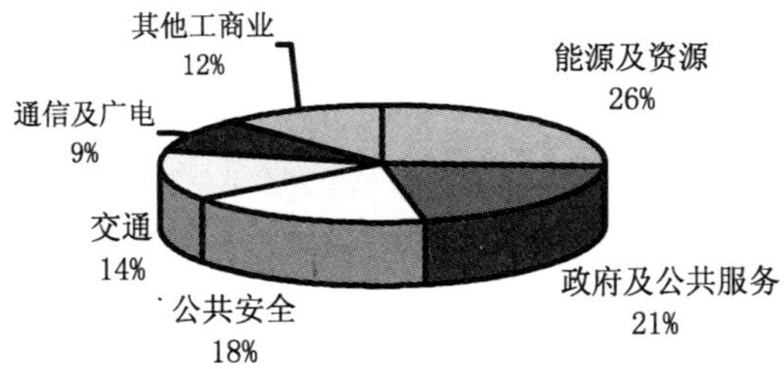

图 5　2011 年大屏幕拼接屏市场按应用行业结构分的销售额

2. IT 技术进步推动大屏幕拼接显示产业不断发展

1）半导体技术进步加速大屏幕拼接屏的竞争格局

2000 年，大屏幕拼接和融合处理的图形计算需要更高性能的产品，必须匹配复杂设计的专用架构芯片。普通的民用产品很难在速度上满足多种方式、多路信号的复合处理需要。以 DSP 架构的专用芯片为主导，在整个大屏幕显示市场中，应用方案提供商可以自主涉及的核心技术领域非常少。

现在，随着通用型计算和图形芯片的发展，不仅同等计算能力产品的价格下降到 2000 年的 1/10 以下，甚至在部分简单的系统应用中，最初级别的民用的通用芯片就可以满足大屏幕显示的计算要求，高速发展的图形计算核心器件的产业化给予大屏幕拼接厂商更多的发挥空间，此前必需高档产品才能具有的功能已经大大普及，此前很高的成本已经被压缩到普通市场可以接受的程度，更为重要的是以前不可想象的复杂应用，现在变得更容易设计和实现。

2）通信方式的革命引导大屏幕显示产业不断前进

通信方式革命包括光纤宽带网络的普及、3G 无线宽带网络的普及，使得大屏幕应用中的信号通信传递方式更为多样化，更为便捷，甚至可以自由、灵活、随意地覆盖绝大多数地域，而不需要耗费大量的成本和人工架设“专用通信网络”。这种通信技术的革命已经扩展到整个社会的信息生活的每一个领域。自然大屏幕显示产业的应用也随之渗透进了整个社会信息生活的每个领域。通信革命本身不仅在成本、覆盖能力等方面影响大屏幕显示产业的发展，还极大地拓宽了整个大屏幕产业的市场规模。

3）以“云”概念为主的远程存储和计算应用技术进入大屏幕显示产业的相关解决方案，使得大屏幕显示系统承载的原有信息发挥出更大的经济价值

在 IT 相关硬件设施不断进步的基础上，以“云”概念为主的远程存储和计算应用技术，也在进入

大屏幕产业的相关解决方案之中。这些技术使得大屏幕和“小屏幕”(例如，PC、平板显示设备、手机)产品的交互变得更为容易，同时不受固定硬件设施（例如，专属通信网络）和空间区域的限制，可以广泛满足移动中的灵活的信息获取，管理和决策任务的需求，构建起走出传统监控室的崭新应用模式，使得大屏幕显示系统承载的原有信息发挥出更大的经济价值，并将监控室传统的“监管指挥功能”向“信息调度”、“信息管理”领域延伸。

二、投影显示产业通过创新提高竞争力

（一）采用固体光源

CRT 投影显示退出市场后，微显示（MD）投影设备是当前的主流，但所用的微显示器件（MD）是自身不发光的，所以微显示投影设备需要外加光源，目前用的光源是超高压汞灯和氙灯，统称气体放电灯，其中超高压汞灯（UHP）是主流，UHP 灯的主要缺点是寿命短，用户对灯泡故障很不满意，也是有些用户转而用平板显示的原因，近几年固体光源研发成功，大大提高了投影显示的竞争力。

当前固体光源有三类：一是激光（LD）光源，二是发光二极管（LED）光源，三是 LD 和 LED 或用激光激发荧光粉混合光源（LPD)。

激光光源在高亮度工程投影机和电影放映机中应用前景很好，采用该技术可以实现数万流明的微显示（MD）投影显示，在 MD 投影的户外显示与拼接屏边缘融合具有得天独厚的显示效果，特别是在画面质量上的细腻与色彩鲜艳超乎预想。采用激光光源的户外投影显示设备与拼接屏将满足较近距离的数字告示和公共展示的显示需要，同时可以配置必要的触摸（互动）设备。

固体光源（LED、激光光源、混合光源）的经济性、长寿命和更高的可靠性，都更适合 MD 投影设备的发展要求，将成为 MD 投影设备焕发生命的动力，也是 MD 投影拼接显示屏抗衡平板拼接技术的关键支撑点。固体光源的普及将大大提升 MD 投影显示技术的生命力，并使其在高端项目和无缝拼接项目上继续占据优势。

（二）全息投影

全息投影原理简单来说是利用光学原理，使影像在空中浮现，呈现立体效果。全息空间投影荧屏是新一代的显示设备，具有高清晰、耐强光、超轻薄、抗老化等无可比拟的众多优势。

目前，全息投影最常用的光源是来自投影机，因为一来光源相对稳定，二来投影机还具有放大影像的作用，作为全息展示非常实用。全息投影技术将美轮美奂的画面带到观众面前，将观众引入另一个世界中。全息投影技术突破了传统声、光、电的局限，空间成像色彩鲜艳，对比度、清晰度都非常高，空间感、透视感很强。它不仅可以产生立体的空中幻象，还可以使幻象与表演者产生互动，一起完成表演，产生令人震撼的演出效果。

全息照相的方法已从光学领域推广到其他领域。例如，微波全息、声全息等得到很大发展，成功地应用在工业、医疗等方面。地震波、电子波、X 射线等方面的全息也正在深究中。全息图有极其广泛的应用，例如，用于研究火箭飞行的冲击波、飞机的机翼蜂窝结构的无损检验等。毋庸置疑未来全息投影技术市场发展潜力将是无可估量的。

（三）360° 旋转投影机

360° 旋转投影机就是通过一个旋转组件与投影机机身相连，以遥控或网络控制的方法可以分别实现向左、向右 180° 的电动旋转动作，从而实现了投影机 360° 旋转。另外，加上 2.0 倍光学变焦，配合镜头位移功能，使得投影画面的伸缩范围更广。这种机器突破了传统固定安装的不足，能够在房间

的各处任意显示图像，自由度、灵活性大大提高。此创新解决了安装应用中的实际问题，前景看好。

（四）OPS 接口

通过 OPS 接口插入插板，再加上一套键鼠就可以完成图片、视频等文件的读取和播放，非常便捷。OPS 最直接的好处就是把显示器和播放源整合到了一起，摆脱了信号线缆的约束。还有一些鲜为人知的高端功能，比如网络监控，云终端，待机状态下远程修复 BIOS，10K 以上超高分辨力拼接显示，无线图像传输网络视频点播、体感互动等。

（五）4K×2K 超高分辨力技术的推进，增加投影机新的竞争力

当前，我们已经进入 1 920×1 080 全高清时代，蓝光、数字高清在消费领域的普及，让大家在精致的画面体验中开始追求更大的显示尺寸，大画面、大尺寸的显示设备成为市场的需求。如果在超大尺寸的显示设备上播放 1 080P 视频，画质就显得不那么完美，甚至粗糙了，这就对画面的清晰度提出了新的要求，于是 4K×2K 就出现了，与现有的全高清（1 920×1 080 像素）产品相比，4K×2K 的特点是像素为后者的 4 倍左右，精细度更高，具有 4 096×2 048 分辨率。4K×2K 画幅比例为 2:1，24 帧每秒，像素提高 4 倍，层次由 1 080P 的 8bit 提高到 12bit，色彩空间提高到 100%，能呈现给用户更多的细节，更微妙的光影和色彩变换。

目前 4K×2K 已是业界的标准格式，电影院自然成为了 4K×2K 应用的领域。如今已经在全球安装了超过 8 000 块的 4K 屏幕。我国“十二五”规划中提出要在未来 5 年内再增加 15 000 块数字银幕。日本索尼公司认为，5 年内新增的数字银幕中 4K 会占 90%以上，主要基于两方面因素：一方面是德州仪器公司（TI）已经授权巴可、科视、NEC 三家公司用 4K×2K 的 DLP 芯片，这些厂家将积极向市场推出更多的 4K×2K 放映机，更多厂商参与这个市场肯定将带来更大的市场容量。另一方面则是由市场需求所决定。基于 4K×2K 投影机分辨率提升了 4 倍，但产品的价格却未同倍增长，也就是说在成本方面并没有比目前的 2K 高出太多，影院在进行投资选择时考虑到未来的升级，4K×2K 更具有优势。

如果没有传输接口的支持，4K×2K 的产品全面加速只会是空中楼阁。DisplayPort 和 HDMI 是目前最流行的接口标准，两者都支持 4K×2K 的分辨力。

4K×2K 之后很可能过渡到 8K×4K。尽管目前还没有能够播放这种影像的显示器，但据悉日本 NHK 放送技术研究所正在推进 8K×4K 显示器的研发。计划 2020 年开始试播新一代电视播放服务“超高清（3HV）”，目标是利用 7 680×4 320 像素的“8K×4K”影像实现高临场感。目前，NHK 与 NHK 工程服务及 JVC 建伍控股已共同开发出了能以低成本显示相当于 8K×4K 的影像，且较原来更小、更轻的投影机。

三、加强应用工作，开辟新的市场

（一）数字告示是大屏幕显示产业的重要市场

数字告示又称数字标牌或看板，是交互式网络数字多媒体信息发布系统的简称。它包含硬件、软件和传输系统的一整套系统，是一种全新的媒体概念。它广泛用于大型商场、超市、酒店大堂、饭店、影院、机场、车站、银行、金融机构、体育场馆、娱乐场等公共场所及其他人流汇聚的公共场所，它通过显示设备发布商业、政治和娱乐等信息。

数字告示的系统由信息采编和制作、存储系统和服务器、网络和显示系统组成。

数字告示的显示系统是数字告示的对外界面，现代显示技术的发展为数字告示提供了众多选择，投影显示、液晶（LCD）、等离子（PDP）、发光二极管（LED）都有很多产品能满足数字告示的要求，

在各种不同的环境光下提供明亮、艳丽和高对比度、高分辨率的图像。典型的数字告示项目应用于电力行业、金融行业、煤炭行业、医疗行业、交通行业、零售行业、传媒及其他行业。未来商用显示市场的潜力还很巨大，在未来的 4～5 年之间行业规模有望突破 500 亿元，商用显示产品将遍布城镇的每个角落，商用显示产品及解决方案将为行业用户带来很高价值，同时也将为人们的生活、学习、工作带来更多的便捷和高效。

数字告示发展很快，这种信息发布形式如今被赋予更多的时尚信息：更大、更清晰的画面，在很多商业应用中与智能手机相关应用程序结合，形成新型商业模式，传统销售观念为之一新；同时，人们开始使用移动交易和支付手段，推动交易市场的整体增长；另外，一些数字告示企业积极发展新应用，有的公司顺应潮流推出微博大屏幕，被应用到婚礼、学校等场所，成为一种时尚文化。

（二）纸质媒体“数字化”将带动大屏幕显示产业发展

纸质媒体“数字化”是一种世界性潮流，是信息化社会的一种发展趋势。它不仅能节约材料、保护环境，更重要的是实现信息传播能力、传播手段变革。在信息技术传播发展的当今世界，谁的信息手段先进，谁的信息传播能力强，谁的信息就能更快、更广泛地传播，就能更有力地影响人们，在市场经济中谁就更有竞争力。特别是一些政治性纸质媒体更需要率先“数字化”，其中正在进行的人民日报数字传播系统就是一个典型案例。

人民日报数字传播系统包括多项内容，电子阅报系统是其中最大的系统工程。即将人民日报的内容通过卫星通信技术，以实时速度传播到遍布全国城乡的电子显示屏上。初步设想，人民日报社将要在全国城乡逐步建立 120 万个传输快捷、内容统一、形式多样的电子显示屏。当纸质报纸还在轮转机上印刷的时候，全国读者就可以在电子屏上阅读人民日报电子版了。具体做法是由中国电信卫星通讯集团通过广播卫星将人民日报的内容信号发送到显示屏上，用数字技术将 120 多万个电子显示屏连接成一个既分区域、分系统、分功能，又按照网上指令统一行动、协调动作的传播系统，也就是人民日报电子阅报栏系统。

目前这个系统正在建设中，室内电子阅报栏的显示屏认定标准制定工作已经完成，各企业送的样机正在进行认定检测。

新华社与一些地方报，如解放日报等也在进行这项工作。

（三）安防与平安城市是大屏幕显示产业发展较快的市场

近十年来，国内安防市场连续多年保持着 30%以上的快速增长，使得中国崛起成为全球最主要的安防产品生产基地，也是全球安防产品的主要市场，其中显示部分作为安防市场最主要的业务模块，也取得了巨大的发展。从早期的 CRT 模拟显示技术过渡到数字化显示技术，从标清显示过渡到高清显示，从本地监控发展到远程 IP 监控，从被动监控到主动识别与智能化联动等，随着数字网络化及智能化的发展，安防监控已经走过了信号的阶段、存储阶段、显示阶段，正迈入其终极业务阶段——信号的使用阶段，视频监控系统迎来了集成化的新时代。

近年来，随着公共安全生产等应用需求的增长，推动中国安防行业实现了巨大的发展。“十一五”期间，在“平安城市”建设和“奥运会”、“世博会”等大型项目活动的双重带动下，安防行业处于一个前所未有的快速发展期，仅 2010 年这一年中，行业总产值接近 3 300 亿元，全行业实现增加值 800 多亿元，在总量持续增长的同时，系统集成的比例也同步增长，据 IMS 2011 年 1 月的数据显示，2010 年中国安防系统集成市场总量达到 62 亿美元，约占安防市场总收入的 40%，预计到 2014 年将超过 130 亿美元。

过去安防主要用于安保部门安全防范监控，如金融机构、重点单位、公共场所、交通监控，但是当前监控已经逐步扩展到生产监控、环境监控、电子政务、电子监考、住宅小区、居家监控等领域。特别是“平安城市”及目标为实现城市级视频监控和报警联网的3111工程持续推进给大屏幕显示带来空前发展空间。未来5年中国各大城市将继续投入巨资全面开展城市报警监控网络建设。据公安部科技局的估计，一个中型城市的“平安城市”建设将投入几百亿元，其中视频监控系统所占比例为28%。目前我国共有2 300多个设市城市和县城，蕴藏着巨大的市场潜力。同时国家“十二五”规划也为安防提出了2015年产业规划总产值达5 000亿元的宏伟目标，将为大屏幕显示产业带来更大市场。

（四）智慧城市发展给大屏幕显示产业带来新的发展机遇

“智慧城市”是继“数字城市”和“智能城市”后，城市信息化更为高级的一种形态。“智慧城市”是城市经济增长的“倍增器”和发展模式的“转换器”，“智慧城市”可以成为一个城市信息化水平的“名片”，是保持城市竞争力的重要手段之一，其主要借助新一代的物联网、云计算、决策、分析、优化等信息、技术，将治安保障、交通网络、通信平台以及社会资源等城市运行的各个核心系统整合在一起，通过更为科学的管理方式解决城市在迅猛发展过程中日益突出的城市管理问题，更为智能、有效地管理城市。

“智能城市”的概念就像是个大盒子，可以装进的技术和行业非常多，它涉及物联网、传感网、能源管理、智能楼宇、智能家居、交通监控、智能医院、城市生命线管理、食品医药管理、票证管理、家庭护理、个人健康与数字生活等诸多领域。“智慧城市”发展的基础是“数字化”和“互联网”，这特别体现在城市化的基础设施上，例如，城市交通、机场铁路、公共安全、公共事业设备、能源管理、智能电网、医疗卫生等。在“智慧城市”的发展过程中，这些设施在未来都会不断提升数字化和信息化水平，而面对海量的数据，最困难的就是有效管理，这将会催生监控中心或控制室的需求增长。智慧城市还需要一个与市民分享和交互信息数据的窗口，对于提供互动信息的数字的需求也会不断提高，这都给大屏幕显示产业带来新的发展机遇。

大屏幕显示系统能有效融合道路运输管理原有的应用系统，提供有效的信号接入与实时反馈，以保证地理信息系统（Geographic Information System，GIS）、道路运输与规费征稽系统的运行；提供商品与管理平台，以保证应急指挥与交通物流运程会商系统正常工作。从而使系统融合监控、指挥、应急、接警功能为一体，实现道路运输管理高新科技、高联动、高响应、高效率的飞跃。

中国已经成为智慧城市建设的巨大市场，在“十二五”规划的导向下，各地方政府对能够提升城市便利性的“智慧城市”开发投入极大热情，并与“三网融合”、“物联网”等概念相结合，开启了全新的产业发展模式。据了解，中国目前包括“中新天津生态城”、“中新广州知识城”等在内的规模不等的建成或在建项目已经超过500个。据有关单位的调查显示，未来20年全球“智慧城市”的产业规模将达到数百万亿元。

四、资本投入增加，行业发展加速

（一）资本投入增加，关注本产业人增多

大屏幕投影显示产业多年来存在的主要问题之一，就是资本投入不够，加上大多数企业是中小企业，不易形成规模，配套产业链本土化的产业化工作一直没有形成，以致整个产业优势没有充分发挥，产品缺乏竞争力，产业不能形成良性循环。但由于大屏幕投影产业优点与优势明显，如性价比优、节约材料、节能、环保，而且投资灵活、见效快，特别是国家“十二五”科技规划把激光显示放在新一代信息产业的新型显示首位。一些地方政府和投资企业看到这些优点与优势，准备投资进入本产业。例如，深圳雅图文化科技集团2012年2月28日在湖北省武汉市光谷投资19.9亿元兴建的“雅图中国•光

影城”。还有辽宁省、河北省、浙江省、北京市、天津市等省市内的地方政府与一些企业都很关注，都要在开发投影式激光显示产业。

（二）配套产业链本土化、产业化水平有进一步提高

由于本行业各企业与有关科学家、教授、工程技术人员的共同努力，加之电子信息技术迅速进步，大屏幕投影显示的关键配套化本土化、产业化有了较大进步，例如，投影机的显示器件 LCOS 国内有三家建立了生产线，正在研发合格的产品；气体光源的超高压汞灯与氙灯国内均已能本土化生产，固体光源的 LED 器件、激光器件及混合光源（LPD）的光源国内均已研发成功，并已进行批量生产；不同显示器件与不同光源的光学引擎国内数家企业均能批量生产，特别是 LCOS 投影式激光显示用的光学引擎全套的关键件国内基本上实现本土化批量生产。如终端产品市场有需要，只要加大投入，即可扩大生产。这种蓄势待发的形势是以前没有的。

五、抓住机遇，努力使我国大屏幕与投影显示产业向更大、更强方向发展

我国大屏幕与投影显示产业近几年来虽然一直高速持续发展，但由于中小企业偏多，尚无旗舰式企业出现；企业之间竞争激烈，液晶显示拼接屏国内组装产品充斥市场，但产品同质化现象严重，缺乏核心技术；产品研发投入与应用市场的开发力度增色不够，整个产业尚未进入良性循环阶段，因此说整个产业还不够大，更谈不上强。为了改变这种状况，必须加大投入，形成规模经济；加大研发力量，增强市场竞争力量，开拓新的应用市场。

综观当前大屏幕拼接与投影显示产业，机遇与挑战并存。面对难得的发展机遇和激烈竞争环境，行业内各企业应联合起来，抓住机遇，努力使我国大屏幕与投影显示产业又大又强，为我国显示产业实现跨越式发展做出贡献。

第4章

各地概况

2011 年安徽省平板显示产业发展概况

安徽省经济和信息化委员会

近几年来，安徽省平板显示产业在原有平板显示材料、平板电视整机等基础上，引进宝龙达、联想等整机生产企业和京东方、鑫昊等 TFT-LCD（薄膜晶体管液晶显示屏）、PDP（等离子显示屏）核心面板项目，并以此为依托不断向产业链上下游延伸发展，产业快速成长、配套体系不断充实、集聚效应得到增强，呈现出跨越式发展的态势。

一、总体情况

2011 年，安徽省规模以上电子信息制造业实现工业总产值 1 089 亿元，同比增长 48.4%，高出上年同期 27.2 个百分点，其中，平板显示产业产值突破 200 亿元，同比增长 1.5 倍以上。液晶显示屏、笔记本电脑等实现规模生产，全年累计生产 TFT-LCD 屏（32 英寸及以上）1 234 万片，同比增长 18 倍；新增笔记本电脑产量 123 万台，同比增长 68 倍；生产液晶电视 524 万台，同比增长 71%。

（一）整机生产企业阵容壮大

在整机终端生产方面，彩色电视机一直是安徽省电子信息制造业的主导产品，通过近年来不断推动彩电工业转型，目前安徽省彩电生产已以平板为主，其中平板电视生产企业主要包括安徽康佳电子有限公司、合肥长虹实业有限公司、合肥鑫虹光电科技有限公司、安徽美多电子有限公司、合肥荣事达电视机有限公司等，总产能达到千万台以上。此外，安徽省大力引进笔记本电脑、平板电脑等整机生产企业，2011 年，合肥宝龙达信息产业基地（一期）投入使用，形成年产 120 万台笔记本电脑的生产能力；2011 年 9 月，安徽省磊鑫科技有限公司年产 180 万台平板电脑生产基地项目正式落户池州；2011 年 10 月，由联想集团和台湾仁宝电脑共同投资 65 亿元的联想集团（合肥）生产基地项目开工，预计 2014 年笔记本电脑年产量可达千万台以上。

（二）面板核心项目进展良好

2011 年，安徽省全面推进中游高世代面板生产线建设进度。中国大陆自主建设的 TFT-LCD 高世代线——合肥京东方第 6 代线自 2010 年 10 月量产以后，产量迅速爬坡，于 2011 年 4 月底实现满产，玻璃基板月产能达到 9 万片，月综合良品率均保持在 95%以上，单日最高综合良品率达到 98%以上；全高清 PDP 面板生产线——安徽鑫昊 PDP 项目推进顺利，2011 年 1 月第一块 50 英寸全高清 PDP 屏下线，年底进入批量生产，并完成 51 英寸屏小批量试制，开始 64 英寸和 85 英寸屏投屏试制。

（三）上游配套环节逐步完善

在合肥京东方 TFT-LCD 第 6 代线、安徽鑫昊 PDP 等核心面板生产线建设的带动下，吸引包括电子化学品、大宗气体、工业纯水、表面贴装、金属件、背光源模块、浆料专业物流配送等在内的近 20 家上游企业进驻合肥就近配套，彩虹高世代液晶基板玻璃、法液空特种气体、住友化学品、翰博光学膜裁切、葳迩敏 SMT 及衬板清洗、鑫铭 SMT、京东方半导体金属配件加工、京达专业物流配送等产业链项目投资均超过 1 亿元，一批上游企业产能逐步释放，配套产业规模日益提升。

（四）集聚发展态势初步形成

受皖江城市带承接产业转移示范区、合芜蚌自主创新综合试验区、《关于加快培育和发展战略性新兴产业的意见》（皖发〔2010〕29 号）等政策的拉动，以加快培育壮大一批新型平板显示器件重点项目建设为带动，相关配套产业及产业链正呈不断汇聚和延伸发展态势，产业集聚度进一步增强，以合肥为中心的新型平板显示产业集群已现雏形。合肥市新站综合开发试验区成为国内首家同时拥有高世代TFT-LCD 面板和大尺寸 PDP 面板生产线的开发园区，产业链本土配套程度位居国内类似园区前列。蚌埠市正在打造从上游超薄电子信息显示玻璃生产、中游 ITO（氧化铟锡）导电膜玻璃制造到下游电容式触摸屏生产以及手机、平板电脑、电子图书等终端产品制造的显示产业链。芜湖依托国家特种显示工程技术研究中心及其在特种显示领域突出的自主研发优势，正加快 OLED（有机电致发光显示）、3D（三维立体显示）等新型显示领域的发展。

（五）产业发展潜力日益增强

随着重大核心项目的快速建设、龙头企业的迅速成长，安徽省平板显示产业集聚已上升至国家规划层面，国家《2010—2012 年平板显示产业发展规划》明确将合肥市与长三角、珠三角地区以及北京、成都两市共同列为具有代表性的平板显示产业集聚区。鑫晟 TFT-LCD 第 8.5 代线项目已于 2011 年年底获国务院批准建设，将推动安徽省平板显示行业发展再上新台阶。从上游配套、中游面板生产到平板电视、笔记本电脑等整机制造，越来越多的企业被吸引来皖投资，安徽省平板显示产业进入快速发展期。

二、发展思路

今后工作中，安徽省将围绕“领军企业—重大项目—产业链—产业集群—产业基地”的发展思路，以平板显示器件核心项目为带动，发挥产业链上中下游相互依赖、相互增强、扎堆发展的凝聚优势，坚持统筹规划、自主创新、扩大开放，形成外部引进与内生增长良性互动的产业自主发展新模式，壮大一批领军企业，实施一批重点项目，不断提升区域产业集中度和发展水平，形成以合肥为中心，辐射芜湖、滁州、蚌埠、黄山等地的平板显示产业集群，打造具有国际竞争力与区域品牌影响力的平板显示产业基地。

（一）加强行业指导，优化产业布局

加强行业发展指导，统筹规划、合理布局，以高世代面板生产为重点，推进产业链之间的系统合作，支持产业垂直一体化整合。在推进核心面板生产项目建设发展的同时，上游积极扶持高世代玻璃基板、彩色滤光片、光学聚酯薄膜、背光源和特种化学材料等原辅材料生产企业，打造原辅材料生产加工产业带，下游围绕数字高清平板电视、计算机显示器、笔记本电脑等终端显示产品领域，全力打造显示应用产业带，形成较为完善的平板显示产业体系。

（二）丰富资本支持模式，催化产业发展

集中力量支持重大核心项目和关键配套项目建设，加速推进鑫晟 TFT-LCD 第 8.5 代线项目建设，鼓励引导安徽省内有实力的传统企业和社会资本投入平板显示产业，扩展项目融资渠道。

（三）鼓励自主创新，提升产业研发能力

实施知识产权战略和高端人才引进战略，通过核心技术与产业化紧密结合，打造合肥国家级TFT-LCD 产业技术研究平台，为筹建国家级技术工程中心奠定基础。依托行业骨干企业，联合安徽省

内外高校和科研院所，探索组建安徽省新型平板显示产业技术战略联盟。通过整合科研和技术资源，建立产学研合作研发共享技术平台，形成安徽省新型显示技术领域的产学研研发新体系。围绕安徽省建设国家平板显示产业基地的需求，培养和引进一支高水平现代显示技术创新队伍，建成一流的显示技术人才培养基地。

（四）加大攻关力度，积极探索新一代显示技术

在突破产业关键技术、保持特色产业技术优势的基础上，积极探索新一代显示技术。鼓励产学研联合建设创新平台，探索发展 OLED、3D 显示技术及相关产品等新兴显示技术领域，保持安徽省平板显示产业的持续竞争力。

（安徽省经济和信息化委员会　曹晓武）

2011年北京市平板显示产业发展概况

北京市经济和信息化委员会电子信息产业发展处 京东方科技集团产业研究所

一、产业总体情况

2011 年，面对复杂多变的国际形势和国内经济运行出现的新情况、新问题，党中央、国务院以科学发展为主题，以转变发展方式为主线，坚持实施积极的财政政策和稳健的货币政策，不断加强和改善宏观调控，国民经济继续朝着宏观调控预期方向发展，实现了“十二五”时期经济社会发展良好的开局。

北京市工业在上述宏观背景下，积极采取有效应对措施，深入推进产业结构调整和经济发展方式转变，克服发展中遇到的诸多不利因素，实现平稳增长。

2011 年，北京市规模以上工业实现销售产值 14 106.1 亿元，比上年增长 8%。其中，实现出口交货值 1 514.9 亿元，下降 3.3%，降幅缩小 1.6 个百分点；实现内销产值 12 591.2 亿元，增长 9.6%，增幅回落 0.3 个百分点。

2011 年是我国电子信息产业调整转型的重要一年。面对国际环境新变化和国内经济运行新形势，全行业努力克服各种困难，不断巩固和扩大应对国际金融危机的成果，产业发展呈现出生产较快增长、投资高位运行、外贸出口逐步趋稳、结构调整扎实推进的良好局面，为推动信息化发展和促进两化融合发挥了积极作用，在国民经济发展中的地位不断提高。

北京市电子信息产业在 2011 年进入了深度调整期。当年产业增加值同比增长 0.5%。累计实现产值 1 955.6 亿元，同比下降 7.6%。实现主营业务收入 2362.5 亿元，同比下降 4.4%；受投资收益拉动，利润大幅增长，实现利润 93.8 亿元，同比增长 39.3%。

作为电子信息产业的支柱产业，北京市的平板显示产业 2011 年的销售规模约为 144 亿元，同比增长了约 11%。

2011 年是北京经济技术开发区建设 20 周年。在亦庄的北京经济技术开发区，以诺基亚为龙头的移动通信产业集群，以京东方为龙头的显示器产业集群，以中芯国际为龙头的集成电路产业集群，以北京奔驰为龙头的汽车制造产业集群，组成了“一部手机、一块屏、一个芯片、一辆车”等多个产业集群。电子信息、生物医药、装备制造和汽车制造四大产业产值分别占北京市的 50%、48%、22%和 17%，规模以上工业企业实现产值 2 272.6 亿元，占北京市的 16%。

以京东方第 8.5 代线为龙头的北京数字电视产业园，吸引了康宁、冠捷科技和住友化学等诸多世界 500 强企业就近配套，产品涉及液晶基板玻璃、化学品、偏光片、背光源等关键主材料，还有众多的二级配套供应商，形成了器件核心区、整机区、保税物流区等 6 个功能区，实现了“运进石英砂，运出数字电视整机”的产业理想。在这一产业链之外，移动通信产业集群、集成电路产业集群、汽车制造产业集群、生物制药产业集群、装备制造产业集群、云计算产业集群等星罗棋布，“链”起了开发区高端产业版图。目前，高新技术产业产值占工业总产值的比重连续 9 年超过 80%，在国家级开发区中名列第一。科技成果转化率达到 80%以上，远高于北京市 25%和全国 5%的平均水平。

二、产业分布情况

1. TFT-LCD 面板及模组

2011 年对 TFT-LCD 面板行业和公司而言是最困难、最具挑战的一年。从宏观环境上看，全球经济加速探底，增长乏力，加之人民币的升值、持续不断的欧债危机，全球消费市场下滑明显。从行业环境上看，一方面，消费疲软、结构性和地区性产能过剩进一步加剧了行业竞争；另一方面，全球电子信息产业技术、产品和商业模式不断创新，带来了新一轮产业结构调整，新技术、新产品、新商务模式不断涌现。受此影响，全行业陷入亏损，很多面板厂商提出了“以生存为根本”战略，行业形势如履薄冰。

面对严峻的外部形势，北京市已投建两条面板产线的京东方公司坚持年度经营工作方针，全面落实“十二五”战略规划，推进客户导向和 SOPIC 创新变革，公司整体竞争力有了较大提升，企业整体扭亏为盈。2011 年，京东方全集团实现营业收入约 127 亿元，同比增长 59%，各组织在 SOPIC 创新变革的推动下，基础能力得到强化，运行效率有所提升；公司产业布局日益完善，产品与产线结构逐渐优化，企业核心竞争力得到显著提高。位于北京市的第 5 代线项目，小型化转型已初步完成，2011 年实现销售约 40.5 亿元，与 2010 年 49.14 亿元的销售额相比，下降 18%，但当年盈利 16.81 亿元，与 2010 年亏损 13.21 亿元的情况相比，盈利情况大幅改善。第 8.5 代线项目，2011 年 6 月 29 日，32 英寸产品成功点亮，产线正式投产；9 月 27 日，正式实现量产。2011 年年底已实现 30K 满产，综合良品率达到 90%以上。2011 年第 8.5 代线项目销售收入为 1.3 亿元，暂时处于亏损状态。

在 TFT-LCD 模组方面，冠捷科技（北京）有限公司 2011 年的销售量也有所下降，下降的幅度约为 12%。

综合以上企业的情况，2011 年北京市 TFT-LCD 面板及模组的销售规模为 44 亿元左右，与 2010 年相比下降 12%。

2. 整机

北京市平板显示产业的整机代工业务主要集中在京东方视讯和冠捷科技这两家公司。

京东方视讯是京东方集团旗下的全资子公司。依托集团领先的行业经验和 TFT-LCD 领域的资源优势，公司目前集整机研发、生产、销售于一体，专注于 ODM/OEM 整机代工，自有品牌“牡丹”运作和专用显示产品解决方案。目前，京东方视讯主营液晶电视和显示器的 ODM/OEM 业务，其合作伙伴包括方正、富士通、同方、优派、浪潮等知名公司。除此之外，公司还提供专用显示产品解决方案，包括车载 LCD 显示终端、公共 LCD 显示终端、医疗 LCD 终端等。

2010 年 9 月底，京东方视讯完成收购台湾美齐的整机业务，显著提升了公司在研发、制造、产品规划等方面的能力。公司现在北京和苏州拥有两个生产基地，年产能超过 500 万台。

2011 年，京东方视讯及时进行组织机构调整，整合“两岸三地”资源，建立面板与整机协同作战机制，不断优化客户结构、拓展销售渠道，强化产品企划与开发，积极采取措施力降成本，技术能力进一步提升，一定程度上缓解了运营中的成本压力。

在品牌业务方面，京东方视讯进一步完善网络布局，初步形成多层级、多渠道销售网络架构；全面启动“龙卷风”行动，完善渠道结构；试水网络营销，完成了主流网络的市场布局；迅速拓展并不断完善全国客户服务体系；外销业务实现快速增长，产品结构向大尺寸、LED 产品延伸；成功中标北京市的机顶盒采购项目。

2011 年，整个京东方集团整机方面的销售规模约为 18 亿元，同比增长 213%。

冠捷科技在北京市投建了两个生产基地，冠捷科技（中国）有限公司目前仍在建设当中，规划投资 5.6 亿元，预计 2013 年年底完工，规划年产能为显示器 1 000 万台、电视 800 万台以及 TFT-LCD 模组 150 万台；而冠捷科技（北京）有限公司所生产的主要整机产品也是液晶显示器和液晶电视，2011 年，该公司液晶显示器出货 864 万台，同比下降近 4%，实现销售收入近 50 亿元，同比下降 12%。虽然销量和销售额受出口下滑的影响均出现了轻微下降，但公司还是通过持续不断的研发投入，完成了 88 项新产品开发，净利润成倍增长至约 1.9 亿元。

综上所述，2011 年北京市平板显示产业整机的销售规模约为 68 亿元，比 2010 年增长 13%。

3. 上游材料配套

北京市平板显示产业上游材料配套企业的配套范围在 2011 年持续扩大。2010 年在建的 3 家企业中有两家企业在 2011 年竣工并形成销售，一家是联华林德气体（北京）有限公司，该公司主要为京东方第 8.5 代线提供氮气、氧气、氩气和氢气，还为化学品公司东进世美肯提供氮气，2011 年已形成销售收入约 0.25 亿元；另一家是住化华北电子材料科技（北京）有限公司，该公司于 2011 年 9 月才正式竣工，到 2011 年年底即向京东方第 8.5 代线提供偏光片 72 万套，实现收入 0.3 亿元。

此外，北京市平板显示产业还在第 5 代基板玻璃、化学品、TFT 用金属冲压件、光学膜、LED、背光模组以及电源驱动芯片等上游材料上形成了本地化配套。随着新投建项目的陆续竣工达产，今后还将在第 8.5 代基板玻璃、驱动 IC 等上游材料领域实现本地化配套。

2011 年，北京市平板显示产业上游材料配套规模约为 20 亿元，基本与 2010 年持平。

4. OLED

OLED 近两年来在国内得到了广泛的关注，自 2008 年维信诺公司建成中国大陆第一条 PM-OLED 量产线至今，中国大陆已有多家企业将目光投向了 OLED，尤其是面向中大尺寸的 AM-OLED。全国性的产业联盟也已经建立。2011 年 6 月 2 日，由国内 19 家 OLED 企事业单位共同发起的中国 OLED 产业联盟在广东惠州正式宣布成立，旨在引导成员单位在整合产业资源、加强信息交流、推动技术合作、开拓应用市场、推进相关标准制定和知识产权保护等方面广泛开展合作。

北京市的 OLED 产业 2011 年仍处于研发积累阶段，主要代表企业为京东方、维信诺以及阿格雷雅等。

作为国内平板显示领域的龙头企业，京东方不仅已经具备技术上的自主创新能力，而且已经拥有平板显示领域较为丰富和完备的技术储备。在 OLED 的技术准备上，京东方在 2003 年进入平板显示行业之初，就收购并拥有了 OLED 实验室。截至目前，京东方在 OLED 领域拥有专利 500 多项。2011 年，京东方已开始依托成都第 4.5 代线，进行 AM-OLED 的产线改造，待鄂尔多斯第 5.5 代 AM-OLED 线投产后，京东方将成为全球第二大 OLED 生产商。

清华大学和维信诺公司经过十余年的技术开发及产业化工作，已经系统掌握了 OLED 材料、器件、工艺、驱动等关键技术和产品制备工艺；成功开发出新型高性能电子注入技术，突破了国外专利的限制；发明了高性能电子传输材料，取代了业界常用的传统材料；发明了新型器件结构，性能居国际领先水平；解决了高亮度、高对比度、抗震动、抗电磁干扰等技术问题，成功将 OLED 显示器应用于“神七”舱外航天服上，开创了国际先例。截至目前，清华大学和维信诺公司已申请专利 391 项，其中发明专利近 300 项，已授权 141 项。清华大学和维信诺公司还是 OLED 国际标准和 OLED 国家标准的主要参与者，现已完成国际标准一项，国家标准两项，军用标准一项。在大尺寸 AM-OLED 领域，清华大学和维信诺公司实现了 AM-OLED 制造工艺技术的全线贯通，2011 年先后开发出了 7.6 英寸和 12 英寸 AM-OLED 显示屏，标志着我国 AM-OLED 技术正式进入“大屏”时代。

5. 装备

我国在平板显示行业装备国产化方面目前尚处于起步阶段，北京市装备企业进步明显、表现突出。

北京七星华创电子股份有限公司在 UV 固化炉、真空退火炉和物流传送系统上与京东方、天马等面板企业合作研发，已经具备了每年 200 台以上的产能。另外，七星华创现已开始介入设备的备品备件领域，独立研发了屏蔽盖板等产品。

北京清大天达光电科技股份有限公司除参与了面板企业物流传送系统的合作研发外，还独立研发了自动超声波清洗设备，并形成了每年 60 台以上的产能。尤其在 OLED 装备方面，清大天达也开始与京东方和华星光电等面板企业合作，研发设备的覆盖范围已开始扩大到摩擦、切割、检测等在线设备。

2011 年，北京市平板显示装备领域的销售规模约为 12 亿元。

三、未来规划

“十二五”时期是北京市提出建设世界城市，全面实施“人文北京、科技北京、绿色北京”发展战略后的第一个五年。在全球金融危机对实体经济的影响尚未结束的情况下，推动电子信息产业再上新台阶，实现跨越式发展，对于推动北京市经济社会发展至关重要。

下一阶段我们的目标是：到 2015 年，北京市电子信息产业将实现产值 4 000 亿元，年均增长 12% 左右。把北京初步建成为产业优势明显、龙头企业主导、创新能力突出、辐射带动作用强的世界一流电子信息产业基地。

在平板显示方面，北京市将继续以京东方 TFT-LCD 第 8.5 代线为核心，完善 TFT-LCD 产业链及二级配套，推进液晶电视向 3D 化、智能化升级，建设集高端产品制造、关键技术研发、内容服务于一体的数字电视产业园。

此外，北京市还将加大液晶、LED 背光、驱动 IC、偏光片等关键材料、部件的自主开发力度，推进 PECVD、清洗机等关键设备的研发和产业化，进一步完善本地产业配套能力，建设高水平的平板显示制造体系；组织优势资源，加强智能电视、OLED、3D 显示、电子纸、可折叠卷曲的显示、激光显示等新一代显示技术研发，推动新型显示技术在京实现升级发展；创新服务和商业模式，形成标准、芯片、软件、节目制作、信号处理、前端设备、发射与接收、增值服务互动发展的产业链。

2011 年福建省平板显示产业发展概况

福建省信息化局综合规划处

2011 年是“十二五”开局之年，福建省信息产业紧紧抓住国家大力发展战略性新兴产业和支持福建省加快建设海峡西岸经济区的重要战略机遇期，围绕信息产业结构调整和转型升级，重点推进新一代信息技术发展，2011 年完成销售总收入 5 085 亿元，同比增长 23%；增加值 1 925 亿元，同比增长 24.2%，占全省 GDP 的比重达到 11%；全省信息产品出口额 288 亿美元，同比增长 19.5%，占全省外贸出口总额的 31%。在福建省着力打造的物联网产业、软件产业、计算机和网络产业、新一代宽带移动通信产业、平板显示产业、LED 和太阳能光伏产业 6 个信息产业千亿元级产业集群中，福建省平板显示产业集群 2011 年实现产值超过 1 200 亿元，规模位居全国首位。

一、重点企业生产情况

目前，福建省共有平板显示关联企业 100 多家，重点企业主要有宸鸿科技、友达光电、捷联电子、捷星科技、冠捷显示、厦华电子、万利达、华映系企业等。由于近年来触摸屏产品的大规模市场应用，为目前市场热销的苹果产品配套的宸鸿科技成为福建省增长速度最快的企业之一，2011 年完成产值 285.7 亿元，同比增长高达 145.7%；生产大尺寸液晶电视的冠捷显示（厦门）2011 年完成产值 77 亿元，增长 42.3%；新型平板显示产品超薄 LED 背光液晶显示器和电视电脑一体机的生产企业捷星科技实现产值 39.6 亿元，成为推动福建省平板显示产业快速增长的新生力量；华映光电的传统 CRT 产品全面停产，继续扩大新投产的触摸屏模组产量，2011 年实现产值 58.1 亿元，同比增长 32.3%；华映显示 2011 年实现产值 89.2 亿元，同比增长 43.8%；福建省最大的液晶模组厂商友达光电 2011 年完成产值 299.6 亿元，同比增长 5.4%。由于把大尺寸液晶产品外迁至厦门公司生产，福建省最大的液晶显示器企业捷联电子 2011 年实现产值 213.2 亿元，同比下降 29%；为之配套的液晶模组厂商华冠光电实现产值 66.4 亿元，同比下降 8.4%；受出口市场低迷影响，厦华电子完成产值 32.4 亿元，比上年同期下降 21.4%。

二、主要产品产量情况

目前，福建省平板显示产品主要集中在产业链中下游，主要产品有液晶电视、液晶显示器、电脑一体机、数码相框、触摸屏模组、液晶显示模组及其配套产品等。随着液晶显示产品不断得到普及，主要平板显示产品持续保持增长。2011 年福建省共生产液晶电视 1 099 万台，比上年同期增长 30.1%；生产液晶显示器 3 118.9 万台，比上年增长 13.1%；生产液晶显示模组 1 462 万套，比上年增长 53.8%；生产液晶显示屏 11 610 万片，比上年下降 3.2%。

三、主要产业区域布局

产业主要集中在厦门火炬产业园、福清融侨显示器产业园、马尾显示器件产业园以及莆田液晶显示产业基地，其中，厦门火炬园形成了以友达（模组）、乐捷（彩电）、景智（彩电）、宸鸿（触摸屏）等为龙头，以达运、辅讯等卫星企业为配套的产业链协作体系，厦门火炬园 2011 年规模以上工业累计实现产值 1 569.44 亿元，同比增长 20.86%；福清融侨显示器产业园是福建省最早的显示产业集聚区，园区以捷联（显示器）、华冠光电（显示器）为龙头，以睿鸿光电、海创、福强一大批配套企业为支撑，构筑世界级显示器生产基地，2011 年完成规模以上工业总产值 534 亿元；马尾显示器件产业园主要有华映显示、华映光电等，产品以中、小尺寸液晶模组为主，2011 年共完成工业产值 400.88 亿元，同比增长 20.3%；莆田液晶显示产业基地拥有新威、德新、安特等企业，产品以数码产品及 TN、STN 液晶显示屏为主。

四、重点项目建设情况

华映光电新投资 8 000 万美元从中国台湾引进触摸屏生产线，主要生产触摸屏产品、触摸屏模组，产业链覆盖范围较宸鸿科技更长，达成后新增产值 20 亿元以上。平板显示产业链上游的关键零部件——宽幅偏光片项目在莆田签约落地，项目由深圳三利谱公司投资 5.2 亿元，将建设 1 490mm 宽幅 TFT 偏光片（用于大尺寸液晶显示屏以及 3D 显示器件）生产线，年产 500 多万 m^2 偏光片，年销售额将达到 8 亿元以上。厦门天马微电子投资的国内首条、也是全球第二条第 5.5 代低温多晶硅 TFT-LCD 及彩色滤光片生产线目前正在厦门火炬高新区抓紧建设，2011 年完成投资 14 亿元。华映科技和金丰亚太有限公司在福州经济技术开发区共同投资设立了科立视材料科技有限公司，从事平板显示屏及触控组件材料器件的研发、生产和销售，该项目总投资 10 亿美元，其中一期项目投资 1.7 亿美元，已经动工建设。冠捷集团在平潭投资建设冠捷科技平潭园区，总投资 16.4 亿美元，生产液晶电视、液晶显示器等产品。

五、下一步重点

（1）围绕冠捷、厦华、日立、友达光电、华映光电等龙头企业，抓好产业链的补充完善，加大配套企业的招商力度，重点引进彩色滤光片、背光模块、偏光片、驱动与控制模块等重点配套器件生产企业，玻璃基板及靶材、液晶材料、有机发光材料等重点材料生产企业，形成良好的综合配套能力。

（2）瞄准尚未投资福建省的液晶显示国际大厂，发挥福建省平板显示终端产品产量大的优势，有针对性地吸引新的液晶显示后段模组企业落户福建省，实现就近配套，壮大产业规模。特别要进一步加强承接台湾平板显示产业转移的力度，针对福建省缺失的平板显示产业链环节，制定专项招商引资计划，提供特殊优惠政策，吸引台资平板显示企业落户福建省。鼓励参照华映光电投资厦华的模式，在适合的条件下，鼓励更多闽台平板显示上下游企业结盟，共同打造核心竞争力。

（3）下大力气引进高世代液晶面板生产线。鼓励福州、厦门两个平板显示产业规模最大的地区加大引进液晶面板生产线的力度，组织专门的工作小组，采取“一案一议”的方式，通过省市联合、政企合作、资源整合，尽快引进 1～2 条第 6 代以上液晶面板生产线，弥补福建省平板显示产业“短板”，打造完整产业链条。

（4）搭建闽台产业协作的公共创新服务平台，加快消化模组技术，组织液晶电视模组和整机企业联合开展开发设计，简化软、硬件结构，统一接口标准。

（5）推动企业、科研院所、高等学校组织科研力量，集中精力在 OLED 等下一代平板显示技术研发方面取得突破。为福建省内众多生产小尺寸 TN/STN（扭曲向列/超扭曲向列）显示器件的企业，升级换代到 TFT-LCD 或 AM-OLED 显示器提供技术支持。争取在“十二五”期间引进建设一条 OLED 显示模组生产线。

2011 年河北省平板显示产业发展概况

河北省工业和信息化厅电子信息处

一、产业基本情况

2012 年，河北省共有平板显示企业 16 家（入统 12 家），其中，LCD（TFT/STN/TN/其他）企业 4 家，平板显示配套材料及元器件企业 9 家，平板显示专用设备企业 3 家。基本形成了液晶材料—基板玻璃—光学器件—显示模块较完整的产业链。2011 年完成工业总产值 55.88 亿元，主营业务收入 57.89 亿元，实现利税 2.73 亿元，利润 2.4 亿元，出口创汇 11.4 亿元。

从产品结构上来看，**液晶材料**：主要集中在石家庄，主要有石家庄诚志永华显示材料有限公司、河北迈尔斯通电子材料有限公司、石家庄科润显示材料有限公司，产品涵盖 TN、第一极小、HTN、STN、TFT 等液晶材料。衡水武邑新邑兴精细化工有限公司，主营高端柔性、高透光性聚酰亚胺类薄膜单体新材料。**显示器件**：廊坊京东方（河北）移动显示技术有限公司和河北冀雅电子有限公司在国内外均具有较强的竞争优势，主营液晶显示屏及液晶显示模块；爱姆帝电子（沧州）公司主营手机屏幕，主要客户是三星手机生产商；邯郸富亚电子技术公司主营 LCD 液晶显示器和 LCM 模块，主要产品有 TN、HTN、STN、FSTN 液晶显示屏和字符、字段、图形标准模块。**平板显示专用设备**：东旭集团的第 4.5 代、第 5 代、第 6 代液晶基板玻璃成套设备生产线；石家庄博发机械设备有限公司的液晶基板玻璃气浮输送装置。承德新新机电设备制造有限公司研发生产的蒸发镀膜设备、幕墙玻璃磁控镀膜设备，光伏电池背电极生产线等大型产品及装备在国内外均有一定影响力。**平板显示配套材料及元器件**：中国乐凯胶片集团研发的平板显示器材（FPD）用光学级聚酯薄膜生产线、TFT-LCD 背光源用扩散膜生产线，填补了我国平板产业发展所需上游薄膜材料的空白；石家庄旭新光电科技有限公司依托东旭集团及本地化工企业原材料配套优势，将建设 3 条第 5 代液晶基板玻璃生产线，建成达产后，将年生产基板玻璃 245 万 m^2。邯郸中船重工七一八研究所是全国最大的高纯三氟化氮的研发生产基地，其生产的三氟化氮气体纯度达到 99.995%以上。安平瑞申网业公司主营不锈钢丝网、密纹网、过滤网、筛分丝布，主要用于片式元器件、平板显示器、液晶显示器、太阳能电池、玻璃、线路板等印刷。**其他平板显示**：秦皇岛昌隆银幕有限公司主营显示屏幕、微型投影机、增光片、扩散膜产品，该公司研制生产的微显背投电视显像屏幕，打破了我国生产背投电视机依赖进口屏幕的局面，促使 LCOS 产业链更加完整。

二、主导产品生产及销售情况

显示器件：2011 年全年生产中小尺寸模组 3 950 万套（片），全年销量 3 926 万套（片），出口 1 256 万套（片），销售收入 8.27 亿元，出口创汇 1.16 亿元，实现利润 2 622 万元。其中，京东方（河北）移动显示技术有限公司生产中小尺寸液晶显示模组 2 444 万套，出口 132 万套，销售收入 4.78 亿元，实现利润 841 万元，实现利税 1 553 万元；河北冀雅电子有限公司生产 56.93 万片，出口 12 万片，销售收入 1.4 亿元，出口创汇 3 464 万元，纳税 101 万元；秦皇岛昌隆银幕有限公司生产投影电视机 1 830 台，主营业务收入 1 390 万元，实现利税 308 万元。

液晶材料：混合液晶和液晶单体方面，石家庄诚志永华显示材料有限公司全年累计生产销售 21.57t，出口 3.47t，实现销售收入 1.46 亿元，出口创汇 2 810 万元，利税 1 668 万元；河北迈尔斯通电子材料有限公司累计生产销售 3t，出口 0.32t，实现销售收入 3 102 万元，出口创汇 500 万元，利税 574 万元；武邑新邑兴精细化工有限公司生产销售液晶材料 0.5t，实现销售收入 1.6 亿元，出口创汇 2 436 万元，利税 1 069 万元。

专用设备及其他配套材料：东旭集团 TFT-LCD 液晶基板玻璃加工专用生产设备生产线，2011 年主导产品实现销售收入 2.57 亿元。中国乐凯胶片集团公司 2011 年主营业务收入 34.48 亿元，出口创汇 9.18 亿元，实现利税 1.29 亿元，其光学薄膜业务实现了快速增长，PET 光学薄膜销量同比快速增长 153%，扩散膜先后通过韩国三星、合肥京东方、厦门 L&T、台湾中华映管等重要客户的稽核认证，成功进入 TCL 和海信公司。

三、产品研发、技术创新情况

1. 液晶材料

诚志永华：研发快速响应 TFT 用液晶材料，主要指标均达到性能要求，2012 年已申请相关专利 25 项（受理阶段）。该公司前期申报的“国家 2010 年彩电产业战略转型产业化专项的 TFT 液晶材料产业化项目”已被列入国家高技术产业发展计划及国家资金补助计划，并已收到项目专项补助资金 1 000 万元；申报的项目“LCD 用 3D 液晶材料的研发与产业化”获政府“2012 年度电子信息产业发展基金”的项目资助资金 500 万元；高分子稳定蓝相液晶材料获得河北省级省校科技合作开发资金资助 40 万元。

迈尔斯通研究开发 3D 眼镜用的液晶材料（TN/STN 两类），目前项目已开工建设；在负性液晶材料关键技术上有所突破；研发了贴合于玻璃上，用作遮蔽隐私用的电子窗帘智能薄膜液晶材料。

武邑新邑兴精细化工有限公司以高端柔性、高透光性聚酰亚胺类薄膜单体新材料为主攻方向，具体开发产品为：双三氟甲基联苯羧酸、高纯度 3-5 二氨基苯甲酸、双 4-氨基苯基环己烷等，这些产品是制造柔性液晶显示材料以及柔性非晶硅太阳能电池的关键原材料。

2. 光学膜

乐凯胶片集团公司牵头承担的“十一五”国家科技支撑计划重点项目“超微细精密涂布关键技术研发与应用”已顺利通过国家验收。项目实施期间，累计申报专利 54 项，其中发明专利 43 项（PCT 专利 1 项）；制定发布国家标准 4 项、化工行业标准 2 项；发表学术论文 30 余篇。硬化膜、扩散膜、太阳能电池背板和医用热敏干式非银胶片四类产品实现了产业化，创造了良好的经济效益和社会效益。

秦皇岛昌隆银幕有限公司的 TFT-LCD 液晶显示器增光片、扩散膜。该公司从国家发明专利“一种高清信号显示背投屏幕”（专利号：ZL200710000212.X）中分离出增光片、扩散膜两种光学薄膜技术。实现了光学材料—模具材料—镍磷电铸工艺—超精密金刚石模辊加工工艺—精密 UV 光固化成型工艺技术的创新，具有低成本的优势，在市场上将具有很强的竞争力，便于规模化生产和商业化推广。

3. 基板玻璃及相关设备

东旭集团有限公司开发出拥有自主知识产权的平板显示基板玻璃的整套工艺及制造技术，其第 5 代 TFT-LCD 基板玻璃自动生产线项目荣获石家庄市人民政府科学技术一等奖、河北省科学技术成果“国际先进”荣誉称号；TFT-LCD 基板玻璃自动加工生产线获河北省知识产权优势培育工程专利奖二等奖；“基板玻璃生产线”获 2011 年河北省名牌产品称号。

石家庄博发机械设备有限公司近年来产生了 4 项新技术，其中实用新型专利 2 项，分别为：

一种用于玻璃基板垂直输送的吸附支撑装置（专利号：ZL201029160007.4）；

一种用于玻璃传送的耐热滚轮结构及配套安装把手（专利号：ZL201020138926.4）。

授权了 2 项发明专利，分别为：

TFT-LCD 玻璃基板自动加工生产线（专利号：200810054509.9）；

气浮型平板玻璃的传送装置（专利号：201010183680.7）。

承德新新机电设备制造有限公司侧重研发生产显示器 TFT 和 TP 镀膜生产线，取得的成果如下：

2009 年完成国内首条大尺寸 AZO 镀膜生产线研发制造；

2010 年完成硅系薄膜光伏电池第三代背电极镀膜设备研发制造；

2010 年完成硅系薄膜光伏电池 PECVD 沉积系统研发制造；

2011 年完成按德国标准生产的 TP 专用 ITO 镀膜线研发制造；

2012 年完成 TFT 专用 SiO_2+ITO 镀膜线的研发制造。

邯郸中国船舶重工集团公司第七一八研究所在保持三氟化氮（NF_3）技术和产能优势的同时，研发六氟化钨气体和三氟甲磺酸（CF_3SO_3H）系列产品。

4. 显示器件

京东方（河北）移动显示技术有限公司目前正在做的研发工作一是为联想设计开发窄边框 3.0 显示模组，二是中兴 3.5HVGA 电容式触摸屏一体化项目和 LED 外置项目的开发。

河北冀雅电子有限公司近年来开发的新产品与技术如下：一是无源矩阵垂直排列液晶显示器、场序彩色液晶显示器件；二是 3D 光阀眼镜屏和 3D 液晶光栅技术，3D 液晶显示产品生产线技术改造，预计完成后可年产 3D 液晶眼镜 120 万套，3D 光栅 10 万片，所需液晶材料本地企业可以基本满足需求；三是特殊彩色背景液晶显示器件研发与应用。

5. 激光投影显示屏幕、微型投影机

秦皇岛昌隆银幕有限公司研发的产品如下：①ACP 角度微型投影机：该技术可使投影机体积更小，光能损失最小，图像亮度更高；②基于 ACP 技术，该公司开发了专利产品——双模投影式平板电脑（LightPad）和超短焦微型投影机，设备轻便、超薄，非常易于携带。

四、河北省平板显示产业未来规划

平板显示产业已经成为信息产业发展的重要基础、支撑产业之一，也是河北省重点关注和大力支持的产业之一。

《河北省电子信息产业发展“十二五”规划》中明确提出：“十二五”期间将鼓励光阻油墨、滤光片等核心技术研究；进行 LCOS、电子纸等所需关键原材料、驱动电路、面板相关技术攻关，加快新兴显示器件产业化。重点支持 TFT-LCD 液晶材料、液晶模块、液晶屏、触摸屏生产线扩能升级，发展基板玻璃及其成套设备生产线，加强中小尺寸液晶屏项目建设。2015 年，平板显示产业主营业务收入 100 亿元，实现工业增加值 30 亿元。

基础材料方面，保持 TN、STN 液晶材料基础优势，实现 TFT-LCD 用液晶材料上规模、上档次。支持乐凯集团开展各种膜材料、偏振片研发，引进背光板、扩散板、增光片等配套产品生产，做大产业规模，优化产品结构。

新型显示器件方面，坚持产学研用相结合，支持柔性显示技术的研发与产业化，大力发展激光光源、光电器件、显示终端等，推动 LCOS 等显示光阀技术与激光光源技术的融合，以及激光显示上下游产业的发展。

平板显示装备方面，支持液晶基板玻璃成套设备生产线项目扩能升级，开展光刻机、镀膜机、切割机、清洗机等重点设备研发与产业化，提高市场占有率。

附件：1．河北省《全国平板显示企业调查统计》汇总表

2．河北平板显示企业在建或拟建的重大项目汇总表

附件 1

河北省《全国平板显示企业调查统计》汇总表

序号	单位名称	性质	注册资金	法人代表	公司主营	主营产品	2010 年销售额（万元）	2011 年销售额（万元）	在建或拟建的重大项目
1	京东方（河北）移动显示技术有限公司	合资企业	2 000 万美元	张兆洪	LCD（TFT/STN/TN/其他）	1.模块加工 2.COG、模组	21 000	48 000	5KK 扩产项目
2	河北冀雅电子有限公司	内资企业	31 130.36 万元	贾英杰	LCD（TFT/STN/TN/其他）	液晶显示屏	18 000	16 000	3D 液晶显示产品生产线技术改造
3	爱姆帝电子（沧州）有限公司	外资企业	2 682 万美元	金钟完	LCD（TFT/STN/TN/其他）	手机屏幕	16 000	12 000	
4	邯郸富亚电子技术有限公司	内资企业	1 000 万元	李强	LCD（TFT/STN/TN/其他）	1.LCD 液晶显示器 2.LCM 模块	1 700	2 100	
5	石家庄诚志永华显示材料有限公司	内资企业	6 100 万元	郑成武	平板显示配套材料及元器件	TFT/STN/TN 型液晶材料	15 000	15 000	新建 TFT 液晶材料等显示材料基地
6	河北迈尔斯通电子材料有限公司	内资企业	3 000 万元	王岗	平板显示配套材料及元器件	1.CSTN-LCD 2.STN-LCD 3.HTN-LCD 4.第一极小液晶材料	2 517	3 302	负性液晶材料和 3D 液晶材料的研发及产业化
7	石家庄科润显示材料有限公司	内资企业			液晶材料及其他精细化工产品	单晶 混晶			
8	武邑新邑兴精细化工有限公司	内资企业	3 000 万元	何红军	平板显示配套材料及元器件	1. 双 2 氨基 4 三氟甲基苯 2.4，4，-（六氟亚异丙烯基）二邻苯二甲酸酐	1 200	2 600	

续 表

序号	单位名称	性质	注册资金（万元）	法人代表	公司主营	主营产品	2010年销售额（万元）	2011年销售额（万元）	在建或拟建的重大项目
9	中国乐凯胶片集团公司	内资企业	110 660.8 万元	王树林	平板显示配套材料及元器件	光学薄膜	330 000	345 000	合肥乐凯平板显示及IMD用光学聚酯薄膜生产线（2号拉幅线）项目
10	石家庄旭新光电科技有限公司	内资企业	81 000 万元	李青	平板显示配套材料及元器件	第5代液晶基板玻璃	未投产	未投产	TFT-LCD基板玻璃项目
11	中国船舶重工集团公司第七一八研究所	内资企业	5 600 万元	卜建杰	平板显示配套材料及元器件	特种气体三氟化氮	8000	11 000	
12	安平县瑞申网业有限公司	内资企业	1 500 万元	刘彦辉	平板显示配套材料及元器件	不锈钢印刷网	4 850	4 880	
13	秦皇岛昌隆银幕有限公司	内资企业	2 000 万元	张华	其他平板显示平板显示配套材料及元器件	1.激光投影显示屏幕 2.微型投影机	1 380	1 390	TFT-LCD液晶显示器背光源增光片、扩散摸产业化，微型投影机研发及产业化
14	东旭集团有限公司	内资企业	58 600 万元	李兆廷	平板显示专用设备	第4.5代、第5代、第6代液晶基板玻璃成套设生产线备	38 398	31 734	基板玻璃成套设备
15	承德新新机电设备制造有限公司	内资企业	5 000 万元	王兴立	平板显示专用设备	真空磁控镀膜生产线和真空应用设备	8 698	6 186	年产3套（3条/套）显示器镀膜生产线项目
16	石家庄博发机械设备有限公司	内资企业	5 000 万元	李亚	平板显示专用设备	平板设备元器件	360	620	基板玻璃缺陷检测设备技术升级改造，气浮节能装置等

附件 2

河北平板显示企业在建或拟建的重大项目汇总表

序号	单位名称	项目名称	时间跨度	建设内容及规模	项目总投资	资金来源
1	京东方（河北）移动显示技术有限公司	5KK 扩产项目	7 个月	产品数量达到 5KK	5 000 万元	自筹
2	河北冀雅电子有限公司	3D 液晶显示产品生产线技术改造	2012—2014	3D 液晶眼镜 120 万套，3D 光栅 10 万片	9 782 万元	银行贷款和自有资金
3	石家庄诚志永华显示材料有限公司	新建 TFT 液晶材料等显示材料基地	2011—2014	年产 100tTFT 液晶材料，年产 30t STN 液晶材料，年产 20t TN 液晶材料	3.2 亿元	自筹 1 亿元，银行贷款 2.2 亿元
4	河北迈尔斯通电子材料有限公司	负性液晶材料和 3D 液晶材料的研发及产业化	2011—2013	3D 液晶材料年产量 2t，负性液晶材料年产量 5t	4 000 万元	自筹 2 000 万元，贷款 2 000 万元
5	中国乐凯胶片集团公司	合肥乐凯平板显示及 IMD 用光学聚酯薄膜生产线（2 号拉幅线）项目	2011.1—2013.1	平板显示及 IMD 用光学聚酯薄膜，产能规划 18 000t	3.4 亿元	银行贷款和自有资金
6	石家庄旭新光电科技有限公司	TFT-LCD 基板玻璃项目	2009.9—2013．9	第 5 代液晶基板玻璃，年产液晶基板玻璃 245 万 m^2	27 亿元	自有资金 8.1 亿元，银行贷款 18.9 亿元
7	秦皇岛昌隆银幕有限公司	TFT-LCD 液晶显示器背光源增光片、扩散膜产业化，微型投影机研发及产业化	2011.5—2013.5	液晶显示器背光源增光片、扩散膜，单班年产能 100 万 m^2	7 750 万元	自筹 4 750 万元，银行贷款 3 000 万元
8	东旭集团有限公司	基板玻璃成套设备	2011.12—2014.12	年产第 5 代以上基板玻璃成套设备生产线 6 条	8 亿元	自筹 2.5 亿元，银行贷款 5.5 亿元
9	承德新新机电设备制造有限公司	年产 3 套（3 条/套）显示器镀膜生产线项目	2011.1—2013.12	达到年产 3 套（3 条/套）显示器面板磁控镀膜生产线能力	7 154 万元	自筹和银行贷款
10	石家庄博发机械设备有限公司	基板玻璃缺陷检测设备技术升级改造，气浮节能装置等	2011.6—2013.6	年产液晶基板玻璃缺陷检测设备 6 台	5 300 万元	自筹 1900 万元，银行贷款 3 400 万元

2011年河南省平板显示产业发展概况

河南省工业和信息化厅高技术工业处

一、产业发展情况

2011年，在复杂、多变的国际、国内市场条件下，由于富士康等大项目的带动，河南省电子信息产业实现了跨越式增长，发展速度居河南省14个重要工业门类首位。规模以上电子信息产业实现主营业务收入1368.48亿元，同比增长85.2%；实现利润51.92亿元，同比增长46.5%；完成税金13.59亿元，同比增长45.6%；出口交货值增速超过600%以上；500万元以上项目固定资产投资完成533.1亿元，同比增加95.1%。电子信息产业发展呈现出产业规模快速增长、经济效益持续趋好、外贸出口发展迅猛、产业转移成果斐然的好态势。富士康、中硅高科、旭飞光电等一批优势骨干企业快速成长，特色产业链加速形成，太阳能光伏、新型电池领域在国内具有一定领先优势，LED照明、应用电子、电子元器件、信息安全等领域也形成了局部的竞争优势，新型显示、高端消费电子等领域发展初见端倪。河南省以郑州、洛阳为一体，以新乡、安阳、鹤壁、焦作和许昌、南阳、漯河、信阳为两翼的“一体两翼”的电子信息产业发展布局初步形成，电子信息产业发展步入了“快车道”。

平板显示领域发展呈现加速趋势，旭飞光电4条第5代液晶基板玻璃生产线如期达产，富士康生产苹果手机2 050万部，中显公司3D高清晰度LED大屏幕项目通过鉴定。LCOS大屏幕、液晶材料生产大幅增长，一批液晶电视、液晶屏模组、LED背光液晶显示屏及视听产品项目相继签约或开工，为平板显示产业快速发展打下了基础。

二、主要企业情况

郑州旭飞光电科技有限公司是一家主要从事平板显示和光伏等高科技产业材料的研发、生产与销售的国有控股公司。公司一、二期项目总投资34亿元，建设4条第5代液晶基板玻璃生产线，2011年年产基板玻璃16万片，销售12万片 。公司还将开始启动三期6条高世代液晶基板玻璃生产线项目，立足打造国家重要的液晶玻璃产业基地。

鸿富锦精密电子公司是富士康科技集团在郑州设立的公司，主要生产智能手机整机及零部件，项目于2011年3月开工，截至2011年年底，已布局手机整机组装线40条，维修线7条，日产能21.8万台，具备年产1亿部手机的生产能力，2011年生产手机2 050万部。

河南平原光电有限公司是中国兵器工业集团公司所属的以研制生产光机电一体化产品的军工绿色企业。该公司以军品技术为依托，开发了红外多用途摄像仪、LED应用产品等多项民用产品，2011年生产LED显示屏4 600m^2，已逐渐发展成为兵器工业精密成型中心、军用显示器制造中心、精密光学和特种光学元件制造中心。

郑州中原显示技术有限公司是国内知名的专业生产室内、室外大型LED显示屏的高新技术企业，该公司CCDL品牌的巨型彩色显示屏，具有高亮度、宽视角和全彩色的特点，而且该公司拥有世界显示领域最先进的专有显示技术，已形成“电子快门型、偏振型和裸眼型”这三大类3D LED高清大屏幕生产能力，产品质量和显示技术已达到国际领先水平。2011年该公司3D高清晰度LED大屏幕项目通过国家级鉴定。

南阳首控光电公司是一家研发生产MD光电显示系列产品的企业，主要产品为MD大屏幕拼接墙，

LCOS、LED 大屏幕高清数字电视机（含高清视频会议机、互动教学一体机等），DLP 高清投影机等。该公司拥有三大系列二十多个品种规格的整机产品，具备了年产 10 万台整机的生产能力和较为完善的关键零部件配套体系，该公司生产的产品在应急指挥、公安消防、办公教学、家庭娱乐等领域得到了广泛应用。

郑州汉威光电技术有限公司是专业设计生产室内外大型显示屏的高新技术企业，先后获得国家级节能降耗科技创新示范企业、创新型试点企业等荣誉称号和国家机械工业协会等颁发的多项省部级科技奖项。该公司致力于 LED 显示产品和智能交通系统的研发，具有公路交通工程专业承包监控系统、通信系统、收费系统工程资质，该公司公路信息发布系统、交通信息采集系统、收费管理系统等多种产品和解决方案已广泛应用于全国多条国家级高速公路。

焦作市日欣电子有限公司是一家集科、工、贸于一体的民营高科技企业，该公司现为中国光学光电子行业协会 LED 显示应用分会会员单位，该公司拥有全自动 LED 系列产品生产线，主要经营 LED 光电子产品，2011 年生产 LED 显示屏 6 800m^2，各类 LED 照明灯具 6 万盏。

新乡市慧东光电有限公司是一家以研发、生产和销售自有品牌的光电产品为主的企业。公司主要产品发光二极管、LED 电子显示屏，以及背光器件、背光源、LED 数码管、导光板、增亮膜、反射膜等，2011 年生产 LED 电子显示屏 4 800m^2，LED 护栏管 3.5 万 m。

三、发展思路及发展重点

突出创新引领，坚持龙头带动、高端切入、集群发展、产业链优化和融合转型，掌握平板显示产业发展关键核心技术，突破产业发展瓶颈，积极承接国内外产业转移，加快提升产业、产品配套能力，快速壮大平板显示产业规模，不断优化产业产品结构，努力建设中部平板显示新高地，把平板显示产业培育成新的经济增长点，推动河南省电子信息产业实现跨越式发展。

（1）打造液晶基板玻璃制造基地。大力扶持和推进旭飞基板玻璃项目建设，攻克关键生产工艺技术，加快知识产权布局，加强与国内液晶面板生产企业的技术沟通，早日实现良品率达到国际先进水平。推动二期、三期项目建设，加强技术投入，攻克第 6 代及以上基板玻璃生产工艺技术，形成量产能力。

（2）延伸产业链，大力发展相关配套产业。以旭飞基板玻璃项目为基础，向产业链下游延伸，按照国内外市场变化和国家整体规划布局，积极与国内具有自主技术优势的企业合作，择机发展液晶面板产业。大力引进彩色滤光片、偏光片、液晶材料、驱动 IC 等项目，着力发展 TFT-LCD 上游关键元器件和材料，为产业发展提供支撑。

（3）注重科技创新，重点发展下一代显示器件。抓住 OLED 产业起步发展的契机，引导有技术实力的企业开展 OLED 技术研发，重点关注大尺寸 AM-OLED、OLED 照明等方向，并积极与国内外掌握 OLED 关键技术的企业合作，建立 OLED 面板生产线。积极跟踪世界新型显示器件技术发展动态，大力推动 3D 显示、电子纸等新一代显示器件产业发展。

（4）承接产业转移，以终端整机产品带动产业发展。发挥本地区位、资源、人才成本和市场优势，积极承接平板电视等整机产品生产线转移，重点发展车载电视、移动电视、激光电视、数码相框、数码广告栏等各类新兴显示产品。

（河南省工业和信息化厅高技术工业处　李永健）

2011 年湖南省平板显示产业发展概况

湖南省经济和信息化委员会

平板显示产业是电子信息领域的核心支柱产业之一，是年产值超过千亿美元的战略性新兴产业，融合了光电子、微电子、化学、制造装备、半导体工程和材料等多个学科，具有产业链长、多领域交叉的特点，对上下游产业的拉动作用明显，是电子信息领域重要的战略性和基础性产业。近年来，在湖南省委、省政府的大力支持和强力推动下，通过招商引资、结构调整和产业集群建设，湖南省平板显示产业得到快速发展，成为湖南省电子信息产业的主要组成部分和重要增长点。

一、现状与特点

湖南省显示器件（CRT）产业曾占湖南省电子信息产业总规模的 46%，由于技术更新换代导致彩色显像管全线退出市场，显示器件产业曾大幅下滑。在电子信息产业转移的大背景下，近几年湖南省大力引进新型显示器件项目，积极承接产业转移项目，显示器件产业通过结构调整走向复苏，新型显示器件产业快速发展，到 2011 年，平板显示器件产业产值已突破 100 亿元，并呈现出以下特点。

一是千亿产业集群初步形成。平板显示产业链基本拉通：湖南省上游布局有蓝思科技的基板玻璃、普照爱伯乐的彩色滤光片、普照信息的高精度匀胶铬版、博云新材的 IT0 粉末和靶材等；中游布局有介面光电、宇顺电子、城步新鼎盛的触摸屏以及汇盛科技、大成科技、恒维电子、恒信电子、达福鑫、骏峰微电子、晶讯光电、欧姆龙精密电子等企业的 LCD（TFT/STN/TN）中小尺寸面板和模组项目；下游布局有富士康的电子相框及三网融合产品，长城信息、汇盛电子的笔记本电脑，湘计海盾、景嘉微电子的特种显示器，湘源皇视的数字电视一体机、郴州华录数码的移动液晶电视，威胜集团智能电表等应用终端。从发展规划看，两年内蓝思科技将形成 500 亿元的产能，富士康将突破 300 亿元的产能，介面光电 2011 年 9 月正式投入生产，计划在两年内实现年产值 160 亿元，宇顺电子产值将突破 100 亿元……平板显示千亿元产业集群正在形成。

二是产业转移项目成为产业快速发展中坚。产业转移成为产业发展的重要推动力，蓝思科技、介面光电、汇盛科技、宇顺电子、大成科技等一批建设周期短，形成产能快的项目落地，为产业发展和扩大就业起到了明显的支撑作用。例如，蓝思科技 2006 年 12 月注册成立，仅用 5 年时间，于 2011 年成为湖南省首个产值超过百亿元的电子信息企业，出口额度最大的企业，2012 年预计产值将突破 200 亿元。介面光电从 2010 年 10 月动土起到 2011 年 9 月 28 日开幕，以不到 1 年的建厂时间，迅速进入量产，2012 年预计新增 36 亿元。汇盛科技于 2008 年 11 月招商引进，以不到 2 年的建设时间，其笔记本电脑产能就达到 4 万台/年，液晶屏产能达到 528 万片/年，CDMA 手机产能达到 200 000 部/年，2011 年主营收入突破 13 亿元。湖南大成科技有限公司 2008 年 1 月开始动工建设，2011 年主营业务收入 27 347.46 万元，其中生产电视机 4.23 万台。宇顺电子投资建设的宇顺科技园基本建成，园内宇顺触控和宇顺显示 2 个全资子公司 2011 年年底开始试生产，2012 年 1～5 月主营业务收入突破 3 亿元。

三是龙头企业引领产业集聚发展的态势强劲。以长沙为核心的全球最大的智能终端触摸屏生产及供应基地初见雏形。蓝思科技已形成浏阳玻璃面板、星沙触摸屏两大基地，并将在榔梨新建 PC 玻璃面板、TV 玻璃面板和触控玻璃面板 3 个生产基地。目前在建项目有 5 个：一是浏阳基地技改项目，投资 18 亿元生产大尺寸触控功能玻璃面板，预计 2013 年 4 月建成投产；二是在浏阳生物医药园的新型显示器件项目，新购地 1 000 亩，总投资 40 亿元，分两期建设，预计 2014 年年底全部完工；三是榔梨基地，已全面动工，预计 2012 年年内竣工试投产；四是湘潭九华基地项目，计划投资 72 亿元，已完成立项审批，一期 398 亩用地征拆进入扫尾，先期租赁的 4 栋标准厂房装修已完成 95%；五是在醴陵的蓝思华联手机陶瓷片项目，总投资 1 亿元，一期建成投产，二期正在建设，全部建成后产值 5 亿元。全部项目建成后，蓝思科技有望成为电子信息行业的“三一”、“中联”。台湾介面光电有限公司提出三步走战略：一是传统式电容屏的生产，2012 年已实现量产；二是 2013 年投资建设表面电阻 10Ω 以下的低电阻导电膜工厂，以不同材料生产高端触摸屏，提高竞争力及获利能力；三是在 2～3 年内推出 0.5cm 以下厚度的软性显示屏，并计划在 2014 年实现柔性薄膜显示屏的扩建量产。宇顺触控落户长沙高新区并已投产；普照爱伯乐加快技改步伐，业务向触摸屏方向拓宽，目前彩色滤光片和触摸屏产能达到年产 70 万片。富士康借助湖南“三网融合”的试点政策机遇，将在长沙和衡阳进行硬件制造、软件开发、三网融合以及新产品的研发、生产、销售，并促成上、中、下游厂商转移至湖南。四是中小尺寸玻璃及触摸屏领域竞争优势凸显。蓝思科技是全球第一家通过自主研发将功能玻璃面板应用到电子消费产品显示屏上的生产企业，被业界誉为玻璃面板“第二次革命”的领军企业，以技术最前沿、工艺最成熟、设备最先进、客户最稳定、生产规模最大、加工精度最高等特点在同行业中领先，其产品为世界知名的智能终端品牌配套。为解决基板玻璃的省内配套能力，以黄伯云院士为首的中南大学平板显示材料研究中心通过反复实验，成功研发集成了全套自主知识产权核心技术的平板基板玻璃，并由邦盛集团与中南大学共同投资建设，填补了湖南省平板显示玻璃行业的空白。全球排名前 5 位的触摸屏商台湾介面光电有限公司有多项专利已被普遍用于平板电脑和智能手机。2012 年，介面光电又开发出没有边框、单层导电膜、可 4 点同时输入的触摸屏，这是触摸屏在历史上第一个单导电膜多点触控的新产品，该产品会陆续运用于 7 英寸平板电脑和智能型手机。此外，介面光电对单层导电膜且同时 10 点输入的技术申请了新型发明专利，并致力于柔性显示屏的研发及量产。

二、问题和挑战

湖南省平板显示产业尽管近两年发展较快，但问题仍很突出。

从产业发展来看，问题主要体现在：一是平板显示产业链虽已基本拉通，但高世代面板生产线缺失，高品质、大品牌的智能移动终端产品缺失；二是中小尺寸面板及模组生产线项目上马较多，但目前尚处于起步阶段，须加快发展步伐，迅速做大规模，提升竞争力，抢占中低端市场；三是核心技术缺失，产业体系不完善，原材料、元器件和专用设备等本地配套能力有待提高；四是在 OLED、E-PAPER 等新兴显示领域还要加快布局。

从企业发展来看，反映最突出的是：一是资金压力大，存在贷款难、融资难和货款回款周期过长的现象；二是人才短缺，特别是专业技术和高端管理人才缺失；三是企业经营成本高，工资社保提高、上游提价、物流成本上涨、采购成本升高使经营成本一路攀升；四是用电难，特别是生产高峰期因用电紧张造成订单无法正常完成；五是风险性加大，国际经济形势严峻导致市场低迷，客户破产或跑路现象增多。

尽管湖南省平板显示产业和企业发展存在诸多问题，但平板显示产业依然是湖南省现在和未来几年的重要增长点。

从技术发展来看，平板显示技术指以 TFT-LCD（薄膜晶体管液晶显示）为代表的显示技术，还包含 PDP（等离子体显示）、OLED（有机电致发光显示）、FED（场发射显示）以及 E-PAPER（电子纸显示）及其他新型显示技术。平板显示技术总体将朝着高画质、高临场感、互动式多功能一体化、节能降耗和健康环保的方向发展。京东方科技集团股份有限公司副董事长梁新清表示，智能化、柔性化、高清化将成为未来平板显示产业技术的发展趋势。

从市场特点来看，2011 年以来，全球平板显示产业呈现出三大特点：一是市场整体需求疲软。一方面，需求增长不如预期；另一方面，产量增加、产值缩水，产业规模进入一位数成长期。二是智能移动产品成为主角。传统大尺寸面板市场饱和，智能移动产品市场快速增长。三是中国在整个产业中的重要性日益突出，以中国为代表的新兴市场需求比例逐年攀升。随着中国经济的持续增长，中国市场对全球的贡献率越来越高。强大的购买力使中国成为全球重要的市场，而适合的发展空间也让中国成为未来平板显示产业的主战场。

从市场预测来看，据台湾财团法人光电科技工业协进会（PIDA）展出的资料显示，全球平板显示产业产值在今后两年内仍将保持稳步增长，预计 2014 年将达到 1 753 亿美元，其中，TFT-LCD 面板制造及 LCM（液晶模块）仍将占据最大份额，达到 877 亿美元，但 TN/STN LCD 产品却呈下滑趋势，预计到 2014 年将下滑至 18 亿美元。在目前热门的触摸屏方面，PIDA 预计到 2015 年，触摸屏方面仍旧由投射电容式统制江山，预计 2015 年出货量将达到 16.51 亿片，比 2011 年增长 200%。这表明，平板显示产业今后一段时间仍将有较大发展空间。

按照产业梯度转移理论，湖南作为中部省份，正逢承接平板显示产业转移的战略机遇期。湖南具有承接珠三角、长三角产业梯度转移的区位优势，相比沿海地区较低的土地、人力、交通等经济要素成本优势。拥有较强的科研研发能力和一定规模的信息人才队伍，近年来信息产业基础、园区载体建设和服务配套体系的不断提升，拥有熟练技术的湘籍务工者返乡意识增强，将使湖南在这波产业梯度转移大潮中，承接优势进一步放大。湖南应抢抓机遇，顺势而上，加快平板显示产业转型升级和自主创新步伐。

三、重点与措施

《湖南省战略性新兴产业信息产业发展专项规划》提出，要发展 TFT-LCD 模组、基板玻璃、LED 背光源、触摸屏（TP）等，增强新型显示器产业配套能力。《数字湖南规划》明确将平板显示产业列为重点打造的十条产业链之一。

立足省内现有显示器件产业方面的基础和优势，围绕以上发展重点，湖南省将重点开展以下工作：

（1）全力打造全球最大和技术领先的中小尺寸智能终端玻璃及触摸屏基地。进一步发挥湖南省在中小尺寸触摸屏领域的优势，依托蓝思科技、介面光电、宇顺电子等龙头企业，拉全、拉长产业链，往集群方向发展。全力推动蓝思科技各基地建设，大力促进介面光电新技术、新专利在湖南的量产，加快中南大学平板显示材料研究中心技术成果转化力度，着力推动邵阳特种玻璃工程技术研发中心以及平板显示触摸屏和盖板玻璃产业化生产基地建设，为打造全球最大和技术领先的中小尺寸智能终端玻璃及触摸屏基地夯实基础。

（2）加快打造基于三网融合、云计算的智能终端产业链。抓住“三网融合”试点的政策机遇，积极引进和支持智能终端生产企业快速发展。重点支持富士康、汇盛科技、高斯贝尔等企业加快发展消费类电子整机，积极引进国内外整机生产企业落户湖南，加快打造基于三网融合、云计算的智能终端产业链。

（3）加快发展 LCD（TFT/STN/TN）中小尺寸面板和模组项目。以宇顺电子、骏峰微电子、达福鑫等骨干企业为依托，加大投入，积极扩充模组产能，努力提高产品品质，推动企业迅速上规模上水平，抢占中小尺寸面板中低端市场。

（4）巩固提升产业链配套。积极引进和培育更多的配套企业，发挥湖南在 TFT 化学材料、LED 背光源、匀胶铬版、彩色滤光片、基板玻璃等上游关键材料的现有优势，推动产业链上下游交流，集聚发展，强化产业省内配套能力。同时，积极推动产品在本地其他行业的应用。

（5）积极推动国际合作。以日本、韩国、中国台湾地区为主要目标，加大技术引进和招商引资力度，大力引进投资规模大、带动能力强、产业关联度高的基地型、龙头型平板显示项目，争取在高世代液晶面板和 OLED、PLED、SED、3D 显示、电子纸显示等新型显示技术上有所突破。

附件：湖南省平板显示企业及研发中心名单

附件：

湖南省平板显示企业及研发中心名单

一、基板玻璃及触摸屏类

蓝思科技股份有限公司
介面光电湖南有限公司
长沙市宇顺显示技术有限公司
城步新鼎盛电子科技有限公司
湖南普照爱伯乐平板显示器件有限公司
邵阳平板显示超薄基板玻璃项目

二、LCD（TFT/STN/TN）中小尺寸面板及模组

湖南汇盛科技有限公司
郴州市晶讯光电有限公司
郴州骏峰微电子有限公司
郴州恒维电子有限公司
郴州市海利微电子科技有限公司
永州达福鑫集团公司
湖南大成科技有限公司
湖南港城电子信息科技有限公司
湖南驿通电子科技有限公司

三、特种显示

湘计海盾
景嘉微电子

四、显示配套及材料

湖南普照信息材料有限公司
长沙壹纳光电材料有限公司
欧姆龙精密电子（衡阳）有限公司

五、下游应用

富士康衡阳工业园
湖南汇盛科技有限公司
湖南纽曼数码科技有限公司

湖南创图视维科技有限公司
欧姆龙精密电子（衡阳）有限公司
高斯贝尔数码科技股份有限公司
双峰县湘源皇视电子有限公司
长城信息产业股份有限公司
郴州华录数码科技有限公司
威胜集团有限公司

六、研究中心

中南大学平板显示材料研究中心

（湖南省经济和信息化委员会副主任　李球）

2011 年江苏省平板显示产业发展概况

一、产业总体情况

平板显示产业具有辐射范围广、技术进步快、产业聚集度高、投资规模大等特点，是电子信息领域重要的战略性和基础性产业，也是国家战略性新兴产业的重点发展方向之一。2011 年，江苏省平板显示产业继续保持平稳、较快的发展态势，主要体现在以下几个方面。

（1）产业规模进一步扩大。电子信息产业是江苏省重要的主导产业。2011 年，江苏省电子信息产品制造业实现销售收入超过 23 000 亿元，为江苏省平板显示产业的发展奠定了良好的基础。2011 年，全省平板显示产业销售收入接近 4 000 亿元，TFT-LCD（薄膜晶体管液晶显示）、OLED（有机电致发光显示）、激光显示齐头并进，产业规模和技术水平在国内继续处于领先水平。

（2）产业层次进一步提升。近年来，江苏省在高世代液晶面板、基板玻璃、彩色滤光片、偏光板、有源 OLED、靶材、掩膜版等平板显示产业核心基础领域取得重要突破。以推进产业链向上游延伸、价值链向高端攀升为取向，江苏省平板显示产业链得到有效的延伸和拓展。

（3）产业基地建设进一步加快。除昆山经济技术开发区、南京经济技术开发区、吴江经济开发区、无锡高新技术产业开发区等一批国家级平板显示产业园的建设具有一定规模外，近两年南京以高世代液晶面板项目为龙头，以 TFT-LCD、激光显示、OLED 显示和照明等领域重大项目为带动，启动了“中国南京液晶谷”建设项目，全力打造国内一流、国际领先的液晶显示产业基地。这一批产业基地的建设为江苏省平板显示产业发展拓展了新的空间。

（4）发展后劲进一步显现。2010 年，总投资 30 亿美元，建成后液晶面板生产能力将达到 10 万片/月的苏州三星第 8.5 代线、昆山龙飞光电第 8.5 代线正在进行主体厂房建设，南京中电熊猫液晶显示第 6 代线、张家港彩虹基板玻璃、昆山旭硝子基板玻璃、南京 LG 化学偏光片、昆山康佳液晶模组等项目在 2011 年全面投产。南京卓盛微电子第 3.5 代 AM-OLED 面板项目、第壹有机光电 OLED 照明项目、昆山维信诺第 5.5 代 AM-OLED 面板项目、长青激光显示等新一代显示和照明项目正在抓紧建设，产业持续发展能力得到有效保证。

（5）技术创新能力进一步增强。在平板显示领域，江苏省科教资源丰富，科技综合实力强。江苏省拥有中国电科第 55 所国家平板显示工程技术研究中心、东南大学显示技术研发中心、昆山龙腾平板显示产业研究院等一批研发平台及一大批以跨国公司为支撑的外资研发中心。在液晶显示领域，中电熊猫液晶面板生产线中采用了大量自主研发的电子装备，并导入了日本夏普的第 10 代线关键技术——紫外垂直取向技术；在 OLED 显示领域，昆山维信诺开发成功国内首款 12 英寸 AM-OLED 全彩显示屏，这也是目前国内自主研发的首款 10 英寸以上 OLED 显示屏；第壹有机光电成功制备白光 EES-OLED 照明器件，能效达到 49lm/W，为目前世界同类器件最高。目前第壹有机光电正在冲击 66lm/W 的白光世界纪录。

二、存在的主要问题

江苏省平板显示产业发展主要存在两个问题：一是核心技术缺乏，高端产品、关键设备受制于人；产业链存在薄弱环节，原材料、元器件和专用设备等本地配套能力不强。这也是国内其他省市平板显示产业存在的共性问题。二是江苏省产业链下游大尺寸液晶电视整机生产企业较少，缺乏具备从面板到模组再到终端的垂直一体化整合能力的龙头骨干企业。这两个问题对江苏省平板显示产业的发展形成了制约。

三、下一步发展思路

从江苏省平板显示产业面临的形势来看，机遇和挑战并存。从机遇来看：一是市场需求的增长为平板显示产业的跨越式发展提供了良好的机遇。未来几年，平板显示产业将继续呈现出快速发展态势，显示技术酝酿着新的突破，战略性调整、重组进程不断加快，新的产业格局呼之欲出。二是国内政策扶持力度也在进一步加大，国家相关部委提出要积极支持建设技术先进、规模合理的高世代液晶面板生产线，完善产业配套体系，积极布局 OLED 等下一代显示技术，提升创新能力。国家政策层面的鼓励与支持，为加快发展平板显示产业营造了良好的环境。三是江苏省平板显示产业发展有着良好的基础条件。产业积淀深厚、规模大，产业链较为完善、产业配套能力强，区位优势明显、区域竞争力强，大院大所多、人才资源丰富。从挑战来看：一是区域竞争日趋激烈。国内各级地方政府纷纷看好平板显示产业巨大的投资与产出拉动效应，争相在产业规划、融资支持、土地优惠和财政扶持等方面出台一系列的产业扶持政策，争取吸引相关项目入驻，各个区域的产业竞争日趋白热化。二是近两年来，随着市场竞争不断加剧，液晶面板、特别是中大尺寸液晶面板价格持续下滑，欧债危机又进一步对全球市场需求形成冲击，平板显示产业发展面临的宏观经济环境十分严峻和复杂。

今后几年，江苏省将抓住机遇，迎难而上。一方面，将重点支持骨干企业建设前道生产线，推动平板显示上下游配套产业发展，进一步促进产业集聚。另一方面，将顺应技术和应用发展趋势，鼓励引导平板显示产品向 3D 化、智能化、网络化方向发展；在巩固保持 TFT-LCD 产业在国内优势地位的同时，着力推进 AM-OLED 产品的研发和产业化，大力支持 OLED 显示和照明生产线，借助“南京青奥会”等大型盛事推动 OLED 产品的研发和应用，加快完善从材料、器件到产品、装备的产业链配套，进一步夯实江苏省 OLED 产业发展基础；积极布局激光显示、LCOS、DLP 等有基础、有潜力的新一代显示产业。力争通过 3～5 年的努力，将江苏省建成国际先进、国内最大的平板显示产业基地，实现平板显示产业的跨越式发展。

四、2012 年重点工作

围绕以上目标和任务，2012 年重点抓好以下四个方面的工作：

（1）贯彻落实好平板显示产业发展规划。围绕国家平板显示产业规划的目标要求、发展重点和主要任务，广泛、深入地进行调查研究，落实各项具体贯彻措施，继续抓好规划贯彻落实的各项工作。进一步从政府层面营造良好环境，推动自主创新，优化资源配置，加强人才培养，完善产业体系，不断提升江苏省平板显示产业的技术水平和生产能力，促进平板显示产业稳中求进、又好又快发展。

（2）加大对重点项目的支持力度。研究制定支持政策和推进措施，进一步加大对苏州三星、昆山龙飞光电、南京中电熊猫、第壹有机光电、昆山维信诺等一批重大建设项目的支持力度，争取早日建成投产，形成新的竞争优势。同时，积极支持液晶显示面板、模组、彩电产业等产业链上下游进行垂直化一体化整合，推动装备、器件、软件、材料、面板、模组和整机的协调发展，形成合理的产业链布局。

（3）巩固提升产业链配套。对平板显示产业链进行进一步的深入分析、梳理，依托江苏省“万企升级”计划的实施，重抓产业链建设。针对 TFT-LCD 产业链中液晶材料、彩色滤光片、偏光片、配套材料设备等薄弱环节，集中力量填平补齐，逐步实现高端材料的本地化生产。在 OLED 领域，支持建设 OLED 创新平台，加快推动 AM-OLED 产业化，进一步培育和完善产业链配套，推动建设具备国际竞争力的 OLED 企业。通过促进产业链上下游协同联动、配套发展，强化延伸江苏省平板显示产业链群，进一步提升物联网产业的整体发展水平。

（4）加强服务体系构建和完善。指导和推动江苏省 OLED 产业联盟、江苏省平板显示技术创新战略联盟、江苏省平板显示产业发展与创新合作联盟、南京市平板显示行业协会、苏州市平板显示行业协会等省内各级各类平板显示产业联盟和行业协会建设，充分发挥产业联盟、行业协会及产业研究院作用，搭建产业交流合作平台，推动互动双赢。加强产学研合作和产业链上下游的整合，围绕共性技术和关键核心技术攻关，开展技术攻关和联合创新，推动建立以企业为主体、市场为导向、产学研相结合的物联网技术和应用创新体系。

2011 年山东省平板显示产业发展概况

山东省经济和信息化委员会电子信息处

在山东省委、省政府的领导下，山东省大力推动山东省平板显示产业发展，并将平板显示产业列为《山东省电子信息制造业“十二五”发展规划》中重点发展的八大产业领域和十大产业专项，提出了“打造山东半岛新型显示器件研发和产业化基地”的发展目标。目前，山东省平板显示产业发展迅速，具备了一定规模，呈现出良好的发展态势，有关情况如下。

一、山东省平板显示产业情况

（一）总体情况

近年来，山东省信息产业的重大跨越发展，带动了平板显示产业的快速发展。目前，山东省平板显示产业已初具规模，在济南、青岛、烟台、威海、潍坊等地已形成一定的产业基础。产品涉及线路板、液晶材料、薄膜、PDP 荫罩、PDP 保护屏、背光模组、液晶显示模组、液晶显示器、液晶电视、等离子电视、LED 显示大屏幕、DLP 大屏幕、平板电视配件等诸多领域。2011 年山东省累计生产彩电 1 249.5 万台，其中液晶电视 1 196.5 万台，等离子电视 3.1 万台，显像管彩色电视机 49.9 万台；平板显示器 104.2 余万台。

（二）主要企业情况

烟台万润精细化工股份有限公司是从事液晶材料、医药中间体和其他精细化工产品的研究、开发、生产和自营出口销售的高新技术上市企业。该公司经过十多年的发展，已拥有自主开发的单体液晶、液晶中间体和其他精细化工品 1 000 多个化合物生产技术。2011 年，该公司营业收入达到 82 009.06 万元，同比增长 12.09%；实现利润总额 14 039.62 万元，同比增长 23.23%；净利润 12 024.11 万元，同比增长 20.48%。

显华化工科技有限公司成立于 2003 年，是一家集研发、生产、销售于一体的高新技术企业。公司主导产品为中高档液晶材料，包括三大部分：混合液晶、液晶单体、液晶中间体。自主研发的 TN 型、HTN 型、STN 型、CSTN 型和 TFT 型混合液晶得到了国内外 LCD 厂家的普遍认可和广泛好评；同时，还致力于 OLED 中间体、医药中间体和其他精细化学品的定制生产。2011 年 3 月，古现生产基地正式投产运行。

烟台德盈电子材料有限公司是新成立的高新技术企业，主要产品是应用于新领域的聚酰亚胺材料和其他电子化学品，该公司以持续创新追求卓越的精神为国内外客户提供高品质产品。

烟台德润液晶材料有限公司是生产液晶材料和医药中间体的精细化工企业，成立于 1997 年，现有厂区三座（共计 40 亩），生产线 5 条、产品中试线 1 条，并设有纯化中心和质量检测中心。目前该公司主要生产烷基苯甲酸、烷基环己基甲酸、烷基环己基苯酚、烷基环己基溴苯等液晶中间体以及腈类、酯类、醚类、醇类、烯类等单体和医药中间体等精细化学品。

海信集团在 LED、智能电视和 3D 电视市场保持了在中国市场的领先优势。海信 LED 液晶模组目前有 9 条生产线，生产线产能已达到 650 万片。2011 年实现主营业务收入 703 亿元，同比增长 10.3%；实现利润 42.8 亿元，同比增长 16.7%。液晶电视机产量同比 2010 年上涨 27%，发展势头迅猛，已连续多年位居中国市场销量和销售额占有率的第一位，并不断拉大与第二名的差距；LED 背光液晶电视零售量占有率达到 21.38%，持续保持第一位，并领先第二名超过 5 个百分点；海信 3D 电视零售量占有率达到 19.92%，保持第一位；海信网络电视的销售量占有率为 22.9%，高居行业第一位。海信电视持续领跑市场。

海尔电子在青岛、合肥两地拥有平板电视生产基地，其中包含贴片生产线 8 条、基板生产线 10 条、总装线 7 条等，年总产能 1 000 万套，并在美国、意大利、约旦、泰国等 8 个国家拥有自主的生产系统，生产的产品已出口亚、欧、美等 60 多个国家和地区。海尔电子在全国设有 42 个驻外销售分公司及与之配套的技术支持和售后服务机构，业务范围遍及全国各地及美洲、欧洲、中东地区，构成了一个具有国际竞争力的全球营销网络与服务网络，营销网点达 58 800 个，服务网点 11 976 个。据统计，2011 年海尔电视机产量将近 584 万台，销售收入 107.6 亿元。

威海大宇电子主要产品是传统 CCFL 背光和 LED 背光的液晶显示器，主要是为清华同方、方正等国内电脑整机和显示器厂商做 OEM 代工。公司共有员工约 500 人，其中研发人员约 100 人，正在与哈工大开展产、学、研联合开发。2010 年产销中小尺寸（14～42 英寸）的液晶显示器共 100 余万台，销售收入 7 亿元。近年来，由于韩国大宇集团破产，虽然企业自主权有所增大，但发展速度受到了影响。

日照海帝电器有限公司主要经营液晶电视模组和整机制造。计划总投资 2.1 亿元。一期已完成投资 6 800 万元，建成了 2 条侧光 LED 背光液晶模组生产线、1 条 SMT 贴片线、2 条 LCD 整机生产线，设计生产能力年产 LCD 电视 70 万台，侧光 LED 背光源模组、侧光 LED 背光液晶模组 70 万片。2010 年第四季度正式投产。二期计划投资 1.42 亿元，建设 LED 侧光背光源及其模组生产线 3 条，LED 背光液晶电视生产线 4 条，SMT（贴片）生产线 2 条，手插线 2 条。二期完工后将达到年生产侧光 LED 背光源及侧光 LED 液晶模组（屏）150 万片、150 万台平板电视整机的制造能力，预计年销售额将达到 50 亿元。

潍坊歌尔光电公司 LED 全彩显示屏项目已投入生产，LED 背光模组项目生产线已经建成。山东共达电声股份有限公司研发的超薄平板电视音响系统达到国内领先水平。

宝世达光讯生产室内外单色、双基色、全彩色 LED 电子显示屏三大类四十多种产品，其生产、安装技术在国内同行业中处于领先地位。巨洋神州的 DLP 大屏幕拼接显示控制系统，产品技术达到国际先进水平，市场占有率列国内第三位。浪潮华光光电子有限公司承担了国家工信部背光源红光外延和芯片研发和产业化项目等多个重大项目，具备较强的研发 LED 背光源外延和芯片并实现产业化的能力。

烟台正海电子网板股份有限公司的荫罩产品主要出口印度、马来西亚、印尼等国家，出口值占公司销售收入的 50%以上，产品市场占有率全球领先。烟台特晶电子有限公司的液晶模组产品系列包括彩色 TFT 模组、单色液晶模组，产品远销到中国台湾、韩国、俄罗斯等国家和地区。

（三）重点项目情况

（1）海信模组项目。海信集团承担的“大尺寸电视液晶模组关键技术研究开发及产业化项目”总投资 4.2 亿元，该项目完成了 42 英寸和 47 英寸 LED 背光液晶电视模组的产品开发工作，并形成了产业化生产能力。新建的一期、二期模组生产线已投入使用，已生产 200 多万片，经济效益良好。项目产业化取得成功，已累计实现新增产值近 53 亿元，新增利税 5 亿多元。

（2）台湾冠捷模组项目。由台湾冠捷科技集团和青岛华通集团共同投资的 LCM 模组及液晶显示类产品项目已在青岛高新区胶州湾北部园区正式开工。“LCM 模组及液晶显示类产品项目”一期投资 9 000 万美元，注册资本 3 000 万美元，主要从事液晶显示器、液晶电视、TFT 面板模组及其他显示类产品与相关零部件的研发、制造和销售业务。项目计划于 2012 年正式投产，生产目标为 200 万台 LCD TV。

（3）歌尔光电产业园项目。总投资 50 亿元，建筑面积 26 万 m^2，主要生产液晶显示屏及电视、监控设备用 LED 背光模组，建成后年产值将达 300 亿元、利税 50 亿元。歌尔“LED 背光模组”项目已申请 4 项专利，第一条生产线设备已到位，正在安装调试，预计到 2012 年年底投产。

（4）共达电声超薄平板电视音响系统产业化项目。该项目投资 0.6 亿元，将解决我国超薄型平板电视音响系统的配套问题，并填补国内空白。项目完成后，可实现销售收入 1.8 亿元，上缴税金 0.13 亿元，目前项目处于攻坚阶段。

二、山东省平板显示产业存在的问题

一是平板显示产业链仍不完善，在 OLED 显示等新兴显示领域才刚刚起步，产业链有待拉长、完善。二是平板显示产业发展不均衡。山东省平板显示企业主要集中在济南、青岛、烟台、威海等市，其他各市只有少数，甚至没有。三是平板显示上游企业一般规模较小，缺乏龙头骨干企业。四是关键材料、设备和技术受制于人。大尺寸面板依赖进口或省外输入，产业缺屏少芯现象仍然严重。

三、下一步发展思路和重点项目

（1）大力发展面板（以 TFT、PDP 为主）。目前，山东省还没有一条高世代平板显示面板生产线，而面板是平板显示产业上游环节的核心部件，占平板电视成本的 50%以上，同时，面板也是电脑显示器、手机显示屏等产品的关键器件。因此，今后山东省将大力扶持省内企业新上高世代显示面板生产线，引导大企业兼并重组和并购境外有专利的面板企业，逐步缓解上游关键环节缺失的瓶颈问题。

（2）注重发展模组。山东省将以海尔、海信等龙头企业为依托，加大投入，积极扩充模组产能。重点推进海信、海尔以及冠捷液晶模组项目的进程，初步形成液晶显示模组的产业聚集，进而向前端延伸，逐步形成完善的平板显示产业链。

（3）积极推动 LED 背光源研制。积极推动浪潮华光、歌尔声学 LED 背光源研发项目建设，推进平板电视面板、LED 背光源及模组产业创新机制建设，整合优势资源，协调海信、浪潮华光、歌尔声学等企业成立建立背光源联合研发中心，抓好歌尔光电产业园建设。

（4）平板电视配件产业。重点推进共达电声超薄平板电视音响系统产业化项目建设，积极协调共达电声与海尔、海信及其他平板电视厂商达成在技术、产品等方面的合作。

（5）巩固平板电视生产优势。山东省要继续发挥平板电视产量大、质量好、市场占有率高的优势，抢占平板整机市场的制高点。以平板整机为动力，带动平板显示产业上下游产业链的发展。

（6）集中力量研发芯片。结合海尔、海信在芯片设计上的技术积累，扶持相关企业重点开发具有自主知识产权的液晶电路驱动芯片，中央处理器、解码芯片、操作系统、机顶盒等，实现产业横向拓展,加速彩电工业转型。

四、下一步工作计划

（1）合理规划布局。以高新技术开发区、经济开发区等为载体，以大企业为依托，建设平板显示产业园区，形成聚集效应。在现有的平板显示产业基础上，紧紧围绕平板显示产业链高端环节，重点引进和研发制造环节中核心零部件和关键材料的生产与制造技术，大力发展平板显示产业，形成合理的产业布局。

（2）优化发展环境。鼓励有条件的地区加强本地平板显示产业发展环境建设，结合本地实际制定有利于平板显示产业发展和人才、资金、技术引进的政策措施，选择平板显示产业的不同领域，以发挥优势为目标加以推动发展。

（3）切实加大投入。建立以企业投入为主体、财政投入为引导、社会投入为辅助、银行和国际融资为支撑的投资体系。山东省将进一步加大对平板显示产业发展的支持力度，鼓励国家政策性金融机构重点支持平板显示技术改造、技术创新和产业化项目。

（4）积极引进人才。建立人才引进政策，加大国际化人才引进工作力度，大力引进国外优秀人才和团队；引入竞争激励机制，制定激发人才创造才能的奖励政策和分配机制，创造有利于人才发展的宽松环境。努力形成有利于人力培养、培训、引进、发展成长的体制和机制，使来山东的人才创业有平台、发展有前途、进步有机遇。加强员工在职培训，为员工发展创造条件，同时也要做好本土人才的后继培养工作。

（5）推动国际合作。进一步利用全球的资源、市场，加强企业的国际兼并、收购、联合，在山东省的市场优势的基础上进一步形成产业优势，以日本、韩国、中国台湾地区等的知名企业为重点，加大招商引资力度，通过引进、消化、吸收、再创新，建立起山东省的平板显示产业链。

（6）加强自主创新。在山东省已有基础的模组、背光源等领域进一步加大自主创新力度，形成技术优势。鼓励、扶持企业建立技术中心、创新平台，在资金、政策等方面给予重点扶持。实施平板显示重大工程，积极申报国家重大专项，研发关键技术和产品，形成从材料到整机的完整产业链。

2011 年陕西省平板显示产业发展概况

陕西省工业和信息化厅电子信息与软件服务业处

一、2011 年陕西省电子信息产业总体概况

2011 年是“十二五”规划的开局之年，也是陕西省电子信息产业调整振兴的关键之年。陕西省电子信息行业全年整体运行情况较好，招商引资取得明显成效，产业规模不断壮大，经济效益大幅提升，主要经济指标增速优于全国平均水平，重点企业经营情况良好，产品结构逐步调整，以新型平板显示为代表的新一代电子信息产业发展势头良好。

截至 2011 年年底，陕西省共有电子信息业企业 1 300 余家，从业人员约 20 万人。2011 年，实现主营业务收入 1 010.4 亿元，同比增长 32.9%。其中，电子信息产品制造业规模以上企业实现主营业务收入 426.9 亿元，同比增长 29.4%；实现利润总额 26 亿元，同比下降 25.7%；出口交货值 46.5 亿元，同比增长 13%。软件服务业实现收入 583.5 亿元，同比增长 35.6%；实现利润总额 25.2 亿元，同比增长 44%；软件出口 2.91 亿美元，同比增长 35.35%。

二、平板显示产业发展现状

陕西现有平板显示产业相关企业约 60 余家，产品涉及平板显示芯片、材料、器件、终端以及专用设备等，聚集了彩虹、瑞联、宝莱特、矩光科技、青松、陕西光电、中为光电等一批具有核心技术的骨干企业，同时，西安光机所、西安近代化学研究所、陕西科技大学、西安交通大学、西北工业大学、西安电子科技大学等科研单位亦广泛涉足平板显示技术领域，具有较好的产业基础和核心技术优势。

1. 基板玻璃、液晶材料具有国际先进水平

彩虹集团通过自主研发建成国内首条第 5 代 TFT-LCD 基板玻璃生产线，成为中国首家、全球第 5 家具备液晶基板玻璃制造技术和生产能力的企业。瑞联、彩晶、兵器 204 所和 205 所等在液晶材料方面具有雄厚的技术基础，其中瑞联是目前国内 OLED 材料领域的领军企业。

2. OLED 部分领域具有比较优势，具备形成完整产业链的基础

彩虹集团近年来大力推进 OLED 研发及产业化工作，拥有几十项专利，PM-OLED 生产线已实现量产，并计划建设两条第 4.5 代 AM-OLED 生产线，整体达到国内领先和国际先进水平；宝莱特已成功研制出具有核心知识产权单色小面板 P-OLED 显示器样机；瑞联欲投资第 2.5 代 OLED 线，已从韩国进口 OLED 研制设备，能实现全自动、半自动、手动功能的蒸镀系统，可制备小批量的全彩 PM-OLED 面板；此外，西安光机所和陕西省内有关高校在相关领域进行了深入研究，使陕西省已具备了投资 OLED 面板生产线的产业基础。

3. LED 产品竞争优势明显，骨干企业核心技术较强

目前，在西安、咸阳等地区聚集了青松科技、陕西光电、中为光电等一批 LED 产品生产企业，产品种类齐全，技术水平高。青松科技已为全球 3 000 余家用户提供了近万块 LED 电子显示屏，所研发的“四像素型动态控制表贴顶式单芯发光二极管显示屏”与“九倍动态像素发光二极管显示屏”技术实现了国内全彩色显示屏领域的重大突破；中为光电具有自主知识产权的 LED 外延片和芯片制造技术，技术达到国际先进水平；陕西光电的 LED 芯片封装技术处于全国领先、国际先进水平。

4. 激光显示（LD）技术迅速发展，拥有发展大色域投影的核心技术

在光源方面，西安炬光科技是目前国内唯一具有研发和生产高水平大功率半导体激光器产品的公司；在显示系统方面，西安光机所拥有独到的三色硅基液晶微显示芯片设计和制造技术等，已经开发出投影显示芯片和核心器件；在成像系统方面，西安光机所已拥有完整的新一代投影显示的光学解决方案，以及先进的精密制造技术、镀膜技术和一大批高层次的成像技术专家。

三、重点企业

1. 彩虹集团公司

彩虹集团公司是国务院国有资产监督管理委员会管理的 118 家国有骨干企业之一，拥有全资、控股公司 20 多家，员工 2 万余人，主要经营显示器件及其零部件的研发制造、光电产品整机及相关零部件研发制造。该集团当前的主要平板显示产品有 LED、基板玻璃、OLED 及触摸屏四大类。彩虹集团的发展也带动了平板显示行业其他企业的共同发展，共有 35 家配套企业与彩虹有合作关系，其中提供上游原材料、设备的企业有 30 家，提供中游面板和模组的企业有 5 家。主要企业有铼宝科技股份有限公司提供裸屏、IC，彩丰精技有限公司提供有机材料，丸红株式会社提供基板玻璃，苏州瑞红电子化学品有限公司提供显影液、蚀刻液。公司当前核心技术为 OLED 关键技术的研发及产品设计，未来将致力于 AM-OLED 及 OLED 照明等发展方向。

2. 西安青松科技股份有限公司

该公司是一家专业致力于显示技术、产品开发、生产、销售和系统集成的高科技公司，是迄今为止中国从事 LED 显示屏产业历史最悠久、技术实力最强、产品品质最好的公司。青松科技股份有限公司成立至今，已为全球几十个国家和地区的 3 000 余家用户提供了近万块 LED 电子显示屏，被公认为中国 LED 显示屏行业的领先者。青松科技股份有限公司当前主要产品为室内、外 LED 全彩色显示屏，其中，室外显示屏年产量 2 500m^2，年销售额 8 000 万元；室内 LED 全彩色显示屏年产量 500 m^2，年销售额 4 000 万元。

3. 西安瑞联近代电子材料有限责任公司

西安瑞联在 TFT-LCD、OLED 材料方面有 10 年研发、生产经验，同国外大型终端企业有着密切的关系，在 OLED 材料方面的科研和生产方面处于国内领先、国际先进水平。西安瑞联已与全球前三大客户建立稳定的供货合作关系，控制着全球 50%～60%的 OLED 材料供应，在国内的市场占有率也超过 95%，远远超过国内其他 OLED 材料生产企业。同时，西安瑞联在 OLED 面板的生产上也有 8 年的技术积累，早在 2004 年就自主生产出第一块单色 OLED 显示屏，并可实现动态显示。2010 年，西安瑞联引进了一条第 2 代 OLED 面板中试线，可以实现 200×200 的彩色面板的制造。

4. 西安宝莱特光电科技有限公司

西安宝莱特光电科技有限公司成立于 2007 年，是一个基础研究与应用研究并重、具有较强技术研发实力、从事国际前沿 PLED 技术研究和产业化开发的公司。该公司拥有世界一流的高端研发和测试设备，组建了多名以英国、美国、德国高级专家为主，包括西安电子科技大学、西安交通大学、复旦大学等国内一流院校的著名专家学者在内的平板显示领域技术、设备、市场精英顾问团队，保证了项目决策的前瞻性和科学性。宝莱特公司自主拥有 PLED 核心技术，拥有目前世界上 PLED 顶级中试线设备，集成了国际平板显示器件设备制造领域的最新研究成果，并结合公司技术专利特点设计建设了 PLED 显示器中试生产线。

5. 陕西省平板显示技术工程研究中心

陕西省平板显示技术工程研究中心是由陕西发改委于2006年8月3日批准成立，专门从事平板显示技术研究和产业化开发的机构，工程中心的前身是陕西科技大学平板显示技术研究所。工程中心建筑面积1 000 m^2，包括超洁净实验室（百级区25 m^2、千级区156 m^2）、计算机模拟仿真实验室、显示材料合成实验室、电子学实验室、显示材料与器件性能评价实验室、装备技术实验室、化学实验室等。工程中心已拥有TFT-LCD和OLED等研发设施，目前正在建设PLED研发设施，研发设备总价值约200万美元。工程中心现有研究人员22名，承担国家、省及企业科研项目12项，已申请TFT-LCD、OLED/PLED专利10余项。

6. 西安彩晶光电科技股份有限公司

公司经营范围包括液晶显示材料、有机电致发光材料、电子化学品和其他化工中间体，具有年产30t液晶材料及精细化学品的能力，产品涵盖33类300余种，并持续进行新产品的研发。公司产品主要供给国际知名企业，具有进出口贸易自主经营权。为适应市场快速发展的需要，公司自2011年起，在西安经济技术开发区投资6亿元兴建占地330亩的生产基地，为未来发展打下基础。

7. 中科院西安光学精密机械研究所

西安光机所主要研究领域包括空间光学、光电工程、基础光学，主要研究方向包括瞬态光学与光子学理论与技术研究、空间信息获取和光学遥感技术研究、干涉光谱成像理论与技术研究、光电信息获取与处理技术研究。研究所有一个国家重点实验室、两个中科院重点实验室，分别是瞬态光学与光子技术国家重点实验室、中国科学院超快诊断技术重点实验室、中国科学院光谱成像技术重点实验室。

四、发展规划

1. 发展思路

借鉴发达地区的成功经验，全力做好招商引资工作，积极引进国内外平板面板生产的领军企业，打造西部面板生产基地；把握先机、适度超前，大力发展以OLED、激光显示为代表的下一代显示技术；发挥陕西省自主技术创新优势，统筹科技资源，主攻显示芯片、OLED显示技术、液晶显示材料、LED外延片和芯片、大功率半导体激光器等。

2. 主要目标

“十二五”期间，加强垂直一体化整合产业链，引进一批显示终端和面板生产企业，加快完善产业链，形成合理的产业布局和本地化的配套能力，建成西部一流的新型平板显示研发、生产和人才基地。到“十二五”末，产业收入规模达到500亿元，实现工业增加值150亿元，就业人员8万，打造成西部平板显示产业基地。

3. 发展重点

一是加快推进显示芯片、显示材料、平板显示面板、终端应用以及显示专用设备等核心产业协调发展，不断完善平板显示产业链；二是重点突破OLED面板制造和设备、液晶材料合成和提纯、LED芯片和专用设备制造、激光投影显示等关键技术，形成一批知名产品，培养一批专、精、特的创新型企业；三是依托国家（咸阳）显示器件产业园、西安高新区、西咸新区等产业园区，加强平板显示专业园区和基地建设，加大招商引资和产业服务平台建设，加快营造良好的产业协同发展环境，快速壮大优势产业，推动产业集聚。

4. *产业布局*

以西安为中心，咸阳和宝鸡为两翼，汉中、渭南为补充，多地竞发，逐步形成分布合理、区域特色鲜明、集聚效应突出的产业空间格局。用好国家（咸阳）显示器件产业园这块金子招牌，研究落实相关产业政策，积极推动园区建设，加快产业结构调整，以 TFT-LCD、基板玻璃为支柱产业，以 OLED、LED 显示屏为先导型产业，以彩色滤光片、发光材料 CCFL 粉、PDP 粉、PDP 用电子浆料等为辅助产业，将国家（咸阳）显示器件产业园建设成国内技术最先进、西部规模最大、产业链最为完整的高端显示器件特色园区。

2011 年上海市平板显示产业发展概况

上海市经济和信息化委员会电子信息产业处

一、综述

2011 年，随着国家和上海市培育和发展战略性新兴产业政策的深入，以及上海世博会 LED 应用效应的带动，上海市以市场为导向，以技术创新为重点，围绕 LED、TFT-LCD、OLED、激光显示、三维显示等产业，聚焦重大项目和典型应用，发挥优势，分类推进，注重完善和建立上海新型显示产业发展的模式，做实产业布局，提升产业能级。

2011 年，上海平板显示产业基础进一步巩固，技术和人才集聚效应开始显现，新技术成果相继涌现，骨干企业快速成长，示范应用进一步加强，产业规模不断扩展。上海高新技术产业化新型显示领域实现产值 586.54 亿元，同比增长 2.4%。

二、2011 年产业发展状况

1. 工业产值稳定增长

2011 年，上海市通过推进高新技术产业化、发展战略性新兴产业、实施技术改造、加强协调服务等举措，推动电子信息制造业稳定增长，全年实现工业总产值 7 061 亿元，同比增长 3.2%。平板显示作为电子信息制造业新的增长点，克服市场不景气和价格下滑的双重影响，逆势而上，高新技术产业化新型显示领域产值达 586.54 亿元，同比增长 2.4%。

2. 重点产品取得突破

到 2011 年年底，上海天马第 4.5 代 AM-OLED 中试线项目在设备选型、安装、工艺调试及产品设计的基础上，成功实现 3.2 英寸、4.3 英寸和 12 英寸 3 款产品的流片，在日本横滨国际平板显示器展会上取得良好反响。TFT-LCD 产业规模不断扩大，良品率稳步提高，中小尺寸产品产量国内领先。

3. LED 产业链趋于完善

基本形成完整的“外延—芯片—封装—应用—设备”产业链。在芯片生产和应用开发上，拥有蓝光、映瑞、三思、亚明等国内知名企业，水平国内领先；在核心设备配套方面，多家企业正加紧研制生产 MOCVD 设备，蓝宝石生长炉已开始生产；在合作研发方面，飞利浦、GE、达科等多家国际领先的 LED 企业将总部、研发中心落户上海。

4. 激光显示产品开始量产

在绿光激光器封装方面具备领先水平，掌握 KTP 晶体方案固体绿光激光器的设计技术和量产工艺，以及激光微投影显示、超短距显示领域的关键技术，形成了一定的研发基础，并小规模量产。

5. PDP 产业面临收缩

2011 年，上海松下等离子显示器有限公司生产电视 148 万台，实现产值 56 亿元，同比增长 20% 以上。但由于松下集团亏损严重，同时考虑到等离子电视在技术和市场上面临的压力，集团计划收缩等离子业务。上海松下预计 2012 年生产电视机 26 万台，同比下降 82%。

三、重点企业

1. 上海天马微电子有限公司

上海天马于 2006 年 4 月在上海张江高科技产业东区注册成立，该公司建成了国内第一条第 4.5 代 TFT-LCD 生产线，首期设计产能为 730mm×920mm 玻璃基板 3 万片/月，市场定位为 10.4 英寸以下中小尺寸显示产品，用于移动终端、车载显示、娱乐显示、工业仪表等。2011 年 2 月，上海天马第 4.5 代 AM-OLED 中试线项目成功点亮国内第一款彩色 AM-OLED 产品，全年成功开发出 3 款产品。下一步该公司将继续优化样品工艺，提高综合良品率，进行小规模试生产。

2. 上海中航光电子有限公司

2009 年年底，上海中航光电子收购并运营上海广电 NEC 液晶显示器有限公司第 5 代薄膜晶体管液晶显示器（TFT-LCD）生产线，设计产能为 9 万片/月玻璃基板加工能力、1 100 万块/月模块生产能力。2011 年，该公司受市场环境影响，面临经营压力，将依托技术及市场积累，全面转型中小尺寸产品，同时通过技术改造，不断提升产能。

3. 上海三思电子工程有限公司

上海三思电子工程有限公司致力于 LED 显示、LED 照明产品的研发生产，拥有 5 万 m^2 科研生产基地和 100 多项国内外专利。承担多项国家和市级课题及应用示范工程项目，产品已广泛应用于上海东方商厦、上海 F1 国际赛车场、沈阳奥体、上海世博开幕式场馆、国内轨道交通等数百个重大项目，自有品牌的 416m^2 显示屏被用于美国纽约时代广场。近期中标上海地铁和无锡地铁照明项目。

4. 映瑞光电科技（上海）有限公司

自 2011 年 1 月动工以来，打通外延、电极加工、测试、分选等环节，于 6 月点亮第一批蓝光和绿光 LED 芯片，光效超过 130lm，并开发出 50V 高压 LED 芯片。大尺寸背光 LED 芯片获得国内领先电视机厂商的认证评估，成为国内第一家供应大尺寸背光源 LED 芯片的厂商。

四、存在问题

1. 总体产业规模不大

上海平板显示产业包括 LED、TFT-LCD、OLED、激光显示、三维显示等，但产业规模不大。LED 产业前端拥有映瑞、蓝光等多家外延和芯片企业，与国内领先企业技术水平相当，但规模偏小；TFT-LCD 仅上海天马在中小尺寸面板的生产上具有优势，与广东、江苏等地相比规模偏小；OLED、激光显示、三维显示等产业，目前处于培育阶段。

2. 核心技术有待突破

上海 LED、OLED 等产业技术水平国内领先，但与国外相比，技术水平和知识产权覆盖都存在不小的差距。例如，LED 行业附加值最高的外延、芯片的专利，基本由日、美及欧洲部分厂家控制，形成专利壁垒；激光显示的核心技术也由国外企业所垄断；平板显示的部分核心部件及设备还需进口。

3. 产业政策优势不足

国内其他地区为进一步加快产业结构优化升级，将 LED 等产业列为优先发展行业，给予资金、税收、人才等方面大幅优惠的专项政策。上海平板显示产业扶持仅依靠战略性新兴产业和技改等资金，缺乏竞争优势。

4. 各领域应用尚需推进

由于 LED、OLED、激光显示、三维显示等领域起步较晚，价格成本过高，技术能力也需完善，市场普及率还不高，在示范工程及部分领域还需先行先试，积极开拓应用市场。

五、发展思路

上海市将继续落实国家战略性新兴产业发展战略，坚持“聚焦核心、创新突破、开放合作、市场驱动”的发展思路。聚焦核心，即实施差异性定位，点上突破，面上拓展，凸显上海特色，推进平板显示核心产业环节集聚；创新突破，即掌握核心技术和关键产品，在关键部件上确立市场竞争优势，不断缩短与国际先进水平差距；开放合作，即引进国内外一流企业和高层次人才，联合上海市平板显示企业及国内外相关配套和应用企业协作推进，提升上海平板显示产业能级，促进产业整体发展；市场驱动，即开拓平板显示市场，培育一批著名企业和品牌，积极推广平板显示产品在各领域的应用。

TFT-LCD 方面，推进应用产品的多样化，形成产品特色，特别要提升中小尺寸面板的竞争力；LED 方面，立足差异性定位，做大做强产业链两端，推进核心配套产业发展，完善产业链；OLED 方面，依托第 4.5 代 AM-OLED 中试线，力争尽快形成量产，实现突破发展；积极引导和培育激光显示、三维显示等新兴产业。

2011 年四川省平板显示产业发展概况

四川省招商引资局

一、产业概况

平板显示产业作为国家战略性、基础性产业，已被列入国家“十二五”发展规划，并作为国家“2006—2020 年信息产业中长期发展纲要”的重点发展项目之一。四川省委省政府高度重视，在《四川省“十二五”工业发展规划》、《四川省“十二五”战略性新兴产业发展规划》及《四川省“十二五”电子信息及新一代信息技术产业发展规划》中均做出了重点部署，制定了“以成都为中心，促进成绵平板显示产业集群，打造全球光电显示产业重要基地”的发展目标。

2011 年，四川省面对平板显示行业整体偏冷的局面，攻坚克难，规避产业危机，并抓住平板显示产业技术转型契机，加大引进与政策扶植力度，力促龙头项目签约，促进企业技术升级，推动产业集聚发展，使平板显示产业在产业链垂直整合、产品格局优化、产值规模扩大方面实现了重要突破。

1. 产业规模不断壮大

随着四川长虹集团年产 216 万片 PDP 生产线、京东方第 4.5 代 TFT-LCD 面板生产线、深天马第 4.5 代 TFT-LCD 面板生产线、中光电 0.5mmTFT-LCD 液晶基板玻璃生产线、富士康成都产业基地建成量产，四川省平板显示产业规模实现跨越式增长，2011 年平板显示产业的产值接近 800 亿元，其中重点产品 PDP 电视机生产销售 167 万台（同比增长 54.6%），液晶电视 807 万台（同比增长 33.5%）。

其中，成都富士康 2011 年全年出货平板电脑超过 2 000 万台，产值达到 80 亿美元。长虹电器股份公司 2011 年全年销售收入 520 亿元，其中电视销售收入 177 亿元，销售平板电视约 700 万台，纳税 30.95 亿元。成都京东方光电科技有限公司 2011 年全年实现销售收入 17.28 亿元，其中出口创汇 2.13 亿美元，全年实现盈利 5 300 万元。

2. 生态产业链逐渐形成

四川省以绵阳和成都为重点区域，充分发挥“天府新区”及国家（绵阳）数字视听产品产业园的带动作用，加强上下游及配套支撑产业互补联动。2011 年，随着富士康苹果 iPad 平板电脑、仁宝笔记本电脑制造基地、纬创笔记本电脑制造基地、戴尔西部制造旗舰基地、联想成都制造基地等重大终端项目建成量产，极大地促进了长虹 PDP 面板、京东方第 4.5 代 TFT-LCD 面板、深天马方第 4.5 代 TFT-LCD 面板产业的发展，同时也带动了中国建材集团中小尺寸液晶基板玻璃、四川旭虹光电 PDP 基板玻璃、菲斯特公司 TFT-LCD 背光模组、友达（成都、绵阳）电视模组、吉锐触摸屏、富士康中小尺寸触摸屏模组、虹视 OLED、航天光电 LCD 模组、四川新力 PDP 荧光粉、韩国东进化学品、绵阳艾萨斯电子材料、成都三利亚中瓷、五粮液普什醋酸纤维等上游原材料项目的发展。

2011 年,四川省引进的天亿科技全球第二条第 6 代低温多晶硅（LTPS）液晶面板生产线项目正式签约,总投资达 220 亿元，已完成项目论证，正在申报审核过程中。成都天马已量产垂直取向广视角 TFT-LCD、SFT 广视角 TFT-LCD、电子书显示屏模组，现已达到月产 TFT4.5 万片，在深天马集团中的地位越发凸显。京东方成都公司经过技改，目前月产 TFT4.8 万片，达到满负荷生产，全年盈利情况良好，并正在做 OGS 等新技术规划。国内首条 PDP 基板玻璃生产线在四川旭虹光电科技有限公司开工建设，项目一期投资 11 亿元，将建成年产 60 万套 42 英寸八面取基板玻璃生产线，包括一条 150T/D 浮法玻璃生产线，两条精加工基板玻璃生产线，一条 ITO 镀膜生产线。整条生产线为 OLED 基板预留了工艺接口，根据市场需要适当技改后，即可生产技术工艺要求更高的 OLED 显示用基板玻璃。上述项目技术等级高，对做强四川省平板显示生态产业链，打破国外厂商垄断局面，促进新型显示产业聚集发展具有重要的战略意义。

3. 技术革新速度明显加快

2011 年，四川省平板显示产业从基板材料到显示模组技术水平提升明显。中光电科技有限公司在已建成达产的国内首条 0.5mm 液晶基板玻璃生产线的基础上，依靠自主研发，成功试制出 0.4mm 液晶基板玻璃新产品，通过相关认证并实现销售 70 余万片。虹欧在 3D-PDP 模组产业化、高清/全高清 3D 等离子显示控制芯片系列开发及产业化等平板显示技术领域处于国内同行业领先水平；四川虹视在国内首次完成了基于低温多晶硅薄膜晶体管（LTPS-TFT）技术的 2.6 英寸、3.2 英寸全彩 AM-OLED 产品开发，填补了国内 3 英寸级 AM-OLED 正样产品空白，并借助长虹渠道销售，实现销售收入 5 000 万元。成都光明光电公司目前正在建设一条高强化面板玻璃生产线，用于 iPhone 系列触摸屏保护面板，产能达到 30t/d，年产 150 万 m^2。成都京东方自 2009 年年底投产运营以来，主抓产业升级、技术创新和产品创新，先后投产或在建 CFPS 项目、ADS 项目、B-ITO 项目、COGA 项目、低温多晶硅等产业化项目，并研制成功 3D 显示技术、ADS 硬屏显示技术、LTPS 高分辨率显示技术、液晶内置触控技术（TSP On-Cell），AM-OLED 技术等高端应用技术，逐步从技术追随者向技术领先者迈进。

二、产业形势与困难

2011 年，欧债危机和美国次债危机导致的消费信心下滑，致使全球消费电子类产品进入了严重的行业低谷期，平板显示处于有史以来最长和最严重的全产业亏损状态。行业前三位的三星、LG、友达光电，2011 年分别亏损 1.94 亿美元、6.94 亿美元及 2.08 亿美元。全球面板业在终端产品价格、面板价格、库存、产能利用率及信心指数 5 个方面均进入史上最低时期，已深陷“五低”时代。液晶电视发展更遭遇罕见的市场低迷境况，液晶电视面板价格低于成本。42 英寸 LED 背光液晶电视面板价格从 2011 年 1 月的 335 美元跌至 12 月的 267 美元，降幅达 20%左右。由于平板显示产业的消费主力市场为北美、西欧、日本等，2011 年年初以来，原材料价格、劳动力成本、融资成本、土地成本上涨以及人民币升值等多重压力叠加，将企业的外贸成本推高了 10～20 个百分点，接近外贸企业的盈亏平衡点。在国际金融环境不见回暖，中国宏观经济增幅放缓的大背景下，平板显示产业的回暖压力巨大。

平板显示产业属于典型的资本与技术密集型的新兴产业，产业跨越化工、材料、半导体、先进装备制造等多个领域，集成了微电子技术、光电子技术、材料技术、制造装备技术、半导体工程技术等多个技术门类。其产业不仅包括上游的原材料/元器件制作、装备生产与供应、技术服务、产业投融资服务，还包括中游的面板/模块生产，以及下游的整机装配及系统集成应用。产业链上中下游之间相互关联、相互依存，对电子信息产业的发展及国民经济的拉动效应极为明显，同时也对四川省产业链的拓展与产业结构的布局形成了重要挑战。

四川地处西部，远离沿海平板显示产业基地，在平板显示产业领域仍面临着资金不足、专业人才匮乏、核心技术缺失，原材料、元器件和专用设备等本地配套能力不足等较多的现实问题。目前，与长三角、珠三角基地相比，四川平板显示产业仍处于起步阶段，规模仍较小，产业链配套不完善，且上游材料配套能力和下游整机配套能力不均衡。平板显示产业的下游除长虹、TCL、富士康外，大规模应用面板的知名整机企业仍较少，整体市场容量有限。

2011 年，部分国家产业扶植政策到期，新政策内容对进口材料免税清单和部分材料免税期限进行了调整，如背光源不再享受政策，直接导致增加 8%的关税成本，平板显示产业面临关税成本骤然加剧，企业经营成本增加的压力。

与此同时，国内液晶面板产能却在逆市扩张，2011 年下半年，北京京东方和深圳华星光电的第 8.5 代液晶面板线相继投产，2012 年将进入量产阶段。据预测，上述液晶面板企业的产量将超过 1 800 万片，加上合肥京东方第 6 代线和南京熊猫第 6 代线，中国本土 TFT 产业链建设会迎来实质性突破。在中国大陆地区平板显示生产线进入高速建设的同时，日、韩及中国台湾地区的面板企业已基本完成了玻璃基板、彩色滤光片、偏光片、驱动 IC、背光模块等关键零部件的本地化配套，开始依靠其掌握的核心显示技术，借助制造工艺技术的升级，加速拉开与中国大陆地区企业技术的差距。韩国 LGD 于 2011 年 12 月在北京展出其最高水平的超高清 4K×2K 分辨率的 3D 面板，并于 2012 年下半年正式投放中国市场，因此韩国和中国台湾地区的企业将在中国大陆地区进一步分食高端 3D、窄边框和超高清等新兴产品的面板供应份额，而中国大陆地区的企业将不得不面对更为激烈的产业竞争。

以上国际产业发展形势，国家产业政策的变化及国内产业发展现状形成了新一轮的挑战，对四川平板显示产业技术升级能力、成本控制的考验将进一步加剧，相关上、下游资源垂直整合压力进一步加大。

三、发展重点与工作措施

面对国际、国内平板显示产业发展形势，重点推进天亿科技 6 代低温多晶硅（LTPS）液晶面板生产线、旭虹光电平板显示基板玻璃生产线建设，促进成都京东方、深天马第 4.5 代 TFT-LCD 面板及模组生产线、虹视 OLED 面板一期投产量产、虹欧 PDP 面板及模组配套二元化工作。以日本、韩国、中国台湾地区为主要目标，进一步加强海峡两岸合作和与国际知名企业的对接，加大技术引进和招商引资力度，大力引进投资规模大、带动能力强、产业关联度高的基地型、龙头型平板显示项目，鼓励跨国公司设立研发机构、服务中心和地区总部，积极提高承接国际产业、资本、技术、人才转移的水平，引入国际知名、综合实力强的触摸屏产品研发配套及下游整机产品的制造企业。主要保障措施如下。

1. 加强政府服务职能，构建产业发展支撑体系

为促进四川省平板显示产业持续健康发展，贯彻落实好《2010—2012 年平板显示产业发展规划》，继续强化政府公共服务职能，提升政府职能专业化服务水平，定期研究产业数据和分析产业形势，发挥市场机制，加强政府引导，创新机制体制，优化发展时序，创新金融体制，改善企业融资环境，积极促进四川省平板显示产业又好又快发展。

2. 优化产业布局，加强产业链上下游建设

进一步追踪面板技术发展动态，加大关键原材料与组件引进力度，支持相关企业上、下游垂直整合，鼓励和促进面板企业间的兼并重组或形成产业联盟，提高行业集中度与竞争能力。重点发展 TFT-LCD 和 OLED 的专用设备、背光模组、原材料、驱动电路、基板玻璃，以及荧光粉、氧化镁、电极材料等 PDP 关键配套材料的国产化，支持激光三维立体成像技术的商业化应用，进一步加强生态产业链建设。PDP 平板显示产业下一步重点推进基板玻璃、电极浆料、湿化学产品、玻璃粉、氧化镁、荧光粉清洗带、潘宁气体、荧光粉、排气管、乙基纤维素等有关 PDP 相关原材料、配套器件的本土化生产。

3. 引导产业技术创新，掌握产业核心技术

平板显示产业门槛高，风险大，不仅可以通过人才、技术、市场等资源集中到大企业手中形成规模效应，而且还可以通过对产业链的整合实现降低成本、缩短上市周期的目的，从而创造竞争优势的趋势日益显现。为此，应进一步加强国际交流与合作，促进人才、技术、资金、市场的产业集群效应，继续强化创新平台建设，统筹扶持产业关键技术、共性技术研发，加快重点领域、重点企业和重点项目的技术改造和技术创新。通过四川省重大专项资金及战略性新兴产业创新基金支持平板显示产业的技术创新，引导企业加大科技投入，重点以掌握关键技术为突破口，以开发高端产品为切入点，掌握高效节能 PDP、LTPS、IGZO LCD 和 AM-OLED 等领域核心技术。

2011 年浙江省平板显示产业发展概况

浙江省经济和信息化委员会

一、浙江省平板显示产业发展综述

进入 21 世纪以来，浙江省电子信息产业以年均 27%左右的速度持续快速增长，已成为浙江省国民经济的重要增长点和工业经济的支柱产业。2011 年浙江省电子信息产业共实现主营业务收入超过 9 000 亿元，达到 9 136 亿元，完成增加值 1 862 亿元，占全省 GDP 比重达到 5.82%，实现利税总额 890 亿元，完成出口交货值 2 373 亿元，规模以上企业从业人员达到 96 万人。

平板显示产业作为浙江省优先发展的战略性重点产业，近几年取得了飞速发展，浙江省现有平板显示产业上下游企业约 100 多家，主要集聚在宁波、杭州、绍兴等区域，已具备形成较为完善的上、中、下游产业链的基础。2011 年，浙江省重点监测的平板显示及相关产业企业实现主营业务收入约 530 亿元，同比增长 17.8%，占全省规模以上电子信息制造业的比重达到 10%；主要产品产量呈现平稳增长，其中液晶电视机产量 455.6 万台，液晶显示模组产量 5 947 万套，液晶显示器产量 7 万台，15 英寸及以上液晶显示屏 49.33 万片，手机视窗防护屏 3 841 万套。

二、浙江省平板显示产业的主要特点

近几年来，浙江省平板显示产业得到迅速发展，企业实力和产业规模不断提升。不少企业在相关领域具有较强实力，如液晶显示模组生产骨干企业宁波奇美电子，研发生产液晶电视及显示器的天乐集团、贝力生科技、浙江新世纪光电、康为电子等，研发生产 LCOS 的浙江海盛科技，研发生产液晶显影液的杭州格林达化学，研发生产高亮度全彩 LED 显示屏芯片的杭州士兰明芯，研发生产显示检测设备的浙大三色、远方光电等企业。

（一）液晶显示模组：平稳增长

2011 年，浙江省共生产液晶显示模组 5 947 万套，较 2010 年增长 17.3%。宁波奇美电子是台湾奇美集团在大陆投资建立的第一个液晶光电项目，专业生产薄膜晶体管液晶显示器（TFT-LCD）模组（LCM），产品市场定位是笔记本电脑、监视器及液晶电视用液晶显示器模组。奇美电子落户宁波后，带动了台湾配套企业的“雁群西飞”，已有 50 多家台资配套企业在宁波出口加工区和宁波保税区、宁波开发区内落户，总投资约 20 多亿美元。目前，奇美电子 70%以上料件实现宁波本地配套。2011 年，保税区液晶光电产业基地生产各类尺寸的液晶显示产品 9 120 万件，同比增长 66%；实现产值 400.5 亿元。宁波保税区液晶光电产业基地已凭借其 1.2 亿片的产能，一跃成为国内最大的液晶显示模组生产基地。2011 年，宁波奇美电子主营业务收入近 250 亿元、出口近 40 亿美元，位列 2011 年“浙江省电子信息产品制造业三十强”和“浙江省信息产业外贸出口十强”榜首。

（二）平板电视机：略有下降

2011 年，浙江省共生产液晶电视机 455.6 万台，与 2010 年基本持平；液晶显示器 7 万台，比 2010 年减少 3 万台；15 英寸及以上液晶显示屏 50 万片，较 2010 年减少 15 万片；手机视窗防护屏 3 841 万套，较 2010 年减少 1 150 万套左右。浙江省液晶电视机生产主要集中在绍兴市，产量占全省的 3/4 左右，该市的天乐集团、贝力生科技和圣光电器等企业 2011 全年生产液晶电视 335 万台，销售 334 万台，其中 280 万台出口。浙江省液晶电视机生产主要以贴牌为主，缺少自主品牌。

（三）新产品：开发和应用步伐加快

3D 显示是当下液晶电视发展的一大趋势，浙江省多家企业开始涉及 3D 显示技术的研发和应用。贝力生科技通过对 3D 贴膜技术的研究，研发了 3D 液晶显示屏，已完成试生产。浙江天禄光电已自主完成 Tyloo 系列裸眼立体广告机研发并开始小批量生产，计划 2012 年形成年产 10 000 台的生产能力。杭州华银、唐鸿光电等利用高清液晶屏为显示和操作平台，研发了智能教学一体机。

（四）显影液：格林达成全球最大的 TMAH 供应商

杭州格林达化学有限公司是国内高纯电子化学品专业生产商和管理服务提供商，是国内首家生产 TFT-LCD 显影液 TMAH（电子级四甲基氢氧化铵）的企业，被国家发改委列为 2009 年彩电产业战略转型产业化项目的年产 2 万 t 电子级 TMAH 项目已于 2010 年 7 月正式投产运行，2011 年又进行了显影液扩产工程，至 2011 年 8 月，公司产能已达 30 000t/y，成为全球最大的 TMAH 供应商，该公司荣获第六届“中国半导体创新产品和技术奖”，成为唯一获此殊荣的电子化学品厂商。

（五）芯片及测试设备：具备较强竞争实力

杭州士兰明芯是专业从事高亮度发光二极管（LED）芯片设计、制造的化合物半导体公司，其研发生产的小功率蓝、绿、红光芯片已实现大批量出货，其产品品质、可靠性等指标达到了国际先进水平，广泛应用于室内、外 LED 全彩屏等高端应用领域，是国内内资企业中最大的彩屏芯片供应商，在用户中已建立了优秀的品牌口碑。浙大三色、杭州远方光电等公司作为专业从事光电检测设备的研发、制造和技术服务的高新技术企业，积极参与 LED 照明、LCD 显示等领域国际标准的制定。目前，它们制造的检测设备占据着国内半导体照明 LED、平板显示等领域主要份额。

浙江水晶光电科技和浙江水晶光电薄膜分别研发制造用于光电影像显示和手机的主要产品——光学低通滤波器和超薄玻璃平面视窗保护屏等光电、光学元器件，在全球的销量分别列第一和第三位，浙江水晶光电薄膜 2011 年生产高透明手机视窗防护屏 3 841 万套。2009 年，浙江水晶光电科技在杭州投资设立杭州晶景光电有限公司，致力于 LCOS 手机投影光引擎，相关产品具有大屏幕、小尺寸、高清晰度、高对比度、高亮度、低成本，同时杂散光处理良好等特点，技术处于同行业领先水平。

第5章

专题研究

液晶行业一定要讲合作

中国电子报 梁红兵

时　间：2010 年 11 月 26 日
地　点：京东方科技集团公司总部
对话人：京东方科技集团股份有限公司董事长　王东升
　　　　中国电子报社总编辑 刘东

加强深度合作，提高核心竞争能力

刘东：在过去的两年中，中国液晶显示产业进入了一个飞速发展阶段。业界普遍认为，全球平板显示产业的重心正在移向中国大陆，未来 5 年是中国大陆平板显示产业提升并巩固全球市场地位的重要时期。你认为中国大陆应该如何面对和把握产业重心转移的机会？

王东升：任何一个产业的发展都是一种竞合的关系。产业发展需要竞争，更需要合作。目前，全球平板显示产业的发展重心正在向中国大陆转移，这一趋势基本明朗。随着全球平板显示产业结构和布局的调整，中国大陆已经成为全球平板显示产业新的投资热点地区。中国大陆进入平板显示产业相对于日本和韩国较晚。近几年，中国大陆液晶显示产业在中央政府和地方政府的支持下，得到了较快发展，相继建成了多条生产线，已形成以北京为中心的环渤海地区；以上海、江苏、安徽为中心的长三角地区；以广东为中心的华南地区和以成都、武汉为中心的中西部地区四大产业聚集地。全球各主要材料、设备厂商来中国大陆设厂配套，立足于中国本土的供应链正在形成。因此，产业链上下游企业包括材料、设备、面板以及模组厂商，未来应立足合作，实现共赢，才能推动中国大陆平板显示产业持续健康发展。努力促进全球企业在中国本土的合作，实现上下游企业的合作与共赢，将是中国大陆对全球平板显示产业发展做出的贡献。

液晶这个行业一定要讲合作，京东方进入液晶显示行业已近十年，一步步成长起来，使我们对“共生发展”这一理念有着深刻的体会。“深度合作，协同开发，价值共创”可以说是我们这个行业未来发展的基础。

刘东：当今世界，企业之间的竞争，已经不单纯是产品的竞争，技术的竞争，而是产业链的竞争，提供一揽子解决方案能力的竞争。京东方与三星、LG、夏普等跨国公司相比，在产业的垂直整合能力上还有相当大的差距，你们将如何补上这块短板？

王东升：确实，在产业链垂直整合的深度和广度方面国内企业和他们比还有一定的差距。国外巨头比我们早十几年进入这个产业，他们的垂直整合也不是一蹴而就的，也是长期经验积累和摸索发展的结果。我们也在思考，是不是走和他们类似的垂直整合发展之路，什么样的商业模式才是最适合我们的，其实垂直整合的方式也可以多种多样。随着中国国内产业链的完善，我们和本土的上游企业建立了良好的合作关系。比如，材料配套厂商和整机厂商在京东方的生产线旁边设厂，从而起到垂直整合的效果。如果企业自身进行垂直整合，就要求企业必须有能力支撑如此庞大的规模，例如，三星就是一个非常庞大的财团式企业，但是国内目前还没有出现这样的企业。我们必须结合中国的国情来选择整合的方式。对于我们来说，从许多专业化公司进行采购的成本可能会比垂直整合的成本更低。所以，我们会有选择地进行垂直整合。同时通过和战略供应商和客户的深度合作，达到垂直整合的效果以及降低成本的目的。

刘东：我国在大力推进企业之间的兼并重组，提高中国企业在国际市场上的竞争能力和品牌影响力。我们知道，京东方有成功并购冠捷和韩国现代 HYDIS 的经验。你们是否会和终端厂商开展资本方面的合作，或者自己也做终端品牌？

王东升：首先，我们始终非常重视和品牌厂商的合作，我们也一定会继续增进与品牌厂商多方面、全方位的合作关系，品牌厂商对我们也很支持。相信随着第 8.5 代线的投产和国产大尺寸液晶电视屏的下线，我们的合作将不断深入。

我们对自己的定位是显示产品和服务的整体方案提供商，品牌厂商是我们的客户，这就决定了我们不会在品牌产品上和客户形成竞争。虽然我们自己也有整机业务，但是我们的目的是为了满足大众差异化的需求，更好地为客户服务，为品牌厂商服务，共同开拓市场，实现合作共赢。坦率地说，我们这一代企业家有责任去推进中国企业间的深度合作。中国是一个泱泱大国，在 IT 领域该不该有像 IBM、GE 这样的公司？我想这是毋庸置疑的。如何去培育这样的大公司，是各自为战，还是联合起来？我们都应该站在提高本土企业的国际竞争力、提高国家的竞争力角度思考问题。在全球竞争中，中国企业只有通力合作，才能获得更大发展。

发展液晶产业，要合理布局控制数量

刘东："十二五"期间，我国将加快发展下一代信息技术产业。你如何看待平板显示产业在下一代信息技术领域的地位和作用？你认为，从国家层面，应该如何推动液晶显示产业发展？

王东升：液晶显示产业作为国家战略性产业的地位已经得到广泛的共识。从单一产品进口金额上讲，面板的进口金额仅次于石油、铁矿石、集成电路，是信息时代的"粮食产业"。同时，液晶显示产业是多种技术融合的技术密集型产业，是电子玻璃、半导体芯片、LED 照明、计算机集成制造、薄膜太阳能电池等战略性新兴产业的技术基础，对推进多个领域的技术进步和国防安全具有重要战略意义，堪比大飞机产业。

企业是创新的主体。从发达国家的发展历史来看，其教育、军工、科技等很多领域的背后都是强大的高科技企业群体在支撑。我认为，中国能否实现可持续发展，重点在于关键产业领域里是不是有世界前五强的企业。例如，在半导体领域、显示领域、关键材料领域、关键装备领域，龙头企业的带动作用是非常明显的。骨干企业在平板显示技术研发、人才培养、产业链建设等各方面起着不可替代的重要作用。

我国政府也正在大力推进以企业为主体的技术创新体系，从国家层面来看，国家有关部门可以在政策、规划、资金、税收等方面，进一步加大对国内液晶面板骨干企业的扶持力度。在这方面，我们有日本和韩国政府对平板显示产业的支持经验可以借鉴。

从企业层面来看，京东方倡导开放型的自主研发，通过加强与国内外企业、科研院所的交流合作，使我们的专家参与到全球产学研用结合的体系中去，尽快提升企业乃至行业的核心竞争能力。

刘东：前一段时期，国家有关部门批复了 LG 在广州、三星在苏州建设两条高世代液晶面板生产线。有消息说，夏普在南京也要上马第 10 代以上高世代液晶面板生产线。2011 年，京东方与 TCL 建设的第 8.5 代液晶面板生产线也将各自投产。你对我国建设高世代液晶面板生产线的节奏和布局有什么意见和建议？

王东升：我认为我国液晶面板生产线建设总的原则，应该是合理布局、控制数量、区别对待、促进整合。2009 年颁布的《电子信息产业调整和振兴规划》也明确提出应当统筹资源、环保、市场、技术、人才等各种要素，合理布局重大项目建设，实现新型显示器件关键技术的突破。同时，对本土、海外企业要有所区别，中国面板企业和海外巨头比起来还非常弱小，保护幼稚产业也是符合 WTO 原则的。

此外，液晶面板行业不可能四面开花，产业规律决定了液晶面板产业的经营主体必须集中。中国企业只有进入全球前五才能具备一定的话语权，所以一定要培养出至少一家进入全球前五的本土企业，这也是国家竞争力的一种体现。因此，国家应积极促进业内的合作和整合。合作既包括本土企业之间的合作，也包括本土企业和海外企业间的合作。而整合就是要集中优势资源，支持骨干企业，避免重复建设。京东方会以积极开放的态度参与整合。

刘东：近日，有的公司提出要建设第 11 代液晶面板生产线。对于液晶显示产业来讲，是否世代线越高越好？在众多下一代显示技术当中，业界普遍认为 OLED 将成为 TFT-LCD 的替代技术，你是否同意这种观点？

王东升：从设备的投资利用率看，并不是世代线越高越好。第 11 代液晶面板生产线的性价比不一定比第 8.5 代线好，现在也还没有看到第 10 代以上生产线成功的案例。比如第 10 代线可切割 40 英寸 18 片，第 8.5 代线可切割 32 英寸 18 片，就玻璃基板面积来讲，二者大概相差 1/3。但第 10 代线的设备成本却要比第 8.5 代线高出数倍。另外，目前第 10 代以上生产线的设备还不是很过关，这也会影响生产线的运转效率。

目前来看，国际面板大厂也并没有把主要精力放在追求更大尺寸面板和更高世代生产线上。这也是技术方向的问题，未来技术向哪个方向走，我们要有清醒和准确的判断。希望业界对液晶显示产业的发展有一个正确的认识和准确的判断，少走弯路，不做“盲剑侠”。

在众多新型显示技术当中，目前能和 TFT-LCD 相提并论的只有 AM-OLED。但 TFT-LCD 与 AM-OLED 并不是一种替换的关系，因为 AM-OLED 与 TFT-LCD 生产工艺有 70%是相通的，AM-OLED 需要在 TFT 基础上发展。TFT-LCD 基本工艺包括了阵列、彩膜、成盒、模组，其中，阵列部分投资占到了 65%～70%，彩膜和成盒约占 25%，模组占 3%。AM-OLED 包括阵列、涂覆发光材料、模组，原来投资在 TFT-LCD 阵列和模组部分的设备可以保留，彩膜和成盒部分的设备还可用来投资做触摸屏或者是其他技术。所以，只要 AM-OLED 技术成熟，现有的 TFT-LCD 产线都可以改造成 AM-OLED 产线。同时，随着技术的不断进步与发展，TFT-LCD 本身也在进步。就目前的发展趋势来看，AM-OLED 要超越 TFT-LCD 成为主流至少还要 10 年以上。我们对 AM-OLED 技术储备已经有了很好的布局，我们现在的目标是两年以后 AM-OLED 量产化。我们不惧怕技术的升级和更新。其他技术方面，如 240/480 赫兹、3D、触摸等诸多技术我们都有储备。

从跟随到超越，还需要一些时间

刘东：京东方从 2003 年开始进入液晶显示产业，2010 年，你们在合肥建设的我国第一条第 6 代液晶面板生产线已经投产。按照计划，2011 年你们在北京建设的第 8.5 代液晶面板生产线也将投产。我们知道，液晶面板行业如果没有规模就没有话语权，京东方要在全球液晶面板市场赢得话语权，面临着巨大的挑战。你们将如何应对这种挑战？

王东升：液晶面板行业的确竞争压力很大，我们的规模还很小，现在的市场出货量仅是全球第 8 位，排在我们前面的企业，如三星、LG、夏普等基本都是世界 500 强的大企业，从规模来看它们都比我们大，而且它们进入显示产业的时间也比我们要早十多年。

因此，京东方要发展，首先要知己知彼。分析目前处于液晶显示产业的龙头企业，我们不难发现，这些公司都有一个特点，就是前期都有亏损，但当产能规模达到一定程度以后，赢利能力就开始显现，而且赢利能力很强，市场不好的时候不赔钱，市场好的时候可以赚更多的钱。分析其原因有两个：一个是技术进步，另一个是成本降低。

液晶显示产业有其一定的“生存定律”。京东方进入液晶显示行业已近十年，我们经历了残酷行业周期洗礼，一步步成长起来。然而，我们清醒地意识到，京东方距离“显示领域世界领先企业”愿景还有很长的路要走。这几年，我们一直在探索：如何通过自身核心能力培育与建设，摆脱液晶显示行业“过山车般周期”的影响，建立“价值创造驱动”发展模式，实现长期稳定盈利。

通过多年的研究和摸索，我们发现了液晶显示行业的一个规律：每 3 年，液晶显示面板价格会下降 50%，若要生存下去，产品性能和有效技术保有量必须提升 1 倍以上。我们将其称为“液晶显示行业生存定律”。我们看到，现在的市场上不断有新的概念推出，如 LED 背光、3D 显示、SMART TV、触摸屏等，这些就是企业所寻求的新的价值增长点。每次产品性能提升、工艺进步、材料更新的背后都是技术的快速进步。因此，技术进步对液晶面板行业来讲非常重要。

创新不容易，自主创新更需要时间的积累。中国的企业是一定要经过技术追赶考验的。企业生存需要有正的现金流保障，对于京东方而言，经营现金流的情况一直还是可以的。我们目前尽管规模小，但在同一水平液晶面板厂商中，我们的运营效率要比别人高。但与同一线厂商相比，我们的毛利率还有一些差距，究其主要原因就是成本较高。这主要由两个方面的因素决定：一个是企业规模，另一个是原材料和设备进口导致的价格成本、物流成本等。这两个问题也是彼此相关的。

在液晶显示行业，适度规模是关键要素。具有一定规模才能建立有竞争力的供应链体系，具有一定规模才有能力消化巨额技术开发成本，具有一定规模才能形成丰富的产品线和足够的技术保有量。只有当面板企业规模足够大时，我们才有可能加速原材料和设备的本土化配套，进而降低相关成本。所以说，这些发展问题归根结底都是规模不够大的问题。在技术上，京东方是能够跟上全球技术进步的，某些技术如 FFS 宽视角技术还是行业标准之一。但是受限于规模不够大，总体来说，京东方现在还是扮演一个跟随者的角色，要成为超越者还需要一些时间。

刘东：在你看来，液晶显示产业的技术进步主要体现在哪些方面？目前京东方在研发上，人力、财力方面投入的比例是多少？你们的技术水平与韩国、日本和我国台湾地区的企业相比，有什么竞争优势？

王东升：在液晶显示产业，技术的进步体现在两个方面：一是产品性能不断提高，二是成本不断降低。如果技术进步跟不上，企业就生产不出新产品。拿显示器面板的响应速度来说，2005 年是 16ms，2006 年是 12ms，2007 年是 8ms，现在是 5ms、有的应用领域甚至是 3ms。

按照“生存定律”，液晶面板企业要生存下去，每 3 年产品性能和有效技术保有量都要提升 1 倍以上。从京东方来讲，我们的规模和一线厂商相比还很小，需要付出的努力就更多。我们的技术投入分摊到产品上，其成本会很高，这也是目前我们亏损的原因之一。但是即便如此，我们仍然要加大技术投入。我们相信，随着企业规模的扩大、技术的进步，最终会带动产品成本的下降。

如果把产品研发和技术研发都包括在内的话，我们的投入约占主营业务收入的 10%。从所占主营业务收入的比重上看，我们的技术创新投入可能是业内前列的企业之一。业内一线企业的研发投入一般在 5%左右，但一线厂商的营业收入是我们的 20 多倍，即使它们的研发投入只占面板营业收入的 5%，其投入也是大大超过我们的。

我们常说的研发投入基本上就是指技术研发投入，并不包括产品研发。我们现在拥有技术研发人员近千人，加上产品研发人员将超过两千余人。我们整个技术研发体系包括产品研发、生技研发和环保研发等方面。产品研发主要针对 18 个月以内的产品与技术；技术研发主要针对 18 个月以后的产品与技术；生技研发主要针对现有产线效能提升和先进产线的技术优化；环保研发主要针对于产品的绿色化和制造的绿色化。比如，在产品节能方面，如何提高面板透过率，现在液晶面板业内的透过率一般在 6%～7%，我们未来的目标是提高到 10%。在工厂用水方面，我们北京第 8.5 代线通过增加预处理系统、RO 浓水回收系统、有机废水回收系统等，有效降低新鲜水使用量和废水排放量，节水效能处于行业内领先水平，再生水的利用率达到 85%以上。

经过多年的技术积累和创新，京东方拥有可使用专利 5 000 余项，近期每年申请的新专利超过 500 项，京东方掌握的 FFS 广视角技术已成为全球技术标准之一，也是俗称的硬屏技术，该技术在触摸显示方面具有明显的优势。从技术上来讲，日、韩以及中国台湾、中国大陆整体上都差不多，我们与跨国企业的差距并不大。2010 年 7 月，京东方技术中心实验线暨 TFT-LCD 工艺技术国家工程实验室已投入运营。在此之前，京东方只有一条第 5 代线，实质承担着各产线技术开发及人才培养重任。随着技术中心实验线的投入使用，企业技术研发条件得到极大改善，企业产线利用率也随之提升。

当然，我们在产品开发和新品推出速度方面与跨国企业相比还有差距。经过努力，我们目前的产品开发速度也在不断提升。另外，我们也在做一些未来前瞻性技术的储备。目前我们已经完全具备了小分子低温多晶硅 AM-OLED 产业化的技术能力。大分子 AM-OLED 技术计划在 2～3 年后实现产业化。我们也积极展开产学研合作，比如，京东方与电子科技大学（成都）成立联合实验室，从事 AM-OLED 产品的研发。同时，我们还积极开拓相关新技术领域，着力打造具有全球业内领先的自主技术创新能力。

刘东：京东方进入液晶面板领域 8 年来，有 7 年处于亏损状态。在一些投资者看来，你们似乎走进了融资、亏损、再融资的怪圈。你如何看待这种评价，京东方什么时候才能突破亏损瓶颈，实现整体赢利？

王东升：现在面对亏损的情况，我们的心理压力确实很大。但亏损的原因和规律我们是清楚的。我们也知道和竞争对手的差距在哪里。我们的差距，一个是规模的差距，另一个是我们现在的产品线还不够丰富，结构调整的空间有限。

过去，我们实质建设运营的只有一条北京第 5 代线，而第 5 代线还承担了过多的研发重任，某些产品切割也不经济。第 6 代线量产后，我们可以把在第 5 代线生产不经济的但在第 6 代线生产经济的产品转移到第 6 代线上。从而我们可以腾出手来对第 5 代线产品进行结构调整，向小型化转变。另外，1 年多后第 5 代线设备折旧基本结束，产线赢利性将得到极大地改善，值得期待。2011 年下半年第 8.5 代线投产后，我们的产品线是覆盖了 1.8 英寸到 55 英寸的全系列产品，可通过灵活地调整产品线结构来进一步改善公司的产品竞争力和赢利能力。

产品结构随着市场变化进行调整是个常态，当我们产线数量更多、更丰富之后，产品结构调整的空间就更充足了，调整的时间也会更快，这样我们产线的整体效率会更高，企业的赢利状况就会改善。

当然，我们知道企业自身的短板在何处。目前，我们内部正在进行一项“SOPIC”创新变革，从战略、组织、流程、IT 和内控 5 个方面进行全方位的变革。变革的目标就是 3 年之内毛利率达到业内领先水平。如果变革目的达到了，我们的赢利能力就会大大提高。

对于京东方来说，既要遵循行业发展规律，又要时刻寻求实现突破的机遇。如果没有国际金融危机，我们可能走小而强的路子，专注于小尺寸的产品，比如手机屏。但国际金融危机给了我们机会，我们抓住机遇，于 2009 年建设了第 6 代线和第 8.5 代线两条高世代线，实现了国内中大尺寸液晶显示屏制造零的突破。中国有着庞大的电视市场需求，中国企业要抓住这种机会，做好自己的电视屏。对京东方来说，如果能够拥有 2～3 条高世代线的话，情况会更好一些。我们只有在规模上进入全球前五才能稳固立足。起初，这个行业集中度并不高，经过几番整合之后才形成为数不多的几家大规模厂商，所以规模很重要。

总而言之，对于亏损，我们清楚地认识到自己的短板所在，有信心在一定时间内克服短板，实现稳定赢利。

携手推进中国平板显示产业健康发展

中国光学光电子行业协会液晶分会秘书长　梁新清

2011 年是“十二五”开局之年，未来我国平板显示产业若要有更大的作为，今后 5 年将是关键时期。为全面反映行业发展动向、技术趋势以及行业企业的所思所想，促进中国平板显示产业的可持续发展，《中国电子报》联合中国光学光电子行业协会液晶分会，推出了“中国平板显示产业可持续发展系列报道”。

企业应采取积极措施，坚持深度合作，协同开发，价值共创，联合促进从材料、零部件、装备、面板、整机直到终端产品的本土产业链发展。

促进中国平板显示产业健康发展

从日韩平板显示产业发展的经验看，政府重视、政策扶持将直接促进产业的健康发展。我国平板显示产业的发展也同样得到了政府自上而下的大力支持。在产业振兴规划、家电下乡、节能补贴等政策的支持下，平板显示已成为中国电子信息产业一个新的战略增长点。然而，中国平板显示产业不仅需要政府鼓励和支持，还需要通过国家政策引导，以及产业链上下游企业携手合作，方能推进产业的持续健康发展。

从技术方面来看，中国平板显示产业要达到国际先进水平，除要求企业自身具有良好的技术储备和管理运营能力之外，还要充分发挥政府政策的引导和推动作用，整合资源、重点支持真正有技术实力和自主创新能力的本土企业。同时，政府在自主创新和技术研发方面对企业增加关注和投入，无疑可以促进行业技术进步，也将带动战略性产业进入可持续发展的快车道。

从规模方面来看，平板显示产业的特点是规模效益突出，只有形成适度规模才能增强抵御风险的能力，拥有一定的议价能力和综合竞争力。韩日发展平板显示产业的经验表明，政府应集中资源优势支持有产业发展基础的重点企业，应尊重投资（经营）主体集中、区域合理布局的产业发展规律，根据实际情况整合资源，并以此进行相关整合，形成规模优势，打造液晶显示产业的国家竞争力。

平板显示产业是技术和资金双密集型产业，不仅要有良好的技术支撑，还需要有充足的资金支持。从资金方面来看，发展平板显示产业，不但前期需要大量投资，后续投资必须跟上才能扩大规模和保证发展速度。国际平板显示产业发展历史表明：在产业发展初期，国家可以直接给予重点企业强有力的支持，以提升企业竞争力，形成国家的产业竞争力。发挥国家产业政策的导向性作用，还可以引入风险投资，改变融资渠道单一的问题。

从产业自身来讲，中国平板显示产业发展速度最受制约的因素之一就是本土化产业链配套。国内企业应采取积极措施，坚持深度合作，协同开发，价值共创，联合促进从材料、零部件、装备、面板、整机直到终端产品的本土产业链发展。只有产业链上下游企业立足合作，实现共赢，才能推动中国大陆平板显示产业实现真正的战略与新兴。

在刚刚结束的全国两会上，国务院政府工作报告指出，要抓紧制定标准，完善政策，加强创新能力建设，促进战略性新兴产业健康发展。平板显示产业作为战略性新兴产业的重要组成部分，近年来发展迅速。经过“九五”和“十五”近 10 年的培育，中国平板显示产业对电子信息产业的重要拉动作用日渐显现。未来平板显示将成为引领经济社会发展的一个非常重要的新兴产业。

产业：快速推进

2009 年以来，大部分液晶面板新线投资转移至中国大陆，中国大陆正在逐渐成为全球平板显示产业布局的重心。

目前，平板显示已经替代 CRT（阴极射线管）成为显示领域的主流，从手机到电视，其市场应用前景非常广阔。有预测显示，到 2015 年，全球平板显示产业销售收入将超过 1 300 亿美元。

TFT-LCD（薄膜晶体管液晶显示器件）因其轻薄、节能、环保、显示性能优越等特点，在平板显示产业中已经占据主导地位，2010 年市场份额达到 91.2%。从未来几年的发展趋势看，无论是从产品成本竞争力，还是从应用范围，以及新型显示技术的角度，TFT-LCD 液晶显示产业均应是平板显示产业的主要方向。未来，全球液晶显示产品需求将继续保持较快增长。预计到 2015 年，9 英寸以上的液晶面板需求将达到 11.7 亿片，9 英寸及以下的中小尺寸液晶面板出货量将达到 25.9 亿片。

液晶显示产业发展潜力及市场前景逐步显现，在业界同仁的共同努力以及政府的大力支持下，中国大陆平板显示产业快速发展。2009 年以来，中国大陆高世代液晶面板生产线不仅从无到有，而且发展到现在的 8 条之多（包括拟建和在建项目），大部分液晶面板新线投资逐步转移至中国大陆，尤其是第 6 代及第 8 代等大尺寸液晶面板生产线投资。可以预见，未来 3 年，中国大陆液晶面板产能将大规模释放，产能全球占比将由 2009 年的 3.2%提升到 2013 年的 17.6%左右。中国大陆正在逐渐成为全球平板显示产业布局的重心。

技术：具备创新基础和能力

液晶面板制造企业已具有自主技术及持续的创新能力。各个产业基地围绕液晶面板生产线都已经形成较完善的配套体系。

2005 年，中国平板电视产业出现了爆发式增长，下游整机市场需求带动了液晶面板生产线的投资。2007 年，我国把平板显示产业作为重点发展的领域列入“十一五”规划纲要。2009 年，《电子信息产业调整和振兴规划》正式出台，也明确了平板显示产业发展的目标，中国迎来了平板显示产业投资的高峰期。由京东方自主建设的中国大陆首条第 6 代和第 8.5 代液晶面板生产线相继开工。2010 年，京东方自主建设的首个 TFT-LCD 工艺技术国家工程实验室建成并投入使用。同年，京东方合肥第 6 代线量产；华星光电第 8.5 代线在深圳开工建设；三星和 LG 在中国大陆的液晶面板生产线项目获批。2011 年，京东方和华星光电的两条第 8.5 代线实现量产。

经过数年的培育和发展，如今中国大陆已具备发展平板显示产业的基础和能力。目前，已形成四大平板显示产业基地：环渤海地区、长三角地区、中西部地区、珠三角地区。各个产业基地围绕液晶面板生产线都已经形成了比较完善的配套体系。

上游产业方面，随着中国平板显示产业的发展，国外原材料企业纷纷进驻中国大陆，玻璃、偏光片、背光模组等领域的知名厂商均在大陆投建工厂。同时，国内原材料企业实力也逐步提升，开始参与到平板显示产业中，彩虹玻璃、乐凯偏光片等项目均进展顺利。国内装备厂商，如七星、清大天达等企业也已具备了一定的实力。预计随着产业链布局的完善，我国液晶显示材料与器件的本土化配套将达到 60%。随着平板显示产业规模化投资的加快，我国装备本土化率也会有重大突破。

中游液晶面板制造方面，国内液晶面板制造企业已具有自主技术及持续的自主创新能力。以国内领军企业京东方为例，自 2003 年收购韩国现代显示株式会社的 TFT-LCD 业务后，经过消化、吸收、再创新，已自主建设并成功运营了多条生产线，标志着中国企业在液晶显示这一关键产业已经掌握了核心技术，具有了持续的自主创新能力。

从下游产业来看，中国大陆是全球电子产品制造中心，显示终端产品绝大多数在中国大陆生产制造。仅以大尺寸液晶显示领域为例，中国大陆是全球潜力最大、增长最快的液晶电视市场。目前国内CRT彩电保有量逾4亿台，如果中国家庭完成CRT电视向液晶电视的更新换代，其市场总值将超过1万亿元。

然而，2009年和2010年，除部分中小尺寸外，大部分液晶面板需要从海外进口（大尺寸100%）。据海关统计，中国液晶面板进口金额仅次于集成电路、铁矿石和石油，在单一产品进口金额中排名第四。我们有如此大的市场，但液晶面板却要依赖进口，这种现象是极不合理的。随着政府和企业的共同努力，未来大尺寸液晶面板的自给率将不断提高。待2011年国内第8.5代等高世代线逐步投产后，国内液晶面板自给率将逐渐升高，预计2013年国内液晶面板产能自给率将超过100%，达到116%，完全能够满足国内需求。

未来：机遇与挑战并存

适度规模是关键要素，面板企业具有一定规模才能建立有竞争力的供应链体系。

未来5年，中国大陆平板显示产业发展机遇与挑战共存。

在平板显示行业，适度规模是关键要素。目前中国大陆液晶面板企业规模还不够大。2010年，LGD、三星、友达和新奇美（奇美和群创）四大厂商合占全球液晶面板出货量的80%。而大陆厂商现在的市场出货量仅占全球的4.7%。具有一定规模才能建立有竞争力的供应链体系，才有能力消化巨额技术开发成本，才能形成丰富的产品线和足够的技术保有量。也只有当液晶面板企业规模足够大时，才有可能加速原材料和设备的本土化配套。

此外，尽管国内液晶面板企业在TFT-LCD显示核心技术上取得了突破，掌握了自主建线、工艺设计和产品开发等核心能力，一些企业也致力于原材料的国产化研发和生产，但我国平板显示产业链条还是有多个环节缺位，关键设备、原材料等方面的本土化配套相对滞后。目前产业上游七大主要材料基本依赖进口，产业链配套方面还需要进一步完善。随着国外上游设备、材料厂商加快进入中国大陆，给国内厂商提出了警示，本土化配套能力亟待大幅提升。

日本 OLED 战略的失误

全国政协委员、中国科学院院士　欧阳钟灿

日本 TFT-LCD 产业错失桂冠的原因在于过早相信 OLED 将要取代 TFT-LCD，实际上，被誉为下一代平板显示技术之星的 OLED，尚未达到普及市场的要求。

我国是全球最大的彩电生产国和消费国，2009 年彩电产量近亿台，其中，液晶电视占 68.3%。我国平板显示产业布局较晚，自主创新能力薄弱，电视生产所需的面板供给能力严重不足，特别是大尺寸电视用面板目前几乎全部依赖进口，致使整个彩电和平板显示产业面临十分严峻的挑战和巨大的转型压力。

2009 年，我国液晶面板进口 1.8 亿片（含中小尺寸），进口金额达到 350 亿美元，居单一产品进口额第 4 位，仅次于集成电路、石油和铁矿石进口额。2010 年 1～9 月，我国液晶面板进口 1.77 亿片，同比增长 39.5%，进口金额达到 352.7 亿美元，同比增长 47.3%，已超过 2009 年全年进口额。

对此，国务院和有关部门高度重视，在《电子信息产业调整和振兴计划》中明确将 TFT-LCD 液晶显示列入重点任务和重大工程，力求突破核心关键技术，促进我国彩电产业整体转型。近期，国务院颁布的《关于加快培育和发展战略性新兴产业的决定》再次将液晶显示产业作为引领未来经济社会发展的新兴产业，我国 TFT-LCD 显示产业必将迎来新一轮快速发展期。

TFT-LCD 与 OLED 的较量

新型显示产业包括 TFT-LCD（薄膜晶体管液晶显示器件）、PDP（等离子）、OLED（有机电致发光显示），在彩电向平板转型后，TFT-LCD 显示 2010 年已占有市场近 90%的份额。PDP 等离子产业，除了日本松下还在做，其他都向中国大陆转移，其市场份额不足 10%。因此，PDP 与 TFT-LCD 的竞争，谁胜谁负，已经不用讨论。

现在，业内从领导到专家，从企业到研发机构都担心的问题是：为什么海外的大企业，如三星、LG、夏普以及我国台湾地区的面板制造企业，从 2010 年起，都要把大尺寸的 TFT-LCD 生产线向我国大陆输出，会不会是它们都将进入大尺寸的 OLED 面板生产制造行列？

再看这几个事件：2007 年，索尼曾向日本国内推出价钱为 20 万日元的 11 英寸 OLED 彩电，据说成本达到 70 万日元，为的是赔本赚吆喝，在索尼的大力推动下，OLED 成为平板显示行业最超前的技术，三星也曾经宣告在 2011 年要推出 32 英寸 OLED 彩电。

然而，就在众厂商争相入围参与追逐之时，索尼却先退了下来，2009 年 3 月索尼宣布退出 OLED 彩电领域。三星最近也突然宣布 2011 年要在国内再建一条第 8 代 TFT-LCD 生产线，因此三星要推出 32 英寸 OLED 彩电的计划可能有了变化，2011 年 1 月，三星负责 OLED 移动显示的 SMD 公司负责人也对外宣称，在同背景下，OLED 的耗能比 TFT-LCD 要高 30%，因此，即使在中小尺寸的移动显示器领域，OLED 也不可能很快代替 TFT-LCD。2010 年 12 月 25 日，日本东芝与美国苹果合作建了一条中小尺寸 TFT-LCD 的新线，专供 iPhone 与 iPad 的显示屏，此事再次证明一度被誉为下一代平板显示技术之星的 OLED，尚未达到普及市场的要求。

市场调研机构 DisplaySearch 发布的统计数据显示，得益于三星、索尼等公司的努力，OLED 在小尺寸显示器市场表现十分抢眼。OLED 显示产品的市场份额逐年增长，预期 2015 年产值能超过 50 亿美元。但这与产值千亿美元的 TFT-LCD 无法相比。

相比于传统的液晶电视，OLED 有着机体薄、对比度高、色彩丰富、分辨率高、视角宽广、耗电量低等诸多优点。另外，由于 OLED 内没有液体分子，其抗震性能更好、耐低温、结实耐用。同时，与毫秒级响应的 TFT-LCD 面板相比，OLED 的响应时间是其几千分之一，不会出现拖尾和动态画面抖动的问题。如此优异的技术始终无法广泛应用到电视上，是因为各大生产厂商在投产大尺寸 OLED 面板时的良品率极低（还不到 30%），而 TFT-LCD 面板却可以达到 90%以上。这让 OLED 电视的制造成本非常高昂，这也是大尺寸 OLED 面板不能量产的原因所在。

正是在国外大企业 OLED 面板技术还未过关的前提下，我国新型显示科研与产业赶超世界一流显示企业争取后来者居上就成为可能。因此，我国科技部设立 863 新型显示专项，国家发改委、工信部把研发 OLED 面板技术作为重点支持项目是完全正确的。

后来者可居上

产业的国家转移是非常复杂的，不以人的意志为转移。日本是 TFT-LCD 产业化的发明国，20 世纪 90 年代在世界显示市场占有 100%的份额，但随着韩国和我国台湾地区的介入，其市场占有率直线下降，到 2006 年降到 10%[见日本《科学技术白皮书（2009 年版）》]，其原因在于日本国内市场的饱和、萎缩，人员资本的增加，环境、材料成本的局限。尤其是日本大企业这 10 年战略的错误：他们过早相信 OLED 将要取代 LCD，因此，对 OLED 大尺寸显示研发的投入过大，而迟迟无法克服量产的难关。相反，韩国企业这十年在显示产业的研发战略正确，为攻克 TFT-LCD 背光源 LED 的革命，在 2009 年获得成功，因此，三星、LG 把日本的 TFT-LCD 产业抛得远远的，取得了世界显示第一、第二的佳绩。

这个事实表明，尽管日本发展 TFT-LCD 产业已经 40 多年，韩国只有 30 多年，但韩国超过日本已成事实。我国尽管发展 TFT-LCD 产业不过 10 年时间，这并不意味着我们还有 10 年以上的差距。

改革开放 30 多年，我国已经成长为世界第二的经济大国，其主要因素是政府改革政策的英明和正确，部分因素是具有有利的人员资本、环境及材料成本。在液晶显示产业，拿京东方来说，自 2002 年进入液晶显示产业，在海外收购获取核心技术的基础上，经过消化、吸收、再创新，已先后自主建设并成功运营了北京第 5 代线、成都第 4.5 代线，京东方在合肥自主建设的我国首条大尺寸第 6 代 TFT-LCD 生产线也于 2010 年 10 月 18 日实现量产，并用不到两个月的时间使产品良品率达到 90%以上，充分说明我国本土企业已完全掌握了液晶显示的核心技术。

龙头带动

从 CRT 彩电工业时代起，我国已培育了六大世界彩电品牌，成长为第一彩电生产大国，在政府领导的部署下，2008 年开始了 CRT 彩电平板化战略转移，在 TFT-LCD 与 PDP 彩电生产上，六大彩电品牌已基本奠定了我国平板彩电生产大国地位的基础。

我国发展 TFT-LCD 产业最大的优势是市场的优势。TFT-LCD 战胜 CRT 也是靠笔记本电脑诞生的市场优势，我国现在不仅是彩电生产大国，也是近年发展起来的 iPhone 与 iPad 的代工大国，这也是 TFT-LCD 新一轮的发展机遇，我国 TFT-LCD 产业后来居上是完全可以预期的，因此政府重视、支持 TFT-LCD 十分必要，把其列入我国新兴产业发展的方向性产业有重大意义。

京东方自主创新建设高世代线打破了海外企业对我国液晶显示产业的长期封锁，海外企业纷纷要求来大陆投资设厂。为使国内产业健康发展，2010 年年初，工信部和国家发改委联合下发了《2010—2012 年平板产业发展规划》，确立了发展国内液晶显示产业两大原则，即总量控制和支持具有自主创新能力的民族产业发展。根据这一规划，对海外项目进行综合审批，延缓了海外企业进入大陆投资的时间，给国内企业发展赢得了近一年的宝贵时间。

2010 年 11 月，三星、LG 获得政府批准，开始分别在苏州和广州投资设厂，并已开始采取降价等策略打压本土企业，抢占国内市场，使国内整个彩电产业链再次面临非常严峻的挑战。日、韩以及我国台湾地区发展液晶显示产业的经验表明，多家企业同时上马，展开内部竞争的格局，不利于国家或地区产业的健康发展。因此，笔者认为，一个国家的产业要做强，必须先立龙头，要集中力量支持 1～2 家有知识产权、有创新能力的龙头企业，才能带动国家产业的整体发展。

（来源：2011 年 3 月 25 日《中国经济与信息化》第 6 期）

加强基础研究 促进新型显示工业快速发展

中科院院士、中科院理论物理所研究员、中国物理学会液晶分会主任 欧阳钟灿

我国平板显示产业布局较晚，自主创新能力薄弱，电视生产所需的面板供给能力严重不足，特别是大尺寸电视用面板目前几乎全部依赖进口，致使整个彩电和平板显示产业面临十分严峻的挑战和巨大的转型压力。由于液晶面板占液晶电视整机成本的2/3，中国大陆彩电厂商被迫花费巨资，从韩国、日本以及我国台湾厂商手里采购液晶面板等关键零部件。2010 年，中国大陆液晶面板进口额超过 400 亿美元，仅次于集成电路、石油和铁矿石。因此，加速发展我国平板显示产业是保持我国全球最大的彩电生产国和消费国产业安全的需要。

新型显示产业作为国家“十二五”发展规划战略性新兴产业的重要组成部分，工业和信息化部、国家发改委联合印发的《2010—2012 年平板显示产业发展规划》明确提出：“到 2012 年，我国平板显示生产技术达到国际先进水平，在工艺、材料、装备等方面构建具有自主知识产权的技术创新体系，产业规模占全球比重由当前的 5%提升到 20%以上，支撑我国彩电产业的转型和升级。”为实现这个宏伟目标，本文从世界新型显示产业发展形势和我国产业链发展特点进行分析，提出加强基础研究，促进我国新型显示产业发展的建议。

外企争相在华设厂

- 国外的大企业，如三星、LG、夏普等面板制造企业，从 2010 年起，都把大尺寸的 TFT-LCD 生产线向我国大陆输出。
- 2011 年以来，出现的新问题还包括已批准到中国大陆建线的外商纷纷推迟开工时间。

在新型显示产业中，液晶显示技术已经占据主导地位。可预见的 10 年内，仍没有一种显示技术在应用领域的广泛性（尺寸从 1 英寸到超过 100 英寸）、产业化投资力度上（全球对电视用薄膜晶体管液晶显示面板的投资已超过 1 000 亿美元）、参与市场竞争和推广的普及面上（全球超过 800 家制造企业）3 个方面可与电视用薄膜晶体管液晶显示（TFT-LCD）产业相抗衡。2003—2004 年，若干中国企业进入了 TFT-LCD 工业，并建设起第 5 代线（主要有京东方、上广电和昆山龙腾光电）。此后，由于第 5 代及以下世代生产线的产品不能满足电视屏的需要，所以国内各方一直希望能够引进第 6 代以上的所谓“高世代”生产线。但直到 2009 年夏天，国外企业一直封锁技术，拒绝向中国转让高世代生产线。

2009 年夏末，国外企业一夜之间转变态度，争相要在华设厂。原因就是我国京东方 2009 年宣布在北京建设第 8.5 代高世代线，而且京东方在合肥自主建设的我国首条大尺寸第 6 代 TFT-LCD 生产线，2009 年进展顺利，2010 年 10 月 18 日实现量产，并用不到两个月的时间使产品良品率达到 90%以上，充分说明我国本土企业已完全掌握了液晶显示的核心技术。2010 年全球主要平板显示（FPD）企业陆续宣布到中国大陆投资，中国大陆正在成为平板显示的投资热点。在这种条件下，国内出现了一股“液晶热”——各地争相上马液晶面板生产线。据媒体报道，各地计划准备上马的第 7.5 代以上生产线一度达到 8 条（总投资超过 2 000 亿元），而目前全球运行的第 7.5 代以上生产线总共也不过 12 条。国内业界先是对国外企业愿意在华设厂欢呼雀跃，此后又纷纷对未来的产能过剩表示担忧。这种状况使有关发展 TFT-LCD 工业的战略和政策问题变得尤为紧迫。面对外资面板企业咄咄逼人的竞争态势，国内企业应如何应对？现在，业内从领导到专家、从企业到研发机构都担心的问题是：为什么海外的大企业，如三星、LG、夏普等面板制造企业，从 2010 年起，都要把大尺寸的 TFT-LCD 生产线向我国大陆

输出，会不会是它们都将进入大尺寸的有机电致发光显示（OLED）面板生产制造行列，新兴的 OLED 等显示技术能否实现大规模产业化，从而成为未来平板显示的主导技术？2011 年以来，出现的新问题还包括已批准到中国大陆建线的外商纷纷推迟开工时间，有的外企采取不惜亏本大幅度压低针对我国正在上马的第 6～第 8.5 代线生产的显示屏的价格，使国内企业背上大幅亏损包袱，企图再次吓倒我国刚刚兴起的进军大尺寸显示屏生产的步伐。我国政府、企业及研发机构如何采取必要的措施，以迎接这新一轮的竞争，取得市场竞争的优势？

OLED 中大尺寸显示尚未普及

- 日本对 OLED 大尺寸显示研发的投入过大，但迟迟无法克服大尺寸屏量产的难关。
- 即使在中小尺寸的移动显示器领域，OLED 也不可能很快代替 TFT-LCD。

目前，全球已经量产的 OLED 生产线已有多条，中试线也有几十条之多。国际上从事 OLED 研究开发及产业化的公司有 100 家以上，其中一部分公司已开始进行批量生产。日本厂商在 OLED 技术研发上起步较早。以先锋为首，TDK、三洋电机、索尼、精工-爱普生、NEC 等大厂在 OLED 技术的开发上都投入了不少心力。欧美地区也有众多公司投入研发，如 CDT、Kodak、DuPont、UDC、eMagin、Philips 等。韩国已有三星、LG、现代等 10 余家企业宣布涉足 OLED 产业。我国台湾地区也有铼宝、东源激光、友达、胜园等 14 家厂商投入到 OLED 产业，但这些企业只限于生产手机、iPad 的中小尺寸屏，OLED 至今还未进入笔记本电脑，更遑论电视。2007 年，索尼曾向日本国内推出价钱为 20 万日元的 11 英寸 OLED 彩电。在索尼的大力推动下，OLED 成为平板显示行业最超前的技术。三星也曾经宣告在 2011 年要推出 32 英寸 OLED 彩电。

然而，就在众厂商争相入围参与追逐之时，索尼却先退了下来。2009 年 3 月，索尼宣布退出 OLED 彩电领域。日本是 TFT-LCD 产业化的领先国，20 世纪 90 年代在世界显示市场占有 100%的份额。但随着韩国和我国台湾地区的介入，其市场占有率直线下降，到 2006 年降到 10%（见日本《科学技术白皮书（2009 年版）》），其原因在于日本国内市场的饱和、萎缩，人员资本的增加，环境、材料成本的局限。尤其是日本大企业这 10 年战略的错误：他们过早相信 OLED 将要取代 LCD，因此，对 OLED 大尺寸显示研发的投入过大，但迟迟无法攻克大尺寸屏量产的难关，也造成了只有夏普一家在 LCD 国际竞争中孤军奋战，夏普超大尺寸第 10 代线进展缓慢也终结了世界超大尺寸 LCD 的发展。

2011 年 5 月 31 日，三星移动显示公司（SMD）宣布其在韩国投资 21 亿美元建设的第 5.5 代 OLED 面板生产线已提前两个月进入量产。6 月 2 日，SMD 宣布其第 8 代有源驱动 OLED（AM-OLED）面板试验线将于 2012 年 5 月投入使用，可以切割 46 英寸、55 英寸等大尺寸 OLED 面板。三星计划将 OLED 面板的使用领域从智能手机、平板电脑延伸到电视等领域，由此媒体揣测：液晶面板很快就要像过去笨重的阴极射线管显示屏一样走入历史。这一说法引起液晶面板界的恐慌。对此，我们还是要听听业界的不同观点：2011 年 8 月 OLED-Info newsletter 报道，韩国乐金显示公司（LGD）宣布停止对中小尺寸 OLED 屏的投资，因为他们刚推出的“超分辨率平面驱动”的液晶显示技术（AH-IPSLCD）明显好于 OLED。他们还批评三星最近在 OLED 显示上对市场的误导，指出在画质、反应时间、能耗及对比度上 OLED 都不是合适的显示技术。LGD 虽然用第 4.5 代 AM-OLED 为诺基亚生产手机屏，但已决定不扩产到原定的 12K 块/月，而是缩减到 4K 块/月。LGD 宣传他们仍然在开发 OLED 电视，但不开发 OLED 手机与笔记本电脑，他们可能在 2012 年下半年推出少量的 55 英寸 OLED-TV 到市场试水，然后根据市场反应再决定是否扩产。有传言，苹果公司正在与 LGD 商谈为新一代苹果 TV 提供 OLED 屏。LGD 决定跨过第 5.5 代直接到第 8 代生产 OLED-TV 屏，但这不是真正的彩色 OLED 显示屏，而是由柯达开发的白光 OLED 加彩膜的显示技术。但是，最近友达副总彭双浪对 LGD 这个计划表示质疑，认为至少到 2014 年，由于 OLED 低良品率带来的高成本，使得 OLED-TV 不可能与 LCD-TV 竞争。

其实，2011 年 1 月 OLED-Info newsletter 报道，三星 OLED 移动显示的负责人也对外宣称，在同等亮度背景下，OLED 的耗能比 TFT-LCD 要高 30%。因此，即使在中小尺寸的移动显示器领域，OLED 也不可能很快代替 TFT-LCD。2010 年 12 月 25 日，日本东芝与美国苹果宣布合作建了一条中小尺寸 TFT-LCD 的新线，专供 iPhone 与 iPad 显示。此事再次证明，一度被誉为下一代平板显示技术之星的 OLED，由于大尺寸良品率这一瓶颈尚未突破，OLED 彩电在 10 年内达不到市场普及与 LCD 彩电一决雌雄的要求。因此，三星第 5.5 代线 OLED 开工等进展不应影响我国壮大发展大尺寸 LCD 产业的决心。

重视研发 AM-OLED 技术

- 在新型 OLED 显示未产业化之前，我们要有前瞻眼光，构建梯次布局，融入世界研发 AM-OLED 的最前线。
- 在具体研发策略上，要认识发展 AM-OLED 关键在 AM（TFT），有基础的 TFT-LCD 企业是发展 AM-OLED 的研发主体。

当然，我们必须吸取 CRT 时代所带来的教训：由于我国当时在 TFT-LCD 技术研发和产业化方面的投入严重不足，在“十五”、“十一五”基本没有安排 TFT-LCD 研究项目，导致在彩电向平板显示转型时，面板技术领域再次面临国外垄断，不得不重走引进的老路，被局限在产业链的末端。在新型 OLED 显示未产业化之前，我们要有前瞻眼光，构建梯次布局，融入世界研发 AM-OLED 最前线。在工业和信息化部的支持与指导下，2011 年 6 月 2 日国内 19 家 OLED 企事业单位共同发起的中国 OLED 产业联盟在广东惠州正式宣布成立，中国大陆的彩虹集团、长虹集团、上海天马等已经开始在第 4 代以下 OLED 领域布局，而京东方也计划在内蒙古投资建设第 5 代 AM-OLED 面板生产线。当前我国多条引进 AM-OLED 生产线已进入项目建设的关键时期，但 OLED 产业也面临基础研究不足、产业配套不完善、缺乏较强竞争力的龙头企业、在全球行业标准及知识产权领域缺乏话语权等问题，在一定程度上阻碍了我国 OLED 产业的持续健康发展。为此，刚刚公布的《国家“十二五”科学和技术发展规划》在“四、大力培育和发展战略性新兴产业，2.新一代信息技术”中把“新型显示”排在首位，“研发有机发光显示的发光材料、薄膜晶体管阵列等关键核心技术”被列在非常重要的位置，因此，我国政府在 OLED 发展上采取的基础研究先行的战略是非常正确的。千万不能以“一哄而起”引进海外低级“废弃线”代替踏踏实实的研发。

在具体研发策略上，要认识发展 AM-OLED 关键在 AM（即 TFT），有基础的 TFT-LCD 企业是发展 AM-OLED 的研发主体。最近日本政府将在《企业创新联盟》框架下投资 25 亿美元（占股 70%～80%）组织日立、索尼与东芝成立世界最大的中小尺寸 LCD 触摸屏及 OLED 显示屏新公司。东芝移动显示公司 2010 年 10 月原本宣布报废 OLED 研发计划而回到 LCD。日本政府的新举措将是取 LCD 之长补 OLED 之短。AM-OLED 的核心技术是增大 TFT 场效应迁移率与均匀性，到底是用低温多晶硅（LTPS）TFT 还是金属氧化物 TFT，在大规模生产上至今还没有定论，因此，有 TFT-LCD 基础的企业是最容易转身研发 AM-OLED 的。

加强新型显示产业基础研究

我国液晶面板产业在未来两三年将迎来新一轮发展高潮，产业的规模扩张也使企业面临产能过剩的强大风险。要想在竞争激烈的全球市场立足、生存并取得长远发展，必须解决目前发展中面临的突出问题：产业发展很快，但研发投入、人才数量还远远落后。必须依靠人才开拓未来，而不是靠低廉的土地和用电价格以及密集的劳动力。要加强“政产学研用”结合的基础研究：政府负责研究计划部署、资金支持，“产”是以企业为主体，“学”是培养对路的人才，“研”是建立国家工程实验室，“用”是市场需求。

需要政府研发资金支持

海外地区培育平板显示有全球竞争力企业所需的巨额发展资金大多采用政府支持、市场化运作的方式解决。一是在资本市场上政府鼓励投资机构购买企业发行的股票，二是政府鼓励银团给企业提供长期低息贷款支持。例如，日本 1979 年通产省经光电产业技术振兴协会联合 16 家企业资助 8.2 亿美元为期 10 年的液晶显示产业化基础研究计划，受助企业要匹配 70%的研究经费。又如，韩国 1990 年起组成大专院校、100 多家企业参加的“平板显示器研究联盟”，每年政府投入 30 亿韩元的支持经费。

我国彩电产业战略转型产业化专项是国家为推进我国彩电产业战略转型、促进平板显示产业发展、提高自主发展能力，从 2009 年开始实施的一个专项支持政策。专项重点支持彩电整机、平板显示面板模组、平板显示关键配套件及材料和平板显示专用制造和测试设备等的研发及产业化。专项连续实施 3 年，2011 年是最后一年。在实施这个计划的同时，对有关企业成立国家工程实验室，一次性投入千万元予以支持。但上述产业发展初期政府研发资金资助力度与持续性较差。要看到，我国从 2005 年才进入平板显示产业，仍然处在产业发展初期，政府还需要继续实施专项研发基金的支持。特别是要辩证地看待近年我国平板显示产业亏本的现象。我国目前还处在产业链的中端（显示屏制造），为打压我国平板显示产业的发展，具有完整产业链的外商会利用转移利润到上、下游，残酷压低中端产品价格，使我国刚建立起来的第 6～第 8.5 代线不堪重负。为此，我们要加快产业链上下游的配套建设，对进口屏要实行关税调整政策，对国内品牌电视购屏要实行政府采购对策。其实，屏占电视 70%的成本，占平板电脑 20%的成本，造屏绝不是赔本的生意。2007 年，只有一条第 5.5 代线的京东方就曾赢利十几亿元。因此，在政府与国内整机同行的统筹支持下，我国的平板显示产业链一定会冲破国外厂商的恶性竞争，迎来赢利的一天。

建设高校新型显示专业

全球最大的显示器学会“SID2011”5 月在美国洛杉矶举行，来自中国大陆与我国香港特别行政区的口头报告占 2.8%，张贴报告占 7.7%，远小于中国大陆近年来产业发展形势。这说明，在这个行业，我们的基础研究还非常薄弱，还没有引起世界重视的核心技术，还没有占领制高点。“SID2011”的执行委员会及程序委员会主席和副主席基本由日、美、韩的企业、科技人员组成，我国新型显示基础研究在世界上还缺少发言权。这个困境的基本原因就是我们缺失大量的新型显示研发技术人才。我国台湾地区在 1997 年提出了“两兆双星”计划（一兆是半导体芯片年产值超过一兆元新台币，另一兆就是液晶显示屏年产值超过一兆元新台币）。为配合这个计划，提出了名为“八五四专案”人才计划，即每年许可各大学电子专业招聘 85 名教授计划，从 2003 年起，要保证 20 名是在全球招聘的 LCD 专业的，而且每人至少负责培训 5 名研究生。原因是据他们“科技顾问组”2002 年进行的高科技人力缺口调查揭示，2003—2005 年显示产业缺口 8 000 多人。“8 000”这个数字对中国大陆发展平板显示产业有警醒作用。我们大学的毕业生很少是显示专业毕业的。为响应“大力培育和发展战略性新兴产业”的号召，我国教育部公布从 2011 年起高校招生将新增 140 个新专业，全部为国家确定的战略性新兴产业相关本科专业。但是，此次新增专业中，基本没有提到新型显示专业。借鉴我国台湾地区平板显示产业人才引进的经验，人才计划一定要产学研结合，我国大陆高校一定要加快引进海外高层次人才，设置新型显示相关的专业，加速国内这个领域的人才培养。

（来源：中国电子报）

整合资源 做大平板显示产业

京东方科技集团股份有限公司执行董事、首席运营官　王家恒

“中国平板显示产业产能规模在逐渐扩大，但是挑战与机遇并存。”

在中央和地方政府的支持下，中国平板显示产业得到了较快发展，相继建成了多条生产线，初步成为具有一定规模的战略性新兴产业。随着供应链中上游的 TFT-LCD 生产线陆续建成投产，中国已成为全球平板显示产业新的投资热点地区。然而，尽管中国平板显示产业产能规模在逐渐扩大，但是挑战与机遇并存。

寻求广泛支持

从资金方面来看，对于投资动辄百亿元的液晶面板制造，资金一直是产业发展的主要问题。加之产业规律及全球经济持续低迷的影响，使得外界对于平板显示产业资金投入的方式有所质疑。事实上，在行业低谷和产业发展的初期，坚持甚至扩大投资就有可能让中国电子信息产业实现跨越式发展。解决资金难题，除了市场融资、引入风险投资、上下游厂商合作之外，国家政策支持显得更加重要。

从技术角度来看，要建成具有国际先进水平的面板生产线，就要求企业自身具有良好的技术储备和管理运营能力。因此，发展中国平板显示产业要突出中国特色，充分发挥政府的引导和推动作用，整合资源、重点支持真正有技术实力和发展前景的企业。在自主创新和技术研发方面对企业增加关注和投入，无疑可以促进行业技术进步，也将带动战略性新兴产业进入可持续发展的快车道。

从规模方面来看，平板显示产业的特点是规模效益突出，以往面板企业难以扭亏与其规模太小、成本过高、无法和国外巨头相抗衡直接相关。我们应本着投资主体集中，产业区域合理布局的产业发展原则，根据实际情况，整合资源，培育重点企业，并以此进行相关整合，打造产业的国际竞争力。

此外，还需要特别关注产业链的完善。平板显示产业链由上游厂商提供生产设备、供应基板玻璃等原材料，中游面板制造商供应液晶显示器和液晶电视用面板，下游后段模块厂、显示器生产商、彩电厂商等生产整机产品。而我国液晶面板企业最受制约的地方就是上游端国产化的配套。有数据表明，在对于成本至关重要的产业配套率上，日本已达 176%，韩国为 82%，中国大陆的产业配套率仅为 11%。要充分发挥政府的引导和推动作用，有效利用资源，促进国产化配套和产业链的整体完善。

整合产业链

中国平板显示产业的可持续发展离不开产业链上下游的共同努力。

京东方也积极致力于产业链的完善工作，包括进行背光源、彩膜等生产配套体系的建立完善，促进上游原材料配套厂商的本地化配套制造，与下游厂商建立良好的战略合作关系等，这些措施均对降低生产成本、提升公司乃至全行业竞争力有很大的推动作用。我们将继续坚持“深度合作，协同开发，价值共创”，通过和战略供应商及客户的深度合作，与合作伙伴的协同开发，达到垂直整合的效果以及降低成本、提高效益的目标。

液晶面板制造是整个平板显示产业的核心纽带，一方面通过需求拉动设备及原材料的发展，另一方面推动下游产业的扩张。

随着中国平板显示产业的发展，国外原材料制造企业纷纷进驻中国大陆：玻璃、偏光片、背光模组等厂商均有意在大陆投建前端工厂。而国内原材料制造企业的实力也逐步提升，开始参与到平板显示产业，彩虹玻璃、乐凯偏光片等项目已经启动。同时，目前我国已有七星华创、清大天达等数 10 家装备企业进入 TFT-LCD 装备制造领域。在几乎从零起步的基础上，我国装备国产化率如今已经提升到 10%左右。未来 5 年，中国液晶显示产业的装备国产化率有望达到 30%以上。通过 8 年积累，随着国内液晶面板制造企业产能规模的逐渐扩大，目前我国 TFT-LCD 材料与器件的国产化程度已接近 60%，预计 5 年内有望超过 90%。

在产业链下游方面，液晶显示屏广泛地应用于从手机到电视的各类产品。然而，中国电子信息产业一直饱受“缺芯少屏”之痛，液晶显示屏是继集成电路、石油、铁矿石之后排名第四位的进口产品。随着京东方第 4.5 代、第 5 代、第 6 代、第 8.5 代 4 条生产线的逐步建设及运营，我国 1.8 英寸到 55 英寸的全系列液晶显示屏实现了国产化，从根本上扭转了中国电子信息产业依赖进口屏的被动局面，对促进本土整机企业的技术进步和电子信息产业的发展等具有重要意义。

如果产业链关键材料、装备厂商、面板制造厂商及终端厂商可以进行“深度合作、协同开发、共创价值”，国家及社会各界可以集中优势力量、经营主体，全力支持有自主创新能力的本土企业发展，相信我国平板显示产业会有一个新的跨越。

做好技术积累

当今世界，液晶显示产品日新月异，而液晶显示技术的发展也是势头强劲。环保和节能已经成为液晶显示产品永恒不变的话题，推动着液晶显示厂商不断创新和节能，而液晶显示技术的发展和应用的不断扩展，对彩电、IT 等消费电子产品和市场影响则非常巨大。

京东方坚持自主创新，到目前为止，京东方可使用专利逾 5 000 项，每年新增申请专利 500 多项，已成为我国自主研发成果最多的高科技公司之一。

京东方倡导开放型的自主研发，通过加强与国内外企业、科研院所的交流合作，参与到全球产学研用结合的体系中去，尽快提升企业乃至行业的核心竞争能力。我国首个 TFT-LCD 工艺技术国家工程实验室就落户在京东方北京技术中心内；在合肥，京东方与安徽省共建了“安徽省平板显示工程技术研究中心”，并与合肥工业大学联手，进行高精尖人才培养以及自主专利技术的研究；在成都，京东方与电子科技大学共建了 OLED 联合实验室。

面向未来，京东方将继续抓住产业链上价值增加的关键环节，从投资驱动走向价值驱动，通过功能集成不断增加产品价值，通过工艺简化不断降低产品成本，实现价值创造，为客户提供功能更强、应用范围更广的产品。同时，京东方将在积极研发薄型化，低功耗，宽视角，融合 3D 技术、触控技术的新产品的同时，进一步加大对 AM-OLED 等新型平板显示技术研发和制造的投入，依托成都第 4.5 代 TFT-LCD 生产线，积极推进 AM-OLED 高世代线的布局，力争占据下一代显示技术的制高点。

（来源：中国电子报）

迎接我国平板显示产业发展新时期

深圳市平板显示行业协会秘书长　孙政民

今后是我国平板显示产业发展的关键时期。发展得好，我们将又上一个大台阶；反之，将丧失我们的发展优势。

我国平板显示产业在“十一五”期间取得重大进展，TFT-LCD 由第 5 代线发展到第 8.5 代线，生产线已建和在建总计达 14 条，PDP 实现量产。OLED 方面：无源实现量产，有源已建中试线。基板玻璃、TFT 液晶和中小尺寸 TFT 偏光片都取得重大突破，开始量产。今后五年将是我国平板显示产业发展的关键时期。发展得好，我们将又上一个大台阶；反之，将丧失我们的发展优势。

着重发展产业链上游

在大力发展面板的同时，加快发展上游产业，以掌握面板生产的主动权。

纵观平板显示产业链，我国在下游整机方面在全球处于优势地位。平板显示的三大主流产品——手机、电脑和电视在我国的年产量均居全球首位。中游的面板和模组，尤其是大尺寸显示产品在过去几年有了较快的发展。随着我国多条高世代 TFT-LCD 生产线的上马和投产，预计我国在 2012 年面板的产量将超过日本，居世界第三位。

面板产业发展到一定阶段时，为了降低成本以及可持续发展，产业链必然向上游延伸。日本当年是全世界第一个制造平板显示器的国家，从一开始它的产业链就是上、中、下游同步发展，因此日本形成完善的产业链是十分自然的事。而第二个国家就不一样了，它可以从日本进口材料和设备（只要日本愿意的话），所以后来韩国和我国台湾地区都是先发展面板，再延伸到上游的材料和设备。我国大陆地区的情形也是如此。尽管近几年大陆的上游产业取得了可喜的进展，但与先进水平相比较还存在很大的差距。因此在“十二五”期间，我们在大力发展面板的同时，应格外重视上游产业的发展。

实际上，近几年国家发改委在平板显示专项中已将资助的范围向上游倾斜，并且收到了良好的效果。此外，各地在平板显示产业的发展中也逐渐重视这一个问题，这一点在深圳市体现得更为明显。深圳市是全国发展液晶显示最早的地区之一，在 20 世纪八九十年代深圳是全国液晶显示最大的生产基地，所以相关的上游产业，如 ITO 导电玻璃、偏光片、掩膜版、彩色滤光片、镀膜设备、衬垫料等都是最早在深圳兴起，并形成了一批优秀的骨干企业。如今深圳市政府正在进一步规划，下大力气狠抓上游产业，力争在几年内有一个重大进展，进一步完善产业链。相信深圳的做法在全国也是具有借鉴意义的。

目前，我们在材料方面（基板玻璃、液晶材料、偏光片、衬垫料等）已经取得了不小的进展，但在设备方面相比之下进展不是很显著，尤其是关键的前工序设备。不过目前这一状况开始有了转机，一是国际著名的设备公司进入我国，如日本东电在昆山设厂，日本爱发科在深圳与豪威合作等；二是半导体设备重大专项正在实施，在半导体设备取得重大突破后，将会惠及平板显示领域。

培养自己的技术团队

以大公司为核心自主培养人才的做法应该是今后一个相当长时期人才成长的主要渠道。

当前我国平板显示产业高速发展，人才问题是一个急需解决的问题。尽管从海外招聘人才是办法之一，但从长远来看，必须立足于培养自己的技术团队。谈到人才培养，人们首先想到的就是在大学里开设平板显示专业，招收更多的本科生和研究生，从而为产业输送人才。这当然是一个必要的办法，从长远看也是应该向这个方向努力的。从目前来看，高等院校输送的人才远远不能适应产业发展的需要。

平板显示是一个多学科和多种技术综合的领域，它并不需要全才（实际上也不可能），而是要求由各类人才形成整个团队的协同合作。如今我国理工类的高等教育已经使我们的本科生和研究生有了不错的理论基础，只要在实际工作中边干边学（实际上各大平板显示企业都有自己的培训系统），是完全可以胜任工作，并逐步在实践中成长起来的。从京东方和天马的发展来看，它们在这方面已经有了一定成功的经验，即将引进海外人才和自主培养相结合，最后逐步形成自己的技术团队。以大公司为核心自主培养人才的做法应该是今后一个相当长时期人才成长的主要渠道。

自主创新是可持续发展的根本

大企业是自主创新的主体，高校和研究所是自主创新的先头部队和生力军。

2010 年我国人均 GDP 已超过 4 000 美元，达到中等收入的水平。经过 30 年的改革开放，各方面的条件与改革开放初期相比，都有了很大的改善。产业的发展也到了从引进为主转向自主创新为主的转折点上。我们的平板显示也由早期的 TN-LCD 发展到第 8.5 代 TFT-LCD，从生产线的代数来说，我们已经达到了国际先进水平，但从技术的深度和广度来说，我们还存在相当大的差距。因此在“十二五”期间，我们应在当前一些热点技术上有更多的作为，如多晶硅技术、氧化物 TFT 技术、透明电极技术、AM-OLED 技术、电容式触摸屏技术、3D 技术、电子纸技术、柔性显示技术等。

如何实现自主创新？从国内外的经验来看，是以大企业来作为自主创新的主体，如微软、英特尔、三星、索尼、苹果、华为、中兴等。近年来，我国的面板企业在这方面也迈出了重要步伐。京东方建立了“TFT-LCD 工艺技术国家工程实验室”，天马则管理由其母公司中航国际和 NEC 的合资公司——NEC 液晶技术株式会社，这是自主研发和国际合作的两个典范。

以大企业作为自主创新的主体丝毫没有否定高等院校和研究所的作用。实际上，多年来我们一直主张产学研相结合。从历史上看，我国的高等院校和研究所在液晶显示的科研工作几乎与国际同步。1968 年，美国 RCA 公司发明了液晶显示，而 1969 年清华大学、上海有机化学所、上海华东化工学院就开始了液晶的研究，后来又有长春物理所、南京 55 所、华中科技大学、东南大学等进行 LCD 和 PDP 的研究。20 世纪 70—90 年代，高校和研究所在平板显示的研究和人才培养上曾做出过重要贡献，但 2000 年以后总体说来高校和研究所的工作落后于企业。希望在“十二五”期间这个状况能够得到改变，高校和研究所应该成为自主创新的先头部队和生力军。

努力实现产业盈利

企业在渡过初创的艰难时期以后，一定能扭亏为盈，走上健康发展的道路。

企业的发展说到底是必须要盈利的，如果连连亏损，那企业是无法生存的。综观全球平板显示企业，尤其是高世代线，真正盈利的企业占少数。这是因为高世代线投资大，技术质量爬坡慢，加上发展快（两、三年换一代），一般是工厂投产后第一年亏损，第二年持平，第三年才赚钱。等到老厂盈利了，新厂又开始亏。早期日本各大公司发展 TFT-LCD 从第 1 代线发展到第 4.5 代（有的公司只发展到第 2 代或第 3 代就停下来），大部分都是亏损。上广电也因亏损而转让给中航国际。京东方虽然有亏有盈，但几年下来算总账还是亏。即使这样，京东方在上第 5 代线后，仍然继续投巨资上第 6 代线和第 8.5 代线。2002 年当京东方上第 5 代线的时候，一下子将我国的 TFT-LCD 水平从零提高到当时的国际先进水平，与日本的差距缩短了十多年，从这个意义上说，京东方的行为具有里程碑式的意义。

几年后，在面对国产 8 000 万台电视机没有显示屏，全部依赖进口的关头，在境外企业“忽悠”我国多个地方政府但就是不进来投高世代线的时候，京东方挺身而出，不但上第 6 代线，而且上第 8.5 代线，一举打破了僵局，迎来了我国彩电产业转型的发展契机。因此，京东方的投资已经不单纯是一个企业行为，而是关系到我国彩电产业的转型战略，其行为具有战略意义。“十二五”期间，如果企业能进一步提高经营管理水平，上游产业（特别是原材料）能有更多的配套，产学研合作能更快地提高研发水平，那么我们整个产业盈利是完全指日可待的，那时我国的平板显示产业将上一个大台阶，我们将能为全球平板显示产业的发展做出更大的贡献。

（来源：中国电子报）

我国平板显示技术现状及发展趋势

科技部高技术研究发展中心材料处　张　芳

平板显示产业是电子信息领域的“核心支柱产业”之一，是年产值超过千亿美元的战略性新兴产业，融合了光电子、微电子、化学、制造装备、半导体工程和材料等多个学科，具有产业链长、多领域交叉的特点，对上下游产业的拉动作用明显。我国与显示技术相关的产品产值约占信息产业总产值的 30%，彩电制造能力已占全球彩电产业总加工能力的 47%，我国已成为新型显示相关产品的制造大国，已具备跨越式发展的技术和产业基础。

平板显示技术指以 TFT-LCD（薄膜晶体管液晶显示）为代表的显示技术，还包含 PDP（等离子体显示）、OLED（有机电致发光显示）、FED（场发射显示）以及 E-paper（电子纸显示）及其他新型显示技术。平板显示技术总体趋势将朝着高画质高临场感、互动式多功能一体化、节能降耗和健康环保的方向发展。

一、我国平板显示技术发展现状

近年来，相关企业、大学、科研机构都在为我国平板显示产业发展做着积极、有效的努力，在国家科技计划支持下已经取得了一些令人瞩目的成就。

（一）TFT-LCD 技术方向

科技部在“十一五”期间非常重视 TFT-LCD 技术和产业的发展，围绕上游原材料、设备、屏、模组及整机等全产业链进行了开发，到目前为止已比较完整地自主掌握了 TFT-LCD 生产工艺技术及产品设计技术，通过自主创新和交叉授权等方式，骨干企业掌握了如 AFFS 等核心专利技术和 GOA、ODF、4Mask、120Hz 驱动、动态背光等新技术，具备了一定的专利和技术风险防范能力，从产品开发上看已经覆盖了从手机、笔记本电脑、电脑显示器和电视以及特种应用等所有领域。

（二）PDP 技术方向

在等离子体显示屏制造方面，我国主要采用国际上主流的表面放电障壁式等离子体显示技术，在收购韩国 Orion 公司的等离子体显示技术和结合国内有关企业近十年的等离子体显示技术研究的基础上，以量产为目标，通过本地化大规模生产降低成本，不断提高显示性能，目前已经基本全面掌握量产技术和模组产品的开发技术，量产良品率水平已超过 90%，42 英寸、50 英寸高清晰度系列模组成功实现规模量产，全高清模组完成试制并即将量产。目前，国内等离子体显示产业上游的材料、器件研究取得了一定进展，大部分已经进入试制验证阶段，尚未实现大规模的产业化应用。

（三）OLED 技术方向

我国在 OLED 机理研究、材料开发、器件结构设计等方面，已经积累了丰富的经验，做了大量的研究工作，尤其在材料和工艺技术开发方面取得了较大进展和有价值的研究成果。我国在蓝光配合物材料、有源有机发光显示驱动技术、小分子发光材料、界面材料等方面开展了卓有成效的研究工作，开发了具有自主知识产权的一系列红色荧光材料，寿命超过 15 000h（初始亮度为 1 000cd/m^2），具有产业化应用前景。我国开发的单层结构器件突破了传统的双层和多层结构，简化了材料、设备和工艺制备过程，大大降低了生产成本。在阴极结构上，我国突破了柯达公司核心专利之一的 LiF/Al 阴极结构技术壁垒，开发了碱及碱土金属的氮化物和胺化物材料的新型阴极结构。国内的高分子发光材料主要依靠自己研制，虽然国内材料总体性能还低于国外产品，但是发展很快，发光材料的效率得到大幅度提高，但稳定性还需要大幅度改善。我国在有源有机发光显示用硅基、金属氧化物 TFT 基板技术研发和驱动 IC 开发方面也取得较大的进展。

（四）FED 技术方向

我国自 1985 年开始研究场发射冷阴极，经过二十多年的不懈努力，在新型场发射材料、场发射理论、场发射显示器件的设计与制备方面开展研究工作，具有较好的基础和研究特色，特别是在低逸出功印刷型 LWF 场发射显示、新型纳米线冷阴极场发射显示和类金刚石场发射显示研究方面取得了较大的进展。在低逸出功印刷型和微纳材料两条技术路线上，已研制出彩色场发射显示器和背光源原理性样机。我国在场发射显示阴极材料、阴栅结构、器件制备等方面获取的重要知识产权，为“十二五”开展场发射显示研究打下了良好的基础。

（五）电子纸技术方向

我国大陆在 20 世纪 90 年代就出现采用液晶显示面板的电子书商品，由于液晶显示面板类纸显示特征较差而不被人们所接受。随着新型液晶材料的发展，将有可能推动新一代的液晶电子纸的产生。

电泳显示由于其类纸显示性能较好而得到人们较好的认同，成为目前电子纸显示商品化产品的主流技术。我国大陆的电泳显示面板技术研究起步晚，但进步快，国内薄膜晶体管液晶显示生产企业也积极投入 TFT 有源电泳显示电子纸面板技术的研发。中国大陆采用电泳显示电子纸显示面板的电子书商品出现在 2006 年，且市场规模扩展迅速。此外，随着新型液晶材料的发展，将有可能推动新一代的液晶电子纸的产生。

二、平板显示技术的未来发展趋势

（一）TFT-LCD 技术方向

全球 TFT-LCD 的发展正由成长期向成熟期转变，并在稳步扩大产能规模，继续抢占 TFT-LCD 显示的主流市场（如笔记本电脑显示器面板、台式电脑显示器面板和液晶电视面板）的同时，积极向应用市场靠近，注重向个性化和专用化产品拓展。TFT-LCD 实现产业化已近 20 年，工艺技术和设计技术构成相对成熟，但在降低成本和提升产品性能方面仍存在科技创新空间。

（1）产品性能提升技术：为了获得高画质（色彩更丰富、亮度更高、对比度更大）、高临场感（尺寸更大、画面更清晰、视角更宽、响应速度更快）以及更节能（更薄、更轻、更省电）的产品，目前已将 LED 背光技术、120Hz 驱动技术等新技术导入到大规模量产线上，大尺寸超高分辨率技术、240Hz 驱动、场序显示等技术也在研发过程中。

（2）低成本技术：通过简化工艺、提高良品率等方式，可以降低生产成本。Mask 减少技术、GOA 技术等工艺技术的改进，可以简化工艺、达到降低成本的目的。另外，光取向技术也正在逐步进入量产化研究的阶段。

（3）TFT 阵列技术：TFT 是 TFT-LCD 屏的核心技术，目前均匀性和电子迁移率还有待提高。轻薄型 TFT-LCD 产品通过功能集成增加产品附加值来拓展应用，为实现更高的集成度，高电子迁移率的 TFT 技术是业内研究的重点，氧化物 TFT、有机 TFT 等新型结构也在研究中。

（二）PDP 技术方向

与 TFT-LCD 技术相比，PDP 技术主要问题在高分辨率和高发光效率上，特别是在高分辨率上难以和 TFT-LCD 技术竞争，加上其他因素，目前 PDP 在 50 英寸以上领域才有优势。

PDP 正在向高亮度、高分辨率（全高清/高清）、高画质、长寿命、低功耗方面发展。高发光效率是目前 PDP 亟待解决的问题，发光效率的提高可使模组成本和能耗显著下降，据测算，发光效率从 2.5lm/W 提高到 5lm/W 时，模组成本可降低约 20%，能耗降低 50%；发光效率提升到 10lm/W 时，模组成本可降低约 50%，能耗降低 75%。目前，PDP 产品的发光效率在 1.5～2lm/W，发光效率的提升还有大空间。四川长虹公司在引进、消化、吸收的基础上自主研发，通过使用低介电常数透明介质技术、高 Xe 放电气体技术、新型 MgO 技术以及高光效荧光粉技术，光效可达到 2.2lm/W，这些技术将在长虹下一代 PDP 产品中体现，届时 50 英寸的 PDP 功耗将降低到 200W 左右，产品的驱动电压、电流将进一步下降，驱动电路和电源的器件规格可以使用成本更低的器件，产品的可靠性和 EMI 性能都将得到进一步提升。

通过对气体、开口率、电极结构、障壁结构、驱动线路等进行研究和开发，达到低功耗、高效率显示的目的；通过对新型电极浆料、介质浆料、障壁浆料、荧光粉浆料、高速驱动技术及 FHD 的单扫技术等的开发，可提高 PDP 亮度和分辨率；通过器件、结构件一体化设计、新型工艺设备开发，达到简化工艺的目的；通过制造过程良品率的提升，提高 PDP 产品成本竞争力。

（三）OLED 技术方向

由于 OLED 具有自发光和薄膜结构的优点，除了 AM-OLED 和 PM-OLED 器件应用技术的开发之外，柔性显示以及 OLED 白光照明将是 OLED 重要的拓展领域。

困扰 OLED 柔性显示的主要问题是器件的寿命很短、制作过程中基板的形变无法控制，因此解决基板的气密性和封装技术及显示器的制备工艺是 OLED 柔软显示器的主要课题。

OLED 具有可做面光源、节能、低热量、重量轻、薄型化和可实现柔性照明的优点，被认为是下一代的照明技术。目前市场上推出的 OLED 照明产品的发光效率约为 20lm/W，寿命为 6 000h，但成品率和照明亮度还不理想，需要解决发光效率、寿命及低成本技术的问题。

在 OLED 材料方面，OLED 发光材料的发展非常迅速，红、绿、蓝三色材料的发光效率和发光寿命基本满足实用化需求，但色纯度、发光效率、寿命的进一步提高依然是今后一段时间内的主要工作，特别是色纯度好、发光效率高的深蓝色材料仍然是 OLED 的主要瓶颈之一。此外，适用于 AM-OLED 的有机材料开发仍然有广阔的研究空间。

在 OLED 器件设计和制备方面，PM-OLED 技术及其制造工艺已经成熟，并进入了产业化阶段。中小尺寸的 AM-OLED 显示技术也已取得重要突破。大尺寸 AM-OLED 显示技术是当前技术研究的重点方向之一，其核心技术仍是 TFT 基板的制备技术。

总之，OLED 技术已经初步满足实用化的要求，且在材料、彩色化、大尺寸、柔性显示、照明方面都还有很大的发展空间。从长远来看，OLED 未来将沿着中小尺寸—大尺寸—超大尺寸、无源—有源、硬屏—软屏的方向发展。

（四）FED 技术方向

除在显示领域的应用外，FED 的发展有望拓展至背光源与照明领域，采用二极式碳纳米管 FED 技术，配合驱动电路，可实现高亮度、低功耗、区域调光。在显示方面，未来的工作朝改进型 Spindt 技术、微纳冷阴极技术或基于低逸出功材料的印刷技术方向发展，预期 2012 年前完成背光源或照明产品的中试甚至规模量产，2015 年开始进行显示产品的中试与量产。

（五）电子纸技术方向

浏览“电子出版物”已经成为一种时尚的阅读方式且逐渐被人们接受，人们希望研制一种低能耗、高反射、宽视角、超薄轻便的便携式显示器。电子纸显示技术（E-Paper 技术）的出现使这一希望变为现实，并使平板显示技术开拓了媒介产品领域的应用空间。

电子纸按种类可分为电泳显示、胆甾相液晶显示技术、双稳态向列相液晶显示和电润湿显示技术等几种。

目前电子纸的主流产品是电泳显示电子纸，主要供应商是台湾元太科技（E-Ink 国际控股公司）的子公司 E-Ink，其市场份额占 95%以上，处于垄断地位，掌握了市场定价权。这几年应用电子纸的显示屏价格也有所下降，但幅度不大，而且降价的动力主要是出于做大市场以及与 iPad 的竞争，而不是同行之间的竞争。

由于纳米电子墨水显示技术还处于彩色显示的商业化初期，目前的主要任务是尽快完善彩色显示技术，开发市场。其技术发展趋势可总结为如下几个方面：

（1）静态显示向动态显示发展。目前开发的电子纸大多只能显示单色静态图像，开发能够实现彩色显示以及动态图像的产品是电子纸发展的必然趋势。现有产品的响应时间为 150～200ms，与 LCD 显示器的 5ms 相比慢很多。要想提高电子纸的动态显示效果，提高其响应时间是当务之急。

（2）双色显示向彩色显示发展。通过层叠彩色滤色器来实现彩色显示，是电子纸实现彩色化的途径之一。

（3）硬质显示向柔性显示发展。a-Si TFT 技术，氧化物半导体 TFT 和有机 TFT 是低温工艺 TFT 的方向，可作为柔性基板电子纸的突破口。

（4）成本偏高向低生产成本发展。低成本制作方面主要是开发和采用卷对卷的工艺技术，这种工艺和传统的平板显示工艺完全不同，工艺简单，效率高，设备也便宜，可以大大降低生产成本，是电子纸生产的最终目标。

三、我国平板显示产业展望

2008 年国际金融危机后，由于市场需求萎缩，产能利用率下降，面板生产厂商遭遇严重亏损，新增投资预算收缩和延缓，DisplaySearch 数据显示 2011 年行业收入增速仅为约 4%，全球平板显示产业面临重新洗牌。这种情况为受到金融危机影响较小的中国企业获取技术转让、扩大产能、借力进军高端市场等都提供了可能。中国大陆已经成为全球平板显示最大的消费市场，随着技术进一步升级，LED 背光液晶电视、3D 电视、智能手机、平板电脑等电子类产品的消费将推动产业发展。再加上农村消费能力的提升，以及模拟电视向数字电视的过渡都会给市场带来促进作用，未来几年的市场规模仍令人兴奋，近两年全球产业投资基本集中在中国大陆地区。虽然原材料、基础零部件本土化配套不足，但中国大陆地区在整机后端配套方面产业链完整，中国的平板显示生产制造企业有易于融入市场的先天优势。

虽然面对机遇，但是我国平板显示产业也面临更多挑战。技术方面，高分辨率、低功耗、低成本等新技术开发上还存在差距；专利方面，由于核心专利壁垒的保护，中国大陆产业的发展受到了很大的制约；环保方面，电子信息类产品正向节能、绿色制造的方向发展，技术要求和门槛更高，所需技术研发和投资更大；人才储备、产业链配套等环节仍是软肋，而物流及劳动力成本的上升也给行业带来了新的不利因素。

面对着机遇和挑战，只要我们坚持科学发展观，针对中国国情制定产业政策，做好“十二五”的战略规划和产业集群布局，充分发挥政府的引导作用，调动企业的积极性，做好现有的技术升级及新型显示技术的研发，突破产业链上游装备和材料瓶颈，中国平板显示产业就一定会大有可为。

（来源：中国科技财富）

我国平板显示器件技术标准走向国际化

工业和信息化部电子工业标准化研究所高级工程师　赵 英

国际电工委员会（IEC）中负责开展平板显示器件技术领域标准化工作的技术委员会是“IEC/TC110平板显示器件技术委员会”，它的工作范围包括各类平板显示器件，工作任务是研究制定这些产品的术语和定义、测试方法、试验方法等基础标准；总规范、分规范、空白详细规范等产品规范。TC110平板显示器件技术委员会目前下设6个工作组和1个项目组，有各国专家100余人。

一、TC110标准体系及结构酝酿改革

新的工作项目包括BLU、3D、FDD等，都希望按新的体系结构编制，但产品规范的内容范围，目前还在考虑中。

TC110成立于2003年，已制定并出版了有关标准、文件共31项，其中有2项由我国主导制定。这些标准包括LCD、PDP和OLED等显示器件的术语和定义、测试方法、试验方法等基础标准；总规范、分规范、空白详细规范等产品规范。目前正在制、修订的项目有24项，其中4项由我国主导制、修订，包括LCD、PDP、OLED、BLU、3DDD、E-paper、FDD等显示器件的术语和定义、测试方法、试验方法等基础标准；总规范、分规范、空白详细规范等产品规范。

随着各类平板显示技术的不断发展，各类应用的不断拓展，TC110的工作范围也不断扩大，标准体系、标准结构酝酿着改革。随着各国平板显示产业格局的变化，各国参与平板显示器件标准化工作的策略也在不断调整。

TC110在2003年成立初期只有3个工作组：WG2（LCD）、WG4（PDP）、WG5（OLED），2006年开始随着新技术领域新的工作提案的提出与确定，逐渐增加项目组，先是液晶显示用背光组件（BLU），成立了PT62595，目前正在制定的标准有3项；再是3D显示（3DDD），成立了PT62629，目前也有3项标准正在制定中；紧接着是电子纸（E-paper），成立了PT62679，目前正在制定的标准有2项；随后又有柔性显示（FDD）的新工作提案提出。

由于新的项目组新提案不断增加，TC110于2010年7月成立4个新工作组（BLU、3D、E-paper、FDD），向各个国家委员会征求意见，并于2010年10月召开的年会上正式成立了3个新工作组：WG6（3DDD）、WG7（E-paper）和WG8（FDD）。

2011年5月，TC110在美国召开了各工作组会议，同时还就TC110的工作范围进行了讨论，拟调整其目前工作范围，不局限于“平板”显示，以跟上显示领域的飞速发展，开展更多的标准化工作，其委员会的名称也将随之更改。

TC110前身是TC47/SC47C 半导体器件光电子器件分技术委员会，后更名为液晶和固态显示器件分技术委员会，开始制定LCD系列标准，其标准体系和结构深受半导体器件标准体系的影响。

2009年，日本首先提出平板显示器件不同于半导体器件，其产品结构更类似于小整机，不适用于IECQ质量评定程序，建议对TC110的标准体系和产品规范结构进行改革。

TC110秘书长于2010年4月来北京与中国专家进行交流，他建议先进行部分改革，不全面否定IECQ。标准体系包括术语、测试方法、试验方法、额定值和特性等基础标准；总规范、性能规范等产品规范。总规范的质量评定程序不完全遵循IECQ001002，特别是抽样方案要考虑产品结构的复杂性、尺寸的大小和成本等因素进行调整，性能规范也可以不再是“空白”的。

因此，新的工作项目，包括 BLU、3D、E-paper 和 FDD 等，都希望按新的体系结构编制，但产品规范的内容应该包括哪些，目前还在考虑中。

二、日韩参与标准化工作积极、主动

日本和韩国在平板显示领域占据着专利和技术优势，因此不断提出新的技术领域和新的工作提案。

TC110 近几年十分活跃，特别是日本和韩国，由于在平板显示领域占据着专利和技术优势，同时也是产业大国（特别是高端产品），因此不断提出新的技术领域和新的工作提案。中国同样也是平板显示产业大国，近几年参与的专家也越来越多，也在积极提出新的工作提案，数量上仅次于日本和韩国。其他成员国，除了美国以外，参与 TC110 标准化工作的深度和热度都相对较弱。

日本是 TC110 的秘书处国家，TC110 现任主席也是日本人，无论是在 TC/SC47C 时期，还是自 TC110 成立以来，日本都承担了大量的工作。TC110 目前有日本专家 30 余人，涉及所有的工作组和项目组，其专家是 WG2（LCD）、WG4（PDP）、WG6（3DDD 秘书处国家做临时召集人）、WG7（E-paper）和 PT62595（BLU）的召集人，是很多标准项目的负责人。

日本参与标准化工作的专家主要来自于大公司，如松下、东芝、日立、索尼、夏普等，同时随着新领域的拓展，有新的公司派人加入，如大日本印刷、普利司通、精工爱普生、富士胶卷等，也有一些科研院校。目前日本专家对标准关注的重心，在 3D 显示、E-paper 和 FDD 等方面。

韩国也一直投入了大量的人力、精力参与 TC110 标准化工作，目前有专家 40 余人（是专家最多的国家），是 WG5（OLED）、WG8（FDD）的召集人，也是很多标准项目的负责人。韩国参与标准化工作的专家来自于大公司、科研院所和高等院校，如三星、LG、韩国光电技术研究中心、首尔大学等。

近两年，韩国在标准制定的主导权上表现出了很强的垄断欲，如 2008 年年底，中国提出制定 BLU 总规范的新工作提案，韩国坚决反对，他们曾对 TC110 秘书长说，韩国要制定所有 BLU 的系列标准。当然，国际标准不是某一个国家能垄断的，我国最终承担了 BLU 总规范的主要起草工作。

目前，韩国专家对标准关注的重心，在 3D 显示、FDD、OLED 和 BLU 等方面。

三、我国自主标准国际化阶段到来

我国平板显示器件标准化工作主要由“工业和信息化部平板显示技术标准工作组”（以下简称“平板标准工作组”）组织开展。

平板标准工作组于 2003 年 6 月成立，目前下设 6 个专业分组：液晶显示技术（LCD）分组、等离子显示技术（PDP）分组、有机发光二极管显示技术（OLED）分组、半导体发光二极管显示屏技术（LED 屏）分组、3D 显示器件分组和电子纸分组，有成员单位 60 余家。

平板标准工作组自成立以来，开展了大量的标准研究与制定工作并取得了成绩：对平板显示技术标准体系进行了研究，确定了本技术领域的标准制定工作重点；组织制定国家标准及行业标准；组织参加 IEC/TC110 国际标准化活动，包括对国际标准草案的答复，开展由中国牵头的国际标准制、修订工作，向 TC110 推荐中国专家，组织专家参加 TC110 会议。

我国一直重视平板显示器件标准的制定工作，在平板标准工作组成立以前，中国电子技术标准化研究所就组织制定了一些液晶显示器件的标准，从其发展历程看可分为 4 个阶段：标准起步、采用国际标准、参与制定国际标准、同步推动国际和国内标准。

从 1999 年开始，电子工业标准化研究所瞄准产业热点，有计划地调整了 LCD 标准体系，开始等同采用 IEC 标准制定我国国家标准和电子行业标准，目前 IEC 已出版的 LCD 标准共 10 项，均被逐步采标制定为相应的国家标准。

随着新型平板显示产业的蓬勃发展，国际标准化活动也于 21 世纪的到来而活跃起来。

我国在 IEC/TC110 平板显示技术委员会成立初期就参与了国际标准的制定工作，承担了 2 项国际标准的制定工作，并顺利完成出版，成为正式国际标准，随后又承担了 4 项标准的制、修订工作，目前进展都很顺利。

这些标准涉及 LCD、PDP、OLED、BLU 等产品的测试方法、产品总规范、空白详细规范等。其中有我国专家首次提出的测试方法，如亮室条件下对比度等参数测试方法、LCD 运动伪像测试方法等，虽然这些测试方法还有待在制定过程中进一步完善，但也标志着我国自主标准国际化阶段的到来。

平板标准工作组近年来紧跟产业发展，一方面制定相对成熟的具有一定产业规模的产品技术标准，如 LCD、PDP、OLED、LED 屏等；另一方面开展新型显示器件的标准研究工作，如 3D、E-paper 等。

与此同时，随着参与国际标准制定工作的深入，我国先后有 28 位专家加入了 TC110 平板显示技术委员会，涉及了 TC110 所有的工作组和项目组，成为平板显示器件国际标准化舞台上的主力军，与日本、韩国形成三足鼎立的局面。

四、标准与产业发展、技术水平密不可分

拥有知识产权和专利技术的各大公司对参与国际标准制定的积极性很高，他们对标准的关注程度明显高于无实力的小公司。

某一领域标准的发展与其产业的发展是密不可分的。从“TC110 平板显示技术委员会”的发展历史可以看到其产业的发展轨迹：TC47 是半导体器件技术委员会，当半导体光电器件形成产业规模后，成立了 SC47C，其工作的范围在半导体光电子器件，当通信行业蓬勃发展起来以后，纤维光学系统用的半导体光电子器件的标准制定逐步转向“TC86/SC86C 纤维光学系统和有源器件分技术委员会”中，在 1998 年，SC47C 更名为“平板显示器件分技术委员会”，目前它的标准体系已搭建起来。随着等离子显示器件产业的初具规模，WG4 成立了，并制定了有关术语、定义、测试方法、接口规则等基础标准。随后，在世界范围内一致看好有机发光二极管显示器件的发展，虽然离产业化还有距离，但标准已不甘寂寞，先成立了 PT62341 项目组，并先后提出 3 个 NP 文件。SC47C 已不能再归属于 TC47 技术委员会，于是 TC110 应势而生。

对标准的关注程度与技术水平是密不可分的。真正有竞争力或垄断力的超一流企业通过对技术标准战略、知识产权战略进行商业化运作，控制着市场竞争节奏和游戏规则。这时，标准的运用不是针对产品和用户，而是针对竞争对手和协作厂商。由于这种人为制造的技术壁垒是隐含在技术法规、标准和合格评定程序中，可以起到关税所不能起到的作用，因此这种技术壁垒是目前货物贸易中最主要、最隐蔽，也是最难对付的贸易壁垒。因此，拥有知识产权和专利技术的各大公司对参与国际标准制定的积极性很高，他们对标准的关注程度明显高于无实力的小公司，这一点在 TC110 中也已充分体现出来。

五、我国标准化队伍在工作中锻炼、成长

竞争无处不在。在国际标准的制定过程中，代表着各自利益的各国专家在友好的笑脸下面都暗藏着锋芒，在 TC110 的会上也不例外，无论是项目负责人，还是工作组召集人，很多都是在竞争下、在各国利益平衡中产生的。

令人欣慰的是，我国平板显示技术领域标准化队伍在工作中锻炼、成长。在平板标准工作组成立初期，也是参与国际标准化工作的初期，我们发现，企业对标准的了解甚少，对标准的体系、结构、

制定过程了解甚少；因此拿到 IEC 文件却不知如何从标准的角度去看，提不出任何建议或意见。在平板标准工作组这一平台上，很多专家通过起草标准提案、参与项目讨论、参加 WG 会议，逐步成为既有专业技术知识，又懂标准的国际标准化人才。其中有 9 人先后承担了标准的制、修订工作，有 3 人先后获得了 IEC 1906 奖。

2011 年 9 月，TC110 现任主席的任期将满，我国和日本、韩国在 2011 年年初均推荐了新的主席候选人，经过综合考虑，TC110 秘书处将我国推荐的候选人——东南大学王保平副校长作为唯一人选提名至 IEC 中央办公室。

TC110 的 2011 年年会将于 9 月在南京举办，届时将举行主席交接仪式，如一切顺利，TC110 主席将由中国专家担任，这将在电子信息领域国际标准化工作中首开先河。

建议我国平板显示领域的企业、科研院所、大专院校能通过平板标准工作组这一平台，积极参与国际、国内标准化制定工作，同时也希望相关部委能给予更多的支持。

（来源：中国电子报）

注：

IEC/TC110 工作组及项目组

WG2：液晶显示器件（LCD）工作组

WG4：等离子体显示器件（PDP）工作组

WG5：有机发光二极管显示器件（OLED）工作组

WG6：立体显示器件（3DDD）工作组

WG7：电子纸（E-paper）工作组

WG8：柔性显示（FDD）工作组

PT62595：液晶用背光组件（BLU）项目组

IEC/TC110：国际电工委员会平板显示器件技术委员会

中国 OLED 应提升技术水平和专利保护水平

近日，有媒体报道称，全球屏幕最大、机身最薄的有机发光二极管（OLED）电视机（LG 公司生产，55 英寸）计划于 2012 年下半年上市销售，售价约为 1 万美元。而在此前，三星公司也发布了一款 55 英寸的 OLED 电视，即 ES9500，并计划于 2012 年下半年在韩国发售。有专家预测，到 2018 年，全球 OLED 显示市场收入将达到 224 亿美元，OLED 照明市场收入将达到 60 亿美元。OLED 电视机和照明将进入市场推广期，逐渐走入寻常百姓家。

近年来，中国 OLED 技术和产业发展快速，出现了维信诺、彩虹、天马、京东方等一批具有良好发展前景的企业。但是，与国际知名的三星、LG、友达等厂商相比，国内企业在产业环境、技术基础和资金支撑等方面仍处于弱势。

2011 年，国家知识产权局专利分析普及推广项目“有机发光二极管”课题组对 OLED 领域的专利申请进行了检索分析，最终形成了《有机发光二极管产业专利分析》报告。该报告采用的专利文献数据主要来自中国专利检索与服务系统（S 系统）、中国专利文献检索系统（CPRS）和欧洲专利局检索系统（EPOQUE）等数据库。本文特从上述报告中撷英，以期为我国相关行业和企业发展带来启发。

一、全球：专利申请呈增长趋势，各技术分支发展均衡

全球 OLED 领域专利申请量呈快速增长态势，99%的专利申请集中在中国、日本、韩国、美国和欧洲。其中，美国市场最受重视，中国市场最受美国申请人和日本申请人的关注。此外，该领域专利申请逐渐从产业链上游向下游转移，下游的封装技术最具有发展潜力。

课题组经检索得知，全球 OLED 领域的专利申请总量呈快速增长态势，截至 2010 年 1 月 1 日，该领域的全球专利申请总量为 7.0432 万件。最早的 OLED 专利申请是 1980 年柯达公司提交的，专利号为 US4356429A。1987—1997 年，该领域全球专利申请量缓慢增长；申请量从 1997 年开始大幅攀升，2008 年出现一定程度的下降，2009 年后恢复上升趋势。申请人数量发展趋势与申请量发展趋势大致相同。

如图 1 所示，全球 OLED 领域专利申请总体发展态势可分为：①缓慢发展期：1980—1996 年。缓慢发展期一共有 1 022 件专利，前期的专利大部分为基础专利，申请人集中在美国和日本。从技术分布来看，这一阶段的专利主要分布在材料技术分支和结构技术分支，前期主要以小分子荧光材料为主，后期开始涉及高分子发光材料。②快速发展期：1997—2004 年。快速发展期一共有 37 525 件专利；2004 年，专利申请量达到顶峰，为 10 146 件；这一阶段的全球专利申请的年平均增长率达到 46%，专利申请在各个技术分支均有增长。③整固发展期：2005 年至今，这一阶段的专利申请量有所回落。截至 2010 年年初，整固发展期共有 16 523 件专利。此外，在这一阶段，专利申请向中国等新兴市场国家扩散，中国和韩国的申请量占全球申请总量的百分比由快速发展期末的 22.7%上升到 2009 年的 28.6%，其中中国专利申请量的占比从 5.6%上升到了 9.7%。

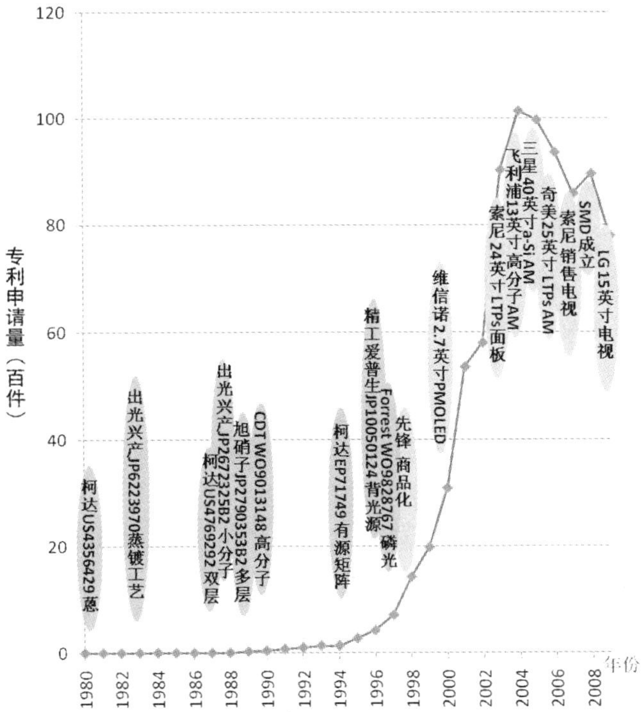

图 1　OLED 全球发展趋势与典型专利事件

99%的全球专利申请集中在中国、日本、韩国、美国和欧洲，其中，美国市场最受全球申请人的重视，美国申请人和日本申请人最重视中国市场。在上述五大国家和地区中，欧洲申请人的多边专利申请（指同时向两国以上提出的专利申请）占全部欧洲专利申请的比例最高，中国这一比例则最低。欧洲、美国、韩国和日本的海外专利申请涉及材料、结构、封装、工艺和设备及应用 5 个技术分支，且分布较为均衡。在 OLED 领域，中国申请人在材料分支领域的海外专利申请最多。总体而言，中国申请人向美国提交的海外专利申请量最多，而中国的国外专利申请也主要来自美国申请人。

在全球范围内，OLED 各技术分支的发展相对比较均衡，各技术分支与总体发展情况相类似。从 2003 年起，OLED 领域专利申请由上游逐渐向下游转移，封装技术分支的专利数量在整固发展期不但没有出现明显下降，在 2008—2009 年还出现了上升。目前，OLED 柔性显示以及透明显示的发展方向，未来封装技术分支具有较大的发展空间。

二、中国：企业申请比重攀升，区域分布特点显著

自 2006 年以来，OLED 领域中国专利申请向应用方向发展，国内专利申请所占比例逐渐增加，材料分支国内专利申请量增长更为迅速，国内申请人种企业所占比例呈上升趋势。此外，该领域专利申请地域分布特点明显，当地政策对 OLED 产业发展具有极其重要的影响。

从 1990 年至 2011 年 9 月 30 日，国家知识产权局受理的 OLED 相关专利申请共计 10 153 件，其中发明专利申请 9 819 件，实用新型专利申请 334 件；与此同时，中国的专利授权量为 4 956 件，其中发明专利有 4 622 件。OLED 领域中国专利申请以发明专利申请为主，在授权的专利申请中，目前有 89%的发明专利处于有效状态，说明专利申请人的保护意识较强。

OLED 领域中国专利申请分为 4 个阶段：第一阶段为 1990—1995 年，美德两国申请人在该阶段开始向中国提交专利申请；第二阶段为 1996—1999 年，中日两国申请人开始向中国提交大量申请；第三阶段为 2000—2005 年，中韩两国申请人向中国提交的专利申请量增多，各技术分支的专利申请量在这一阶段开始全面增长；第四阶段为 2006 年之后，专利申请向应用方向发展，中国国内专利申请所占比例逐渐增加。近几年来，材料分支中国申请人的专利申请量发展更加快速。

纵观全球，OLED 领域的研发主体是企业，各技术分支的专利申请也以企业为主。但在中国国内申请人中，科研院校和企业各占约 50%，其中材料技术分支中的大学或研究机构占绝对优势。虽然中国 OLED 行业处于由实验室阶段向工业使用阶段过渡过程中，但中国国内申请人中研究机构和大学所占比例逐渐下降，而企业申请人所占比例呈上升趋势。

在中国发明专利申请中，申请量最多的技术分支排名依次为材料、应用、结构、工艺和设备、封装，其中产业链上游的专利申请量最多，发光层材料、电极结构、光学辅助层材料和基板结构属于技术研究热点。在材料技术分支，中国国内和日本的发明专利申请最多，而且中国国内在该技术分支的发明专利申请量保持增长态势。日本在材料领域中国发明专利申请排名中处于靠前位置。在应用领域，欧洲专利申请以照明为主，韩国申请以显示为主，中国申请则是显示和照明并重。在对中国专利申请的首次申请地分析中，日本申请量最多，中国申请量的增长幅度较大。

对全国所有省、区、市的专利申请量进行排名后发现，OLED 领域专利申请按地域分布的特点非常明显，例如，长江三角洲、京津冀、珠江三角洲 3 个区域的申请量占全国申请量的 70%以上。此外，北京、广东、四川等省市各技术分支发展较为均衡，专利申请在产业链上下游的分布较为均匀（见表 1）。

此外，课题组还发现，行业热点区域、专利申请量较多的区域与制定了 OLED 发展规划的区域大致吻合，尤其是在京津地区、长江三角洲、珠江三角洲等区域，上述特点更加明显。OLED 领域区域发展规划与专利申请量之间存在着一定的联系，当地政策对 OLED 产业的发展具有极其重要的影响。

表 1　OLED 领域中国发明专利申请分布情况

（申请量单位：件）

省　市	材　料		结　构		封　装		应　用		工艺和设备		小　计	
	申请量	排　名	申请量	排　名	申请量	排　名	申请量	排　名	申请量	排　名	申请量	排　名
北京	170	2	64	1	18	2	56	2	49	3	323	1
上海	172	1	25	5	9	4	51	3	55	2	281	2
广东	89	4	57	2	22	1	64	1	68	1	279	3
江苏	95	3	37	3	5	6	25	5	15	6	168	4
吉林	76	5	23	6	3	8	22	6	35	4	136	5
四川	42	7	29	4	15	3	32	4	15	6	118	6
陕西	55	6	9	8	9	4	12	7	22	5	101	7
天津	26	8	13	7	0	11	11	8	0	18	45	8
山西	23	9	1	13	0	11	8	9	15	6	32	9
浙江	17	11	2	10	4	7	1	11	1	14	25	10

三、申请人：跨国公司优势明显，国内企业有待发展

最近 20 年，OLED 领域专利申请人数量和申请量均呈现增长趋势，但近几年申请人数量的增长已日渐趋缓，申请也越来越向主要申请人集中，这些主要申请人掌握了 OLED 发展阶段和技术分支的多数核心技术。

专利申请量排名靠前的全球申请人包括三星、精工爱普生、LG、半导体能源、索尼、富士、佳能、夏普、柯尼卡、松下、先锋、伊斯曼柯达、出光兴产、凸版印刷和飞利浦等企业。其中，韩国三星、日本精工爱普生和韩国 LG 是 OLED 领域综合实力最强的公司。日本精工爱普生的专利申请量位居全球首位，其目标国主要以日本本国为主。韩国三星公司的多边专利申请量最多，其全球专利申请量和多边专利申请量均排名全球前几位。申请量排名前 20 位的申请人，除将本国视为先申请国之外，海外专利申请目标国大都为美国，其次为中国。除上述在市场和技术方面均具世界领先地位的跨国公司外，在中国专利申请量排名靠前的申请人还包括友达光电、清华大学、维信诺、铼宝科技、统宝光电等。

如表 2 所示，2007—2009 年，三星、LG、索尼、富士、佳能、夏普、柯尼卡、凸版印刷、日立显示器等申请人在 OLED 领域的年专利申请量占其年专利申请总量的比例都在 10%以上。

表 2　部分主要申请人概况

申请人	多边申请量	国别	起始年度	2007 年比例（%）	2008 年比例（%）	2009 年比例（%）	分支	主要流向国家
三星	3 912	韩国	1996	12.1	12.2	10.5	结构、封装、应用、工艺和设备	美国、日本、中国
半导体能源	2 085	日本	1995	7.2	6.7	6.5	结构、材料	美国、中国、韩国
精工爱普生	1 849	日本	1996	9.9	11.7	10.2	结构、封装、应用、工艺和设备	美国、中国
LG	1 184	韩国	1997	14.3	12.2	12.0	封装、应用、工艺和设备	美国、中国、日本
索尼	897	日本	1995	17.3	19.4	10.8	结构、封装	美国、中国、韩国

综合考虑专利申请量、技术活跃程度、在所属领域的技术贡献，三星、出光兴产和友达光电分别是技术领先者、技术首发者和生产技术型 3 种类型的申请人代表。三星公司在 20 世纪 90 年代才进入该领域，属于进入比较晚的企业，由于受惠于政策、研发、生产与销售等各方面的努力，三星公司在 OLED 领域的发展十分迅速，经过十几年的发展，目前其市场占有率已超过 70%，前景令人瞩目。三星公司的专利申请以韩国本国为主，海外市场主要为美国、中国和日本，海外专利申请也主要集中在这几个国家。此外，三星公司在资本实力、产业基础、技术实力等方面具有显著的竞争优势（见图 2）。

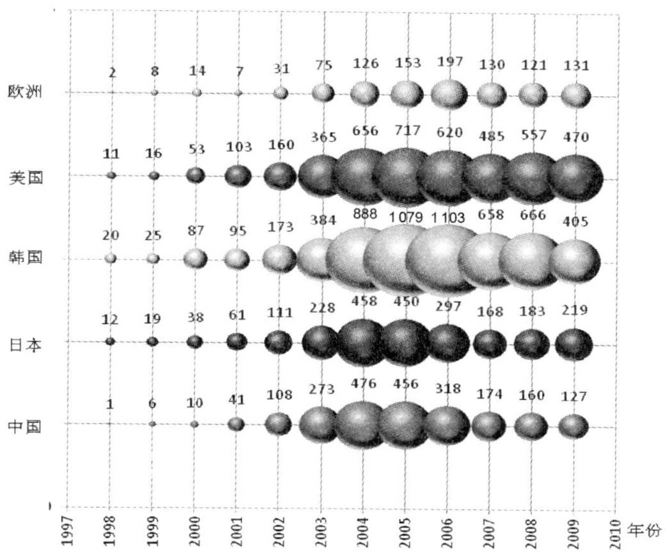

图 2　2011 年 1～12 月我国电子信息产品累计出口情况

四、关键技术：多晶硅热点技术重在应用，氧化物前沿技术亟待突破

非晶硅层为多晶硅的结晶方法，是当今业界对适用于OLED的TFT中有源层的研发重点，与多晶硅有源层形成方法相关的专利申请量也较多。在氧化物TFT技术领域，国外相关专利申请的技术内容和保护范围都比国内申请要广泛。因此，国内专利质量仍须进一步提高。

在OLED技术中，薄膜晶体管（TFT）驱动OLED发光，每个OLED像素由对应的TFT控制，再与外围驱动电路配合，实现显示或照明。因此，TFT是实现AM-OLED大尺寸化的关键，TFT技术直接关系AM-OLED产业的发展路线。

对于适用于有源OLED的非晶硅TFT、多晶硅TFT、有机物TFT和氧化物TFT4种技术而言，多晶硅TFT技术是热点技术，氧化物TFT是前沿技术。从4种TFT技术的主要申请人区域分布来看，主要集中在日、韩两国，日本在这方面的研发企业较多，各企业研发实力相对均衡；而韩国专利申请主要集中在三星和LG两家公司。对国内申请人而言，中国台湾地区的技术实力相当雄厚。另外，在中国大陆地区，氧化物TFT技术的专利申请主要集中在科研院校。

非晶硅层结晶为多晶硅层的结晶方法是当今业界对适用于OLED的TFT中有源层的研发重点。从国内外专利申请的内容上看，多晶硅TFT技术主要集中在形成多晶硅有源层的方法、多晶硅有源层自身性能的改进以及与多晶硅有源层配套的部件结构改进3个方面。其中，与多晶硅有源层形成方法相关的专利申请量较多。从国内外专利申请来看，国内申请人主要研发方向集中在多晶硅有源层的形成方法上，而国外申请人除了关注形成有源层的方法之外，还在多晶硅有源层自身性能改进方面拥有大量的专利申请。

从国内外专利申请的技术内容来看，氧化物TFT技术主要集中在氧化物有源层材料的研发、氧化物有源层的形成方法以及与氧化物有源层配套的部件结构3个方面。其中，国内外申请人研发的技术方向基本一致。但是从专利申请本身来看，国外相关申请的技术内容和保护范围都要比国内申请广泛。在氧化物TFT技术方面，目前技术尚未成熟到产业应用的程度。

五、专利运用：上下游合作促产业发展，竞争者对抗谋最大效益

专利的运用和保护是专利申请获得授权后的重要战略，而合作和对抗策略的灵活运用可以极大程度地提高专利权人的利益。在OLED产业中，由于技术的复杂性使得产业主体很难做到掌握上下游全领域技术。因此，产业链上下游可以通过专利合作的方式来加快自身发展步伐，如专利技术引进、交叉许可和专利权入股生产等。

技术引进是单向合作方式，专利权的非权属人向权属人支付一定的许可费来获得专利的使用权；交叉许可的双方均有一定的专利权，双方可以通过协议的方式互相授权对方使用相关的专利技术。合作生产的参与者是战略协作关系，双方以资金和专利权为基础，成立双方持股的新的研发或生产企业，在新平台上进行生产制造，实现技术的转化和市场占有。

专利对抗是专利权人运用专利权与主要市场竞争对手进行竞争的有效方式，其中专利诉讼是对抗方式和专利权保护的重要体现。从专利诉讼的主体来看，既包括竞争者之间的诉讼，也包括合作者之间的诉讼。这些专利运用和保护措施可以帮助厂商和研发机构提高专利的运用能力和保护能力。当然，对于国内企业而言，国外龙头企业的专利发展战略和专利申请策略也值得借鉴（见图3）。

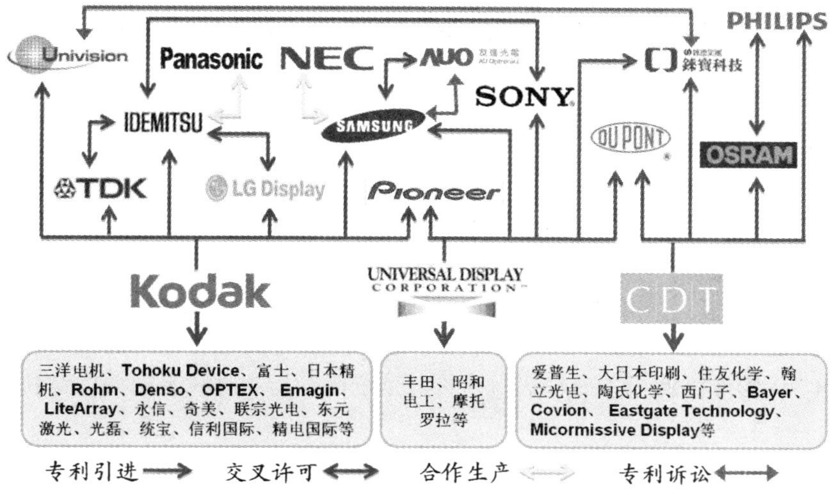

图 3　OLED 公司授权合作与诉讼关系

六、未来发展：整合上下游优势产业，借鉴同行业先进技术

我国 OLED 产业发展前景较为广阔，在技术吸收、研发和上下游合作方面已形成良好的氛围。因此，整合长江三角洲、京津冀和珠江三角洲等区域的上下游优势产业，形成完整产业链，快速提升相关企业技术水平和专利保护水平是我国 OLED 产业长远发展之道。

从专利角度看，我国 OLED 行业已进入关键发展阶段。从技术上看，该行业起步较晚，在高技术领域缺乏话语权和主导权，在一定程度上制约了产业的发展。但产业发展前景较为广阔，在技术吸收、研发和上下游合作方面具有良好的氛围和发展空间。总体来说，我国相关企业应快速提升技术水平和知识产权保护水平。根据 OLED 发明专利申请的布局情况，整合长江三角洲、京津冀和珠江三角洲等区域的上下游优势产业，形成完整的产业链，避免盲目重复建设，并尽快将科研机构的技术优势进行整合，将对于我国 OLED 产业的未来发展具有重要意义。

（施曙东　潘光虎）

从专利角度看中国立体影像行业如何施展拳脚

立体影像技术（也称“3D”技术）是使观察者的左眼和右眼同时看到不同视差图像，再经过大脑合成而感觉出立体效果的技术。目前该技术已成为视像行业中继显示设备高清化、平板化之后最受关注的技术，国内外众多企业和研究机构都投入大量精力参与相关技术和3D产品的研发，其中以索尼、松下、三星、LG、飞利浦为代表的公司在立体影像产业链上均有大量专利产出，是行业技术的主要推动者。与国外立体影像产业发展相比，中国在该领域的产业起步相对较晚，但目前已步入快速发展期，开展立体影像技术研究和产品研发的企业已有几十家，国家有关政府部门也正在积极制定中国立体影像标准。因此，对3D影像行业相关专利进行全面、系统的分析，对我国相关行业和企业的发展具有重要意义。

国家知识产权局专利分析普及推广项目“立体影像”课题研究组通过中国专利文摘数据库（CPRSABS）和德温特世界专利索引（DWPI）数据库，对立体影像领域相关专利申请进行检索（检索日期为2011年6月30日），并使用查全率与查准率对检索结果进行了评估，对所得数据进行了技术分支标引。此外，课题研究组还综合运用定量与定性分析法对专利信息进行了深入挖掘，最终形成的《立体影像行业专利分析》报告中包括了立体影像技术全球专利发展态势和中国专利发展态势、立体影像行业热点技术和前沿技术、主要申请人分析等内容。

一、全球：创新活动日渐活跃，日美专利优势明显

近年来，全球立体影像行业专利申请量及申请人数量双双增长迅速。其中，立体显示技术是该领域的研发热点，其专利申请量约占申请总量的40%。日本和美国是立体影像行业最大的专利输出国，中国在该领域的专利申请总量较少，与其在全球3D市场所占份额不符。

截至2011年6月30日，与立体影像相关的全球专利共有22 522件，其中专利申请数量和申请人数量逐年变化情况如图1所示。

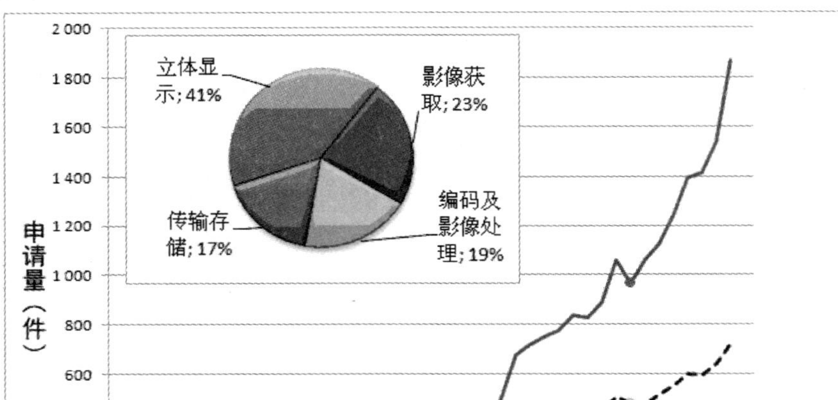

图1　立体影像全球专利申请的申请量和申请人数量变化趋势

1. 专利申请量与申请人数量双双快速增长

如图 1 所示，立体影像技术在 1991 年之后进入快速发展期，2002 年的专利申请量首次突破 1 000 件，近年来该领域的申请量及申请人数量分别以年均 15%和 10%的速度增长。在立体影像产业链的各个环节，立体显示技术的专利申请量（11 409 件）约占总申请量的 40%，可见该技术是立体影像行业的研发热点，而影像获取、编码及影像处理、传输存储的专利申请量（分别为 6 508 件、5 426 件、4 855 件）各占总申请量的比例约为 20%。

2. 日本与美国技术创新能力优势明显

在日本和美国公开的专利数量占据五大专利审批机构（中国国家知识产权局、美国专利商标局、欧洲专利局、日本特许厅、韩国特许厅）专利申请受理总量的近 80%。日本是最大的专利输出国，共向其他四大专利审批机构输出专利申请 4 600 余件，其中有 2 600 余件专利在美国布局。美国共向中、日、欧、韩输出专利 2 800 余件，其中欧洲和日本分别为 1 253、1 000 件。

中国专利申请总量相对日、美、欧、韩较少，对外输出总量仅为 138 件，对美、日、欧、韩的输出 / 输入比仅为 1:10，在国外的专利申请总量与中国 3D 市场在全球 3D 市场的市场份额不相符，国外专利申请形式有待改善。

二、中国：专利数量增长迅速，产业链分布不均衡

近几年，国内立体影像行业专利申请进入高速增长期。2008 年，国内发明专利申请量首次超过国外，并以超过 20%的年增长率持续攀升。国内申请人以企业和高校为主，且具备了产学研相结合的潜力，发明专利的地域集中度较高。但与国外相比，国内申请人在产业链上游技术领域的专利申请量较少。

截至 2011 年 6 月 30 日，与立体影像相关的中国专利申请共计 3 095 件（其中发明专利申请 2 559 件），已授权的专利申请有 1 370 件（其中发明专利 779 件），有效专利 1 021 件（其中发明专利 692 件）。1998—2010 年，国内外申请人在中国提交的发明专利申请量和授权量如图 2 所示。

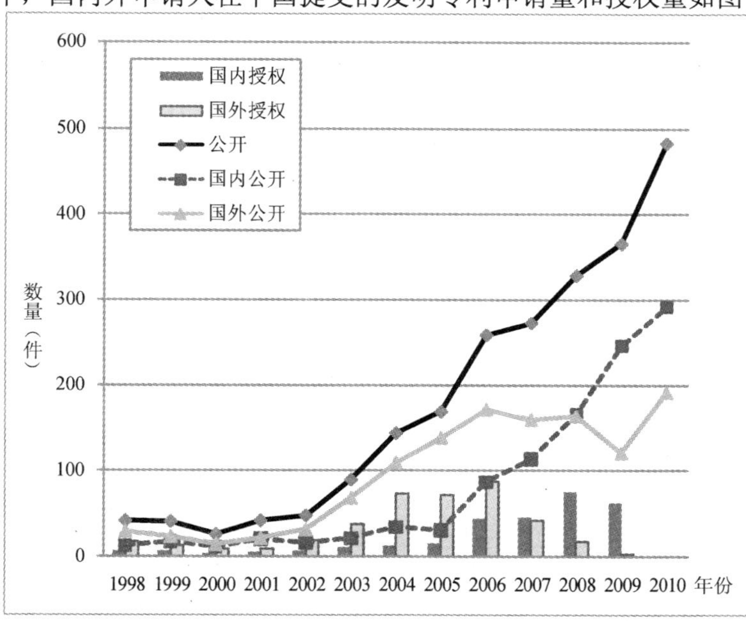

图 2　1998 年至 2010 年立体影像行业中国发明专利申请及授权状况

1. 国内专利申请进入高速增长期

在中国专利申请中，国内外申请人的发明专利申请量分别为 1 184 件、1 334 件，基本处于同一水平；但从 2006 年起，国内申请人年专利申请量以 30%的速度增长，而国外申请人的申请量则保持在 160 件左右；2008 年，国内申请人的发明专利申请量首次超过国外申请人的发明专利申请量，并且近 3 年以超过 20%的年增长率持续攀升。2007 年，国内申请人的专利授权量首次超过国外申请人的专利授权量，与此同时，我国涌现出一批具有自主知识产权的创新主体，如清华大学、超多维公司等。

2. 国内专利申请产业链分布不均衡

在中国专利申请中，涉及影像获取、编码及影像处理、传输存储、立体影像显示领域的专利申请占比为 1.8:1.8:0.4:5.9，而全球产业链中相应的比例为 2:2:2:4，可见我国在立体影像产业链上游技术方面略为滞后。在立体显示和编码处理领域，如 2D 转 3D 技术，国内外申请人的申请量旗鼓相当；在立体影像获取领域，国内申请人在申请量上具有一定优势；在立体影像传输和存储领域，国外申请人具有优势（见表 1）。

表 1 立体影像领域中国发明专利申请法律状态情况

（单位：件）

技术分支 \ 法律状态	公开			授权			有效		
	国内申请	国外申请	小计	国内申请	国外申请	小计	国内申请	国外申请	小计
立体显示	749	808	1 557	173	310	483	145	277	422
影像获取	277	217	494	84	66	150	79	54	133
编码及影像处理	194	278	472	68	71	139	66	66	132
传输存储	35	68	103	12	20	32	11	18	29
总计	1 184	1 334	2 518	315	453	768	281	401	682

3. 国内申请人具备产、学、研相结合的潜力

国内申请人以企业和高校为主，其中企业拥有 62%的专利申请量，在合作创新中，企业与大学、研究机构之间因合作产生的专利申请量仅占总申请量的 1%。此外，国内主要申请人的技术布局各有不同，覆盖了全部产业链，并且在部分关键技术方面具有相对优势。如表 2 所示，关注裸眼式显示技术的有超多维公司、友达光电公司、四川大学以及浙江大学，其中，超多维公司在专利申请量方面具有明显优势；友达光电公司在眼镜式显示技术和裸眼式显示技术领域均有研发投入；浙江大学在影像获取技术方面已有研究成果；清华大学与华为公司在多视点编码技术领域进行了重点研究，这些创新主体依据各自需求在该技术领域开展合作，实现了产、学、研的结合，有利于将各自研究成果更快地转换成附加值更高的科技成果和产品。

表 2 立体影像行业国内主要申请人研发重点

（单位：件）

	眼镜式		裸眼式		摄像		2D 转 3D		编码	
申请人名称	公开	授权	公开	授权	公开	授权	公开	授权	公开	授权
清华大学	6	2	2	1	9	2	17	7	18	4
超多维	1	1	57	15	0	0	0	0	0	0
友达光电	15	3	37	13	1	1	0	0	0	0
浙江大学	0	0	22	13	10	5	3	1	9	3
华为	0	0	1	0	2	1	4	3	22	10
四川大学	2	1	22	7	2	1	0	0	2	2

4. 国内各省市专利数量与其经济发达程度成正比

在国内专利申请中，来自北京、广东、台湾、上海、江苏、浙江的申请人数量约占国内申请人总量的 40%，发明专利的地域集中度较高，北京、广东、台湾与浙江的发明专利申请授权量占总授权量的 61.6%。广东的发明专利申请、实用新型专利申请、发明专利、申请人数量均位居各省市之首。友达光电公司的申请量占据台湾总申请量的 1/3。清华大学与超多维公司是北京地区较为活跃的申请人。浙江、台湾的申请人平均专利产出量（平均专利产出量是专利申请总量除以申请人数量得出的结果）较高（见表 3）。

表 3　立体影像领域中国主要省市专利申请量及申请人概况

省　市	发明专利申请（件）	实用新型专利申请（件）	申请总量（件）	发明专利申请占比	总授权量（件）	发明专利申请授权量（件）	申请人数量	平均专利产出	主要申请人
广东	271	153	424	63.90%	53	35	113	3.75	超多维、天马微电子
台湾	167	34	195	85.60%	45	38	53	3.68	友达光电、财团法人工业技术研究院
北京	159	94	253	62.80%	51	21	72	3.51	超多维、清华大学
浙江	105	23	128	82.00%	45	19	32	4	浙江大学
江苏	96	35	130	73.80%	25	3	43	3.02	中华映管、东南大学、南京大学
上海	69	40	109	63.30%	14	7	57	1.91	上海交通大学
四川	55	21	76	72.40%	23	10	29	2.62	四川大学、长虹电器
天津	54	24	78	69.20%	18	16	28	2.79	天津三维
福建	36	19	55	65.50%	4	10	17	3.24	中华映管、华映光电
山东	22	26	48	45.80%	2	2	22	2.18	中国科技开发院威海分院、海信

三、趋势：立体显示成为研发热点，液晶透镜迎来发展空间

立体显示技术是目前全球立体影像行业的研发热点，在中国专利申请中，国内申请人在该领域的专利申请量处于领先地位。液晶透镜技术是立体影像行业的前沿技术之一，国内已有创新主体在该领域拥有了一批创新成果，成功跻身专利申请量世界前五。

立体影像技术按照产业链来划分，包括立体影像数据的获取、立体影像数据的编解码、立体影像数据的传输、立体影像数据的显示。其中，立体显示技术是研究的热点，其主要包含眼镜式立体显示技术和裸眼式立体显示技术。眼镜式立体显示技术进一步划分为分色式、分光式、分时式和头盔式技术；裸眼式立体显示技术主要包括光壁障式、透镜式、指向光源式和多层显示式技术。

1. 眼镜式立体显示技术为当前主流技术

近年来，眼镜式立体显示技术发展迅速，与其有关的专利共计 5 417 件，2009 年，申请人数量接近 250 人，年申请量达到 400 件以上。其中，分光式显示技术（专利申请为 1 994 件）和分时式显示技术（专利申请为 2 066 件）在眼镜式显示技术中占主导地位。

目前，裸眼式立体显示技术处于发展期，与其有关的专利共计 8 631 件，申请人数量基本稳定在 250～300 人，年专利申请量维持在 500～600 件。其中，透镜式技术（专利申请为 3 087 件）和光壁障式技术（专利申请为 2 356 件）是裸眼式立体显示领域的重要技术，已经具备产业化条件。可以预见，随着技术的不断突破、市场需求的不断加大以及市场化能力的进一步提升，该技术将迎来广阔的发展空间。

课题组通过专利分析发现，在中国的专利申请中，国内申请人在立体显示技术领域的专利申请量处于领先地位；国内申请人历年提交的专利申请量均超过国外申请人的专利申请量；从 2007 年起，国内申请人的专利申请量开始快速增长，到 2010 年达到 173 件，约为国外申请人专利申请量的 3 倍。

2. *液晶透镜技术是前沿技术之一*

从专利角度来看，液晶透镜技术的主要关注点在于减少液晶透镜厚度、提高显示质量以及增强光学效果等，其中，对于电极、电压和透镜整体结构的改变是该领域的主要技术手段。

从专利申请量来看，2005 年以前，国外申请人主导着液晶透镜技术的发展，尤其是 LG 公司在该领域拥有较多的专利申请量。近年来，随着中国企业不断加大在该领域的研发力度，涌现出一批拥有自主知识产权的创新主体，如超多维公司、中华映管公司在该领域的专利申请量已跻身全球前五。

四、申请人：索尼三星专利布局周密，中国 3D 市场成主要目标

日本申请人在全球专利申请量排名前十榜单中占据七席。索尼和三星位居该领域专利申请总量以及多边专利申请量排名的前两位。其中，索尼近年来在中国的专利申请量呈现明显增长势头，三星针对裸眼式立体显示技术和 3D 编码技术在中国提交了大量的专利申请。

如表 4 所示，在全球专利申请量排名前十的申请人中，日本申请人占据七席，具有集团优势。索尼和三星位居该领域专利申请总量以及多边专利申请量（多边申请指同一发明向五大专利审批机构中两个以上的机构提交的专利申请）排名的前两位。其中，索尼的专利申请主要侧重于日本与美国市场，申请持续性好。索尼在中国也针对市场需求提交了大量的专利申请，近年来这些申请量呈现明显的增长势头，如 2010 年，索尼向中国提交的专利申请量占其全球申请总量的比例，由 2007—2009 年的 20%提高到了 56%。索尼在各产业链上的专利申请分布均匀，在眼镜式立体显示、裸眼立体显示、3D 摄像、3D 动画、影像处理、存储等技术领域都有上百件的专利申请。近年来，索尼更侧重于影像获取、立体显示技术。

三星在立体影像行业的专利布局主要立足于韩国本国，并兼顾了全球其他国家和地区。自 1986 年起，三星开始提交在立体影像领域的专利申请，近 3 年在该领域的专利申请比例高达 48.4%，可见其对立体影像行业的发展前景非常肯定。三星的研发领域涉及立体影像的所有技术分支，产业链分布较为均衡，在眼镜式立体显示领域、裸眼式立体显示领域、3D 立体影像编码领域、立体影像处理以及 2D 转 3D 等领域均有较大的研发投入。此外，三星在裸眼式立体显示和 3D 编码技术领域向中国提交了大量的专利申请，占中国在该领域专利申请总量的比例较大。

表 4　立体影像全球主要申请人的专利申请状况

申 请 人	全球申请量（件）	多边申请量（件）	近三年申请量占申请总量的比例	关注的技术领域	重点技术领域	重点布局国家/地区
索尼	988	462	35.20%	全产业链	全产业链	全球
三星	740	518	48.40%	全产业链	全产业链	全球
佳能	604	224	7.60%	影像获取立体显示	影像获取	日本、美国、欧洲

续 表

申 请 人	全球申请量（件）	多边申请量（件）	近三年申请量占申请总量的比例	关注的技术领域	重点技术领域	重点布局国家/地区
夏普	541	200	9.00%	立体显示	光壁障式裸眼显示	日本、美国、欧洲
松下	505	135	31.10%	全产业链		日本、美国、欧洲
三洋	443	104	2.00%	立体显示影像获取		日本、美国、欧洲
LG	403	114	38.80%	立体显示	分光显示	韩国美国
东芝	387	155	23.40%	立体显示		日本美国
飞利浦	319	246	28.90%	立体显示		全球
富士	257	102	44.40%	影像获取		日本

五、建议：进一步加强产学研结合，尽快建立产业专利联盟

中国企业目前在立体影像行业的专利技术呈现多元化发展局面，在立体显示的某些前沿技术领域已占据一席之地。中国应进一步推进产学研结合，充分发挥国内主要申请人的集团优势和研发特色，尽快建立拥有核心技术、覆盖全产业链的产业专利联盟。

从专利角度来看，立体影像行业已进入快速发展期，中国企业在立体影像产业链上各有侧重，专利技术呈现多元化发展局面，并在立体显示的某些前沿技术领域占据了一席之地，具备了一定的话语权和主导权。针对目前这种状况，中国应进一步推进产、学、研结合，建立产业专利联盟，充分发挥国内主要申请人的集团优势和研发特色，加强产业链研发实力的整合，打造具有核心技术、覆盖全产业链的专利技术联盟，进一步推动专利技术的实施转化，打通全产业链，带动产业集群协调发展。除此之外，中国企业还应积极开展专利挖掘、专利布局和组合设计，整合国内专利申请人和权利人的技术优势，抓住发展机遇，加快组建立体影像行业的专利池。

（蒋路帆 宋海彬 郭强）

以上内容摘选自 2011 年专利分析普及推广项目《立体影像行业专利分析报告》，该报告在国家知识产权局专利局审查业务管理部组织下，由国家知识产权局专利局专利审查协作北京中心完成。

电子纸显示技术及其产品应用

广州奥翼电子科技有限公司

一、电子纸显示技术介绍

（一）技术篇

所谓电子纸，是指具有类纸性的电子显示屏。纸张的特点是反射式显示，即本身并不发出光线，而是对入射的光线进行反射和吸收。

电子纸显示的实现，可以分为两大部分：显示材料和驱动背板，其中显示材料的研发是关键部分。下面将对这两部分进行介绍。

能够实现类纸性的显示技术，目前有：电泳显示技术（Electro Phoretic Display，EPD）；胆甾相液晶显示技术（Cholesteric Liquid Crystal Display，Ch-LCD）；电润湿显示技术（ElectroWetting Diplay，EWD）；电流体显示技术（Electro Fluidic Display，EFD）；双稳态向列相液晶技术（Bi-TN LCD）；干涉调制技术（iMoD）；电致变色（Electrochromism，EC）。

电泳显示技术是目前实现电子纸显示屏的主流技术，已经有相关产品上市并得到客户认可。该方式是利用在电压下能够改变带电颜色粒子在密闭空间中运动，当某一颜色粒子运动到屏幕表面，表面可以看到该颜色显示，通过电场控制不同区域显示状态不一样，绘制出黑白图像。其特点是在反差、明亮度视觉等方面较理想，耗电低，重量轻而容易使其薄型化，形状自由等。

早在 20 世纪 70 年代，I.Ota 等人就提出电泳显示技术，当时的实现方法是将电泳显示液灌封在两个平行电极之间，在两个电极之间施加电压，控制电泳显示液中的纳米颗粒的上下运动。这种封装方式存在几个问题：①只能做成平面型而不能弯曲；②颜色颗粒直接和电极相接触，时间久了黏在电极上面，降低对比度；③由于重力作用，带电粒子经过一定的时间后会沉淀，团聚后结成块状，使用寿命很短；④带电粒子要经过很长一段距离才能到达电极异端，响应时间很长。为了解决这些问题，人们想出了各种方法。其中主要的两种方法是微杯化和微胶囊化。

在具体产品实现上，目前有 3 种不同的结构：微胶囊电泳显示技术，微杯电泳显示技术，色粉显示技术。

其中 E ink holding 和 OED 采用微胶囊电泳显示技术，这种技术是采用双粒子显示形式，即在几十微米大小的微球中包裹有带黑色粒子和白色粒子，粒子大小为纳米级别。工作的时候，对微胶囊上下表面施加的正电场，带负电的白色粒子向上表面移动，带正电的黑色粒子向下表面移动，则在微胶囊的上表面呈现出白色光学状态，反之，则呈现出黑色光学状态。

微杯电泳显示技术采用的是单粒子显示形式，一般用白色 TiO_2 作为控制粒子，深颜色的有机颜料为背景颜色，如蓝色。当对微杯单元的上下表面施加正电场的时候，白色颗粒向上表面运动，呈现出的光学状态为白色；当施加反向电场的时候，呈现出的光学状态为颜料的颜色，即背景颜色。该技术的创始公司为 Sipix，后来被 AUO 收购。

色粉显示技术初期主要由日本普林斯通和千叶大学开发。其原理是在两个电极之间填充有黑色粉末和白色粒子，在外加电场的作用下，黑色粒子在电极之间移动，因为有一个电极是透明的，所有可以看出黑白的图案。黑色粒子可以用碳黑等导电性粉末，白色粒子用的是容易滑动的氟化炭微粒子。目前，色粉显示技术主要拥有者是日本的普林斯通，已经有量产化产品出现，主要应用于价格标签产品。但同时有展出采用彩色滤光片的彩色电子纸显示屏。

胆甾相液晶显示技术是比较早量产的电子纸显示技术，其采用的反射型液晶（胆甾相液晶）是一种特殊的液晶，它在无电场时为平行取向，根据液晶的螺旋间距（螺距）的不同，对入射光线进行有选择的反射。在弱电场时，成为焦圆取向，透光以显示底色。当施加强电场时，又返回平行取向，利用这种电场强弱的变化来控制显示颜色的不同。利用 TFT 驱动，它可以显示 600 dpi 分辨率的图像和文字，另外，它还可以显示红、绿、蓝 3 种颜色。这类显示技术的专利大部分掌握在美国 ADS 和 Kent Display 公司手中。目前 Kent 已经将专利授权给一些公司和研究机构，如 Fujitsu、Hitachi、Kodak 和台湾工研院等，Fujistu 已经将其量产化并有彩色的电子阅读器产品出现，不过目前售价比较高。国内的信利、天马微电子也有采用这种技术的显示屏在销售，国内的“易博士”还采用这种技术制作了第一代的电子阅读器产品。

电润湿显示（Electro Wetting Display，EWD）是通过电场控制液体小球的收缩与张开来形成一个光开关，以便实现对入射光线进行不同的反射。荷兰 Philips 曾经报道过电润湿显示原理型器件。这种显示技术的优点是响应速度比较快，容易实现彩色化；缺点是驱动电压比较高，封装比较困难。目前三星电子已经从 Philips 手中购买了这项技术，目前正在进行一些量产化的研究，还没有产品出现。

电流体显示器（Electrofluidic Display）运用电压将彩色墨水拉出储存槽，并释放颜色到各像素。当电压将墨水带回储存槽，屏幕将成空白，理论上可以媲美传统印刷，正处于开发初期阶段。拥有这项技术的公司是 Gamma-Dynamics，由诺贝尔奖获得者 Jason Heikenfeld 所创立。

双稳态向列相液晶技术（Bi-TN LCD）是具有存储功能的液晶技术，该技术的特点是与目前的液晶产线兼容，可以快速进入量产，主要应用于高、精、细的电子价格标签和电子书籍等。日本精工仪器已与法国 Nemoptic S.A.达成业务合作协议，合作量产基于双稳态液晶技术“BiNem 技术”的显示屏，该显示屏主要市场是电子价格标签，目前已经量产。但是因为价格问题，一直没有很大的出货量。国内的汉朗光电也有采用双稳态液晶开发电子价格标签产品，目前正处于产品推广阶段。

干涉调制技术（iMoD）又称为 Mirasol，该显示技术是由高通（Qualcomm）全资子公司高通光电（Qualcomm MEMS Technology）开发的一种新型显示技术。Mirasol 显示屏以一种称为光干涉调制（IMOD）的反射型技术为基础，利用环境光，不需要背光，因此功耗大大降低。反射型 Mirasol 显示器还可以根据周围的光照条件自动调节，使用户可在几乎所有环境下查看内容，包括在明亮的阳光下。2011 年年底韩国书商 Kyobo 推出采用 5.7 英寸 Mirasol 屏幕，分辨率为 1024×768，这是一款带触摸屏的电子阅读器产品，售价约为 2 000 元。紧接着，盛大和汉王宣布准备在 2012 年推出类似产品。但是市场反馈并不是很理想，特别是在增加触摸屏之后显示的对比度很低，色彩也不够逼真，相比 Pad 类产品而言，没有太多的优势。最终，盛大和汉王的 Mirasol 产品并未如期上市。Mirasol 技术采用的是 MENS 加工工艺，对加工的环境要求很高，良品率一直是该技术的致命问题。高通在台湾新竹投入 10 亿美元建设工厂，目前还没有进一步的信息说明何时能够量产。

电致变色（Electrochromism，EC）是材料的光学属性（反射率、透过率、吸收率等）在外加电场的作用下发生稳定、可逆的颜色变化的现象，在外观上表现为颜色和透明度的可逆变化。具有电致变色性能的材料称为电致变色材料，用电致变色材料做成的器件称为电致变色器件。目前，电致变色主要应用在建筑玻璃上面，阿尔卑斯电气在“CEATEC JAPAN 2010”（10 月 5 日～9 日，幕张 Messe 会展中心）上展出了采用电致变色（Electrochromic）技术的蓝白显示电子纸。

（二）应用篇

电子纸是一种显示材料，类似于液晶显示器中的液晶材料，用途广泛，可以说是无处不在的显示技术。根据产品的用途，电子纸可以划分为消费电子类显示器、工业类显示器、广告类显示器。

消费电子类产品中目前已经产品化的有电子阅读器（电子书、电纸书）、手机、手表等产品的显示屏。电子阅读器作为电子纸材料最主要的应用，具有很强的市场需求。目前的液晶显示屏并不合适电子书阅读，主要原因有两个：一是液晶显示屏会以 60Hz 的频率不断切换画面，会导致视觉疲劳，长时间阅读会损伤眼睛；二是液晶显示屏是发光显示器，并且像素间是有缝隙的，阅读效果不如普通的纸张。所以，即使目前很多图书馆已经将图书扫描成电子档，真正需要阅读时还是需要打印出来，造成纸张浪费，无法达到图书电子化的效果。电子阅读器的出现，完美地解决了这一问题，它给读者带来类似纸张印刷的阅读体验，又能够存储几千本书，是减少纸张应用、保护森林、保护地球的技术终极解决方案。目前，在欧美、日本等发达地区读者已经对这种产品非常熟悉，即使在苹果推出多媒体应用的平板电脑 iPad 热卖的情况下，真正喜欢阅读的人还是会选择电子纸阅读器。目前，能够量产这种电子纸材料的公司并不多，作为 3 家原材料公司供应商之一的 OED 的出现，能够推动整个电子纸阅读器市场的健康发展，使电子纸阅读器普及化。目前，针对电子纸阅读器这个市场，我们的策略是在满足客户特性需求的前提下，以本地化公司的灵活和热情服务态度培养国内的方案厂商和 OEM 厂商，解决目前困扰他们的问题——电子纸显示屏的来源和价格。

电子纸具有省电、可以弯曲和造型容易等特点，可以应用于手机和手表等消费类电子产品。目前产品化的手机有 Moto 的 F3，Sharp 的 SH6228C，三星的 u740 等，利用电子纸显示屏的耐压、可弯曲等特性，可以开发出各种新奇的手机产品。针对手表市场，电子纸也有相关应用，如 Seiko、O.D.M 等都有相关产品推出，但是目前定价还是比较高，如 Seiko 的手镯手表，售价达到 26 400 元。作为一种新型的显示材料，在价格合适的前提下，可以开发出更多款式的时尚手表。

工业类显示屏的应用，目前我们可以看到的市场有几个：智能卡、电子货架标签、仪器仪表显示、医疗电子显示屏等；已经产品化的市场有带显示屏的智能卡、电子货架标签等。智能卡显示屏是在现有的智能卡上面增加一块显示屏，显示智能卡内部的相关信息。现在的智能卡只是实现数据传输，无法进行人卡互动。因为智能卡的标准 ISO7816 规定了智能卡的厚度，一般的显示屏无法集成到智能卡中。电子纸具有超薄、可弯曲等特性，能够很好地集成到智能卡中，成为智能卡的窗口，再加上按键，能够使智能卡成为超薄的微型电脑。目前，VISA 和 Master Card 都已发布相关产品，在美国、欧洲地区已经有银行在使用这种带显示的智能卡，相信中国金融卡在升级换代中会考虑到这种最新的技术。所以，电子纸的超薄、省电、可弯曲和耐冲击等特性使其成为智能卡显示技术的不二之选。目前，OED 已经和产业链上中下游的公司结成合作伙伴，带显示的智能卡已经小批量量产，正处于推广阶段。

电子货架标签又是电子纸显示技术一个很合适的应用。目前，超市中所使用的价格标签是纸质的，通过打印或者手写的方式更改价格，存在需要大量劳工、容易出错和更新不及时等问题。在电子纸没有出现之前，业界是采用黑白 TN 液晶显示屏来组装电子货架标签系统，目前市场上 80%的电子货架标签都是用黑白 TN 液晶。TN 液晶存储的问题是，屏幕需要不断刷新，不能停止供电，在货物价格更新频率很低的情况下，这部分电就被浪费了，一般电子货架标签要求使用 5 年，整个产品有低功耗的要求；另外，TN 液晶屏存在对比度差、视角窄等问题，基本上放置货架顶部和底部的价格无法看清楚。

电子纸显示屏完全弥补了这些缺点。它具有多稳态特性，能将显示内容保持而不需要功耗，这能够大大延长电子货架标签的使用寿命。另外，它的对比度高，视角接近 180 度，完全符合电子货架标签的使用要求。OED 已经和业界的主要供应商建立合作关系，目前正处于产品拓展阶段。

广告产品应用又是电子纸显示技术产品化的一个亮点。产品促销追求的就是吸引消费者的眼球，调查显示动态广告比静态广告更容易吸引消费者的注意力。在目前广告产品已经使消费者出现视觉疲劳的前提下，电子纸广告的出现，必将给广告业带来全新的冲击。一般卖场中实现动态显示的方法是购买液晶显示器，但是存在诸多问题：首先是维护的问题，液晶显示器毕竟是玻璃产品，受到冲击后容易破碎，而且还需要拉电线，安装也不方便；其次是体积庞大，不容易跟产品的推广手段配套；最后在卖场光学充足的前提下，靠背光显示画面的液晶显示器的特性不能得到很好的发挥。

电子纸显示材料是一种反射式显示技术，外界光线越充足，显示效果越好；它需要的电量很低，基本上用锂电池，干电池甚至太阳能电池就可以驱动，无须拉电线。它的厚度很薄，可以跟印刷纸张无缝结合，安装方便。另外，最重要的是，它能够让产品的卖点、广告词凸显出来，实现动态显示，从而吸引消费者眼球。OED 在电子纸的广告产品应用上已经积累了丰富的经验，产品已销往西班牙、韩国、俄罗斯等国家，在产品设计、研发和制作上有很强的技术实力。目前的产品策略是：通过技术转移、代理渠道等途径，将这种产品在行业中推广，实现大规模应用。

二、电子纸应用市场状况

目前，电子纸真正出货在千万级别，应用市场只有电子阅读器市场和价格标签市场。下面将针对这两个市场进行讨论。

（一）电子纸应用之电子阅读器市场

图 1 是电子阅读器的产业链，从该产业链来看，越往原材料端，供应商越少。E ink 本来是可以供应电子纸显示材料的，被 PVI 收购之后，只供给 PVI（后来名字修改为 E ink holding）。Sipix 被 AUO 收购后也基本不向外提供电子纸膜片。目前只有 OED 尚可以对外提供电子纸膜片。这种垄断的后果是大量的 LCD 产业的从业者无法进入电子纸市场，电子纸市场只局限于 E ink Holding、AUO 和 OED 三家。最终的后果就是，因为没有足够的出货量，电子纸显示屏的材料成本居高不下，电子纸模组价格偏高。下游的组装厂商、方案厂商在电子纸显示屏无法保证供应的情况下，不会投入太多的资源在电子阅读器上。

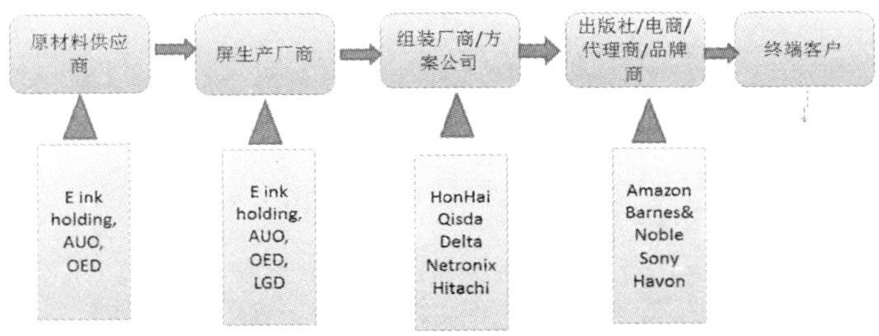

图 1　电子阅读器的产业链

2011—2012 年电子阅读器市场会出现很大的转变。我们首先来看海外市场，根据 HIS 的统计数据，2011 年电子阅读器出货量为 2 710 万部，比 2010 年的 1 300 万部增长 108%，预计 2012 年的出货量为 3 710 万部（见图 2）。

2011 年，Amazon 和 Barnes& Noble 等公司为了应对 Apple 的 iPad 产品冲击，做了一些产品策略的调整：①推出更低价格的电子阅读器（Kindle4，79 美元）；②推出带红外触摸屏的产品（Kindle Touch）；③推出类 Pad 产品（Kindle Fire），其中 Kindle Fire 因为价格比 iPad 便宜，在第四季度取得很好的销售成绩。从中可以看出，美国电子阅读市场已经出现饱和，Pad 类产品对电子阅读器造成非常大的冲击。市场调研公司 Digitimes Research 发布报告称，2012 年第一季度全球电子阅读器出货总量仅为 200 万部，远低于 2011 年第四季度的 900 万部。另外，E ink Holding 2012 年第一季度财报显示，第一季度亏损 2 667 万美元，这是 E ink Holding 连续 10 个季度来首次出现亏损。根据 IDC 的数据，Kindle Fire 2011 年第四季度的出货量高达 470 万台，如今只有 75 万台。

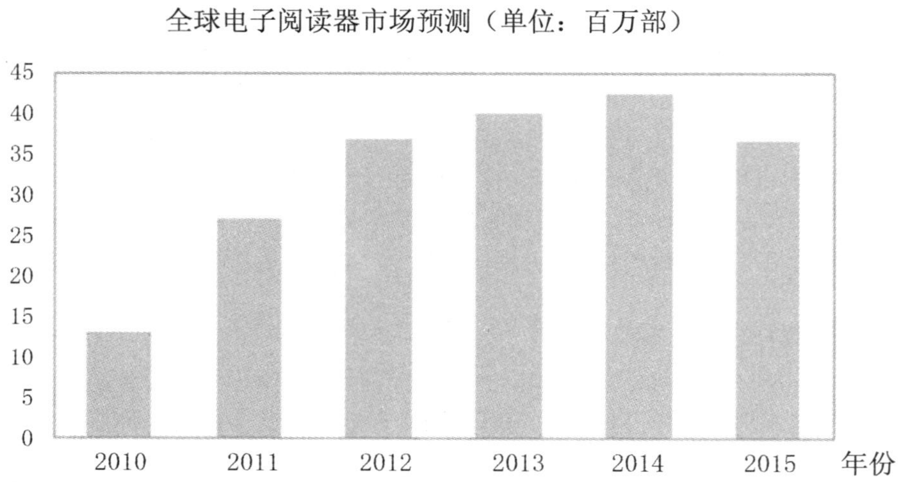

数据来源：HIS iSuppli Research，2011 年 12 月。

图 2　iSuppli 对电子阅读器市场的预测

在国内市场，电子阅读器市场也是峰回路转，出现巨大变局。2011 年 6 月，盛大旗下果壳电子宣布，推出已近一年的盛大电子书 Bambook，将产品价格由 999 元下调至 499 元。这一变化让国内电子阅读器销量一直占据首位的汉王措手不及，一方面，Pad 类产品对汉王的礼品市场冲击不断；另一方面，盛大的这次降价更是将汉王送到绝路。汉王的股价一直从最高位的每股 175 元下降到 10 元左右。

从图 3 所示的数据可以看到，2010 年国内电子阅读器出货量为 106.69 万台，2011 年出货量为 120.53 万台，比 2010 增长 12.97%。

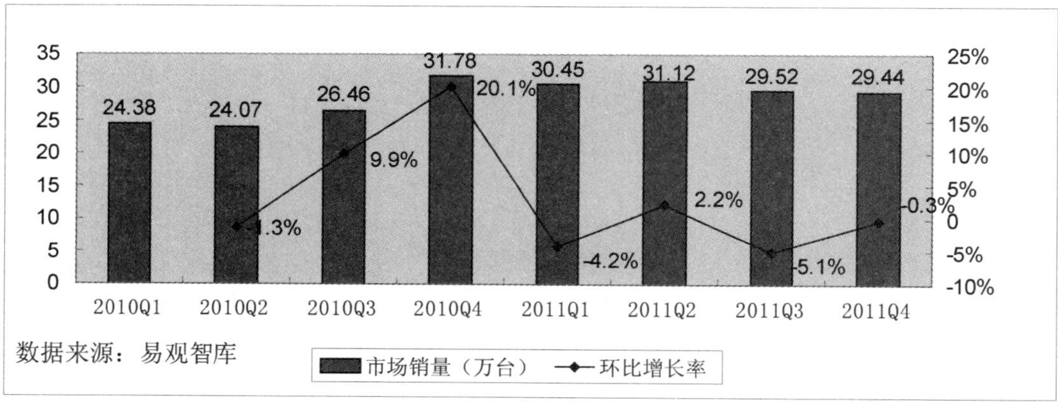

图 3　国内电子阅读器销量

另外，根据 IDC“2011 年中国电子阅读器市场最新研究结果”显示，在众多品牌中，汉王科技仍旧是中国电子阅读器市场中的领军厂商，2011 年其市场份额达到 59%。虽然与其 2010 年度的市场份额相比呈现下降趋势，但其“老大”地位仍然稳固。

盛大 Bambook 的市场份额已经由 2010 年的 2.5%增长至 2011 年的 11.4%。IDC 分析称，超低价普及型 499 元的电子阅读器销售火暴是其份额迅速增长的原因之一，同时“云中书城”为盛大提供了庞大的客户资源，与产业链上下游的紧密合作也为其未来新产品的研发以及数字内容的丰富创建提供了良好的平台。

研究结果还显示，其他品牌（尤其是仅依赖于硬件产品销售的品牌）的增长则比较缓慢，IDC 认为，随着平均单价的持续下降，其利润空间逐渐被压缩。

IDC 数据显示，2011 年第四季度中国电子阅读器市场总出货量达到 32.1 万台，与 2010 年第四季度相比增长 7.1%，与 2011 年第三季度相比则增长 2.5%。

与此同时，IDC 预计，中国电子阅读器市场 2012 年度出货量有望达到 150 万台，销售额将近 2.3 亿美元。到 2016 年，这一市场总出货量有望达到 281 万台的水平，同时销售额将突破 3.1 亿美元（见图 4）。

IDC 同时指出，从全球市场来看，2011 年度中国电子阅读器出货量已经占据约 4.3%的市场份额，虽然排名第二位，但是远远低于成熟的美国市场（超过 72%的市场份额）。

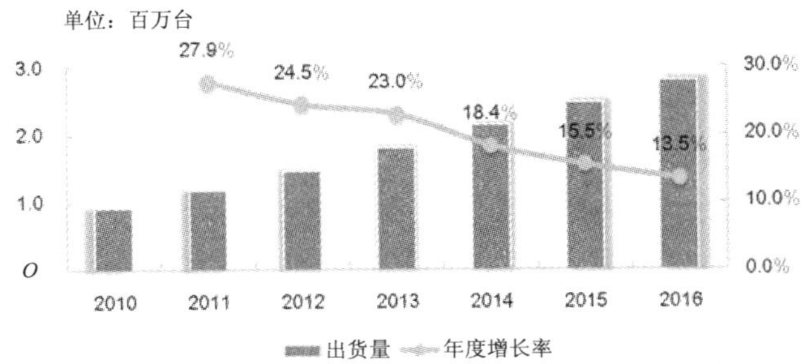

资料来源：IDC 中国电子阅读市场季度跟踪报告（2011 年第四季度）。

图 4　电子阅读器市场预测

（二）电子纸货架标签概念及优势

电子货架标签（Electronic Shelf Label，ESL）是一种放置在货架上、可替代传统纸质价格标签的电子显示装置。每一个 ESL 通过网络与商场计算机相连，在其屏幕上实时地显示商品价格信息。电子货物标签将货架纳入了计算机程序，摆脱了手动更换价格标签的状况，实现了收银台、货架、商场系统之间的价格一致性。典型零售商每周对价格更新 10 000～12 000 次，采用电子标签后可在 1h 内更新至少 15 000 个产品标签的信息（美国 Altierre 公司报告）。

电子货架标签具有如下的优点：

（1）省掉大量闲置人手；

（2）省掉大量的调价时间；

（3）省掉大量纸标签的制作和维护费用；

（4）加强商品价格管理；

（5）加强商场货位管理；

（6）加强货架商业价值，提高上架费收益；

（7）加强超市整体形象，提高顾客满意度；

（8）免除考虑促销时滞问题，上万商品的价格刷新瞬时自动完成；

（9）免除实价与标价不一造成的声誉与法律问题；

（10）免除盘点时大动干戈，标签自动显示库存，方便盘点和核对；

（11）结合动态数据仓库实现以最低的边际损耗售出最多的库存；

（12）整合商店原有的系统提高整体的使用效果。

根据 Pricer 公司预测，全球 ESL 市场仍有巨大空间：约 9 500 家商场需求共 1.3 亿张 ESL。单就全球的食品杂货店，未来市场就有 60 亿～100 亿张 ESL 空缺。

目前，实现电子纸货架标签的显示技术主要有两类：黑白液晶和电子纸显示技术。黑白液晶是比较传统的 TN 液晶，采用比较成熟的加工工艺，原材料资源丰富，具有很大的成本优势。但是，这种显示存在对比度差（不够白，25%左右的白色反射），视角小（电子纸视角 180），体积比较大等问题。而电子纸货架标准弯曲弥补了这些缺点，并且有很好的用户体验，目前最重要的问题是成本比较高。销量和成本是相互矛盾的，只有让更多的 LCM 厂商看到价格标签市场的前景，投入更多的资源，才能把成本往下降。

总之，电子纸价格标签市场增长空间很大，客户也比较明确，谁可以首先把价格降到客户心理价位，谁就可以占领市场。

ESL 全球出货量预测如图 5 所示，电子纸 ESL 产品出货量预测如图 6 所示，2011 年各种显示技术在 ESL 市场的比例如图 7 所示。

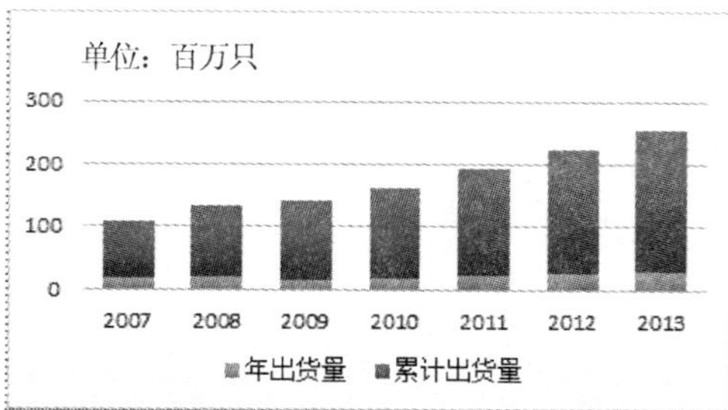

图 5　ESL 全球出货量预测

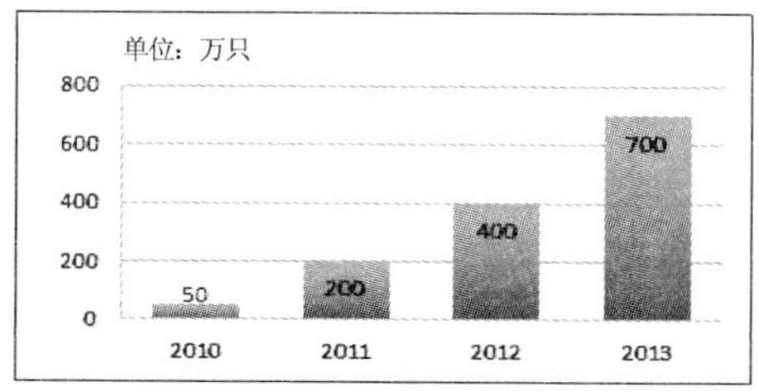

图 6　电子纸 ESL 产品出货量预测

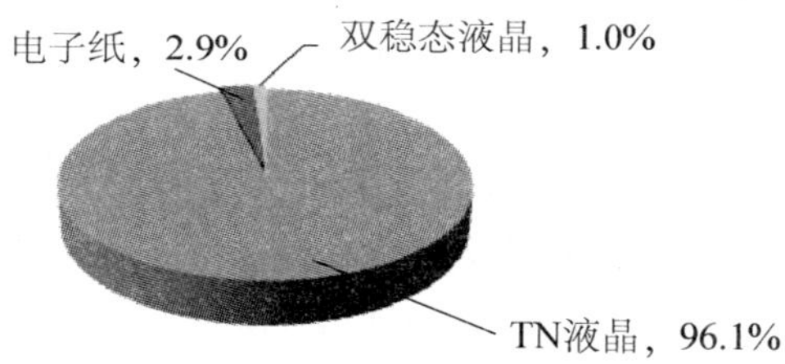

图 7　2011 年各种显示技术在 ESL 市场的比例

三、电子纸显示技术未来发展方向

2011 年对电子纸来说并不是一个好的年份，受到 Pad 类产品的冲击，大家认识到电子纸类产品的缺点，认识到这个行业产业链的不完整，大家开始更加理性地思考电子纸产品的应用。

首先，电子纸并不如我们想象的那么完美，跟目前的主流显示技术相比，存在一些缺点，例如，响应速度比较慢，只能显示黑白，残影问题，在黑暗的环境下不能使用，容易碎和没有触摸屏等。所以电子纸技术还需要努力提高自己的性能，不能停滞不前。目前，客户比较迫切的需求是在响应速度和彩色方面，这方面性能如果能够提高的话，就必将带来非常好的用户体验。

其次，电子纸不仅仅可以应用于电子阅读器。电子纸是一种显示技术，它的应用很广，可以说是无处不在的显示器，关键在于怎么样针对目前电子纸技术的特点，找到合适的切入点。例如，将电子纸应用于价格标签就是一个很好的产品机会，从前面的数据可以看出，目前电子价格标签大部分采用的是几十年前的 TN 液晶，并且出货量还非常可观。从特性上来看，电子纸比黑白 TN 液晶具有很大的优势，例如，高对比度、宽视角和低功耗等。所以，电子纸完全可以替代黑白 TN 液晶应用于电子价格标签。除此之外，电子纸还可以应用于智能卡、工业仪器仪表显示、手表和指示牌等。

在接下来的几年，电子纸显示技术将会往这几个方向发展：①彩色化，电子纸彩色化是必然趋势，液晶显示器也是从黑白到彩色逐步发展起来的，电子纸的发展也必然是这样。②快速响应，相对其他显示材料而言，电子纸的响应确实太慢了，用户能够看到刷新的过程，体验非常不好。第一步是实现快速翻页而没有残影，下一步是实现视频播放。③柔性显示，其实电子纸本身非常适合并且完全可以做到柔性显示，目前的困难在于驱动背板不能做到弯曲，目前有很多研究机构和公司不断努力研发新的柔性背板。目前已经可以在展会上看到此类样品，但是离量产还有一些时间。柔性显示是未来的技术，需要各方面的支持和配合。④打印纸显示，这部分应用是非常具有意义的。目前我们的打印纸是不能循环利用的，带来很大浪费，对生态环境的破坏也非常严重。电子纸技术的终极应用是能够取代这些纸张，进入人们的日常生活。这需要从材料上解决电子纸的可靠性和耐用性问题。

总之，电子纸作为显示技术的一种，一定有其存在的价值，并且随着人们对它的认知逐渐加深，其应用将会越来越广。

第6章 政策法规

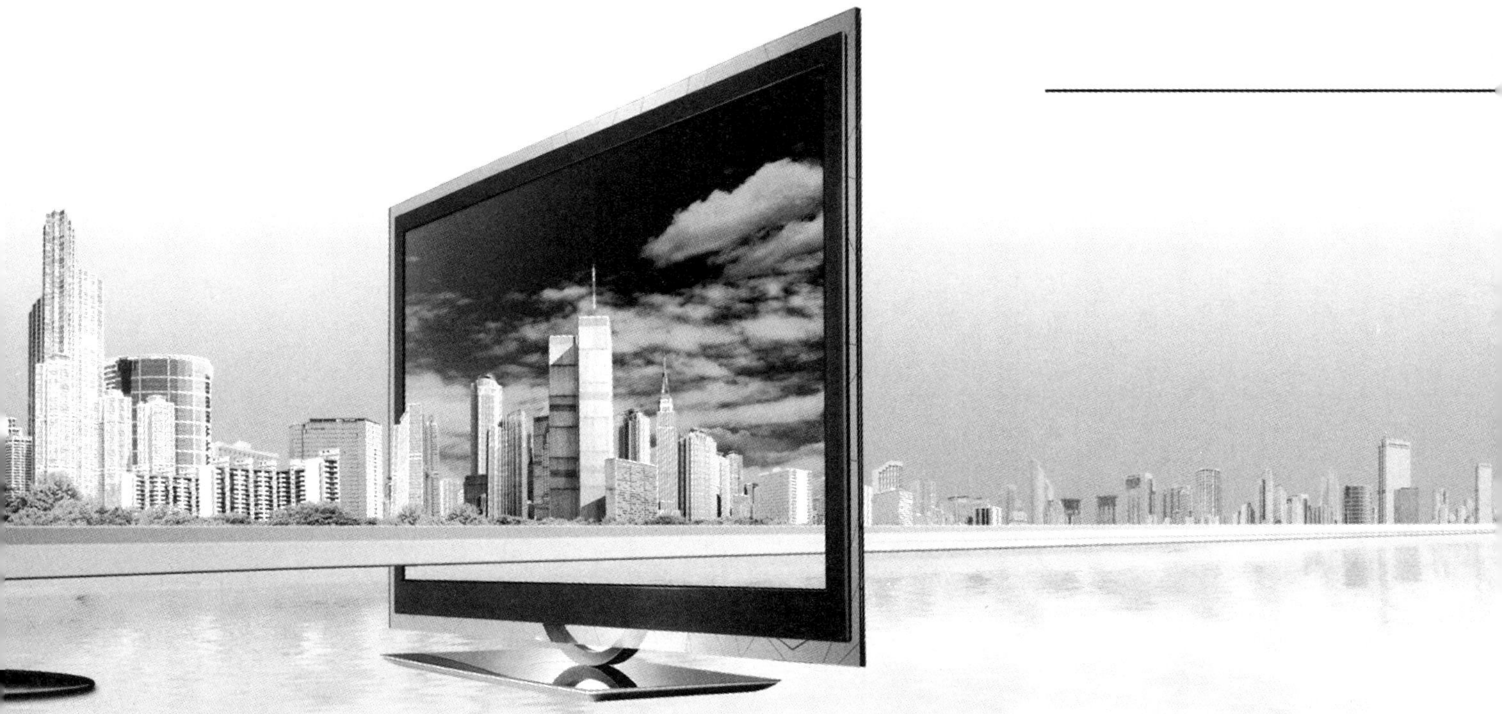

产业结构调整指导目录（2011年本）（摘录）

国家发展和改革委员会

为加快转变经济发展方式，推动产业结构调整和优化升级，完善和发展现代产业体系，根据《国务院关于发布实施〈促进产业结构调整暂行规定〉的决定》（国发〔2005〕40号），发改委同国务院有关部门对《产业结构调整指导目录（2005年本）》进行了修订，形成了《产业结构调整指导目录（2011年本）》，现予公布，自2011年6月1日起施行。《产业结构调整指导目录（2005年本）》同时废止。法律、行政法规和国务院文件对产业结构调整另有规定的，从其规定。

第一类 鼓 励 类

二十八、信息产业

18. 大中型电子计算机、百万亿次高性能计算机、便携式微型计算机、每秒一万亿次及以上高档服务器、大型模拟仿真系统、大型工业控制机及控制器制造

19. 集成电路设计，线宽 0.8μm 以下集成电路制造，及球栅阵列封装（BGA）、插针网格阵列封装（PGA）、芯片规模封装（CSP）、多芯片封装（MCM）等先进封装与测试

20. 集成电路装备制造

21. 新型电子元器件（片式元器件、频率元器件、混合集成电路、电力电子器件、光电子器件、敏感元器件及传感器、新型机电元件、高密度印刷电路板和柔性电路板等）制造

22. 半导体、光电子器件、新型电子元器件等电子产品用材料

25. 半导体照明设备，光伏太阳能设备，片式元器件设备，新型动力电池设备，表面贴装设备（含钢网印刷机、自动贴片机、无铅回流焊、光电自动检查仪）等

27. 薄膜场效应晶体管 LCD（TFT-LCD）、等离子显示屏（PDP）、有机发光二极管（OLED）、激光显示、3D 显示等新型平板显示器件及关键部件

31. 音/视频编解码设备、音/视频广播发射设备、数字电视演播室设备、数字电视系统设备、数字电视广播单频网设备、数字电视接收设备、数字摄录机、数字录放机、数字电视产品

33. 数字多功能电话机制造

35. 医疗电子、金融电子、航空航天仪器仪表电子、传感器电子等产品制造

41. TFT-LCD、PDP、OLED、激光显示、3D 显示等新型平板显示器件生产专用设备

42. 半导体照明衬底、外延、芯片、封装及材料等

三十一、科技服务业

1. 工业设计、气象、生物、新材料、新能源、节能、环保、测绘、海洋等专业科技服务，商品质量认证和质量检测服务、科技普及

5. 数字化技术、高拟真技术、高速计算技术等新兴文化科技支撑技术建设及服务

8. 科技信息交流、文献信息检索、技术咨询、技术孵化、科技成果评估和科技鉴证等服务

9. 知识产权代理、转让、登记、鉴定、检索、评估、认证、咨询和相关投融资服务

10. 国家级工程（技术）研究中心、国家工程实验室、国家认定的企业技术中心、重点实验室、高

新技术创业服务中心、新产品开发设计中心、科研中试基地、实验基地建设

11. 信息技术外包、业务流程外包、知识流程外包等技术先进型服务

三十六、教育、文化、卫生、体育服务业

11. 移动多媒体广播电视、广播影视数字化、数字电影服务监管技术及应用

16. 电子纸、阅读器等新闻出版新载体的技术开发、应用和产业化

第二类　限　制　类

五、信息产业

2. 模拟 CRT 黑白及彩色电视机项目

鼓励进口技术和产品目录（2011 年版）（摘录）

国家发展和改革委员会

摘录平板显示产业相关的内容如下。

一、鼓励引进的先进技术（见表 1）

表 1　鼓励引进的先进技术

序　号	技　术　名　称
A14	TFT-LCD、PDP、OLED 面板、配套材料制造技术和专用设备的设计制造技术，3D 显示、激光显示制造技术和专用设备的设计制造技术
A15	便携式计算机设计制造技术
A61	功率型、高亮度半导体发光二极管外延片、芯片设计制造技术，关键材料和设备设计制造技术
A62	新型电力电子器件设计、制造技术
A63	电子纸、触摸屏新型显示器件制造技术
A93	新型传感器制造技术
A123	有机硅下游深加工产品生产技术
A132	数字电视关键技术
A209	高性能稀土材料制备技术

二、鼓励进口的重要装备（见表 2）

表 2　鼓励进口的重要装备

序　号	商　品　名　称
B104	制造半导体器件时检验半导体晶片、元器件或检测光掩模及光栅用的光学仪器
B105	光刻机、刻蚀机、气相沉淀、离子注入、金属沉淀等集成电路芯片制造设备和仪器
B106	TFT-LCD、PDP、OLED 面板生产用专用设备和仪器
B107	片式元件、新型电力电子器件、半导体照明等专用设备和仪器

三、鼓励发展的重点行业（见表 3）

表 3　鼓励发展的重点行业

序　号	行　业　名　称
C27	新型电子元器件（片式元器件、频率元器件、混合集成电路、电力电子器件、光电子器件、敏感元器件及传感器、新型机电元件、高密度印刷电路板和柔性电路板等）制造
C30	电子专用材料制造
C31	8 英寸及以上单晶硅、多晶硅及硅片制造
C35	PDP、OLED、TFT-LCD 显示器件制造
C43	稀有、稀土金属深加工及其应用

当前优先发展的高技术产业化重点领域指南（2011 年度）（摘录）

国家发展和改革委员会

修订说明

2007 年，国家发改委、科技部、商务部、知识产权局联合发布了《当前优先发展的高技术产业化重点领域指南（2007 年度）》[国家发展改革委 2007 年第 6 号公告，以下简称《指南（2007 年度）》]，对指导各部门、各地方开展高技术产业化工作，促进产业结构调整，加快经济发展方式转变，引导社会资源投向等发挥了重要作用。为贯彻党的十七届五中全会精神，落实《国民经济和社会发展第十二个五年规划纲要》、《国家中长期科学和技术发展规划纲要（2006—2020 年）》，进一步发挥“指南”的指导作用，国家发改委、科技部、工业和信息化部、商务部、知识产权局，在充分分析国内外高技术发展现状及趋势，广泛征求意见的基础上，研究提出了《当前优先发展的高技术产业化重点领域指南（2011 年度）》[以下简称《指南（2011 年度）》]。

《指南（2011 年度）》确定了当前优先发展的信息、生物、航空航天、新材料、先进能源、现代农业、先进制造、节能环保和资源综合利用、海洋、高技术服务十大产业中的 137 项高技术产业化重点领域，其中，信息 15 项，生物 17 项，航空航天 6 项，新材料 24 项，先进能源 13 项，现代农业 18 项，先进制造 21 项，节能环保和资源综合利用 9 项，海洋 6 项，高技术服务 8 项。重点内容体现了发展高技术产业、大力培育发展战略性新兴产业，推进产业结构优化升级、促进经济发展方式转变，应对全球气候变化的新需求。与《指南（2007 年度）》相比，《指南（2011 年度）》新增了高技术服务产业和 15 项重点领域，删除了 8 项已基本实现产业化的重点领域，并对各领域下的具体内容进行了调整。

本文摘录了“信息”及“新材料”部分优先发展的产业，具体如下所述。

一、信息

4. 数字移动通信产品

3G 增强/长期演进型技术产品，新一代移动通信系统（含移动互联网）的网络设备、智能终端、专用芯片、操作系统、业务平台及应用软件，与新一代移动通信有关的设备关键配套件及测试仪器，宽带集群通信系统及设备。

5. 数字音/视频产品

面向三网融合的数字音/视频编解码（AVS、DRA 等）技术及与数字电视音/视频信号处理相关的关键设备、专用芯片、关键部件（数字高清成像器件和智能监控产品），机卡分离的数字有线电视前端、条件接收、中间件、一体化机产品，地面数字电视、数字和移动多媒体广播电视发射、接收产品及设备，卫星直播电视专用芯片及终端产品，3D 显示技术与设备，数字电影产品及设备，高密度数字激光视盘机及关键部件，数字摄录一体机及数码相机，与数字电视内容有关的数字版权管理、内容分发、安全保障等关键技术和设备，信息设备资源共享关联应用技术与产品，高档数字音响系统等家庭信息终端，4C（计算机、通信、消费电子、内容）融合产品等新型消费类电子产品。

10. 信息功能材料与器件

以氮化镓、碳化硅、氮化铝为代表的第三代（高温宽带隙）半导体材料与器件，蓝宝石晶片、石墨烯和碳纳米管混合材料，高 k 栅介质和金属栅极材料，新型微电子和光电子材料与器件，大尺寸光纤预制棒及配套材料，光子晶体材料与器件，硅基光电子材料与器件，半导体纳米结构材料与器件，光传感用光电子材料与高端核心器件，轧制印刷电路板及锂电池用高性能、低轮廓电子铜箔、IC 引线框架铜带、封装基板材料、高频、高耐热性覆铜板、无铅焊料，高性能永磁软磁铁氧体材料与器件、低损耗电容器纸、8～12 英寸硅片生产设备的配套材料（超高纯石英材料）。

11. 电子专用设备、仪器和工模具

8～12 英寸集成电路生产设备、封装测试设备，无线射频（RFID）封装设备，化合物半导体生产设备，碳化硅单晶材料生长设备，片式元件生产设备，半导体照明设备、光伏太阳能设备、新型显示专用设备、敏感元器件/传感器件生产设备，高频率器件生产设备，电力电子器件生产设备，超净设备，环境试验设备，高精度电子专用模具，终测仪、路测仪等电子专用测试仪器。

12. 新型显示器件

大屏幕高端 LED 显示、TFT-LCD、PDP、OLED 显示、场致发光显示（FED）、激光显示、3.5～13.5 英寸电容式触摸屏、电子纸、3D 显示等新型显示技术及器件，新型显示面板生产、整机模组一体化设计、玻璃基板制造等关键技术，以及相关的驱动电路、光学引擎、彩色滤光片、偏光片、光学薄膜等配套材料，LED 背光源、大屏幕液晶显示器（TFT-LCD）光掩膜用大尺寸掩膜版、TFT-LCD 用靶材，等离子显示器（PDP）和有机发光二极管（OLED）用材料，高亮度 LED 外延片及芯片及封装技术。

13. 新型元器件

高档片式元器件，新型机电元件，微机电系统（MEMS），光集成和光电集成器件，半导体激光器件，光纤激光器件，高性能全固态激光器件，高性能敏感元器件及传感器，高端混合集成电路和高频器件，高密度多层印刷电路板和柔性电路板，小型精密无刷电动机，微型通讯电声器件，新型晶体器件，高精密电阻器件，超导滤波器，中大功率高压绝缘栅双极晶体管（IGBT）、快恢复二极管（FRD）芯片和模块，中小功率智能模块；高电压的金属氧化物半导体场效应管（MOSFET）；大功率集成门极换流晶闸管（IGCT）；6 英寸大功率晶闸管。

四、新材料

43. 稀土材料

高纯度稀土氧化物和稀土单质的分离、提取技术，高性能稀土（永）磁性材料及其制品，稀土催化材料，稀土贮氢材料，稀土发光材料，稀土转换膜，超磁致伸缩材料，稀土光导纤维，稀土激光晶体和玻璃，稀土精密陶瓷材料，高性能稀土抛光材料，稀土磁光存储材料，稀土磁致冷材料，稀土生物功能材料，高性能稀土合金材料。

国家“十二五”科学和技术发展规划（摘录）

科学技术部

“十二五”是我国全面建设小康社会的关键时期，是提高自主创新能力、建设创新型国家的攻坚阶段。为贯彻党的十七届五中全会精神和《国民经济和社会发展第十二个五年规划纲要》的战略部署，全面落实科教兴国战略和人才强国战略，深入实施《国家中长期科学和技术发展规划纲要（2006—2020年）》（以下简称《科技规划纲要》），充分发挥科技进步和创新对加快转变经济发展方式的重要支撑作用，制定国家“十二五”科学和技术发展规划。

四、大力培育和发展战略性新兴产业

培育和发展战略性新兴产业对推进产业结构升级、加快经济发展方式转变具有重要意义，必须把突破一批支撑战略性新兴产业发展的关键共性技术作为科技发展的优先任务。在节能环保、新一代信息技术、生物、高端装备制造、新能源、新材料和新能源汽车等产业领域，集中优势力量进行攻关，为增强战略性新兴产业的核心竞争力奠定坚实基础。充分发挥国家科技重大专项的核心引领作用和高新区的辐射带动作用，大力推进创新成果的集成应用和商业模式创新，加快战略性新兴产业成为国民经济的先导性产业和支柱性产业的步伐。

1. 节能环保

大力发展高效节能、先进环保和循环应用等关键技术、装备及系统。实施半导体照明、煤炭清洁高效利用、“蓝天”工程、废物资源化等科技产业化工程。加强技术的集成和推广应用，快速提高我国节能环保领域整体技术能力及产业竞争力。

专栏：节能环保产业技术（摘录）

半导体照明。重点发展白光发光二极管（LED）制备、光源系统集成、器件等自主关键技术，实现大型金属有机化学气相沉积（MOCVD）等设备及关键配套材料的国产化，加强半导体照明应用技术创新，建设标准和检验检测体系。加快“十城万盏”半导体照明试点示范，实现更大规模应用。2015年白光发光二极管的发光效率达到国际同期先进水平，半导体照明占据国内通用照明市场30%以上份额，产值预期达到5 000亿元，推动我国半导体照明产业进入世界前三强。

2. 新一代信息技术

推动下一代互联网、新一代移动通信、云计算、物联网、智能网络终端、高性能计算的发展，实施新型显示、国家宽带网、云计算等科技产业化工程。积极推进三网融合，加快网络与信息安全技术创新，保障网络与信息安全。着力发展集成电路、智慧城市、智慧工业、地理信息、软件信息服务等相关技术，促进信息化带动工业化。

专栏：新一代信息技术（摘录）

新型显示。突破激光显示高可靠、低成本、长寿命等技术问题；掌握裸眼、非裸眼、真三维（True 3D Volumetric Display Technique，一种立体显示技术，也是计算机立体视觉系统中最新的研究方向，基于这种显示技术，可以直接观察到具有物理景深的三维图像）和全息等三维显示的节目源、发射、传输、接收、显示等集成技术；研发有机发光显示的发光材料、薄膜晶体管阵列等关键核心技术；加快电子纸和场致发射等前沿显示技术研究进程。实现关键原材料和显示屏的国产化，形成产业集群，新增产值超过千亿元，促进我国显示产业升级转型。

6. 新材料

大力发展新型功能与智能材料、先进结构与复合材料、纳米材料、新型电子功能材料、高温合金材料等关键基础材料。实施高性能纤维及复合材料、先进稀土材料等科技产业化工程。掌握新材料的设计、制备加工、高效利用、安全服役、低成本循环再利用等关键技术，提高关键材料的供给能力，抢占新材料应用技术和高端制造制高点。

五、推进重点领域核心关键技术突破

紧紧围绕我国产业转型升级和改善民生的重大需求，以突破重点领域核心关键技术和掌握自主知识产权为重点，引导产业链向高端延伸，为形成现代产业体系提供有力科技支撑，大力发展惠及民生的科学技术。

（二）促进重点产业技术升级

围绕发展现代产业体系和提升产业核心竞争力，加强产业关键共性技术研发，加快行业先进适用技术研发和创新成果推广应用，促进高新技术产业化，支撑重点产业振兴和传统产业改造升级，促进产业整体技术水平明显提高，科技成果转化和产业化能力不断增强，重点产业能耗和排放进一步下降，在关系国计民生的若干重点领域基本建成具有国际竞争力的现代产业技术体系。

1. 强化关键共性技术攻关，提升重点产业核心竞争力

加强技术研发与产业发展的结合，提高制造业整体技术水平。加强设计技术、可靠性技术、制造工艺、基础零部件和电子元器件、大型铸锻件、仪器仪表、计量测试设备等方面基础性、共性技术研发。加快突破发光二极管制造关键装备等研发力度，提升系统集成水平，促进装备制造高端化。推动制造业信息化服务增效和制造装备及产品“数控一代”创新应用示范，提高制造业信息化和自动化水平。

加强信息产业关键技术和基础软硬件的研发，重点突破集成电路及关键元器件、新型传感器和智能化信息处理技术等关键技术。加强信息与空间技术产品的集成创新，培育新技术和新业务，推动信息与空间产业发展，全面提高国民经济和社会信息化水平。

六、前瞻部署基础研究和前沿技术研究

基础研究和前沿技术研究是提升我国原始创新能力和科技长远发展能力的重要基础，是推动科技进步和创新的源泉，必须依据国家重大战略需求和世界科技发展趋势，予以强化部署。

（一）继续加强基础研究

坚持面向国家重大战略需求和瞄准世界科学前沿，进一步完善学科布局，大力推动学科交叉和融合。积极营造有利于自由探索的学术环境，引导兴趣驱动的科学研究聚焦于国家战略需求。加强在若干科学前沿和事关经济社会发展重要方向的战略部署，突破一批关键科学问题，取得一批重大原始创新成果，显著增强我国在世界科学研究中的地位和影响力，为科技长远发展奠定重要基础。

（二）强化前沿技术研究

前沿技术是高技术领域中具有前瞻性、先导性和探索性的重大技术，是未来高技术更新换代和新兴产业发展的重要基础。加大对代表世界高技术发展方向、对国家未来新兴产业的形成和发展具有引领作用的前沿技术的前瞻部署和研发力度，积极抢占前沿技术发展的制高点。对有利于重点产业技术更新换代、实现跨越发展的前沿技术，要集中力量予以攻克，力争形成一批重大产品和技术系统。

“十二五”产业技术创新规划（摘录）

工业和信息化部

“十二五”是我国建设创新型国家的关键时期。积极推进技术创新，实现重大关键和共性技术突破，加快发展方式转变，是当前工业经济发展的迫切任务。加强产业技术创新是贯彻落实中央关于实现经济发展方式转变、推进两化融合的重要手段，也是走新型工业化道路、实现经济结构战略性调整、培育战略性新兴产业的主要支撑。

为贯彻落实《国民经济和社会发展第十二个五年规划纲要》和《国家中长期科学和技术发展规划纲要（2006—2020 年）》，明确“十二五”期间工业和信息化领域技术创新的目标和重点任务，引导和加强重点产业的技术创新工作，促进工业转型与升级，特制定《“十二五”产业技术创新规划》。规划范围涵盖原材料、装备制造、消费品、信息产业四个领域，规划期为 2011—2015 年。

一、产业技术创新现状及存在问题

“十一五”时期，我国工业和信息化重点领域产业技术创新取得了丰硕成果。

（1）部分重点行业所需装备水平显著提升。通过自主开发和引进技术的消化吸收，部分重点行业所需装备的技术水平显著增强。第一条第 8.5 代液晶面板生产线建成投产。

（2）重点行业关键和共性技术取得新的突破。攻克了一大批制约产业发展的关键和共性技术，部分领域取得了突破性进展，重点行业的技术创新能力进一步改善。截至 2010 年，国家工程研究中心已达到 127 家，国家级企业技术中心已达到 729 家。

（3）产业可持续发展能力进一步加强。信息产业在软件和信息技术服务领域、数字电视领域、电子专用设备仪器领域、信息安全领域、集成电路领域、关键元器件领域、下一代网络等重点领域的标准化工作取得重大突破。

在看到成绩的同时，也必须清醒地认识到我国产业技术创新仍存在一些亟待解决的问题，主要表现为：一是以企业为主体的技术创新体系有待完善。企业尚未真正成为技术创新的主体，产学研有机结合的技术创新机制有待形成，产业链上下游之间的技术创新结合不够紧密。二是产业核心关键技术对外依存度高，拥有自主知识产权的技术与产品少。三是技术创新投入不足。投入强度不足和投资分散的问题长期存在，特别是面向行业基础技术研究的投入严重不足。2009 年规模以上工业企业研究开发经费内部支出占主营业务收入比重仅为 0.69%。

二、面临的国内外形势

“十二五”及今后一段时期，国内外经济科技形势将发生深刻变化，对我国产业技术创新工作提出了新的挑战和机遇。

（1）国际竞争日趋激烈对产业技术创新提出了新挑战。科学技术的迅猛发展，全球进入空前的创新时代，以智能、绿色和普惠为特征的新产业变革蓄势待发。各国都在加强以技术创新为核心的战略部署，试图在新能源、信息、生物等新兴产业领域抢占制高点。美国、英国政府重新回归重视发展高技术制造业，德国、日本竭力保持在高技术产业领域的优势和垄断地位。同时，发展中国家的低成本优势对我国产业发展也造成巨大压力。要在如此激烈的竞争中生存发展，必须从源头上改变产业技术薄弱的状况。

（2）加快工业转型升级为产业技术创新提供了新机遇。产业技术创新是转变产业发展方式、实现工业转型升级的重要支撑，控制总量、兼并重组、淘汰落后、节能减排、品种质量、两化融合是产业结构调整的重要举措。资源环境约束、气候变化问题的日益严峻，要求我国工业必须转变长期依靠大量消耗资源、能源的粗放发展方式，走资源节约、环境友好、绿色增长的新路子。企业技术改造、产业技术升级换代、生产过程节能减排等工作都离不开产业关键和共性技术的保障。

（3）培育发展战略性新兴产业对产业技术创新提出了新需求。《国务院关于加快培育和发展战略性新兴产业的决定》把知识密集度高、引领带动作用强、发展潜力大、综合效益好的节能环保、新一代信息技术、生物、高端装备制造、新能源、新材料、新能源汽车等产业，作为现阶段战略性新兴产业的重点加以推进。战略性新兴产业的发展要突出坚持创新驱动，加强技术集成和联合攻关，掌握一批关键核心技术。

（4）建设创新型国家对产业技术创新提出了新任务。“十二五”是我国实施中长期规划纲要承上启下的关键时期，是提高技术创新能力、把握国际经济秩序重构主动权和创新跨越的战略机遇期，是推进发展方式转变和全面建设小康社会的关键时期。加强产业创新基础设施建设、突破产业共性技术、优化工程实验和工程化条件，完善产业技术创新体系是“十二五”期间工业和信息化领域产业技术创新工作的重要任务，也是建设创新型国家的重要基础。

三、指导思想和发展目标

（一）指导思想

全面贯彻落实科学发展观，把技术创新作为走新型工业化道路的重要支撑，坚持“企业主体、政策引导；重点突破、总体提升”的原则，推进以企业为主体、产学研结合的技术创新体系建设，着力突破重点领域关键和共性技术，增强产业核心竞争力，提升产业整体技术水平，实现工业发展方式转变。

——企业主体、政策引导。发挥企业技术创新主体作用，鼓励企业加大创新投入，加强产学研结合，提升企业技术水平。发挥相关科技计划和科技重大专项的引导作用，强化技术创新支持政策，推进重点产业关键技术的研发与推广。

——重点突破、总体提升。集中攻克一批制约产业发展的关键技术，加强重大技术研究成果的推广和产业化，实现重点产业领域的技术突破。发挥市场机制作用，加快成果转化和应用，全面提升工业和信息化领域的技术创新能力和核心竞争力。

（二）发展目标

到 2015 年，我国工业和信息化重点领域产业技术创新取得重大突破，掌握一批具有自主知识产权的核心技术和关键技术，部分领域产业技术水平处于世界前列。

（1）企业技术创新能力明显增强。企业技术创新能力建设初显成效，技术水平逐步增强，培育一批具有国际竞争力的大企业集团。规模以上工业企业研究开发经费内部支出占主营业务收入的比重超过 1%，一批骨干企业达到 10%以上。

（2）重点产业技术水平显著提升。开发一批具有自主知识产权的产业核心技术和关键技术，在解决制约重点产业发展的瓶颈问题上取得重大突破，重点产业技术水平取得显著提升。

（3）产业技术创新体系逐步完善。建设一批产业技术创新服务平台和行业重点实验室，培育一批引领行业发展、技术水平世界领先的创新型企业，初步建成以企业为主体、产学研相结合的技术创新体系，培育一批高素质技术创新人才队伍。

四、重点任务

“十二五”期间，工业和信息化领域的产业技术创新工作将紧紧围绕上述目标，大力推进以下五方面工作。

（一）加强技术创新能力建设

1. 建设一批行业重点实验室

围绕重点工业领域产业升级和传统产业改造需要，整合优势资源，在现有基础上支持形成一批行业重点实验室；支撑高端装备制造、新一代信息技术、新材料、生物医药等战略性新兴产业发展需要，在优势力量集中的领域，新建一批行业重点实验室。

2. 建设一批产业技术创新平台

围绕传统产业发展，依托大型转制院所和骨干企业，在较为突出的优势领域集中人才、技术和实验条件等资源，采用新的运行机制和考核办法，建立创新能力强、运行机制灵活、能为产业提供强有力技术支撑的产业技术开发平台。围绕国家战略性新兴产业发展，依托骨干企业，建设一批产业技术开发平台，为行业发展提供技术支撑。

3. 推进企业研发能力建设

鼓励企业加强企业技术中心等研发机构建设，改善科研仪器设备及中试装置，大力支持重点行业骨干企业提升研发能力。选择一批具有自主知识产权、研发基础好、具有行业带动性的典型企业，作为技术创新示范企业。

（二）构建技术创新服务体系

1.推进产业技术创新战略联盟建设

推进重点领域技术创新战略联盟建设，建立健全产业协同创新的新机制，推动产业关键和共性技术研究。依托龙头企业，建立“产、学、研、用”相结合的开放技术平台，统一产业技术标准，协同研发新技术、新产品，共享技术成果，促进产业整体技术水平的提升。

2. 加强支撑服务体系建设

推动在重点产业集聚区建设一批具有较强技术推广服务能力的中介服务机构和公共服务平台，加强产业关键和共性技术的推广与应用，实现区域行业技术水平的整体提升；发挥中介机构的研发、设计、检验检测、质量控制等服务功能，支撑中小企业开展技术创新，提升区域优势、特色产业技术创新能力，促进有关产业集群的发展。

（三）大力开发关键和共性技术

1. 继续加大科技重大专项实施的力度

继续加快核心电子器件、高端通用芯片及基础软件，极大规模集成电路制造技术及成套工艺等科技重大专项实施，加大资金投入力度，鼓励企业为主体参与重大专项，实现重点领域核心技术的突破。

2. 加强产业重大技术开发

结合当前产业发展瓶颈及新兴产业发展急需，围绕资源综合利用和节能降耗、新材料制备、智能制造、信息化和工业化深度融合等重点方向，充分发挥行业龙头企业的主导作用和研究院所的支撑作用，创新研究机制，组织实施产业重大技术开发，解决工业发展中的技术瓶颈，提高企业的核心竞争力，促进产业结构调整和优化升级。

（四）着力促进科技成果转化

1. 加快高新技术成果转化

积极推动重大专项科技成果产业化，发挥产业技术创新引领作用，支撑重点产业向高端化发展。推动信息、新材料、新能源、先进制造等高新技术领域研究成果的产业化，提高产业核心竞争力。

2. 加强节能减排及资源综合利用技术推广应用

推广先进制造技术和清洁生产方式，加强环保和资源综合利用技术的推广应用，提高材料利用率和生产效率，降低重点产业领域资源、能源消耗和污染物排放。加强轻工业和电子制造业的原材料减量化、产品可回用化、废弃物资源化的技术推广。

3. 积极开发先进适用技术，为技术改造提供有力支撑

大力推广应用先进适用技术，加快传统产业优化升级。以品种质量、综合利用、环境保护、节能减排、安全生产为重点，积极研究开发新技术、新工艺，为企业技术改造提供技术支撑。加强企业研发设计、生产制造、经营管理、营销物流、流程优化、供应链管理、产品信息化、节能减排、安全生产等关键环节的信息化，支持企业信息化综合集成和信息化条件下的企业模式创新，推动信息化与生产性服务业融合创新，提高产业间的应用协同和产业集聚水平。

（五）培育与发展战略性新兴产业

重点围绕节能环保、新一代信息技术、生物、高端装备制造、新能源、新材料、新能源汽车等战略性新兴产业的培育和发展需要，加大重大关键技术研究开发力度，突破产业核心关键技术，推动重大科技成果应用，支撑战略性新兴产业的发展壮大。一是加强技术创新与产业发展相结合。通过增强集成创新和联合开发，加强引进、消化、吸收、再创新。围绕战略性新兴产业的发展需求，突破一批关键核心技术，掌握相关知识产权，建立有利于战略性新兴产业发展的行业标准和重要产品标准体系，促进技术创新成果产业化和推广应用。二是着力推进和完善产学研合作机制。深入推动科技与经济的有机结合，为战略性新兴产业的发展营造良好环境。加强部省联动机制，促进产学研合作全面开展。三是制定并发布产业关键共性技术发展指南。引导社会资源支持战略性新兴产业的技术发展。依托骨干企业，围绕关键核心技术的开发和系统集成，大力支持战略性新兴产业关键技术和重点产品的发展。

五、重点领域技术发展方向

“十二五”及更长一段时间内，我国工业和信息化领域产业技术创新的主要任务是围绕原材料、装备、消费品、信息产业等重点领域，突破技术瓶颈制约，开发并掌握一批关键技术，提高产业的核心竞争力和持续发展能力。

（一）原材料工业

5. 新材料产业

重点开发：稀土功能材料、稀有金属材料、半导体材料、其他功能合金等特种金属功能材料制备技术，高品质特殊钢、新型轻合金材料等高端金属结构材料制备技术，特种橡胶、工程塑料、功能性高分子材料等先进高分子材料制备技术，先进陶瓷、特种玻璃等新型无机非金属材料制备技术，树脂基复合材料、陶瓷基复合材料、碳/碳复合材料、金属基复合材料等高性能纤维及其复合材料制备技术，纳米材料、生物材料、智能材料、超导材料等前沿新材料制备技术。

（四）信息产业

1. 电子信息制造业

重点开发：计算机产品工业设计、主板制造、轻薄便携、低功耗、触控技术，工业控制计算机体系结构；空中交通管制技术；地面数字电视关键技术，数字音视频编解码技术，蓝光高清光盘技术，数字版权管理技术，数字内容保护技术，家庭网关技术，家用电子设备互联技术，统一的多业务认证平台技术；高端通用芯片技术，12 英寸先进工艺制造线技术和 8 英寸/6 英寸特色工艺技术，BGA、CSP、MCM、WLP、3D、TSV 等先进封装和测试技术，微机电系统（MEMS）技术，先进 EDA 工具，LED 外延生长、芯片制造关键技术；基于 SMT 技术的新型片式元件，基于 MEMS 技术的新型元器件和 LTCC 技术的无源集成元件；TFT-LCD、PDP、OLED、电子纸、3D 显示、激光显示等新型显示技术；集成电路关键设备、新型平板显示关键设备、半导体级单晶设备、太阳能电池生产设备、高亮度 LED 芯片生产线和后封装设备、新型元件生产设备和表面贴装设备等重点电子专用设备关键技术；新型太阳能电池和高质低成本多晶硅工艺技术、锂离子等绿色电池技术，高效、高亮度 LED 器件技术、电子级多晶硅、8～12 英寸硅外延片等先进电子材料技术；宽带无线移动通信技术，新型移动通信终端关键技术，全波光纤技术，卫星移动通信系统天线技术，Ka、V 频段卫星通信技术，SoC 片上集成系统，无线射频识别（RFID）技术，新型传感器技术，电磁辐射、信息泄漏防护技术。

六、保障措施

（一）建立统筹协调机制

建立和完善促进技术创新工作的统筹协调机制，加强与教育、科技、财政等部门的协调配合，充分发挥地方工业和信息化主管部门以及行业协会等在推动产业技术创新中的重要作用，科学、有效地推进产业技术创新工作。

（二）加大资金投入力度

加大现有财政资金对工业和信息化技术创新的支持力度，重点支持产业亟需的重大技术研发、产业关键和共性技术研究，以及鼓励技术创新成果的产业化，引导地方财政、企业加大研发投入。鼓励和支持企业加大对引进技术消化吸收和再创新的投入，加大技术创新成果产业化力度。

（三）发挥政策引导作用

继续发挥研发费用加计扣除、固定资产加速折旧等税收政策的作用，促进企业加快技术创新，加快研究制定促进技术创新的新政策。对有利于推动产业技术进步及节能减排重大成果的应用和产业化给予资金奖励。

（四）完善技术标准体系

进一步完善技术标准体系，倡导科技研究与标准研制同步进行。加快国外先进标准向国内转化，开展国际标准对标活动，显著提高标准水平。扶持以企业为主体研究制定我国自主知识产权的技术标准，并将有代表性的标准推向国际。加大知识产权保护力度，积极构建知识产权公共服务平台，制定自主知识产权支持计划。

（五）扩大国际科技合作

鼓励企业、高等院校、科研院所承担的产业技术创新项目积极开展国际合作，更多利用全球科技资源，积极拓展国际科技合作渠道，引进国外先进技术、先进经验。加强与国外有关科技发展计划的交流合作，参与和组织产业技术创新的重大国际合作项目，在更大范围、更广领域、更高层次积极参与国际科技合作。

（六）加大人才培养力度

加快建立多层次的适合产业技术创新实际需要的人才培养体系。加快培育一批具有创造性的中青年科技人才，特别要培养重大技术研发和系统设计的领军带头人才。注重从国家科技重大专项的实施过程中培养一批创新型科技人才。重视员工岗位培训，加强实践环节，加大工程技术人员的培养力度。重视发展职业教育，大力培养专业技能人才。

工业转型升级规划（2011—2015年）（摘录）

国务院

第四章　重点领域发展导向

按照走中国特色新型工业化道路的要求，促进传统产业与战略性新兴产业、先进制造业与面向工业生产的相关服务业、民用工业和军事工业协调发展，为加快构建结构优化、技术先进、清洁安全、附加值高、吸纳就业能力强的现代产业体系夯实基础。

第一节　发展先进装备制造业

抓住产业升级的关键环节，着力提升关键基础零部件、基础工艺、基础材料、基础制造装备研发和系统集成水平，加快机床、汽车、船舶、发电设备等装备产品的升级换代，积极培育发展智能制造、新能源汽车、海洋工程装备、轨道交通装备、民用航空航天等高端装备制造业，促进装备制造业由大变强。

第二节　调整优化原材料工业

立足国内市场需求，严格控制总量，加快淘汰落后产能，推进节能减排，优化产业布局，提高产业集中度，培育发展新材料产业，加快传统基础产业升级换代，构建资源再生和回收利用体系，加大资源的国际化保障力度，推动原材料工业发展迈上新台阶。

工业转型升级规划中提到的调整和优化原材料的工业包括：钢铁工业、有色金属工业、石化及化学工业、建材工业、新材料产业。

新材料产业。以支撑战略性新兴产业发展、保障国家重大工程建设为目标，大力发展稀土功能材料、高性能膜材料、硅氟材料、特种玻璃和功能陶瓷等新型功能材料，积极发展新型合金材料、高品质特殊钢、工程塑料、特种橡胶等先进结构材料，提升高性能纤维及其复合材料发展水平，加强纳米、生物、超导、智能等前沿新材料研究。加快材料设计、制备加工、服役行为、高效利用及工程化的技术研发，促进产学研用相结合，实现新材料产业与原材料工业融合发展，增强材料支撑保障能力。到2015年，新材料产业产值占原材料工业的比重达到6%。

专栏11：新材料产业化及应用（摘录）

稀有金属和稀土功能材料。重点发展高性能磁体、新型显示和半导体照明用稀土发光材料和高端硬质合金，加快推进新型储氢材料、催化材料、高纯金属及靶材、原子能级锆材和银铟镉控制棒等产业化，研究突破新一代高储能密度电池材料及技术。

先进高分子材料。加快发展工程塑料、特种橡胶、高性能硅氟材料、功能性膜材料和复合功能高分子材料，加强改性及加工应用技术开发，大力发展环保型高性能涂料，防水材料和胶黏剂等材料。

无机非金属新材料。重点发展超薄基板玻璃、光伏太阳能电池用超白玻璃、导电氧化物镀膜（TCO）玻璃，鼓励发展应用低辐射（Low-E）镀膜玻璃、真空及中空玻璃等节能玻璃。组织推广高效阻燃安全保温隔热等新型建材。

第三节　改造提升消费品工业

以品牌建设、品种质量、优化布局、诚信发展为重点，增加有效供给，保障质量安全，引导消费升级，促进产业有序转移，塑造消费品工业竞争新优势。

第四节　增强电子信息产业核心竞争力

坚持创新引领、融合发展，攻克核心关键技术，夯实产业发展基础，深化技术和产品应用，积极拓展国内需求，引导产业向价值链高端延伸，着力提升产业核心竞争力。

基础电子。把握电子信息产品发展新趋势，突破关键电子元器件、材料和设备的核心技术和工艺，提高产品质量和档次，形成结构优化、配套完整的基础电子产业体系。结合国家科技重大专项和产业创新发展工程，着力发展集成电路设计业，持续提升先进和特色集成电路芯片生产技术和能力，发展先进封装工艺，进一步提高测试水平，攻克关键设备、仪器、材料和电子设计自动化（EDA）工具技术工艺，实现重大产品、重大工艺和新兴领域的突破。到“十二五”末，集成电路产业规模占全球 15%以上。

统筹规划、合理布局，重点支持高世代薄膜晶体管液晶显示器件（TFT-LCD）面板发展，提高等离子体显示器件（PDP）产业竞争力，加快大尺寸有机电致发光显示器件（OLED）、电子纸、三维（3D）显示、激光显示等新型显示技术的研发和产业化，发展上游原材料、元器件及专用装备等配套产业，完善新型显示产业体系，平板显示产业规模占全球比重提高到 20% 以上。支持高端微电子器件、光电子器件、绿色电池、功率器件、传感器件等产品及关键设备、材料的研发及产业化，推动传统元器件向智能化、微型化、绿色化方向发展。

专栏 14：基础电子产业跃升工程
集成电路。突破高端通用芯片核心技术，开发面向网络通信、数字视听、计算机、信息安全、工业应用等领域的集成电路产品。加快 12 英寸集成电路生产线技术升级和建设，开发 45 纳米（nm）及以下先进工艺模块和特色工艺模块；提升先进封装工艺和测试水平；增强刻蚀机、离子注入机、互联镀铜设备、大尺寸硅片等 8～12 英寸集成电路生产线关键设备、仪器和材料的开发能力。加强对 18 英寸集成电路生产技术的储备性研发。加快国家级集成电路研发中心和公共服务平台建设。
关键电子元器件和材料。支持片式阻容感、机电组件、电声器件、智能传感器、绿色电池、印刷电路板等产品的技术升级及工艺设备研发。积极发展半导体材料、太阳能光伏材料、光电子材料、压电与声光材料等，以及用于装联和封装等使用的金属材料、非金属材料、高分子材料等。
新型平板显示。重点支持第 6 代以上 TFT-LCD 面板生产和玻璃基板等核心技术研发。围绕高光效技术（高能效、低成本）、高分辨率技术（3D、动态清晰度、超高清晰度）以及超薄技术进行研发，提高 PDP 产品性能，完善配套产业链。重点支持大尺寸 OLED 相关技术和工艺集成开发，攻克低温多晶硅（LTPS）技术，加强 OLED 关键原材料及设备本土化配套。支持电子纸及关键材料研发及产业化。
发光二极管（LED）。重点突破外延生长和芯片制造关键技术，提高外延片和高端芯片的国内保障水平。增强功率型 LED 器件封装能力，加大对封装结构设计、新型封装材料及新工艺的研究与开发。加快实现金属有机化合物化学气相淀积（MOCVD）设备的量产，推进衬底材料、高纯金属有机化合物（MO 源）、高性能环氧树脂以及高效荧光粉等研发和产业化。加快检测平台建设，制定和完善 LED 相关标准。

数字视听。加快完善平板电视产业链，重点支持网络化、智能化、节能环保、具有立体显示功能的新型彩电产品的研发与应用，促进彩电产业转型升级。加快研发适应三网融合业务要求的多种数字家庭智能终端和新型消费电子产品，支持高清投影机、高保真音响的研发与应用，大力推动数字家庭多业务应用示范，加强音视频编解码、地面数字电视传输等技术标准的推广应用。支持数字家庭产业基地建设。支持电视整机企业与上游企业资源整合，加强与内容服务企业间的联合与合作。培育具有全产业链竞争优势的行业龙头企业，完善产业配套体系。

第7章 各地产业政策

海南省 2011 年度电子信息产业发展基金项目指南（摘录）

海南省工业和信息化厅

一、软件及信息服务（略）

二、集成电路

LED 外延生长用高纯金属有机源、封装用高性能环氧树脂及硅胶研发与产业化。

三、电子基础产品

10 英寸以上 AM-OLED 用 TFT 背板技术研发及产业化（招标项目）；

大尺寸平板显示屏（TFT-LCD/PDP）绿色节能技术研发及产业化；

平板显示用关键配套材料（荧光粉清洗带、感光树脂、紫外光固化胶粘剂、感光性障壁材料）研发及产业化；

印制电子关键设备及工艺技术研发及产业化；

基于 MEMS 技术的传感器件研发及产业化。

四、信息通信产品

新型平板计算机及配套的移动互联低功耗 SoC 芯片研发与产业化（招标项目）。

五、数字视听产品

3D 电视系统关键技术及产品（立体显示终端、编解码及存储设备、节目制作系统）研发与产业化（招标项目）；

基于三网融合的数字家庭多业务系统研发与应用示范（招标项目）；

符合 DTMB 标准、基于自主研发芯片解决方案的地面数字电视接收机研发及产业化（招标项目）；

基于自主研发 LED 芯片、驱动 IC 的 LED 背光液晶电视研发及产业化（要求整机企业牵头，联合相关元器件企业申报）；

地面数字电视国家标准（DTMB）演进技术研发与应用。

六、行业服务及信息技术应用

物联网、多晶硅、绿色电子信息产品公共服务平台（招标项目）；

2010 年度信息产业重大技术发明成果产业化。

广东省实施珠三角改革发展规划纲要 2011 年、2012 年重点工作任务（摘录）

广东省人民政府办公厅

一、主要指标（摘录）

城　　市	东莞市		中山市		江门市		肇庆市	
年　　份	2011	2012	2011	2012	2011	2012	2011	2012
战略性新兴产业增加值占地区生产总值比重（%）	6.37	6.98	4.20	5.20	5.65	6.11	1.20	1.30

二、重点工作

（一）广州市

（1）加快构建现代产业体系。推进广州新材料国家高技术产业基地和战略性新兴产业基地建设。加快推动广州（花都）光电产业基地、南沙 LED 产业基地、核电装备基地等环保新能源项目建设。

（2）提升自主创新能力。2012 年，完成广东半导体照明产业技术研究院首期建设，力争实现 MOCVD 设备国产化。

（3）大力推进绿色发展。（略）

（4）加快推进广州南沙新区建设。（略）

（5）深化广佛肇经济圈建设。（略）

（二）深圳市（略）

（三）珠海市（略）

（四）佛山市

（1）促进制造业转型升级。推进信息化与工业化融合示范工程建设，以信息化手段改造提升传统优势产业。建设国家新型工业化产业示范基地和省 LED 产品应用及产业发展综合示范区，大力引进光电、新材料、新能源等战略性新兴产业。

（2）加快发展生产性服务业。（略）

（3）加快岭南文化建设。（略）

（4）深化广佛同城化。（略）

（五）惠州市

（1）加快建设现代产业体系。加快 TCL 液晶产业园三期、LG 伊诺特 LED 封装等项目建设。积极推进省市共建战略性新兴产业基地建设，打造 LED 绿色照明示范城市。加快创建专业镇技术创新平台，实施惠港联合推进高新区发展合作项目，推进仲恺电子信息研究院、大亚湾石油化工研究院等共性技术研究平台建设，推动 TCL 集团与中山大学共同组建国家工程技术研究中心。

（2）推进统筹城乡发展综合改革试点。（略）

（3）改善和保障民生。（略）

（4）积极参与深莞惠经济圈建设。（略）

（六）东莞市

（1）加快加工贸易转型。（略）

（2）积极建设创新平台。重点推动广东中能和北京交控产学研项目，推进散裂中子源国家实验室、民用核技术和 LED 产业基地建设。东莞松山湖高新技术产业开发区 2011 年在云计算、物联网等领域的公共技术平台建设取得重要成果，并建成一批文化创意产业公共服务平台；2012 年公共技术平台和国际文化创意产业园成为珠三角地区重要的科技和创意设计服务中心，台湾高科技园成为重要的 IC、LED 和面板等高端产业聚集区。

（3）推动城市型特大镇建设。（略）

（4）大力推进深莞惠一体化。（略）

（七）中山市

（1）促进专业镇转型升级。（略）

（2）发展战略性新兴产业。加强政策支持与规划引导，实施新兴产业自主创新工程，推进高端电子信息、半导体照明、生物医药、装备制造业、新能源、新材料等产业快速发展。

（3）构建综合交通运输体系。（略）

（4）推进统筹城乡综合改革。（略）

（5）深化珠中江区域合作。（略）

（八）江门市

（1）发展战略性新兴产业和先进制造业。重点发展装备制造、新光源、新能源、新材料产业。推进广东富华重工载重汽车零部件、台山核电、华宸光伏、LED 产业基地等重点项目建设。

（2）加快发展现代旅游业。（略）

（3）提高自主创新能力。（略）

（4）积极推进珠中江经济圈建设。（略）

（九）肇庆市（略）

三、重大项目

有关平板显示产业的项目如表 1 所示。

表 1　有关平板显示产业的项目

序　号	项目名称	省牵头单位	建设内容及规模	规划建设年限	总投资（亿元）	到 2011、2012 年年底工作进度安排
广州市						
15	高世代液晶面板生产项目	省经济和信息化委员会	乐金显示（中国）有限公司：建设第 8.5 代薄膜晶体管液晶显示器件（TFT-LCD）生产线，月产 12 万片玻璃基板的 TFT-LCD 面板及模组生产线，形成年产模组 1 457 万块的生产能力	2008—2015 年	612	2011 年第四季度安装设备。2012 年第二季度开始量产

续 表

序 号	项目名称	省牵头单位	建设内容及规模	规划建设年限	总投资（亿元）	到 2011、2012 年年底工作进度安排
广州市						
16	高清互动数字家庭网络项目	省经济和信息化委员会	部省共建国家数字家庭应用示范产业基地（广州）：规划建设约 20km^2 的产业园区，建成 30万～40万 m^{2}孵化器和产业集聚区；5年内，基地总产值突破 1 000 亿元	2010—2015 年	39	2011 年首期园区投入使用，二期 243 亩园区开始建设；平台支撑能力扩展为 50 万用户。2012 年完成二期园区基础建设，建成 30 万～40 万 m^2 孵化器，平台支撑能力扩展为 100 万用户，专利池和预警平台汇集 5 000 项专利
深圳市						
7	深圳华星光电第 8.5 代液晶面板制造项目	省经济和信息化委员会	建设第 8.5 代薄膜晶体管液晶显示器件（TFT-LCD）生产线，年产液晶电视面板 1 400 万片	2010—2012 年	245	2011 年年内投产运营，2012 年年底实现量产
佛山市						
5	彩虹（佛山）平板显示有限公司 OLED 研发及产业化项目	省经济和信息化委员会	建设一条第 4.5 代 OLED 显示屏生产线，形成年产 OLED 显示屏 36 万大片（730×920）的生产能力	2010—2012 年	49.6	2011 年厂房建设，设备安装；2012 年 8 月实现生产线建成、试产
7	高清互动数字家庭网络项目	省经济和信息化委员会	佛山数字家庭试点项目：建设佛山“三网融合”数字家庭公共云联平台，开展大规模高清互动试点，开发新型一体化平板显示整机结构标准和产品解决方案。五年内发展 50 万高清互动用户	2010—2015 年	20	2011 年实现 5 万用户，小批量生产一体化平板显示产品；2012 年累计实现 13 万用户
江门市						
4	江门绿色（半导体）光源产业核心基地		生产 MOCVD 设备，基板、MO 源及其他材料、外延片及芯片封装，背光源、特色照明等 LED 应用产业	2009—2015 年	180	2011—2012 年开始生产 MOCVD 设备等

安徽省合芜蚌自主创新综合试验区“十二五”发展规划纲要（摘要）

安徽省人民政府办公厅

根据省委、省政府《关于合芜蚌自主创新综合试验区的实施意见》、《安徽省国民经济和社会发展第十二个五年规划纲要》，制定本规划纲要。本规划纲要基准年为 2010 年，规划期至 2015 年。

第一章　基础和形势（略）

第二章　总体思路和发展目标（略）

第三章　主要任务

第一节　培育壮大战略性新兴产业

通过骨干企业和重大项目带动，完善产业链，加速产业集聚；加强科技成果应用示范，培育市场环境，创新商业模式；适度超前部署重点领域技术攻关，引领未来产业发展。“十二五”期间，重点实施 7 个重大专项和 500 项战略性新兴产业重大科技攻关项目，突破一批产业发展的关键核心技术，建设一批战略性新兴产业基地。

电子信息产业。发展集成电路设计、制造、封装、测试技术与装备，开发基于三网融合、云计算、物联网的面向不同行业的应用软件、嵌入式软件和智能语音软件，以及仪器装备和增值服务，发展动漫等文化创意产业。实施新型显示重大专项，打造合肥新型显示产业基地。

专栏：新型显示重大专项

依托芜湖长信公司、中航华东光电公司、信义玻璃公司、合肥京东方公司、鑫昊公司、蚌埠玻璃院、华益公司等，重点开展液晶显示器（TFT-LCD）、有机电致发光显示器（OLED）、等离子显示器（PDP）、超高亮度特种显示器、透明导电薄膜（ITO）等重点产品工程化研究。开展上下游关键配套材料、整机技术及产业化过程中的关键技术、关键工艺、关键器件及控制芯片研发，形成规模化配套能力。到 2015 年，新型显示产业产值达到 2 000 亿元。

节能环保产业。发展高压变频、半导体照明、工业余热发电、能量梯级综合利用、资源循环高效利用等技术，开发污水处理、垃圾焚烧、环境质量监测、工业烟气脱硫脱硝除尘、大型节能辊压机、节能风机、窑炉智能监控等成套技术与装备。实施半导体照明重大专项，建设芜湖绿色照明产业基地、蚌埠环保装备产业基地。

专栏：半导体照明重大专项

依托芜湖三安光电公司、德豪润达公司、合肥彩虹蓝光公司、瑞煌光电公司、蚌埠玻璃院等，开展高效大功率 LED 衬底、外延芯片及其产业化制备技术、新光源复合导光板等研究，突破半导体照明核心技术及产业化关键技术，开发高效节能、长寿命的半导体照明产品，实现应用产品集成化、平台化、系列化。继续实施“十城万盏”示范工程，建设半导体照明产业技术创新战略联盟。到 2015 年，半导体照明产业产值达到 800 亿元。

新能源产业。（略）

生物产业。（略）

高端装备制造产业。（略）

新能源汽车产业。（略）

新材料产业。发展新型储能储电材料、非晶软磁材料、高性能复合材料、膜材料、水性功能高分子材料、高性能碳纤维、特种功能玻璃新材料、先进结构材料、生物医药材料等。加强纳米材料的制备、改性、分散技术研究及应用。实施玻璃新材料重大专项，建设芜湖新材料产业基地、蚌埠玻璃新材料产业基地。

> 专栏：玻璃新材料重大专项
>
> 依托蚌埠玻璃院、中恒新材料公司、合肥中光电公司、合肥彩虹公司、信义玻璃公司、中建材芜湖公司等，研究玻璃熔窑全氧燃烧技术、超薄超白优质浮法玻璃生产技术、浮法玻璃节能环保技术等，提高高纯球形石英粉、高纯超细电熔氧化锆、超细硅酸锆、自洁净镀膜玻璃、电容式触摸屏面板玻璃、空心玻璃微珠、高折射率玻璃微珠、低辐射镀膜玻璃等产品的档次和规模。到2015年，取得一批发明专利和技术标准，玻璃新材料产业产值达到500亿元。

公共安全产业。（略）

第二节　提升优势产业核心竞争力

应用电子信息技术，推动优势产业信息化；推广应用节能减排、清洁生产技术，推动优势产业低碳化；开发新产品，延伸产业链，提高附加值，推动优势产业高端化。“十二五”期间，重点实施 2 个重大专项，推广应用 100 项关键共性技术，支持 100 项关键技术引进、消化、吸收、再创新，开发 100 项重大成套工艺装备和新产品，重点企业和主导产品的技术装备水平处于国内同行业前列。

家电产业。加大信息技术、先进制造技术和节能技术在家电产业中的应用，发展绿色家电，开发数字高清电视、液晶电视、节能变频冰箱、智能模糊洗衣机、仿生节水洗衣机、节能变频空调器、数字家庭等高端产品，发展信息家电配套产业，推动家电产品向信息化、智能化、网络化方向发展，降低家电能耗。实施现代家电重大专项，建设合肥、芜湖现代家电产业基地。

> 专栏：现代家电重大专项
>
> 依托美菱公司、荣事达三洋公司、合肥格力公司、合肥海尔公司、芜湖美的公司、芜湖格力公司等，建设家电共性技术研发中心，加快变频技术、绿色设计、短程通信、嵌入式技术、人工智能、柔性制造、节能技术等在家电产品中的应用，提升家电产业核心竞争力。到2015年，现代家电产业产值达到3 000亿元。

建材产业。（略）

化工产业。（略）

食品产业。（略）

第三节　提高企业自主创新能力

强化企业在技术创新中的主体地位，加快培育若干影响力大、带动性强的自主创新品牌企业。到2015年，试验区以企业为主体、市场为导向、产学研结合的技术创新体系基本形成，企业的研发机构、研发经费、研发人员、授权专利占全社会比例达到80%以上。

打造“千亿企业”和“百亿企业”。重点支持奇瑞公司、海螺公司、江汽集团、合肥京东方公司、丰原集团等骨干企业，提升自主创新能力，建立国家级企业技术（研发）中心或工程（技术）研究中心，承担国家科技计划重大项目，掌握核心技术，形成若干具有国际竞争力、处于行业技术领军地位的大企业、大集团。通过龙头企业带动上下游配套企业发展，形成产业基地和产业集群。到2015年，力争销售收入超过百亿元的高新技术企业和创新型企业30家，其中超过千亿元的3～4家。

实施“小巨人科技企业培育计划”。整合资金、技术、人才等要素，重点扶持 100 家左右掌握核心技术、处于快速成长期的科技型中小企业做大做强。帮助企业制定科技发展规划，提高创新能力，优先保障土地供应，优先培育上市，努力实现 3 年内销售收入和上交税收实现翻番，单项产品的规模和效益居全国同行业前列。

打造“百亿转制院所”。重点支持合肥水泥研究院、通用机械研究院、蚌埠玻璃院、东华科技公司等转制院所加快科技产业化步伐，参与地方企业、科研院所的兼并重组，建立面向行业的创新公共服务平台，开展工程总承包，输出成套技术与装备。到 2015 年，力争 2 家转制院所营业收入超过百亿元，2 家超过 50 亿元，出口创汇超过 10 亿美元。

实施专利、技术标准和品牌战略。支持和引导企业提升专利质量，提高专利授权率、发明率和转化率，培育专利示范企业。支持企业积极参与国际、国家和行业标准制定，培育一批具有较强国际竞争力和影响力的知名品牌。大力培育总部经济，吸引高端企业总部、研发机构落户试验区。“十二五”期间，由试验区企业主导或参与制定国家技术标准 120 项，新增企业注册商标 4 万件、国家驰名商标 50 件。

第四节　提升产学研合作层次和水平（略）

第五节　建立高水平科技园区（略）

第六节　完善创新公共服务平台

建立面向全国的科技成果研发交易转化服务平台，形成涵盖创新要素集聚、科技成果交易、科技产业孵化在内的市场体系，打造完整的科技成果转化链。实施合肥创新公共服务和应用技术研发中心重大专项。

建设知识创新平台。（略）

建设产业技术研发平台。

专栏：重点建设十大产业技术研究院

- 家电技术工程院。由合肥物质科学院、合肥高新区、中科院理化所等合作共建。
- 新型平板显示技术研究院。由合肥彩虹公司、安徽鑫昊公司、华东光电公司、合肥工业大学、中国科技大学等合作共建。
- 光电技术研究院。由华东光电公司、合肥工业大学等合作共建。

建设创新要素交易平台。（略）

建设科技服务平台。（略）

第七节　激励高层次人才创新创业（略）

第八节　深化体制改革和机制创新（略）

福建省“十二五”建设海峡西岸先进制造业基地专项规划（摘录）

福建省人民政府

面对经济全球化、区域经济一体化以及后金融危机时代新兴产业兴起的新形势，未来 5～10 年是我国经济社会发展的重要时期，是推进现代化建设、全面实现小康社会的关键阶段。编制和实施《福建省“十二五”建设海峡西岸先进制造业基地专项规划》，对于把握国家鼓励东部地区率先发展、支持福建省加快建设海峡西岸经济区的重大历史机遇，全面实施国务院《支持福建省加快建设海峡西岸经济区的若干意见》和《海峡西岸经济区发展规划》，加快重点产业调整振兴，做大做强主导产业，加快发展新兴产业，巩固提升传统优势产业，促进产业集聚和优化布局，具有重要的战略意义。

本规划立足福建实际，依据国家《海峡西岸经济区发展规划》、《工业转型升级“十二五”规划纲要》和《福建省国民经济和社会发展第十二个五年规划纲要》，结合《海峡西岸城市群发展规划》、《福建省主体功能区划》等相关规划，以科学发展、跨越发展为主题，以经济发展方式转变、产业结构优化升级为主线，突出改革创新、突出先行先试、突出集约提升、突出跨越发展，在具有较大发展潜力的主要区域，着力打造若干个优势明显、特色鲜明、竞争力强的先进制造业密集区，构建东部沿海地区先进制造业的重要基地。

本规划是福建省“十二五”重点专项规划之一，主要阐述规划期内先进制造业基地的发展思路、目标任务、重点领域和产业布局，是今后指导全省先进制造业发展、基地与项目建设的重要依据。规划以 2010 年为基期，规划期限为 2011—2015 年，目标远景展望到 2020 年。

本文摘录第五章“发展重点”及附件内容如下。

发展重点

重点培育发展战略性新兴产业，调整优化原材料工业，着力振兴装备制造业，持续做强电子信息产业，改造提升传统优势产业，加快发展生产性服务业，推进先进制造业科学发展、跨越发展。

专栏 6：“十二五”福建省工业重点行业发展预期目标

产　业	2010 年		2015 年				年 产 量
	产　值	增加值	产　值	增　幅	增加值	增　幅	
三、电子信息产品制造业	2 800	700	6 300	18%	1 800	21%	彩电 3 000 万台，平板显示器 3 500 万台，数字对讲机 1 500 万台

一、调整优化原材料工业

充分发挥沿海港口和重化工业基础优势，立足国内市场需求，合理控制总量，优化产业布局，推进节能降耗和资源综合利用，着力推进石化、冶金和建材工业发展，培育战略性新材料产业，促进原材料工业转型升级。

（一）石油及化学工业（略）

（二）冶金工业（略）

（三）建材产业（略）

（四）新材料产业

重点推动改性高分子材料、稀土材料、新型催化材料等产业发展。

改性高分子材料大力发展高分子涂层材料和高分子复合材料。

稀土材料重点发展稀土合金、稀土磁性材料、稀土贮氢材料、稀土荧光粉、稀土功能助剂等。以厦钨、长汀金龙稀土为龙头，加快长汀稀土产业园建设，推广稀土开采新工艺，推进集中分离和深加工，促进资源有效保护和合理开发，形成“开采、分离、冶炼、应用”完整的产业链，推进长汀金龙稀土荧光粉、高性能钕铁硼永磁体、节能灯具、永磁电机等项目建设。

新型催化材料。（略）

二、发展先进装备制造业

抓住产业转型升级的关键环节，着力提升关键零部件、基础工艺、基础材料、基础装备研发和系统集成水平，重点发展汽车、船舶、工程机械、电工电器等优势产业，加快发展新能源汽车、海洋工程装备、智能装备、轨道交通和节能环保设备等战略性新兴产业，促进装备制造业向高端制造发展。

三、增强电子信息产品制造业竞争力

抓住国家组织实施三网融合，新一代网络、北斗导航卫星应用等重大工程建设的机遇，运用新一代信息技术，强化集成创新，促进电子信息产品制造由外延型向内涵型，由加工组装为主向集研发、生产、服务、应用于一体转化，培育壮大计算机和网络产品、新一代宽带移动通信产品、新型显示产品、数字视听产品、LED 和光伏产品等产业集群，在做大产业规模的同时，促进电子信息产品制造业向高端发展。

（一）计算机及网络产品制造（略）

（二）新一代宽带移动通信产品制造（略）

（三）新型显示产品制造

以厦门火炬、福清融侨等国家级新型工业化示范基地为载体，以友达光电、华映光电、宸宏电子等企业为龙头，加快承接台湾平板显示产业转移。鼓励骨干企业向 TFT-LCD 产业链上游延伸，引进液晶面板项目，提高面板前段工艺、LED 背光源及背光模组、驱动和控制 IC 设计封装测试等技术、关键零组件的自主配套能力。突破柔性基板、触控面板等关键核心技术，扩大触摸显示产品生产规模。积极引进 OLED、E-paper、激光电视、柔性显示器、三维电视和微型投影仪等新型显示技术，掌握新型显示产业发展的主动权，巩固液晶显示制造在国内的领先优势。

重点推进闽台合作的液晶面板、厦门天马 TFT 和彩色滤光片低温多晶硅、友达光电中小尺寸模组、漳州宝诺科技园液晶显示器与数字产品等项目，形成“台北—福州—厦门”新型显示产业发展格局。

（四）数字视听产品制造

以冠捷、厦华、万利达等骨干企业为龙头，以专业园区为载体，着力突破数字视听产品专用集成电路芯片、显示模组、嵌入式控制软件、专用软件、数字视听前端和终端产品制造技术，重点发展高清数字电视、激光视盘机、卫星接收机、数字电视机机顶盒、新型平板电视机、数码影像设备等多媒体终端产品的升级换代，形成集研发、生产于一体，产业配套较为完整的新一代数字视听产品产业链，重点推进万利达数字视听产业园、平潭冠捷电子信息产业园等项目建设，做大做强数字视听产品制造业。

（五）LED 和光伏产品制造

依托厦门国家半导体照明工程产业化基地和漳州、泉州、龙岩、福州等地的省级光电产业园，主动承接台湾 LED 和光伏产业转移，重点突破关键环节中的核心技术。LED 领域，重点开发外延片和芯片的新技术新工艺，实现 LED 模块化生产，拓展功能性照明产品应用领域，提升液晶显示用 LED 背光源生产技术，大力发展 LED 集成应用产品。太阳能光伏领域，重点开发低成本太阳能级硅材料提纯、晶硅、非晶硅薄膜、铜铟镓硒、III-V族多结太阳能电池制造的关键技术和工艺，提升硅料提纯、铸锭切片、高性能太阳能电池及组件生产规模效益，逐步实现光伏相关制造设备省内配套，加速产业化进程。

着力推进福州鼎元 LED 外延及芯片、厦门开发晶 LED 外延及芯片、莆田中科万邦 LED 照明、泉州保利协鑫太阳能极多晶硅、南安三晶硅太阳能电池、泉州钧石能源非硅晶薄膜太阳能电池、三安光电太阳能电池、乾照光电云宵东林电子 LED 照明等重点项目，做大做强海峡西岸 LED 和光伏产业产业链，形成具有较强竞争力的 LED 和光伏产品制造基地。

四、改造提升消费品工业（略）

五、加快发展生产性服务业

以生产性服务业与先进制造业协调发展为目标，着力推动工业设计、物流服务、金融服务、科技服务、外包服务、信息服务等生产服务业发展，实现生产性服务业与先进制造业基地建设的融合互动，为先进制造业基地建设提供有力支撑。

附件 1　“十二五”重点培育十四条产业链（摘录）
附件 2　福建省“十二五”建设海峡西岸先进制造业基地重点项目表（摘录）

附件 1

“十二五”重点培育十四条产业链（摘录）

5　稀土产业链

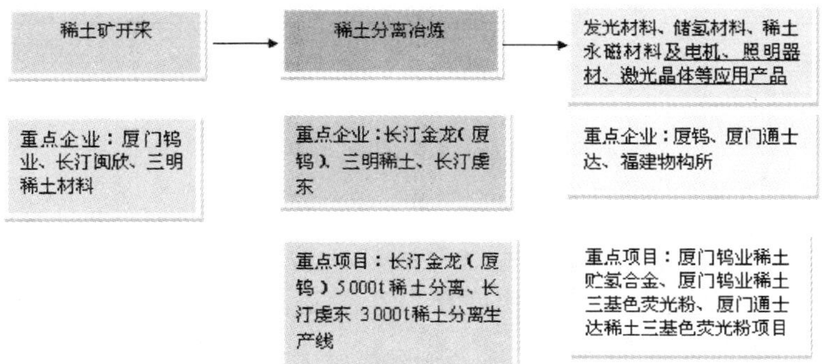

重点发展：贮氢合金、永磁材料、发光材料、催化材料、金属调质剂（稀土中间合金）、稀土陶瓷等产品。

11　平板显示产业链

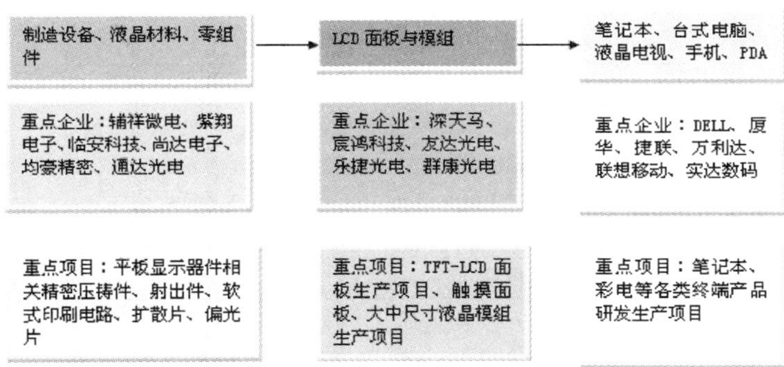

重点发展：高光软技术、高清晰度技术、超薄技术和网络化智能化技术的研发，OLED、激光等新型显示技术等。

13　LED 产业链

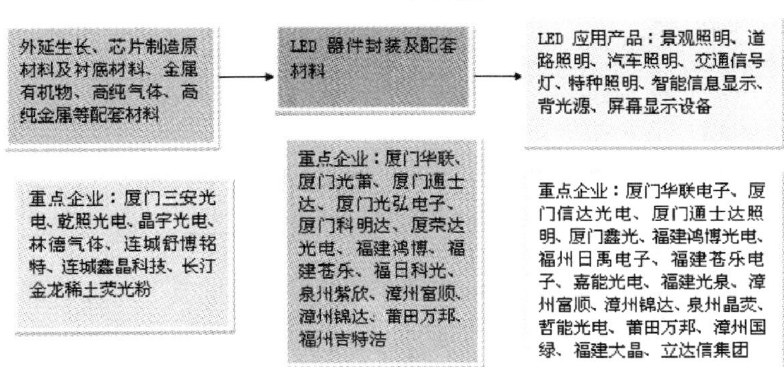

重点发展：高功率延片和芯片制造，高性能 LED 封装技术，大尺寸 LED 背光源技术等。

附件 2

福建省“十二五”建设海峡西岸先进制造业基地重点项目表（摘录）

行业类型	序号	项目名称	建设内容与规模	建设起止年限	总投资（亿元）	备注（属地）
四、电子信息产品	247	台湾宏利集团TFT-LCD第8.5代项目	生产TFT-LCD面板第8.5代产品，月产能9万片第8.5代液晶面板	2010—2012年	280	莆田
	248	厦门天马TFT项目	建设一条玻璃基板和一条彩色滤光片的低温多晶硅（LTPS）TFT-LCD生产线	2011—2015年	70	厦门
	249	中国航空工业集团公司与厦门市合作项目	厦门TFT项目二期、中航海西物流园、中国（厦门）国际航空维修工程及服务技术展览会等	2011—2015年	155	厦门
	250	厦门G项目	规划用地40万m^2，建筑面积41万m^2，建设月产9万片液晶面板生产线	2011—2012年	125	厦门
	251	芗城宝诺科技园液晶显示器与数字产品项目	建筑面积26万m^2，建设车间19幢及相关配套，形成年产网络通信产品100万台、计算机软件开发制造与计算机辅助工程制造20万套、液晶数字产品100万台	2010—2014年	4	漳州
	252	冠捷科技集团一期项目	投资建设冠捷科技园区，主要由模具及面板模组研发和平中心、物流中心和商务、教育与文化产业园区组成。在前期先行设立冠捷集团全球基座制造中心，年产1 000万台基座、500万块面板模组、500万台液晶电视成品组装工厂及LED相关产业，预计一期产值可达250亿元	2011—2015年	7.8	平潭
	253	台湾和硕电脑	主要产品为计算机板卡及液晶屏	2011—2013年	134	泉州
	254	常山开发区小笔电产业园区项目	规划4 000亩，主要生产电脑主板、显卡、工业电脑、上网笔记本电脑、电脑连接器等，形成小笔记本电脑的产业链	2010—2020年	40	漳州
	256	省电子信息集团LED产业基地	建设100台MOCVD生产线	2011—2015年	30	福州
	257	省电子信息集团8英寸集成电路芯片项目	合资建设线宽0.35～0.25μm的8英寸集成电路芯片生产线1条，年产18万片芯片	2011—2013年	10	福州
	258	云霄汉晶光电MOCVD生产项目	建设MOCVD生产线20条，一期建设MOCVD生产线5条	2010—2014年	15	漳州
	260	厦门达运精密工业项目	三期建筑面积13.74万m^2，建设液晶显示器背光源模块生产线，年产液晶显示器背光源模块3 500万个以上	2010—2013年	7.8	厦门
	262	永定德泓勤上光电大功率LED生产项目	年产5 000万个大功率LED	2011—2012年	3	龙岩
	263	LED上游产品及芯片外延生产线项目	新建LED上游产品及芯片外延生产线	2011—2015年	3.6	龙岩

续 表

行业类型	序号	项目名称	建设内容与规模	建设起止年限	总投资（亿元）	备注（属地）
四、电子信息产品	264	晋江晶蓝光电产业基地	总建筑面积 20.8 万 m^2，建设研发中心大楼、半导体晶园厂房、综合站房、LED 功率封装厂、自动化设备组装厂、换班宿舍	2010—2012 年	3.67	泉州
	265	泉州（南安）光电信息产业基地	建设光伏和 LED 等光电信息产业基地基础设施	2008—2013 年	6	泉州
	268	福州鼎元 LED 项目	合资建设 100 台 MOCVD 生产线	2011—2015 年	30	福州
	269	长乐东南 IC 制造业基地启动区项目	主要生产集成电路芯片，引进 IC 台商企业，形成晶圆生产封装、测试、研发的整套 IC 产业链	2011—2013 年	15	福州
	271	莆田市光电产业园	规划 1 200 亩，引进 LED、LCD、TFT-LCD 等光电子产业项目，形成以光电子产业为先导，集科研、开发、人才培养、产品孵化为一体的光电子产业群	2011—2015 年	10	莆田
	274	云霄节能光电科技产业园	建设光电产业园基础设施，重点引进环保节能灯、LED、光伏、LCD 面板、数码电子等生产企业，涉及 MOCVD、支架、LED 封装、整灯、驱动、显示、节能灯等	2008—2012 年	30	漳州
	276	连城鑫晶人造蓝宝石晶体生产项目	总建筑面积 14 万 m^2，建设 200 台蓝宝石单晶体生长炉及相应加工设备，年产人造蓝宝石整流罩 1 000 颗、直径 6 英寸及以下人造蓝宝石衬底片 100 万片	2009—2012 年	7.5	龙岩
	277	厦门宸鸿科技增资扩产项目（三期、四期、五期）	三期、四期厂房建筑面积约 35.1 万 m^2	2010—2012 年	22	厦门
	280	香港合德实业有限公司高清光电项目	项目集研发、生产、销售于一体，立足高技术领域，引进先进光电子技术，专业开发光输入、光输出、光存储、显示器件等领域技术，产品包括 LED 和器件、光通讯器件、光电探测器、接收器件、激光器件等高清电子领域器件	2011—2015 年	9.75	泉州
	282	福建中达光电科技有限公司 LED 外延芯片及光电相关产品生产项目	项目地址在南靖高新区，总投资 10 亿元，计划用地面积 250 亩，总建筑面积 20 万 m^2，项目达产后年新增产值 30 亿元，税利 1 亿元。主要生产 LED 外延片、芯片及光电相关产品	2011—2015 年	10	漳州
		小计	24 项		1029.12	

福建省“十二五”战略性新兴产业暨高技术产业发展专项规划（摘录）

福建省人民政府

“十二五”时期，是福建省加快转变经济发展方式，推动科学发展、跨越发展的关键时期，也是福建省战略性新兴产业和高技术产业发展壮大的重要战略机遇期。大力发展高技术产业、加快培育战略性新兴产业，对提高福建省自主创新能力，引领产业结构调整升级，转变经济发展方式，打造东南沿海先进制造业基地，推动以福建为主体的海峡西岸经济区建设，具有重要意义。

根据国家发展和改革委员会、省政府关于“十二五”专项规划编制工作的要求和《福建省国民经济和社会发展第十二个五年规划纲要》，省发展改革委组织编制了本专项规划。规划阐述了未来五年战略性新兴产业暨高技术产业的发展基础、总体要求，明确了主要任务，提出了保障措施，是贯彻《国务院关于加快培育发展战略性新兴产业的决定》的重要行动计划和具体工作部署，是全省“十二五”规划纲要培育发展战略性新兴产业内容的深化、细化，是推动全省战略性新兴产业和高技术产业发展工作的指导性文件。

本规划基期为2010年，规划期为2011—2015年。

第一章　发展基础

“十一五”时期，围绕建设“东部沿海地区先进制造业重要基地”的战略定位，福建省高技术产业努力克服国际金融危机带来的不利影响，保持了稳定、良好的发展势头，基本实现“十一五”规划确定的目标任务。随着国家培育发展战略性新兴产业和支持海峡西岸经济区在两岸交流合作中发挥先行先试作用的各项政策措施出台，福建省战略性新兴产业面临难得的跨越发展新机遇。

一、主要成效

（1）增长势头保持良好，产业结构持续改善。高技术产业产值从2005年的1 438.8亿元，增至2010年的2 630亿元，增长1.8倍，年均增长11.9%。高技术产业增加值2010年达到591.97亿元，比2005年增长1.62倍，年均增长10%。

专栏：　战略性新兴产业和高技术产业（摘录）

战略性新兴产业：是指由于科学技术的重大突破性进展所形成、对经济社会发展和国家安全具有重大和长远影响的新部门和新行业。

战略性新兴产业七大行业：新一代信息技术、生物与新医药、新材料、新能源、节能环保、高端装备制造、海洋高新产业。

战略性新兴产业17个领域：新型平板显示、新一代网络和高端通信设备、物联网、生物工程、新医药、新型光电材料、功能稀土材料、新一代轻纺化工材料、半导体照明（LED）和太阳能光伏、动力与储能电池、新一代生物质能、节能环保技术及装备、智能化装备、专用装备、海洋生物资源开发、海洋工程装备制造、海水综合利用。

战略性新兴产业主攻5个重点：新型平板显示、新一代网络和高端通信设备、生物医药、半导体照明（LED）和太阳能光伏、节能环保技术及装备制造。

高技术产业：通常是指那些以高技术、新技术为基础，从事相关产品的研究、开发、生产和技术服务的产业集合。主要包括电子信息、生物医药、新材料、航天航空、新能源、先进环保、高技术服务业、高新技术改造传统优势产业等。

（2）主导产业规模扩大，继续保持全国前列。电子信息产业规模进一步扩大，全行业销售收入从 2 266 亿元上升到 4 135 亿元，5 年平均增长 12.7%。2010 年信息产品制造业实现销售收入 2 800 亿元，居全国第六位，出口交货值 1 203 亿元，居全国第五位；软件及系统集成产业实现销售收入 575 亿元，5 年平均增长 40%，增速居全国前列。移动通信设备、路由交换机、白光 LED、应用及信息安全软件等的研发处于国内领先水平。

（3）高新园区发展壮大，产业集聚效应突显。全省基本建成福州、厦门、泉州 3 个国家高新技术产业开发区和漳州、三明、莆田等 3 个省级高新技术产业技术开发区；形成了福厦新型平板显示产业、计算机及网络产品、软件产业，厦泉移动通信产品、厦漳数字视听、漳州节能光电等产业集群；同时在闽西北、南平和三明等地初步形成了新材料、生物医药等特色产业集群。

（4）新兴产业培育加快，部分领域优势明显。新材料、新能源、生物与新医药和节能环保等产业形成了一定的产业规模和技术优势；光电材料、稀土材料等方面在国内同行业中占有一席之地；非晶硅薄膜太阳能电池生产在全国处于领先地位。节能环保产业规模和技术居全国中上游水平，除尘脱硫技术居全国领先地位。福建省已成为国内基因工程蛋白质药物、体外诊断试剂、抗艾滋病药物、抗乙肝病毒药物等重要生产基地，农业生物育种技术和作物转基因技术跻身全国优势行列。

专栏：主要高新技术产业开发区

福州国家高新技术产业开发区：主要产业为电子计算机及办公设备制造、电子及通信、软件及信息服务业等，其增加值约占全省高新技术产业增加值的 6.3%。

厦门国家高新技术产业开发区：主要产业为光电显示器件、LED 芯片及封装产品、软件、生物医药、数字视听、移动通信、新材料等，其增加值约占全省高新技术产业增加值的 14.5%。

泉州国家高新技术产业开发区：主要产业为微波通信产业、光伏产业、数字视听、化工轻纺新材料产业等，其增加值约占全省高新技术产业增加值的 3.1%。

漳州省级高新技术产业开发区：主要产业为数字视听、光伏材料、光电产业等，其增加值约占全省高新技术产业增加值的 0.7%。

三明省级高新技术产业开发区：主要产业为生物医药、新材料等，其增加值约占全省高新技术产业增加值的 2.0%。

莆田省级高新技术产业开发区：主要产业为液晶显示、新型电子元器件、LED 产业、功能陶瓷材料、新型涂料、轻纺新材料、生物医药等。其增加值约占全省高新技术产业增加值的 3.1%。

（5）平台建设成效明显，创新能力不断提高。中科院海西研究院启动建设，酶高效表达、现代发酵技术、纳米材料、下一代网络等一批国家级和省级工程研究中心和工程实验室相继建成，中国•海峡项目成果交易会（6•18）作为全省科技成果转化平台的作用进一步凸显，功能进一步完善，影响进一步扩大，大大提高了福建省产业共性关键技术的研发与科技服务水平，对提升自主创新能力、产业技术升级起到了积极的推动作用。

专栏：主要科技创新平台

国家级工程研究中心 1 个，省级工程研究中心 17 个；国家级工程实验室 2 个，省级工程实验室 10 个；国家级工程技术研究中心 4 个，省级工程技术研究中心 68 个；国家级重点实验室 5 个，省级重点实验室 52 个；国家级企业技术中心 19 个，省级企业技术中心 258 个。

同时，必须清醒地看到，福建省战略性新兴产业、高技术产业发展仍存在不少困难和问题。一是产业总体水平相对较弱，2010 年高技术产业增加值占全省 GDP 比重为 4.3%，低于全国 4.8%的平均水平，对经济增长的拉动作用不够明显；二是企业创新能力仍显不足，2010 年全社会 R&D 经费（研究与开发经费）投入占 GDP 的比重为 1.16%，低于全国平均水平，发明专利数和周边沿海省市相比仍有差距；三是区域发展还不平衡，虽各设区市都有高新园区，但约 70%的产业和重点企业分布在福厦两地，山区产业规模偏小、大型骨干企业偏少。

二、机遇挑战

（1）科技革命带来的成果与技术不断涌现，催生了新产业、新业态。当前，新一代宽带网络、物联网、云计算等新技术发展正推动信息产业实现质的飞跃；以基因工程为代表的现代生物技术不断取得重大突破，新产品、新业态加速形成；多元化新能源在能源结构中份额不断提升；纳米技术开始从应用研究向产业化方向迈进。世界各国都更加注重发展高成长性、高带动性、高附加值的战略性新兴产业；跨国公司继续加快研发设计、生产制造、营销服务的对外转移，这些都为发展战略性新兴产业、高技术产业带来了新的契机。

（2）发展方式转变和消费结构升级，产生了发展内在动力和市场空间。受制于环境、资源等瓶颈约束，转变发展方式迫切需要大力发展新能源、新材料、节能环保等战略性新兴产业，迫切需要加大以高新技术改造提升传统产业力度；随着福建省人均 GDP 超过 5 000 美元，城镇化水平不断提高，消费结构将加速升级，对高技术产品及服务的需求持续增强。这一切为福建省发展战略性新兴产业、高技术产业带来了巨大动力和市场空间。

（3）海峡西岸经济区建设纵深推进，营造了闽台产业深度对接的新热点。闽台在电子信息产业等领域交流合作已有一定基础，台湾的集成电路、半导体制造业、新型平板显示、物联网等产业近来正加速向福建省转移，创业风险企业也在寻求投资新机会，并带来现代管理与技术；最近我国台湾又提出大力发展精致农业、绿色能源、生物科技、文化创意等新兴产业，一批台商产业园、创业园即将启动建设，这必将成为新一轮闽台产业对接的热点。

（4）优势产业和特色资源的突显，奠定了新兴产业跨越发展的基础条件。整体规模、技术水平居全国前列的信息产业，拥有国家高技术产业基地、厦门国家 LED 照明工程产业化基地和泉州微波通信产业基地等，正加速形成平板显示、软件和信息服务、高端通信设备等若干千亿元级产业集群；丰富的稀土资源、生物资源、海洋资源奠定了新材料、生物医药和新能源等战略性新兴产业跨越发展的良好基础。

总体来看，“十二五”福建省将面临难得的历史机遇，也将面临新的挑战。一是福建省承接世界先进技术及产业转移的基础和能力仍较薄弱；二是经济发展方式转变在体制机制上仍存在不少障碍；三是周边省域产业升级加剧，竞争激烈，福建省的优势相对减弱；四是国际上高技术产业贸易和投资保护主义重新抬头，技术和产权壁垒更趋强化等。我们必须全面认识和深刻把握国内外形势变化的特点和规律，牢牢把握机遇，积极应对挑战，不断开创战略性新兴产业、高技术产业发展的新局面。

第二章　总体要求

“十二五”时期，要以转变经济发展方式为目标，以科学发展、跨越发展为主线，顺应世界科技飞速发展带来的新机遇、新挑战，加快产业升级换代，积极谋划战略性新兴产业、高技术发展重点，培育和壮大具有福建省区域特色的产业集群。

一、指导思想（略）

二、基本原则（略）

三、主要目标（略）

（一）产业增长目标

2015 年战略性新兴产业增加值为 3 000 亿元，占当年 GDP 的 12%以上。高技术产业增加值为 1 500 亿元，年均增长 20%以上，占当年 GDP 的 6%以上；高技术产品出口交货值年均递增 18%以上，达到 3 500 亿元。

（二）科技发展目标

“十二五”期间，力争突破 100 项具有重大支撑和引领作用的关键技术，实施 100 项技术水平国内领先国际先进重大科技成果的转化项目，培育 100 项具有自主知识产权和引领产业发展的重大战略产品。

2015 年全社会研究与开发经费（R&D）投入占地区生产总值的比重达到 2.2%，达到全国平均水平；重点高技术企业研发经费投入占其当年销售收入达到 5%以上。

（三）结构调整目标

2015 年电子信息产业增加值达到 2 500 亿元，其中新一代信息技术产业增加值 1 200 亿元，继续保持主导产业地位；新能源产业增加值 600 亿元，节能环保产业增加值 500 亿元，新材料产业增加值 400 亿元，成为新的主导产业；生物医药产业、高端装备制造产业、海洋高新产业等成为新的增长点。

拥有 10 个销售收入超过百亿元、100 个销售收入超过 20 亿元的高技术企业；形成一批产业链条完善、特色鲜明、创新能力强的高技术产业集群。

四、空间布局

依据福建省产业发展相关规划和战略性新兴产业及高技术产业发展的规律，根据各区域产业基础、资源禀赋、交通条件、公共配套等发展条件，以国家和省级高新技术园区、创业园与台商投资区等为重点，以沿海铁路和高速公路为主轴、以海西区综合交通网络为纽带，形成“一轴、两极、三集聚”的轴带相间、区块集聚、点线面结合的产业空间布局架构。

（1）“一轴”。系指北起宁德、南至漳州的沿海战略性新兴产业聚集带，以沿海交通主干道为主轴，依托区域产业基础，突出沿海资源特色，其中宁德以三都澳主要产业集聚地，重点发展锂电池、镍合金材料、高效节能电机及海洋功能性食品等；莆田主要以莆田高新技术产业园区、华林经济开发区、湄州湾北岸经济开发区为平台，重点发展 LED 照明、液晶显示器、轻纺新材料等；泉州重点发展光伏产业、新型产业机械、新型纤维原料和织造技术、新型建筑石材与陶瓷材料、精细化工、生物医药、海水综合利用等；漳州重点发展光电、IT 信息及数字视听、新材料、海洋工程机械、植物有效成分萃取、海洋功能食品、风机制造等；平潭重点承接台湾高新技术产业转移，优先发展新一代信息技术、新能源、海洋高新产业等战略性新兴产业。

（2）“两极”。系指以福州、厦门两个国家高新技术产业开发区为核心，强化厦门、福州高技术产业集聚效应和区域辐射带动作用，提升研发、设计服务水平，增强辐射带动能力，成为福建省战略性新兴产业暨高技术产业发展的主要增长极。福州重点发展计算机及网络产品、软件和集成电路、数字视听产品、物联网、催化材料、环保技术和设备等，厦门重点发展光电材料与器件、高世代液晶面板、高端通信、LED 和太阳能光伏、生物医药、新能源汽车、海洋生物资源开发、海水淡化和海洋装备制造等。

（3）“三集聚”。系指闽北的武夷新区、闽中的三明生态工贸区、闽西的龙岩产业集中区三大板块。依据该板块现有产业基础和资源条件，合理规划，积极承接国内外高技术产业转移，大力构建有区域特色的高技术产业体系。武夷新区重点布局生物制药、电子信息、特种电缆、精细化工、竹木复合材料、环保设备、现代农业和创意产业等。三明生态工贸区重点发展数控机床、生物医药、高档纺织面料、稀土材料、精细化工、光机电一体化以及生物质能源等。龙岩产业集中区重点发展新型工程装备、环保设备、稀土材料、硬质合金材料、太阳能级多晶硅、精密机械铸锻件以及生物制药等。

第三章　主要任务

通过加强科技创新能力建设，拓展提升 6·18 成果转化平台服务功能，依托产业化示范工程，推动产业链上下游协同配套，支持各类产业园区加快资源整合和二次创业，着力打造产业聚集带，进一步做强主导优势产业，培育发展战略性新兴产业，推进新兴产业规模化、高新技术产业化、传统产业高端化。

专栏：战略性新兴产业发展规模

新一代信息技术产业：2015 年增加值 1 200 亿元，年均增长超过 20%，培育年销售收入百亿元企业 20 家以上，软件及信息服务业百亿元企业 5 家以上。

生物与新医药产业：（略）

新材料产业：2015 年产值 1 600 亿元，增加值 400 亿元。力争培育 10 家销售收入达 10 亿元以上、50 家销售收入达 5 亿元的大企业（集团）。

新能源产业：（略）

节能环保产业：2015 年产值达到 2 080 亿元，年均增长 20%，增加值 500 亿元，培育节能环保产业骨干企业 40 家，销售收入超过 20 亿元的节能环保产业集团 10 家。

高端装备制造产业：2015 年产值达 2 000 亿元，年均增长 20%以上，增加值 600 亿元，培育 10 家销售收入达到 30 亿元以上的企业。

海洋高新产业：（略）

一、做大做强信息产业

抓住国家组织实施三网融合、新一代网络、北斗导航卫星应用等重大工程的机遇，突出数字化、网络化、国际化发展特点，强化集成创新，大力促进电子信息产品制造由外延型向内涵型、由加工组装为主向集研发、生产、服务、应用一体化转化，在做大产业规模同时，促进产业向高端、融合应用方向发展。

（1）软件和集成电路。（略）

（2）新型显示器件：围绕重点整机需求，开展影响大功率 LED 产品性能的关键技术攻关，提高芯片的光提取效率、降低器件热阻、提高器件寿命、优化控制与驱动电路等，促进高功率外延片和芯片制造发展。大力发展高世代 TFT-LCD、OLED 等新型平板显示器件以及平板显示用偏光片、彩色滤光片、触摸屏、背光零组件材料、ITO 导电玻璃与电极材料、介质材料、荧光材料和 OLED 发光材料等关键材料。扶持 E-paper、激光电视、三维显示电视、场发射显示器和微型投影仪等显示技术的研发和产业化。

（3）新一代网络和计算机。（略）

（4）高端通信设备。（略）

（5）物联网。（略）

（6）数字视听：重点研发数字电视产品专用集成电路芯片、显示模组、嵌入式控制软件、专用软件、基于我国自主标准的 AVS/DMBT/三网融合的数字视听前端和终端产品制造技术，推动高清数字电视、激光视盘机、卫星接收机与数字电视机机顶盒、新型平板电视机、数码影像设备等多媒体终端产品的升级换代。

二、发展壮大生物与新医药产业（略）

三、加快培育新材料产业

立足福建省现有光电材料、催化及光催化材料、改性高分子材料、稀土材料等技术优势和综合实力，大力发展复合纳米、智能等共性基础材料，提升高性能结构材料、新型功能材料等特种材料的发展水平。

（1）光电材料：围绕做大做强具有优势和特色的晶体等光电材料，发展闪烁晶体、红外非线性光学晶体，蓝、绿光晶体组件和新型人工晶体等特殊高端产品；通过系统集成创新，推进激光器整机系统建设和应用步伐；着力发展电子级单晶硅产业，带动晶圆等微电子产业的发展。以全色系超高亮度LED外延及芯片产业化为先导，加快蓝宝石衬底、稀土荧光粉、超高亮度LED外延片和芯片等上游项目建设。发展激光显示中的核心光电子材料与器件的低成本规模化制备和加工关键技术。

（2）改性高分子材料。（略）

（3）化工轻纺新材料。（略）

（4）稀土材料：推广稀土开采新工艺，优化矿产资源配置，发展稀土金属材料和稀土功能材料，突破稀土掺杂物形态、绿色合成方法及其制备工艺的稀土速凝铸片工艺。发展稀土功能性材料，包括稀土磁性材料及稀土电机、稀土储氢材料及应用产品、稀土荧光粉及照明器件、稀土功能助剂、稀土转换膜、超大磁致伸缩材料、稀土硫化物涂料及颜料等。

（5）催化及光催化材料。（略）

（6）高性能硬质合金材料。（略）

四、大力发展新能源产业（略）

五、着力提升节能环保产业

抓住国家大力推进节能减排的战略机遇，支持产品配套、集成和产业链延伸，加快培育一批拥有自主知识产权和知名品牌、核心竞争力强、主业突出、行业领先的大企业（集团）。

（1）高效节能：着力推动LED产业快速发展，完善从外延片、芯片制造、成品封装到产品应用的LED产业链。鼓励发展液晶显示背光源，隧道灯、路灯、汽车用灯等LED照明产品，支持开发生产医疗、农业等特殊用途的LED照明产品。支持开发生产LED驱动电源，推动高效照明产品的升级换代和产业化。加快高效电机、变压器、锅炉、窑炉、风机、泵类主要用能设备的技术开发和产业化。开发空气源热泵热水器等高效供热系统，发展新型节能建筑材料，发展节能家电和办公产品，大力推进合同能源管理新业态发展。

（2）先进环保。（略）

（3）资源综合利用。（略）

六、努力打造高端装备制造业

推动福建省具有竞争优势的基础装备、基础工艺、基础零部件技术提升等高端装备制造产业发展壮大，增强企业核心技术创新能力，推进企业间协作，建设竞争力强的高端装备制造基地。

> 专栏：战略性新兴产业主攻五大重点
>
> 新型平板显示：现有产业规模约为1 000亿元，主要分布在厦门火炬园区和翔安高新产业园、福州马尾和福清光电产业园、漳州高新区等。“十二五”期间，拟在厦门、福州、莆田市等新建、扩建若干新型平板显示企业，到2015年，产业规模将达到2 000亿元以上，整机产量将达到3 000万台，其中新型面板约占一半以上。
>
> 新一代网络及高端通信设备。（略）
>
> 生物医药。（略）
>
> LED和太阳能光伏：现有产业规模约200亿元，其中LED外延片和芯片产能占全国50%以上。主要分布在福州、厦门、漳州云霄、龙岩永定、泉州晋江和南安、莆田城厢等光电园区。到2015年，产业规模将突破1 100亿元，其中LED 500亿元，太阳能光伏600亿元。
>
> 节能环保技术及装备：现有产业规模约800亿元，在电除尘、污水及垃圾处理等领域具有较好的产业基础和规模。主要分布在福州、龙岩、泉州等。到2015年，产业规模将达到1 800亿元。

七、积极开发海洋高新产业（略）

八、不断改造提升传统产业

结合福建省传统优势产业发展需求，以市场为导向，通过战略性新兴产业引领，加强高新技术的研发和推广应用，实现产业结构优化升级，拓展传统产业发展的新空间。

附件 1 “十二五”期间重点打造的十二大产业链
附件 2 福建省“十二五”战略性新兴产业暨高技术产业重大项目表

附件 1

“十二五”期间重点打造的十二大产业链

（1）新型平板显示产业链：以扩大液晶显示模组和显示器生产规模为重点，优先引进第 5 代以上液晶显示面板及上游关键零组件，在福州、厦门两地建设相当规模的平板显示产业基地，在平潭、莆田等地建设重大液晶面板产业化项目。

（2）计算机和网络产业链：延伸计算机终端产品升级、宽带接入与网络设备研发生产、物联网产业三大产业链，壮大厦门戴尔、友达光电、捷联电子、万利达、星网锐捷、新大陆等骨干企业规模。

（3）LED 和太阳能光伏产业链：开发新型 LED 封装工艺，扩大上游蓝宝石衬底材料产业规模，做大做强三安光电、乾照光电、晶宇科技等企业的外延片、封装产业等 LED 中游产业。壮大光伏压延、导电玻璃等产业，引进蓄电池、控制器、逆变器等配套零部件企业；推动钧石能源和阳光大地太阳能电池组件等下游产业发展。

（4）新一代通信产业链。（略）

（5）软件和集成电路产业链：拓展应用软件、集成电路设计、动漫游戏、信息技术服务等产业链。壮大福州、厦门软件园产业规模，加快泉州软件园建设，推动福州、厦门、平潭 8 英寸及以上晶圆项目建设。

（6）物联网产业链。（略）

（7）生物制造产业链。（略）

（8）新医药产业链。（略）

（9）高效节能产业链。（略）

（10）先进环保产业链。（略）

（11）钨系硬质合金产业链。（略）

（12）稀土材料产业链：打造稀土矿山开采、金属冶炼加工、稀土应用产品到贸易较为完整的稀土产业链。发挥龙岩、三明稀土矿产资源优势，建设稀土永磁材料精深加工、稀土储氢材料、稀土功能助剂、稀土三基色荧光粉产业化等项目，加快推进龙岩（长汀）稀土工业园建设。

附件 2

福建省“十二五”战略性新兴产业暨高技术产业重大项目表

现将“福建省‘十二五’战略性新兴产业暨高技术产业重大项目表”中有关平板显示产业的项目汇总如下：

总项目数：72，总投资：1 095.73 亿元（单位：万元）

序号	项目名称	建设年限	总投资	项目建设内容
2	高清显示屏和触摸屏产业化	2010—2012	13 000	福建广丰电子科技有限公司应用高清液晶屏和触摸屏先进技术，实现 LED / LCD 屏产业化。项目新建厂房 3 万 m^2，主要建设产品研发中心、LED 高清显示器、触摸工控电脑生产线等
4	彩色滤光片（第 5 代）产业化	2012—2013	200 000	台湾光电企业采用先进的彩色滤光片生产技术，形成年产 108 万片彩色滤光片（与 G5 配套）的生产能力。预计建成后年销售收入将达到 12 亿元
5	大中尺寸液晶模组及彩电生产线	2009—2015	260 000	厦门乐捷公司扩建 20 条大中尺寸液晶模组生产线，2015 年达到 30 条大尺寸液晶模组生产线；扩建 200 万台液晶电视机的产能，2015 年将达到 400 万台 / 年的生产能力。该项目正在建设，预计建成后年销售收入将达 150 亿元
6	TFT-LCD 面板（第 5 代、第 6 代）生产线	2010—2015	3 000 000	引进两条第 5 代 TFT-LCD 液晶面板生产线，一条第 6 代 TFT-LCD 液晶面板生产线，形成年加工玻璃基板 360 万片的生产能力。预计建成后年销售收入将达到 213 亿元
7	LED 用半导体引线框架产业化	2010—2014	65 000	台湾光电企业形成年产 LED 用半导体引线框架 91.2 亿枚生产能力。项目正在建设中，预计项目建成后年销售收入将达 4 亿元
9	TFT、LCD、第 7.5 代电子产业化生产	2011—2015	2 800 000	台湾宏利国际有限公司充分利用台湾先进的电子技术，生产各类 TFT、LCD、第 7.5 代产品，预计用地面积 2 000 亩，建设现代化厂房、办公楼及其配套设施建设，建成后可实现年生产 TFT-LCD、第 7.5 代产品 1 万亿片生产能力
10	LED 外延片 生产	2011—2013	200 000	台湾视创科技股份有限公司与中科万邦光电子股份有限公司合作建设，利用台湾先进的电子技术，生产 LED 芯片及封装产品，在华济经济开发区 LED 产业园征地面积 300 亩，主要建设现代化厂房、办公楼及其配套设施建设
14	新型信息终端产品开发及产业化	2011—2013	80 000	自主研发、制造、销售采用 ARM 和 X86 两种不同架构的三网融合新型信息终端产品包括多媒体平板电脑，机顶盒，三网融合新型终端等产品。项目正在建设，建成后形成年产 350 万台平板电脑的生产能力，年销售收入将达 50 亿元
16	大中尺寸模组产业化	2012—2015	75 000	友达光电公司将建设 12 条大中尺寸模组生产线。建成后预计年销售收入达 95 亿元
17	平板彩电产业化	2010—2015	200 000	冠捷科技公司采用最新技术，至 2015 年建成年产 1 200 万台彩电生产线
18	彩电产业化	2012—2015	70 000	景致光电公司采用先进技术建设生产线，分两期建设，形成 2012 年年产 200 万台，2015 年年产 400 万台的生产能力
19	DELL 计算机组装产业化	2012—2015	580 000	扩建计算机组装生产线，新增计算机生产能力 200 万台 / 年。建成后预计年销售收入将达到 95 亿元
20	6 英寸 / 8 英寸 IC 制造、封装、测试生产线	2011—2013	570 000	协力（平潭）科技有限公司规划用地 1 300 亩，建设 6 英寸、8 英寸集成电路芯片制造、封装、测试生产线，形成 6 英寸月产能 60 000 片（0.35～2.5μm）、8 英寸月产能 60 000 片（0.18～0.25μm）。建成后预计年销售收入将达到 100 亿元
21	8 英寸 IC 生产线	2010—2015	300 000	福顺微电子公司在原有 4 英寸及 6 英寸集成电路芯片生产线各一条的基础上，扩建一条 0.5μm / 1 万片 / 月的 6 英寸集成电路生产线；建设两条 8 英寸 IC 生产线。建成后预计年销售收入达 50 亿元
34	大尺寸蓝宝石晶体的研发及产业化	2010—2013	50 000	采取自主研发技术，实现大尺寸蓝宝石晶体的产业化生产。项目新建厂房 5700m^2，新增晶体生长、加工、检测设备 280 台（套），形成年产 200 万 mm（折合 2 英寸）的产能，主要建设大尺寸蓝宝石晶体研发和检测中心
57	晶蓝光电产业化	2009—2012	107 914	规划总用地规模 250 亩。项目投产后，年销售收入可达 100 亿元以上

陕西省战略性新兴产业发展“十二五”规划

陕西省发展和改革委员会

为贯彻落实《陕西省国民经济和社会发展“十二五”规划纲要》和《陕西省人民政府关于加快培育和发展战略性新兴产业的意见》（陕政发〔2011〕37 号）精神，充分发挥陕西省科教资源和产业优势，加快培育和发展战略性新兴产业，进一步优化产业结构，促进经济发展方式转变，实现经济社会又好又快发展，特制定本规划。

一、发展基础（略）

二、总体思路和发展目标（略）

三、发展重点

按照国家加快培育和发展战略性新兴产业的重点方向，依托陕西省科技、人才、产业基础及优势，重点发展高端装备制造、新一代信息技术、新能源、新材料、生物、节能环保、新能源汽车七大战略性新兴产业，组织实施一批战略性新兴产业重大创新发展工程，集中优势资源加快推进技术创新和科技成果产业化，壮大陕西省战略性新兴产业总体规模。

（一）高端装备制造业

（1）航空产业。（略）

（2）航天产业。（略）

（3）高端输配电设备。（略）

（4）高档数控机床等装备。（略）

（二）新一代信息技术产业

率先做大物联网产业，发展壮大高端软件与集成电路产业，加快培育激光应用产业，加快做强通信产业、半导体照明（LED）产业和新型显示产业，推进六大产业集群化发展。

（1）物联网产业。（略）

（2）高端软件与集成电路产业。组织实施行业应用软件、嵌入式软件、软件研发基地、服务外包、信息服务以及集成电路设计、制造、封装测试和设备制造等产业工程，发展壮大高端软件与集成电路产业。

（3）激光产业。重点实施基础材料生产、芯片制备、半导体激光器耦合模块、高功率激光器、先进激光加工、激光医疗、激光投影显示、激光照明和红外探测、激光军事装备等产业工程，推动陕西省激光产业快速发展。

> 专栏：激光产业工程
>
> （1）基础材料：以西安创联精细陶瓷、西北有色金属研究院、西安华晶电子等为依托，重点实施高功率半导体激光器热沉、AlN 陶瓷、薄膜制备、焊料开发、GaAs 晶体、光学镀膜等产业化项目。
>
> （2）芯片设计制备：依托西安电子科技大学和中科院西安光机所等单位，重点实施高功率半导体激光器芯片设计和开发、金属电极制备、外延生长设备等产业化项目。

（3）半导体激光器耦合模块：依托西光集团、205 所等单位，重点实施半导体激光器整形模块产业化，非球面透镜、柱面镜、微透镜及阵列微透镜等关键光学元器件等生产能力扩建项目。

（4）高功率激光器：依托西安炬光科技、陕西西大科里奥等单位，重点实施半导体激光器、全固态激光器的研发和生产能力扩建、极端环境下高功率半导体激光器等产业化项目。

（5）先进激光加工制备。（略）

（6）激光医疗。（略）

（7）激光投影显示：依托中科院西安光机所等单位，重点发展影剧院和大型公共场所用大色域投影显示系统、大型激光表演系统、激光彩色电视用高功率全固态激光器系统、家庭用激光显示系统、公共信息显示系统、便携式激光投影系统等系列化激光投影显示产品。

（8）激光照明和红外探测系统。（略）

（9）激光军事装备。（略）

（4）通信产业。围绕通信设备制造和通信研发服务等领域，组织实施通信系统设备、智能终端与关键零部件、核心元器件与嵌入式软件、增值服务等产业工程，形成集通信技术研发、产品生产、应用与服务于一体的通信产业集群。

（5）半导体照明（LED）产业。重点突破半导体照明产业的芯片、电源、散热、专用设备等一批核心技术，重点实施外延与芯片开发、大功率封装、应用产品和设备与材料生产等产业工程，扩大产业规模，提升产业综合竞争力。

专栏：半导体照明产业工程

（1）外延与芯片：以中为光电和华新联合科技为依托，重点发展基于蓝宝石、硅基板的高亮度外延片生长和芯片关键技术的研发、制造。

（2）大功率封装：以铜川麟字、西安智海、西安金巢光电和渭南永泰为依托，重点发展大功率高亮度 LED 封装产业。

（3）应用产品：以鼎元神光、智海、西安麟字、立明和烽火佰鸿为依托，重点发展 LED 照明产品；以 771 所、彩虹光电、青松科技为依托，重点发展 AC LED、背光源、LED 显示产品；以杨凌、阎良、陕汽为依托，重点发展农业、航空、汽车等特种照明产品。

（4）设备与材料：以西电科大、神光慧能、能讯和理工晶科为依托，发展 LED 衬底材料、MOCVD 和激光炉等关键设备的研发及产业化。

（6）新型显示产业。突破数字电视 SoC 芯片关键技术，大力发展液晶玻璃基板、OLED/PLED 材料和器件，实现对合机、研磨机、光电检测系统等专用设备的产业化，提升平板显示产业整体实力。

专栏：新型显示产业工程

（1）数字电视 SoC 芯片：依托西安交通大学和西安创芯科技公司，突破数字电视 SoC 芯片关键技术，实现具有自主知识产权的数字电视 SoC 系列芯片产业化。

（2）显示材料：依托彩虹集团，重点突破液晶玻璃基板第 6～第 8.5 代的量产关键技术，组织实施系列液晶玻璃基板产业化项目，逐步扩大国内市场份额；依托瑞联公司、彩晶公司、彩虹集团等，重点突破 LCD 混晶材料及 OLED/PLED 材料规模化生产关键技术，积极推进 LCD 背光源 CCFL 用荧光粉、PDP 用荧光粉、OLED/PLED 材料产业化项目建设。

（3）显示器件：依托宝莱特公司等，重点突破小分子蒸镀、旋涂、高精度定位等关键工艺技术，进一步完善 PM-OLED/PLED 技术，掌握中小尺寸 AM-OLED/PLED 量产技术，实现 OLED/PLED 器件产业化。

（4）显示装备：依托西北机器、航天自动化等公司，加快引进、消化、吸收、再创新步伐，大力推进对合机、光电检测系统、荧光粉清洗机、研磨机、屏老炼堆栈机和后物流生产线等平板显示专用设备产业化项目建设。

（三）新能源产业（略）

（四）新材料产业

在高性能结构材料、先进复合材料、电子信息材料、新能源材料和新型功能材料五大产业领域，重点实施钛及钛合金、碳纤维、电子级硅材料、新型生物材料等产业工程，着力构建钛及钛合金、高性能碳纤维、硅材料、钼及钼合金四大核心产业链，形成以宝鸡、西安为核心“一轴七园”的产业布局，建成世界级新材料高技术产业基地。

（1）高性能结构材料。（略）

（2）先进复合材料。（略）

（3）电子信息材料。围绕电子信息材料高起点、规模化、前瞻性发展要求，大力推进新型电子材料的研发和产业化，组织实施电子级晶硅材料、平板显示材料、电子浆料和其他电子专用材料产业工程，促进电子信息产业结构调整和优化升级。

专栏：电子信息材料产业工程

（1）电子级硅材料：依托天宏硅材料公司重点建设年产 3 750t 微电子级多晶硅生产线项目；依托理工晶体科技公司和创联新能源设备公司重点建设单晶炉产业化项目；依托华山半导体材料公司重点建设单晶硅切片加工项目。

（2）显示材料：依托瑞联近代电子材料公司重点建设 OLED 显示发光材料高技术产业化项目；依托彩虹集团重点建设 TFT-LCD 玻璃基板产业化和 PDP 用荧光粉产业化项目。

（3）电子浆料：依托宏星浆料公司重点建设新型环保电子浆料、超细电子粉体材料、金导体浆料、银导体浆料、铝导体浆料、电致热有机系列电子浆料等产业化项目，形成电阻浆料、导体浆料、介质浆料、有机浆料等系列产品。

（4）其他电子材料：依托西北有色金属研究院重点建设大规模集成电路散热材料、CT 机用高精度钨片、稀有金属靶材、铌合金加工材和钽板管带材等稀有金属电子材料深加工项目；依托西北工研院、西凯光电公司，重点建设室温核辐射探测器用 CZT 晶体制备及应用产品开发项目；依托航天四院建设高性能聚酰亚胺薄膜产业化项目，提升挠性印制电路板、液晶显示屏等电子产品制造水平。

（4）新能源材料。（略）

（5）新型功能材料。组织实施高质量钼及钼合金粉末及烧结制品、高性能钼及钼合金坯材料及器件和环保节能型钼化工产品等产业工程，形成高附加值的钼及钼合金产业链。组织实施新型生物材料、稀有金属粉末及金属多孔材料和其他稀贵金属材料等产业工程，逐步形成陕西省新材料产业新的增长点。

（五）生物产业（略）

（六）节能环保产业（略）

（七）新能源汽车产业（略）

四、重点产业链

以“产业发展集群化，集群发展园区化”为基本模式，依托陕西省科教资源和产业基础优势，依托航空、航天、新材料等产业基地，着力构建航空、卫星应用、物联网、激光器及应用、集成电路、半导体照明、光伏、风电设备、高性能碳纤维及应用、钛及钛合金、生物医药等特色产业链，促进战略性新兴产业集聚发展。

（一）航空产业链（略）

（二）卫星应用产业链（略）

（三）物联网产业链（略）

（四）激光器及应用产业链

在西咸新区，构建基础材料生产、芯片制备、半导体激光器耦合模块、高功率激光器、先进激光加工、激光医疗、激光投影显示、激光照明和红外探测、激光军事装备等产业链，完善园区基础设施和公共服务平台建设，提高产业发展承载能力，建设国际一流的高功率激光器及应用高技术产业基地。

（五）集成电路产业链

以西安高新区为核心，构建集成电路设计、集成电路制造、集成电路封装与测试、集成电路设备等产业链，完善包括测试与分析平台、MPW&IP 平台、EDA 平台、人才培训服务平台等产业公共服务体系，培育形成集成电路产业集群，建设国内一流的集成电路设计西安产业化基地。

（六）半导体照明产业链

在西安高新区和西安经开区半导体照明产业基地，构建半导体照明外延片、管芯及 MOCVD 设备、芯片封装、半导体照明灯具设计生产等产业链，建设国内一流的半导体照明高技术产业基地。

（七）光伏产业链（略）

（八）风电设备产业链（略）

（九）钛及钛合金产业链（略）

（十）高性能碳纤维及应用产业链（略）

（十一）生物医药产业链（略）

四川省“十二五”战略性新兴产业发展规划（摘录）

四川省人民政府

战略性新兴产业是以重大技术突破和重大发展需求为基础，对经济社会全局和长远发展具有重大引领带动作用，知识技术密集、物质资源消耗少、成长潜力大、综合效益好的产业。加快培育和发展战略性新兴产业是转变经济发展方式、优化升级产业结构、提升区域竞争力的重要内容。

为加快培育和发展四川省战略性新兴产业，根据《国务院关于加快培育和发展战略性新兴产业的决定》（国发〔2010〕32 号）和《四川省国民经济和社会发展第十二个五年规划纲要》，结合四川省实际，特制定本规划。规划期为 2011—2015 年。

一、面临形势和发展基础（略）

二、指导思想、基本原则和发展目标（略）

三、重点产业领域

（一）新一代信息技术产业

把握信息技术升级换代和产业融合发展的重大机遇，依托四川省在人才和产业方面的优势，加快建设下一代信息网络，大力发展云计算、物联网等新一代信息技术，重点推进高性能集成电路、平板显示、高端软件等行业发展，坚持自主创新发展和承接产业转移双轮驱动，建设国家重要的新一代信息技术产业基地。力争到 2015 年新一代信息技术产业实现总产值 3 000 亿元以上，增加值 900 亿元以上，产业规模在中西部地区保持第一位。

下一代信息网络。加快新一代移动通信、下一代互联网、数字电视网络以及“三网融合”信息网络建设，统筹宽带接入。强化新一代网络信息技术开发，加快自主标准的推广应用，带动新型网络设备、智能终端产业和新兴信息服务的创新发展。发展宽带无线城市，加快先进信息网络向农村和偏远地区的延伸覆盖，普及信息应用。强化网络信息安全和应急通信能力建设。

电子核心基础产业。围绕重点整机和战略领域需求，大力提升高性能集成电路自主开发能力，重点发展通用、新结构中央处理单元、图像处理器、数字信号处理器、数/模和模/数转换器、存储器、可编程器件、微型系统级芯片、关键 IP 核产品、射频识别芯片、信息安全芯片及系统芯片、非接触 IC 卡芯片等。积极发展等离子显示器（PDP）、液晶显示器（TFT-LCD）、有机电致发光显示器（OLED），加快发展敏感元器件与传感器、光电子器件、片式电子元件、高频率器件、电力电子器件、微特电机与组件等新型电子元器件。重点发展新型电子元器件材料、新型显示前端用基础新材料和新器件。

高端软件和新兴信息服务。（略）

专栏：新一代信息技术产业发展路线

一、发展目标

三网融合全面推广，有线电视数字化转换基本完成，宽带无线城市大规模发展，网络装备产业进入国内前列；新一代显示技术取得突破；智能传感器、新型电力电子器件等关键电子元器件自主保障能力明显提升；重要应用软件的技术水平和集成应用能力大幅提高，掌握网络信息服务关键应用和基础平台技术，互联网普及率超过 40%，基本形成高端软件和信息技术服务标准体系，一批软件和信息服务企业进入国家先进行列。

二、重大行动

（1）关键技术开发：可信网络平台技术，智能人机交互技术，嵌入式软件及软件服务技术，高性能多业务承载网技术，宽带无线与移动通信和光通信技术，智能终端、泛在网技术，微型系统级芯片设计技术，新型显示技术，新型显示生产线专用设备关键技术，射频识别、新型传感器技术，物联网集中平台技术，空间信息技术，新型元器件和电子材料生产技术等。

（2）创新能力建设：支持建立产业联盟和创新联盟，提升数字电视、移动通信和下一代互联网的工程中心、实验室创新能力；建立完善半导体发光二极管（LED）、智能传感等领域工程实验室，建设平板显示共性技术研发及公共服务平台；加强软件企业创新能力建设，引导业务标准库、知识库和案例库建设。加大行业领军人才和实用人才的培养和引进力度。

（3）产业化：推动数字电视下一代传输演进技术、接收终端、核心芯片发展，积极推进集成电路、LED、微机系统（MEMS）、智能传感器、大尺寸薄膜晶体管液晶显示器（TFT-LCD）、等离子显示器（PDP）、新型电力电子器件等产业化；加快有机电致发光显示器（OLED）中试和量产。

（4）骨干企业培育：实施骨干软件和信息服务企业扶持计划，鼓励产业链上下游联合和重组，支持基础产品企业与应用企业建立创新联盟。

（二）新能源产业（略）

（三）高端装备制造产业（略）

（四）新材料产业

紧跟材料结构功能复合化、功能材料智能化、材料与器件集成化、制备和使用过程绿色化的国际新材料发展新趋势，发挥四川省在科技、人才和资源方面的优势，坚持技术创新与产业化相结合，重点推进稀土、钒钛、硬质合金等产业领域的发展，建成国家重要的新材料高技术产业基地。到2015年，力争新材料产业实现总产值2 000亿元，增加值600亿元。

新型功能材料。重点发展稀土贮氢合金系列材料、稀土磁性材料、稀土及贵金属催化材料、碲化镉/硫化镉、锂材料、锂离子电池隔膜、铜铟镓硒复合薄膜材料、含钒陶瓷、高档锐钛型钛白、特种有机硅、氟单体以及高附加值有机硅、氟下游产品、硅材料、高性能膜材料、特种玻璃、功能陶瓷等新型功能材料。

先进结构材料。重点发展钒钛低（微）合金、新一代节约合金资源不锈钢、工程塑料、硬质合金数控刀具、人造聚晶金刚石、立方氮化硼复合片、金属陶瓷材料及刀具、量具、矿用合金、耐磨零件及深加工产品、钨丝、钼丝和钨钼制品、硬面材料、新型焊接材料、功能性炭黑及碳石黑材料、高档钛材、高纯金属材料等产品。

高性能纤维及其复合材料。重点发展超高强芳纶纤维、芳纶1414纤维及其复合材料、热致性纤维、聚甲醛纤维、玄武岩纤维、碳纤维、醋酸纤维等重点产品。开展关键技术的研发和产业化，提升生产工艺技术和生产装备水平。

生物医用和共性基础新材料。（略）

专栏5　新材料产业发展路线

一、发展目标

围绕新型功能材料、先进结构材料、高性能纤维及其复合材料三大领域，建设新材料产业集群，延伸产业链条，打造品牌，培育龙头企业。

二、重大行动

（1）关键技术开发：钒钛磁铁矿煤基直接还原技术，新型节能多晶硅生产及硅材料副产物回收综合利用技术，工程塑料新产品开发及深加工和应用技术，高端氟硅材料产业化及应用技术，纺纶、聚苯硫醚纤维、聚四氟工业纤维、玄武岩纤维、聚甲醛纤维、热致性纤维及其复合材料产业化技术，稀土矿产资源采选、冶炼分离、深加工及综合回收利用技术，超细晶、超粗晶、高精度硬质合金及制品制造技术，生物医用材料制品及植入器械开发技术等。

（2）创新能力建设：加快新材料产业领域重点实验室、工程技术研究中心、企业技术中心建设。促进形成产业技术联盟或产学研联盟，培养一批科技领军人物和技术创新团队，围绕重点领域初步形成“研发—中试—成果转化—产业化”创新链。重点骨干企业装备和技术水平大幅提升，部分达到国际先进水平。

（3）产业化：加快钒钛、稀土、硅、锂新材料的开发利用，推进含钒、钛、稀土、硅、锂材料的产业化，推动化学新材料及特种工程塑料、高性能纤维的发展，积极推进超硬材料及刀具、生物医用材料和医用植入器械产业化进程。

（五）生物产业（略）

（六）节能环保产业（略）

四、重点产业布局

围绕战略性新兴产业发展的重点领域，根据战略性新兴产业聚集和集中发展的产业特征，从四川省区域发展实际出发，依托现有产业基础和重点园区，按照合理布局原则，充分发挥成都等城市在研发、设计和营销方面的优势；以核心区域为布局重点，重点拓展区为主要支撑，辐射带动全省战略性新兴产业发展。

（一）新一代信息技术产业布局

以成都、绵阳为核心区域，辐射带动德阳、广元、乐山、遂宁、内江等地，形成成都、绵阳“两个核心”，成都、德阳、绵阳、广元“一个产业带”的新一代电子信息技术产业布局。

核心区：成都依托高新区等区域，抓住天府新区、新川创新科技园建设机遇，重点发展软件与信息服务、集成电路、宽带通信与泛在网络产品、新型显示与数字视听、新型电子元器件及电子材料、计算机及终端产品、应用电子等产业链，建设全球知名的电子信息产品制造基地和全国重要的信息技术产业基地。绵阳依托科技城，重点发展新型显示与数字视听、宽带通信与泛在网络产品、军工电子等产业链，建设电子信息制造产业基地和军民结合产业示范基地。

重点拓展区：德阳依托经济技术开发区等，重点发展以先进控制为代表的行业应用软件和电子元器件及材料。广元重点发展以军工电子为主的电子信息制造业，建设国家重要的军工电子产品制造基地和军民结合产业示范基地。乐山、遂宁等地重点发展新型电子元器件及材料，建设四川省重要的电子产品生产配套基地。内江重点发展数据安全恢复设备、行业软件等。

（二）新能源产业布局（略）

（三）高端装备制造产业布局（略）

（四）新材料产业布局

以成都、自贡、乐山、攀西等为核心区域，辐射带动绵阳、德阳、雅安、泸州、宜宾、内江、达州、遂宁等地，形成成都、自贡、攀西“三个核心”，成都、德阳、绵阳“一个产业带”的新材料产业布局。

核心区：成都依托高新区、成眉工业集中发展区等园区，重点发展高性能纤维及其复合材料、电子信息材料、生物医用新材料、化工新材料，加强新材料技术研发，建设国家新材料高技术产业基地。自贡依托国家新材料产业化基地，重点发展金属新材料、高分子合成材料、新型炭材料产业链。乐山依托国家级硅材料开发与副产物利用产业化基地，重点发展硅材料及稀土材料产业链。攀西地区依托丰富的钒钛、稀土战略资源，重点发展钒钛、稀土新材料产业，建设国家级资源综合开发利用基地。

重点拓展区：绵阳依托国家绝缘材料工程技术研究中心，重点发展绝缘材料、高分子材料、磁性材料等产品，建成高分子材料产业基地。德阳重点发展新型金属材料、高分子复合材料、精细化工材料、生物医用材料产业链，建成新材料产业化综合基地。雅安重点发展电子材料和锂材料。宜宾重点发展金属复合材料、高分子材料、竹纤维、TDI（甲苯二异氰酸酯）等新材料。泸州依托综合化工优势，加快发展高性能结构材料、功能材料及器件等各类化工新材料。内江重点发展钒钛产业，建设钒钛资源综合利用基地。达州依托原有产业基础，重点发展含钒高强度钢材等先进结构材料。遂宁重点发展锂电新材料产业，建设锂电基础材料资源、生产和研发基地。

（五）生物产业布局（略）

（六）节能环保产业布局（略）

五、重大工程

针对战略性新兴产业的发展目标和具体任务，创新机制，加强政府引导，发挥企业积极性，组织实施重大产业创新发展工程和重大应用示范工程，加快战略性新兴产业发展。

（一）新一代信息技术重大工程

（1）宽带四川。（略）

（2）高性能集成电路。围绕重点整机系统应用需求，突破高端通用和专用芯片核心技术，大力支持移动互联、模数混合、信息安全、数字电视、射频识别（RFID）、传感器等芯片的设计，形成系统方案解决能力。加快先进生产线和特色生产线工艺技术升级和产品扩充，提高先进封装工艺和测试水平。进一步完善产业链，增强关键设备、仪器和材料开发能力，支持大生产线规模应用。

（3）新型平板显示。开展 TFT-LCD 显示器关键技术和新工艺开发，实施关键配套材料和核心生产设备产业化项目。突破 PDP 高光效技术、高分辨率技术及超薄技术，完善配套产业链。开展高迁移率 TFT 驱动基板技术开发，攻克 OLED 有机成膜、器件封装等关键工艺技术，加强关键材料及设备的国产化配套。开展 3D 显示、电子纸、激光显示等新技术研发和产业化。

（4）物联网和云计算。（略）

（5）信息惠民。（略）

（二）新能源重大工程

新能源集成应用。（略）

（三）高端装备制造重大工程

（1）支线飞机和通用航空。（略）

（2）先进轨道交通装备及关键部件。（略）

（3）智能制造装备。（略）

（四）新材料重大工程

（1）钒钛、稀土新材料开发创新工程。在大力发展冶金用钒制品生产的同时，积极开发高档专用优质钛白、钛合金及高档钛材，推进钛产业链升级，鼓励开发非钢用钒铝合金及钒功能材料，加快开发钒钛低微合金钢，重点开发高速铁路、高强度汽车、高档发电设备、机械用高档工模具、含钒高强度钢筋等高强、高韧、耐磨、耐蚀产品。重点突破钒钛磁铁矿煤基直接还原技术等新技术。稀土在基本不增加冶炼分离产品的基础上，加大应用力度，重点发展和完善稀土永磁材料、稀土光学材料和发光材料、稀土催化材料、稀土绿色能源环保材料、稀土治污材料、稀土结构功能新材料等产业链。

（2）关键材料升级换代。支持高强度铝合金等轻型合金材料、稀有金属材料、高速铁路车轮钢等高品质特殊钢开发。推进高强高模碳纤维等高性能纤维、医用材料、高纯硅等新型半导体材料和技术产业化，开展高磁感取向硅钢、铁基非晶带材、高饱和磁感铁基纳米晶材料等金属合金材料、无机改性高分子材料、高性能复合材料及新型建材在电力、交通运输、建筑等领域的应用示范。完善新材料标准体系，建设一批新材料开发、监测、应用、信息服务公共创新平台。

（五）生物产业重大工程（略）

（六）节能环保重大工程（略）

六、主要支撑条件

（一）加强科技创新

围绕战略性新兴产业核心技术难题和共性需求，结合国家和省重大科技专项，与国内外高校和科研机构加强合作，在新一代信息技术、新能源、高端装备制造、新材料、生物、节能环保等领域开展前瞻性、先导性科技攻关，形成一批高质量的技术储备，构建一批产业核心技术创新链。有选择地引进一批关键性、突破性的核心技术，努力在消化、吸收的基础上实现再创新。

（二）加快产业化进程

按照已有一定基础能迅速做大做强支撑大企业大集团发展的产品、目前规模较小但具有很好成长性的产品、具有区域性特色和优势的产品三种分类，对产品生产企业给予支持。围绕加快推进关键核心技术成果产业化和市场应用推广，分阶段对重点产品的“中试—规模化生产—市场推广”给予相应的支持。加快产品品牌建设，鼓励、支持企业对无形资产的培育和发展。

贯彻落实《四川省战略性新兴产品“十二五”培育发展规划》，引导和支持企业做强做大 20 个重大关键产品、加快发展 90 个以上重点培育产品、引导发展 100 个以上区域特色产品，适时调整补充新产品，提高战略性新兴产品市场竞争力。

专栏：战略性新兴产业重大关键产品（摘录）

领　域	产　品
新一代电子信息技术产业	主动式有机发光显示屏、物联网射频识别（RFID）传感设备、互动式网络电视
节能环保产业	LED 功能性照明系统、煤矿瓦斯制 LNG（液化天然气）成套专用设备

根据国家对战略性新兴产业关键核心技术及创新成果产业化的要求，在具有应用前景和市场前景的技术项目方面推进产业化进程。贯彻落实《四川省重大科技成果转化工程实施方案（2011—2015 年）》，加快推进科技成果信息、分析测试、技术转移、工程配套、创新孵化、投融资服务等产业创新支撑体系建设，选择具有引领带动作用，并能实现突破的重点方向，依托优势企业，统筹技术开发、工程化、标准制定、市场应用等环节，推动要素整合和技术集成，加速产业规模化发展。

（三）加快企业培育（略）

（四）推进产业集聚发展（略）

（五）加大市场培育（略）

（六）强化人才支撑（略）

（七）深化改革开放（略）

天津市电子信息产业发展“十二五”规划

天津市经济和信息化委员会

电子信息产业作为国民经济的战略性、基础性和先导性支柱产业，一直是天津市的优势支柱产业，也是未来五年天津工业实现产业结构优化升级和可持续发展的主要推动力。为加快转变经济发展方式，构筑高端产业高地，实现产业二次创业，依据《天津市国民经济和社会发展第十二个五年规划纲要》、《天津市工业经济发展“十二五”规划》和《天津市工业布局规划（2008—2020 年）》，制定本规划。

一、“十一五”发展回顾

（一）总体现状

天津是全国重要的电子信息产业基地，产业总体水平处于国内前列。经过多年发展，电子信息产业已经具备了一定规模，形成了通信设备制造、新型元器件、数字视听等优势领域和手机、片式元器件、显示器、数码照相机等重点产品，建设了一批独具特色的产业聚集区，对拉动天津经济持续快速发展起到了重要作用。

“十一五”时期，电子信息产业作为天津工业的优势支柱产业保持了平稳发展态势，对促进税收、拉动就业、扩大出口、降低能耗发挥了重要作用。2010 年，天津市电子信息企业共计 894 家，实现工业总产值 2 118.36 亿元，占全市工业总产值的 12.7%，利税 85.61 亿元，从业人员 20.82 万人，占全市从业人员总数的 14.7%，实现出口交货值 1 036 亿元，单位增加值能耗为 0.0615，仅为全市平均水平的 5.8%。

1. 产业结构日益完善

形成了通信设备制造、新型元器件、数字视听、机电产品等一批重点行业。通信设备制造业业务收入占全行业的 33.6%，新型元器件行业业务收入占全行业的 32.2%；数字视听设备行业业务收入占全行业的 16.4%，机电产品制造业业务收入占全行业的 12.6%，集成电路、电子基础材料等核心基础行业也呈现快速发展的势头，软硬件产业比例从 2006 年的 1:18 调整为 2010 年的 1:7，产业和产品结构趋于合理。

2. 聚集效应逐步增强

围绕重点产品和龙头企业，加快产业聚集，发展形成了具有一定规模效应和较强示范带动作用的五大电子信息产业聚集区。其中，天津经济技术开发区 2010 年电子信息产业业务收入达到 613.06 亿元，占全市电子信息产业业务收入的 30.5%；泰达微电子小区成为飞思卡尔、韩国三星等世界 500 强企业及其配套企业聚集的 IT 产业生产基地，2010 年电子信息产业业务收入达到 800 亿元以上；西青开发区电子信息产业业务收入 161.85 亿元，占全市电子信息产业业务收入的 8%；滨海高新区聚集了全市 60%的软件企业和 50%的系统集成企业；空港保税区 RFID 与物联网产业基地已经吸引了 20 余家国内外骨干企业，形成了较为完整的产业链。

3. 项目带动效果显著

“十一五”时期，天津市电子信息产业投资 3 000 万元以上项目共计 171 项。在全市累计推出的 120 项重大工业项目中，电子信息产业共计 18 项，累计投资 347 亿元。中芯国际 8 英寸集成电路芯片制造项目、中兴通信北方制造基地项目、曙光高性能服务器、爱国者移动存储设备项目等大项目好项目的实施，不仅成为产业新的增长点，而且有效填补了产业链高端环节的空白，产生了强大的拉动和辐射效应。

4. 骨干企业、重点产品优势突出

形成了一批具有较强竞争力的骨干企业和一批有重要影响力的优势产品，成为拉动产业发展的重要力量。中环电子、摩托罗拉、三星等 7 家企业入围中国制造业 500 强，近千亿集团 1 家，百亿集团 2 家，十亿以上集团 26 家；随着大项目的实施，中芯国际、大唐电信、中星微等一批行业龙头企业落户天津，龙头带动效应日益显现；重点产品优势突出，手机产量居全国第三位，电子元件产量约占全国的 1/4，中环半导体的区熔硅在半导体材料领域拥有不可替代的地位，滨海高新区曙光计算机产业基地成为亚洲最大的高性能计算机生产基地，“天河一号”超级计算机运算速度与能效达到世界第一位。

（二）存在不足

1. 产业规模有所下滑

“十一五”时期，电子信息产业规模整体出现下滑态势。其中电子信息产品制造业 2006 年总产值 2 315.45 亿元，占全市规模以上工业总产值的 23%，2010 年总产值为 2 118.36 亿元，占全市规模以上工业总产值的 12.7%，5 年下滑了 10.3 个百分点。

2. 自主创新能力不足

内资企业普遍存在“散、小、弱”的状况，多数以配套加工为主，企业研发投入比重平均仅为 1.5%，缺乏核心关键技术，基于自主知识产权的标准和品牌较少；高端整机优势产品较少，部分主导产品产业链不完整，重要配套环节缺失，关键部件需进口或异地采购，对产品升级与产业效益造成影响；高端人才紧缺，企业中技术人员占从业人员总数的比例仅为 9.5%。

3. 结构性矛盾依然存在

产业结构调整还需进一步深化，天津市电子信息产业仍然以移动通信设备制造为主导，电信网、广电网、互联网相关产品产值之比仅约为 6:3:1，作为三网融合核心的互联网产品相对较少，高端产品少，基础类产品研发能力弱。

二、面临的环境与形势

（一）新的发展机遇带来巨大市场空间

两化融合、三网融合的加快实施，物联网、云计算等新技术的推广应用，为电子信息产业创造了广阔的发展空间。未来五年三网融合将形成 1 万亿元的投资规模，3G 网络建设规模也将达到 6 000 亿元左右，到 2015 年我国物联网整体市场规模将达到 7 500 亿元，将有力地推动天津市电子信息产业抢占发展先机，培育新的经济增长点。

（二）重大项目建设形成强力产业支撑

“十一五”时期，电子信息产业重大项目有力推动了产业链向高端环节延伸。“十二五”时期将继续加大重大项目建设力度，物联网、信息安全、下一代互联网、集成电路、新一代移动通信等一批战略性新兴领域的项目和企业将相继在天津市落户，为加快形成特色产业集群、进一步完善产业链、推动产业向高端发展提供重要支撑。

（三）滨海新区开发开放加速资源聚集

滨海新区已经成为国内外最具活力的投资热点区域，新阶段开发开放步伐的加快，将加速国际和国内资本、技术和企业向新区聚集，为电子信息产业营造资金、技术、人才等生产要素高度聚集的产业发展环境。

同时，天津市电子信息产业发展仍面临严峻挑战。国际金融危机的影响依然存在，对天津市电子信息产业还将产生一定影响；国内电子信息产业竞争日趋激烈，北京、广东、江苏、上海等省市聚集了大量的资源，区域竞争进一步加剧。天津市电子信息产业必须加快构筑技术和品牌优势，尽快培育形成新的竞争优势。

三、指导思想、基本原则和发展目标

（一）指导思想

深入贯彻落实科学发展观，抓住电子信息产业新一轮发展机遇，实现电子信息产业二次创业。以提高产业竞争力为核心，以结构调整为主线，以科技创新、扩大开放为动力，巩固通信设备、电子基础材料和关键元器件、数字视听等优势产业；壮大高性能计算机服务器、集成电路、嵌入式电子、软件与信息服务业等潜力产业；培育物联网、信息安全、人工智能、光电子等战略性新兴产业。提高产业的内生增长能力、自主创新能力、国际竞争能力和产业聚集能力，打造具有国际竞争力的国家级电子信息产业基地。

（二）基本原则

1. 坚持规模发展与高端发展相结合

巩固提升电子信息产品制造业，加快推进软件、集成电路等高端产业发展，突破物联网等新一代信息技术，进一步壮大产业规模，推动产业链向高端环节发展，实现产业的全面提升。

2. 坚持自主创新与技术引进相结合

加大技术创新力度，着力提高重点领域自主创新能力，加快引进一批技术领先、带动能力强的龙头企业，将引进、消化、吸收、创新有机结合，提升产业自主发展能力。

3. 坚持招商引资与区域协作相结合

发挥滨海新区龙头带动作用，不断扩大引资规模，提高引资质量，加强环渤海区域合作，促进京津冀电子信息产业更宽领域、更深层次、更高水平的合作，推动三地产业协调发展。

（三）发展目标

（1）产业规模。到 2015 年，产业规模达到 7 000 亿元。其中，电子信息产品制造业达到 5 000 亿元，年均增长 18%，占全市工业的 14.5%，软件和信息服务业达到 2 000 亿元。

（2）产业结构。到 2015 年，电信网、广电网、互联网相关产品产值比例达到 6:5:5，软硬件比例达到 1:4。

（3）产业创新能力。到 2015 年，国家级企业技术中心达到 4 家，市级企业技术中心达到 55 家，建设公共技术服务平台 6 个。

（4）产业竞争力。到 2015 年，培育 2 个千亿级集团，10 个百亿集团，建设 1 个千亿级产业聚集区，4 个百亿级产业聚集区，打造 10 个产业集群。

（5）产业布局。到 2015 年，构建开发区东区和“IT 三角”两大产业聚集区，培育多个特色产业集群，形成“两区相向发展，多极共同推动”的产业空间格局。

四、主要任务

“十二五”是天津市电子信息产业实现跨越式发展的关键时期，必须抢抓发展机遇，通过实施重大项目、提升创新能力、完善产业链条、培育骨干企业、打造特色集群，全面壮大产业规模，提升产业核心竞争力，实现产业的高端发展、创新发展、持续发展、规模发展和聚集发展。

（一）实施重大项目，推动产业高端发展

立足产业基础，选准切入点，加快招商引资，促进一批重大标志性项目落地建设。围绕天津市具有优势的通信设备、新型元器件、数字视听等领域，积极引进战略投资者，加强合资合作，引进一批具有前瞻性的产业链关键项目，做大产业规模，提升产业层级。密切关注产业发展趋势，在新一代移动通信、物联网、信息安全、人工智能等领域，引进一批市场前景广阔的大项目，推动战略性新兴领域做大做强。依托天津市高校、科研院所的研发优势，争取一批光电子、电子基础材料领域的重大项目，提升产业水平。在重点产业聚集区内，规划一批特色产业园区，创新招商模式，承接产业链、产业集群的整体转移，打造特色产业集群。

（二）提升创新能力，实现产业创新发展

加大创新主体培育，完善基础平台，突破关键技术，构建以企业为主体、产学研相结合的技术创新体系。引导行业骨干企业建设企业技术中心，完善设计开发、试验、检测、验证和信息化等关键研发试验环境建设。在集成电路、软件、新型元器件、汽车电子、物联网、信息安全等重点领域加快建设公共技术服务平台，重点推动技术开发平台、产品验证测试平台、公共服务平台的建设。加快引进大院大所及研发机构，推动与企业间的技术转移。引导有实力的大企业组建产业联盟，开展产业共性关键技术的研发，制定产业标准。集中力量在核心元器件、高端通用芯片、下一代互联网、新一代移动通信等领域开展攻关，突破一批核心关键技术。

（三）完善产业链条，推进产业持续发展

着眼于未来产业发展和产业整体升级的需要，围绕产业链核心环节，引导产业垂直整合，打造完整产业链，增强产业发展后劲。促进企业加强产品开发，加快产业化进程，按照产业整体发展要求，推进上、下游产业和配套产业的发展，加速形成完整产业链，增强产业整体实力。按照产业链招商的原则，在新一代移动通信、新型元器件、集成电路、软件、物联网等领域重点引进国际、国内龙头企业，注重产业链向高端延伸，充分发挥其带动和集聚作用，完善产业配套，做大做强产业链。

（四）培育骨干企业，促进产业规模发展

发展壮大一批骨干企业和企业集团，使其成为支撑电子信息产业发展的主导力量。鼓励企业通过产品结构调整、资源整合等方式迅速做大做强，加快形成一批具有产业特色、技术优势、规模效应和品牌价值的骨干企业。在半导体材料、汽车电子、高性能计算机服务器等优势领域，做大做强内资企业和企业集团。依托移动通信、集成电路、片式元器件等特色园区整合产业资源，培育一批规模优势明显、专业化水平较高的中小配套企业，推动大、中、小企业联动协调发展，提升企业竞争优势。

（五）打造特色集群，引领产业聚集发展

把握电子信息产业集群化发展趋势，打造一批具有国际竞争力的特色产业集群。提高移动通信、新型元器件、汽车电子等特色集群的创新能力和根植性，提升集群的持续发展能力。在高性能计算机服务器、存储器、路由器、电子基础材料等领域，依托现有优势企业聚集配套企业，形成上下游企业协调发展的特色集群。在物联网、信息安全、人工智能、航空电子、汽车电子等领域建设一批特色产业集群，大力发展新兴产业。进一步创新产业成长机制，促进研发资源集聚，以高技术含量、高附加值优势替代低成本优势，建成一批充分体现集约发展特色的创新型产业集群。

五、发展重点

坚持巩固发展优势领域，壮大发展潜力领域，培育发展战略性新兴领域，围绕产业发展重点方向，以重大项目为抓手，推动产业链向高端转移，实现产业转型升级。

（一）巩固发展三个优势领域——通信设备、电子基础材料和关键元器件、数字视听

1. 通信设备（略）

2. 电子基础材料和关键元器件

电子基础材料重点发展宽带隙半导体材料、光电子材料、纳米材料、电子功能陶瓷材料、绿色电池材料、电子封装材料、硅材料等。新型元器件重点提高片式元器件、新型电力电子器件、高频频率器件、半导体照明、混合集成电路、新型锂离子电池、薄膜太阳能电池、电磁能电池、风能震动电池和新型印刷电路板等产品的研发生产能力；扶持移动通信设备及终端、数码影音设备等高端电子产品配套所需的新型元器件；推动电容式触摸屏开发及产业化、射频电缆、高温电缆及特种电缆、集成电路及高密度基层电路板、高频微波电路板等的发展。新型显示器产业重点推动 TFT-LCD 关键技术、工艺及材料的研发，推动 TFT-LCD 配套产业发展，打造相对完整的 TFT-LCD 产业链，突破有机发光二极管（OLED）、硅基液晶（LCOS）产业链核心环节，加快推进 3D 显示技术的研发和产业化进程。到 2015 年，产业规模达到 900 亿元。

3. 数字视听

加快推进数字电视、数码摄像机、数码照相机等数字家庭产品及新型消费电子产品的大发展；全面开展数字电视产品专用集成电路芯片、嵌入式控制软件和前端系统的设计与集成技术、网络信息家电核心技术、数字压缩、编码、传输技术、终端产品制造技术的研发和产业化；全力推动数字化广播电视网络建设、光纤入户工程建设和 4C（计算机、通信、消费电子、内容）融合。到 2015 年，产业规模达到 300 亿元。

（二）壮大发展四个潜力领域——高性能计算机服务器、集成电路、嵌入式电子、软件与信息服务业

1. 高性能计算机服务器（略）

2. 集成电路

着力培育 IC 设计骨干企业，重点推动对未来整机发展有重大影响的 SoC 芯片产品、嵌入式 CPU、高速传输技术、IC 卡芯片技术、高性能信息安全芯片以及汽车电子、航空电子、医疗电子、智能监控等高端应用和信息终端用核心芯片的研发及产业化；完善集成电路封装与测试产业；加快推进集成电

路设备和关键材料的研发转化和产业化。到 2015 年，产业规模达到 300 亿元。

3. 嵌入式电子（略）

4. 软件与信息服务业（略）

（三）培育发展四个战略性新兴领域——物联网、信息安全、人工智能、光电子

1. 物联网（略）

2. 信息安全（略）

3. 人工智能（略）

4. 光电子

全力推进激光产业发展，重点在激光加工与制造、激光器件、激光检测与传感仪器设备等领域形成技术和产品优势；加快推动环境光学与光传感产业的发展，在环境光学仪器、光纤传感、光学测量与机器视觉设备等领域加大支持力度；充分发挥天津在光通信领域的研发优势，重点推进光通讯器件、光存储系统及设备、光显示器件及设备的发展；大力推进光电子材料产业的发展，重点发展绿色可再生能源用太阳能电池单晶硅、多晶硅、非晶硅材料开发和产业化、MOSFET、TVS/FRD 等硅芯片材料、砷化镓聚光太阳能电池、IGBT、光电子材料、光伏玻璃及电池组件；半导体照明材料、发光二极管、LED 外延片技术、光纤材料；LED 照明产品、LED 封装、LED 芯片及应用产品等。到 2015 年，产业规模达到 400 亿元。

六、空间布局

按照整体规划、错位发展的总体思路，发挥重大基础性、功能性设施和项目的引导作用，统筹协调、分类指导、优势互补，围绕主要功能区重点发展，依托区县优势特色发展，着力形成“两区相向发展，多极共同推动”的产业空间格局。

（一）打造两大产业聚集区

以开发区东区和“IT 三角”为核心，打造电子信息产业两大聚集区。

1. 开发区东区

依托开发区东区特色制造业基础，巩固发展移动通信、新型元器件、数字视听、汽车电子等重点领域，引进重大项目，培育龙头企业，壮大配套企业，形成以龙头企业为核心的较为完整的产业链和较为完善的产业配套体系，培育多个特色产业集群，打造优势明显的电子信息产品制造业基地。

2. IT 三角

依托西青开发区、泰达微电子工业区、大寺工业园和华苑产业园区规划建设微电子产业基地，重点发展移动通信、新型元器件、新型显示器件、集成电路、软件、汽车电子、电子基础材料、数字视听等产业；依托津南八里台工业区、海河工业区规划建设人工智能产业基地，聚焦人工智能网络、信息安全、海量数据管理和挖掘等领域，发展智能感知设备产业链、物联网综合解决方案；依托静海子牙环保产业园规划建设光电子产业基地，重点发展激光加工与制造、光电传感、光电仪器、光通信与光信息、能量光电子等产业。

（二）形成多个产业集群

依托国家级开发区、市级开发区、区县示范工业园区和都市工业园区等，立足区县产业基础和资源优势，围绕发展配套、构建和延伸产业链，重点规划建设一批特色电子信息产业集群。中心城区重点建设河北区通广科技园的信息技术及产品研发制造、南开区中环电子工业园的计算机及配件、电子仪器生产及软件开发等七个以研发、设计、营销和总部经济为特色的电子信息产业集群；滨海新区重点建设临空产业区的航空电子、空港保税区的移动通信、开发区西区的通信及汽车电子、塘沽海洋高新区的互联网通信设备、汉沽电子信息零部件、中心生态城软件产业六个特色产业集群；津南区重点建设海河工业区的新型电子元器件和集成电路设计产业集群；东丽区重点建设东丽开发区的电子信息产业集群；武清区重点建设电子信息零部件产业集群；蓟县重点建设开发区电子信息零部件产业集群。

江苏省“十二五”培育和发展战略性新兴产业规划

江苏省人民政府

为了抢抓机遇大力发展战略性新兴产业，进一步提升江苏省产业的自主创新能力和综合竞争力，促进产业结构优化升级和经济发展方式加快转变，制定本规划。

根据江苏经济基础、产业优势和未来发展趋势，“十二五”期间，江苏省重点发展新能源、新材料、生物技术和新医药、节能环保、新一代信息技术和软件、物联网和云计算、高端装备制造、新能源汽车、智能电网和海洋工程装备十大战略性新兴产业，使其成为引领江苏省国民经济发展的先导产业和支柱产业。

一、发展基础和发展环境

（一）发展基础

近年来，江苏省积极组织实施《新兴产业倍增计划》，新兴产业实现了跨越式发展，有效地促进了产业结构优化升级。一是产业规模领先全国。2010 年，全省新兴产业实现销售收入 20 647 亿元，同比增长 35.8%，产业规模位居全国前列。二是创新能力不断提升。2010 年，新兴产业的企业研发投入占全社会研发投入超过 50%以上，涉及新兴产业的专利数超过 60%。全省区域创新能力居全国第一位，一批新技术、新装备、新工艺处于国内领先位置，有的达到国际先进水平。三是产业集聚程度较高。新兴产业在经济开发区、高新技术产业开发区和特色产业基地高度集聚，全省 60%的新兴产业产值和 40%的高新技术产业产值集中在 16 个国家和省级高新园区。四是新兴企业快速发展。截至 2010 年年底，在全国同行业中处于领先水平的新兴产业企业超过 80 家，形成了一批新能源、新材料、电子信息、智能电网、高端装备制造和节能环保等优势企业群，拥有一批市场占有率、技术水平高的新材料、新医药及新能源上市企业。

虽然江苏省新兴产业发展取得了显著成绩，具备了一定基础，但仍然存在一些问题，面临一些“瓶颈”制约，主要表现在：新兴产业规模优势尚未真正确立，对经济增长的引领作用有待增强；国际竞争力还不强，总体上仍处于产业链的低端环节；新兴产业领域专业技术人才和高技能人才比较缺乏，特别是高层次创新创业人才和团队紧缺。

（二）发展环境（略）

二、总体思路和发展目标（略）

三、产业发展重点

（一）新能源产业（略）

（二）新材料产业

重点发展新型功能材料、先进结构材料和共性基础材料等，确立江苏省新材料产业在全国的领先地位，实现由新材料大省向新材料强省跨越发展。

（1）新型功能材料。大力发展稀土功能材料、新型显示材料、功能陶瓷材料、高性能膜材料、集成电路用封装材料等。

（2）先进结构材料。积极发展金属基复合材料、高温合金、高温耐蚀材料、新型工程塑料、高性能纤维及其复合材料。

（3）共性基础材料。重点开展纳米、超导、智能等材料的研发和产业化，推动纳米材料、膜材料、碳纤维及复合材料进入国家战略产品目录。

（三）生物技术和新医药产业（略）

（四）节能环保产业（略）

（五）物联网和云计算产业（略）

（六）新一代信息技术和软件产业

重点发展下一代信息网络、电子核心基础技术与器件、新型显示技术与产品、高端软件和服务外包。

（1）下一代信息网络。（略）

（2）电子核心基础技术与器件。围绕重点整机系统应用需求，突破高端通用芯片核心技术，着力推动面向计算机、通信、电力、汽车电子、消费电子、工程机械、金融、文化和教育等应用芯片设计、制造与封装，推进关键元器件、专用电子设备的研发和产业化，全力打造国家基础电子产业基地。

（3）新型显示技术与产品。重点推进高世代液晶面板及其关键配套产业，着力推进有机发光二极管（OLED）材料和器件的研发及产业化，推进激光显示、三维（3D）显示、电子纸等新型显示技术及下一代视频技术研发和产业化。

（4）高端软件。（略）

（5）服务外包。（略）

（七）高端装备制造产业

重点发展轨道交通、智能制造等装备和系统，将江苏省打造成为轨道交通装备和智能制造装备的集聚区。

（1）轨道交通装备。（略）

（2）智能制造装备。强化基础配套能力，突破新型传感器与智能仪器仪表、自动控制系统、数控机床和工业机器人等核心技术，重点发展以数字化、柔性化及系统集成技术为核心的智能制造装备产业，加强智能技术、智能测控装置和高性能零部件在石化、冶金、汽车、电力、环保及资源综合利用等重点领域的推广应用。

（3）专用装备。（略）

（4）航空配套产业。（略）

（八）新能源汽车产业（略）

（九）智能电网产业（略）

（十）海洋工程装备产业（略）

四、产业发展布局

（一）形成功能互补的区域产业发展布局

苏南地区要充分发挥产业科技资源优势，突出高端化发展，以加快推进苏南自主创新示范区建设为契机，注重原始创新，集聚全球高端创新人才和产业资源，着力形成一批自主知识产权和核心技术，推进高端环节产品和高端产业快速发展，在更高层次上提升国际竞争能力，形成全球知名的战略性新兴产业高地、全国重要的战略性新兴产业引领发展区。苏中地区要结合产业基础优势，突出国际化发展，注重开放式创新，突破部分领域的关键环节，发展高附加值产业链，建设一批战略性新兴产业集聚区，形成战略性新兴产业的新增长点，提升在战略性新兴产业国际化分工中的层次和地位，加快实现与苏南融合发展，在更大区域、更大范围内形成全国战略性新兴产业带动发展区。苏北地区要充分发挥特色资源优势，突出引进合作发展，注重引进、消化、吸收、再创新，着力引进高端人才和创新创业团队，探索合作发展新模式，培育战略性新兴产业发展的新亮点，加快规模化发展，尽快成为有影响力的战略性新兴产业成长区。

（二）重点支持区域标志性高端产业发展

按照“突出优势、差别竞争、错位发展”的原则，选择创新能力强、竞争优势明显、增长潜力大的城市和地区，培育一批能够成为全国标志性和全球有影响力的高端产业。

（三）建设一批特色产业基地（略）

五、保障措施

（一）构建产业支撑体系

1. 创新能力提升工程（略）

2. 产品应用示范工程

重点区域应用示范。依托现有优势产业集聚区，选择 10 个创业环境好、市场活力强、辐射带动强的城市或开发园区，组织实施高效节能、清洁技术、新能源集成应用、新能源汽车、LED 等产品应用示范。

优势企业应用示范。选择 50 个优势企业在风力发电装备、海洋工程装备、轨道交通装备、航空航天装备、智能制造装备、先进计算、下一代互联网、材料科学、环保与节能服务等领域开展应用示范。

重点项目及高端环节产品应用示范。选择具有国内先进水平的重点项目和高端环节产品开展应用示范，建成 100 项新一代信息网络、信息技术服务、微纳电子、纳米材料、生命科学与生物技术、物联网、云计算、OLED 等项目产品应用示范。

3. 高端人才引领工程（略）

4. 产业与金融融合工程（略）

5. 产业国际化发展工程（略）

（二）创新体制机制

1. 健全工作机制（略）

2. 加大财政支持（略）

3. 优化发展环境（略）

深圳市完善平板显示产业链实施方案（2011—2013 年）

深圳市人民政府办公厅

平板显示（FPD）技术包括等离子显示（PDP）、真空荧光显示（VFD）、场发射显示器（FED）、电致发光显示（EL）、有机发光二极管显示（OLED）等主动发光显示技术以及液晶显示（LCD）、电泳显示（EPD）等被动发光显示技术。其中，薄膜晶体管液晶显示（TFT-LCD）是平板显示的主流技术，其装置一般由背光源、导光板、玻璃基板、液晶、彩色滤光片、偏光片、配向膜、驱动 IC 等部件组成。随着生产技术的逐步成熟，TFT-LCD 显示器件还在不断地发展和改进，产量迅速增长，已迎来大发展的黄金时期。

平板显示产业是电子信息产业的基础产业之一，技术含量高、产业带动力强，是国家、广东省和深圳市大力发展的产业。为促进深圳平板显示产业持续健康发展，推动电子信息产业结构优化升级，增强高技术产业核心竞争力，依据国家有关规划，特制定本方案。

一、产业基础

（一）产业规模全国领先

深圳从 20 世纪 80 年代开始发展平板显示产业，是我国平板显示产业发展最早的地区之一。近年来，随着华星光电、旭硝子、深超光电、盛波光电、华映显示、日东光学等项目的建设，深圳平板显示产业加快转型，着力追赶在 TFT-LCD 领域领先一步的长三角地区。2010 年深圳市平板显示产业规模约为 540 亿元，位居全国大中城市前列。华星光电第 8.5 代 TFT-LCD 面板项目的建成投产填补了深圳乃至华南地区在高世代液晶面板领域的空白，旭硝子第 8.5 代 TFT-LCD 玻璃基板、深超光电低温多晶硅液晶面板、盛波光电宽幅偏光片生产线等一批重大项目的上马，将显著提升深圳在全国平板显示产业中的地位。

（二）产业链初步完善

深圳已基本形成相对完整的平板显示产业链，除液晶材料之外，铟锡氧化物（ITO）导电玻璃、偏光片、掩膜版、彩色滤光片、背光源、驱动芯片、聚酰亚胺（PI）取向剂、衬垫料、ITO 薄膜及生产设备等上游产业已拥有比较成熟的生产技术和生产能力。近年来，深圳市持续加大 TFT-LCD 液晶面板和模组项目的建设力度，华星光电第 8.5 代、深超光电第 5 代和莱宝高科第 2.5 代 TFT-LCD 液晶面板生产线相继投产，华映显示 TFT-LCD 模组生产线是华南地区第一个建成投产的大尺寸液晶模组项目。随着旭硝子、盛波光电、日东光学等配套项目的落户，深圳市的 TFT-LCD 产业链正在逐步完善。

（三）自主创新特色明显

经过多年发展，深圳市在技术创新、产业创新方面取得了一定成绩，形成了一批自主创新的产品和企业。华星光电是国内自主创新建设的第 8.5 代 TFT-LCD 面板生产企业；莱宝高科是国内首家自主掌握 TN/STN 型 ITO 导电玻璃生产技术、彩色滤光片生产技术、第 2.5 代 TFT-LCD 面板生产技术及投射式电容触摸屏核心技术的企业；盛波光电是国内第一家 TN/STN 用偏光片生产企业，三利谱是国内首家中小尺寸 TFT-LCD 用偏光片生产企业；清溢光电是目前国内规模最大的大面积高精度掩膜版专业制版公司，建立了第 5 代 TFT-LCD 掩膜版生产线，开发了 TFT-LCD 检测修补装备；豪威公司与日本爱发科公司合作，在国内首次生产电容触摸屏全套生产设备。

（四）终端市场优势突出

深圳电子信息产业基础雄厚，已成为全球重要的电子信息产业基地。2010 年，深圳市电子信息产业高新技术产品产值 8 963 亿元，约占全国电子信息产业的 1/7，是我国最大的平板显示终端应用市场。平板电视、液晶显示器、车载显示器/电视、移动 DVD、手机、MP3/4 等应用产品的生产聚集，长城、康佳、创维、TCL、中兴、华为等企业构成了庞大的用户群。2010 年，深圳市彩色电视机、微型电子计算机、移动电话机、显示器等产品的产量分别为 2 044 万台、3 403 万台、32 019 万部、4 418 万台，均居全国前列，并在全球市场上占有重要份额。这些终端产品对各种大中小面板的需求巨大，为深圳市平板显示产业发展提供了广阔的市场空间，使深圳市在发展平板显示产业方面具备了得天独厚的条件。

同时，还应当清醒地看到，深圳市平板显示产业链是从配套 TN/STN-LCD 起步，随着高世代液晶面板项目的推进，深圳市平板显示产业链亟待进一步提升和完善。

二、发展思路、目标及重点领域

（一）发展思路

全面贯彻落实科学发展观，坚持开放创新，坚持绿色低碳，坚持有所为有所不为，以提升产业竞争力为核心，以增强产业自主发展能力为关键，重点引进与本土培育相结合，充分发挥龙头项目的带动作用，培育形成一批具有较强竞争力的本土企业，促进深圳平板显示产业持续健康发展。

（二）发展目标

坚持自主创新与开放合作相结合，以建立健全产业链为重点，集聚优势资源，增强产业链本地配套能力，提升产业链整体发展水平，关注新型显示技术和产业，使平板显示产业成为深圳市电子信息产业的支柱产业之一。到 2013 年，平板显示产业规模达到 1 000 亿元，高世代 TFT-LCD 面板生产技术和生产能力达到国际先进水平，形成在全国乃至全球具有特色和影响力的平板显示产业链。

（三）重点领域

重点提升 TFT-LCD 用玻璃基板、彩色滤光片、偏光片、掩膜版、驱动 IC、背光模组等关键原辅材料及设备的生产、检测、输运配套能力，支持高世代 TFT-LCD 面板生产技术和生产能力提升，积极关注和支持 OLED 等其他新型显示技术和产业。

三、重点引进和扶持的产业链环节

鼓励企业引进、消化、吸收国外先进技术，支持企业开展自主创新，努力向产业链上游延伸，完善平板显示产业链。

（一）完善上游关键原材料产业链

根据工艺流程，TFT-LCD 平板显示上游关键原材料和设备产业链包括阵列、彩膜、成盒、模组 4 个环节。重点引进项目 4 个，投资额约为 36.1 亿元；重点培育扶持的本土项目 17 个，投资额约为 88.56 亿元；关注及计划招商项目 7 个。

1. 阵列

阵列环节的主要原材料和设备包括玻璃基板、靶材、化学品、大宗气体、特种气体和掩膜版。重点发展以下环节。

1）玻璃基板

玻璃基板制造是平板显示材料制造的核心环节，是构成液晶显示器件的一个最重要的基本元件，要求高透光性、高平整度、超薄厚度以及耐高温、耐强酸强碱。玻璃基板的生产技术复杂，目前全世界只有美国康宁、日本旭硝子、日本电气硝子、日本板硝子等少数几家公司能够制造高世代大尺寸玻璃基板。

产业现状：深圳市已经引进了旭硝子精细浮法玻璃（深圳）有限公司，主要生产中低端 TN、STN-LCD 用玻璃基板。目前，大尺寸高世代液晶面板用玻璃基板制造仍属于深圳市平板显示产业链的缺失环节。

重点任务：为填补大尺寸玻璃基板制造环节的空白，要加快推进已引进的日本旭硝子（AGC）第 8.5 代 TFT-LCD 玻璃基板制造项目建设。

计划进度：加快 AGC 项目建设。AGC 已与深圳市签署投资合作协议，计划在深圳市分两期建设两条 TFT-LCD 玻璃基板后段研磨生产线，满足华星光电第 8.5 代液晶面板项目的需求。该项目总投资约为 4.5 亿美元，用地约 11 万 m^2，选址在光明新区华星光电项目东侧。项目已完成前期准备工作，于 2011 年 6 月启动第一条研磨生产线的建设，计划 2012 年 6 月量产，第二条研磨生产线的建设计划于 2013 年启动，两条线投产后年产值约为 46 亿元。

责任单位：市发展改革委、光明新区管委会主办，市经贸信息委、规划国土委、人居环境委协办。

2）特种气体、大宗气体

特种气体主要包括硅烷、磷烷、三氟化氮、一氧化氮、六氟化硫、氨气等，大宗气体包括氮气、氢气、氧气、氦气、二氧化碳、氩气。特种气体和大宗气体广泛应用于 TFT-LCD 等显示行业、硅半导体及化合物半导体、太阳能光伏、光纤和发光二极管等光电设备行业。目前，特种气体、大宗气体世界著名厂商主要有美国空气化工（AP）、法国液体空气（AL）、德国林德公司。

产业现状：目前，美国空气化工已经建设了为深超光电服务的大宗气体项目，法国液体空气正在建设为中芯国际服务的大宗气体项目，德国林德正在建设为华星光电服务的大宗气体项目。

重点任务：跟踪服务林德在华星光电项目厂区内建设的大宗气体现场制气项目。下一步计划引进美国空气化工、法国液体空气、德国林德中的一家建立大型大宗气体服务项目，为华星光电、旭硝子玻璃基板厂乃至深圳其他产业领域提供集约化的配套服务。

计划进度：林德现场制气项目已于 2011 年年底建成，现已开始在现场为华星光电项目供应氧气、氮气。下一步计划引进建设一个大型气体工厂，力争 2011 年年底前落实项目用地选址。

责任单位：市投资推广署主办，市经贸信息委、发展改革委、规划国土委、人居环境委、光明新区管委会协办。

3）掩膜版

掩膜版是广泛应用在电子行业的重要加工工具之一，在超大规模集成电路、平板显示器件制造的光刻工艺中起着曝光掩蔽作用。世界知名掩膜版厂商有日本豪雅、日本写真等。

产业现状：深圳市已经拥有清溢光电、路维电子等掩膜版生产厂商，其中清溢光电是目前国内规模最大的大面积高精度掩膜版专业制版公司，自主研发的第 5 代 TFT 用掩膜版已形成批量生产能力，正在开发第 6～8 代掩膜版。

重点任务：重点培育支持清溢光电、路维电子大中尺寸掩膜版项目；关注日本豪雅、日本写真大尺寸掩膜版项目。

计划进度：清溢光电大尺寸掩膜版项目投资 2.68 亿元，新增工艺生产设备及软件 12 台（套），建设 3 条大尺寸 TFT-LCD 用掩膜版生产线，扩大第 5 代 TFT-LCD 用掩膜版产能，并研制出第 6～8 代 TFT-LCD 用掩膜版，实现第 5～8 代 TFT-LCD 用掩膜版的量产。目前项目已经启动，2011 年 3 月净化厂房装修完成，计划 2012 年 2 月设备安装调试完毕，2012 年 6 月项目投产，2015 年实现达产，将新增产能 1302 张/年，达产后年产值约为 4 亿元。

路维公司计划投资 5 亿元，自建研发生产用房，建设第 4.5 代 TFT-LCD/CF、OLED、触摸屏等中高端掩膜版生产线，2012 年项目启动，计划 2013 年量产，量产后年产值将达到 10 亿元。

责任单位：市发展改革委、经贸信息委、科技创新委主办，规划国土委、人居环境委、南山区政府等单位协办。

2. 彩膜

彩膜环节的主要原材料和设备包括彩色滤光片、彩色光胶、ITO 靶材、显影液、溶剂、掩膜版等。重点支持和引进彩色滤光片等关键原材料。

彩色滤光片（CF）是液晶平板显示器件彩色化的关键零组件，由于其有透过率、色彩再现率和色温等要求，因此制造工艺特殊、制造难度高，目前全球彩色滤光片专业生产厂中，日本凸版印刷、日本 DNP（大日本印刷）和韩国三星 SDI 三家企业占据了垄断地位。

产业现状：目前深圳市厂商主要有莱宝高科、深圳南玻和比亚迪，莱宝高科在生产 CSTN-LCD 用彩色滤光片的同时，也跨入了 TFT-LCD 彩色滤光片的生产，比亚迪主要生产用于自身配套的 CSTN-LCD 用彩色滤光片。但大尺寸 TFT-LCD 用彩色滤光片制造仍属空白。

重点任务：落实华星光电与日本凸版印刷的彩色滤光片合作项目，支持华星光电自主建设生产大尺寸 TFT-LCD 彩色滤光片项目。鼓励深圳市有条件的本土企业自主创新，加快向大尺寸 TFT-LCD 用彩色滤光片制造领域转型升级。

计划进度：华星光电与日本凸版印刷已于 2010 年 9 月签署合作协议，合作方式为技术合作援助、人员培训、共同研发，2010 年 11 月开始展开华星光电人员赴日培训等技术支援工作，继续推进人员培训、技术咨询和研发，确保华星光电项目生产顺利进行。

责任单位：市经贸信息委主办，光明新区管委会等相关单位协办。

3. 成盒

成盒环节的主要原材料和设备包括液晶材料、PI 膜、边框胶、偏光片等。重点发展偏光片等环节。

偏光片是产生和检测偏振光的片状光学功能材料。偏光片主要厂商包括日东电工、LG、住友化学等。预计国内市场未来 3～5 年对 TFT 偏光片的年需求量将达到 5 000 多万 m^2，市场规模将达到 100 亿元以上，对国内偏光片配套需求强烈。目前，中低档偏光片中国产产品已经占有相当比例。

产业现状：日东电工大尺寸偏光片后段项目已于 2008 年 5 月投产；盛波光电重点开发拥有自主知识产权的偏光片产品，TFT-LCD 用偏光片项目已于 2009 年 6 月开工；三利谱已经拥有中小尺寸 TFT-LCD 用偏光片生产线并已批量生产。

重点任务：培育支持盛波光电和三利谱 TFT-LCD 用偏光片项目建设，提升大尺寸偏光片项目的产能。

计划进度：盛波光电 TFT-LCD 用偏光片项目选址于坪山新区聚龙山片区，规划总建筑面积 12.4 万 m^2。项目分两期建设，一期投资 9.26 亿元，建设一条幅宽为 650mm 和两条幅宽为 1 490mm 的 TFT-LCD 用偏光片生产线，设计年产能 800 万 m^2，已于 2009 年 6 月开工建设，2011 年第四季度宽幅生产线建成试产，2012 年第三季度窄幅生产线建成试产。项目二期拟投资 10 亿元，将根据一期的生产经营情况适时启动。

三利谱 TFT-LCD 用偏光片项目建设地点位于光明新区，一期投资 2.8 亿元，已开工建设一条幅宽为 1 490mm 的 TFT-LCD 用偏光片生产线，2011 年 10 月建成投产，产能达到 400 万 m^2/年。

责任单位：市发展改革委、光明新区管委会主办，市经贸信息委、规划国土委、人居环境委、坪山新区管委会等相关单位协办。

4. 模组

模组环节的主要原材料和设备包括驱动 IC、LED 背光源、导光板、电路板、机构件、异方向性导电膜等。重点发展以下环节。

1）中大尺寸模组

背光模组是液晶显示器面板的关键零配件之一，由于液晶本身不发光，背光模组的功能即在于供应充足的亮度与分布均匀的光源，使液晶能正常显示影像。

产业现状：华映显示于 2005 年 5 月在光明新区投建的 TFT-LCD 模组生产线是华南地区第一个大尺寸液晶模组项目，同时也是国内首条液晶电视 TFT-LCD 后端模组生产线。深圳创维-RGB 电子有限公司已建立 4 条模组整机一体化生产线。

重点任务：支持培育创维电视液晶面板邦定项目和国显 TFT 中尺寸液晶模组项目。

计划进度：深圳创维-RGB 电子有限公司在建立 4 条模组整机一体化生产线的基础上，于宝安区石岩街道开展电视液晶面板的邦定（Bonding）线的建设项目，建设 4 条液晶面板的邦定线。项目总投资 2.6 亿元，达产后年销售收入达到 2.8 亿元。项目于 2011 年 1 月启动，计划 2012 年 2 月建成一条手动线和一条自动线，2013 年 8 月建成 3 条自动线，2013 年 12 月实现量产。

国显科技计划建设 TFT 中尺寸液晶模组项目，包括电容式触摸屏+模组项目以及中尺寸 TFT-LCM LED 背光源项目、中尺寸 TFT-LCM ODF 切割项目、中尺寸 TFT-LCM 偏光片裁片和贴片项目、中尺寸 TFT-LCM SMT 项目 4 个配套项目，总投资 4 亿元，分两期建设，计划 2014 年年底建成投产，中尺寸模组年产量将达到 2000 万块。

责任单位：宝安区政府、市经贸信息委主办，市发展改革委、规划国土委、人居环境委等相关单位协办。

2）驱动 IC

驱动 IC 是液晶显示器的基础零件之一，主要功能是输出需要的电压至像素，以控制液晶分子的扭转程度。

产业现状：深圳市天利半导体正在建设 LCD 用驱动 IC 项目，晶门科技在研发大尺寸 TFT-LCD 用驱动芯片项目。

重点任务：继续支持晶门科技、奇景光电、天利半导体驱动 IC 项目，关注 NEC、Novatek、TI、Himax 等厂商。

计划进度：晶门科技将完成平板显示驱动及系统芯片的研发与产业化项目，总投资约为 1.28 亿元。计划 2013 年之前投资约 5 280 万元，进行高世代平板显示驱动芯片、多媒体处理器 SoC 芯片、电容触摸屏驱动芯片、新型电视二维背光调整控制器用芯片及 LED 驱动器芯片成套方案的开发，预计年产量为 1 310 万颗芯片，年产值约为 7 900 万元。2013—2018 年投资约 7 520 万元，完成高世代平板显示驱动芯片、多媒体处理器 SoC 芯片、电容触摸屏驱动芯片、新型电视二维背光调整控制器用芯片及 LED 驱动器芯片成套方案的升级研发和 AM-OLED 客制化驱动芯片的开发及产业化。

奇景光电拟在深圳投资 5.32 亿元，建设大陆运营研发总部、LCOS 微型投影模块研发及生产基地、晶圆级数码相机模块（WLM）研发及产业化生产基地。计划 2012—2013 年建设运营研发总部，引进核心技术研发团队、技术测试团队、营销团队和财务结算等职能。2012—2014 年建设研发生产基地一期工程，生产 LCOS 和 WLM。

天利半导体 LCD 用驱动 IC 项目新增总投资 5 000 万元，将建设测试及模组生产车间，主要用于芯片的测试和模组的生产，形成 LCD 模组 35 万片/月的生产能力。项目已于 2011 年建成，计划 2012 年 12 月量产。

责任单位：市发展改革委、经贸信息委、科技创新委主办，市规划国土委等相关单位协办。

3）LED 背光源

背光源是位于液晶显示器背后的一种光源，其发光效果直接影响到液晶显示器的视觉效果，LED 背光源技术能大幅提高画面的对比度和色彩表现力，并且节能、环保，正日益成为市场上的主要产品。

产业现状：深圳及周边地区有多家在中小尺寸方面成熟的 LED 背光源厂家，比较突出的有帝光、亚通、伟志等企业。其中帝光是专门从事 LED/CCFL 背光源的研发、生产、销售的公司，目前已经发展成为一家具有全尺寸产品研发和生产优势的企业，已研发出 26 英寸、32 英寸及以上的背光源产品。

重点任务：支持 TCL 集团自主研发、自主建设 LED 背光源配套项目。支持创维超薄节能大尺寸 LED 背光源、帝光电子 LED 背光源、深华龙背光源项目建设。

计划进度：深圳创维-RGB 电子有限公司计划投资 5 000 万元，通过购置相关研发及产业化设备，在创维石岩基地改造或新建现代化的大尺寸背光源生产线，实现年产 100 万台 32 英寸以上大尺寸 LED 背光源的能力，并完成新型的光学结构设计、LED 背光源区域动态控制驱动电路设计、LED 器件封装技术等主要技术研发。该项目已于 2011 年 11 月建成投产。

帝光电子 LED 背光模组和整机一体化项目计划投资 6 亿元，新增液晶电视 LED 背光源模组和整机一体化生产线。项目已在光明新区建成投产，计划 2013 年产值达到 25 亿元，2015 年达产后年产值为 50 亿元。

深华龙 LED 背光源项目计划投资 5 000 万元建设生产基地，购置大尺寸导光板用丝印设备，开发动态智能背光源，组建 2 个驻厂背光源生产车间，实现 Si 基板大功率 LED 封装技术的产业化，已于 2011 年年中建成投产，计划 2012 年年底量产。

责任单位：市经贸信息委主办，市发展改革委、人居环境委、宝安区政府、光明新区管委会等相关单位协办。

5. 生产检测设备

产业现状：目前，深圳市生产的液晶生产检测设备包括日东科技的工艺设备及自动化存储设备、检测设备，清溢光电的激光修补机、精密测量设备，深圳润正的 LCD 生产线整厂设备，深圳虎神的 TN、STN 液晶显示器灌晶设备，深圳航通的 TN、STN 设备，深圳世平科技的大型精密设备的再生处理等。

重点任务：鼓励合作开发平板显示产业的生产和检测设备，培育华星光电配套厂商的本土化制造项目，推进建设世平科技半导体、液晶面板、光伏电池生产厂用超精密设备的专业再生处理项目，支持大族激光紫外激光 LED 晶圆划片机及全自动 LED 金球焊线机产业化项目，支持日东科技与韩国 Charm&CI 的检测和修补设备合作项目，积极关注晶彩光电自动光学检测系统、MJC 成盒测试机、纯化科技自动输运系统等项目。

责任单位：宝安区政府、光明新区管委会、市投资推广署主办，市发展改革委、经贸信息委、规划国土委、人居环境委等相关单位协办。

（二）扶持高世代 TFT-LCD 面板项目

支持华星光电第 8.5 代 TFT 液晶面板项目顺利建成投产；支持华映显示 TFT-LCD 模组项目建设；支持设立研发中心，搭建集研发、中试、检测验证、专利、标准和科技文献信息等功能于一体的公共技术支撑平台，摆脱单一加工制造的现状，确保产品及产业技术的升级换代，不断提高核心竞争力。

鼓励自主创新与对外合作相结合，支持华星光电引入战略合作伙伴，推进华星光电与韩国、日本和中国台湾厂商进行广泛的技术合作，大力支持华星光电与其他面板厂、关键原材料厂商、彩电厂商、系统集成厂商开展战略合作。

（三）关注新型平板显示技术项目

近年来，有源矩阵有机电致发光二极管（AM-OLED）、电子纸和投射式电容触摸屏是平板显示技术的三大亮点。

重点任务：支持深超光电、莱宝、中显、德普特、业际的投射式电容触摸屏项目，支持豪威爱发科公司发展电容触摸屏全套生产设备，支持深超光电低温多晶硅项目、TCL 集团的 AM-OLED 项目，支持南玻、莱宝、宇顺等的有机发光二极管（OLED）研发项目，积极培育和引进全新有机柔性显示技术、电子纸等其他新型显示技术项目。支持培育项目 4 个，投资额约为 52.4 亿元。

计划进度：莱宝高科计划投资 8 亿元，购置项目用地，建设新型触控技术研发中心、厂房及配套设施，年产 1 100 万片中大尺寸电容式触摸屏（以 10 英寸计）。项目已于 2011 年 6 月动工，计划 2013 年投产，届时产值将达到 20 亿元。

中显公司已在盐田区北山工业区落实选址，计划投资 5.3 亿元，自建厂房 2.8 万 m^2，建设电容式触摸屏项目，达产后年产触控功能玻璃 ITO Sensor45 万片、中大尺寸触摸屏模组（折成 10.1 英寸）180 万片、小尺寸触摸屏模组（折成 3.5 英寸）1 650 万片。

TCL 集团计划实施 AM-OLED 用氧化物半导体 TFT 基板项目，建设 AM-OLED 用金属氧化物 TFT 技术的研发与实验室用房 1 500m^2，其中洁净实验室约 750m^2，建设一条基板尺寸为 200mm×200mm 的研发型 AM-OLED 用金属氧化物 TFT 基板的中试实验线，形成年产 12 万片小尺寸金属氧化物 TFT 基板的中试产能。项目研发由 TCL 集团联合华南理工大学共同承担，中试实验线将在光明新区建设。

深超光电在龙华自有厂房的基础上，新增机器设备，建设低温多晶硅 TFT-LCD 面板生产线。项目总投资 5.96 亿美元，分两期建设。一期工程已开工，计划 2012 年 7 月建成；二期工程计划 2012 年 7 月启动，2013 年 7 月建成。两期工程达产后产能为 3 万片/月，年产值为 24 亿美元。

责任单位：宝安区政府、盐田区政府、光明新区管委会主办，市发展改革委、经贸信息委、规划国土委、人居环境委等相关单位协办。

（四）支持终端应用产品开发

深圳电子信息产业发达，发展平板显示产业具有得天独厚的条件。未来深圳市仍需继续培育终端应用市场，为平板显示产业提供更大的发展空间。支持模组整机一体化电视、3D 电视、网络电视、绿色环保显示产品、触摸式平板电脑等新型终端应用产品的研发和生产。

四、推进措施

（一）保障产业发展空间

以华星光电第 8.5 代液晶面板项目为龙头，按照“满足需要，适度超前”的原则，优化土地利用总体布局，促进项目用地集约高效利用，尽快出台平板显示产业空间布局规划，落实主要项目用地并明确完成土地整备的时间。将光明国际平板显示产业园规划上报，经市政府审定后颁布实施。

责任单位：市规划国土委、光明新区管委会。

加快建设创新型产业用房，鼓励建设平板显示产业集聚区，为平板显示产业中小企业发展提供有力支撑。鼓励和支持背光源、驱动 IC 等平板显示产业中小企业进驻创新型产业用房和平板显示产业集聚区。光明平板显示产业集聚区已被认定为省产业集聚示范区。鼓励、引导能耗略高于深圳市标准或地均产出略低于深圳市标准的平板显示产业项目落户深汕特别合作区。

责任单位：市经贸信息委、规划国土委、深汕合作区管委会、各区政府、新区管委会。

（二）加快配套基础设施建设

加快完善光明平板显示产业园的市政道路、供水、排水、供电、燃气、通信、配套宿舍、大宗气体等基础设施，建设集总部、研发、生产、产业配套于一体的产业集聚区。制定光明平板显示产业园区基础设施建设规划，经市政府批准后加快实施。

责任单位：光明新区管委会、市经贸信息委、规划国土委。

（三）加大政策支持力度

修订完善《关于鼓励集成电路产业和新型平板显示产业发展的若干政策》，经市政府审定后颁布实施。加大财政支持平板显示产业发展的力度，适度扩大市高新技术重大项目专项资金的规模和支持范围，完善专项资金的使用方式。在政策允许范围内，在土地使用、贷款、人才引进与培养等方面向平板显示企业倾斜。

责任单位：市发展改革委、经贸信息委、科技创新委、财政委、规划国土委、人力资源保障局。

（四）加快培育和引进产业重点项目

扶持培育本土重点项目，有计划地开展招商引资工作，加快引进在谈的平板显示产业重大项目，分步引进平板显示产业重点环节的领军企业。各部门、各区积极落实《平板显示产业链重点引进项目》（附件 1）、《平板显示产业链重点培育扶持的本土项目》（附件 2）提出的各项工作。市投资推广署在《平板显示产业链招商引资参考指南》（附件 3）的基础上，于 2012 年 3 月底前制定完成平板显示产业招商引资工作计划，明确每年度引进项目的数量、资金额度等目标，并按计划开展招商引资工作。

责任单位：市投资推广署、发展改革委、经贸信息委、规划国土委、人居环境委、各区政府、新区管委会。

（五）提高自主创新能力

增强原始创新能力和集成创新能力，努力在新型显示面板生产、整机模组一体化设计、玻璃基板制造等领域实现关键技术突破。培育一批具有较强自主创新能力、拥有自主知识产权的企业。建立 5～10 家国家级、省级和市级重点实验室、工程实验室、工程（技术）研究中心、企业技术中心。建设一批具有产业检测、评价、认证、人才培养及技术服务功能的公共服务平台。加快推进平板显示产学研联盟建设，发挥龙头企业的辐射、集聚和带动作用。支持平板显示企业与清华大学深圳研究生院、深圳大学光电子学研究所、中国科学院深圳先进技术研究院等高等院校和科研机构开展校企合作、院企合作，整合科研资源，创新合作方式，推动建设产、学、研协同一致、优势互补的研发协作体系、重大课题联合攻关机制和人才合作培养制度。

责任单位：市发展改革委、科技创新委、经贸信息委、人力资源保障局。

（六）完善产业投资平台

积极鼓励和引导社会资金投向平板显示产业，鼓励金融机构加大对平板显示企业的服务力度。鼓励符合条件的平板显示企业通过上市以及发行企业债券、公司债券、短期融资融券等方式融资。

责任单位：市经贸信息委、金融办。

（七）加快引进和培养人才

贯彻实施市委、市政府《关于加强高层次专业人才队伍建设的意见》（深发〔2008〕10 号）及其 6 个配套文件。通过召开中国国际人才交流大会、举办海外人才招聘会以及实施“孔雀计划”等方式招才引智，充分利用全球创新资源，加快引进一批平板显示领域学科带头人、技术领军人才和高级管理人才。加强与国内科研机构和高等院校的合作，加快深圳科研机构、高等院校、培训机构建设，培养平板显示中高端人才和技术人才。创新人才服务工作，简化人才流动办理手续，建立“一站式”服务平台，营造宜居宜业的人才发展环境。

责任单位：市人力资源保障局。

（八）提高行政服务水平

进一步推进审批制度改革，简化审批程序，缩短审批时间，提高工作效率，为平板显示产业重点项目提供“绿色通道”，及时协调解决项目建设中遇到的各种问题，保障项目顺利推进。

责任单位：市政府各部门、各区政府、新区管委会。

（九）建立产业统计体系

开展深圳市平板显示产业统计工作。按照国民经济统计分类，规范统一平板显示产业统计口径，加快制定产业统计调查方案和报表制度，推进产业统计体系建设，定期发布有关统计分析报告。

责任单位：市统计局、发展改革委、经贸信息委。

（十）强化监督考核

市政府各部门、各区政府、新区管委会要做到组织到位、责任到位、工作到位，切实保障各项任务顺利完成。建立监督考核机制，市发展改革委每年对本方案的执行情况进行检查评估。

责任单位：市政府各部门、各区政府、新区管委会。

附件 1　平板显示产业链重点引进项目

附件 2　平板显示产业链重点培育扶持的本土项目

附件 3　平板显示产业链招商引资参考指南

附件 1

平板显示产业链重点引进项目

单位：亿元

产业链环节		投资主体	项目名称	投资额	建设内容	进度安排	主办单位	协办单位
阵列	玻璃基板	旭硝子株式会社	第 8.5 代 TFT-LCD 玻璃基板制造项目	28.8	在光明新区分两期建设两条玻璃基板后段研磨生产线，总投资约 4.5 亿美元，用地约 11 万 m^2，可满足华星光电项目的玻璃基板需求	已签署协议，完成前期准备工作，2011 年 6 月启动第一条线建设，计划 2012 年 6 月量产；2013 年启动第二条线建设	市发展改革委、光明新区管委会	市经贸信息委、规划国土委、人居环境委
	特种气体、大宗气体	美国空气/法液空/林德	大宗气体现场制气项目	1.99	跟踪服务德国林德已在华星光电项目厂区内建成的大宗气体现场制气项目。下一步引进建设一个占地约 2 万 m^2 的大型气体工厂，为华星光电、玻璃基板厂乃至其他产业领域提供集约化配套服务	德国林德公司现场制气项目已于 2011 年年底建成，现已开始在现场为华星光电项目供应氧气、氮气。下一步引进建设一个大型气体工厂，力争 2011 年年底前落实项目用地选址	市投资推广署	市经贸信息委、发展改革委、规划国土委、人居环境委、光明新区管委会
彩膜	彩色滤光片	华星光电公司	日本凸版印刷彩色滤光片合作项目	—	华星光电公司已选择日本凸版印刷（TOPPAN）作为彩色滤光片项目的合作伙伴，双方合作方式为技术合作援助、人员培训、共同研发	华星光电大尺寸 TFT-LCD 彩色滤光片项目已于 2011 年建成	市经贸信息委	光明新区管委会
模组	驱动 IC	奇景光电	大陆运营研发总部、LCOS 微型投影模块研发及生产基地、晶圆级数码相机模块（WLM）研发及生产基地项目	5.32	在深圳投资建设大陆运营研发总部、LCOS 微型投影模块研发及生产基地、晶圆级数码相机模块（WLM）研发及生产基地	计划 2012—2013 年投资约 6 000 万美元，建设运营研发总部，引进奇景光电的核心技术研发团队、技术测试团队、营销团队和财务结算等职能。2012—2014 年投资约 9 000 万美元，建设研发生产基地一期工程，生产 LCOS 和 WLM	市发展改革委	市经贸信息委、科技创新委、规划国土委

注：美元汇率按 2011 年 7 月 31 日计算，1 美元兑 6.4 元。

附件 2

平板显示产业链重点培育扶持的本土项目

单位：亿元

产业链环节		投资主体	项目名称	投资额	主要建设内容	主办单位	协办单位
阵列	掩膜版	清溢光电	大尺寸掩膜版项目	2.68	在高新区北区自有厂房的基础上，投资 2.68 亿元，新增工艺生产设备及软件 12 台（套），建设 3 条大尺寸 TFT-LCD 用掩膜版生产线，扩大第 5 代 TFT-LCD 用掩膜版产能，并研制出第 6～8 代 TFT-LCD 用掩膜版，实现第 5～8 代 TFT-LCD 用掩膜版的量产。目前项目已经启动，2011 年 3 月净化厂房装修已完成，计划 2012 年 2 月设备安装调试完毕，2012 年 6 月项目投产，2015 年达产，将新增产能 1 302 张，达产后年产值约为 4 亿元	市发展改革委	市经贸信息委、科技创新委、南山区政府
		路维公司	高精度掩膜版产业化项目	5	现在高新区北区租用厂房，研发、生产中小尺寸掩膜版。计划投资 5 亿元，自建研发生产用房，建设第 4.5 代 TFT-LCD/CF、OLED、触摸屏等中高端掩膜版生产线，2012 年项目启动，2013 年量产，量产后年产值达 10 亿元	市经贸信息委、科技创新委	市发展改革委、规划国土委、人居环境委
成盒	偏光片	盛波光电	TFT-LCD 用偏光片项目	9.26	已在坪山新区聚龙山片区落实项目用地，规划总建筑面积 12.4 万 m^2，分两期建设。一期投资 9.26 亿元，已于 2009 年 6 月开工，建设一条幅宽为 650mm 和一条幅宽为 1 490mm 的 TFT-LCD 用偏光片生产线，宽幅生产线已于 2011 年第四季度建成投产，窄幅生产线计划 2012 年第三季度建成投产，将新增产能 800 万 m^2/年。后续根据一期生产经营状况适时启动二期项目	市发展改革委	市经贸信息委、规划国土委、人居环境委、坪山新区管委会
		三利谱	TFT-LCD 用偏光片项目	2.8	建设地点位于光明新区，一期投资 2.8 亿元，拟建设一条幅宽为 1 490mm 的 TFT-LCD 用偏光片生产线，已于 2011 年 10 月建成投产，产能达到 400 万 m^2/y	光明新区管委会	市发展改革委、经贸信息委、规划国土委、人居环境委
模组	中大尺寸模组	创维-RGB	电视液晶面板的邦定（Bonding）项目	2.6	在宝安区石岩街道的创维平面科技园区建设 4 条液晶电视面板的邦定线。项目总投资 2.6 亿元，达产后年新增 2.8 亿元的销售收入。项目 2011 年 1 月启动，2012 年 2 月建成一条手动线和一条自动线，2013 年 8 月建成 3 条自动线，2013 年 12 月实现量产	宝安区政府	市发展改革委、经贸信息委、规划国土委、人居环境委
		国显科技	TFT 中尺寸液晶模组项目	4	计划建设 TFT 中尺寸液晶模组项目，总投资 4 亿元，分两期投资，计划 2014 年年底建成投产，中尺寸模组年产量将达到 2 000 万块	市经贸信息委	市发展改革委、规划国土委、人居环境委
	驱动 IC	天利半导体	LCD 用驱动 IC 项目	0.5	天利集团在高新南区租用办公用房进行驱动 IC 研发销售。计划新增总投资 5 000 万元，建设测试及模组生产车间，主要用于芯片的测试和模组的生产，形成 35 万片/月 LCD 模组的生产能力。项目已于 2011 年建成，计划 2012 年 12 月量产	市经贸信息委、科技创新委	市发展改革委

续 表

产业链环节		投资主体	项目名称	投资额	主要建设内容	主办单位	协办单位
模组	驱动IC	晶门科技	平板显示驱动及系统芯片的研发与产业化项目	1.28	项目总投资1.28亿元，计划2013年之前投资约5 280万元，进行高世代平板显示驱动芯片、多媒体处理器SoC芯片、电容触摸屏的驱动芯片、新型电视二维背光调整控制器用芯片及LED驱动器芯片成套方案的开发，预计年产量1310万颗芯片；2013— 2018年投资约7 520万元，完成上述各类芯片和成套方案的升级研发，进行AM-OLED客制化驱动芯片的开发及产业化	市经贸信息委、科技创新委	市发展改革委
模组	LED背光源	创维-RGB	超薄节能大尺寸LED背光源项目	0.5	计划投资5 000万元，通过购置相关研发及产业化设备，在创维石岩基地改造或新建现代化的大尺寸背光源生产线，实现年产100万台32英寸以上大尺寸LED背光源的能力，并完成新型光学结构设计、LED背光源区域动态控制驱动电路设计、LED器件封装技术等主要技术研发。目前该项目已于2011年11月建成投产	市经贸信息委	市发展改革委、宝安区政府
模组	LED背光源	帝光电子	LED背光模组和整机一体化项目	6	新增液晶电视LED背光源模组和整机一体化生产线，项目已在光明新区开工建设，2010年年底已完成厂房建设，2011年6月投产，2013年产值达到25亿元；2015年达产后年产值50亿元	市经贸信息委	市发展改革委、光明新区管委会
模组	LED背光源	深华龙	LED背光源项目	0.5	现在松岗租用厂房生产LED核心光源模块及其应用产品。计划建设生产基地，购置大尺寸导光板用丝印设备，开发动态智能背光源，组建2个驻厂背光源生产车间，实现Si基板大功率LED封装技术的产业化，达到各种规格背光模组560万块/年、液晶模组250万块/年的产能。已于2011年6月建成投产，计划2012年底量产	市经贸信息委	市发展改革委、规划国土委、人居环境委、宝安区政府
生产检测设备	设备生产与再生处理	世平科技	大型超精密设备再生处理项目	0.5	现在光明新区租用厂房，进行半导体、液晶面板、光伏电池生产厂用超精密设备的专业再生处理，年清洁（处理）货物量10万件。计划2012年落实选址，开工建设自有厂房并扩大产能，年清洁（处理）货物量达到30万件	光明新区管委会	市发展改革委、经贸信息委、规划国土委、人居环境委
生产检测设备	设备生产与再生处理	大族激光	紫外激光LED晶圆划片机及全自动LED金球焊线机产业化项目	0.59	已在福永产业园正常生产运营，计划购置大心径熔接机、高低温交变湿热试验箱等仪器设备，形成年产紫外激光LED晶圆划片机80台、全自动LED金球焊线机300台的生产能力	宝安区政府	市发展改革委、经贸信息委
其他新型显示技术	新型显示技术	莱宝高科	中大尺寸电容式触摸屏产业化	8	计划总投资8亿元，拟购置项目用地，新建新型触控技术研发中心、厂房及配套设施，建设年产1 100万片中大尺寸电容式触摸屏（以10英寸计）生产线。项目已于2011年6月动工，计划2013年投产，届时产值将达到20亿元	光明新区管委会	市发展改革委、经贸信息委、规划国土委、人居环境委

续　表

产业链环节		投资主体	项目名称	投资额	主要建设内容	主办单位	协办单位
其他新型显示技术	新型显示技术	中显公司	电容式触摸屏项目	5.3	现在盐田区北山工业区租用厂房，生产经营液晶显示器、液晶显示模组、电容式触摸屏模组。已在该工业区落实选址，计划投资 5.3 亿元，自建厂房 2.8 万 m^2，建设电容式触摸屏项目，达产后年产触控功能玻璃 ITO Sensor45 万片、中大尺寸触摸屏模组（折成 10.1 英寸）180 万片、小尺寸触摸屏模组（折成 3.5 英寸）1 650 万片	盐田区政府	市发展改革委、经贸信息委、规划国土委、人居环境委
		TCL 集团	AM-OLED 用氧化物半导体 TFT 基板项目	0.95	建设 AM-OLED 用金属氧化物 TFT 技术的研发与实验室用房 1 500m^2，其中洁净实验室约 750m^2；建设一条基板尺寸为 200mm ×200mm 的研发型 AM-OLED 用金属氧化物 TFT 基板的中试实验线，形成年产 12 万片小尺寸金属氧化物 TFT 基板的中试产能。项目研发由 TCL 集团联合华南理工大学共同承担，中试实验线将建在光明新区	光明新区管委会	市发展改革委、经贸信息委、规划国土委、人居环境委
		深超光电	低温多晶硅液晶面板项目	38.1	在龙华自有厂房的基础上，新增机器设备，建设低温多晶硅生产线，总投资 5.96 亿美元，分两期建设，一期项目已开工，计划 2012 年 7 月完成；二期项目 2012 年 7 月启动，2013 年 7 月完成。两期达产后产能为 3 万片/月，年产值 24 亿美元	宝安区政府	市发展改革委、经贸信息委、规划国土委、人居环境委

注：1. 投资额按 2013 年前计划完成的投资额计算。

2. 美元汇率按 2011 年 7 月 31 日计算，1 美元兑 6.4 元人民币。

附件 3

平板显示产业链招商引资参考指南

产业链环节	项目名称	招商对象	主办单位	协办单位
新型显示技术	OLED 显示面板生产线项目	韩国三星、韩国 LGD	市投资推广署	各相关部门
掩膜版	大尺寸 TFT 用掩膜版项目	日本豪雅、日本写真大尺寸	市投资推广署	各相关部门
驱动 IC	大尺寸液晶面板驱动 IC 项目	NEC、Novatek、TI、Himax	市投资推广署	各相关部门
生产设备	卡匣生产项目	台湾中勤实业	市投资推广署	各相关部门
检测设备	成盒测试机制造项目	台湾 MJC 公司	市投资推广署	各相关部门
	自动光学检测系统	台湾晶彩光电公司	市投资推广署	各相关部门
输运设备	自动输运系统制造项目	台湾纯化科技公司	市投资推广署	各相关部门

北京市“十二五”时期高技术产业发展规划

北京市发展和改革委员会

“十一五”期间，北京高技术产业快速发展，在产业前沿技术领域取得一批重大创新成果，产业创新能力和辐射带动效应显著提升，在增强首都自主创新能力、带动经济发展方式转变等方面发挥了重要的引擎作用。当前，全球进入深刻变化期，创新变革正在积聚力量孕育新的突破，国内处于产业结构升级关键期，一、二、三产协同发展的趋势明显。我国将推动高技术产业做强做大作为促进产业结构优化升级和建设创新型国家的重要任务。“十二五”时期，北京市将按照《北京市国民经济和社会发展第十二个五年规划纲要》的总体部署，牢牢把握加快转变经济发展方式这条主线，坚持创新驱动发展，以经济结构战略性调整为主攻方向，以科技进步和创新为重要支撑，加快推进高技术产业发展，重点加强产业自主创新与战略性新兴产业发展，积极抢占新一轮科技与产业竞争的制高点，强化高技术产业对首都经济社会发展的支撑作用。

规划依据：《中华人民共和国国民经济和社会发展第十二个五年（2011—2015 年）规划纲要》、《国务院关于同意支持中关村科技园区建设国家自主创新示范区的批复》、《国务院关于加快培育和发展战略性新兴产业的决定》、《中关村国家自主创新示范区发展规划纲要（2011—2020 年）》、《北京市国民经济和社会发展第十二个五年规划纲要》、《“科技北京”行动计划（2009—2012 年）》等。

一、发展成就与面临形势

（一）发展成就

“十一五”时期，北京市大力推进高技术产业创新发展，始终将增强自主创新能力作为中心环节，不断通过产业高端创新，推动规模提升和结构优化，探索出一条“高端、高效、高辐射力”的产业发展道路，高技术产业已成为推动首都经济持续、高效发展的重要引擎。

1. 产业规模快速增长，高技术服务业发展国内领先（略）

2. 中关村获批国家自主创新示范区，产业集群效应进一步凸显（略）

3. 高端创新成果不断涌现，自主创新能力显著增强

“十一五”期间，北京市研发经费投入稳步增长，产业高端创新成果产出丰硕。2010 年北京市研发经费支出实现比 2005 年翻一番，专利申请量、技术合同成交额分别达到 2005 年的 2.5 倍和 3.6 倍。在高技术前沿领域取得一大批关键技术突破和具有标志性意义的重大创新成果：取得 12 英寸 65nm 集成电路成套制造工艺、100nm 高密度等离子刻蚀机与大角度离子注入机、纳米材料绿色打印制版等；形成了云存储服务和云计算服务器、数字虚拟和视觉影像、激光显示、膜生物反应器、新型动力电池等一批先进技术和产品。北京市还积极承接了核心电子元器件、高端通用芯片及基础软件等一批国家重大科技专项，推进了重大工程材料服役安全研究评价设施、航空遥感、蛋白质科学研究等一批国家重大科技基础设施，有力地增强了我国在前沿领域的科研支撑能力。

4. 先进技术和产品助力国家重大工程建设，对区域经济社会发展的支撑作用进一步提升

重大自主创新成果产业化和先进技术的应用进程不断加快，有力地推动了国家重大工程建设和区域经济社会发展。

5. 政策创新与服务体系建设深入推进，产业发展环境不断优化（略）

二、指导思想与发展目标（略）

三、推进重点产业领域创新发展

顺应全球科技与产业发展趋势，把握移动通信、大飞机、高铁、核电等重大产业技术升级契机，结合北京市资源优势与产业基础，重点发展高技术服务业和战略性新兴产业，加快高技术改造提升传统产业，形成重点突出、关联带动、竞争有力的高技术产业体系。

（一）强化高技术服务业竞争优势

加强体制机制创新、技术创新与服务模式创新，围绕信息技术服务、数字内容、电子商务等重点领域，积极培育市场需求、发展新兴业态、拓展服务领域，推进高技术服务业专业化、社会化、规模化发展，提升北京高技术服务业的规模效益、品牌影响力与市场竞争力。

1. 信息技术服务（略）

2. 数字内容服务

加强教育、文化、出版、医疗等信息资源的深度开发与社会化服务，搭建开放性数字内容服务平台，构建便捷、安全、低成本的数字内容服务体系。推动基于“三网融合”标准的数字内容产品开发，加强内容资源规范标准、数字版权保护、移动智能终端等配套环节建设，培育发展网络游戏、数字音乐、数字动漫、数字学习等新兴数字内容服务业态。

3. 电子商务服务（略）

4. 生物技术服务（略）

5. 研发与设计服务（略）

6. 检验检测服务（略）

7. 科技成果转化服务（略）

8. 知识产权服务（略）

（二）培育发展战略性新兴产业

以关键技术研发、重大工程建设与应用市场培育为重点，大力发展新一代信息技术、生物产业、节能环保、新材料等战略性新兴产业，打造若干具有国际影响力的战略性新兴产业集群，进一步彰显战略性新兴产业在首都经济中的先导性、支柱性地位。

1. 新一代信息技术产业

加快城市新一代信息化基础设施建设，构建宽带、泛在、融合、安全的信息网络，加强新一代移动通信、下一代互联网、下一代广播电视网等领域核心芯片、高端装备及智能终端的技术研发和产业化应用。突破新型显示、集成电路等领域的一批关键技术与先进成套制造工艺，加强数字电视地面传输标准芯片、发射与接收、终端产品、增值服务等环节的技术攻关、标准制定与产业化。实施“祥云工程”、“感知北京”等工程，推进新兴信息技术在交通、公共安全、城市管理等领域的应用，培育发展基于云计算、物联网等技术的新兴服务业态。

2. 生物产业（略）

3. 节能环保产业（略）

4. 新材料产业

以产业应用需求为导向，重点突破纳米技术、高纯材料技术、半导体材料技术、高性能合金技术、稀土材料和应用技术等一批关键技术，大力提升纳米、超导、智能等共性基础材料技术水平，促进电子信息材料、新型复合材料、高性能结构材料、石化新材料等规模化发展。推动磁性材料、高性能锂电池、大型风机叶片复合材料、太阳能电池材料、非晶材料、新型医用材料等领域的研发与产业化，提升新材料特色领域产业规模。

5. 新能源汽车产业（略）

6. 新能源产业（略）

7. 航空航天产业（略）

8. 高端装备制造业（略）

（三）加快高技术改造提升传统产业

强化高技术对传统农业、制造业及服务业发展的支撑作用，以信息化建设和先进技术、产品的推广应用为突破，推动传统产业的技术升级、业态培育与模式创新，促进传统产业与信息化的深度融合，提升产业整体发展的质量和效益。

1. 推动制造业技术升级与信息化建设

支持汽车、医药、机械、化工、轻工等行业关键、共性技术的研发，突破一批关键共性技术，加强重大产业技术的系统集成和创新，推进传统制造业技术改造和产品结构升级。围绕研发设计、供应链管理、生产制造、库存等全过程管理需求，推进信息技术在能源化工、装备制造、食品加工等行业的推广应用，提升制造业信息化水平和生产效率。

2. 加快先进技术在农业和新农村建设中的应用（略）

3. 推进服务业创新与信息化融合发展（略）

四、实施产业竞争力升级三大工程

以提升产业核心竞争力为导向，着力推进自主创新能力建设、产业集群化效应提升、应用示范与产业化推进、区域合作与国际化拓展等产业创新发展工程，提升首都高技术产业整体发展质量与效益。

（一）自主创新能力建设工程（略）

（二）产业集群化效应提升工程

推动中关村国家自主创新示范区空间拓展，按照“集中布局、集群发展”的理念，加快建设中关村科学城和未来科技城两大战略支点，重点提升北部研发服务和高新技术产业发展带、南部高技术制造业和战略性新兴产业发展带的产业集聚与规模效应，推动特色产业基地要素集聚，实现首都高技术产业规模化、集群化创新发展（见图 1）。

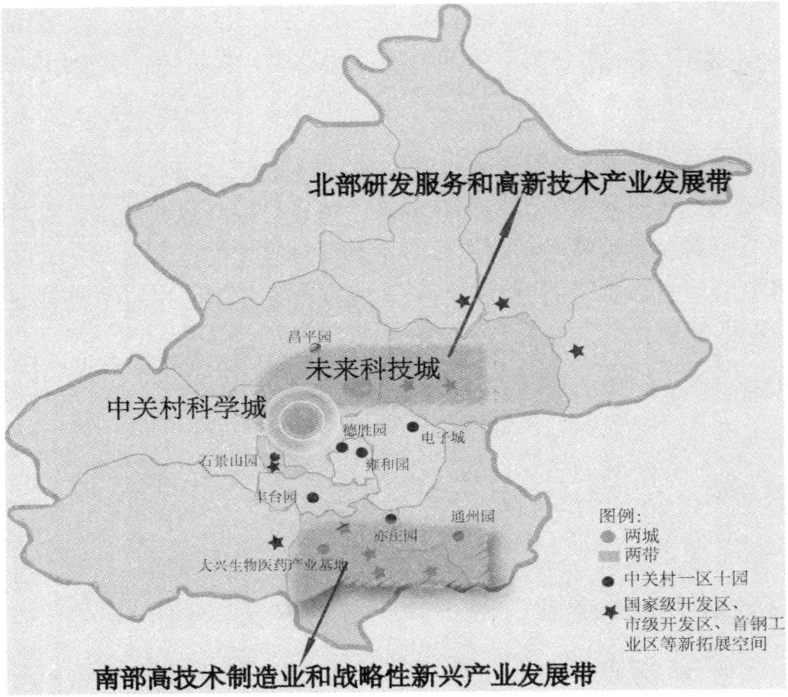

图 1　强化“两城两带”集聚辐射效应示意图

1. 增强“两城”自主创新与辐射带动能力（略）

2. 提升“两带”产业集聚与规模效应

南部高技术制造业和战略性新兴产业发展带。持续推进亦庄、大兴行政与空间资源整合，拓展北京经济技术开发区空间范围，带动通州光机电一体化基地、房山高端制造业基地等周边聚集区联动发展。推进北京经济技术开发区移动硅谷、风电产业园等重大项目及星网工业园、大兴生物医药产业基地、北京数字电视产业园（京东方第 8.5 代线）、亦庄生物医药产业园、采育新能源汽车产业园等一批特色园区建设，吸引重大科技创新成果落地产业化，打造电子信息、生物医药、新能源等高端产业集群，提升南部产业带技术层级与产业规模，建设首都高技术制造业创新发展和对外辐射合作的重要承载区。

（三）应用示范与产业化推进工程

建立健全推动重大科技成果落地转化的体制机制。建立健全市级重大科技成果转化工作统筹机制，推动高校、科研院所等承担的重大专项创新成果转化机制，加大对原始创新、消化吸收再创新、集成创新等重大成果转化的支持力度。建立军地科技成果转化协调机制，筛选一批具有广阔市场前景的军民两用技术或产品，推动落地转化或产业化推广。

承接和推动国家重大科技专项成果落地转化。推进实施核心元器件高端通用芯片及基础软件、极大规模集成电路制造装备及成套工艺、新一代宽带无线移动网络、高档数控机床与基础制造装备等国家重大科技专项。创造条件，支持领军企业、科研院所、新兴产业组织等参与和推动国家重大科技专项成果、重大创新成果在京产业化。

重点实施一批重大成果应用示范项目。围绕城市应急、交通管理、环境卫生、安全生产等城市运行管理关键领域，组织开展关键技术应用和示范工程，推进创新成果转化与新兴市场培育。加快三网融合试点城市、云计算服务创新发展试点示范城市、电子商务示范城市等试点，推进物联网示范应用、智能交通系统建设、新能源汽车示范应用、智能电网综合示范、太阳能示范应用、轨道交通装备示范应用六大示范应用工程，加快战略性新兴产业核心技术成果产业化应用进程。

第8章

上市公司年报

京东方科技集团股份有限公司 2011 年年度报告（摘要）

一、截至 2011 年末公司前三年主要会计数据 （见表 1）

表 1　2009—2011 年主要会计数据

（单位：元）

项　　目	2011 年	2010 年	同比增减	2009 年
营业总收入	12 741 413 562	8 025 290 848	58.77%	6 249 194 126
利润总额	846 087 296	−2 241 360 223	137.75%	−81 947 276
归属于上市公司股东的净利润	560 866 477	−2 003 813 083	127.99%	49 680 328
归属于上市公司股东的扣除非经常性损益的净利润	−3 871 227 843	−2 074 964 015	−86.57%	−1 189 472 397
经营活动产生的现金流量净额	12 741 413 562	8 025 290 848	58.77%	6 249 194 126
利润总额	−778 530 727	−1 053 315 294	26.09%	810 009 035
项　　目	2011 年末	2010 年末	同比增减	2009 年末
总资产	68 769 415 646	54 229 952 769	26.81%	30 613 980 480
归属于上市公司股东的所有者权益	25 585 892 264	24 955 013 046	2.53%	18 029 695 698
股本（股）	13 521 542 341	11 267 951 951	20.00%	8 282 902 447

二、公司与实际控制人之间的产权及控制关系 （见图 1）

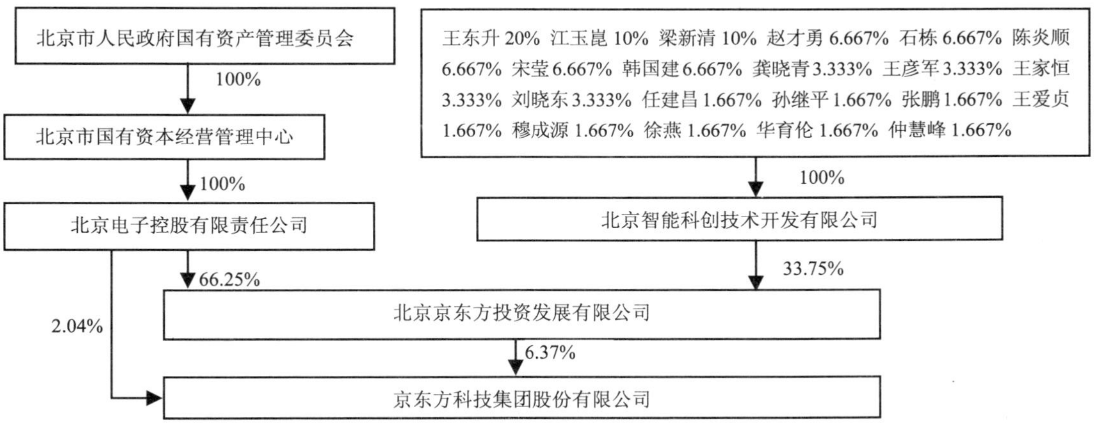

图 1　公司与实际控制人之间的产权及控制关系的方框图

注 1：北京智能科创技术开发有限公司作为本公司对全体核心技术管理人员实施股权激励的平台，上述 20 名出资人为名义股东，出资比例并非实际权益比例，北京智能科创技术开发有限公司的权益由所有模拟股权激励机制计划的实施对象共同拥有。

注 2：公司 2010 年非公开发行股票完成后，北京亦庄国际投资发展有限公司将其直接持有的公司全部股份交由北京京东方投资发展有限公司（以下简称“京东方投资”）管理，京东方投资取得该等股份附带的除处分权（含转让、赠与、质押等）及收益权（含收益分配请求权及剩余财产分配请求权）以外的按照公司现行有效章程规定的其他股东权利，截至 2011 年末，京东方投资拥有可支配表决权股数为 2 155 040 486 股，占总股本的 15.94%。

三、董事会报告

（一）2011 年公司经营情况回顾

2011 年对 TFT-LCD 面板行业和公司而言是最困难、最具挑战的一年。从宏观环境上看，全球经济加速探底，增长乏力，加之人民币的升值、持续不断的欧债危机，全球消费市场下滑明显。从行业环境上看，一方面，消费疲软、结构性和地区性产能过剩进一步加剧了行业竞争；另一方面，全球电子信息产业技术、产品和商业模式不断创新带来新一轮产业结构调整，新技术、新产品、新商务模式不断涌现。受此影响，全行业陷入亏损，很多面板厂商提出了“以生存为根本”战略，行业形势如履薄冰。

面对严峻的外部形势，2011 年公司坚持“坚持客户导向和 SOPIC 创新变革，加快产品和技术创新，增强专业基础能力，提升产品竞争力和产线盈利力，确保全年盈利”年度经营工作方针，全面落实“十二五”战略规划，推进客户导向和 SOPIC 创新变革，公司整体竞争力有了较大提升，企业整体扭亏为盈。2011 年全集团实现营业收入约 127 亿元，同比增长 59%，各组织在 SOPIC 创新变革的推动下，基础能力得到强化，运行效率有所提升；公司产业布局日益完善、产品与产线结构逐渐优化，企业核心竞争力得到显著提高。

具体各组织运行情况如下所述。

1. TFT-LCD 事业

1）COO 组织

深入开展 SOPIC 创新变革，坚持客户导向，落实客户/产品/产线联动，推动设购产销各环节精细化管理，主营业务基础能力大幅提升。在经营企划、产品研发和设购产销各专业组织的联动作用下，各产线资源进一步实现共享及优化配置，为产品竞争力和产线盈利力提升奠定了基础。

（1）全球制造组织：产品和产线结构调整阶段性成果显著，第 5 代线小型化转型初步完成；第 6 代线年内也实现了 23 款产品开发及量产；产能稳步提升，产线综合良品率快速攀升，各条产线的协调作用加强，制造成本稳步下降。

（2）全球营销组织：高端智能手机、平板电脑产品业务取得阶段性成果，实现了与国际一线品牌商合作；应用产品业务实现突破，市场占有率得到较大提高；维护并深化了与全球主要显示器客户的战略合作，市场占有率稳定；初步形成国内外主要电视客户群基础。

（3）全球供应链组织：克服 2011 年年初日本大地震对材料供应影响，以及通货膨胀带来的上游材料、人工成本涨价等压力，第 5 代线和第 6 代线新技术、新材料导入和内外衔接、国产化项目和精细化管理项目等取得较大成绩；通过供应厂商竞争机制，积极开展共赢共创项目，供应链体系建设不断完善。

（4）产品开发组织：产品、新技术开发实现“量”的突破，保障了小型化转型，提升了产品附加值，实现了 GOA 技术迅速产品化导入，完成了 Touch、3D 等前沿技术开发，开展了多项第 8.5 代线对应产品开发，为下一年实现量产做好了准备。

（5）移动应用事业单元：通过技术力、商务模式创新，产品竞争力和企业盈利力得到很大提升，2011 年全事业单元盈利超过 5 000 万元，单基板边际贡献提升 40%，战略客户出货量实现突破性增长；通过自主开发和工艺改进，实现了 COG 产品产能、ADS 产品产能占比、良率以及模组良率的稳步提升，在 ADS 技术完善、裸眼 3D、TSP、高 PPI、GOA、快速响应、LTPS 等技术开发方面取得较好成果。

2）CTO 组织

积极布局并推动实施 LTPS、OXIDE、AM-OLED、透明显示等前沿技术研发，战略技术取得突破，技术力不断攀升；GOA、高透过率、TP 和 0+4mask 等新技术应用取得较大进展；强化了专利、技术标准和技术创新的管理，2011 年专利方面实现“质”与“量”的双突破，年度新增专利申请首次突破 1 000

件，授权数量首次突破 500 件，主导和参与了多项国际/国家行业标准的修制订；与国内外高校和上游材料设备厂商的合作进一步加强，推动柔性显示、有机 TFT 等多个合作项目并取得成果。

2. 非 TFT-LCD 事业

1）显示光源业务

深化客户导向，强化“两个开发”，创新业务模式，实现客户结构和产品结构双重优化；重点推进 LED 照明灯具等工商业项目，快速形成新的利润增长点；光源事业发展战略进一步聚焦 BMS、LED 照明系统两大方向。

2）整机代工/品牌业务

（1）整机代工业务：及时进行组织机构调整，整合“两岸三地”资源，建立面板与整机协同作战机制，不断优化客户结构、拓展销售渠道，强化产品企划与开发，积极采取措施力降成本，技术能力进一步提升，一定程度上缓解了运营中的成本压力。

（2）品牌业务：进一步完善网络布局，初步形成多层级、多渠道销售网络架构；全面启动“龙卷风”行动，完善渠道结构；试水网络营销，完成了主流网络的市场布局；迅速拓展并不断完善全国客户服务体系；外销业务实现快速增长，产品结构向大尺寸、LED 产品延伸；成功中标北京市政府的机顶盒采购项目。

3）真空与成型业务

加速产业结构调整，重点项目推进和产业转型取得实质性进展；机制转换、产品结构转型和管理加强，实现全年盈利。

4）新能源事业

光伏应用项目开发取得突破性进展；户外优化测试系统被北京鉴衡认证中心授权为“金太阳 TMP 工厂认证实验室”；自主研发的逆变器产品及聚光太阳能电池等低成本高效率技术调研，取得较好成效。

5）园区地产业务

品牌建设彰显成效，吸引众多国际、国内客户签约承租；大力争取电子城支持，推动园区基础设施建设又上新台阶。

（二）重大项目按计划有序推进

（1）合肥第 6 代线项目：京东方合肥第 6 代线项目于 2011 年 4 月底实现满产，比原计划提前 3 个月，2011 年年底通过工艺技术提升，月产能达到 10 万片玻璃基板投入。

（2）北京第 8.5 代线项目：2011 年 6 月 29 日，32 英寸产品成功点亮，产线正式投产；9 月 27 日正式实现量产。2011 年年底已实现 30K 满产，综合良率达到 90%以上，2012 年年中实现满产。

（3）鄂尔多斯第 5.5 代 AM-OLED 项目：2011 年 8 月 27 日签署项目投资框架协议和入区协议。截至 2011 年年底基本完成了桩基工程、技术方案、工艺设备清单/投资预算检讨、产线整体布局设计以及设备动力需求调研等工作，项目预计 2013 年末投产。

（4）其他重点项目：本公司于 2011 年 11 月 22 日披露下属子公司合肥京东方光电科技有限公司和北京京东方显示技术有限公司可申请退还购进设备留抵税额事项（公告编号：2011-044），截至 2011 年 12 月 31 日，两个下属子公司累计退税约 19.97 亿元。

（三）业务范围及其经营状况

1. 业务范围

公司属于电子信息产业，主要从事平板显示产品的制造、销售和研发，业务范围包括平板显示事业、整机事业、显示光源事业、新能源事业、真空与成型业务和国际商务园业务。

2. 主营业务分产品经营状况（见表2）

表2 按产品类别分类的构成情况

（单位：万元）

产　　品	营业收入	营业成本	毛 利 率	营业收入同比增减	营业成本同比增减	毛利率同比增减
TFT-LCD 业务	1 397 832.14	1 497 010.20	−7.10%	119.97%	127.41%	−3.50%
显示光源业务	161 735.71	150 623.57	6.87%	18.05%	16.66%	1.11%
显示系统业务	180 480.46	175 369.41	2.83%	213.06%	221.16%	−2.45%
其他业务	157 136.11	92 732.16	40.99%	−17.84%	−35.66%	16.35%
内部抵消	−623 043.07	−571 612.46	8.25%	184.70%	263.35%	−19.86%
合计	1 274 141.36	1 344 122.89	−5.49%	58.77%	62.17%	−2.22%

3. 主营业务分地区经营状况（见表3）

表3 按地区分布分类的构成情况

（单位：万元）

地　　区	营业收入	营业收入同比增减
中国地区	773 221.95	81.33%
亚洲其他国家和地区	416 628.32	13.38%
欧洲	37 261.25	480.04%
美洲	40 000.64	1694.76%
其他应商和客户	7 029.20	—
合计	1 274 141.36	58.77%

4. 主要供情况

公司销售收入前五名的客户销售金额合计 351 146 万元，占公司总销售额的 28%；公司向前五名供应商合计的采购金额为 168 838 万元，占公司总采购金额的 13%。

（四）公司主要子公司、参股公司的经营情况及业绩分析（见表4）

表4 公司主要子公司、参股公司的经营情况及业绩

（单位：万元）

公司名称	主要产品	注册资本	总 资 产	净 资 产	营业收入	营业利润	净 利 润
北京京东方光电科技有限公司	开发生产薄膜晶体管显示器件	64 911 万美元	791 038	350 259	405 147	154 146	168 062
合肥京东方光电科技有限公司	开发生产薄膜晶体管显示器件	900 000	1 848 648	754 307	477 049	−148 092	−114 680
北京京东方显示技术有限公司	开发生产薄膜晶体管显示器件	1 737 720	3 122 261	1 713 821	13 008	−31 932	−28 679
成都京东方光电科技有限公司	开发生产薄膜晶体管显示器件	183 000	408 278	175 214	178 005	3 370	16 634

四、公司 2011 年的投资情况

（一）2011 年募集资金的使用情况

1. 原募集资金使用情况（见表 5）

表 5　2011 年募集资金的使用情况

（单位：万元）

募集资金总额		2 296 886			本年度投入募集资金总额			967 379		
报告期内变更用途的募集资金总额		182 381								
累计变更用途的募集资金总额		423 191			已累计投入募集资金总额			967 379		
累计变更用途的募集资金总额比例		18.42%								
承诺投资项目和超募资金投向	是否已变更项目（含部分变更）	募集资金承诺投资总额	调整后投资总额（1）	本年度投入金额	截至期末累计投入金额（2）	截至期末投资进度（3）=（2）/（1）	项目达到预定可使用状态日期	本年度实现的效益	是否达到预计效益	项目可行性是否发生重大变化
承诺投资项目										
第 4.5 代薄膜晶体管液晶显示器件（TFT-LCD）生产线（“4.5G 项目”）	是	220 000	180 546	12 194	180 546	100%	2009 年 11 月	254 337	是	否
向京东方光电增资偿还银行贷款（“京东方光电增资还贷项目”）	是	226 800	0.00	0.00	0.00	0%	不适用	不适用	不适用	否
补充流动资金（2008）	是	18 200	43 644	0.00	43 644	100%	不适用	不适用	不适用	否
第 6 代薄膜晶体管显示器件（TFT-LCD）生产线（“6G 项目”）	是	1 078 331	895 950	332 312	819 185	91.43%	2011 年 5 月	478 221	不适用	否
补充流动资金（2009）	否	100 000	282 381	182 381	282 381	100%	不适用	不适用	不适用	否
第 8 代薄膜晶体管显示器件（TFT-LCD）生产线（“8.5G 项目”）	否	850 000	850 000	396 127	396 127	46.60%	2012 年 7 月	12 683	不适用	否
补充流动资金（2010）	否	44 365	44 365	44 365	44 365	100%	不适用	不适用	不适用	否
承诺投资项目小计	—	2 537 696	2 296 886	967 379	1 766 248	不适用	不适用	745 241	不适用	不适用

续 表

募集资金投资项目先期投入及置换情况	于2008年募集资金到位前，根据2008年5月26日第五届董事会第十次会议通过的《关于向成都京东方光电科技有限公司增资的议案》，本公司以自筹资金人民币245 454 000.00元先行投入4.5G项目建设，增资资金存放于成都市建设银行西区支行。2008年募集资金到位后，根据《深圳证券交易所上市公司募集资金管理办法》，经2008年7月28日第五届董事会第十二次会议审议通过，本公司以募集资金人民币245 454 000.00元置换先行投入4.5G项目的自筹资金。于2009年募集资金到位前，根据2008年11月7日第五届董事会第十七次会议和2008年11月25日2008年度第二次临时股东大会表决通过的《关于投资建设第6代薄膜晶体管液晶显示器件（“TFT-LCD”）生产线项目的议案》和《关于非公开发行A股股票发行方案的议案》，本公司以自筹资金人民币1 309 500 000.00元先行投入6G项目建设。2009年募集资金到位后，根据《深圳证券交易所上市公司募集资金管理办法》，经2009年6月23日第五届董事会第二十六次会议审议通过，本公司以募集资金人民币1 309 500 000.00元置换预先投入6G项目的自筹资金
用闲置募集资金暂时补充流动资金情况	根据2009年8月21日《京东方科技集团股份有限公司关于控股子公司以部分暂时闲置募集资金补充流动资金的公告》，为充分提高募集资金的使用效率，在不改变募集资金投向和不影响募集资金项目正常进行的前提下，合肥京东方募集资金监管账户中不超过9亿元人民币的暂时闲置资本金补充合肥京东方其他账户中流动资金需求，用于其他账户日常支付等业务，期限为6个月，合肥京东方已按规定按期归还上述募集资金至专户
项目实施出现募集资金结余的金额及原因	经2008年第五届董事会第十七次会议审议通过，本公司原拟使用2009年募集资金投入6G项目计人民币90亿元，并承诺如实际募集资金净额超出拟投入募集资金总额时，则超出部分全部用于建设6G项目。目前6G项目财务结构合理，运营资金充足、稳定，可以满足日常经营需要。本公司于2011年4月22日召开的第六届董事会第八次会议审议通过了《关于将2009年非公开发行节余募集资金用于补充流动资金》的议案，同意将合肥京东方截至2011年3月31日存放于本公司募集资金专项账户中的原承诺投入到6G项目的节余募集资金人民币1 910 185 759.45元（其中本金人民币1 823 808 831.30元，衍生利息人民币86 376 928.15元）用于补充流动资金
尚未使用的募集资金用途及去向	一、2009年募集资金尚未使用募集资金用途为合肥第6代线建设及运营，目前存放于项目实施公司合肥京东方光电科技有限公司募集资金专项账户中进行严格管理；二、2010年募集资金尚未使用募集资金用途为北京第8.5代线建设及运营，目前存放于项目实施公司北京京东方显示技术有限公司募集资金专项账户中进行严格管理

2. 变更募集资金投资项目情况表（见表6）

表6 变更募集资金投资项目情况表

（单位：万元）

变更后的项目	对应的原承诺项目	变更后项目拟投入募集资金总额（1）	本年度实际投入金额	截至期末实际累计投入金额（2）	截至期末投资进度（3）=（2）/（1）	项目达到预定可使用状态日期	本年度实现的效益	是否达到预计效益	变更后的项目可行性是否发生重大变化
补充流动资金（2011）	第6代薄膜晶体管液晶显示器件（TFT-LCD）生产线（6G项目）	182 381.00	182 381.00	182 381.00	100.00%	不适用	不适用	不适用	否
合计	—	182 381.00	182 381.00	182 381.00	—	—		—	—
变更原因、决策程序及信息披露情况说明（分具体项目）	由于6G项目于2010年11月开始量产，2011年4月底合肥6G项目基本达到设计产能。结合该项目的实际情况，根据2011年4月22日召开的第六届董事会第八次会议及2011年5月30日召开的本公司2010年度股东大会审议通过的《关于将2009年非公开发行节余募集资金用于补充流动资金的议案》，本公司决定将节余募集资金1 910 185 759.45元（其中本金人民币1 823 808 831.30元，衍生利息人民币86 376 928.15元）用于补充本公司流动资金								

（二）重大非募集资金的投资情况（见表 7）

表 7　重大非募集资金的投资情况

（单位：万元）

项目名称	项目金额	项目进度	项目情况
TFT-LCD 工艺技术国家工程实验室	23 923.06	100%	良好
京东方河北设备安装、改造工程	3 921.09	100%	良好
京东方电子配套厂房	19 006.91	100%	良好
源盛光电 AM-OLED 项目总计	6 054.75	1%	良好
合计	52 905.81	—	—

TCL 集团股份有限公司 2011 年年度报告（摘要）

一、截至 2011 年末公司前三年主要会计数据（见表 1）

表 1　2009—2011 年主要会计数据

（单位：元）

	2011 年	2010 年	同比增减	2009 年
营业总收入	60 834 135 423	51 869 879 626	17.28%	44 295 163 060
营业利润	1 220 279 751	−157 533 224	不适用	590 727 412
利润总额	2 042 756 929	772 840 061	164.32%	974 674 337
净利润	1 671 050 782	472 403 244	253.73%	703 544 564
归属于上市公司股东的净利润	1 013 171 126	432 538 470	134.24%	470 069 750
归属于上市公司股东的扣除非经常性损益的净利润	397 026 391	−233 166 905	不适用	213 245 879
经营活动产生的现金流量净额	1 666 288 199	795 551 492	109.45%	737 723 437
	2011 年末	2010 年末	同比增减	2009 年末
总资产（元）	74 014 315 075	53 478 059 361	38.40%	30 234 444 483
负债总额	54 731 167 135	35 385 618 550	54.67%	21 806 010 080
资产负债率	73.95%	66.17%	7.78%	72.12%
剔除存款质押借款、保理借款和 TCL 通讯超额认股款（2009）后的资产负债率	71.01%	59.00%	12.01%	68.20%
归属于上市公司股东的所有者权益	11 305 503 643	10 274 347 533	10.04%	5 292 620 691
股本（股）	8 476 218 834	4 238 109 417	100.00%	2 936 931 144

二、董事会报告

（一）业务回顾与展望

2011 年，公司实现营业总收入 608.34 亿元，同比增长 17.28%，其中销售收入 594.48 亿元，同比增长 18.30%。在四大产业中，多媒体电子产业实现销售收入 272.52 亿元，占 45.84%；移动通信产业实现销售收入 88.13 亿元，占 14.83%；家电产业实现销售收入 65.03 亿元，占 10.94%；华星光电在 2011 年 10 月开始进入量产，实现销售收入 1.31 亿元，占 0.22%。此外，六大业务群中的翰林汇实现销售收入 122.93 亿元，占 20.68%；按区域划分，国内实现销售收入 371.29 亿元，占 62.46%，海外实现销售收入 223.19 亿元，占 37.54%。

2011 年，公司实现净利润 16.71 亿元，同比增长 253.73%，扣除非经常性损益后的净利润为 8.70 亿元；其中归属于上市公司股东的净利润 10.13 亿元，同比增长 134.24%；归属于上市公司股东的扣除非经常性损益后的净利润为 3.97 亿元；实现经营活动现金净流量 16.66 亿元。

根据各产业发展阶段的不同，公司在多媒体、通信、华星光电和家电四大主导产业积极推进了全球化运营能力建设，强化全球化布局和供应链能力，提升公司的整体竞争力。

2011 年 8 月初投产的华星光电第 8.5 代液晶面板生产线项目，爬坡期进展顺利，良品率快速提升，与多媒体（整机组装）联动，在新品推出、技术引进以及成本控制等方面都有所突破，液晶产业链垂直一体化的优势开始显现。此外，公司对房地产、翰林汇等其他六个业务加强了管理能力的提升、产品优化和销售的拓展，实现了经营的平稳增长。

2011 年，公司累计获得国家、省部级以上奖励 183 项，累计承担国家级项目 63 项、省级项目 169 项。累计申请专利 5 832 项，其中国外专利 404 项；累计授权专利 2 688 项，累计参与制定国际标准 6 项、国家标准 39 项、行业标准 51 项、地方标准 14 项。公司 2011 年全年专利申请量为 2 070 件，同比增长 106%。2011 年 9 月 9 日，第十七届中国最有价值品牌百强榜发布，TCL 品牌以 501.18 亿元，蝉联中国电视制造业第一品牌。2012 年 1 月 10 日，本公司在第 45 届国际消费电子展（CES）上捧得“年度智能云计算电视” 奖，并蝉联全球消费电子 TOP50 和全球电视品牌第六名，连续第四年入选“中国消费电子领先品牌 TOP10”。

（二）主要经营数据（见表 2 和表 3）

表 2　公司主要产业的收入、成本、毛利率情况

（单位：万元）

	主营收入	主营成本	毛 利 率	主营业务收入同比变化	主营业务成本同比变化	毛利率增减
多媒体电子产业	2 725 153	2 273 515	16.57%	16.19%	13.16%	2.24%
移动通信产业	881 342	626 549	28.91%	16.35%	15.84%	0.31%
家电产业	650 342	565 726	13.01%	59.99%	59.42%	0.31%

表 3　按地区划分的营业收入

（单位：万元）

	2011 年		2010 年	
	销 售 额	比　重	销 售 额	比　重
中国内地	3 712 905	62.46%	3 064 922	60.99%
香港及海外	2 231 857	37.54%	1 960 403	39.01%
合计	5 944 762	100.00%	5 025 325	100.00%

（三）主要产业经营分析

1. 多媒体电子产业

2011 年是多媒体业务全面实现战略性突破的一年，由于欧债危机、美国经济复苏缓慢、中国通胀压力及房地产调控政策等因素影响，全球电视机市场需求放缓，TCL 多媒体对产品、市场策略、销售渠道、成本及影响力各方面进行了优化，全面提升了企业的运营水平。在加强供应链管理，通过资源整合降低成本的同时，TCL 多媒体 LCD 电视机及 AV 产品销量稳定增长，LCD 电视机销量达到 1 086 万台，同比上升 45.48%（见表 4），远超行业水平，成为首家 LCD 电视销量突破 1 000 万台的中国企业。根据 DisplaySearch 最新资料，公司 2011 年全球 LCD 电视机市场占有率为 4.9%，排名由 2010 年全年的第十位上升至第七位。

2011 年，多媒体产业共实现销售收入 272.52 亿元（以港币计 329.32 亿元），较 2010 年增长 16.19%（以港币折算增长 22%），实现净利润 3.87 亿元（以港币计 4.53 亿元），实现扭亏为盈。

表 4　TCL 多媒体产品按区域销售构成

（单位：千台）

	2011 年	2010 年	同比增减
LCD 电视	10 860	7 464	45.48%
其中：LED 背光液晶电视机	4 682	843	455.14%
中国市场	6 606	5 124	28.94%
海外市场	4 254	2 341	81.70%
CRT 电视	4 185	5 548	-24.56%
中国市场	1 006	1 947	-48.34%
海外市场	3 179	3 601	-11.69%
电视机总销量	15 045	13 012	15.62%
AV 产品总销售量	20 000	15 893	25.85%

2. 电视业务

通过对原有产品线的梳理，淘汰销量低、盈利差的产品，补充有竞争力的新品，TCL 多媒体深度优化了产品结构，LED 产品销量达到 468 万台，占比提升至 43.1%，12 月单月销量占比高达 60.6%。公司加大了对超窄超薄电视机、3D 电视机和智能“云”电视的研发生产投入，报告期内共推出了 23 个外观系列，73 款新产品，包括 6 个系列 13 款 3D 产品，公司的“云”电视在美国拉斯维加斯举行的第 45 届国际消费电子展中获得了“年度智能云计算电视机”称号。同时，通过严格的预算管理体制建设，提升运营效率，通过地销地产、物流改革、售后改革等进一步提升产品毛利率，降低运营费用率，保证了企业盈利能力的恢复和提升。

2011 年，多媒体业务在中国区市场经营表现理想，LCD 电视机的销售量达 661 万台，较 2010 年同期上升 28.9%，LED 背光液晶电视机销售 302 万台，增长高达 411.9%，占 LCD 产品比达 45.7%。TCL 多媒体顺应市场“标清到高清，平面到立体，单向到互动”的产品趋势，加大 3D 电视机的投放力度，并率先推出智能“云”电视系列，产品竞争力大幅提升。同时，公司加强销售渠道的优化，特别针对中国三、四级市场及农村市场电视机更新换代的需求，持续提升农村渠道有效网点的覆盖率及单店效率（2011 年年底全国网点已增加至约 26 000 个，同比增长了约 5 000 个网点），积极利用双品牌及渠道优势打造性价比高的产品，实现了从销售量到盈利能力根本上的提升；另一方面，公司致力于提升“速度与效率”，精简产品线，注重明星产品的打造及推广，借以缩短生产周期及提高出产效率，加上通过资源整合降低生产成本，进一步提升了成本竞争力。

2011 年，TCL 多媒体在海外市场实行稳健的经营策略，通过速度与效率的提升来提高盈利能力，实现 LCD 电视机的销售量 425 万台，较 2010 年同期上升 81.7%，LED 背光液晶电视机销售量上升至 166 万台，占整体 LCD 电视机销售量的比重为 39.1%，其中 2011 年 12 月份单月 LED 背光液晶电视销量占比已上升至 57.5%。新兴市场是公司主要的海外市场，也是继中国市场以外新的业务增长动力，TCL 多媒体依托已经成型的运营平台，充分把握新兴市场电视机升级转型的契机，积极拓展 LCD 及 LED 背光液晶电视业务，快速调整产品组合，以满足市场需求，并通过提升销售渠道管理和产品推广力度，如影院在线广告、影院展示及终端卖场宣传等一系列以“变形金刚 3”为主题的海外品牌宣传和推广活动，以及聚焦部分重点市场及门店进行形象改造等，不仅提升了品牌形象，也推动了拉丁美洲、中东及东南亚市场的销售量实现快速增长，其中泰国、菲律宾、阿根廷及杜拜的销售表现尤其突出。

此外，TCL 多媒体对于策略 OEM 客户结构调整的策略已见成效，LCD 电视销售量持续增长。欧洲市场各区域受当地经济环境的影响表现不同，在经济较平稳的法国、北欧及德国，销量增长稳定，通过积极调整产品结构及加强库存管理，业绩持续改善。北美市场方面，公司在继续加强与亚马逊的战略合作的同时，也积极拓展与其他渠道商的合作关系，借此扩大销售量，为推广 TCL 品牌打下基础。

3. 华星光电

2011 年，公司投资的第 8.5 代液晶面板项目进展顺利，超额完成各项既定目标。项目自 2010 年 3 月打桩后历时 17.5 个月，于 2011 年 8 月初实现了投产，10 月中旬开始量产，创造了同类项目中建设周期最短、实现量产最快的记录。报告期末达到了产能 18 000 张玻璃基板/月的目标，2012 年 1 月，综合良品率顺利爬坡至 82.37%。

2011 年，华星光电已开始向本公司的多媒体业务提供液晶面板和模组，初期主要为 32 英寸产品，与此同时，华星光电已开始与多家国内整机厂商进行送样认证。2012 年，46 英寸、37 英寸、26 英寸、55 英寸的产品将陆续下线生产，计划在年底达到 100 000 张玻璃基板/月的满产目标，良品率达到 92%。随着生产规模的扩大和产品线的健全，公司竞争力会持续加强，客户资源将逐步增加。

公司自身的竞争力是华星光电发展壮大的关键，华星光电拥有一支 200 多人的核心技术团队，业内经验丰富，覆盖了从制造的全流程到研发、品质、基建、供应链等全部环节，是目前国内高世代面板工厂中技术实力最强的团队，2011 年完成专利申请 467 项，同时，积极布局包括 OLED 在内的下一代液晶显示技术。

强大的技术实力带来了产品的领先优势，目前华星液晶面板产品的光透过率达到行业最高水平，降低了液晶电视的能耗和背光成本。与此同时，华星加强了对供应链的整合和管理，包括玻璃基板供应商旭硝子在内的核心配套厂商都有对应的生产布局，以保证华星产品的供应。

2011 年，面板行业出现了严重的价格下跌，全球各大面板厂商都出现了大幅亏损。在这样一个极富挑战性的市场环境下，华星光电作为新进入量产的面板供应商，在 2011 年实现了 1.31 亿元的销售收入。

（四）主要控股子公司及参股公司的经营情况及业绩分析（见表 5）

表 5　主要控股子公司及参股公司的经营情况及业绩

公司名称	最终持股比例	业务或产品	注册资本	总资产（亿元）	净资产（亿元）	营业收入（亿元）	净利润
TCL 多媒体科技控股有限公司（合并）	53.12%	投资控股	港币 1 072 275 768 元	184.63	28.82	278.77	45 260 万港元
TCL 通讯科技控股有限公司（合并）	48.18%	投资控股	港币 1 114 193 373 元	112.77	21.93	88.37	79 993 万港元
深圳市华星光电技术有限公司	55.00%	第 8.5 代液晶面板	人民币 100 亿元	241.26	98.35	1.36	-14 610.89 万元
惠州泰科立电子集团有限公司（合并）	55.00%	生产销售元器件	人民币 2.3 亿元	13.74	3.36	20.61	2 885.14 万元

三、公司 2011 年的投资情况

（一）2011 年募集资金的使用情况（见表 6）

表 6 募集资金使用情况

（单位：元）

<table>
<tr><td colspan="3">募集资金总额</td><td colspan="2">4 502 076 824.58（注 1）</td><td colspan="3" rowspan="2">本年度投入募集资金总额</td><td colspan="4" rowspan="2">—</td></tr>
<tr><td colspan="3">报告期内变更用途的募集资金总额</td><td colspan="2">—</td></tr>
<tr><td colspan="3">累计变更用途的募集资金总额</td><td colspan="2">—</td><td colspan="3" rowspan="2">已累计投入募集资金总额</td><td colspan="4" rowspan="2">4 403 669 764.08（注 2）</td></tr>
<tr><td colspan="3">累计变更用途的募集资金总额比例</td><td colspan="2">—</td></tr>
<tr><td>承诺投资项目和超募资金投向</td><td>是否已变更项目（含部分变更）</td><td>募集资金承诺投资总额</td><td>调整后投资总额（1）</td><td>截至期末承诺投入金额</td><td>本年度投入金额</td><td>截至期末累计投入金额（2）</td><td>截至期末投资进度（3）＝（2）/（1）</td><td>项目达到预定可使用状态日期</td><td>本年度实现的效益</td><td>是否达到预计效益</td><td>项目可行性是否发生重大变化</td></tr>
<tr><td colspan="12">承诺投资项目</td></tr>
<tr><td>第 8.5 代液晶面板生产线项目</td><td>否</td><td>4 403 669 764.08</td><td>4 403 669 764.08</td><td>4 403 669 764.08</td><td>—</td><td>4 403 669 764.08</td><td>100.00%</td><td>2011 年 10 月</td><td>不适用</td><td>不适用</td><td>否</td></tr>
<tr><td>承诺投资项目小计</td><td>—</td><td>4 403 669 764.08</td><td>4 403 669 764.08</td><td>4 403 669 764.08</td><td>—</td><td>4 403 669 764.08</td><td>100.00%</td><td>—</td><td>—</td><td>—</td><td>—</td></tr>
</table>

注 1：扣除发行费用人民币 98 407 060.50 元，实际募集资金净额为人民币 4 403 669 764.08 元。

注 2：本公司已将募集资金净额人民币 4 403 669 764.08 元扣除置换资金人民币 1 500 000 000 元后的剩余资金于 2010 年 9 月 1 日全部投入华星光电，募集资金衍生利息人民币 4 495 457.61 元一并投入本公司募集资金专户已于 2010 年 9 月注销。华星光电将本公司投入的募集资金在国家开发银行股份有限公司深圳分行开设了募集资金专项账户，初始存放金额为 2 908 165 221.69 元（包含募集资金账户衍生利息人民币 4 495 457.61 元）。

注 3：华星光电将本公司投入的募集资金在国家开发银行股份有限公司深圳分行开设了募集资金专项账户，初始存放金额为 2 908 165 221.69 元，2011 年度华星光电累计投入到第 8.5 代液晶面板生产线项目人民币 1 453 041 643.02 元，截至 2011 年 12 月 31 日，华星光电募集资金专项账户余额为 1 509 835 500.80 元（包含募集资金账户衍生利息人民币 59 207 379.74 元）。

（二）重大非募集资金项目情况

无。

天马微电子股份有限公司 2011 年年度报告（摘要）

一、截至 2011 年末公司前三年主要会计数据　（见表 1）

表 1　2009—2011 年主要会计数据

（单位：元）

项　　目	2011 年	2010 年	同比增减	2009 年
营业总收入	4 614 967 219.00	3 454 211 508.00	33.60%	2 190 447 604.00
营业利润	−55 963 692.00	86 431 907.00	—	−375 539 377.00
利润总额	278 509 598.00	177 350 042.00	57.04%	−362 764 228.00
归属于上市公司股东的净利润	101 133 343.00	70 381 821.00	43.69%	−205 637 565.00
归属于上市公司股东的扣除非经常性损益的净利润	−19 707 770.00	40 847 935.00	—	−207 936 872.00
经营活动产生的现金流量净额	532 957 245.00	355 446 353.00	49.94%	436 077 993.00
项　　目	2011 年末	2010 年末	同比增减	2009 年末
资产总额	8 052 164 501.00	7 971 514 291.00	1.01%	6 476 071 725.00
负债总额	5 133 254 608.00	5 480 834 561.00	−6.34%	4 377 387 465.00
归属于上市公司股东的所有者权益	1 318 953 568.00	1 215 025 194.00	8.55%	1 145 253 365.00
总股本	574 237 500.00	574 237 500.00	0.00%	574 237 500.00

二、公司与实际控制人之间的产权及控制关系（见图 1）

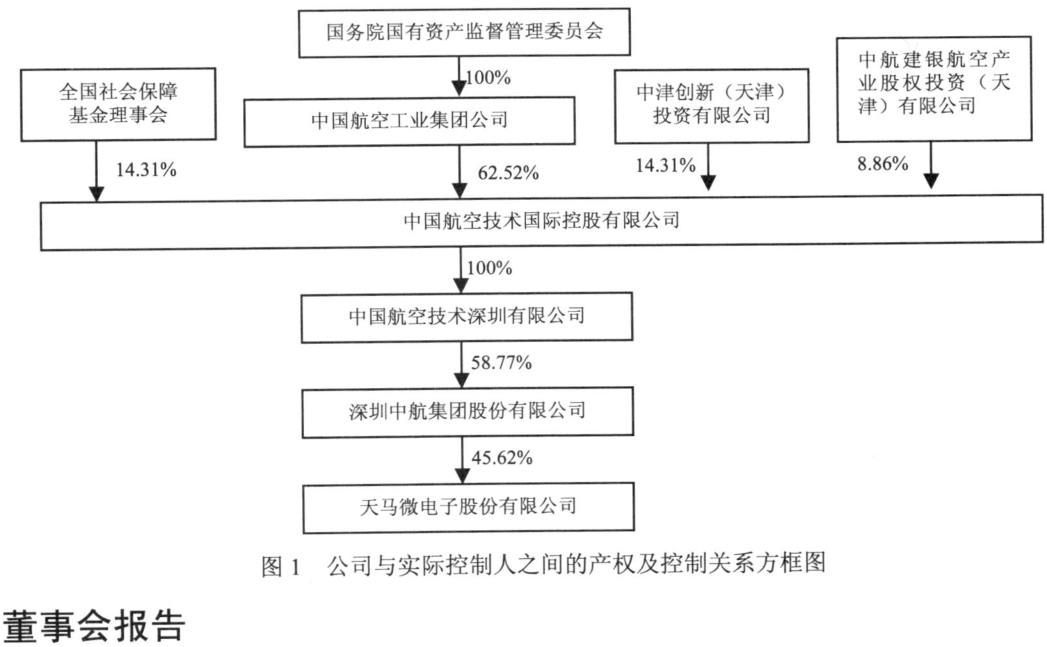

图 1　公司与实际控制人之间的产权及控制关系方框图

三、董事会报告

（一）公司经营情况回顾

2011 年全球经济持续低迷，欧债危机对周边国家的影响范围不断延伸，对电子产品市场带来一定冲击，全球平板显示大尺寸面板厂绝大多数陷入亏损局面。而中小面板行业市场，在智能手机、平板电脑热销的带动下，仍保持成长态势。

面对变化的市场环境，公司积极统一思想，进一步明确了公司战略、使命和价值观体系；调整组织架构，完成组织架构变更，实现各职能系统一体化运作，推行矩阵式管理模式，效果显著；继续实施大客户策略，成功导入国内外著名通讯设备供应公司；加快技术开发并取得显著进展。随着国内外大客户的认可度和国内市场竞争力的提升、新建生产线产能的逐步释放，公司市场份额得到进一步提升，较好地完成了 2011 年年度计划。

2011 年主营业务收入 452 774 万元，同比增长 36.30%，净利润 10 113 万元，综合毛利率为 11.67%。在全年 452 774 万元销售收入中，LCD 为 127 742 万元，占总销售收入的 28.21%；LCM 销售收入为 325 032 万元，占总销售收入的 71.79%。

2011 年，公司实际控制人中国航空技术深圳有限公司及其股东中国航空国际控股有限公司成功收购 NEC 旗下液晶公司 NLT，并委托公司经营管理。由子公司上海天马微电子有限公司托管的厦门天马微电子有限公司前期建设顺利进行，公司的产业规模优势逐步确立，市场地位逐步提高。厦门天马的投建，填补了公司液晶面板显示产业战略布局上的空缺，确保了公司在全球中小尺寸液晶显示领域的领先地位。

2011 年，公司完成了整体组织架构的搭建，建立了矩阵化组织运作模式，明确了公司战略、使命和价值观体系，在各平台建设上充分发挥了统一部署、合理安排的作用，使得子公司、联营公司及受托管理公司之间更好地发挥了协同效应，实现了营销一体化、供应链一体化、研发一体化、人才资源平台一体化，提高了沟通与协调效率，效果显著。

2011 年，公司顺利通过诺基亚审核，成功导入 LG、摩托罗拉等国内外大客户；新技术开发方面，OLED、LTPS、IPS、Oxide TFT、3D、CTP 等项目均取得显著进展；有效组织应收账款和存货清理处置工作，提升资产运行效率和效益，降低了资产风险；同时加强内控管理，建立起完善的内部控制管理体系，严格按照内控方案开展各项工作，达到了风险管控和外部监管的要求。

（二）主营业务范围及其经营状况

公司属于微电子行业，是专门从事生产、销售液晶显示屏（LCD）和液晶显示模块（LCM）产品的高科技企业。2011 年公司牢牢把握市场动态，适时调整营销策略；合理运用规模优势，逐步扩展融资通道；充分发挥协同效应，实现一体化供应链模式；在求贤若渴的市场环境下，推行战略人力资源规划，为公司新品开发储备人才，为公司高效、健康、稳定的发展储备源动力，在营销、财务、供应链、研发、人力资源等多个方面均取得了不错的成绩。

全年累计实现销售收入 452 774 万元，同比增长 36.30%（见表 2）；出口销售收入 232 315 万元，占总收入的 51.31%，比上年同期增长 20.63%；国内销售收入 220 459 万元，占总收入的 48.69%，比上年同期增长 57.93%；全年累计发生销售成本为 399 953 万元，同比增长 40.25%；2011 年毛利率为 11.67%，同比下降 2.48 个百分点。

表 2　公司主营业务分地区销售情况

（单位：元）

地区名称	2011 年度		2010 年度	
	主营业务收入	主营业务成本	主营业务收入	主营业务成本
内销	2 204 585 826	1 954 123 544	1 395 964 875	1 214 555 243
外销	2 323 152 938	2 045 409 562	1 925 856 512	1 637 175 383
合计	4 527 738 764	3 999 534 106	3 321 821 387	2 851 730 626

2011年公司向前五名主要供应商采购122 845万元，占年度采购总额的30.71%。向前五名主要客户销售金额139 134万元，占年度销售总额的30.73%。

（三）公司主要控股子公司及联营、合营公司的经营情况及业绩（见表3）

表3　公司主要控股子公司及联营、合营公司的经营情况及业绩

（单位：万元）

公司名称	拥有权益	注册资本	总资产规模	净资产	营业收入	净利润	主要产品或服务
上海天马微电子有限公司	30%	103 000	374 150.73	106 894.91	218 369.72	14 595.73	液晶显示器及相关材料、设备、产品的设计、制造、销售，并提供相关的技术开发、技术咨询、技术服务及技术转让（涉及行政许可的凭许可证经营）
成都天马微电子有限公司	30%	120 000	316 557.90	125 911.47	77 024.37	6 804.08	设计、制造、销售液晶显示器及相关材料、设备、产品并提供技术开发、技术咨询、技术服务、技术转让、货物进出口、技术进出口等
美国天马公司	90%	163.64万美元	5 020.17	1 579.33	20 555.90	439.34	电子设备产品的销售、售后服务和技术支持以及电子设备的进出口等业务
韩国天马公司	89.88%	50.8万美元	906.83	713.03	1 201.13	82.02	LCD及模块的市场开发与销售；手机显示模块的研制和开发等
欧洲天马公司	100%	20万美元	2 092.04	202.33	4 590.43	78.66	电子设备产品进出口、本公司产品的销售、售后服务和技术支持以及电子设备的进出口等业务
驰誉电子有限公司	100%	10万港币	11 026.30	929.87	469.28	302.75	LCD及模块的市场开发与销售；手机显示模块的研制和开发等
深圳中航显示技术有限公司	100%	1 000	815.77	698.74	1.06	−33.06	从事特种工业用显示模块及相关材料、产品的设计、制造与销售、技术开发、技术咨询、技术服务、技术转让，经营进出口业务等
黄石瑞视光电技术股份有限公司	20%	3 000	7 470.17	2 943.23	7 752.50	66.37	从事液晶显示触摸屏及相关材料、设备产品的设计、制造与销售；提供相关技术开发、技术咨询、技术服务及技术转让；货物与技术的进出口业务（涉及行政许可的凭许可证经营）
武汉天马微电子有限公司	10%	160 000	505 988.96	142 303.17	92 673.51	−15 722.06	从事液晶显示器及相关材料、设备、产品的设计、制造与销售，并提供相关的技术开发、技术咨询、技术服务和技术转让；货物进出口、技术进出口

（四）公司所处行业发展趋势及面临的市场竞争格局

2012年全球经济将持续低迷，欧美等经济体失业率较高，消费者对电子产品的支出仍旧偏低，根据花旗银行统计数据，2012年全球经济增长率为2.5%，低于2011年的3.3%。

2012 年公司所处行业，从细分市场看，智能手机市场将快速成长，2012 年全球智能手机预计将超过 6 亿部，同比增长 34%；平板电脑需求量快速增加，2012 年预计将超过 9 千万部，增长率超过 40%；同时，车载显示市场和工业医疗等专业显示市场也呈现增长的趋势。而功能手机市场则成长缓慢，便携式导航仪等市场则将出现下滑的现象。

从技术开发方面看，AM-OLED、氧化物 TFT 等新技术走向量产或开始放量成长，这也将加剧对现有 a-Si 产品的竞争。

从竞争对手看，由于大尺寸面板市场仍不景气，行业内的高世代线将转产公司所处的中小尺寸线，这将加剧中小面板市场的竞争程度。

（五）2012 年资金需求使用计划

2012 年公司主要的建设投资项目包括：公司本部生产线改造、上海天马 TFT 项目生产线改造及研发设备投入、成都天马 TFT 项目生产线改造（见表 4）。

表 4　2012 年公司计划投资

	项目名称	预计投入金额（万元）
1	公司本部生产线改造	1 600
2	上海天马 TFT 项目生产线改造及研发设备投入	10 000
3	成都天马 TFT 项目生产线改造	4 000
	合计	15 600

四、2011 年的投资情况

（一）2011 年公司非募集资金投资的重大项目

（1）成都天马微电子有限公司：2011 年全年业绩良好，扩产设备搬入及调试工作按期完成，该扩产项目将使成都天马月产能大幅提升。

（2）武汉天马微电子有限公司：2011 年为全面投产与产能爬坡的首年，上半年为项目全面试产阶段，下半年开始量产，项目处于稳健运营中。二期项目于 2011 年 5 月正式启动，扩大生产产能并实施 ENF 化学品合作项目。截至 2011 年末，项目已顺利完成洁净室装修、第一批生产设备的搬入与调试等工作，项目建设进展顺利。

（3）上海天马微电子有限公司 OLED 项目：自启动至今，设备基本调试完成，已开始试流片自动运转；厂务配套供应系统、废水处理系统及部分设备改造也已基本完成。2011 年 02 月 20 日成功点亮了第一款彩色 AM-OLED 样品，2011 年 12 月成功点亮了 12 英寸 AM-OLED 样品。

（二）2011 年之前募集资金投资项目情况

公司于 2007 年 8 月非公开发行股票 5 090 万股，发行价 9.81 元。募集资金总额 49 932.9 万元，扣除发行费用 1 545.32 万元，募集资金净额约为 48 387.58 万元。截至 2011 年 12 月 31 日，募集资金项目实际投入金额 30 900.00 万元，本年度内盈利 14 595.73 万元（见表 5）。

表 5　2011 年之前募集资金投资项目情况

（单位：万元）

序　　号	投资项目名称	计划投资	实际投资	本年收益
1	上海天马新建第 4.5 代生产线项目	30 900.00	30 900.00	14 595.73
合计		30 900.00	30 900.00	14 595.73

上海天马微电子有限公司在过去的一年里，出色地完成了多项战略性目标和任务，在全球平板显示行业低迷，国内外同行均出现巨额亏损的情况下，上海天马仍保持盈利，全年实现营业收入 21.8 亿元，利润总额 1.67 亿元。随着 LG、NOKIA 等国际大客户逐步量产出货，国际大客户比重与上年度相比有所上升，国内外大客户的认可度更加明显。

2011 年 5 月 17 日，上海天马正式受托管理厦门天马微电子有限公司。

上海天马第 4.5 代 AM-OLED 中试线项目已完成所有设备的安装调试工作，并已掌握了 LTPS 和 AM-OELD 的关键技术。

此外，上海天马在供应链、人力资源方面均取得了不错的成绩：通过精益周项目，对材料的整个交付过程进行优化，高度重视人才培养与人才梯队建设，积极配合公司人才一体化发展战略。2011 年，上海天马又向公司其他子公司输送了大量优秀员工，为公司战略目标的实施提供了人力资源保障。

2012 年，上海天马将通过产品结构调整，降低材料成本，加强质量与良品率管理，持续工艺改良及材料选型，加快新品的研发速度等方式改善边际贡献，大幅降低费用，实现全年目标。同时上海天马还将继续推动 AM-OLED 中试线项目，使其具备产业化技术条件。

信利国际有限公司 2011 年年度报告（摘要）

一、截至 2011 年末前两年主要会计数据（见表 1）

表 1　2010—2011 年主要会计数据

（单位：千港元）

		2011 年	2010 年	同比增减
收益		10 503 988	7 735 711	35.8%
毛利		1 284 075	910 586	41.0%
年度溢利		380 759	314 956	20.9%
税息折旧及摊销前利润		1 248 134	989 733	26.1%
每股盈利（港仙）	基本	13.76	11.45	20.2%
	摊薄	13.76	11.45	20.2%
每股股息（港仙）	中期	3	4	-25.0%
	末期	2.5	1	150.0%

二、经营状况回顾与展望

1. 业务回顾

2011 年，收益大幅增长约 35.8%，达到约 105 亿港元（2010 年为 77 亿港元）。尽管 2011 年全球经济不稳定，但中国经济仍保持持续增长。因此，2011 年收益的大幅增长主要受惠于中国的经济增长。年内经审核溢利约为 3.81 亿港元，较上一年度（2010 年约为 3.15 亿港元）增长约 20.9%。年内毛利率轻微上升至 12.2%左右（2010 年为 11.8%），但纯利率则轻微减少至约 3.6%（2010 年为 4.1%）。管理层认为，本集团的毛利率于 2012 年可通过收益增长及大规模生产所带来之规模经济正面效应而得以维持。

本集团的液晶显示器业务（包括触摸屏业务）约占年内总收益的 93%，包括微型相机模块及印刷电路板销售在内的其他业务约占本集团 2011 年收益的 7%（见图 1）。2011 年液晶显示产品分类销售占比如图 2 所示。管理层认为，智能手机市场于未来数年仍将继续备受追捧（尤其是在中国），而本集团的主要产品将持续受惠于此趋势。

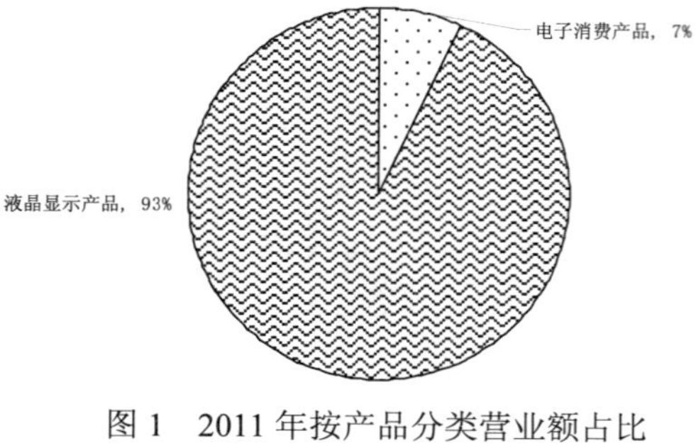

图 1　2011 年按产品分类营业额占比

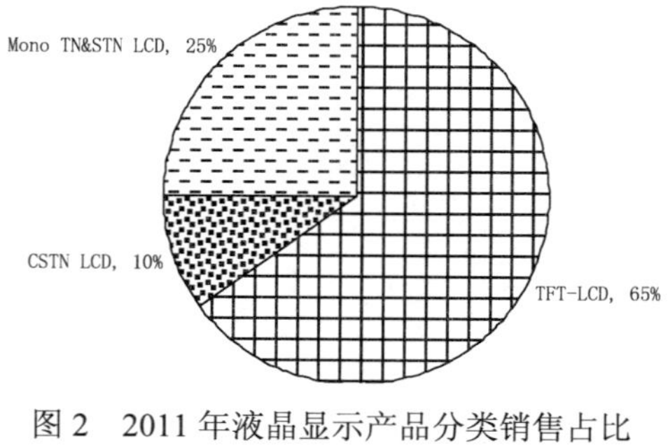

图 2　2011 年液晶显示产品分类销售占比

2. 展望

展望 2012 年，由于美国及欧洲经济疲软，全球经济状况继续面对挑战。此外，中国近期调低 2012

年的国内生产总值增长目标至 7.5%。LCD 产品（包括智能手机）的需求可能会因消费者的购买力下降而减少。但是，本集团相信 2012 年智能手机市场将会继续增长，本集团有信心于 2012 年继续取得增长。

本集团将一如既往地采取更多成本控制及存货控制措施，以应对不稳定的经济状况。本集团将加快自动化生产进程，以降低中国工人工资持续增加带来的负面影响。

市场营销团队及生产规划将继续紧密合作，以制定最佳的成本架构，从而优化本集团的经营及财务业绩。

深圳莱宝高科技股份有限公司 2011 年年度报告（摘要）

一、截至 2011 年末公司前三年主要会计数据 （见表 1）

表 1　2009—2011 年主要会计数据

（单位：元）

项　　目	2011 年	2010 年	同比增减	2009 年
营业总收入	1 236 554 632.81	1 146 343 363.95	7.87%	636 266 591.96
营业利润	526 780 320.66	525 921 660.83	0.16%	220 096 215.97
利润总额	537 225 622.18	533 227 797.67	0.75%	223 646 216.96
归属于上市公司股东的净利润	459 468 237.77	451 102 096.73	1.85%	176 657 907.32
归属于上市公司股东的扣除非经常性损益的净利润	427 173 612.52	442 469 135.64	-3.46%	172 425 260.15
经营活动产生的现金流量净额	590 311 369.16	594 471 644.00	-0.70%	217 087 488.21
项　　目	2011 年末	2010 年末	同比增减	2009 年末
资产总额	2 789 699 322.37	2 542 542 565.72	9.72%	2 079 117 572.74
负债总额	324 003 049.88	412 412 274.70	-21.44%	335 977 902.16
归属于上市公司股东的所有者权益	2 404 880 107.53	2 077 106 436.47	15.78%	1 686 967 551.50
总股本（股）	600 396 160.00	428 854 400.00	40.00%	329 888 000.00

二、公司与实际控制人产权关系（见图 1）

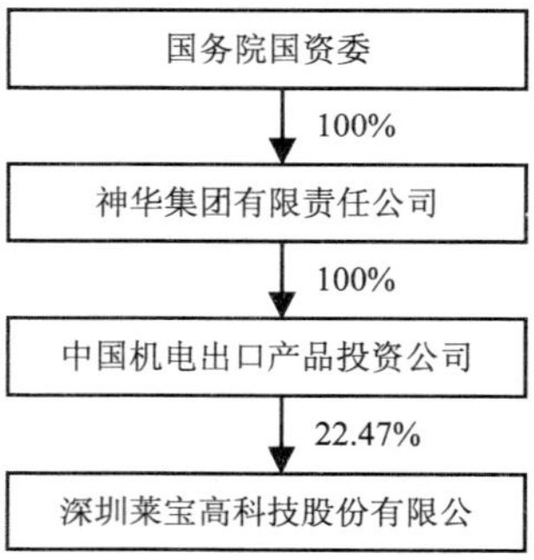

图 1　公司与实际控制人产权关系方框图

三、董事会报告

（一）总体经营情况

2011 年，公司面临的市场竞争环境尤为复杂、激烈。中大尺寸电容式触摸屏项目投产带来一定程度的业绩贡献，但触摸屏新进厂商不断涌现、已有触摸屏模组厂商逐步向产业链上游垂直整合且扩充产能，消费类电子产品市场需求波动性和行业竞争进一步加剧。面对复杂交织的市场，公司在稳固已有产品市场和优化客户资源的基础上，积极调整产品结构，合理优化调配产能，提升生产效率和产品质量，全年生产经营正常，经营业绩平稳。2011 年，公司实现主营业务收入 123 655.46 万元，较上年增长 7.87%；实现营业利润 52 678.03 万元、净利润 45 946.82 万元，与上年相比基本持平。

（二）主营业务范围及其经营状况

公司的经营范围是：生产经营彩色滤光片、触摸屏、镀膜导电玻璃及真空镀膜产品，开发相关技术设备并提供相应的技术咨询服务。液晶显示器件及电子产品的技术开发和销售；经营进出口业务；普通货运（《道路运输经营许可证》有效期至 2015 年 6 月 26 日止）；投资兴办实业（具体项目另行申报）。

1. 公司主营业务分行业、分产品情况（见表 2）

表 2　公司主营业务分行业、分产品情况

（单位：万元）

分行业、产品	营业收入	营业成本	毛利率	营业收入同比增减	营业成本同比增减	毛利率同比增减
分行业：电子元器件	123 655.46	61 753.62	50.06%	7.87%	19.94%	−5.02%
分产品：显示材料	123 655.46	61 753.62	50.06%	7.87%	19.94%	−5.02%

2. 公司主营业务分地区情况（见表 3）

表 3　公司主营业务分地区情况

（单位：万元）

分地区	营业收入	营业收入同比增减
中国大陆销售	36 356.03	−27.38%
中国大陆以外地区销售	87 299.43	35.19%
合计	123 655.46	7.87%

（三）经营环境分析

1. 宏观环境分析

2011 年，全球经济形势呈现复杂交织的局面，通货膨胀有所回落但仍处于较高水平、欧美经济有所复苏但债务危机呈一定程度蔓延，受此影响，欧美国家消费需求尚难提振；国内通胀虽得到抑制但面临经济转型和升级的巨大压力，国内消费需求尚未有效激发。行业方面，受 iPhone 智能手机、iPad 平板电脑等新兴消费类电子产品热销带动，以及电信运营商大力建设 3G、4G 等无线宽带网并实施购机补贴、资费下调等因素的综合推动，消费者对新兴消费类电子产品服务需求日益增加，智能手机从高端手机的小规模生态逐渐演变为真正意义上的大众市场，预计未来的市场空间有望进一步增长。

2011 年，人民币对美元的汇率继续呈现一定幅度的升值，以及日元对人民币亦呈现一定幅度的升值，从而对公司产品出口销售、进口原材料及设备形成一定的不利影响。总体来说，上述汇率波动对公司全年经营业绩的影响程度有限。

2011 年，为稳固国家经济增长和加快经济结构转型和升级，国家继续实施积极的财政政策并适时微调了适度从紧的信贷政策。2011 年，平板显示材料作为新材料行业，受益于国家重点鼓励发展的战略性新兴产业资助政策，公司获得了一定金额的财政资助（补贴）；鉴于 2011 年公司资金较为充裕，2011 年，适度从紧的信贷政策对公司盈利能力没有造成影响。

2. 行业发展趋势

近年来，平板显示行业的技术进步日益加快，新的显示技术尤其是 AM-OLED 技术取得较大进展，以韩国三星 SMD 公司为代表的 AM-OLED 面板开始在小尺寸显示面板应用，业内甚至预计 2012 年为 AM-OLED 元年。受此影响，可以预见普通的 TN 型非晶硅 TFT-LCD 显示面板的市场竞争和价格竞争将更加激烈；CSTN-LCD 面板市场竞争压力尤其是价格下降压力将进一步加大，其市场空间将进一步萎缩直至退出。黑白型 TN/STN-LCD 的市场容量较大，ITO 导电玻璃的市场供求相对平稳但近年来受新增产能较多、汽车消费市场需求增长可能放缓等因素综合影响，亦将面临日益激烈的市场竞争格局。

触摸屏方面，近年来，新技术、新结构、新产品的开发也日益加快，虽然 Touch on Lens、On-Cell、In-Cell 等技术由于受限于工艺完善、良品率较低导致生产成本较高，出货量较少，但已开始应用于部分款式的智能手机，这些都必将影响到目前玻璃电容式触摸屏（Glass-Glass）、薄膜电容式触摸屏（Glass-Film-Film 或 Glass-1Film）结构与技术的主流产品市场被分割，从而加剧目前主流触摸屏产能的进一步过剩。但伴随着智能手机价格下降、普及率提升，电容式触摸屏未来面临的市场空间依然广阔。此外，随着集成多点触摸控制功能的 Windows 8 操作系统的推出，有望带动和引领诸如超极本（Ultrabook）、一体化计算机（All in One PC，简称 AIO PC）、互联网电视（iTv）、甚至介于手机和计算机之间的新兴移动互联网资讯终端等新兴消费类电子产品的需求，从而有望进一步扩大电容式触摸屏的市场容量和规模。

3. 市场及竞争格局

如前文“宏观环境分析”所述，2011 年，在智能手机及平板电脑厂商、电信运营商、系统软件运营商等产业链体系的共同努力下，新兴消费类电子产品的市场需求旺盛增长。2011 年，新增触摸屏厂商、触摸屏模组厂商逐步向产业链上游发展及扩充产能，行业竞争环境更趋复杂，消费类电子产品市场需求波动和行业竞争加剧，公司主导产品降价幅度较大，公司产品订单需求呈现大幅波动，对公司生产经营提出了巨大的挑战。在稳固已有产品市场和优化客户资源的基础上，公司积极调整产品结构，合理优化调配产能，提升生产效率和产品质量，保持了全年生产经营正常，经营业绩平稳。

公司是国内极少数自主完整掌握平板显示前段工艺技术的厂商，在行业内具有显著的技术优势，新产品设计开发能力较强，现已具备各类产品的自主设计开发能力，国内首家自主研发出一体化电容式触摸屏（Touch on Lens），并已进行多款样品认证，2012 年力争尽快推向市场。2011 年，公司产品结构得到进一步丰富和优化，基本涵盖中小尺寸平板显示面板的主流产品，形成 ITO、CF、CTP（电容式触摸屏）Sensor 和 TFT-LCD 空盒产品系列，公司产品整体竞争优势增强；通过与子公司的通力协作，公司具备了独立自主的电容式触摸屏模组设计开发能力，设计和开发了各类尺寸、数十款新品，积累了较为丰富的模组设计开发经验，顺利切入了国内数家知名品牌整机市场，为公司 2012 年拓展电容式触摸屏模组市场做好了前期市场导入，并为一体化电容式触摸屏的设计和开发奠定了良好的基础。

ITO 导电玻璃方面，国内厂商有百余家，市场竞争一直较为激烈。受全球经济复苏缓慢、汽车消费增长可能放缓等因素影响，未来竞争更多的是产品价格竞争。鉴于公司的 ITO 导电玻璃产品主要定位于中高档产品，产品的附加值较高，因此，具有较强的规模成本优势和产品质量稳定、可靠的竞争优势。彩色滤光片（CF）方面，公司具有批量生产 CSTN-LCD 用 CF 和 TFT-LCD 用 CF 的生产能力，持续面临消费类电子产品价格不断下降带来的降价压力，同时面临 TFT-LCD 产品降价进而带来越来越大的替代压力。TFT-LCD 空盒方面，整体市场供过于求，市场竞争激烈，日益面临 AM-OLED 面板和 IPS、LTPS 等高画质显示面板的替代竞争压力；公司主要面临日本、中国台湾地区相关厂商带来的价格竞争压力。触摸屏方面，公司自主掌握触控材料的制造工艺技术，产品质量稳定、优异，且自主设计开发出一体化电容式触摸屏的结构和制作工艺技术，具备持续开发电容式触摸屏的新产品、新技术的能力；但如前文“行业发展趋势”所述，现有主流触摸屏产能面临过剩，公司产品价格下降的压力还将存在。

（四）其他经营方面的情况

1. 产品订单及执行情况

公司的产品订单呈现多品种、小批量、交货期短的特点。结合产能情况，公司在与客户确认并签署订单后，安排生产，及时交货，订单基本上当月执行完毕。2011 年，公司产品订单总体波动幅度较大，表现为：ITO 产品上半年需求良好、下半年平淡；TFT-LCD 空盒产品全年订单平稳；CSTN-CF 产品市场需求上半年良好、下半年持续旺盛；小尺寸触摸屏产品市场需求 1～4 月旺盛、5～6 月平淡、7～8 月部分主要客户订单呈一定幅度下降；9～10 月，中尺寸触摸屏产品市场需求旺盛；11～12 月，中尺寸及小尺寸触摸屏产品市场需求又趋于平淡。尽管产品订单总体波动幅度较大，但全年产品订单执行情况良好。

2. 产品及主要原材料价格情况

公司主导产品为客户定制型产品，具有多品种和小批量的特征，不同品种在规格、单价、产销量、生产周期等方面均不相同，近年来销售价格呈现不断下降的趋势没有改变。2011 年，由于行业竞争加剧，公司主导产品的价格持续承受下降的压力。

公司生产所需的主要原材料包括基板玻璃、靶材和光刻胶等。由于公司产品规格差异较大，造成采购的原材料的品种和规格也很多，价格差异较大，且所需的主要原材料中国大陆地区没有厂商可以供应，全球供应主要集中于日本、韩国、中国台湾地区等地的少数厂商，2011 年，主要原辅材料采购价格有一定幅度上涨，对公司利润造成一定程度的不利影响。

3. 主要供应商及客户情况（见表 4 和表 5）

表 4　主要供应商情况

（单位：万元）

项　目	2011 年	2010 年	同比增减	2009 年
前五名供应商合计采购金额占年度采购总金额的比例	44.65%	65.70%	减少 21.05 个百分点	45.81%
前五名供应商合计预付账款余额	—	—	—	—
前五名供应商合计预付账款余额占公司预付账款总余额比例	—	—	—	—

表 5　主要客户情况

（单位：万元）

项　目	2011 年	2010 年	同比增减	2009 年
前五名客户合计销售金额占公司销售总额的比例	73.51%	76.33%	减少 2.82 个百分点	48.94%
前五名客户合计应收账款余额	10 958.20	14 629.38	−25.09	10 043.93
前五名客户合计应收账款余额占公司应收账款总余额比例	75.99%	85.62%	减少 9.63 个百分点	61.56%

如表 4 和表 5 所示，公司主要供应商和主要客户的集中度相对较高。形成此情况的主要原因是：公司生产用的主要原材料全球供应商主要集中在日本、韩国、中国台湾地区等地的少数厂商，中国大陆地区没有厂商能够提供；2011 年，不存在向某原材料供应商采购比例达 30%以上的情形。鉴于公司产品为显示材料，需要销售客户不仅具备较好技术工艺水平，而且应具备良好资信水平，因此，公司主要的销售客户系规模较大的面板厂（或模组厂）；2011 年，存在向某客户销售比例达 35.50%的情形。

4. 研发投入情况

公司历来重视新产品和新技术的开发和创新工作，将新产品研发作为公司保持核心竞争力的重要保证，2009—2011 年度公司研发投入占当期营业收入的比例均保持在 3%以上（见表 6）。

表 6 研发投入情况

（单位：万元）

项　目	2011 年	2010 年	本年比上年增减	2009 年
研发支出总额	5 322.60	4 545.73	17.09%	2 311.49
研发支出总额占营业收入比例	4.30%	3.97%	增加 0.33 个百分点	3.63%

2011 年，公司向国家知识产权局申请 86 项专利，其中发明专利 45 项、实用新型专利 41 项。截至 2012 年 2 月 29 日，公司获得国家知识产权局授权专利 35 项，其中实用新型专利 25 项，发明专利 10 项；中国台湾地区授权的实用新型专利 7 项。

（五）主要子公司及参股公司的经营情况

1. 控股子公司——浙江金徕镀膜有限公司

浙江金徕镀膜有限公司为本公司的控股子公司，注册资本 1 120 万美元，本公司持有 43.5%的股权。该公司主营业务为 ITO 导电玻璃的生产和销售。截至 2011 年 12 月 31 日，总资产为 17 459.75 万元，较上年末增加 49.01%，主要原因是其投资建设的电容式触摸屏模组项目投产，因而库存及应收货款相应增加；净资产 10 763.92 万元，与上年末基本持平；2011 年度净利润-57.27 万元，主要原因是其电容式触摸屏模组项目投产初期亏损。

2. 全资子公司——莱宝科技（香港）实业有限公司

莱宝科技（香港）实业有限公司注册资本 10 000 港币，本公司拥有 100%的股权。该公司主要从事技术引进与交流、信息咨询、技术服务及进出口贸易。截至 2011 年 12 月 31 日，总资产 3 284.37 万元，较上年末增加 12.09%；净资产 1 088.55 万元，较上年末增加 18.65%；2011 年度实现净利润 222.27 万元，较上年度增加 153.15%，主要系销售规模扩大所致。

3. 全资子公司——重庆莱宝科技有限公司

根据公司四届十三次董事会决议（公告编号：2011-021），2011 年 11 月 16 日，公司在重庆市两江新区水土高新技术产业园区注册设立全资子公司——重庆莱宝科技有限公司，注册资本人民币 15 000 万元，本公司拥有 100%的股权。该公司主营业务是制造、销售触摸屏、真空镀膜玻璃、平板显示器件及电子产品。截至 2011 年 12 月 31 日，该公司总资产 14 999.78 万元，净资产 14 999.78 万元；2011 年度净利润-0.22 万元，主要系该公司尚未开展经营、设立登记产生的相关费用所致。

4. 参股公司——深圳市宇顺电子股份有限公司

深圳市宇顺电子股份有限公司注册资本为 7 350 万元，主营业务及产品为 LCD 液晶屏及 COG/TFT 模组。截至 2011 年 12 月 31 日，公司持有该公司 30 万股的股份，占该公司总股本的比例为 0.41%。

截至 2011 年 12 月 31 日，该公司总资产 114 157.98 万元，净资产 48 069.02 万元；2011 年度实现净利润 2 080.19 万元（摘自该公司发布的《2011 年年度报告》）。

四、2011 年资金的具体使用情况

（一）募集资金使用及项目开展情况（见表 7）

表 7　募集资金的具体使用情况

（单位：万元）

募集资金总额				93 265.70		本年度投入募集资金总额		1 893.12		
报告期内变更用途的募集资金总额				—						
累计变更用途的募集资金总额				10 426.00		已累计投入募集资金总额		93 207.00		
累计变更用途的募集资金总额比例				11.18%						
承诺投资项目和超募资金投向	是否已变更项目（含部分变更）	募集资金承诺投资总额	调整后投资总额（1）	本年度投入金额	截至期末累计投入金额（2）	截至期末投资进度（3）＝(2)/(1)	项目达到预定可使用状态日期	本年度实现的效益	是否达到预计效益	项目可行性是否发生重大变化
承诺投资项目										
中小尺寸TFT-LCD用彩色滤光片生产线项目	是	46 519	46 519	—	46 519	100%	2008 年 8 月 31 日	16 392.90[注1]	否[注2]	否
电阻式触摸屏项目	否	33 119	33 119	461.24	33 119	100%	2009 年 12 月 31 日	33 163.71[注1]	否[注3]	否
光电显示材料研究开发中心项目	否	3 143	3 143	1 155.14	3 143	100%	2011 年 6 月 30 日	—	不适用	否
承诺投资项目小计		82 781	82 781	1 616.38	82 781			49 556.61		
超募资金投向										
中小尺寸TFT-LCD用彩色滤光片生产线项目的调整建设内容	是	—	10 426	276.74	10 426	100%	2008 年 8 月 31 日	—	—	否

续　表

归还银行贷款（如有）	—	—	—	—	—	—	—	—	—	—
补充流动资金（如有）	—	—	—	—	—	—	—	—	—	—
超募资金投向小计	—	—	10 426	276.74	10 426	—	—	—	—	—
合计		82 781	93 207	1 893.12	93 207			49 556.61		
未达到计划进度或预计收益的情况和原因（分具体项目）	注 1：根据公司公告（公告编号：2007-007）统一披露口径，报告期实现的效益系 2011 年度实现的销售收入。注 2：中小尺寸 TFT-LCD 用彩色滤光片生产线项目未达到预计收入的主要原因：该项目达到设计产能及利用率，但项目跨度时间较长、市场竞争激烈、产品价格下降幅度较大。注 3：电阻式触摸屏项目未达到预计收入的主要原因：项目超过设计产能及利用率，但项目跨度时间较长、市场竞争激烈、产品价格下降幅度较大									
超募资金的金额、用途及使用进展情况	2006 年 12 月，公司首次公开发行证券募集资金净额 93 265.70 万元，超募资金 10 484.70 万元。经公司二届十四次董事会审议、二届八次监事会审议、独立董事发表意见、保荐机构发表同意实施的意见及公司 2006 年度股东大会审议通过，利用超募资金中的 10 426 万元用于中小尺寸 TFT-LCD 用彩色滤光片生产线项目的调整建设内容，该项目已使用完毕									
募集资金投资项目先期投入及置换情况	为增强公司的核心竞争力，加快募集资金投资项目的实施进度，公司用自筹资金 20 145 720.11 元对募集资金投资项目用地、厂房前期建设及触摸屏部分设备进行了先期投入。上述置换事项及置换金额业经会计师事务所专项审计、2007 年 2 月 28 日公司第二届董事会第十四次会议审议通过及保荐机构发表了明确同意实施的意见（具体参见 2007 年 2 月 28 日刊登在《中国证券报》、《证券时报》、巨潮网上的相关公告，公告编号：2007-009）									
尚未使用的募集资金用途及去向	经会计事务所鉴证、保荐机构发表明确同意实施的意见及公司第四届董事会第十三次会议审议通过（公告编号：2011-021、2011-022、2011-023），同意公司将节余募集资金（含利息收入）永久补充流动资金。2011 年 10 月 31 日，公司将节余募集资金（含利息收入）4 516.72 万元通过银行转账的方式转入一般结算账户									

（二）募集资金投资项目部分建设内容调整情况（见表 8）

表 8　募集资金投资项目部分建设内容调整情况

（单位：万元）

变更后的项目	对应的原承诺项目	变更后项目拟投入募集资金总额（1）	本年度实际投入金额	截至期末实际累计投入金额（2）	截至期末投资进度（3）=（2）/（1）	项目达到预定可使用状态日期	本年度实现的效益	是否达到预计效益	变更后的项目可行性是否发生重大变化
中小尺寸 TFT-LCD 空盒生产线项目	中小尺寸 TFT-LCD 用彩色滤光片生产线项目	56 945.00	276.74	56 945	100%	2008 年 08 月 31 日	16 392.90 注	否	否
合计		56 945.00	276.74	56 945			16 392.90		
变更原因、决策程序及信息披露情况说明（分具体项目）	为更好地适应 TFT-LCD 面板市场的需求，且公司实际募集的资金净额超出原募集资金投资项目所需的资金总额，公司调整原《中小尺寸 TFT-LCD 用彩色滤光片生产线项目》的部分建设内容：在投资原有一期月产 3 万片中小尺寸 TFT-LCD 用彩色滤光片的基础上，对原计划二期建设月产 3 万片中小尺寸 TFT-LCD 用彩色滤光片生产线做出调整，调整为月产 3 万片薄膜晶体管阵列（TFT-Array）基板以及成盒生产线，并且提前至一期一并实施，项目调整后的最终产品为 TFT-LCD 空盒，产能为月产 3 万对。通过调整，本项目投资总额由 46 519 万元调整至 56 945 万元。该调整事项已经公司二届十四次董事会审议、二届八次监事会审议、独立董事发表意见、保荐机构发表同意实施的意见及公司 2006 年度股东大会审议通过。								

（三）非募集资金项目开展情况

2011 年，公司投资建设的非募集资金项目主要为中大尺寸电容式触摸屏项目及其产能扩充项目、光明工厂二期厂房扩建项目和重庆莱宝科技有限公司购置土地事宜。有关情况如下：

（1）经公司四届四次董事会决议，利用自筹资金新增投资 10 137.00 万元建设中大尺寸电容式触摸屏项目（该项目总投资 16 137 万元，利用已有设备完成投资 6 000.00 万元）；经公司四届七次董事会审议通过并经公司 2010 年第一次临时股东大会决议，公司利用自筹资金 25 093.00 万元投资建设中大尺寸电容式触摸屏产能扩充项目。截至 2011 年末，中大尺寸电容式触摸屏项目及其产能扩充项目基本实施完毕，2011 年实现销售收入 12 593.34 万元。

（2）2011 年，光明工厂二期厂房扩建项目完成规划报建等相关工作。目前，该项目正在施工过程中，计划于 2012 年 8 月底前建成。

（3）公司之全资子公司——重庆莱宝科技有限公司于 2011 年 12 月 20 日参与重庆市渝中区人和街 99 号举办的国有建设用地使用权挂牌出让活动，竞得重庆两江新区水土组团 B 标准分区 B79-4/01、B82-1/01、B84-1/01、B84-5/01、B84-4/01 号宗地（公告序号：G11132）的国有建设用地使用权，并于 2011 年 12 月 21 日取得《国有建设用地使用权成交确认书》（渝地交易工〔2011〕135 号），成交总价为人民币 7 537 万元，重庆莱宝科技有限公司已缴纳土地竞买保证金人民币 1 508 万元，该保证金自动转作受让宗地的订金，剩余土地出让款 6 029 万元该款项已于 2012 年 1 月 9 日支付。2012 年 1 月 13 日，重庆莱宝科技有限公司与重庆市国土资源和房产管理局签署了《国有建设用地使用权出让合同》，该宗地的产权证书正在办理中。

芜湖长信科技股份有限公司 2011 年年度报告（摘要）

一、截至 2011 年末公司前三年主要会计数据（见表 1）

表 1　2009—2011 年主要会计数据

（单位：元）

	2011 年	2010 年	同比增减	2009 年
营业总收入	589 318 937.05	483 092 828.86	21.99%	261 504 767.78
营业利润	170 290 078.57	129 865 906.34	31.13%	66 208 636.92
利润总额	177 834 674.88	137 267 141.42	29.55%	70 286 681.45
归属于上市公司股东的净利润	152 530 058.36	117 147 927.17	30.20%	60 546 210.40
归属于上市公司股东的扣除非经常性损益的净利润	146 100 737.23	110 840 630.12	31.81%	57 990 717.75
经营活动产生的现金流量净额	70 295 576.70	68 103 044.93	3.22%	62 397 422.85
	2011 年末	2010 年末	同比增减	2009 年末
资产总额	1 494 867 151.73	1 225 180 441.15	22.01%	458 281 428.14
负债总额	214 618 905.27	61 528 476.32	248.81%	130 107 934.59
归属于上市公司股东的所有者权益	1 280 248 246.46	1 163 651 964.83	10.02%	328 173 493.55
总股本（股）	251 000 000.00	125 500 000.00	100.00%	94 000 000.00

二、董事会报告

（一）公司总体经营情况

2011 年，公司的主营业务仍为 ITO 导电玻璃，全年实现营业总收入 58 931.89 万元，比上年同期增长 21.99%；实现营业利润 17 029.01 万元，比上年同期增长 31.13%；实现利润总额 17 783.47 万元，比上年同期增长 29.55%；实现归属于母公司股东的净利润 15 253.01 万元，比上年同期增长 30.2%。2011 年末总资产 149 486.72 万元，同比增长 22.01%；净资产 128 024.82 万元，同比增长 10.02%；资产负债率为 14.36%。

2011 年，公司面临的生产经营形式复杂多变，上半年 ITO 导电玻璃市场延续了持续两年的旺销势头；下半年由于国内外经济环境的影响，市场形势急转直下，ITO 导电玻璃产销量逐月下降。在此情况下，公司采取了多种措施来应对。

产品结构方面，公司加大了低电阻 TN、STN、IMITO 等有特定要求的产品的生产、销售。这一措施收到了明显效果，全年产销量增长 5%左右，主营业务收入增长了 21.86%，净利润增长了 30.2%。

研发方面，加大研发投入，提高核心竞争力。2011 年是公司自成立以来研发投入力度最大的一年，研发费用支出 2 586.09 万元，比上年增长了 57.76%，占当年营业总收入的 4.39%。2011 年，公司及其子公司申请专利 9 项，其中发明专利 5 项、实用新型专利 4 项。截至 2011 年 12 月 31 日，公司及其子公司拥有授权专利 17 项，其中发明专利 4 项、实用新型专利 13 项；被受理待审批的专利 10 项。

项目建设方面，稳步推进募投项目建设，实现预期经济效益。2011 年，计划募投项目全部投入使用，其中，“三条触摸屏用 ITO 导电玻璃生产线项目”中的两条线已于 2010 年 6 月达产，第三条生产线于 2011 年 5 月投入使用，该项目中的 3 条生产线一投入使用即满负荷生产，实现了预期经济效益；“工程技术研发中心”所属的研发大楼于 2011 年年初完工投入使用，随之购进的各种仪器仪表设备也于 2011 年陆续到位，从日本进口的中试线将于 2012 年年初投入使用；超募项目之“两条高档 STN 生产线项目”中的一条生产线于 2011 年 6 月投入使用，投入使用后即满负荷生产。根据市场变化情况，将另一条生产线设计成多用途生产线，到 2011 年年底，该生产线的设计方案已经确定并于 2012 年 3 月初签订了设备购置合同，预计 2012 年 7 月能够安装调试完毕、投入使用；超募项目“2.5G 电容式触摸屏项目（中小尺寸）”和“3G 电容式触摸屏项目（中大尺寸）”，由于安装调试延长、春节前后一线生产工人比较难招，中小尺寸项目到 2012 年 3 月开始放量生产，预计中大尺寸生产线到 2012 年 6 月将投入生产。

（二）公司主营业务及其经营状况

1. 主营业务分行业、产品情况（见表 2）

公司主要生产经营平板显示行业用的各种薄膜产品，属于电子材料行业，产品均是电子显示器件材料。2011 年主营业务为各种规格的 ITO 导电玻璃、手机视窗用的各种镀膜材料。

表 2　主营业务分行业、产品情况表

产品名称	2011 年度		2010 年度		收入增幅
	营业收入	占　比	营业收入	占　比	
分行业					
电子材料行业	586 926 543.99	100%	481 622 295.83	100%	21.86%
分产品					
显示器件材料	586 926 543.99	100%	481 622 295.83	100%	21.86%

2. 主营业务分地区情况（见表 3）

表 3　主营业务分地区情况表

（单位：元）

地区名称	2011 年度		2010 年度	
	营业收入	占　比	营业收入	占　比
国内销售	555 511 863.03	94.65%	454 853 429.71	94.44%
出口销售	31 414 680.96	5.35%	26 768 866.12	5.56%
合计	586 926 543.99	100%	481 622 295.83	100.00%

3. 主要客户及主要供应商情况（见表 4 和表 5）

表 4　公司前五名客户的营业收入情况

（单位：元）

项　　目	2011 年	2010 年	本年比上年增减
前五名客户合计销售额	188 887 026.18	186 276 052.22	2 610 973.96
占年度销售总金额的比例（%）	32.05	38.55	-6.5%
前五名客户合计应收账款余额	57 247 919.55	47 772 384.63	9 475 534.92
占公司应收账款总余额的比例（%）	30.26	34.47	-4.21%

表 5　前五名供应商的情况

（单位：元）

项　目	2011 年	2010 年	本年比上年增减
前五名供应商合计采购金额	186 050 088.86	147 596 557.47	38 453 531.39
占年度总采购金额的比例（%）	60.25	61.93	−1.68
前五名供应商合计应付账款余额	12 332 525.37	−6 565 340.10	18 897 865.47

4. 销售毛利率变动情况（见表 6）

表 6　销售毛利率变动情况

（单位：元）

项　目	2011 年度	2010 年度	增减变动
主营业务毛利	225 199 442.41	186 076 606.97	39 122 835.44
毛利率（%）	38.37	38.64	−0.27

（三）主要控股、参股子公司的经营情况及业绩（见表 7）

表 7　主要控股、参股子公司的经营情况及业绩

全　称	类　型	注 册 地	注册资本	经营范围	经营业绩
捷科贸易有限公司	全资子公司	香港	450 万港币	销售各种类型的 ITO 导电膜玻璃及售后服务工作	总资产 2 232.95 万元、净资产 430.14 万元、收入 10 888.70 万元、利润 4.77 万元
天津美泰真空技术有限公司	全资子公司	天津	358.50 万美元	生产、销售屏蔽电磁波玻璃等	总资产 5 223.46 万元、净资产 4 938.63 万元、收入 1 422.89 万元、利润 249.77 万元

（四）2012 年主要工作

2012 年是公司上市后发展承前启后的一年，本年度公司所有的募投项目都将开工生产，并将产生效益；非募投项目建设的工作量也较大。必须做好以下几个方面的工作：

（1）CTP-SENSOR 项目建设及完工达产。公司第 2.5 代电容式触摸屏项目目前已开始批量生产，预计到 2012 年 5 月能够全部达产；第 3 代电容式触摸屏项目正在调试、小批量试生产，完全量产要到 2012 年 6 月。

（2）玻璃减薄项目。到目前为止，为玻璃减薄业务投资的 3 条生产线，已建设好一条第 4.5 代减薄生产线和一条第 5 代减薄生产线，另一条第 5 代减薄生产线将在 4 月建成。

（3）ITO 导电玻璃业务。到 2012 年 7 月，超募项目之一的一条高档 STN 生产线投入使用，公司在 ITO 领域的投资项目阶段性结束。ITO 导电玻璃生产线达到 12 条，在国内同行业的龙头地位和最大产销量地位进一步巩固。

（4）研发工作。2012 年的研发工作主要是“硅铝玻璃减薄工艺研发”、“超薄型触摸显示模组研究”、“提高玻璃化强强度的工艺研究”、“强化玻璃新型切割工艺研究”、“OGS 触摸屏工艺技术研究”、“智能电视盖板玻璃研究”等。公司对研发工作的要求是：贴近市场、瞄准技术前沿、迅速量产并产生效益。

（5）2012 年经营目标。2012 年的目标主要有 3 个方面：一是争取把 12 条 ITO 导电玻璃生产线产能全部发挥出来，调整产品结构，不追求产销量的增长，销售收入和经济效益比 2011 年有所增长；二是到下半年，中小尺寸 CTP-SENSOR 生产线和中大尺寸 CTP-SENSOR 生产线能够满负荷生产，产品良品率达到 95%以上；三是 3 条玻璃减薄业务生产线争取在上半年全部投入生产，全年有 6 条以上的减薄线投入运行，并且产生一定的经济效益。

三、2011 年公司投资情况

（一）募集资金使用情况（见表 8）

公司于 2010 年 5 月向社会公众公开发行了人民币普通股（A 股）3 150 万股，发行价为每股人民币 24.00 元，共募集资金人民币 75 600.00 万元，扣除发行费用后，募集资金净额为人民币 71 837.00 万元。截至 2011 年 12 月 31 日，本年度募集资金累计投入 35 459.34 万元，其中，直接投入募投项目 35 459.34 万元。截至 2011 年 12 月 31 日，公司实际尚未使用的募集资金金额为 11 956.48 万元。公司募集资金银行专户余额 11 956.48 万元，其中含有利息收入 1 104.08 万元。

表 8　募集资金使用情况

（单位：万元）

<table>
<tr><td colspan="5">募集资金总额</td><td>71 837.00</td><td colspan="3" rowspan="2">本年度投入募集资金总额</td><td colspan="2" rowspan="2">35 459.34</td></tr>
<tr><td colspan="5">报告期内变更用途的募集资金总额</td><td>0.00</td></tr>
<tr><td colspan="5">累计变更用途的募集资金总额</td><td>0.00</td><td colspan="3" rowspan="2">已累计投入募集资金总额</td><td colspan="2" rowspan="2">61 061.86</td></tr>
<tr><td colspan="5">累计变更用途的募集资金总额比例</td><td>0.00%</td></tr>
<tr><td>承诺投资项目和超募资金投向</td><td>是否已变更项目（含部分变更）</td><td>募集资金承诺投资总额</td><td>调整后投资总额（1）</td><td>本年度投入金额</td><td>截至期末累计投入金额（2）</td><td>截至期末投资进度（3）＝（2）/（1）</td><td>项目达到预定可使用状态日期</td><td>本年度实现的效益</td><td>是否达到预计效益</td><td>项目可行性是否发生重大变化</td></tr>
<tr><td colspan="11">承诺投资项目</td></tr>
<tr><td>触摸屏用 ITO 导电玻璃项目</td><td>否</td><td>17 438.60</td><td>13 397.08</td><td>2 076.65</td><td>12 739.75</td><td>95.09%</td><td>2011 年 5 月 31 日</td><td>3 761.55</td><td>是</td><td>否</td></tr>
<tr><td>工程技术研发中心项目</td><td>否</td><td>3 045.78</td><td>2 038.28</td><td>446.17</td><td>2 082.46</td><td>102.17%</td><td>2012 年 3 月 31 日</td><td>0.00</td><td>不适用</td><td>否</td></tr>
<tr><td>承诺投资项目小计</td><td>—</td><td>20 484.38</td><td>15 435.36</td><td>2 522.82</td><td>14 822.21</td><td>—</td><td>—</td><td>3 761.55</td><td>—</td><td>—</td></tr>
<tr><td colspan="11">超募资金投向</td></tr>
<tr><td>高档 STN 型 ITO 透明导电玻璃项目</td><td>否</td><td>9 064.09</td><td>9 064.09</td><td>1 361.81</td><td>3 307.11</td><td>36.49%</td><td>2012 年 7 月 30 日</td><td>697.42</td><td>不适用</td><td>否</td></tr>
<tr><td>电容式触摸屏项目(中小尺寸)</td><td>否</td><td>33 066.68</td><td>33 066.68</td><td>17 869.09</td><td>24 701.92</td><td>74.70%</td><td>2012 年 3 月 31 日</td><td>0.00</td><td>不适用</td><td>否</td></tr>
<tr><td>电容式触摸屏项目(中大尺寸)</td><td>否</td><td>4 255.40</td><td>9 304.42</td><td>13 705.62</td><td>13 705.62</td><td>147.30%</td><td>2012 年 6 月 30 日</td><td>0.00</td><td>不适用</td><td>否</td></tr>
<tr><td>归还银行贷款（如有）</td><td>—</td><td></td><td></td><td></td><td>4 525.00</td><td></td><td>—</td><td>—</td><td>—</td><td>—</td></tr>
<tr><td>补充流动资金（如有）</td><td>—</td><td></td><td></td><td></td><td></td><td></td><td>—</td><td>—</td><td>—</td><td>—</td></tr>
<tr><td>超募资金投向小计</td><td>—</td><td>46 386.17</td><td>51 435.19</td><td>32 936.52</td><td>46 239.65</td><td>—</td><td>—</td><td>697.42</td><td>—</td><td>—</td></tr>
<tr><td>合计</td><td>—</td><td>66 870.55</td><td>66 870.55</td><td>35 459.34</td><td>61 061.86</td><td>—</td><td>—</td><td>4 458.97</td><td>—</td><td>—</td></tr>
</table>

续 表

未达到计划进度或预计收益的情况和原因（分具体项目）	高档 STN 型 ITO 透明导电玻璃项目延迟原因：公司在设计第二条高档 STN 生产线时，市场情况有所变化。公司管理层经过认真的市场调研、充分的技术论证，决定顺应市场变化需求，将第二条高档 STN 生产线设计定制为可以生产多种附加值更高的 ITO 导电玻璃生产线，同时兼顾电容式触摸屏项目对该生产线的配套要求。该生产线建成后能够生产市场需求旺盛的 IMITO 导电玻璃、ARITO 导电玻璃、STN 导电玻璃等，同时可以根据电容屏项目需要为之配套加工低温 ITO 镀膜。由于上述原因，2011 年年底该条生产线的设计、定制方案才确定下来。将该项目的完工时间调整为 2012 年 7 月
超募资金的金额、用途及使用进展情况	适用
	①公司超募资金的金额为 51 352.62 万元。②公司第二届董事会第五次会议审议通过了《关于使用部分超募资金永久性补充营运资金的议案》，为降低公司财务费用，提高募集资金使用效率，公司使用超募资金 4 525.00 万元补充主营业务营运资金，全部用于偿还银行短期借款。③公司 2010 年度第一次临时股东大会审议通过了《关于使用超募资金投资高档 STN 型 ITO 透明导电玻璃项目的议案》和《关于使用超募资金投资电容屏项目的议案》，公司拟利用超募资金 9 064.09 万元投资高档 STN 型 ITO 透明导电玻璃项目，利用超募资金 33 066.68 万元投资电容式触摸屏项目。④公司第二届董事会第十一次会议审议通过了《关于使用超募资金投资中大尺寸电容式触摸屏项目的议案》，公司拟利用超募资金 4 255.40 万元投资中大尺寸电容式触摸屏项目。⑤公司第二届董事会第十八次会议审议通过了《关于单个募投项目建设完成后节余资金转用其他项目》议案，中大尺寸电容式触摸屏项目使用超募资金由原来的 4 255.40 万元增加为 9 304.42 万元
募集资金投资项目先期投入及置换情况	适用
	截至 2010 年 5 月 31 日，公司触摸屏用 ITO 导电玻璃项目已投入自筹资金 8 123.24 万元，工程技术研发中心项目已投入自筹资金 907.15 万元，上述两个项目合计已投入自筹资金 9 030.39 万元。华普天健会计师事务所（北京）有限公司对公司募集资金项目预先投入的情况进行了审核，并出具了会审字〔2010〕3886 号《以自筹资金预先投入募集资金项目的鉴证报告》。经公司第二届董事会第五次会议审议通过，公司使用募集资金 9 030.39 万元置换了预先投入募集资金投资项目的自筹资金
项目实施出现募集资金结余的金额及原因	适用
	公司募集资金投资项目尚未全部完工
尚未使用的募集资金用途及去向	截至 2011 年 12 月 31 日止公司尚未使用的募集资金全部以活期存款和定期存单的形式存放于募集资金专用账户及其派生的定期存款账户

（二）超募资金使用情况

（1）公司超募资金的金额为 51 352.62 万元。

（2）公司第二届董事会第五次会议审议通过了《关于使用部分超募资金永久性补充营运资金的议案》，为降低公司财务费用，提高募集资金使用效率，公司使用超募资金 4 525.00 万元补充主营业务营运资金，全部用于偿还银行短期借款。

（3）公司 2010 年度第一次临时股东大会审议通过了《关于使用超募资金投资高档 STN 型 ITO 透明导电玻璃项目的议案》和《关于使用超募资金投资电容屏项目的议案》，公司拟利用超募资金 9 064.09 万元投资高档 STN 型 ITO 透明导电玻璃项目，利用超募资金 33 066.68 万元投资电容式触摸屏项目。

（4）公司第二届董事会第十一次会议审议通过了《关于使用超募资金投资中大尺寸电容式触摸屏项目的议案》，公司拟利用超募资金 4 255.40 万元投资中大尺寸电容式触摸屏项目。

（5）公司第二届董事会第十八次会议审议通过了《关于单个募投项目建设完成后节余资金转用其他项目》议案，“中大尺寸电容式触摸屏项目”使用超募资金由原来的 4 255.40 万元增加为 9 304.42 万元。

（三）2011 年募投项目节余资金使用变更情况

2011 年 11 月 22 日，公司第二届董事会第十八次会议审议并通过了《关于单个募投项目建设完成后节余资金转用其他募投项目的议案》，将上市募集资金计划投资项目——“触摸屏用 ITO 导电玻璃项目”、“工程技术研发中心项目”结余资金总计 5 049.02 万元，全部用于超募项目“中大尺寸电容式触摸屏项目”（见表 9）。

表 9　2011 年募集资金投资项目节余资金使用情况表

（单位：万元）

变更后的项目	对应的原承诺项目	变更后项目拟投入募集资金总额（1）	本年度实际投入金额	截至期末实际累计投入金额（2）	截至期末投资进度（3）=（2）/（1）	项目达到预定可使用状态日期	本年度实现的效益	是否达到预计效益	变更后的项目可行性是否发生重大变化
触摸屏用 ITO 导电玻璃项目	触摸屏用 ITO 导电玻璃项目	13 397.08	2 076.65	13 397.08	100.00%	2011 年 5 月 30 日	3 761.55	是	否
工程技术研发中心项目	工程技术研发中心项目	2 038.28	446.17	2 038.28	100.00%	2011 年 6 月 30 日	0.00	不适用	否
电容式触摸屏项目（中大尺寸）	电容式触摸屏项目（中大尺寸）	9 304.42	13 705.62	13 705.62	147.30%	2012 年 6 月 31 日	0.00	不适用	否
变更原因、决策程序及信息披露情况说明（分具体项目）	在项目实施过程中，公司充分考虑项目配置的先进性、前瞻性、兼容性的同时，尽量节约投资，合理使用募集资金。与计划投资额相比，两个计划募投项目共节约投资 5 049.02 万元，其中“触摸屏用 ITO 导电玻璃项目”计划投资 17 438.60 万元，实际投资 13 397.08 万元，节约投资 4 041.52 万元；“工程技术研发中心项目”计划投资 3 045.78 万元，实际投资 2 038.28 万元，节约投资 1 007.50 万元。为了提高募资金使用效率，公司董事会决定将上述完成项目节余资金用于超募项目“中大尺寸电容式触摸屏项目”。该议案已于 2011 年 11 月 22 日第二届董事会第十八次董事会审议通过实施，“中大尺寸电容式触摸屏项目”使用超募资金由原来的 4 255.40 万元增加为 9 304.42 万元								

（四）公司正在从事的其他非募投项目投资及进展情况

公司在选择投资项目方面，一贯坚持与公司的核心技术密切相关，在平板显示领域做强、做大、做专、做精，项目起点要高，要有技术门槛，同时要特别注重项目投产后能够为公司带来可观经济效益，从而保障股东利益最大化。目前，公司正在进行的研发主要包括以下两个方面。

1. 减薄项目

随着平板显示技术的发展和人们消费观念的改变，客户对包括移动通信终端在内的各种显示器件提出更轻、更薄的要求，提供更大存储空间和更长续航时间的轻薄化的显示屏，也是高端显示器厂商的追求。智能手机、平板电脑等新兴消费类电子产品的显示屏往往只有 0.4～0.6mm 厚度，如此薄的显示器件只能通过先加工后减薄的方法得到。公司经过充分的市场调研、周密的技术论证和长时间的技术储备，决定自筹资金投资显示屏薄化项目，第一期投资建设一条第 4.5 代薄化生产线和两条第 5 代薄化生产线，包括厂房建设、车间净化、配套的水、电、气、清洗机等（镀膜设备利用现有生产线），3 条薄化生产线计划投资 2000 万元。目前已建成一条第 4.5 代和一条第 5 代薄化生产线，产品已通过一些高端客户认证、试用，客户反映良好。另一条第 5 代薄化生产线将于 2012 年 4 月建成投产。从目前的市场情况看，显示器薄化业务市场前景广阔。

2. 上海昊信光电公司进展情况

2011 年 8 月 16 日经公司第二届董事会第十五次会议审议通过，长信科技与剑腾液晶显示（上海）有限公司（以下简称“上海剑腾”）、上海新蓝资产管理有限公司（以下简称“上海新蓝”）共同出资成立上海昊信光电公司。其中上海剑腾以全套第 5 代 CF 设备作价 14 526.01 万元出资，持有 70%的股权，长信科技以现金出资 5 949.28 万元，持有 28.67%股权；上海新蓝以现金出资 276.71 万元，持有 1.33%股权。上海昊信光电有限公司注册资本为 26 410.93 万元，分两期到位，其经营范围包括设计、研发、生产电容式触摸屏及其他光电产品与设备，并提供相关技术咨询与服务。合资公司对第 5 代 CF 生产线和净化车间进行相应改造和增添必要设备后，月产第 5 代（1 100mm×1 300mm）触摸屏 SENSOR 2 万片，该公司初步计划于 2012 年 7 月 1 日正式投产。合资设立上海昊信光电的主要原因为：①对公司现有中小尺寸电容式触摸屏产品的补充，完善产品结构；②产品结构的完善将提高公司产品的市场竞争力，有利于市场开拓；③主要合资方具有一定的技术、工艺、人力资源、市场等方面的优势，有利于长信科技产品市场的导入、技术升级，提高管理水平。上海昊信光电有限公司已于 2011 年 11 月 7 日领取工商营业执照，目前正在进行原有生产线的改造，以及厂房净化和部分设备的安装改造，所有设备将在 2012 年 4 月初运抵上海，经过 2 个月的安装调试即可进行批量生产。

深圳市宇顺电子股份有限公司 2011 年年度报告（摘要）

一、截至 2011 年末公司前三年主要会计数据 （见表 1）

表 1 2009—2011 年主要会计数据

（单位：元）

项 目	2011 年	2010 年	同比增减	2009 年
营业总收入	849 204 551.09	744 764 001.80	14.02%	531 638 210.40
营业利润	25 455 466.33	33 464 483.92	−23.93%	39 212 167.81
利润总额	26 113 370.65	32 970 133.13	−20.80%	40 869 958.85
归属于上市公司股东的净利润	20 801 938.17	28 384 027.45	−26.71%	35 127 730.91
归属于上市公司股东的扣除非经常性损益的净利润	20 243 057.73	28 804 225.62	−29.72%	33 718 608.53
经营活动产生的现金流量净额	−138 151 691.33	36 956 731.52	−473.82%	−33 055 677.64
项 目	2011 年末	2010 年末	同比增减	2009 年末
资产总额	1 141 579 812.20	830 323 766.57	37.49%	751 361 069.48
负债总额	639 207 443.93	370 435 467.30	72.56%	290 456 797.66

二、公司与实际控制人的产权和控制关系（见图 1）

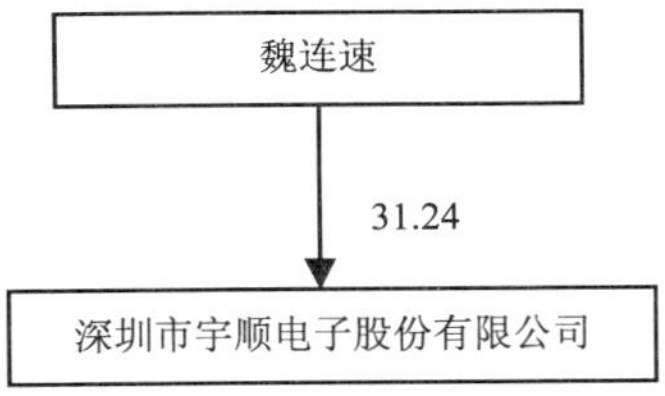

图 1 公司与实际控制人的产权和控制关系方框图

三、董事会报告

（一）公司总体经营情况

2011 年，公司所处的平板显示行业受智能手机爆发式增长和平板电脑快速增长影响，整个产业呈现一片繁荣景象，同时带来了对电容式触摸屏和高分辨率 TFT 显示屏的巨大需求。公司基于对智能手机和平板电脑产业未来长期看好，积极筹划满足其产品需求的产业布局。建立起了涵盖 LCD（液晶显示器）、CTP（电容式触摸屏）、LENS（光学玻璃）的产品体系，垂直整合智能机显示及触控产业链，通过提供一体化解决方案提升公司核心竞争力。截至 2011 年年底，公司对 3 条产品线生产布局基本完成，并通过了对中兴康讯等重点客户的供应商资格审核。2011 年公司的重点工作主要围绕以下方面开展：第一，建立起了比较完善的产品体系：从单一的 LCD 业务，到目前 LCD、CTP、LENS 相对比较齐全的产品体系；第二，建立了比较完善的经营管理体系的雏形，明确了总部、FPD 事业群、LCD、CTP、LENS 事业部的定位和职能；第三，配备了较健全的产品经营团队和客户经营团队，为实现公司产品驱动、客户驱动双轮驱动战略实施奠定了基础；第四，完成了深圳、长沙两大产业基地的布局，且正在筹划实施面向未来的赤壁产业基地建设。

鉴于宏观形势疲软的大环境，公司着力于产业、产品结构的调整并初显成效。2011 年下半年中高端产品开始突破，但因电容式触摸屏和盖板产品处于布局阶段，前期研发及管理投入较大，导致销售额上升利润下滑。随着新项目的陆续产出，2012 年经营情况将趋向良性健康发展。

2011 年度公司实现营业收入 84 920.46 万元，较上年增长 14.02%；实现营业利润 2 545.55 万元，较上年下降 23.93%；实现净利润 2 051.05 万元，较上年下降 27.74%；归属于上市公司股东净利润 2 080.19 万元，较上年下降 26.71%。

1. 公司主营业务及经营状况（见表 2 和表 3）

公司经营范围为：生产、销售液晶显示器（不含国家限制项目，生产场地另设）；触摸屏及配件、强化光学玻璃；销售电子仪器仪表、电子元器件、电脑、通信产品（不含专营、专控、专卖商品）；进出口业务（凭资格证书经营）。

表 2　主营业务收入分类情况表

（单位：元）

主营业务分行业情况						
分　行　业	主营业务收入	主营业务成本	毛　利　率	主营业务收入比上年增减	主营业务成本比上年增减	毛利率比上年增减
电子元器件	845 984 151.84	715 510 485.35	15.42%	14.14%	12.43%	1.29%
主营业务分产品情况						
液晶显示模块	803 213 225.38	685 376 539.64	14.67%	8.37%	7.69%	0.54%
电容式触摸屏	41 845 409.05	29 261 258.01	30.07%	不适用	不适用	不适用
强化光学玻璃	925 517.41	872 687.70	5.71%	不适用	不适用	不适用

表 3　主营业务分地区情况

（单位：元）

地　　区	主营业务收入	主营业务收入比上年同期增减
中国大陆销售	726 074 603.62	24.38%
中国大陆以外地区销售	119 909 548.22	-23.83%
合计	845 984 151.84	14.14%

2. 近三年销售毛利率变动情况分析（见表 4）

表 4　近三年销售毛利率变动情况

项　　目	2011 年	2010 年	本年比上年增减	2009 年
液晶显示模块	14.67%	14.13%	0.54%	16.51%
电容式触摸屏	30.07%	—	—	—
强化光学玻璃	5.71%	—	—	—

液晶显示模块产品毛利率为 14.67%，同比增加 0.54%。主要原因系公司进行了产品结构调整，加大了高附加值的产品研发、生产，同时加大了成本控制力度。

电容式触摸屏产品毛利率为 30.07%，系新项目在前期阶段竞争尚不充分，毛利相对较高；后期随着竞争加剧，毛利率将有所下降。

强化光学玻璃尚未形成规模，毛利不具备参考性。

3. 主要供应商、客户情况（见表 5）

表 5　主要供应商、客户情况

（单位：元）

主要供应商情况	2011 年	2010 年	同比增减	2009 年
前五名供应商采购额合计	191 618 326.68	220 139 268.12	-12.96%	207 936 088.99
占年度采购总金额比重	33.71%	42.79%	-9.08%	43.06%
前五名供应商应付账款余额合计	40 459 986.96	22 651 935.35	78.62%	32 486 877.26
占应付账款总余额比重	29.35%	23.58%	5.77%	33.96%
主要客户情况				
前五名客户销售额合计	442 489 080.48	338 087 978.43	30.89%	331 095 910.19
占年度销售总额比重	52.11%	45.40%	6.72%	60.43%
前五名客户应收账款余额合计	157 073 909.76	99 964 211.85	57.13%	85 203 641.91
占应收账款总余额的比重	68.86%	65.43%	3.43%	77.49%

（二）公司研发费用投入及成果分析（见表 6）

表 6　公司研发费用投入及成果

（单位：元）

项　　目	2011 年	2010 年	2009 年	项　　目
研发支出	25 634 921.10	24 455 136.46	16 484 958.88	研发支出
占营业收入的比重	3.02%	3.28%	3.10%	占营业收入的比重

2011 年，公司申请专利 14 项，其中发明专利 5 项，实用新型专利 9 项；2011 年度获得授权专利 9 项，其中发明专利 4 项，实用新型专利 5 项。

（三）主要子公司及参股公司的经营情况

1. 全资子公司——长沙市宇顺显示技术有限公司

长沙市宇顺显示技术有限公司成立于 2007 年 7 月 6 日，注册资本为 16 000 万元，本公司持有 100%的股权。该公司主要经营范围为液晶显示器的研发、生产、销售，电子仪器仪表、电子元器件、电脑、通信产品的经销。该公司为公司 IPO 募集资金投资项目“中小尺寸 TFT-LCD 模组项目”、“平板显示技术工程研发中心建设项目”的实施单位。截至 2011 年 12 月 31 日，该公司资产总额为 34 539.10 万元，负债总额为 19 153.32 万元，净资产为 15 385.78 万元，2011 年度未实现销售，净利润为-399.33 万元。

2. 全资子公司——长沙宇顺触控技术有限公司

长沙宇顺触控技术有限公司成立于 2010 年 12 月 7 日，注册资本为 2 709.65 万元，本公司持有 100%的股权。该公司主要经营范围为触摸屏技术的研究、开发；触摸屏及配件、电子元器件、计算机、仪器仪表、通信产品的研究、开发、生产、销售。截至 2011 年 12 月 31 日，该公司资产总额为 10 407.89 万元，负债总额为 7 031.41 万元，净资产为 3 376.48 万元，2011 年度销售收入为 4 195.44 万元，净利润为 667.00 万元。

3. 全资子公司——深圳市宇创伟业科技有限公司

深圳市宇创伟业科技有限公司成立于 2011 年 9 月 2 日，注册资本为人民币 1 000 万元，本公司持有 100%的股权。该公司主要经营范围为液晶显示屏、电容式触摸屏等电子产品的销售。截至 2011 年 12 月 31 日，该公司资产总额为 949.44 万元，负债总额为 35.03 万元，净资产为 914.41 万元，2011 年度销售收入为 28.39 万元，净利润为-85.59 万元。

4. 全资子公司——赤壁市宇顺显示技术有限公司

赤壁市宇顺显示技术有限公司成立于 2011 年 9 月 21 日，现注册资本 5 000 万元（2011 年 12 月 31 日注册资本 1 000 万元，2012 年 1 月增资至 5 000 万元），本公司持有 100%的股权。该公司主要经营范围为触摸屏及配件、电子元器件、计算机、仪器仪表、通信产品的研究、开发、生成、销售。目前赤壁宇顺显示正在筹建之中。

5. 控股子公司——深圳市华丽硕丰科技有限公司

深圳市华丽硕丰科技有限公司成立于 2011 年 8 月 17 日，注册资本为 5 400 万元，本公司持有 61.11%的股权。该公司主要经营范围为手机配件、电脑配件、电子书镜片的研发、生产与销售；国内贸易。截至 2011 年 12 月 31 日，该公司资产总额为 9 098.22 万元，负债总额为 3 723.72 万元，净资产为 5 374.50 万元，2011 年度销售收入为 350.11 万元，净利润为-25.50 万元。

6. 控股子公司之控股子公司——广东金伦光电科技有限公司

广东金伦光电科技有限公司成立于 2011 年 4 月 8 日，注册资本为 2 400 万元，本公司控股子公司深圳市华丽硕丰科技有限公司持有该公司 80.2%的股权，该公司主要经营范围为生产、销售、研发光学产品、电子产品、触摸屏及显示产品；货物进出口、技术进出口。截至 2011 年 12 月 31 日，该公司资产总额为 2 377.25 万元，负债总额为 1 923.27 万元，净资产为 453.98 万元，2011 年度未实现销售，净利润为-37.71 万元。

四、公司投资情况

公司募集资金投资情况如表 7 所示。

表 7 募集资金使用情况

（单位：万元）

募集资金总额				29 378.00	本年度投入募集资金总额				10 159.57	
报告期内变更用途的募集资金总额				0						
累计变更用途的募集资金总额				0						
累计变更用途的募集资金总额比例				0.00%	已累计投入募集资金总额				18 185.85	
承诺投资项目和超募资金投向	是否已变更(含部分变更)	募集资金承诺投资总额	调整后投资总额（1）	本年度投入金额	截至期末累计投入金额（2）	截至期末投资进度（3）＝(2)/(1)	项目达到预定可使用状态日期	本年度实现的效益	是否达到预计效益项目	可行性是否发生重大变化
承诺投资项目										
中小尺寸 TFT-LCD 模组项目	否	23 146.00	23 146.00	7 598.83	15 625.11	67.51%	2011 年 9 月 30 日	982.13	否	否
平板显示技术工程研发中心项目	否	1 853.00	1 853.00	851.09	851.09	45.93%	2012 年 12 月 31 日	0.00	不适用	否
承诺投资项目小计	—	24 999.00	24 999.00	8 449.92	16 476.20	—	—	982.13	—	—

续 表

<table>
<tr><td colspan="10">超募资金投向</td></tr>
<tr><td>电容式触摸屏项目</td><td>否</td><td>1 709.65</td><td>1 709.65</td><td>1 709.65</td><td>1 709.65</td><td>100.00%</td><td>2011 年 12 月 31 日</td><td>0.00</td><td>不适用</td><td>否</td></tr>
<tr><td>超募资金投向小计</td><td>—</td><td>1 709.65</td><td>1 709.65</td><td>1 709.65</td><td>1 709.65</td><td>—</td><td>—</td><td>0.00</td><td>—</td><td>—</td></tr>
<tr><td>合计</td><td>—</td><td>26 708.65</td><td>26 708.65</td><td>10 159.57</td><td>18 185.85</td><td>—</td><td>—</td><td>982.13</td><td>—</td><td>—</td></tr>
<tr><td>未达到计划进度或预计收益的情况和原因（分具体项目）</td><td colspan="10">中小尺寸 TFT-LCD 模组项目未达到预计效益的主要原因：①受全球金融危机的影响，公司 IPO 被推迟一年发行，导致该项目实施时间也被推迟一年时间，故影响了项目实施进度和实际效益的产生。②中小尺寸 TFT-LCD 模组项目-长沙宇顺实施部分因该项目实施地点由“长沙高新区岳麓谷科技新城桐梓坡路以北、高宁路以西、长方路以南、原湖南三德科技发展有限公司以东地块”改为“长沙高新区岳麓谷科技新城桐梓坡路以南、东方红以东、长虹路以北地块”，故影响了该项目的实施进度，从而造成该项目实施延后，效益未达。③TFT 模组市场竞争日趋加剧，产品售价下降幅度超过原材料的下降幅度，同时人工成本上升，导致 TFT 模组产品的毛利率下降；另外公司加大了新产品研发力度及拓展市场需要，导致研发费用、营销费用较大幅度增长，也影响了该项目的实际效益</td></tr>
<tr><td>超募资金的金额、用途及使用进展情况</td><td colspan="10">超额募集资金为 1 709.65 万元，计划通过全资子公司长沙宇顺触控技术有限公司投资建设“电容式触摸屏”项目。2011 年 3 月 23 日已将超募集资金 1 709.65 万元全额转入长沙宇顺触控技术有限公司的验资户。验资手续完成后，2011 年 4 月 22 日超募资金到账募集资金专户中国民生银行长沙人民路支行，账号 3103012830001388。用于支付固定资产投资 1 292.62 万元，流动资金支出 417.03 万元。截至 2011 年 9 月 30 日超募资金已全部使用完毕</td></tr>
<tr><td>募集资金投资项目实施地点变更情况</td><td colspan="10">（1）根据保荐人《平安证券有限责任公司关于深圳市宇顺电子股份有限公司部分变更“中小尺 TFT-LCD 模组项目”实施主体和实施地点的专项意见》，2009 年 11 月 9 日召开的 2009 年度第四次临时股东大会审议通过了《关于公司部分变更“中小尺寸 TFT-LCD 模组项目”实施主体和实施地点的议案》。原计划长沙宇顺在长沙高新区岳麓谷科技新城之宇顺工业园实施的“8 条中小尺寸 TFT-LCD 模组生产线项目”中的 2 条生产线（含配套的 TFT 面板后制程生产线）改由深圳市宇顺电子股份有限公司实施，实施地点在公司新租赁的深圳市光明新区公明办事处长圳社区第二工业区第 21 栋厂房。
（2）2009 年 12 月 18 日公司第一届董事会第二十二次会议、公司第一届监事会第十一次会议审议通过了《关于长沙宇顺土地置换暨变更长沙募投项目实施地点的议案》。宇顺电子长沙募投项目——“中小尺寸 TFT-LCD 模组项目”、“平板显示技术工程研发中心项目”实施地点由“长沙高新区岳麓谷科技新城桐梓坡路以北、高宁路以西、长方路以南、原湖南三德科技发展有限公司以东地块”改为“长沙高新区岳麓谷科技新城桐梓坡路以南、东方红以东、长虹路以北地块”。独立董事和公司保荐人平安证券有限责任公司发表了明确同意的意见</td></tr>
<tr><td>用闲置募集资金暂时补充流动资金情况</td><td colspan="10">（1）根据 2010 年 11 月 15 日召开的 2010 年第三次临时股东大会审议通过的《关于继续使用部分闲置募集资金暂时补充流动资金的议案》 批准公司使用闲置募集资金补充流动资金总额不超过 8 000 万元，归还期限为 6 个月，并于 2010 年 11 月 25 日、2010 年 12 月 21 日从募集资金专户中分别划转 3 000.00 万元，于 2010 年 12 月 30 日归还 750.00 元，又于 2011 年 1 月 27 日和 1 月 12 日分别从募集资金专户划转 1 000.00 万元和 750.00 万元，于 2011 年 2 月 18 日归还 500.00 万元，公司已于 2011 年 4 月 12 日及 5 月 9 日分别归还募集资金 1 103.00 万元和 5 397.00 万元，截至 2011 年 5 月 15 日，已将补充流动资金的 7 000 万元全部归还到募集资金专用账户。至此，本次使用部分闲置募集资金暂时补充流动资金已归还完毕。
（2）根据 2011 年 06 月 14 日召开的 2011 年度第一次临时股东大会审议通过的《关于继续使用部分闲置募集资金暂时补充流动资金的议案》，批准公司使用闲置募集资金补充流动资金总额不超过 5 000 万元，归还期限为股东大会批准之日起不超过 6 个月，于 2011 年 6 月 17 日、6 月 15 日、6 月 22 日、6 月 27 日分别从募集资金专户中划转 3 400.00 万元、1 000.00 万元、412.00 万元、188.00 万元，截至 2011 年 11 月 10 日，已将补充流动的 5 000 万元全部归还完毕</td></tr>
<tr><td>募集资金使用及披露中存在的问题或其他情况</td><td colspan="10">(1)2010 年 11 月 4 日财务人员误用募集资金专户资金支付湖南成城精密科技有限公司厂房租赁租金 399 866.76 元，该款项已于 2011 年 1 月 20 日从公司其他账户转入公司中国民生银行长沙人民路支行募集资金专户。
（2）中小尺寸 TFT-LCD 模组项目承诺投资 23 146 万元，实际投资总额 19 028.82 万元，结余资金 4 117.18 万元。截至 2011 年 12 月 31 日已支付项目资金 15 625.11 万元，应付未付项目投资款目投资款 803.69 万元，应付未付铺底流动资金 2 600.02 万元</td></tr>
</table>

根据《首次公开发行股票招股说明书》，中小尺寸 TFT-LCD 模组项目计划投资总额 23 146 万元，其中，固定资产投资 14 944 万元，占计划投资总额的 64.56%，铺底流动资金 8 202 万元，占计划投资总额的 35.44%；平板显示技术工程研发中心项目计划投资总额 1 853 万元，主要用于项目的工程建设费和设备购置费。

截至 2009 年 12 月 31 日，本公司发行股票资金已全部到位。并已开始陆续投入上述募投项目，其中，中小尺寸 TFT-LCD 模组项目已于 2011 年 12 月 31 日完工，达到预定可使用状态，平板显示技术工程研发中心项目预计于 2012 年 12 月 31 日前全部投完。

公司于 2011 年 2 月 15 日召开第二届董事会第八次会议，会议审议通过了《关于将全部超募资金以增资方式投入到全资子公司用于投资建设"电容式触摸屏"项目的议案》，公司监事会和独立董事以及保荐机构发表了同意意见。该项目计划投资 9 727 万元，其中，固定资产投资 7 227 万元，铺底流动资金 2 500 万元，由公司将全部超募资金 1 709.65 万元以增资方式投入，剩余的 8 017.35 万元由宇顺电子以自筹方式解决。该项目超募资金部分投资的生产线于 2011 年 12 月 31 日完成试生产，2012 年方可正常生产。

截至 2011 年 12 月 31 日，募集资金项目累计投入金额为 18 185.85 万元，其中投入中小尺寸 TFT-LCD 模组项目合计 15 625.11 万元；平板显示技术工程研发中心项目累计投入资金 851.09 万元；电容式触摸屏项目累计投入金额为 1 709.65 万元，超募资金已经全部使用完毕。因长沙宇顺工业园处于试产阶段，故中小尺寸 TFT-LCD 模组项目长沙宇顺实施部分的实际效益尚未产生，公司募集资金收益来源于深圳宇顺实施的中小尺寸 TFT-LCD 模组项目，因此，使用募集资金所投资项目 2011 年度实现收益额合计为 982.13 万元。

南京华东电子信息科技股份有限公司 2011 年年度报告（摘要）

一、截至 2011 年末公司前三年主要会计数据（见表 1）

表 1　2009—2011 年主要会计数据

（单位：元）

	2011 年	2010 年	同比增减	2009 年
营业总收入	693 687 701.80	662 376 700.00	4.73%	552 259 793.29
营业利润	−85 414 550.87	−60 255 018.74	−41.76%	−67 459 583.90
利润总额	−12 599 879.76	−34 642 221.05	63.63%	4 306 536.82
归属于上市公司股东的净利润	9 252 581.05	−10 665 447.27	186.75%	23 771 084.78
归属于上市公司股东的扣除非经常性损益的净利润	−57 553 980.07	−43 309 270.01	−32.89%	−53 174 197.40
经营活动产生的现金流量净额	66 989 454.36	110 771 429.49	−39.52%	45 226 851.55
	2011 年末	2010 年末	同比增减	2009 年末
资产总额	1 046 372 591.01	1 029 701 648.44	1.62%	1 085 279 121.61
负债总额	532 631 824.07	511 216 417.86	4.19%	541 813 851.75
归属于上市公司股东的所有者权益	530 099 694.02	520 824 161.87	1.78%	531 522 683.49
总股本（股）	359 157 356.00	359 157 356.00	0.00%	359 157 356.00

二、公司与实际控制人之间的产权及控制关系（见图 1）

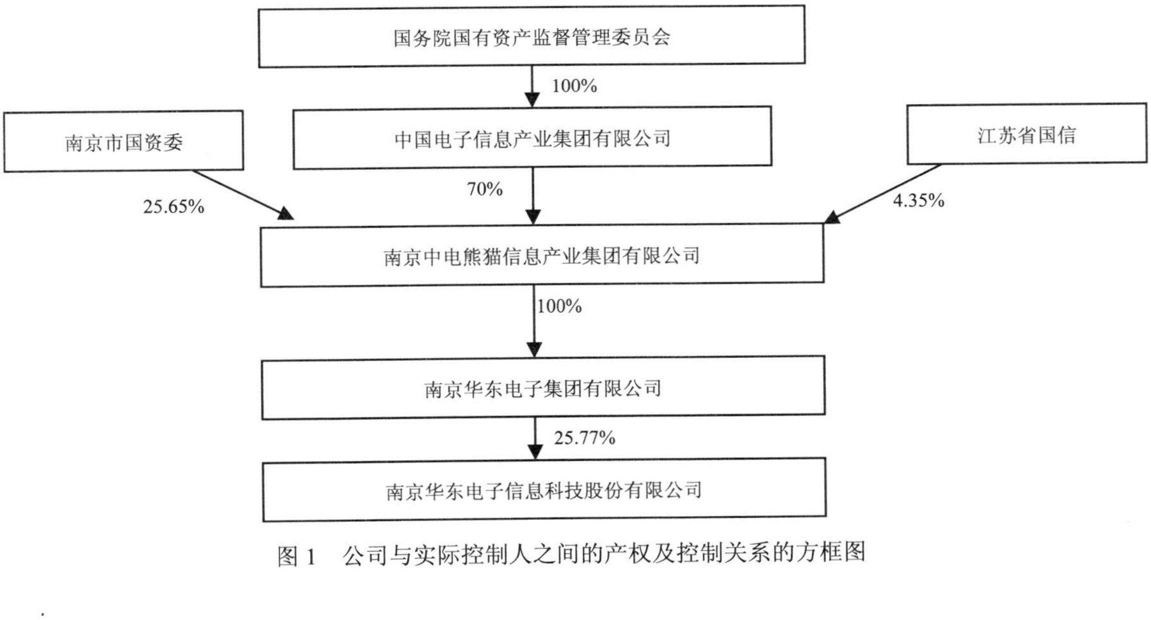

图 1　公司与实际控制人之间的产权及控制关系的方框图

三、董事会报告

（一）公司主营业务范围及其经营环境

公司主营业务包括晶体元器件、显示器件、新型电子器件、电子材料及真空电子器件的生产销售、动力供应等。2011 年，电子元器件行业市场不景气，加上日本地震、泰国水灾等意外因素和欧美债务危机，消费类电子市场需求量下降。公司产业处于充分竞争的领域，在克服人工成本不断提高、原材料价格波动、人民币升值、融资成本增加等不利因素的影响下，公司努力开发新产品、开源节流，保证经营业绩的基本稳定。其中，STN 液晶显示器件及模块业务扩大了销售规模，经营活动现金流同比增加；电阻式触摸屏业务利润同比略有减亏；公司电容式触摸屏新产品项目研发向市场转化仍在进行中，尚未形成规模化生产和销售。

2011 年，公司实现营业收入 693 687 701.80 元，利润总额-12 599 879.76 元，归属于上市公司股东的净利润为 9 252 581.05 元，归属于上市公司股东的扣除非经常性损益后的净利润为-57 553 980.07 元。

（二）主营业务收入、主营业务利润的构成情况（见表 2 和表 3）

表 2　占公司主营业务收入或主营业务利润 10%以上的业务和主要产品

（单位：万元）

主营业务分产品情况						
分行业或分产品	营业收入	营业成本	毛利率（%）	营业收入比上年增减（%）	营业成本比上年增减（%）	毛利率比上年增减（%）
触摸屏	9 611.91	11 012.42	-14.57%	-11.67%	-4.13%	-9.01%
晶体元器件	22 411.98	17 404.67	22.34%	-21.81%	-19.47%	-2.25%
液晶显示	15 003.35	14 012.61	6.60%	33.94%	16.15%	14.30%
显示玻壳	2 000.38	1 799.89	10.02%	-10.59%	2.24%	-11.30%
吸气剂	839.93	729.24	13.18%	100.00%	100.00%	13.18%
动力供应及物资贸易	583.29	661.01	-13.32%	-91.84%	-91.64%	-2.69%
电源	5 619.88	4 725.06	15.92%	206.75%	196.25%	2.98%
变压器	6 539.13	5 703.05	12.79%	198.30%	209.80%	-3.24%
逆变器	3 722.61	3 350.39	10.00%	162.49%	158.26%	1.47%
合计	66 332.46	59 398.34	10.45%	1.17%	-0.27%	1.29%
主营业务分行业情况						
电子元器件行业	47 027.24	42 429.69	9.78%	-7.33%	-6.05%	-1.22%
照明显示行业	2 840.31	2 529.14	10.96%	26.95%	43.67%	-10.36%
动力及物资供应	583.29	661.01	-13.32%	-91.84%	-91.64%	-2.69%
电源配套元器件行业	15 881.62	13 778.50	13.24%	191.81%	191.11%	0.21%
合计	66 332.46	59 398.34	10.45%	1.17%	-0.27%	1.29%

表 3　营业收入按地区分类

（单位：万元）

地　区	营业收入	营业收入比上年增减（%）
华东地区	16 099.14	-24.14%
华南地区	18 685.22	-7.32%
华北地区	3 149.43	303.76%
中南地区	238.29	6 157.91%

续　表

地　区	营业收入	营业收入比上年增减（%）
西南地区	23.96	59.06%
西北地区	0.00	-100.00%
境外	28 136.41	20.52%
合计	66 332.45	1.17%

前五名供应商合计采购金额占年度采购总额的比例为 27.16%；前五名客户合计销售金额占年度销售总额的比例为 27.66%。

（三）公司主要控股公司和参股公司的经营情况及业绩（见表 4）

表 4　主要控股子公司经营情况及业绩

（单位：万元）

公司名称	主要产品	注册资本	总 资 产	净 利 润
南京中电熊猫晶体科技有限公司	石英晶体元器件	1 288.00 万美元	22 006.67	1 751.97
南京华日液晶显示技术有限公司	液晶显示屏及相关产品	1 800.00 万美元	20 801.50	-3 862.87
南京华睿川电子科技有限公司	平板显示器件、电子线路及其他产品	600.00 万美元	14 982.32	-2 166.21
南京华利佳电工照明有限公司	电光源、照明器材	4 950.00 万元	73.50	-234.31
南京华东电子真空显示科技有限责任公司	电光源、玻璃仪器、电子元器件	500.00 万元	1 379.10	-11.00
深圳中电熊猫晶体科技有限公司	石英晶体元器件	2 500.00 万元	4 827.29	60.87
南京中电熊猫磁电科技有限公司	磁性材料及元器件	6 000.00 万元	14 024.16	-629.48
南京中电熊猫触控显示科技有限公司	触控屏、显示屏材料	3 000.00 万元	1 628.18	-2 114.14
南京华东电子真空材料有限公司	吸气剂以及真空电子材料	3 145.00 万元	2 824.91	-119.91

（1）南京华睿川电子科技有限公司。本公司持有其 70%的股权，主要产品为电阻式触摸屏。华睿川公司对外积极开拓国内手机市场，开发国内知名用户，提升订单边际利润，对内狠抓质量成本，产品良品率有所上升；同时，公司紧抓电容式触摸屏市场需求研发新产品，进行扩产改造，加大对膜对膜电容式触摸屏的生产销售，使膜对膜产品同比有所增长；但是，由于 2011 年触摸屏市场的 TP 和一线品牌 TW 产品的需求萎缩、价格竞争激烈、人工成本上升，导致销售收入有所下降、经营业绩提升不明显。2011 年，公司实现营业收入 8 772.83 万元，同比下降 19.66%，利润总额-2 153.16 万元，扣除非经常性损益因素，同比略有减亏。

（2）南京华日液晶显示技术有限公司。本公司持有其 55%的股权，主要产品为液晶屏模块。华日液晶公司对外积极开拓市场，新增日本大客户等，2011 年新增销售收入 5 672 万元；2011 年公司申请了两项专利，其中带透光率自动调节功能的汽车遮阳板已通过实用新型专利申请；公司投资 400 万元扩产改造完成后，单日产能大幅提高 41%；公司建立 ERP 系统，实现对财务、市场、技术、生产、人力资源等方面的统一管理、运作，制定销售激励机制，加大考核力度，公司效益指标同比增长，库存和应收账款同步下降，呈现良好的发展态势。2011 年，华日液晶公司实现营业收入 15 242.74 万元，同比增加 35.16%，利润总额-3 862.87 万元， 扣除非经常性损益因素，同比减亏 14.13%。

（3）南京中电熊猫触控科技股份有限公司是本公司于 2011 年 1 月 24 日以 2 250 万元出资设立，持股 75%的控股子公司，其主要产品为平板显示屏用触摸屏、显示屏材料。该公司的电容式触摸屏产业还未形成批量生产，前期生产试运行成本在本期结转，由于设备调试、技术工艺等原因，未取得预定的经营目标。2011 年，公司实现营业收入 882.88 万元，利润总额-2 114.14 万元。

（四）2012 年经营计划

液晶显示：一是 2012 年 STN 的市场需求将会有一定程度萎缩，价格竞争激烈，利润空间缩小；二是现有设备逐步老化，维修成本进一步增加；三是人员流动造成产品质量波动。

对策：①在把握现有客户的基础上，重点跟踪新订单，通过对交期、质量、价格等的把控，服务好客户；②推进开发 UKEY 中 STN 的应用产品；③持续进行材料采购降本及国产化材料替代进口材料工作，规范外协代工品质认证流程，适时启动外部合作项目；④加强对员工的培训，完善公司内部考核办法，提高员工技能。

触摸屏显示：一是产品更新换代较快，核心技术主要掌握在日本、韩国等国家手中；二是公司生产所需原材料主要依靠进口且价格有所上涨，导致产品成本较高。

对策：①积极开拓 3.5 英寸以上产品，规划通过 16949 论证，进入 GPS 前装市场；②加快导入替代材料的进度和物流的管理，提高良品率，降低成本；③内部加强限额发料，定制物料现场稽核，提高物料利用率并积极寻求新的供应商；④在现有技术基础上，进行技术创新，开发印刷制程的家电、手机、平板电脑用电容式触摸屏。

广东汕头超声电子股份有限公司 2011 年年度报告（摘要）

一、截至 2011 年末公司前三年主要会计数据（见表 1）

表 1　2009—2011 年主要会计数据

（单位：元）

	2011 年	2010 年	同比增减	2009 年
营业总收入	3 293 112 968.13	2 983 345 298.26	10.38%	2 294 518 899.67
营业利润	265 720 747.22	233 329 544.32	13.88%	165 703 983.23
利润总额	267 272 917.28	239 362 517.22	11.66%	169 185 573.97
归属于上市公司股东的净利润	181 940 882.60	161 622 749.38	12.57%	111 546 695.71
归属于上市公司股东的扣除非经常性损益的净利润	181 400 411.86	156 703 142.66	15.76%	110 407 012.16
经营活动产生的现金流量净额	209 021 941.49	331 073 467.04	−36.87%	331 655 689.62
	2011 年	2010 年	同比增减	2009 年
资产总额	3 372 512 338.73	3 362 877 897.28	0.29%	3 077 283 933.27
负债总额	1 292 815 624.49	1 420 972 099.50	−9.02%	1 260 646 227.44
归属于上市公司股东的所有者权益	1 778 398 580.10	1 665 362 077.46	6.79%	1 559 886 894.67
总股本（股）	440 436 000.00	440 436 000.00	0.00%	440 436 000.00

二、公司与公司实际控制人之间的产权及控制关系（见图 1）

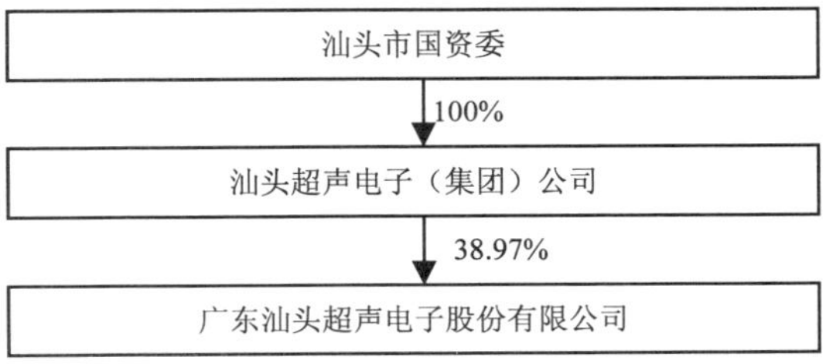

图 1　公司与公司实际控制人之间的产权及控制关系方框图

三、董事会报告

（一）2011 年公司经营情况的回顾

本公司主要从事印制线路板、液晶显示器、超声电子仪器、超薄及特种覆铜板的研制生产和销售，是国内电子行业中技术含量高、成长性强的高新技术企业。2011 年，公司荣获工信部颁发的“2011 年电子信息百强企业”称号。由于国家对电子产业的鼓励和扶持政策的有效推动，智能手机、车载电子以及平板电脑等电子产品畅销，通信 3G 等领域需求旺盛。另外，国务院出台的《关于加快培育和发展战略性新兴产业的决定》为平板显示产业的发展提供了强有力的动力，政府已将平板显示产业发展提高到战略高度，这为电子元器件行业的发展创造了难得的政策环境和发展机会。对此，公司紧紧抓住市场机遇，通过优化产品结构，加快新技术、新产品产业化进程，大力拓展高附加值产品市场，积极开拓新客户等措施，有效降低了国际经济环境带来的不利影响，促使公司产品销售和利润得到了较好的提升。此外，公司也进一步优化了企业内部资源配置，加强垂直整合，注重生产管理成本控制和企业效率的总体提升，持续研发新技术、材料及优化产品制程，综合提高良品率、产品质量和客户个性化服务，不断推进差异化产品发展战略，使公司成为具有创新能力和成本转嫁能力的行业优势企业。

2011 年，公司实现营业收入 329 311.29 万元、营业成本 263 897.33 万元、费用 36 596.67 万元，分别占全年计划的 98.97%、97.07%、93.55%，较 2010 年同期分别增长 10.38%、10.23%和 7.25%。

1. 2011 年公司产品产量及主营业务情况（见表 2 和表 3）

表 2　2011 年公司各产品产量

产品名称	产　　量
印制线路板	970 503.75m^2
液晶显示器及模块	203 384.31m^2/4 403.20 万套
覆铜板及半固化片	393.37 万张/59 329 卷
超声探伤仪及各类探头	1 334 台/54 023 只

表 3　公司主营业务收入、主营业务利润、净利润同比变动情况

（单位：万元）

项　　目	2011 年 1～12 月	2010 年 1～12 月	增减（±%）
主营业务收入	327 267	296 887	10.23%
主营业务利润	63 223	58 016	8.98%
归属于上市公司股东的净利润	18 194	16 162	12.57%

（1）主营业务收入比 2010 年同期增加 30 379 万元，主要是本期液晶显示器及模块产品、印制板产品、覆铜板产品销售量增加所致。

（2）主营业务利润比 2010 年同期增加 5 206 万元，主要是公司通过改进工工艺，优化产品结构，提高产品成品率，有效地提高了产品综合毛利率所致。

（3）归属于上市公司股东的净利润同比增加 2 032 万元，主要是主营业务利润增加所致。

2. 2011 年公司主营业务分产品及地区经营情况（见表 4 和表 5）

表 4　主营产品经营情况

（单位：万元）

产品分类	主营业务收入	占　　比	主营业务利润	占　　比
印制线路板	178 604.86	54.57%	32 708.97	51.74%
液晶显示器	94 050.71	28.74%	19 996.11	31.63%
覆铜板	51 500.93	15.74%	8 887.15	14.06%
超声电子仪器	3 110.09	0.95%	1 630.78	2.57%

表 5　业务分地区情况

（单位：万元）

地　　区	营业收入	营业收入比上年增减（%）
中国境内	170 811.23	16.37
中国境外（含港澳）	156 455.35	3.23

3. 占公司营业收入或营业利润 10%以上的主要产品经营情况（见表 6）

表 6　占公司营业收入或营业利润 10%以上主要产品有关指标

（单位：万元）

产品分类	主营业务收入	主营业务成本	毛 利 率
印制线路板	178 604.86	145 020.35	18.80%
液晶显示器	94 050.71	73 739.66	21.60%
覆铜板	51 500.93	42 499.15	17.48%
其中：关联交易	46.08	37.76	18.23%

2011 年公司向前五家主要供应商采购金额为 40 172.01 万元，占年度采购总额的 18.25%。

2011 年公司向前五家主要客户销售金额为 159 845.94 万元，占年度销售总额的 48.54%。

（二）主要控股公司的经营情况及业绩

1. 汕头超声印制板（二厂）有限公司

本公司的控股子公司，该公司主要从事高密度多层印制线路板的研制、生产和销售。印制板是装配电子元件的载体以及负责连接电气、承担封装的最重要的元件，它广泛应用于通信设备、计算机、移动通信、汽车及高档数字消费电子产品，是电子信息产业重要的基础元器件。该公司注册资本 5 652 万美元，总资产 106 693 万元。2011 年该公司实现销售收入 91 906.68 万元，净利润 6 694.53 万元，同比分别增长 8.99%和 22.59%。

2. 汕头超声印制板公司

本公司的控股子公司，该公司主要从事双面及多层印制线路板的研制、生产和销售。该公司注册资本 2 250 万美元，总资产 62 498 万元。2011 年该公司实现销售收入 91 422.39 万元，净利润 4 173.95 万元，同比分别下降 0.32%和下降 35.71%。

3. 汕头超声显示器（二厂）有限公司

本公司的控股子公司，该公司主要从事单色、彩色 STN 型液晶显示器及模块、TFT 型液晶显示器模块、电阻式触摸屏（TP）、电容式触摸屏（CTP）及模块的研制、生产和销售。该公司注册资本 1 640 万美元，总资产 66 617 万元。2011 年该公司实现销售收入 82 210.72 万元，净利润 6 377.04 万元，比 2010 年同期分别增加 19.05%和 51.65%。

4. 汕头超声显示器有限公司

本公司的控股子公司，该公司主要从事 TN 和 STN 液晶显示器及模块以及触摸屏传感器（Sensor）的研制生产和销售。该公司注册资本 1 110 万美元，总资产 22 071 万元。2011 年该公司实现销售收入 18 327.97 万元，净利润 902.45 万元，比 2010 年同期分别增加 30.87%和 155.35%。

（三）公司研发投入和自主创新情况

2011 年，公司继续深入推进技术创新工作，积极开展高端 HDI 印制电路板、无卤素环保型覆铜板、高性能新型触摸屏显示、便携式相控阵超声探伤仪等新工艺、新材料、新产品的技术研究开发。全年累计研发投入 12 221 万元，开展各类研究开发活动 68 项，其中有 5 项被列为各级政府科技项目；当年有 30 项完成研发并投入生产应用，为企业发展提供了源源不断的技术支撑。

2011 年度，公司共申报国家专利 46 项，获得国家专利授权 33 项（其中，发明专利 7 项，实用新型专利 26 项）；获评汕头市科学技术进步一等奖 1 项，公司副总经理兼工程技术研究开发中心主任林诗彪先生被评定为广东省优秀工程中心主任。随着企业技术创新能力的不断提升，公司被评为国家创新型企业、广东省战略性新兴产业骨干企业。

四、2011 年的投资情况

（1）截至 2011 年 12 月 31 日，公司对控股子公司的投资总额为 69 108 万元，比上年同期增加 3 833 万元，同比增长 5.87%，主要原因是 2011 年公司向控股子公司汕头超声印制板（二厂）有限公司增资 3 833 万元。

（2）2011 年没有募集资金及延续到本期使用的募集资金投资项目。

（3）2011 年非募集资金投资的重大项目情况如下：

① 环保型高性能覆铜板生产技术改造项目计划使用投资 11 900 万元，截至 2011 年末，实际完成投资 11 673 万元。项目已于 2011 年 4 月正式投产，截至 2011 年末新增销售收入 15 826.09 万元，利润总额 715.62 万元。

② 电容式触摸屏技改项目计划投资 8 996 万元，截至 2011 年末，实际已投入资金 9 164 万元。项目已于 2011 年 7 月正式投产，截至 2011 年末新增销售收入 4 782.83 万元，利润总额 1 157.92 万元。

安徽方兴科技股份有限公司 2011 年年度报告（摘要）

一、截至 2011 年末公司前三年主要会计数据　（见表 1）

表 1　2009—2011 年主要会计数据

（单位：元）

主要会计数据	2011 年	2010 年	同比增减	2009 年
营业总收入	1 073 678 022.53	969 859 929.71	10%.7	735 654 318.01
营业利润	141 331 535.90	74 469 260.33	89.79%	35 586 894.71
利润总额	149 286 908.54	92 212 662.38	61.89%	39 591 157.29
归属于上市公司股东的净利润	63 887 243.40	63 632 413.27	0.40%	28 025 678.17
归属于上市公司股东的扣除非经常性损益的净利润	18 388 884.71	17 905 318.40	2.70%	18 887 280.70
经营活动产生的现金流量净额	−70 750 330.76	118 086 072.39	不适用	86 274 870.91
	2011 年末	2010 年末	同比增减	2009 年末
资产总额	1 029 931 900.72	1 121 629 170.81	−8.18%	955 609 478.81
负债总额	570 199 341.86	720 582 725.68	−20.87%	637 907 633.17
归属于上市公司股东的所有者权益	329 095 399.32	327 499 311.22	0.49%	261 976 897.95
总股本	117 000 000.00	117 000 000.00	不适用	117 000 000.00

二、公司与实际控制人之间的产权及控制关系（见图 1）

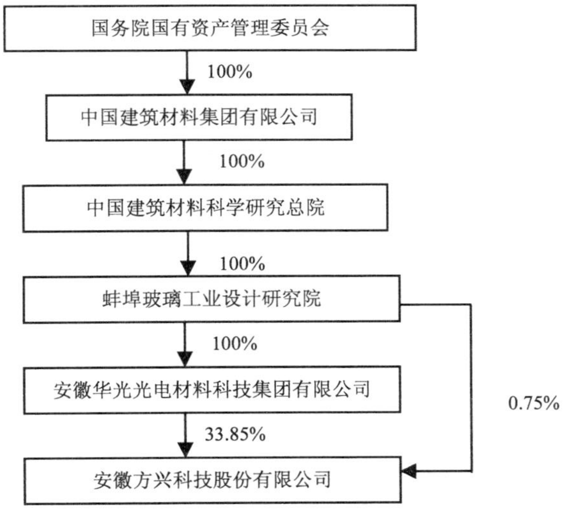

图 1　公司与实际控制人之间的产权及控制关系的方框图

三、董事会报告

（一）2011 年度公司发展及经营情况

公司于 2011 年 6 月 30 日完成了重大资产置换，置换后公司原有的浮法玻璃业务置出，公司新增加电熔氧化锆、硅酸锆、球形石英粉等新材料业务。根据本次重大资产置换的补充协议，置出资产在过渡期间损益由方兴科技承担或享有，置入资产在过渡期间的收益由方兴科技享有。因此2011年业绩包含ITO导电膜玻璃业务、新材料业务，也包含1～6月的浮法玻璃业务。

2011年，公司实现营业收入107 367.8万元，营业利润14 133.15万元，同比分别增长10.7%、89.79%。实现利润总额14 928.69万元，净利润12 305.02万元，同比分别增长61.89%、48.08%。归属于母公司股东净利润6 388.72万元，比上年同期增长0.4%。（以上同比数据为追溯调整后数据）

2011年，ITO导电膜玻璃业务全年实现了较好的经营成果，全年实现营业收入34 928.75万元，净利润6 006.17万元，同比增长83.11%。ITO导电膜玻璃行业，上半年市场延续了2010年的火热行情，产品供不应求，下半年市场渐趋平淡。目前ITO导电膜玻璃业务行业竞争激烈，经营压力较大，公司将压力变为动力，通过维护原有市场，巩固区域市场占有率；通过加快开发新产品，实行产品升级转型，培育新的经济增长点；通过严审客户资信，严控货款账期，保证资金安全等一系列措施，确保稳定经营，实现可持续发展。

（二）公司主营业务及其经营状况（见表2和表3）

表2　主营业务分产品情况

（单位：元）

分产品	营业收入	营业成本	营业利润率（%）	营业收入比上年增减（%）	营业成本比上年增减（%）	营业利润率比上年增减
ITO导电膜玻璃	343 336 195.21	230 338 186.27	32.91	24.70	12.18	增加7.49个百分点
浮法玻璃	166 051 663.03	177 192 078.15	−6.71	−47.44	−35.97	减少19.12个百分点
餐饮客房服务	10 153 928.00	6 806 873.45	32.96	68.76	74.97	减少2.38个百分点
新材料	415 849 278.31	298 219 809.36	28.29	40.14	25.43	增加8.4个百分点
合计	935 391 064.55	712 556 947.23	23.82	3.92	−2.22	增加4.78个百分点

表3　主营业务分地区情况

（单位：元）

地　　区	营业收入	营业收入比上年增减（%）
境内销售	846 388 729.29	5.79
境外销售	89 002 335.26	−11.03
合计	935 391 064.55	3.92

（三）公司主要控股公司及参股公司的经营情况

安徽省蚌埠华益导电膜玻璃有限公司系本公司控股子公司，注册资本1 480万美元，法定代表人为关长文，本公司出资1 110万美元，持股比例为75%。主营业务为生产、销售ITO导电膜玻璃、真空镀膜玻璃及相关机械设备、电子产品。2011年该公司实现营业收入34 928.76万元，营业利润6 208.80万元，净利润6 006.17万元。

蚌埠方圆光电科技股份有限公司为本公司控股子公司，注册资本3 000万元，法定代表人为李蓓蓓，本公司出资2 100万元，持股比例为70%。该公司现已停止经营，正在办理清算注销手续，本期未纳入合并范围。

四、投资情况（见表 4）

表 4　非募集资金项目情况

（单位：万元）

项目名称	项目金额	项目进度	项目收益情况
年产 130 万片电容式触摸屏用导电膜玻璃生产线	18 000	90%	—
年产 7 000t 电熔氧化锆生产线	10 085	40%	—

华映科技（集团）股份有限公司 2011 年年度报告（摘要）

一、截至 2011 年末公司前三年主要会计数据（见表 1）

表 1　2009—2011 年主要会计数据

（单位：元）

	2011 年	2010 年	同比增减	2009 年
营业总收入	2 182 537 883.08	3 024 096 792.08	−27.83%	1 885 179 782.45
利润总额	567 278 988.98	569 120 197.56	−0.32%	396 994 956.59
归属于上市公司股东的净利润	346 729 158.79	349 382 749.83	−0.76%	255 528 204.50
归属于上市公司股东的扣除非经常性损益的净利润	326 282 074.24	332 291 414.72	−1.81%	240 814 959.29
经营活动产生的现金流量净额	807 467 896.95	758 991 431.94	6.39%	298 114 088.71
	2011 年末	2010 年末	同比增减	2009 年末
总资产	4 552 089 628.42	4 714 227 471.14	−3.44%	4 385 684 255.24
归属于上市公司股东的所有者权益	2 636 932 101.42	2 500 374 383.72	5.46%	1 994 778 731.29
股本（股）	700 493 506.00	700 493 506.00	0.00%	144 660 789.00

二、公司与实际控制人之间的产权和控制关系（见图 1）

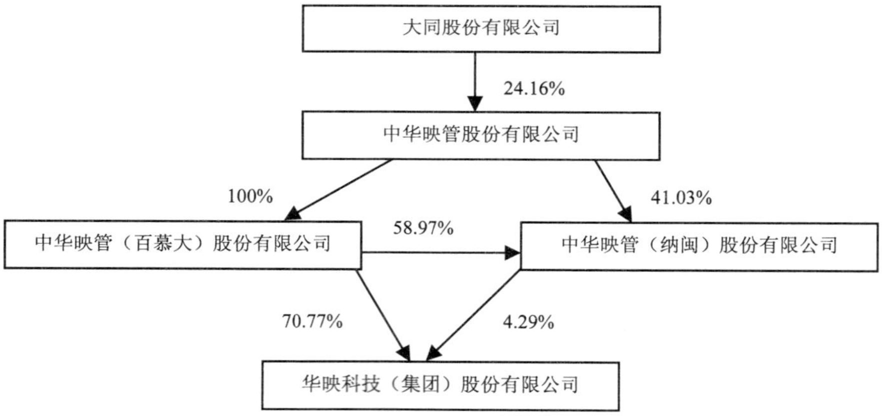

图 1　公司与实际控制人之间的产权和控制关系方框图

三、董事会报告

（一）2011 年公司经营情况的回顾

2011 年，受欧洲债务危机、日本大地震等经济环境影响，大尺寸液晶显示产品的消费主力市场——北美、西欧、日本等均受重大打击，新兴市场特别是中国大陆市场增速下滑，导致下游整机市场需求不如预期；另外，面板厂商产能扩张造成严重的供过于求，导致价格持续下滑，海内外液晶面板制造业 2011 年深陷低谷，全球面板厂均面临巨大亏损，尤以大尺寸面板厂更为严重。公司的液晶模组加工业务虽然受液晶面板价格大幅、持续下跌的影响较小，但大尺寸液晶产品的整体需求下降仍在一定程度上影响到了公司的经营情况。在不利的市场环境中，公司不断寻求与新客户的合作机会并加强巩固与长期合作伙伴的战略关系，在智能手机、PAD 等时尚电子产品需求持续增长的带动下，中小液晶产品市场需求呈持续增长的态势，公司积极调整产品结构，将闲置的大尺寸模组生产线改造成中小尺寸模组产线，提升设备产能利用率。2011 年，公司克服行业景气波动的不利因素，积极开拓市场、提升品质，对内加强成本控制，在整体经济环境不佳的情况下，2011 年经营业绩出现平稳过渡，如期达成重组业绩承诺目标。2011 年公司实现合并营业收入 21.83 亿元，较 2010 年度（30.24 亿元）下降 27.81%，主要是由于 2010 年深圳华显存在为配合第三方客户境外结算的要求透过华映纳闽（关联方）进行进料加工交易，营业收入中包含销售收入；自 2011 年 4 月之后上述进料加工业务通过华映科技纳闽进行交易，合并时深圳华显销售给华映科技纳闽的进料收入抵消，最终体现第三方客户的来料加工收入所致；合并归属于母公司所有者净利润 3.467 亿元，实现承诺业绩目标。

（二）主营业务范围及经营状况

1. 主营业务范围

从事新型平板显示器件、液晶显示屏、模组及零部件的研发、设计、生产、销售和售后服务。（销售限于自产产品，凡涉及审批许可项目的，只允许在审批许可的范围和有效期限内从事生产经营）

2. 主营业务分行业、分产品情况（见表 2）

表 2　主营业务分行业、分产品情况

（单位：万元）

主营业务分行业情况						
分行业或分产品	营业收入	营业成本	毛 利 率	营业收入比上年增减	营业成本比上年增减	毛利率比上年增减
代工—来料加工	149 168.29	74 510.24	50.05%	9.66%	14.27%	−2.02%
代工—国内	248.54	151.65	38.98%	−93.55%	−93.43%	−1.05%
销售—进料加工	67 591.23	65 158.28	3.60%	−58.16%	−58.27%	0.26%
销售—国内	9.62	5.65	41.27%	−40.32%	−38.42%	−1.81%
合计	217 017.68	139 825.82	35.57%	−28.01%	−37.49%	9.77%
主营业务分产品情况						
液晶模组加工费	149 416.83	74 661.89	50.03%	6.82%	10.59%	−1.70%
液晶模组销售	67 600.85	65 163.93	3.60%	−58.16%	−58.27%	0.26%
合计	217 017.68	139 825.82	35.57%	−28.01%	−37.49%	9.77%

3. 主营业务地区情况（见表 3）

表 3　主营业务地区情况

（单位：万元）

地　　区	营业收入	营业收入比上年增减
境外	216 759.51	−27.16%
境内	258.17	−93.32%
合计	217 017.68	−28.01%

4. 公司主要供应商及客户情况（见表4）

表4　公司主要供应商及客户情况

项　　目	比　　例
前五名供应商合计采购金额占年度采购总额的比例	66.43%
前五名客户合计销售金额占年度销售总额的比例	99.32%

5. 公司主要控股子公司及联营公司的经营情况及业绩（见表5）

表5　公司主要控股子公司及联营公司的经营情况及业绩

（单位：万元）

公 司 名	净利润/归属于母公司所有者利润
福建华映显示科技有限公司	19 418.80
深圳华映显示科技有限公司	3 249.15
福建华冠光电有限公司	10 318.10
华映视讯（吴江）有限公司	14 267.38
厦门华侨电子股份有限公司	6 141.68

（三）2011 年董事会工作成果

近年来，触摸屏在消费类电子产品中的应用越来越广泛，触摸屏在手机、导航仪等手持式装置中的渗透率增长相当快速，在中大尺寸应用，如一体计算机、上网本/平板电脑、教育与培训、公共信息广告牌和查询与自主登记等方面运用也愈趋广泛。为了强化在触摸屏产品相关零部件之整合布局，健全相关供应链整合，2011 年 8 月本公司注册成立了科立视材料科技有限公司（以下简称“科立视”），投资总额为 1.7 亿美元，其中注册资本 7 500 万美元，公司持股比例为 82.80%，经营范围为：从事平板显示器件及触摸屏部件材料的研发、生产、销售及售后服务。2011 年 10 月，本公司完成了华映光电股份有限公司（以下简称“华映光电”）20%股权收购作业。2011 年华映光电全面结束了 CRT 业务，2012 年将成功转型成一个以中小液晶模组及触摸屏一条龙业务为主的公司，未来公司将视市场情况在合适时机进一步收购，以达到控股。

（四）公司未来发展

1. 公司所处行业的发展趋势及公司面临的市场竞争格局

展望 2012 年，TFT-LCD 市场总体情况预计将较 2011 年有所转好，大尺寸方面，受 2012 年伦敦奥运会及欧洲杯等大型体育赛事的影响，消费者对大尺寸电视产品的需求将较 2011 年明显上升，对 LED 背光电视、3D 电视及智能电视等新概念的电视产品更容易接受。中小尺寸产品则伴随着平板电脑、触摸屏智能手机等的强劲需求将持续保持上升态势。根据 DisplaySearch 预测，全球平板终端用面板市场 2012—2015 年将以年均 47%的增长率增长。可以预见，触摸屏出货量在未来两年将保持强劲增长，在平板电脑和触摸屏手机两大应用的带动下，预计 2012 年全球触摸屏出货量增长率将达到 29.4%。公司作为专业的液晶模组生产商，不仅从技术面上成功导入 LED、GIP、Dual-gate、TSP（触摸屏）、FFS（广视角）技术，在应用面上也成功导入车载产品、触摸屏平板产品、3D 产品、电子书等，产品应用更加多元化。

2011 年，面对大尺寸市场需求的疲软，公司及时调整策略，将两家子公司福建华显及华映视讯部分闲置的大尺寸产线改造成中小尺寸模组产线，并成功量产，目前中尺寸的产能利用率都在 80%以上，预计 2012 年 3 月以后基本满产稼动，2012 年将进一步提高产能。随着面板上下游产业链整合，面板厂商与下游电脑、电视厂商的合作越来越密切，公司传统的液晶模组加工业务已无法为公司提供持续的发展空间，公司在 2011 年正式启动了产业整合的战略部署。2012 年公司将持续推进触摸屏部件材料项目的建设、试投产，并考虑在适当时机进一步收购华映光电股权，实现最终控股。依据公司的战略规划，上述整合完成后，公司将实现以液晶模组为基础，兼有触摸屏部件材料及触摸屏一条龙产品的战略布局。

2. 公司面临的风险因素及对策

1）海峡两岸政治局势及政策变化的风险

公司的实际控制人中华映管和最终控制人大同股份均位于中国台湾地区，公司经营活动中部分业务仍与实际控制人保持较为密切的联系。尽管政治局势进一步趋于缓和，两岸经贸交流逐步密切，实际控制人在中国大陆投资仍受中国台湾地区颁布的“法律、法规”的规范，由于中国大陆与中国台湾的特殊政治关系，上述“法律、法规”可能发生变动，进而影响公司的生产经营。因此，公司面临着两岸局势与政策变化的风险。公司将逐步通过新项目投资，在业务、资产、技术等各方面建立独立、完整的运作体系，减少对实际控制人的依赖性，逐步降低关联交易，从而避免两岸局势与政策对上市公司的影响力。

2）市场竞争与行业周期的风险

TFT-LCD 以其优异的性能，已成为显示产品市场的主流基础材料。在目前可预测的显示技术产品应用中，均离不开 TFT-LCD。目前已形成了日、韩、中国台湾地区三足鼎立的产业分布态势，中国大陆地区则随着京东方及华星科技第 8.5 代线的建成，从生产能力上快速成长，但总体实力仍不及上述三地厂商。随着各大面板厂高世代线的建成，市场出现明显的供过于求，再加上欧洲债务危机、日本大地震等因素影响，2011 年，全球 TFT-LCD 面板厂均出现了大幅亏损，市场竞争十分激烈。公司作为专业的液晶模组生产企业，主要客户均是液晶面板厂或是终端显示设备品牌厂商，业务订单受 TFT-LCD 行业景气周期的影响较为明显。当行业周期性下滑或经济衰退时，公司的模组加工订单数量可能受到影响，进而影响公司的盈利能力。2011 年，公司董事会一方面密切根据市场需求情况，及时决定将因大尺寸产品需求下滑导致的部分闲置产线改造成中小尺寸模组产线，及时利用中小尺寸液晶模组订单填补大尺寸产品订单减少带来的损失；另一方面，公司在 2011 年积极着手进行产业整合，完成收购华映光电 20%的股权，并投资设立了以触摸屏部件材料生产、销售为主营业务的科立视公司，公司业务朝着产业链上下游延伸，未来更将通过扩大公司产品的应用领域，实现产品多元化，减少单一产品行业竞争及更替给公司带来的经营风险。

彩虹显示器件股份有限公司 2011 年年度报告（摘要）

一、截至 2011 年末公司前三年主要会计数据（见表 1）

表 1　2009—2011 年主要会计数据

（单位：元）

主要会计数据	2011 年	2010 年	同比增减	2009 年
营业总收入	357 689 810.33	1 151 616 317.03	−68.94%	1 310 043 214.69
营业利润	−578 088 059.73	−5 139 027.92	不适用	−724 744 326.15
利润总额	−567 334 760.59	5 598 026.69	不适用	−724 164 921.77
归属于上市公司股东的净利润	−517 713 940.31	12 137 333.18	不适用	−715 232 142.04
归属于上市公司股东的扣除非经常性损益的净利润	−525 210 568.71	8 987 231.56	不适用	−709 979 558.86
经营活动产生的现金流量净额	68 922 930.33	407 375 594.74	−83.08%	−25 175 807.01
项　　目	2011 年末	2010 年末	同比增减	2009 年末
资产总额	8 868 022 098.06	7 818 115 140.03	13.43%	3 250 221 576.48
负债总额	4 715 558 385.61	3 118 819 546.18	51.20%	2 074 843 554.71
归属于上市公司股东的所有者权益	3 692 149 416.34	4 200 683 356.65	−12.11%	717 777 139.80
总股本	736 757 688.00	736 757 688.00	0.00%	421 148 800.00

二、公司与实际控制人产权关系（见图 1）

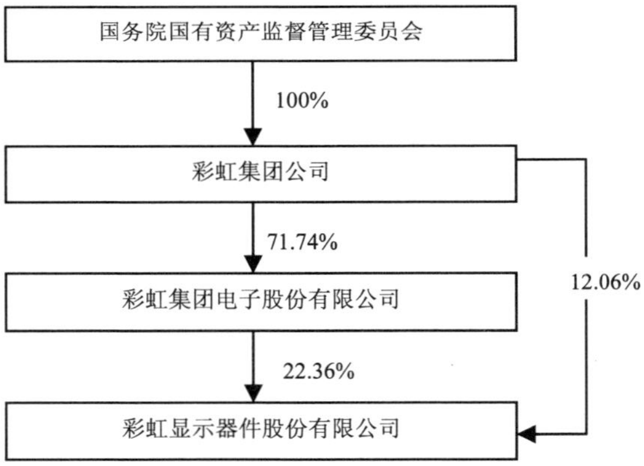

图 1　公司与实际控制人产权关系图

三、董事会报告

（一）总体经营情况

2011 年，液晶基板玻璃业务方面，已有 6 条生产线点火运行，其中 4 条线形成规模量产，制造工艺不断完善，综合良品率不断提高。面对用户规格不断调整、国外厂家挤压的市场形势，公司干部、员工夜以继日、争分夺秒、顽强拼搏，在较短时间内解决了料方含砷、Particle（微粒）、斜纹等问题，目前产品认证顺利推进，销量逐步攀升。0.7mm 第 5 代产品已通过两家液晶面板公司的全部认证，实现批量稳定销售。国内另外两家用户已完成认证，正在进行前期采购洽谈。第 6 代产品也于近期通过认证，取得订单。2011 年公司共销售液晶基板玻璃 15.3 万片。

OLED 业务方面，PM-OLED 生产线已投入运营，通过积极开拓市场，多领域、多方位地寻找潜在市场、客户，PM-OLED、LCM 业务已实现批量销售。AM-OLED 中试线设备安装、调试顺利推进，目前已进入冷试车阶段。2011 年 11 月，第一片全彩 AM-OLED 屏幕样品制造实验室点亮，为后续研制中国具有自主知识产权的高分辨率全彩显示屏产品打下了坚实的基础。

CRT 业务方面，在显示器件行业升级换代的大背景下，公司制定有效的营销策略，夺取营销主动权，在彩管市场异常严峻的形势下，2011 年生产彩管 190.52 万只，销售 238.65 万只。

（二）公司主营业务及其经营状况

1. 主营业务分行业、产品情况表（见表 2）

表 2　主营业务分行业、产品情况表

（单位：元）

分行业或分产品	营业收入	营业成本	营业利润率	营业收入比上年增减	营业成本比上年增减	营业利润率比上年增减
彩色显像管	341 256 379.82	365 830 548.02	-7.20%	-70.30%	-62.56%	-22.16%
OLED	5 004 041.31	5 184 751.37	-3.61%	—	—	—

2. 主营业务分地区情况表（见表 3）

表 3　主营业务分地区情况表

（单位：元）

地　　区	营业收入	营业收入比上年增减
国内	121 827 485.92	-84.14%
国外	224 432 935.21	-41.08%

3. 主要供应商、客户情况表（见表 4）

表 4　主要供应商、客户情况表

（单位：元）

前五名供应商及客户采销情况	金　　额	采销比重	占　　比
前五名供应商采购金额合计	238 307 303.31	占采购总额比重	53.43%
前五名销售客户销售金额合计	207 013 256.15	占销售总额比重	57.87%

4. 公司主要控股公司及参股公司经营情况及业绩分析（见表 5）

表 5　公司主要控股公司及参股公司经营情况及业绩分析

（单位：元）

公司名称	主要产品和服务	注册资本	资产规模	净 资 产	净 利 润
陕西彩虹电子玻璃有限公司	生产、经营电子玻璃制品；对外贸易经营	398 435.7537	710 143.52	405 340.82	-29 404.51
彩虹（佛山）平板显示有限公司	平板显示器件、电子产品及零部件的制造、开发、经营等业务	10 000	88 599.32	11 072.52	-4 177
彩虹（佛山）液晶玻璃有限公司	从事投资、建设、开发、生产和销售液晶用玻璃基板、其他玻璃制品和相关产品、进出口贸易等	10 000	1883.94	1883.22	-116.79

续 表

公司名称	主要产品和服务	注册资本	资产规模	净 资 产	净 利 润
西部信托投资有限公司	受托经营资金信托业务；受托经营动产、不动产及其他资产的信托业务等	62 000	142 973.62	120 592.21	6 019.59

（三）2011 年技术创新、节能减排等情况

2011 年，公司继续坚持技术引领战略，着力健全技术管理体系，提升技术研发水平，进一步完善液晶基板玻璃和 OLED 知识产权体系。2011 年，公司共申报专利 106 项，其中 OLED 业务专利 35 项，基板玻璃专利 71 项。基板玻璃申报已获国家专利局受理专利 59 项，正在申请中专利 12 件，其中发明专利 19 项，实用新型 40 项。

（四）公司所处的行业发展趋势

随着 TFT-LCD 液晶平板显示业务的进一步侵蚀，彩管生产企业不断退出该行业。综合咨询机构对显示器件市场的预测分析，2012 年全球 CRT 市场需求将萎缩至 2 000 万只左右，较 2011 年减少 42.8%。

据权威机构研究，预计 2012 年的液晶电视市场将开始反弹，液晶基板玻璃全球市场规模将突破 4 亿平方米大关，同比增长 11%。随着我国面板和终端产品的快速发展和扩张，本土企业逐渐进入基板玻璃领域。2012 年，中国基板玻璃生产线将达 15 条以上，行业将向薄型化、小尺寸转化，向“成本为王、客户为王”的新竞争格局转变，这对中国本土玻璃基板企业而言无疑带来了重大机遇。

据 DisplaySearch 预测，OLED 面板 2012 年将大幅增长 110%，而后每年皆以两位数字增长，到 2015 年全球 OLED 出货量将达到 2.97 亿片。现阶段 PM-OLED 应用领域越来越宽，市场竞争更加激烈。AM-OLED 由于具有高速、高亮度、色彩鲜艳等先天优势，具有良好的发展前景，在未来几年会逐步成为显示器件的主流产品。

（五）2012 年度经营计划

2012 年度公司主要经营目标：力争实现生产、销售彩管 113 万只，基板玻璃 156 万片，OLED 12 万片，TFT-LCM 530 万片，实现销售收入 36 000 万元（未包含基板玻璃收入）。

四、公司投资情况

1. 公司投资及被投资公司情况（见表 6 和表 7）

表 6　公司投资情况

（单位：万元）

项　　目	金额（增幅）
报告期内投资额	1 764.20
投资额增减变动数	−348 235.80
上年同期投资额	350 000.00
投资额增减幅度	−99.50%

表 7　被投资的公司情况

被投资的公司名称	主要经营活动	占被投资公司权益的比例（%）
彩虹（佛山）平板玻璃显示有限公司	主要从事投资、建设、开发、生产和销售液晶用玻璃基板、其他玻璃制品和相关产品、进出口贸易	88.21

本公司第六届董事会第二十四次会议审议通过了《关于对外投资的议案》，同意公司与佛山市顺德区诚顺资产管理有限公司签署《合资协议》，共同出资设立彩虹（佛山）平板玻璃显示有限公司（以下简称“佛山玻璃公司”），并投资建设第 8.5 代液晶基板玻璃生产线项目。其中，本公司出资 8 821 万元，占合资公司注册资本的 88.21%；诚顺公司出资 1 179 万元，占合资公司注册资本的 11.79%。

为了降低财务成本，提高资本使用效率，经公司第六届董事会第二十六次会议决议，决定与诚顺公司签订《合资协议之补充协议》，将原《合资协议》中约定的“双方将认缴出资一次性汇入佛山玻璃公司的银行账户。”修订为“合资双方出资将分期缴纳。双方将首期出资人民币 2 000 万元，其中，本公司以货币方式出资 1 764.2 万元，占注册资本的 88.21%，诚顺公司以货币方式出资 235.8 万元，占注册资本的 11.79%，其余部分由股东自佛山玻璃公司成立之日起两年内缴足”。

2. 募集资金使用情况（见表 8）

表 8　募集资金使用情况

（单位：万元）

募集年份	募集方式	募集资金总额	本报告期已使用募集资金总额	已累计使用募集资金总额	尚未使用募集资金总额	尚未使用募集资金用途及去向
2010	非公开发行	355 060.00	67 959.62	311 810.14	38 189.86	募集资金专户存放

2010 年，经中国证监会《关于核准彩虹显示器件股份有限公司非公开发行股票的批复》（证监许可〔2010〕866 号）文件核准，公司向十名特定投资者非公开发行股票 315 608 888 股，募集资金总额为 3 550 599 990 元，募集资金净额为 3 497 869 545.39 元。本次非公开发行股票募集资金到位后，公司及时按照增资协议将募集资金划入控股子公司陕西彩虹电子玻璃有限公司募集资金专户，全部用于对陕西彩虹电子玻璃有限公司进行增资。陕西彩虹电子玻璃有限公司已按照增资协议将募集资金中的 18 亿元增资投入彩虹（合肥）液晶玻璃有限公司，用于合肥高世代 TFT-LCD 基板玻璃生产线项目的建设；5 亿元增资投入彩虹（张家港）平板显示有限公司，用于张家港高世代 TFT-LCD 基板玻璃生产线项目的建设。截至 2011 年末，已累计使用募集资金 311 810.14 万元。

3. 承诺项目使用情况（见表 9）

表 9　承诺项目使用情况

（单位：亿元）

承诺项目名称	是否变更项目	募集资金拟投入金额	募集资金实际投入金额	是否符合计划进度	项目进度	预计收益	产生收益情况	是否符合预计收益	未达到计划进度和收益说明	变更原因及募集资金变更程序说明
电子玻璃公司高世代 TFT-LCD 玻璃基板研发及二期产业化建设项目	否	90 000	89 997.81	是	处于建设期	—	—	—	—	—
增资彩虹（合肥）液晶玻璃有限公司，建设合肥高世代 TFT-LCD 玻璃基板生产线项目	否	180 000	141 813.41	是	处于建设期	—	—	—	—	—
增资彩虹（张家港）平板显示有限公司，建设张家港高世代 TFT-LCD 玻璃基板生产线项目	否	50 000	49 998.92	是	处于建设期	—	—	—	—	—
补充电子玻璃公司流动资金	否	30 000	30 000	—	—	—	—	—	—	—
合计	—	350 000	311 810.14	—	—	—	—	—	—	—

4. 非募集资金项目情况（见表 10）

表 10 非募集资金项目情况

（单位：万元）

项目名称	项目金额	项目进度	项目收益情况
建设第 4.5 代 AM-OLED 项目	496 000	正在建设中	无
建设 AM-OLED 中试线项目	31 500	正在建设中	无

（1）为了及时把握市场机遇，抢占市场先机，本公司第十九次（2010 年度）股东大会批准本公司控股子公司彩虹（佛山）平板显示有限公司投资建设第 4.5 代 AM-OLED 项目，并在公司非公开发行股票募集资金到位之前由彩虹（佛山）平板显示有限公司以自筹资金先行投入该项目的前期建设。该项目计划投资金额为 496 000 万元，截至 2011 年末，已累计投资 19 630 万元。

（2）为夯实第 4.5 代 AM-OLED 业务的产业基础，并为其提供持续的技术和人才支撑，经本公司第十九次（2010 年度）股东大会批准，决定由本公司控股子公司彩虹（佛山）平板显示有限公司自筹资金 3.15 亿元人民币建设一条 AM-OLED 中试线项目。该项目计划投资金额为 31 500 万元，截至 2011 年末，已累计投资 19 755 万元。

彩虹集团电子股份有限公司 2011 年年度报告（摘要）

一、截至 2011 年末公司前两年主要会计数据 （见表 1）

表 1　2010—2011 年主要会计数据

（单位：千元）

	2011 年	2010 年	同比增减	变动比率
销售额	3 270 348	2 717 770	552 578	20.33%
销售成本	−3 164 459	−2 311 974	852 485	36.87%
毛利	105 889	405 796	−299 907	−73.91%
毛利率	3.24%	14.93%	−11.69%	不适用
经营（亏损）/盈利	−532 671	132 745	−665 416	−501.27%
经营盈利率	−16.29%	4.88%	−21.17%	不适用
本公司拥有人应占本年（亏损）/盈利	−253 038	29 075	−282 113	−970.29%
利润率	−7.74%	1.07%	−8.81%	不适用
应占的每股（亏损）/盈利（以每股人民币元列示）	−0.1134	0.0136	−0.1270	−933.82%
每股股息（人民币元）	—	—	—	—

二、董事会报告

（一）经营状况

2011 年，本集团积极应对国内外错综复杂的经济形势及传统显示器件产业持续衰退的不利影响，加快太阳能光伏玻璃、发光材料、液晶玻璃基板等新产业的发展，在建项目稳步推进，产品制造水平不断提升，新业务销售收入快速增长，本集团的战略转型已基本完成。

本集团 2011 年销售额为 3 270 348 千元，同比增加 552 578 千元；经营亏损为 532 671 千元，比上年经营盈利减少 665 416 千元；毛利率 3.24%，同比下降 11.69 个百分点（2010 年为 14.93%）；权益持有人应占亏损为 253 038 千元，2010 年同期为盈利 29 075 千元。

（二）主要业务回顾

1. 太阳能光伏玻璃业务

2011 年，本集团太阳能光伏玻璃业务的产业化、规模化发展有序进行，取得较好成绩。太阳能光伏玻璃已建成生产线并实现正常运营，产品销售良好，2011 年度太阳能光伏玻璃销售额同比增加 156%，通过加强管控，精确管理，太阳能光伏玻璃各项成本与相关费用进一步降低，市场竞争力不断提升。正在建设的太阳能光伏玻璃咸阳三期项目、咸阳四期项目、合肥项目，工程进展顺利，设备安装调试有序开展，本集团将于 2012 年根据太阳能光伏行业市场状况陆续进行试生产。镀膜玻璃等深加工玻璃方面，本集团已开始进行产业化发展，以期提升产品附加价值，增强盈利能力。

2. 发光材料业务

2011 年，一方面，国家加强了对稀土资源的管控，稀土价格剧烈变动；另一方面，全球经济呈现明显疲弱态势，市场需求有所萎缩。面对复杂的外部经营环境，本集团积极应对，冷静分析，发光材料生产、销售稳定有序进行。本集团通过提高产品质量，加强售后服务，实行差异化营销，合理调整销售价格，有效地应对了原材料价格的剧烈变动；通过节能降耗，加强成本费用控制，产品市场竞争力进一步提升；通过加强技术研发，加大市场推广，产品种类进一步增多，新产品产业化进程明显加快。2011 年，本集团节能灯粉产销量与上年基本持平，CCFL 粉销量同比增长约 25%，PDP 粉、锂电池粉、电子银浆料等新品销售稳中有升，2011 年发光材料业务的业绩较 2010 年大幅增长。

3. TFT-LCD 基板玻璃

2011 年，本集团 TFT-LCD 基板玻璃项目的建设及运营取得阶段性成果，已有 6 条液晶基板玻璃生产线点火运行，其中 4 条线形成规模量产制造工艺不断完善，综合良品率不断提高。液晶基板玻璃产品认证工作顺利推进，有 4 家下游用户对产品完成认证，其中两家用户实现批量销售，两家用户正与本集团进行前期采购洽谈，即将形成批量销售。

4. 显示器件业务

2011 年，彩管行业继续快速萎缩，本集团采取一系列有效措施，以减小彩管业务对本集团业绩的影响程度，保证新旧产业的平稳过渡。2012 年本集团将关停彩管生产线，退出彩管行业。

2011 年，本集团第三代显示器件 PM-OLED 生产线投入运营。

（三）财务回顾

1. 2007—2011 年损益数据（见表 2）

表 2　2007—2011 年损益数据

（单位：千元）

	2007 年	2008 年	2009 年	2010 年	2011 年
营业额	3 358 990	3 541 920	2 097 251	2 717 770	3 270 348
销售彩管及零部件	2 849 247	3 060 108	1 351 458	1 368 502	511 050
销售发光材料	341 007	375 977	289 503	463 014	1 088 734
销售液晶体产品	168 736	105 835	456 290	747 605	1 310 085
销售太阳能光伏玻璃	—	—	—	138 649	355 475
销售 TFT-LCD 玻璃基板及显示设备	—	—	—	—	5 004
销售成本	−3 002 987	−2 913 300	−2 188 395	−2 311 974	−3 164 459
毛利	356 003	628 620	−91 144	405 796	105 889

2. 按产品类别分类的营业额（见表 3）

表 3　按产品类别分类的营业额

（单位：千元）

名　称	2011 年	2010 年	增　减	变动比例
彩管及零部件	511 050	1 368 502	−857 452	−62.66%
发光材料	1 088 734	463 014	625 720	135.14%
液晶体产品	1 310 085	747 605	562 480	75.24%
太阳能光伏玻璃	355 475	138 649	216 826	156.38%
TFT-LCD 玻璃基板及显示设备	5 004	—	5 004	—
合计	3 270 348	2 717 770	552 578	20.33%

3. 与 2010 年同期变化情况及原因分析

本集团 2011 年的销售额为 3 270 348 千元，与 2010 年同期相比上升 552 578 千元，上升 20.33%。其中，彩管及零部件销售额为 511 050 千元，与 2010 年同期相比下降 857 452 千元，下降 62.66%；发光材料销售额为 1 088 734 千元，与 2010 年同期相比增长 625 720 千元，增长 135.14%；液晶体产品销售额为 1 310 085 千元，与 2010 年同期相比增长 562 480 千元，增长 75.24%；太阳能光伏玻璃销售额为 355 475 千元，与 2010 年同期相比增长 216 826 千元，增长 156.38%。

本集团整体毛利率由 2010 年的 14.93%下降到 2011 年的 3.24%，主要原因如下：①受欧债危机影响，CRT 和光伏玻璃盈利能力下滑；②对部分存货计提减值准备约 156 628 千元。

诚志股份有限公司 2011 年年度报告（摘要）

一、截至 2011 年末公司前三年主要会计数据（见表 1）

表 1　2009—2011 年主要会计数据

（单位：元）

	2011 年	2010 年	同比增减	2009 年
营业总收入	2 986 842 750.42	3 140 178 131.27	-4.88%	2 833 513 315.50
营业利润	-51 788 823.51	16 140 853.22	-420.86%	45 495 340.66
利润总额	36 693 006.66	22 162 355.92	65.56%	51 842 603.34
归属于上市公司股东的净利润	31 662 276.13	21 539 623.88	47.00%	40 593 385.70
归属于上市公司股东的扣除非经常性损益的净利润	-33 216 495.10	15 307 300.55	-317.00%	33 708 180.69
经营活动产生的现金流量净额	387 422 877.89	-70 949 966.93	646.05%	120 959 951.82
	2010 年末	2009 年末	同比增减	2008 年末
资产总额	3 350 601 399.54	3 546 329 853.99	-5.52%	3 695 137 073.15
负债总额	1 694 395 429.40	1 915 210 887.04	-11.53%	2 022 374 747.33
归属于上市公司股东的所有者权益	1 595 881 540.22	1 567 508 032.81	1.81%	1 574 746 680.78
股本（股）	297 032 414.00	297 032 414.00	0.00%	297 032 414.00

二、公司与实际控制人之间的产权及控制关系（见图 1）

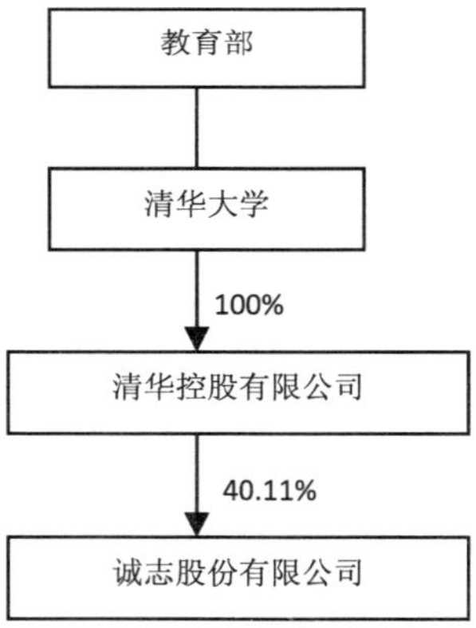

图 1　公司与实际控制人之间的产权及控制关系的方框图

三、董事会报告

（一）2011 年公司经营情况概述

2011 年，公司实现营业收入 298 684.28 万元，与 2010 年同期相比减少 4.88%，实现归属上市公司股东的净利润 3 166.23 万元，与 2010 年同期相比增长 47%。

2011 年，受下游市场需求不足影响，全球液晶面板市场较为低迷。公司认真研究市场、制定对策，坚持生产、研发、销售多管齐下，集中力量突破高端产品技术难关和调整产品结构，抓紧、抓牢重点大客户，稳定原有市场份额。为实现 TFT 液晶尤其是 ODF-TFT 液晶的突破性销货，公司广泛开展市场调研，了解客户需求，同时频繁亮相中国（广州）国际电子化学品展、中国国际新材料产业博览会以及日本横滨国际平板显示展等多个国内外顶级专业展会，争取到一定的订单和合作关系。扩产 TFT 液晶显示材料由于受当地市政规划的影响，延误了一定的时间，目前一期提纯车间、合成车间、混配车间主体工程正在紧锣密鼓地建设中。该项目无论规模，还是整体布局都紧跟国内外产业发展前沿，融合最新设计理念，迅速提升产品档次和产业规模，实现多元化经营。

（二）公司主要子公司、参股公司的经营情况及业绩分析

石家庄诚志永华显示材料有限公司成立于 2005 年 4 月 18 日，注册资本 6 100 万元，为诚志股份的全资子公司。其经营范围为：液晶电子、信息功能材料产品的生产、销售；相关技术材料、产品进出口业务、技术咨询；电子功能材料和期间的生产设备、辅助材料、试剂销售。2011 年，该公司总资产为 40 267.40 万元，净资产 28 934.12 万元，营业收入 14 363.33 万元，营业利润 3 172.37 万元，利润总额 3 711.20 万元，净利润 3 256.18 万元。

（三）公司未来展望

2012 年，公司将以 TFT 等中高端液晶产品产销为主线，充分挖掘液晶产业的盈利能力，力求经营业绩在 2011 年的基础上继续保持稳步增长，同时处理好经营业绩提升与新增投资之间的关系，确保液晶产业中长期发展后劲。全力以赴做好扩产 TFT 液晶显示材料生产基地项目建设，确保项目一期工程尽快完工，使 TFT 产品产能得到快速提升。2012 年将继续加强科技创新体系建设，在新产品研发方面再接再厉，向省市乃至国家科技进步奖冲刺。

四、公司投资情况

经公司第四届董事会第二十次会议审议，通过了《公司全资子公司石家庄诚志永华显示材料有限公司关于扩产 TFT-LCD 液晶显示材料的议案》，该项目一期投资额约为 1.2 亿元，目前正处于建设期。

烟台万润精细化工股份有限公司 2011 年年度报告（摘要）

一、截至 2011 年末公司前三年主要会计数据　（见表 1）

表 1　2009—2011 年主要会计数据

（单位：元）

	2011 年	2010 年	同比增减	2009 年
营业总收入	820 090 562.66	731 662 751.10	12.09%	404 874 884.07
营业利润	130 412 687.83	113 647 913.58	14.75%	74 331 925.81
利润总额	140 396 195.09	113 932 207.10	23.23%	74 753 758.86
归属于上市公司股东的净利润	120 241 105.22	99 802 365.34	20.48%	63 399 330.54
归属于上市公司股东的扣除非经常性损益的净利润	111 738 186.34	99 537 610.96	12.26%	63 043 772.45
经营活动产生的现金流量净额	189 079 188.53	156 068 852.72	21.15%	94 704 915.73
	2011 年末	2010 年末	同比增减	2009 年末
资产总额	1 580 730 703.77	691 447 616.52	128.61%	571 024 717.02
负债总额	376 705 626.82	374 860 619.86	0.49%	299 493 062.28
归属于上市公司股东的所有者权益	1 204 025 076.95	316 586 996.66	280.31%	271 531 654.74
总股本（股）	137 820 000.00	103 360 000.00	33.34%	103 360 000.00

二、公司与实际控制人之间的产权和控制关系（见图 1）

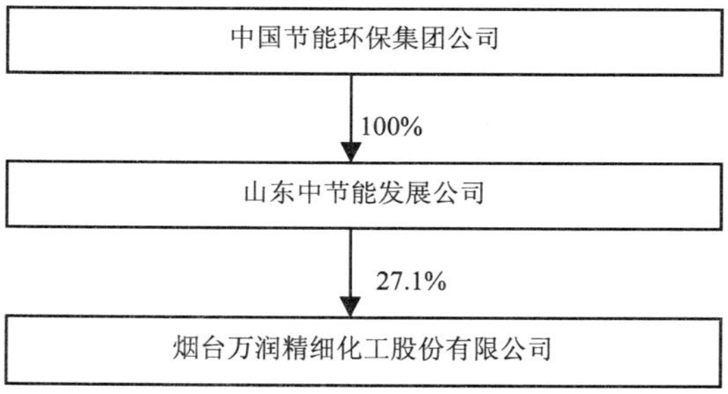

图 1　公司与实际控制人之间的产权和控制关系

三、董事会报告

（一）总体经营情况

2011 年年底，烟台万润首次迈入资本市场。在这一年中，公司上下团结一致、同心协力，在销售额、利润额等多方面均创造了自成立以来的最好成绩。2011 年，公司营业收入达到 82 009.06 万元，同比增长 12.09%；实现利润总额 14 039.62 万元，同比增长 23.23%；净利润 12 024.11 万元，同比增长 20.48%。2011 年是烟台万润跨越发展的起步之年，公司成功在中小板上市，品牌形象和市场竞争力大幅提升，公司牢牢把握市场竞争形势，持续夯实和深化在液晶材料领域产品品种、工艺路线、品质保障和优化服务的核心竞争力，进一步巩固和扩大了在液晶材料行业的市场份额；加大研发力度，不断创新优化产品结构，强化产品性能，稳步推进市场拓展计划；同时加大对新产品的投入力度，通过对创新点的不断提升与优化，有效缩短产品研发周期，提高了产品生产效率；完善公司组织结构，健全管理制度，提高公司整体管控水平，提升了公司整体经济运行成效。2011 年，也是国家“十二五”规划的开篇之年，国家提出了对包括新材料在内的七大行业的重点扶持政策。液晶材料与公司同时正在开发的其他特种化学品与精细化学品共同属于新材料领域，在国家宏观政策的指引下，有着更广阔的发展空间。

在平板显示领域，TFT-LCD 仍以其绝对大的产业规模、市场份额（85%以上）和最大的应用领域范围占绝对主导地位。行业机构 DisplaySearch 的资料显示，2010 年全球 TFT-LCD 面板总市场规模达到 640 亿美元左右，按照面板厂商出货面积计算，2011 年度同比增长 15%左右。

综上所述，我们将过去一年中公司经营业绩增长的主要原因总结为：

（1）液晶产业继续保持增势发展，TFT-LCD 仍作为显示领域的主导力量，其市场的增长进一步带动了液晶显示材料的需求量提高；

（2）公司紧紧围绕客户需求，在满足客户现有需求的基础之上，针对客户在未来产品结构及性能方面的变化趋势，不断创新并对现有产品进行优化，进一步引导客户需求，从而扩大了公司经营规模和市场份额；

（3）公司全资子公司及参股公司经营状况良好，对公司全年业绩的提升起到了一定的积极影响。

（二）公司主营业务及其经营状况

1. 主营业务分行业、产品情况（见表 2）

表 2 主营业务分行业、产品情况

（单位：元）

主营业务分行业情况						
分 行 业	营业收入	营业成本	毛利率	营业收入比上年增减	营业成本比上年增减	毛利率比上年增减
化学原料及化学制品制造业	79 932.78	52 581.08	34.22%	13.33%	8.44%	2.96%
主营业务分产品情况						
液晶单体	65 031.87	40 673.10	37.46%	10.46%	3.46%	4.23%
液晶中间体	11 896.39	8 343.62	29.86%	13.34%	8.22%	3.31%
其他化学品	3 004.52	3 564.36	−18.63%	158.63%	143.29%	7.48%

在过去一年中，公司主营业务仍然是化学原料及化学制品制造业，其中液晶单体和中间体产品占据了超过 95%的份额，仍然是公司的主打产品。

2. 主营业务分地区情况（见表 3）

表 3 主营业务分地区情况

（单位：元）

地　　区	营业收入	营业收入比上年增减
境外	77 720.65	15.24%
境内	2 212.13	−28.47%

公司主营业务收入按境内境外区域划分为两部分，其中境外部分居绝对主导地位，占全部业务比重超过 97%，同比增长 15.24%。

3. 主要供应商和客户情况（见表 4）

表 4 前五名供应商和客户情况

前五名供应商和客户采销情况	金 额	采销比重	占 比
前五名客户合计销售金额（万元）	73 223.15	占年度销售金额的比例（%）	89.29
前五名供应商合计采购金额（万元）	9 131.58	占年度采购金额的比例（%）	28.07

前五名客户和供应商与上市公司均不存在关联关系。公司董事、监事、高级管理人员、核心技术人员、持股 5%以上的股东、实际控制人和其他关联方在前五名客户和供应商均没有拥有直接或者间接权益。

（三）公司主要子公司、参股公司的经营情况及业绩分析

公司于 2010 年 12 月收购了九目公司、海川公司 100%的股权。两家公司作为公司的全资子公司，在 2011 年取得了较好的业绩。

九目公司主营业务为初级液晶中间体的研发、生产和销售，注册资本 1 500 万元，截至 2011 年 12 月 31 日，资产总额为 5 914.95 万元，净资产为 2 673.06 万元，2011 年度实现的净利润为 620.20 万元。九目公司持有和宇机械 100%的股权，和宇机械为九目公司的全资子公司。经公司第二届董事会第二次会议审议通过，全资子公司九目公司吸收合并其下属全资子公司和宇机械，吸收合并完成后，将和宇机械注销。截至目前，所有相关手续办理完毕，烟台和宇机械技术开发有限公司已被注销。

海川公司主营业务为初级液晶中间体的研发、生产和销售，注册资本 1 500 万元，截至 2011 年 12 月 31 日，资产总额为 6 549.92 万元，净资产为 2 838.73 万元，2011 年度实现的净利润为 829.57 万元。此外，各子公司及参股公司经营业绩均未出现大幅波动，对公司合并经营业绩未造成重大影响。

（四）公司所处行业环境分析

自从 2011 年上半年起，平板行业内对于液晶产业的发展前景持有较为普遍的谨慎态度。根据 DisplaySearch 调研显示，按照液晶面板出货面积计算，往年增长率均超过 20%，而根据目前形势测算，2011 年增长率约为 15%。出于对旧显示模式的市场取代，目前显示领域增长的重心出现在中、印等发展中国家，这也是维持目前全球增长率的主要地区。但是从技术角度分析，已经崭露头角的智能电视将有可能再一次推动大屏幕显示器件的更新换代。此外，切割效率的提高也将进一步提高面板的利用率，降低成本，增强市场竞争力。

从终端市场进行分析，如平板电脑市场的不断增强、智能手机系统美好的前景以及智能电视的兴起，均有可能继续推动平板显示领域的进一步增长。近年来液晶材料行业发展速度较快，主要原因是液晶面板行业对液晶材料行业的拉动作用；根据 DisplaySearch 调研，近三年内 LCD 面板的销售将呈现增长趋势，尤其是 2010 年金融危机结束后，液晶显示总销售额创造了 25%的历史新高，至 2012 年增长势头将逐渐呈现平稳趋势，未来对其造成影响的主要原因是受到来自其他显示技术的冲击以及市场饱和影响，销售价格将一定程度缩水导致会出现此种现象。总体而言，从 DisplaySearch 预测中可以看到，未来数年内，液晶产业仍将呈现销量上升趋势，但厂家之间的竞争将加剧，更优化的工艺以及更低的成本都将对企业的市场地位造成必然影响。然而，由于液晶显示材料处于整个产业的上游，且占面板成本的比重不超过 5%，对终端价格波动并不敏感，所以对于公司所处行业来说，全球面板出货量的稳步增长将是带动公司进一步发展的有力前提。

四、募集资金使用情况（见表 5）

表 5 募集资金 2011 年使用情况

（单位：万元）

募集资金总额			80 431.04		本年度投入募集资金总额			0.00		
报告期内变更用途的募集资金总额			0.00							
累计变更用途的募集资金总额			0.00		已累计投入募集资金总额			0.00		
累计变更用途的募集资金总额比例			0.00%							
承诺投资项目和超募资金投向	是否已变更项目（含部分变更）	募集资金承诺投资总额	调整后投资总额（1）	本年度投入金额	截至期末累计投入金额（2）	截至期末投资进度（3）＝（2）/（1）	项目达到预定可使用状态日期	本年度实现的效益	是否达到预计效益	项目可行性是否发生重大变化
承诺投资项目										
年产 600t 液晶材料改扩建项目一期（400t）	否	35 924.00	35 924.00	0.00	0.00	0.00%	2013年12月31日	0.00	不适用	否
承诺投资项目小计	—	35 924	35 924.00	0.00	0.00	—	—	0.00	—	—
超募资金投向小计	—	0.00	0.00	0.00	0.00	—	—	0.00	—	—
合计	—	35 924.00	35 924.00	0.00	0.00	—	—	0.00	—	—

浙江永太科技股份有限公司 2011 年年度报告（摘要）

一、截至 2011 年末公司前三年主要会计数据 （见表 1）

表 1　2009—2011 年主要会计数据

（单位：元）

	2011 年	2010 年	同比增减	2009 年
营业总收入	725 759 212.26	511 034 881.36	42.02%	492 811 079.01
营业利润	69 615 194.85	66 434 966.38	4.79%	67 345 067.11
利润总额	73 867 494.88	70 429 076.79	4.88%	70 104 055.53
归属于上市公司股东的净利润	63 709 360.33	58 318 890.70	9.24%	57 242 926.50
归属于上市公司股东的扣除非经常性损益的净利润	55 908 693.17	54 177 153.61	3.20%	54 334 784.25
经营活动产生的现金流量净额	−7 669 324.50	−3 125 324.65	145.39%	68 107 426.50
	2011 年末	2010 年末	同比增减	2009 年末
资产总额	1 664 063 844.01	1 235 535 473.99	34.68%	1 263 426 384.66
负债总额	676 738 897.96	353 876 386.42	91.24%	400 036 187.79
归属于上市公司股东的所有者权益	945 368 447.90	881 659 087.57	7.23%	863 390 196.87
总股本（股）	240 300 000.00	133 500 000.00	80.00%	133 500 000.00

二、公司与实际控制人之间的产权及控制关系 （见图 1）

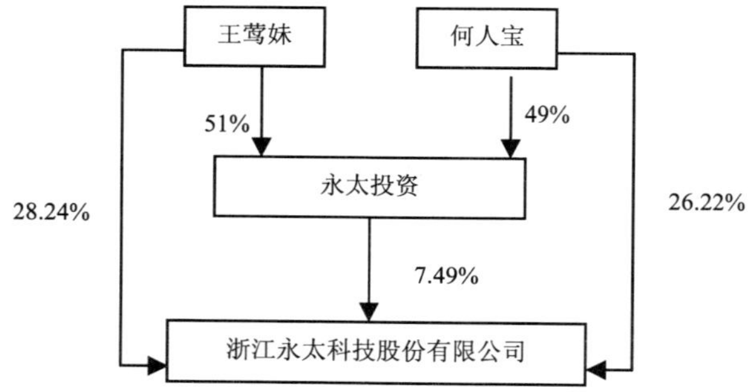

图 1　公司与实际控制人之间的产权及控制关系的方框图

三、董事会报告

（一）经营状况

2011 年国内外经济形势非常复杂，欧债危机导致欧洲经济下滑，美国经济形势不明朗，同时国内通货膨胀严重，导致国内劳动力成本提升较快，加剧了生产资料价格的上升。在严峻的经济形势下，公司按照既定方针，重点发展医药高毛利产品和定制加工产品，保持液晶化学品稳定增长，突破农药化学品增长瓶颈，加快完成募投项目建设，储备未来高成长产品。经过全体永太人的努力，2011 年公司保持了销售收入快速增长，利润也实现稳定增长。全年实现营业收入 72 575.92 万元，比上年同期增长 42.02%；利润总额 7 386.75 万元，比上年同期增长 4.88%；归属于上市公司股东的净利润 6 370.94 万元，比上年同期增长 9.24%。

液晶化学品中间体保持稳定增长，单体销售取得突破性进展，国外销售渠道得到有效突破，实现销售收入 1.39 亿元，同比增长 10.95%。

2011 年，公司完成了新产品项目研发 71 项，技术改造项目 19 项，车间工艺路线提升项目 17 项。其中液晶化学品方向完成新项目研发 31 项，技术改造项目 3 项，车间工艺路线提升 3 项，为 2012 年液晶产品的销售突破和产品量产奠定了基础。

（二）公司主营业务及其经营状况（见表 2）

表 2　主营业务分行业、产品情况表

（单位：万元）

主营业务分行业情况						
分行业或分产品	营业收入	营业成本	毛 利 率	营业收入 比上年增减	营业成本 比上年增减	毛利率 比上年增减
工业	71 597.78	54 997.15	23.19%	40.19%	51.22%	−5.60%
主营业务分产品情况						
液晶化学品	13 899.75	8 119.44	41.59%	10.95%	16.05%	−2.57%
医药化学品	37 976.07	30 483.79	19.73%	26.27%	33.56%	−4.38%
农药化学品	17 919.94	14 860.44	17.07%	141.74%	164.63%	−7.17%
其他化学品	1 802.01	1 533.48	14.90%	70.60%	64.37%	3.22%

四、投资情况

经中国证券监督管理委员会《关于核准浙江永太科技股份有限公司首次公开发行股票的批复》（证监许可〔2009〕1271 号）核准，由主承销商日信证券有限责任公司采用网下询价配售与网上资金申购定价发行相结合的方式发行人民币普通股（A 股）33 500 000 股，发行价格为每股 20.00 元，募集资金总额为 670 000 000.00 元，扣除承销费和保荐费 33 500 000.00 元后的募集资金 636 500 000.00 元，减除其他发行上市费用 16 297 962.00 元后，募集资金净额为 620 202 038.00 元。2011 年度募集资金使用情况如表 3 所示。

表 3　2011 年度募集资金使用情况

（单位：万元）

承诺投资项目和超募资金投向	是否已变更项目（含部分变更）	募集资金承诺投资总额	调整后投资总额（1）	本年度投入金额	截至期末累计投入金额（2）	截至期末投资进度（3）＝（2）/（1）	项目达到预定可使用状态日期	本年度实现的效益	是否达到预计效益	项目可行性是否发生重大变化
承诺投资项目										
TFT 液晶系列高技术产业化项目	否	25 648.83	38 551.90	15 723.99	33 670.73	87.34%	注 1	无	注 1	否

注 1：“TFT 液晶系列高技术产业化项目”于 2011 年 2 月 16 号经临海市环保局核准试生产，截至目前还在申请环保部门核准正式生产。

深圳市纺织（集团）股份有限公司 2011 年年度报告（摘要）

一、截至 2011 年末公司前三年主要会计数据 （见表 1）

表 1　2009—2011 年主要会计数据

（单位：元）

	2011 年	2010 年	同比增减	2009 年
营业总收入	712 893 557.26	637 801 565.40	11.77%	488 073 309.53
营业利润）	36 757 319.07	37 412 783.15	−1.75%	41 619 777.69
利润总额	61 066 948.54	47 917 862.61	27.44%	43 030 992.34
归属于上市公司股东的净利润	48 915 594.47	40 709 271.22	20.16%	38 015 487.14
归属于上市公司股东的扣除非经常性损益的净利润	28 195 007.31	22 279 756.15	26.55%	19 156 072.72
经营活动产生的现金流量净额	27 750 962.45	56 893 780.45	−51.22%	47 339 654.25
	2011 年末	2010 年末	同比增减	2009 年末
资产总额	1 808 226 905.67	1 655 422 298.41	9.23%	802 562 856.93
负债总额	438 598 312.06	309 453 073.44	41.73%	309 316 559.66
归属于上市公司股东的所有者权益	1 369 628 593.61	1 345 969 224.97	1.76%	493 246 297.27
总股本（股）	336 521 849.00	336 521 849.00	0.00%	245 124 000.00

二、公司与实际控制人产权关系（见图 1）

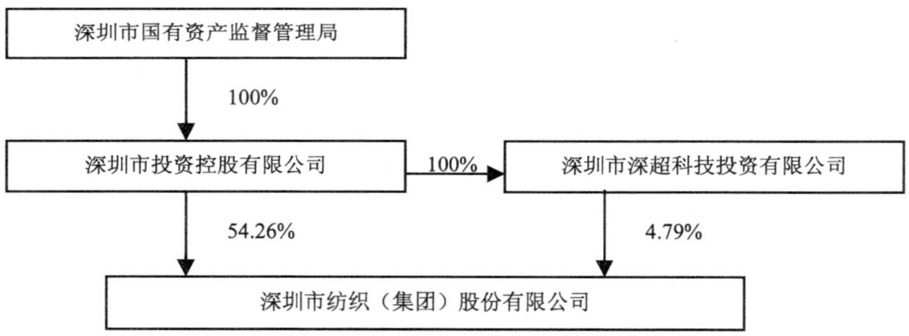

图 1　公司与实际控制人产权关系图

三、董事会报告

（一）主营业务的范围及其经营状况

2011 年是公司实施战略转型的关键一年，面对复杂、多变的经济形势，公司一手抓偏光片项目建设，一手抓生产经营，以产业转型升级为主线，以技术创新和规范管理为抓手，大力开拓市场，提高经营效益，实现了产业转型升级与生产经营同步协调发展。2011 年，公司完成营业总收入 71 289.36 万元，比上年同期增长 11.77%；实现归属于母公司所有者的净利润 4 891.6 万元，比上年同期增长 20.16%。2011 年公司主要产品销售情况如表 2 所示。

表 2　公司主要产品销售情况

（单位：元）

产　　品	营业收入	营业成本	毛利率（%）	营业收入比上年增减（%）	营业成本比上年增减（%）	毛利率比上年增减
液晶显示器用偏光片	232 338 915.74	180 951 346.82	22.12	3.29	2.13	增加 0.89 个百分点
全成型针织服装	48 043 782.02	37 435 221.47	22.08	21.66	30.18	下降 5.1 个百分点

（二）主要子公司经营情况

深圳市盛波光电科技有限公司（以下简称“盛波光电”）主要生产液晶显示器用偏光片产品，注册资本 20 000 万元，总资产 123 027.98 万元，净资产 89 269.07 万元，2011 年实现净利润 2 390.73 万元。

（三）主要供应商、客户情况

公司向前五名供应商累计采购金额为 16 690.53 万元，占公司年度采购总额的 29.3%，向前五名客户累计销售额为 39 247.26 万元，占公司年度销售总额的 55.05%。

（四）对公司未来发展的展望

据 Display Search 预测，2012 年中国大陆 TFT-LCD 产业占全球的份额将提高到 27.3%，将成为世界第三大平板显示生产地。TFT-LCD 产业未来十年内仍将占据平板显示器市场的主导地位。目前国内中大尺寸 TFT-LCD 用偏光片用量全部依赖进口，面板企业迫切要求实现偏光片的国产化。作为国家战略性新兴产业之一，中国 TFT-LCD 产业竞争力的真正提升需要实现关键原材料的国产化配套，政府推动 TFT-LCD 面板关键原材料国产化的意愿非常明显。2011 年，《深圳新材料产业振兴发展规划（2011—2015 年）》出台，将偏光片列入平板显示领域需要支持建设的关键原辅材料，盛波光电 TFT-LCD 用偏光片项目被列为深圳市新材料产业的重点工程。《深圳市完善平板显示产业链实施方案（2011—2013 年）》明确提出，到 2013 年，深圳市平板显示产业规模达到 1000 亿元，高世代 TFT-LCD 面板生产能力和生产技术达到国际先进水平，形成在全国乃至全球具有特色和影响力的平板显示产业链，重点提升偏光片等原材料的生产配套能力。在《深圳市国民经济和社会发展第十二个五年规划纲要》中的“专栏 5 先进制造业”将盛波光电 TFT-LCD 用偏光片项目列为重点项目。公司宽幅 TFT-LCD 用偏光片（4 号线）项目获得国家发改委彩电产业战略转型产业化专项资金支持 1000 万元（发改办高技〔2011〕1205 号）和深圳市高技术产业化示范工程项目 2011 年政府投资计划资金支持 300 万元（深发改〔2012〕3 号），窄幅 TFT-LCD 用偏光片（5 号线）项目获得深圳市生物、互联网、新能源、新材料产业发展专项资金 2011 年第二批扶持计划资金支持 500 万元（深发改〔2011〕1782 号），偏光片产业发展前景良好。同时，由于高世代面板线向大陆集聚转移，促使海外偏光片厂家在大陆设立后段加工企业的意愿增强，可能加剧国内偏光片市场的竞争。

公司全资子公司盛波光电是“国家高新技术企业”，也是国内最早进入偏光片研发和生产领域的企业，拥有十几年偏光片产业的运作经验，拥有国内最先进的偏光片生产管理流程控制技术和品质管理技术，目前拥有 4 条 LCD 用偏光片生产线，分别为两条窄幅 TN/STN 生产线（1、2 号线）、一条窄幅 TFT 生产线（3 号线）和一条宽幅 TFT 生产线（4 号线），是目前国内生产规模最大的偏光片生产研发企业。盛波光电积极推进技术创新及新产品研发，填补了国内多项空白，生产技术处于国内领先地位，产品质量基本达到国际同类产品水平。2011 年新增专利申请 17 项，其中发明专利 3 项，实用新型 12 项，PCT 国际申请 2 项。2011 年，盛波光电编制的 LCD 用偏光片性能检测国家标准于 2011 年 8 月正式实施，编制的 LCD 用偏光片产品行业标准于 2011 年 11 月通过专家复审，将于 2012 年 7 月 1 日开始执行；“TFT-LCD 用偏光片工程化技术开发”项目通过国家科技部“863 计划”专家组的验收。盛波光电拥有一支技术力量强、经验丰富的具有国际化视野的管理团队和技术人员团队，为项目建设运行提供了多重技术保障。2011 年，宽幅 TFT 生产线已按计划顺利投产。2012 年，TFT-LCD 用偏光片项目将进入爬坡期，缩短爬坡时间，严格控制成本，提高良品率，尽早量产达效，是公司工作的重中之重。

2012 年，公司的经营方针是“稳经营、爬好坡、控成本、促转型”，扎实做好偏光片一期项目，加快产业转型升级步伐，进一步提升公司核心竞争能力，巩固行业领先的市场地位，重点做好以下工作：

（1）千方百计抓好生产经营，确保完成 TFT-LCD 用偏光片一期项目各节点工作目标，缩短项目爬坡期，努力降低成本，争取早日量产达效；

（2）高度重视原材料国产化，在提高设备国产化率和自有技术含量上下工夫，继续跟踪做好偏光片上下游相关技术的开发和产品的创新；

（3）做好非公开发行工作，加快偏光片二期项目建设进度，尽快提高生产规模，降低企业生产经营成本，从而增强企业的竞争力；

（4）继续整合资源，集中人力、物力、财力，发展偏光片业务。

四、公司投资情况

本次募集资金 82 876.80 万元全部用于投资 TFT-LCD 用偏光片一期项目，项目投资总额为 84 937 万元，调整后投资总额为 92 640 万元，差额部分由公司自筹资金解决。

TFT-LCD 用偏光片一期项目宽幅生产线（4 号线）已按计划于 2011 年 12 月进入试生产阶段；窄幅生产线（5 号线）计划于 2012 年第三季度试生产。

苏州锦富新材料股份有限公司 2011 年年度报告（摘要）

一、截至 2011 年末公司前三年主要会计数据　（见表 1）

表 1　2009—2011 年主要会计数据

（单位：元）

	2011 年	2010 年	同比增减	2009 年
营业总收入	1 193 721 712.93	768 312 899.81	55.37%	438 648 986.96
营业利润	136 312 493.01	114 588 621.86	18.96%	72 228 497.62
利润总额	137 041 121.41	116 396 538.72	17.74%	72 455 245.43
归属于上市公司股东的净利润	100 129 664.68	82 955 131.40	20.70%	52 330 211.29
归属于上市公司股东的扣除非经常性损益的净利润	99 397 159.27	81 184 003.73	22.43%	51 902 408.30
经营活动产生的现金流量净额	37 526 076.05	−45 740 484.80	−182.04%	34 148 020.26
	2011 年末	2010 年末	同比增减	2009 年末
资产总额	1 586 072 617.06	1 404 207 402.64	12.95%	331 963 781.24
负债总额	348 124 631.90	250 155 726.34	39.16%	103 206 504.92
归属于上市公司股东的所有者权益	1 174 151 562.52	1 114 533 385.29	5.35%	209 560 860.70
总股本（股）	200 000 000.00	100 000 000.00	100.00%	75 000 000.00

二、董事会报告

（一）公司总体经营情况

2011 年，受全球经济增速放缓的影响，液晶显示产业虽然保持一定增速，但增速低于此前市场预期。为此，公司依据市场变化，在保持对传统客户市场较高份额的同时，加大对内资客户市场拓展的力度；其次，公司通过积极推进新产品开发，把握市场新产品成长机遇，为实现“全年产品销售及净利润双增长”的目标奠定了基础。2011 年，公司实现营业总收入 119 372.17 万元，比 2010 年同期增长 55.37%；营业利润 13 631.25 万元，比 2010 年同期增长 18.96%；利润总额 13 704.11 万元，比 2010 年同期增长 17.74%；归属于上市公司股东的净利润 10 012.97 万元，比 2010 年同期增长 20.70%。

2011 年，公司控股子公司吴江泰美电子有限公司导光板项目年销售收入突破 7 000 万元；公司控股子公司广州恩披特电子有限公司量产筹备工作已经完成。公司通过与中科院苏州纳米所战略合作，致力于液晶产业新材料、新工艺和相关装备的合作研发，从而为公司实现产业升级奠定了基础。

（二）公司主要业务及其经营状况

公司是专业从事光电显示薄膜器件生产和提供相关整体解决方案的厂商，主导产品为光电显示薄膜器件。公司主导产品按特性归类，可划分为光学膜片、胶粘类制品及绝缘类制品。

1. 主营业务分产品与分地区情况（见表 2 和表 3）

表 2　主营业务收入分类情况表

（单位：万元）

分产品或服务	营业收入	营业成本	毛 利 率	营业收入比上年同期增减	营业成本比上年同期增减	毛利率比上年同期增减
光电显示薄膜器件	103 598.01	80 644.80	22.16%	71.97%	83.71%	-4.97%
其他产品	4 699.52	3 029.33	35.54%	−1.69%	3.74%	-3.37%
合计	108 297.53	83 674.13	22.74%	66.55%	78.72%	-5.26%

表 3 主营业务分地区情况

（单位：万元）

地　　区	营业收入	营业收入比上年增减
外销	81 344.25	51.69%
内销	26 953.28	136.49%
合计	108 297.53	66.55%

2. 前五名客户及供应商情况（见表 4 和表 5）

表 4　来自前五名客户的收入情况

（单位：万元）

客户名称	营业收入	占公司全部营业收入的比例	期末应收账款余额	占期末应收账款总余额的比例
乐金显示（南京）有限公司	4 768.58	3.99%	380.71	1.05%
东和光电（苏州）有限公司	6 707.60	5.62%	512.21	1.42%
福建捷联电子有限公司	6 816.42	5.71%	3 161.05	8.76%
新谱（广州）电子有限公司	8 731.22	7.31%	2 247.31	6.22%
瑞仪光电（苏州）有限公司	22 579.15	18.91%	3 456.89	9.58%
合计	49 602.97	41.54%	9 758.17	27.03%

表 5　对前五名供应商的采购情况

（单位：万元）

供应商名称	采购金额	占年度采购总金额比例	期末应付账款余额		期末预付账款余额	
			余　　额	占期末应付账款总余额的比例	余　　额	占期末预付账款总余额的比例（%）
TeijinDuPontFilmsJapanLimited	11 120.97	10.98%	—	—	644.07	14.89%
日东电工（上海浦东新区）有限公司	6 055.14	5.98%	1 488.10	7.04%	—	—
LGCHEM. LTD	6 642.21	6.56%	2 075.68	9.81%	—	—
大成伟业贸易有限公司	3 333.25	3.29%	13.61	0.06%	—	—
常州丰盛光电科技股份有限公司	3 002.05	2.96%	1 037.21	4.90%	—	—
合计	30 153.62	29.77%	4 614.60	21.81%	644.07	14.89%

（三）专利技术及其他

截至 2011 年 12 月 31 日，本公司及控股子公司无锡市正先自动化设备有限公司（以下简称“无锡正先”）拥有 18 项专利，其中 1 项发明专利、17 项实用新型专利，另有 5 项专利正在申请中；拥有 21 项专有技术；拥有 1 项专利实施许可权。

（四）公司正在从事的研发费用、项目及进展情况（见表 6 和表 7）

表 6　公司 2011 年研发费用

（单位：万元）

项　　目	2011 年	2010 年	同比增减	2009 年
母公司研发费用	1 540.89	1 126.66	36.77%	831.10
母公司营业收入	49 448.49	36 061.94	37.12%	25 820.95
母公司研发费用占母公司营业收入的比例	3.12%	3.12%	—	3.22%
合并报表研发费用	1 633.40	1 265.66	29.06%	999.05
合并报表营业收入	119 372.17	76 831.29	55.37%	43 864.90
合并报表研发费用占合并报表营业收入的比例	1.37%	1.65%	-16.97%	2.28%

表 7　公司正在从事的研发项目及进展情况

类别	项目名称	研发目标	进展情况
设备	大型模切机制造技术	1 200×1 000 大型设备量产	已量产
工艺	中尺寸产品高精度定位冲切技术	完成 17 英寸以下产品多部件相对精度 0.1mm 以内	已量产
	多工位胶带贴合技术的研发	多工位单面胶带机贴合进度达到 0.2mm 以内，速度 2.5s/pcs	单头实验机器测试阶段
	触摸屏膜组中胶粘绝缘产品研发	符合客户定制化要求	部分产品已量产
	导光板印刷用的化学用品开发	形成自有的材料降低生产成本	部分试剂使用测试阶段
材料及工艺	LED 专用反射片材料及制品开发	形成自有的材料品牌，形成自主知识产权，实现产业化	G3 产品大量产，G4 等系列产品信赖性测试及客户认证中
	高性能胶带产品研发	形成自有的材料品牌，形成自主知识产权，实现产业化	实验设备采购中
	新型氧化锌透明导电膜的工艺优化及产业化	实现低成本、高透光率、高导电率 Si：ZnO 透明导电膜的规模化制备及其产业化	预研
	纳米压印技术的产业化应用——蓝宝石衬底纳米图案化	生产出高效低成本带有纳米图案的蓝宝石衬底，实现产业化生产	预研

（五）主要控股子公司的经营情况及业绩

1. 南京锦富电子有限公司（以下简称“南京锦富”）

南京锦富成立于 2006 年 6 月，经营范围为 EMI 导电材料、泡沫材料、绝缘材料、高分子复合材料及光电产品的生产、销售。截至 2011 年 12 月 31 日，南京锦富经审计的主要财务数据如表 8 所示。

表 8　南京锦富主要财务数据

（单位：元）

	2011 年	2010 年	本年比上年增减（%）
营业收入	224 784 846.79	121 515 771.29	84.98
营业利润	50 676 563.22	27 182 193.77	86.43
净利润	44 524 919.52	23 619 660.44	88.51
	2011 年末	2010 年末	本年末比上年末增减（%）
总资产	153 458 997.23	100 443 636.48	52.78
净资产	124 206 328.66	89 681 409.14	38.50

2. 东莞锦富迪奇电子有限公司（以下简称“东莞锦富”）

东莞锦富成立于 2007 年 10 月，经营范围为生产和销售 TFT-LCD 平板显示屏材料（背光模组的增光片、反射片、扩散片、遮光片）。截至 2011 年 12 月 31 日，东莞锦富经审计的主要财务数据如表 9 所示。

表 9 东莞锦富主要财务数据

（单位：元）

	2011 年	2010 年	本年比上年增减（%）
营业收入	192 276 068.44	162 138 499.05	18.59
营业利润	21 740 510.73	25 710 152.45	−15.44
净利润	16 325 156.61	19 169 455.88	−14.84
	2011 年末	2010 年末	本年末比上年末增减（%）
总资产	155 403 994.28	166 744 701.16	−6.80
净资产	134 780 181.36	118 455 024.75	13.78

3. 厦门力富电子有限公司（以下简称“厦门力富”）

厦门力富成立于 2009 年 4 月，经营范围为加工、制造和销售平板显示屏材料、通信产品及电子产品配套材料；经营各类商品和技术的进出口（不另附进出口商品目录）。截至 2011 年 12 月 31 日，厦门力富经审计的主要财务数据如表 10 所示。

表 10 厦门力富主要财务数据

（单位：元）

	2011 年	2010 年	本年比上年增减（%）
营业收入	88 096 889.05	38 580 279.75	128.35
营业利润	2 608 491.24	1 278 188.66	104.08
净利润	1 906 842.39	991 398.10	92.34
	2011 年末	2010 年末	本年末比上年末增减（%）
总资产	78 501 684.65	50 463 989.67	55.56
净资产	26 496 059.94	24 589 217.55	7.75

4. 无锡正先自动化设备有限公司（以下简称“无锡正先”）

无锡正先成立于 2004 年 3 月，经营范围为工业自动化设备及控制系统、家用电器、专用机械人及机械手的制造、加工及销售。截至 2011 年 12 月 31 日，无锡正先经审计的主要财务数据如下表 11 所示。

表 11 无锡正先主要财务数据

（单位：元）

	2011 年	2010 年	本年比上年增减（%）
营业收入	28 371 732.38	21 480 467.11	32.08
营业利润	7 648 488.61	5 723 005.17	33.64
净利润	5 815 232.25	4 335 279.79	34.14
	2011 年末	2010 年末	本年末比上年末增减（%）
总资产	19 995 322.02	13 857 070.57	44.30
净资产	9 971 439.68	7 156 207.43	39.34

5. 威海锦富信诺精密塑胶有限公司（以下简称“威海锦富”）

威海锦富成立于 2007 年 8 月，经营范围为海绵塑料、工业用胶带、电子绝缘材料、光电材料及耗材的加工、销售。截至 2011 年 12 月 31 日，威海锦富经审计的主要财务数据如表 12 表示。

表 12　威海锦富主要财务数据

（单位：元）

	2011 年	2010 年	本年比上年增减（%）
营业收入	28 799 646.16	17 170 097.15	67.73
营业利润	9 348 879.62	2 407 302.94	288.35
净利润	7 011 307.38	2 050 378.07	241.95
	2011 年末	2010 年末	本年末比上年末增减（%）
总资产	27 529 303.26	12 485 868.98	120.48
净资产	20 720 439.43	7 448 684.62	178.18

6. 苏州久富电子有限公司（以下简称“苏州久富”）

苏州久富成立于 2009 年 9 月，经营范围为电脑、通信、消费电子产品相关组件内新型高分子功能材料及金属材料的加工生产，以及相关应用技术研发。从事各类商品和技术的进口及本公司生产产品的出口业务。截至 2011 年 12 月 31 日，苏州久富经审计的主要财务数据如表 13 所示。

表 13　苏州久富主要财务数据

（单位：元）

	2011 年	2010 年	本年比上年增减（%）
营业收入	33 064 805.41	13 538 584.21	144.23
营业利润	−2 699 564.99	−955 378.34	182.57
净利润	−2 244 329.57	−831 941.73	169.77
	2011 年末	2010 年末	本年末比上年末增减（%）
总资产	26 653 025.74	15 647 611.05	70.33
净资产	1 524 647.75	3 768 977.32	−59.55

7. 上海挚富高分子材料有限公司（以下简称“上海挚富”）

上海挚富成立于 2009 年 10 月，经营范围为从事货物及技术的进出口业务，高分子材料、高性能复合材料的生产。截至 2011 年 12 月 31 日，上海挚富经审计的主要财务数据如表 14 所示。

表 14　上海挚富主要财务数据

（单位：元）

	2011 年	2010 年	本年比上年增减（%）
营业收入	31 702 007.13	33 153 680.49	−4.38
营业利润	2 316 772.04	3 468 229.76	−33.20
净利润	1 838 526.30	2 493 267.44	−26.26
	2011 年末	2010 年末	本年末比上年末增减（%）
总资产	19 275 301.39	18 931 905.07	1.81
净资产	14 662 246.68	3 823 720.38	283.45

8. 香港赫欧电子有限公司（以下简称“香港赫欧”）

香港赫欧成立于 2010 年 5 月 28 日，经营范围为平板显示器、通信及消费电子类相关材料及产品的贸易和商务代理。截至 2011 年 12 月 31 日，香港赫欧经审计的主要财务数据如表 15 所示。

表 15　香港赫欧主要财务数据

（单位：元）

	2011 年	2010 年	本年比上年增减（%）
营业收入	38 422 831.03	—	—
营业利润	10 934 812.92	-15 716.65	-69 674.71
净利润	9 106 729.88	-15 716.65	-58 043.20
	2011 年末	2010 年末	本年末比上年末增减（%）
总资产	10 884 599.53	1 390 768.26	682.63
净资产	9 069 384.42	50 750.35	17 770.58

9. 吴江泰美电子有限公司（以下简称“吴江泰美”）

吴江泰美成立于 2010 年 12 月 29 日，经营范围为研发、生产、销售光电显示器件导光板、扩散片及其他相关薄膜器件；从事与本公司生产产品同类商品的批发、佣金代理（拍卖除外）及进出口业务。截至 2011 年 12 月 31 日，吴江泰美经审计的主要财务数据如表 16 所示。

表 16　吴江泰美主要财务数据

（单位：元）

	2011 年	2010 年	本年比上年增减（%）
营业收入	72 535 562.64	—	—
营业利润	-3 534 761.94	-239 223.31	1 377.60
净利润	-2 767 986.15	-179 417.48	1 442.76
	2011 年末	2010 年末	本年末比上年末增减（%）
总资产	73 942 282.25	1 889 757.54	3 812.79
净资产	3 684 176.37	-179 417.48	-2 153.41

10. 青岛锦富光电有限公司（以下简称“青岛锦富”）

青岛锦富成立于 2011 年 2 月 17 日，经营范围为光电显示薄膜器件及材料、高性能复合材料、高分子材料的研发、生产、加工、销售及其售后服务，以及经营本企业自产品及技术的出口业务和本企业所需的机械设备、零配件、原辅材料及技术的进出口业务。截至 2011 年 12 月 31 日，青岛锦富经审计的主要财务数据如表 17 所示。

表 17　青岛锦富主要财务数据

（单位：元）

	2011 年	2010 年	本年比上年增减（%）
营业收入	4 682 772.17	—	—
营业利润	-2 683 384.36	—	—
净利润	-2 292 647.63	—	—
	2011 年末	2010 年末	本年末比上年末增减（%）
总资产	12 235 036.08	—	—
净资产	3 707 352.37	—	—

11. 广州恩披特电子有限公司（以下简称“广州恩披特”）

广州恩披特成立于 2011 年 8 月 2 日，经营范围为研发、设计、生产光电显示器件导光板，销售公司自产产品；从事上述同类商品的批发及进出口业务。截至 2011 年 12 月 31 日，广州恩披特经审计的主要财务数据如表 18 所示。

表 18　广州恩披特主要财务数据

（单位：元）

	2011 年	2010 年	本年比上年增减（%）
营业收入	—	—	—
营业利润	-4 950 175.84	—	—
净利润	-3 761 555.59	—	—
	2011 年末	2010 年末	本年末比上年末增减（%）
总资产	24 230 590.11	—	—
净资产	15 372 486.38	—	—

12. 深圳市锦富光电科技有限公司（以下简称“深圳锦富”）

深圳锦富成立于 2011 年 8 月 18 日，经营范围为光学膜片（反射片、扩散片、棱镜片）、胶粘类制品、绝缘类制品的技术开发、生产和销售；国内贸易，货物及技术进出口。截至 2011 年 12 月 31 日，深圳锦富经审计的主要财务数据如表 19 所示。

表 19　深圳锦富主要财务数据

（单位：元）

	2011 年	2010 年	本年比上年增减（%）
营业收入	5 641 618.48	—	—
营业利润	-1 414 371.35	—	—
净利润	-1 062 572.03	—	—
	2011 年末	2010 年末	本年末比上年末增减（%）
总资产	17 407 108.74	—	—
净资产	13 937 427.97	—	—

三、公司投资情况

（一）募集资金使用情况（见表 20）

表 20　募集资金使用情况

单位：万元

<table>
<tr><td colspan="4">募集资金总额</td><td colspan="2">82 287.55</td><td colspan="3" rowspan="3">本年度投入募集资金总额</td><td colspan="2" rowspan="3">31 526.70</td></tr>
<tr><td colspan="4">报告期内变更用途的募集资金总额</td><td colspan="2">0</td></tr>
<tr><td colspan="4">累计变更用途的募集资金总额</td><td colspan="2">0</td></tr>
<tr><td colspan="4">累计变更用途的募集资金总额比例</td><td colspan="2">0.00%</td><td colspan="3">已累计投入募集资金总额</td><td colspan="2">39 668.37</td></tr>
<tr><td>承诺投资项目和超募资金投向</td><td>是否已变更（含部分变更）</td><td>募集资金承诺投资总额</td><td>调整后投资总额（1）</td><td>本年度投入金额</td><td>截至期末累计投入金额（2）</td><td>截至期末投资进度（3）＝（2）/（1）</td><td>项目达到预定可使用状态日期</td><td>本年度实现的效益</td><td>是否达到预计效益项目</td><td>可行性是否发生重大变化</td></tr>
</table>

续 表

承诺投资项目										
苏州光电显示薄膜器件生产、研发基地建设项目	否	16 816.05	16 816.05	5 547.04	9 249.90	55.01%	2011 年 10 月 31 日	2 211.90	是	否
东莞光电显示薄膜器件生产基地建设项目	否	8 195.03	8 195.03	2 293.02	5 693.55	69.48%	2011 年 10 月 31 日	844.34	是	否
增资南京锦富用于新增年产 5000 万片棱镜片及其他光电显示薄膜器件产能项目	否	1 811.57	1 811.57	1 084.24	1 775.04	97.98%	2011 年 6 月 30 日	2 227.58	是	否
增资厦门力富用于新增年产 500 万套液晶模组薄膜器件及相关产品产能项目	否	2 299.95	2 299.95	1 114.36	1 461.84	63.56%	2011 年 6 月 30 日	183.42	是	否
承诺投资项目小计	—	29 122.60	29 122.60	10 038.66	18 180.33	—	—	5 467.24	—	—
超募资金投向										
东莞光电显示薄膜器件生产基地建设项目	否	8 195.03	8 195.03	2 293.02	5 693.55	69.48%	2011 年 10 月 31 日	844.34	是	否
收购苏州蓝思科技发展有限公司 100%的股权	否	6 200.00	6 200.00	5 900.00	5 900.00	95.16%	2011 年 3 月 31 日	0.00	不适用	否
苏州蓝思科技发展有限公司硬化膜等涂布产品项目	否	3 000.00	3 000.00	91.93	91.93	3.06%	2012 年 6 月 30 日	0.00	不适用	否
苏州蓝思科技发展有限公司导光板制品项目	否	3 500.00	3 500.00	496.11	496.11	14.17%	2012 年 6 月 30 日	0.00	不适用	否

续　表

归还银行贷款（如有）	—						—	—	—	—
补充流动资金（如有）	—	15 000.00	15 000.00	15 000.00	15 000.00	100.00%	—	—	—	—
超募资金投向小计	—	27 700.00	27 700.00	21 488.04	21 488.04	—	—	—	—	—
合计	—	56 822.60	56 822.60	31 526.70	39 668.37	—	—	5 467.24	—	—

（二）非募集资金投资的重大项目情况（进度、收益）

非募集资金投资的重大项目情况如表 21 所示。

表 21　非募集资金投资的重大项目情况

（单位：元）

项目名称	项目实施进度	收益情况		
		营业收入	营业利润	净利润
昆山乐凯锦富下扩片项目	（1）项目基建工程已完成；（2）设备的安装调试工作已基本完成，初步达到了化工试车条件	—	−3 853 440.81	−3 846 670.31
吴江泰美导光板项目	2011 年，项目已开始量产	72 535 562.64	−3 534 761.94	−2 767 986.15
青岛锦富项目	2011 年，项目开始量产	4 682 772.17	−2 683 384.36	−2 292 647.63
广州恩披特项目	2011 年，厂房装修已经完成，设备的安装调试工作已基本完成，初步达到了量产条件	—	−4 950 175.84	−3 761 555.59
深圳锦富光电项目	2011 年，项目开始量产	5 641 618.48	−1 414 371.35	−1 062 572.03

北京康得新复合材料股份有限公司 2011 年年度报告（摘要）

一、截至 2011 年末公司前三年主要会计数据（见表 1）

表 1　2009—2011 年主要会计数据

（单位：元）

	2011 年	2010 年	同比增减	2009 年
营业总收入	1 526 021 238.48	524 201 146.48	191.11%	364 399 272.84
营业利润	164 222 212.74	78 457 463.40	109.31%	51 631 079.15
利润总额	167 301 605.11	82 766 460.29	102.14%	54 441 608.62
归属于上市公司股东的净利润	130 766 718.48	70 092 451.55	86.56%	46 262 551.03
归属于上市公司股东的扣除非经常性损益的净利润	128 199 314.59	66 413 477.05	93.03%	43 863 540.31
经营活动产生的现金流量净额	160 817 596.76	109 095 509.63	47.41%	46 079 900.42
	2011 年末	2010 年末	同比增减	2009 年末
资产总额	1 899 162 926.27	1 145 134 177.58	65.85%	558 324 557.37
负债总额	846 796 363.81	255 153 448.69	231.88%	285 598 677.74
归属于上市公司股东的所有者权益	1 027 416 635.55	889 980 728.89	15.44%	272 725 879.63
总股本（股）	323 200 000.00	161 600 000.00	100.00%	121 200 000.00

二、公司与实际控制人之间的产权和控制关系（见图 1）

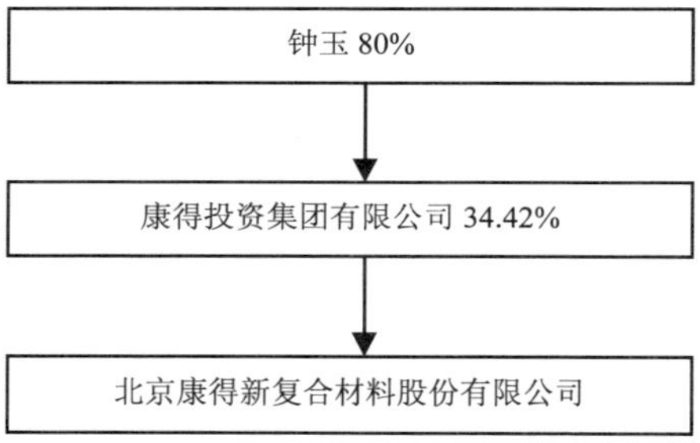

图 1　公司与实际控制人之间的产权和控制关系方框图

三、董事会报告

（一）2011 年经营情况回顾

2011 年是公司跨越式发展的一年，自从企业经营与资本市场成功接轨后，管理层认真分析了国际、国内的市场形势和今后的发展方向，制定了公司发展的战略目标："成为国际预涂膜行业领导企业和国际高分子复合膜材料领军企业"。从此，公司不但在预涂膜行业继续领军前行，而且阔步迈入了光学膜行业，开启了公司在高分子功能膜材料领域里发展的新篇章。2011 年，在公司管理层和全体干部员工的奋力拼搏下，取得了净利润同比增长 86.3%的良好业绩。公司已经发展成为拥有两大业务板块，四大生产基地、境外设立子公司的国际集团性企业，为 2012 年及今后三年公司业绩的高速增长奠定了坚实的基础。

公司在预涂膜领域积累起来的产业优势，为公司在高分子复合膜材料的整体范围内横向发展，实现打造国际高分子的复合膜材料领军企业战略目标奠定了坚实的基础。利用自身在膜材料复合改性领域的先天优势，发展光学膜，打造世界级光学膜产业集群，是公司实现产业升级和长期战略的重大战略步骤。2011 年公司采取的主要举措如下。

1. 组建光学膜研发及产业团队

公司为进入光学膜领域已经进行了多年的准备，在公司成功上市、完成预涂膜产业布局后，即着手建立了由中国大陆、中国台湾、日本专家、博士组成的三十人的研发团队和具有多年功能膜材料精细化生产经验的七十人产业化团队。

2. 与京东方结为战略合作伙伴

在北京市政府主管领导和北京市经信委领导的支持下，确定以康得新为龙头打造光学膜产业集群，为京东方配套，纳入以京东方为龙头的北京平板显示产业链，通过上下游配套，形成战略合作伙伴关系，共同打造具有国际竞争力的北京液晶显示产品基地。

3. 通过收购台湾大昱光电资产、技术和团队，加速产业化进程

为加速公司光学膜产业化进程，公司完成对台湾大显光电全部光学膜生产设备的收购，并附带 8 项专利，其研发、技术、生产、管理人员将为公司提供 3 年技术服务。台湾大昱光电是由台湾大和资本投资、工研院提供技术支持的一家中等规模光学膜企业，具有较高的技术水平和产品质量。产品为台湾奇美电子、中华映管、科桥等配套生产。公司技术生产骨干于 2011 年 6 月完成了在台湾大昱光电的培训，于 2011 年 9 月完成设备搬迁至张家港生产基地。此举极大地加速了公司进入光学膜行业的产业化进程。

4. 投资建设年产 4 000 万 m^2 光学膜生产基地

公司通过对张家港生产基地原有 10 000m^2 厂房进行净化改造，收购大昱光电设备搬迁和从日本、中国台湾地区增订关键设备，建设年产 4 000 万 m^2 光学膜生产基地，于 2011 年 9 月 2 日试生产，并于 2011 年 10 月 18 日完成试生产，具备批量投产条件。2012 年 1 月进入量产，预计 3 月达产。该生产基地投产成功标志着我国首家全系列、规模化光学膜企业的诞生。

该基地目前能批量生产的光学膜产品如表 2 所示。

表 2　张家港生产基地目前能批量生产的光学膜产品

应用领域	产品名称
用于 LCD 背光模组	导光板、反射膜、扩散膜、增亮膜、复合增亮膜
用于平板显示和手机	单面硬化膜、双面硬化膜、防眩膜
用于等离子电视	防红外线膜
用于笔记本电脑和高档电器外壳	IMD 膜
用于高速公路高铁	反光膜

5. 加大新产品、新技术的研发力度，拓展公司发展空间

光学膜属于高分子复合功能膜材料，具有高技术含量、广阔应用领域、日新月异的发展速度。因此，加大新产品、新技术的研发力度，迅速从替代走向超越，对于拓展公司发展空间，保持公司核心竞争力是至关重要的，为此公司通过技术合作、技术引进和人才引进及加大研发投入等方式，加速推进以下项目的研发，并已取得初步成果：用于 LCD 背光模组的高性能新产品，用于 LED 照明市场匀光板，用于建筑、汽车玻璃的隔热变色保护膜、用于太阳能电池提高光效的聚光膜，用于 OLED 增亮

膜，用于液晶电视裸视 3D 膜等。申请光学膜方面的专利 24 项，授予 5 项专利。

6. 积极开拓市场，推进产品认证

公司已经与国内京东方、创维、TCL、天马、长虹等 37 家厂商开展试验认证，目前这 37 家光学膜主要依靠进口，需求总量达 4.8 亿 m^2。公司目前已经与 4 家企业签订战略合作协议（创维、深圳惠科、佳的美、天乐），年供应总量预计 1 500 万 m^2，其他客户预计将在 2012 年第一季度陆续签订合作协议。

7. 加强人员培训，加强质量管理体系建设，加速提升产品品质

公司一方面依靠台湾大昱光电产业团队，另一方面引进优秀人才，加强培训，加强质量管理体系建设和 6S 管理，已经取得 ISO9000 和 ISO14000 认证，产品质量水平已达到批量生产条件，并得到客户的一致肯定。

8. 积极推进定向增发，打造世界级光学膜产业集群

2011 年 7 月，以中科院院士欧阳钟灿领衔的国内显示光学膜行业专家就公司 2 亿 m^2 光学膜产业集群项目进行论证，一致认为该项目对于打破国外垄断，加速进口替代，助力民族平板显示行业发展是必要和可行的。

公司于 2011 年 8 月 22 日与张家港保税区管委会签署关于 570 亩光学膜项目用地的投资协议书，并于 2011 年 11 月完成土地招标，现已取得土地证；2011 年 8 月 5 日设立北京康得新光电材料有限公司；2011 年 10 月 9 日设立张家港康得新光电材料有限公司；2011 年 9 月 9 日发布定向增发预案，募集资金总额不超过 20 亿元，投资总计 29.8 亿元，将打造 2 亿 m^2 光学膜产业集群；2011 年 10 月 20 日增发申请正式呈报中国证监会，公司为此已经完成有关项目立项、环评、关键设备选购、项目规划初步设计、关键人才引进等有关方面的准备工作。

（二）主营业务及其经营状况

1. 主营业务分行业、分产品情况（见表 3）

表 3　主营业务分行业、分产品情况

（单位：万元）

主营业务分行业情况						
分 行 业	营业收入	营业成本	毛 利 率	营业收入比上年增减	营业成本比上年增减	毛利率比上年增减
化学原料及化学制品制造业	151 214.20	122 911.60	18.72%	192.39%	217.82%	-6.50%
主营业务分产品情况						
预涂膜	65 868.70	45 551.70	30.84%	55.87%	46.76%	4.29%
覆膜机	7 655.70	4 483.99	41.43%	169.77%	189.97%	-4.08%
BOPP 原材料	77 687.49	72 873.37	6.20%	1 073.56%	1 096.70%	-1.81%
光学膜	2.31	2.53	-9.52%	0.00%	0.00%	-9.52%
合计	151 214.20	122 911.60	18.72%	192.39%	217.82%	-6.50%

2. 主营业务分地区情况（见表 4）

表 4　主营业务分地区情况

（单位：万元）

地　区	营业收入	营业收入比上年增减
华北	47 726.84	229.30%
华东	58 951.17	259.63%
华南	17 799.94	354.93%
华中	3 878.86	286.41%
西北	1 202.54	147.65%
西南	2 957.25	16.23%
国外	18 697.60	45.12%
合计	151 214.20	192.39%

3. 主要供应商、客户情况（见表 5）

表 5　主要供应商、客户情况

（单位：万元）

前五名供应商及客户采销情况	金　额	采销比重	占　比
前五名供应商合计采购金额	34 021.16	占采购金额比重	26.55%
前五名客户合计销售金额	53 943.46	占销售金额比重	35.67%

（三）子公司经营情况

1. 北京康得新光电材料有限公司

公司全资子公司，注册资本 5 000 万元。经营范围为销售化工产品（不含危险化学品），投资，技术推广、技术服务。截至 2011 年 12 月 31 日，营业收入为 0 元，总资产为 5 009 万元，净资产为 4 996.60 万元，本期净利润为-3.39 万元。

2. 康得新（北京）商贸有限公司

公司控股子公司，注册资本 500 万元。经营范围为销售文化用品、塑料制品、化工产品（不含危险化学品）、机械设备，配送服务。截至 2011 年 12 月 31 日，营业收入为 323.48 万元，总资产为 607.28 万元，净资产为 490.53 万元，本期净利润为-9.47 万元。

3. 张家港康得新光电材料有限公司

公司控股子公司，注册资本 100 000 万元。经营范围为光学膜的研发、生产、销售，光电新材料的研发、光电新材料的销售，自营和代理各类商品及技术的进出口业务。截至 2011 年 12 月 31 日，营业收入为 0 元，总资产为 19 948.40 万元，净资产为 19 937.60 万元，本期净利润为-62.40 万元。

（四）行业发展趋势和市场竞争格局

1. 光学膜领域发展趋势

光学膜属于高分子复合膜材料，是一种高技术新材料和基础材料，随着下游需求的不断增加和材料技术本身的不断创新，应用领域不断扩展，呈现出巨大的发展空间。

光学膜的主要应用领域如下：

（1）平板显示领域：包括手机、笔记本电脑、电视机等产品的背光模组用膜，以及智能手机、平板电脑、导航仪、电子书等产品的触摸屏用膜；

（2）各类消费类电子产品外壳、家电薄膜开关用膜；

（3）新型显示产品用膜：3D、OLED 等所有光学膜；

（4）机场、高铁、公路等用的反光膜；

（5）LED 显示牌、广告灯箱、工业及民用照明所需匀光膜；

（6）太阳能聚光膜；

（7）建筑和汽车用玻璃隔热变色膜。

在液晶电视机、智能手机、平板电脑等消费类电子产品持续热销的拉动下，平板显示领域存量和增量市场巨大，据 Displaybank 预计，2010 年背光模组市场需求达到 21.47 亿 m^2，年均增速达 33.3%，而触摸屏年增长高达 152%。

新兴市场领域需求迅速增加，更为光学膜带来了更大的市场空间：

（1）新型显示产品用膜：3D、OLED 等所有光学膜，3D 电视机在中国、欧洲的销量不断增长，OLED 继在智能手机上的应用后，三星等多家企业已推出大尺寸 OLED 电视机；

（2）LED 显示牌、广告灯箱、工业及民用照明所需匀光膜：年增长率为 79%；

（3）太阳能聚光膜：中国为全球最大光伏组件生产地，随着“十二五”期间国家太阳能电站建设力度的加大，太阳能聚光膜市场需求将大量增加；

（4）建筑和汽车用玻璃隔热变色膜：建筑节能包括建筑物窗户和玻璃幕墙的节能，是国家实现“十二五”节能目标重点之一，中国城镇化进程依然在加速，而随着消费升级，汽车车窗（包括天窗）和挡风玻璃所用隔热变色膜需求量也在不断上升。

而光纤、纳米、量子等新兴材料技术在光学膜新产品开发上的应用，将使光学膜产品性能提高，而且也更加节能，如应用光纤技术的导光膜，应用纳米技术的匀光膜，应用量子技术的具有更好色域的 QDEF 膜，从而创造新的使用需求，推动下游企业的更多应用。保守估计，2014 年，国内光学膜需求总量将超过 20 亿 m^2。

2. 新兴市场领域需求迅速增加，更为光学膜带来更大市场空间

光学膜产品过去利润空间较大，3M 公司专利到期后，日本、韩国和中国台湾地区的大量企业进入该行业，但多数从事光学膜产业链（树脂、基材、保护膜、光学膜、裁切）中的某一到二个环节的专业化生产，光学膜生产主体由大量中小企业组成。但是随着面板行业竞争加剧，面板降价压力向上游原组件供应商传递，全球光学膜产业开始了洗牌和重组进程，中小企业正更多地被迫退出该市场。从三星整合新和，以及台湾友辉的行业整合案例看，实现规模化、集群化经营，获得成本、技术、服务优势，已成为光学膜产业发展的必然趋势。

3. 光学膜国产化替代进口势在必行

（1）中国已成为全球最大的 LCD 产品生产和消费国：2010 年，全球销售 LCD TV 187.9 百万台，其中中国占比为 21%；生产 LCD TV 100 百万台，其中中国占比为 53%。

（2）国内 LCD 面板配套原材料的国产化率只有 10%，产业链条不完整严重影响了民族面板企业的竞争力，产业布局缺陷亟待弥补。

（3）国家及地方政府出台了一系列政策来引导、支持 LCD 面板原材料产业（光学膜、玻璃基板、液晶等）发展，以实现国内配套。

（4）随着全球面板市场竞争的加剧，面板厂商利润呈下滑态势，贴近市场生产以降低成本的要求十分迫切，加上中国政府提高大尺寸液晶面板关税，韩国、日本等国外和中国台湾地区面板企业纷纷向中国大陆地区转移产能。因此，光学膜国产化替代进口势在必行。

伴随着 4 000 万 m^2 光学膜示范基地的建成投产，产品认证工作有序开展并取得进展，光学膜新技术、新产品不断研发成功，公司将成为国内规模最大、品种最全、技术最先进的光学膜龙头企业，竞争优势明显；而且作为唯一的光学膜规模生产的上市公司，公司还具有资本优势，通过融资建设 2 亿 m^2 光学膜产业集群，公司将成为全球唯一的全产业链、高集中度且生产规模最大的光学膜企业，在成本、技术、渠道、品种、规模、售后服务等企业核心竞争要素上，拥有绝对竞争优势。

四、公司投资情况

1. 募集资金基本情况

北京康得新复合材料股份有限公司（以下简称“本公司”）经中国证券监督管理委员会《关于核准北京康得新复合材料股份有限公司首次公开发行股票的批复》（证监许可〔2010〕753 号文）的核准，由主承销商申银万国证券股份有限公司承销，向社会公开发行普通股 4 040 万股（每股面值 1 元），发行价为每股 14.20 元，募集资金总额 57 368 万元，各项发行费用 3 584.36 万元，扣除承销费用和保荐费用后实际募集资金为 53 783.64 万元，于 2010 年 7 月 8 日存入本公司募集资金专用账户中。以上已经深圳市鹏城会计师事务所有限公司于 2010 年 7 月 8 日出具的深鹏所验字〔2010〕257 号验资报告验证。

根据财政部《关于执行企业会计准则的上市公司和非上市企业做好 2010 年年报的通知》（财会〔2010〕25 号）的精神，本公司于本期末对发行费用进行了重新确认，将本公司 2010 年 7 月首次公开发行股票发生的 933.71 万元的路演费等费用，调整计入了当期损益，最终确认的发行费用为 2 650.65 万元，最终确认的募集资金净额为 54 717.35 万元。募集资金使用情况如表 6 所示。

表 6　募集资金使用情况对照表

（单位：万元）

<table>
<tr><td colspan="3">募集资金总额</td><td colspan="2">57 368.00</td><td colspan="3" rowspan="2">本年度投入募集资金总额</td><td colspan="3" rowspan="2">26 880.17</td></tr>
<tr><td colspan="3">报告期内变更用途的募集资金总额</td><td colspan="2">0.00</td></tr>
<tr><td colspan="3">累计变更用途的募集资金总额</td><td colspan="2">4 129.59</td><td colspan="3" rowspan="2">已累计投入募集资金总额</td><td colspan="3" rowspan="2">26 880.17</td></tr>
<tr><td colspan="3">累计变更用途的募集资金总额比例</td><td colspan="2">7.20%</td></tr>
<tr><td>承诺投资项目和超募资金投向</td><td>是否已变更项目（含部分变更）</td><td>募集资金承诺投资总额</td><td>调整后投资总额（1）</td><td>本年度投入金额</td><td>截至期末累计投入金额（2）</td><td>截至期末投资进度（3）=（2）/（1）</td><td>项目达到预定可使用状态日期</td><td>本年度实现的效益</td><td>是否达到预计效益</td><td>项目可行性是否发生重大变化</td></tr>
<tr><td colspan="11">承诺投资项目</td></tr>
<tr><td>向全资子公司张家港康得菲尔增资，建设可容纳 2 条线的厂房和 4 条生产线</td><td>是</td><td>16 075.80</td><td>11 946.21</td><td>8 671.93</td><td>9 122.67</td><td>76.36%</td><td>2012 年 3 月 31 日</td><td>0.00</td><td>不适用</td><td>否</td></tr>
</table>

青岛海信电器股份有限公司 2011 年年度报告（摘要）

一、截至 2011 年末公司前三年主要会计数据（见表 1）

表 1　2009—2011 年主要会计数据

（单位：元）

主要会计数据	2011 年	2010 年	同比增减	2009 年
营业总收入	23 523 723 550.20	21 263 700 581.01	10.63%	18 406 554 795.80
营业利润	1 870 551 834.02	905 528 008.20	106.57%	469 100 328.66
利润总额	1 964 805 874.83	979 401 695.26	100.61%	614 228 649.67
归属于上市公司股东的净利润	1 689 067 139.83	834 905 362.38	102.31%	498 229 266.88
归属于上市公司股东的扣除非经常性损益的净利润	1 624 791 098.48	775 964 113.88	109.39%	385 453 910.48
经营活动产生的现金流量净额	795 470 759.55	559 220 738.62	42.25%	364 933 378.14
	2011 年末	2010 年末	同比增减	2009 年末
资产总额	16 144 614 819.33	12 494 043 169.42	29.22%	10 343 098 287.26
负债总额	8 824 671 365.30	6 691 631 239.25	31.88%	5 311 975 194.34
归属于上市公司股东的所有者权益	7 167 449 310.66	5 673 171 811.32	26.34%	4 907 082 110.80
总股本	868 874 265.00	866 651 715.00	0.26%	577 767 810.00

二、公司与实际控制人之间的产权及控制关系（见图 1）

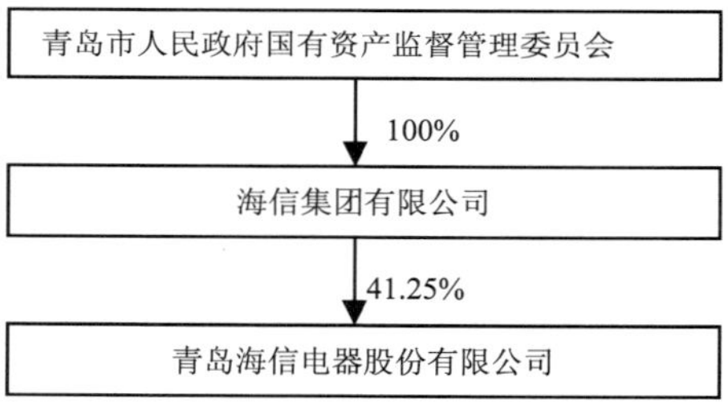

图 1　公司与实际控制人之间的产权及控制关系方框图

三、董事会报告

（一）经营状况回顾

2011 年，公司实现营业收入 235 亿元，同比增长 10%；净利润 16.89 亿元，同比增长 102%。

国内市场：根据中怡康统计，2011 年海信电视销售量占有率为 14.77%，销售额占有率为 13.99%；LCD 销量占有率为 15.68%，LCD 销售额占有率为 14.97%，LED 销量占有率为 20.00%，LED 销售额占有率为 17.60%；3D 电视销量占有率为 20.2%，3D 电视销售额占有率为 17.1%；智能电视销售量占有率为 20.01%，排名第一位，智能电视销售额占有率为 20.66%，也排名第一位。

国际市场：在保持新兴市场优势的基础上，发达国家市场取得重要突破。其中，在美洲市场，与连锁渠道的品牌战略合作取得实质性进展，海信品牌收入占比大幅提升。

1. 推进智能战略，引领彩电行业升级

从全球范围看，彩电行业已步入“智能时代”。电视产品从模拟到数字，从网络到智能，整个行业正在经历着巨大的变革，产业格局和市场形势正在发生深刻变化，海信电器将以提升“用户体验”为核心，不断拓展空间，完善内容和服务，拥抱智能时代。

2011 年是海信电器的智能电视“元年”。公司通过加强智能电视技术和产品的开发、丰富产品的内容和应用，领先规划和突出多系列智能电视产品，创造了市场先机，提升了海信品牌的价值。

4 月，公司全球首发 XT68、XT69 智能 3D 影院电视等六大系列平板电视产品，通过嵌入海信自主研发的 HiTV-OS 操作系统和 Android 操作系统打造出的智能电视，实现了智能化平台、智能化操作系统、智能化应用和智能化交互，占据了智能电视技术的制高点。

8 月，海信首款“个人智能电视 ITV”上市，12 月，海信第二代个人智能电视 ITV2 启动发售。第二代 I'TV 产品，充分发挥了海信领先的电视设计和开发优势，通过与 CNTV 等网络直播频道深度合作，预置了 35 个精选直播频道，通过独具特色的“多屏互动”功能，为用户创造了内容丰富和高品质的娱乐视听体验。

公司持续强化美国和澳洲的技术研发力量，致力于新技术的研究和开发，突出北美、澳洲、南非、埃及、沙特等重点品牌市场，针对性地推出符合市场需求的产品，助力市场规模迅速提升。

2. 追求创新体验，转化创新成果

2011 年，公司大力推进创新体验室建设，强化技术创新的系统化管理。创新体验室成立并投入使用，营造了宽松、和谐的创新氛围。实验室通过集合全球创新电子产品和部件，整合工业设计、产品创意等，使得技术体验、产品创意实现即时互动，捕捉灵感。创新体验室在创新思维拓展和产品体验完善方面初见成效，全年共提出有效创新提案 363 件，员工参与率达 40.57%。通过创新提案的融合，已形成重点提案 25 个，列入预研产品项目。通过整体创新氛围营造，公司在基于 Android 系统海信软件商店、智能电视双系统多引擎设设计、智能电视多类型应用商店、Android 一体化软件平台自主知识产权软件模块、基于闪联协议的多屏互动、智能人机交互、智能遥控、语音识别、手势操控、电视社区及云存储服务、模组超级节能技术、混合背光技术等方面均取得了长足的进步。

3. 深化模组技术研究，扩大模组自制规模

公司继续加大模组技术的研究和应用，深化了 3D 显示画质及优化方法、裸眼 3D 技术、液晶驱动优化技术、背光控制优化 3D 技术、LED 混 BIN 技术等方面的研究。

公司继续大力推进模组自制项目建设。2011 年度公司新投产 26～42 英寸模组和整机一体化制造线体两条，提升了黄岛制造基地的制造能力。贵阳基地模组一期项目正式投产，实现了平板电视核心部件本地化生产，增强了产品综合竞争力。广东模组整机一体化生产基地计划于 2012 年中期投产，届时将大大提升广东基地的内配能力和制造水平，促进整机供需链的进一步优化。

4. 创新营销方法，突出顾客体验

智能产品的核心在于“体验”。公司围绕“新电视、新生活”的品牌愿景，以智能 3D 影院上市、全球首款个人智能电视 I'TV 上市，“多屏互动无线精彩”云智能电视上市为契机，展开以“多屏互动，无线精彩”为主题的市场推广活动和海信智能电视全国巡展等活动，消除与消费者之间的距离，全面提升顾客体验。公司推出的云智能电视 XT710 系列、K510 系列、T36 系列以及个人智能电视 I'TV 等系列产品，在全国主要卖场组成“多屏互动体验区”、“3D 体验区”、“智能娱乐体验区”等专区，让顾客全新体验不一样的智能、不一样的精彩，有效地传达了海信全面转型智能化的企业战略，丰富了海信品牌形象中年轻、健康、时尚的基因。

5. 推进品牌营销，力拓国际市场

2011 年年初，美国 CES 期间，海信被《Twice》杂志评为全球液晶电视品牌第五位。2011 年 2 月，海信成为联合国环境署（UNEP）“绿色创新奖”未来三年的全球首家企业合作伙伴，这也是中国企业首次跻身联合国环境署绿色创新行列。2011 年度，公司产品在美国市场与全国性连锁渠道建立了品牌战略合作关系，品牌销售收入突破 1 亿美元大关，标志着在美品牌业务进入全新阶段。

6. 推进提效工作，控制成本上涨

2011 年，公司大力推进提效项目，以“标杆对比”为切入点，持续优化工厂物流布局，推进技术改造项目，整体提升工厂自动化水平，确保制程能力提升和效率改善，有效地化解了劳动力价格上升的巨大影响。同时，公司持续深化与整机配套的关键零组件的加工深度，扩大关键金属制品、塑料制品的制造规模，提高整体供应链反应速度，不断降低产品成本。

7. 追求健康发展，回报股东、回报社会

继 2010 年第二次荣获“全国质量奖”后，2011 年度，海信电视荣获“亚洲质量卓越奖”。该奖项为亚洲质量最高奖，这也是中国企业首次获此殊荣。这是海信坚持“技术、质量、诚信、责任”的核心价值观，追求研发深度，提升产品优势，努力实现从产品质量、服务质量到经营质量的全面提升，实现持续健康发展的体现。

8 月 18 日，在中国电子视像行业协会主办的“2011 年中国数字电视年度盛典”上，海信凭借在推动中国彩电业智能化升级以及推动智能电视普及方面做出的突出成绩获得中国彩电业最具权威性大奖——“2011 年度成功品牌奖”，同时，海信还一举囊括了“2011 年度技术创新奖”和“2011 年度产品创新奖”，彰显了海信在中国彩电业的领导者地位。

11 月 11 日，在“第七届中国证券市场年会”上，海信电器赢得了代表上市公司最佳成长性的“金鹰奖”，也是彩电类上市公司中唯一获此荣誉的企业。

在 2012 年年初的美国 CES 上，海信 I'TV 获得“价值创新奖”，这是中国企业首次获此奖项。

（二）公司主营业务及其经营状况

1. 主营业务分行业、分产品情况（见表 2）

表 2　主营业务分行业、产品情况

（单位：元）

分 产 品	营业收入	营业成本	营业利润率（%）	营业收入比上年增减（%）	营业成本比上年增减（%）	营业利润率比上年增减
电视机	21 340 859 513.90	16 576 355 412.21	22.33	10.68	5.45	增 加 3.85 个百分点

2. 主营业务分地区情况（见表 3）

表 3 主营业务分地区情况

（单位：元）

地　　区	营业收入	营业收入比上年增减（%）
国内	17 511 599 855.15	11.66
国外	4 242 469 180.88	3.69

3. 主要供应商、客户情况

公司向前五名供应商合计的采购金额占年度采购总额的比例为 46.24%，前五名客户销售额合计占公司销售总额的比例为 35.95%。

（三）主要子公司经营情况（见表 4）

表 4　主要子公司经营情况

（单位：元）

公司名称	主营业务	注册资本	总 资 产	净 资 产	净 利 润
广东海信多媒体有限公司	电视机生产销售	30 000 000.00	182 851 019.07	83 591 646.06	22 833 019.93
贵阳海信电子有限公司	电视机生产销售	100 189 000.00	595 440 043.17	289 713 582.46	52 399 378.40

（四）取得和处置子公司情况

（1）为提高公司广东制造基地的模组与整机一体化配套生产能力，公司出资 1 000 万元成立全资子公司广东海信电子有限公司，后续将以募投的形式再投资 37 408 万元，从而进一步提高公司的竞争力。

（2）鉴于平板产品升级快速换代，淄博海信电子有限公司为 CRT 产品生产基地，为优化生产基地布局，提高供应链效率，经淄博海信股东会决议、公司董事会决议，同意解散该公司。

四、公司投资情况

1. 募集资金总体使用情况（见表 5）

表 5　募集资金总体情况

（单位：万元）

募集年份	募集方式	募集资金总额	本年度已使用募集资金总额	已累计使用募集资金总额	尚未使用募集资金总额	尚未使用募集资金用途及去向
2009	非公开发行股票	149 997.76	18 227.90	71 410.75	78 587.01	募资专户

2. 承诺项目使用情况（见表 6）

表 6　承诺项目使用情况

（单位：万元）

承诺项目名称	是否变更项目	募集资金拟投入金额	募集资金实际投入金额	是否符合计划进度	项目进度（%）	预计收益	产生收益情况	是否符合预计收益
液晶电视模组与整机一体化设计制造及配套建设项目	是	84 589.76	63 955.01	是	75.61	14 408.00	17 314.27	是
液晶电视模组与整机一体化设计制造及配套建设项目（广东）	是	37 408.00	10 134.00	是	27.09	—	—	是
平板电视生产配套（贴片机、注塑机）项目	否	28 000.00	24 276.26	是	86.70	3 952.90	4 061.85	是
合计	—	149 997.76	98 365.27	—	—	18 360.90	—	—

3. 募集资金变更项目情况（见表 7）

表 7 募集资金变更项目情况

（单位：万元）

变更投资项目资金总额				37 408				
变更后的项目名称	对应的原承诺项目	变更项目拟投入金额	实际投入金额	是否符合计划进度	项目进度（%）	变更项目的预计收益	产生收益情况	是否符合预计收益
液晶电视模组与整机一体化设计制造及配套建设项目	液晶电视模组与整机一体化设计制造及配套建设项目	84 589.76	63 955.01	是	75.61	14 408.00	17 314.27	是
液晶电视模组与整机一体化设计制造及配套建设项目（广东）	液晶电视模组与整机一体化设计制造及配套建设项目	37 408.00	10 134.00	是	27.09	—	—	是
合计	—	121 997.76	74 089.01	—	—	14 408.00	—	—

液晶电视模组与整机一体化设计制造及配套建设项目（广东）于 2011 年 12 月 26 日批准实施。

变更原因及募集资金变更程序说明：为提高公司广东制造基地的模组与整机一体化配套生产能力，2011 年 12 月 26 日公司 2011 年第 3 次临时股东大会审议通过了变更部分募集资金投资项目实施地点及实施主体的议案（暨广东海信增资议案）。

康佳集团股份有限公司 2011 年年度报告（摘要）

一、截至 2011 年末公司前三年主要会计数据（见表 1）

表 1　2009—2011 年主要会计数据

（单位：元）

	2011 年	2010 年	同比增减	2009 年	
				调 整 前	调 整 后
营业总收入	16 217 619 883.23	17 111 454 066.34	−5.22%	13 259 033 591.95	13 259 033 591.95
营业利润	−225 376 707.41	−28 068 637.47	−702.95%	124 672 101.26	124 672 101.26
利润总额	9 566 777.97	87 706 989.88	−89.09%	145 898 113.51	145 898 113.51
归属于上市公司股东的净利润	24 972 838.12	83 947 861.32	−70.25%	151 077 290.18	151 670 735.64
归属于上市公司股东的扣除非经常性损益的净利润	−111 552 447.73	32 881 567.70	−439.26%	119 681 007.80	120 289 922.24
经营活动产生的现金流量净额	−1 370 486 165.70	−432 799 347.02	−216.66%	294 103 558.23	294 103 558.23
	2011 年末	2010 年末	同比增减	2009 年末	
				调 整 前	调 整 后
资产总额（元）	16 906 453 313.31	16 466 895 565.00	2.67%	13 568 083 128.38	13 568 083 128.38
负债总额（元）	12 669 826 056.83	12 242 758 120.20	3.49%	9 461 815 154.93	9 461 815 154.93
归属于上市公司股东的所有者权益（元）	4 009 723 963.82	3 998 647 232.73	0.28%	3 875 367 861.56	3 886 427 126.20
股本（股）	1 203 972 704.00	1 203 972 704.00	0.00%	1 203 972 704.00	1 203 972 704.00

二、公司与实际控制人之间的产权和控制关系（见图 1）

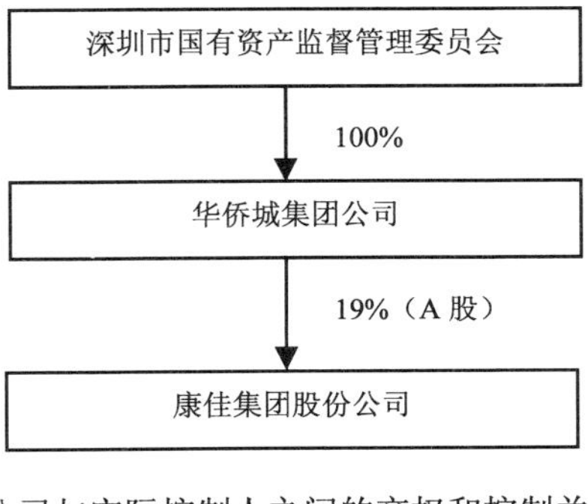

图 1　公司与实际控制人之间的产权和控制关系方框图

三、董事局报告

（一）2011 年整体经营业绩

2011 年，公司主营业务收入同比有所下降，销售净利率有所降低。由于国内彩电、手机、白电业务竞争激烈，产品价格不断下降；同时受各地最低工资标准上调、CPI 上涨、融资成本上升等因素的影响，成本和费用有所增加，导致 2011 年前三季度本公司盈利水平较 2010 年同期大幅下降。面对不利的经营形势，公司在2011年年中对彩电体系的营运架构进行了重新调整，实现了研、产、供、销的策略一体化，形成系统合力，快速应对市场变化。从2011年下半年的经营情况来看，这次调整的效果已经显现出来，公司在营销推广、产品研发、生产效率、质量控制等各方面都有了明显的改善，并实现了经营上的成功反转，进入了一个盈利的上升通道。2011年第四季度与2010年同期相比，盈利能力大幅提高。但综合2011年全年看，盈利能力仍较2010年度有所下降。

2011年，公司共实现营业总收入162.18亿元，同比下降5.22%；实现归属于母公司所有者的净利润2 497.28万元，同比下降70.25%；实现每股收益0.0207元。

1. 由于以下原因，2011年公司营业总收入同比下降5.22%

1）显像管电视业务急剧萎缩

受彩电行业由显像管电视全面转型到平板电视的影响，显像管电视销量快速下降。2011年，公司显像管电视业务急剧萎缩，销售收入大幅减少。

2）智能手机快速渗透，手机业务面临产品结构和渠道变化的挑战

2011年，智能手机在运营商的推动下，市场份额不断扩大，对以中低端产品为主的国产手机的市场份额形成了巨大的挑战。面对智能手机的快速渗透，公司推出的智能手机产品尚不具备较强的竞争力。同时，智能手机的快速渗透也急剧改变了手机市场的渠道机构，以手机通信费用优惠捆绑智能手机销售的运营商渠道快速侵蚀传统渠道。公司的主要渠道还以传统渠道为主。

3）外销业务收入下降

人民币兑美元汇率持续上升，同时海外市场局势动荡，出口环境有所恶化，导致外销业务销售收入同比出现下滑。

2. 由于以下原因，2011年公司实现的归属母公司所有者的净利润较2010年同期有所下降

（1）以下原因影响了彩电业务的盈利水平：

① 外资品牌的低价倾销策略，导致国产彩电产品价格不断下降。外资品牌充分抓住国内彩电产能过剩的现状，在国内推行代工生产的策略，依靠巨量订单有效地压低产品制造成本，继而在国内市场采取攻击性的低价倾销策略，抢占中国市场份额。国内品牌不但市场份额被挤压，同时被动跟进价格，导致国产品牌盈利水平有所下降。

② 销售费用有所上升。由于市场竞争激烈，彩电业务为保持、争夺市场份额，2011年度促销投入加大，促销费用有所增加。同时，部分大连锁渠道的销售返利逐年增加，以折扣折让的形式拉低了产品毛利。

③ 库存跌价损失影响了公司的盈利水平。公司对2011年元春旺季预期乐观而采取了足量备货策略，实际上2011年第一季度市场急剧转淡，较高的库存水平和上游面板价格的持续下降使公司在2011年上半年遭受了较大的跌价损失及处理库存损失。

（2）手机业务：由于公司推出的智能手机产品尚不具备较强的竞争力，而中低端产品手机产品面临巨大挑战，导致手机业务销售收入和盈利水平出现下降。

（3）白电业务：2011年公司开始建立白电分公司，增加了白电业务的经营费用，也影响了白电业务的盈利能力。

（4）原材料、人工成本持续上涨，不断挤压毛利空间。

（二）2011年经营工作的进展

1. 彩电业务

彩电业务在上半年大幅度亏损的情况下，经过调整，并加强了以下几个方面的工作，实现了经营形势的反转。

（1）狠抓产品创新：公司紧紧抓住智能和 3D 的变革机会，形成了系列化阵营的产品布局，云电视、微博电视、银联电视等新品率先上市，在差异化竞争中取得了一定的优势。

（2）提升生产效率：公司通过狠抓“速度工程”，强化 PMC 管理，完善生产计划体系，推进模组整机一体化生产和精益制造，大幅提高了生产效率，有效保证了旺季销售一线的货源供应。

（3）加强供应链管理，不断提升周转率：公司通过实行周计划管理体系，狠抓库存周转，有效提升了公司的市场响应速度，也使得速度工程深入人心。

（4）强化营销推广：市场推广上，云电视、微博电视、银联电视等事件营销备受关注；县乡渠道上，销售网点增加到 1 000 家，3D 产品加速渗透；连锁渠道上，合作模式创新收效明显；节日促销更是表现突出。

2. 国际营销业务

2011 年，虽然国际经济形势起伏不定，但国际营销业务大力拓展新兴大客户市场，与印尼当地合作伙伴成立了合资公司，战略客户拓展工作跨上一个新的台阶。

3. 手机业务

在智能手机疯狂袭来的热潮中，公司紧紧跟进行业发展趋势，建立了面向市场和业务的运作架构，实现了工程系统和营销系统的有机整合，而同时推出的智能手机 T600、W810 也在市场上有很好的表现，为迎接智能手机时代的全面到来打下了坚实的基础。

2011 年，公司新申请专利 390 项。其中，发明专利 200 项，授权发明专利 60 项，都比 2010 年有了大幅增长。而且，有 4 项专利荣获“彩电行业重点专利”称号，增强了公司的行业竞争力和话语权。

（三）营业收入、营业利润的构成情况

1. 主营业务分行业、产品情况（见表 2）

表 2　主营业务分行业、产品情况

（单位：万元）

主营业务分行业情况						
分行业或分产品	营业收入	营业成本	毛利率	营业收入比上年增减	营业成本比上年增减	毛利率比上年增减
电子行业	1 607 475.26	1 341 209.92	16.56%	−5.24%	−6.42%	1.05%
主营业务分产品情况						
彩电	1 271 379.43	1 054 862.15	17.03%	−4.33%	−7.29%	2.65%
手机	127 078.83	108 516.94	14.61%	−32.81%	−33.46%	0.84%
白电	129 179.09	103 301.47	20.03%	8.95%	8.74%	0.16%
其他	79 837.90	74 529.37	6.65%	33.61%	99.79%	−30.92%
合计	1 607 475.26	1 341 209.92	16.56%	−5.24%	−6.42%	1.05%

2. 主营业务分地区情况（见表 3）

表 3　主营业务分地区情况

（单位：万元）

地　　区	营业收入	营业收入比上年增减
境内销售	1 240 270.53	−4.52%
境外销售	367 204.74	−7.58%
合计	1 607 475.26	−5.24%

（四）主要控股公司及参股公司的情况

（1）东莞康佳电子有限公司。本公司直接持有 100%的股权，注册资本 26 667 万元，主要生产经营彩色电视机。截至 2011 年末该公司总资产 576 918 669.38 元，净资产 340 261 653.32 元，2011 年度营业收入 262 594 753.99 元，营业利润 66 972 696.90 元，净利润 61 412 032.59 元。

（2）昆山康佳电子有限公司。本公司持有 100%的股权，注册资本 35 000 万元，主要是研究、设计、生产液晶模组和平板电视。截至 2011 年末该公司总资产 508 865 672.22 元，净资产 368 526 382.09 元，2011 年度营业收入 2 281 435 176.52 元，营业利润 205 946.22 元，净利润 5 718 588.47 元。

（3）安徽康佳电子有限公司。本公司持有 78%的股权，注册资本 14 000 万元，主要生产经营彩色电视机。截至 2011 年末该公司总资产 470 705 853.42 元，净资产 343 045 960.83 元，2011 年度营业收入 1 363 285 135.09 元，营业利润 45 002 020.68 元，净利润 69 552 125.67 元。

（4）香港康佳有限公司。本公司持有 100%的股权，注册资本 50 万港元，主要从事机电、电子产品进出口业务。截至 2011 年末该公司总资产 2 760 225 822.80 元，净资产 100 882 468.38 元，2011 年度营业收入 2 315 453 138.85 元，营业利润 21 234 510.09 元，净利润 16 852 619.32 元。

（5）深圳康佳通信科技有限公司。本公司直接、间接持有 100%的股权，注册资本 12 000 万元，主要是开发、生产经营数字移动通信设备和移动电话产品。截至 2011 年末，该公司总资产 986 124 631.31 元，净资产 23 426 871.27 元，2011 年度营业收入 1 298 849 700.00 元，营业利润-63 674 352.92 元，净利润-45 263 007.00 元。

厦门华侨电子股份有限公司 2011 年年度报告（摘要）

一、截至 2011 年末公司前三年主要会计数据（见表 1）

表 1　2009—2011 年主要会计数据

（单位：元）

主要会计数据	2011 年	2010 年	同比增减	2009 年
营业总收入	3 253 166 001.89	4 291 977 843.16	-24.20%	4 157 582 413.29
营业利润	−16 970 517.36	48 423 894.50	-135.05%	103 728 406.37
利润总额	16 953 843.70	66 152 206.25	-74.37%	105 295 739.68
归属于上市公司股东的净利润	10 579 631.78	61 416 772.59	-82.77%	102 098 962.28
归属于上市公司股东的扣除非经常性损益的净利润	−29 966 031.77	32 015 876.64	-193.60%	100 537 364.35
经营活动产生的现金流量净额	482 218 954.79	−13 939 388.90	不适用	−443 525 998.52
	2011 年末	2010 年末	同比增减	2009 年末
资产总额	1 617 838 804.59	1 800 194 864.98	-10.13%	1 955 279 859.66
负债总额	2 479 480 420.03	2 707 381 243.08	-8.42%	2 945 664 982.16
归属于上市公司股东的所有者权益	−878 460 772.83	−920 088 059.84	不适用	−1 001 329 576.44
总股本	370 818 715.00	370 818 715.00	0.00%	370 818 715.00

二、公司与实际控制人之间的产权和控制关系（见图 1）

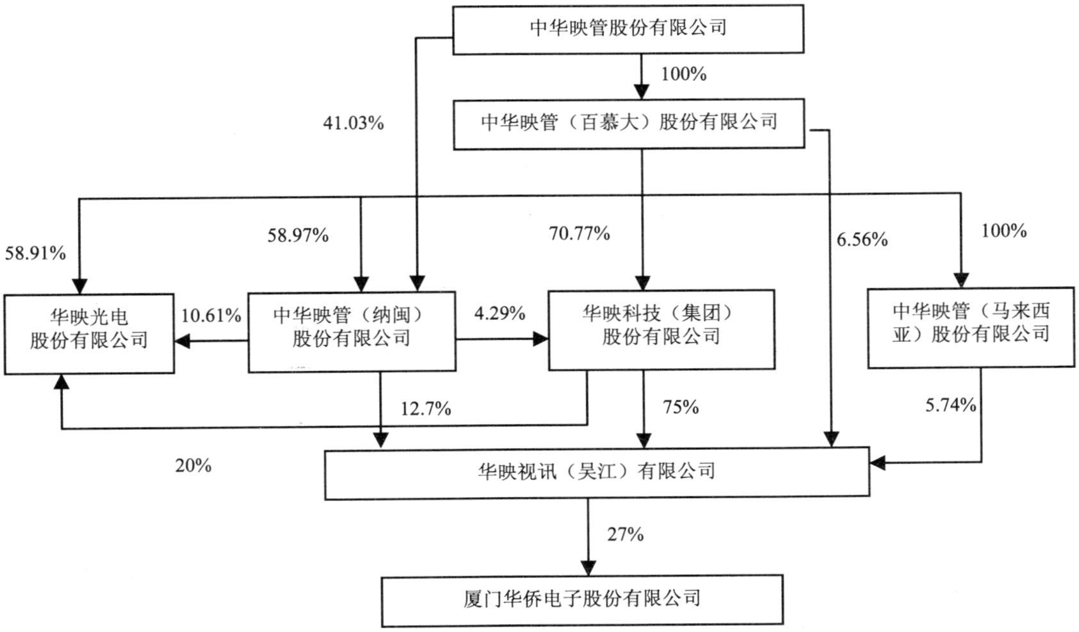

图 1　公司与实际控制人之间的产权和控制关系方框图

三、董事会报告

（一）2011 年公司经营情况的回顾

受市场需求增长放缓，上游液晶面板供过于求及彩电市场平均价格均大幅下跌等影响，公司 2011 年全年总销量虽与上年持平，毛利率略有上升，但总营业收入下降；同时，银行加息，贷款利息上升及人民币升值，引起汇兑损失增加等因素导致公司财务成本上升，致使净利润下降。2011 年，公司实现营业收入 325 316.60 万元，较 2010 年同期下降 24.20%；净利润 1 449.71 万元，较 2010 年同期下降 77.50%。

公司坚持以利润为中心的经营总则，继续调整市场结构，优化盈利模式，提升研发能力和品质管理，强化降成本、降费用、严格控制库存，完善体系建设，夯实企业内功；报告期内，公司在巩固原有的北美、南非、澳大利亚、中国台湾地区等主要市场及新开拓的日本市场的基础上，继续拓展东南亚、欧洲和南美洲等新的市场区域。公司坚持"盈利优先"与稳健经营相结合的原则，特别加强经营规模与效益、风险、成本的平衡问题。尽管公司报告期的营业收入与利润的成长呈减缓态势，但公司依靠自身健康、持续的经营，已步入良性的发展循环。

2011 年，公司"PRIMA"牌彩电再获厦门市人民政府颁发的"厦门优质品牌"荣誉称号。2011 年 7 月，厦华荣获中国电子信息行业 2011 年"优秀质量管理小组一等奖"和"优秀质量信得过班组一等奖"。2011 年 8 月，厦华上榜"中国对外贸易 500 强企业"名单。2011 年 8 月，厦华自有品牌 PRIMA 液晶电视再获香港消费者委员会好评推荐。2011 年 9 月，厦华被写入《海峡西岸经济区先进制造业发展规划（2011—2015 年）》。2011 年 11 月，厦华被写入《厦门市电子信息制造业"十二五"发展规划》。2011 年 12 月，厦华被中国质量协会、全国总工会、全国妇联、中国科协联合授予"2011 年度全国质量信得过班组"称号。2011 年 12 月，厦华入选"2011—2013 年度福建省重点培育和发展的国际知名品牌"名单。2011 年 12 月，厦华名列厦门"特区 30 年最具影响力民生品牌"榜首。

（二）公司主营业务的范围及其经营情况

公司主营彩色电视机、彩色监视器等产品。2011 年实现营业收入 325 316.60 万元，较 2010 年同期下降 24.20%，其中平板电视的销售额占总收入的 93.96%；净利润 1 449.71 万元。

1. 占主营业务收入 10%（含 10%）以上的业务情况（见表 2）

表 2　主营业务收入 10%（含 10%）以上的业务情况

（单位：元）

分行业或分产品	营业收入	营业成本	营业利润率	营业收入同比增减	营业成本同比增减	营业利润率同比增减
彩电及配件销售	3 153 354 751.17	2 808 069 825.78	10.95%	−24.55%	−25.30%	增加 0.89 个百分点
车载监视器及配件销售	79 178 997.40	55 249 676.92	30.22%	21.42%	12.35%	增加 5.63 个百分点

2. 主营业务分地区情况（见表 3）

表 3　主营业务分地区情况

（单位：元）

地　　区	主营业务收入	比上年增减
国内	306 179 450.01	−7.35%
国外	2 929 244 629.55	−25.39%

3. 主要供应商、客户情况

前五名供应商合计采购金额为 236 059.70 万元，占年度采购总额的 88.39%；前五名客户销售额为 249 638.40 万元，占公司销售总额的 76.73%。

（三）主要控股公司及参股公司的经营情况及业绩（见表 4）

表 4　主要控股公司及参股公司的经营情况及业绩

（单位：万元）

公司名称	主要产品或服务	注册资本	资产规模	净 利 润
厦门厦华新技术有限公司	主营车载视听产品为代表的电子产品	2 000	8 664.93	1 215.99
厦门海盛模具有限公司	需材料、模架、配件的开发和生产；电子主营各类模具的开发和生产；各种模具所机械配件的制造和模具技术合作等	3 200	4 587.84	−44.57

第9章

大 事 记

光电器件专业分会和液晶分会大事记

（1987—2009 年）

1．1987 年 7 月 19 日～23 日

在长春成立“光电器件行业协会”筹备组。

2．1988 年 5 月

原电子部（88）础器字第 033 号文批准成立“光电器件行业协会”，该协会是“中国真空电子行业协会”下属的专业分会。

3．1988 年 6 月 21 日

在苏州召开“光电器件行业协会”成立大会，选举朱野根为理事长，选举邵介圣、刘铁墉、张伟忠、田志仁为副理事长，聘请刘培正为秘书长，办公地点设在北京电子管厂，协会设两个信息中心，负责信息的收集、整理和传递。经济信息中心主任刘金铎，办公地点设在北京电子管厂；技术信息中心主任周进，办公地点设在南京第五十五研究所。

4．1989 年 4 月 20 日～23 日

在苏州召开“光电器件行业协会”理事会，有 12 家理事单位参加，会议重点讨论经济、技术两个信息中心的工作。

5．1989 年 9 月

根据行业管理的需要，1989 年 9 月机电部机微函字（1989）07 号文将“光电器件行业协会”中的液晶显示，固体、半导体光电器件专业划转到“中国光学行业协会”归口管理。

6．1989 年 11 月

在长沙召开了 16 家企业单位参加的半导体光电器件专业分会筹备会。决定在原“光电器件行业协会”的基础上，进一步发展会员，尽快筹建“中国光学行业协会光电器件专业协会”。

7．1989 年 11 月 1 日～7 日

在长沙召开 LED、LCD 国产化和“八五”规划会。

8．1990 年 4 月 10 日～12 日

在北京召开光电器件专业部分成员会，有 18 家单位参加，会上审定了向机电部呈送成立“中国光学光电子行业协会光电器件专业协会”的申请报告及今后工作。

9．1990 年 6 月

机电部机电改（1990）831 号文批准成立“中国光学行业协会光电器件专业分会”。

10．1991 年 1 月 12 日

在厦门召开“光电器件专业协会”成立大会，参加会议的有 67 家单位的 96 位代表。选举 21 家单位为理事单位。在第一次理事会上，选举朱野根为理事长（苏州半导体总厂），常永久（770 厂）、周毛兴（746 厂）为副理事长，聘请刘培正为秘书长。会上决定成立经济、技术、市场三个信息中心。首届 LED 学术交流会同时召开。

11．1991 年 5 月 21 日～23 日

“全国第一届平板显示器件及应用技术学术会议”在南京召开。会议由中国光学光电子行业协会光电子学分会主办，机电部南京第五十五研究所承办。会议收到论文 76 篇，会上宣读了论文 56 篇。到会代表 104 人，就平板显示的器件、材料和工艺等进行了广泛的交流。

12．1991 年 9 月 23 日

在西安召开“光电器件专业分会”第一届第二次理事会，有 19 家理事单位参加。重点研究 1992 年工作和加强信息中心的工作，决定联合编

辑出版《光电器件信息快报》。

13．1991 年 12 月 8 日

部分会员单位在深圳召开“液晶工作座谈会和液晶学术”报告会。

14．1992 年 6 月 9 日～12 日

“第一届全国平板显示会议”在长春召开。会议由中国物理学会发光分科分会、液晶分科学会联合主办，由中科院长春物理所承办。有 54 家单位的 110 多名代表参加，发表学术论文 86 篇。与会代表商定把平板显示会议变成系列性全国会议，由中国物理学会发光分会和中国光学光电子行业协会光电子学分会等共同主办，每两年召开一次，会议名称为“××全国平板显示会议”(××为召开年份)。

15．1992 年 6 月 10 日～12 日

在南昌召开“光电器件专业分会”第一届第三次理事会和 LED 工作座谈会。参加的理事单位有 17 家。

16．1993 年 4 月 15 日～17 日

在杭州召开第二届“光电器件专业分会”会员大会，会上选出 22 家理事单位，在第一次理事会上，选举苏州半导体总厂朱野根为理事长，选举 746 厂周毛兴、佛山光电器公司刘宝成、天马微电子公司汪斌、55 所薛文进、长春物理所卢景贵、774 厂张红飚为副理事长，聘请 774 厂刘培正为秘书长。同时召开第三届 LED 学术会议。

17．1993 年 5 月 24 日～27 日

在北京召开 LCD 所需设备和部分材料技术研讨会，邀请日本 30 余家公司的 50 多位专家进行讲课、交流。

18．1994 年 1 月 19 日

在苏州召开《光电器件信息快报》编委会。

19．1994 年 5 月 30 日～6 月 1 日

在北京召开 LCD 集中封装和超扭曲液晶材料应用技术讲习会，日本派 30 余人参加讲课交流。

20．1994 年 10 月 17 日～20 日

在苏州召开“光电器件专业分会”第二届第二次理事会和第四届发光二极管专业学术会，来自中国台湾地区、中国香港地区、美国等的 50 多家单位参加了会议，大会交流论文 41 篇，其中中国台湾地区 4 篇。

21．1994 年 10 月 25 日～27 日

“1994 年全国平板显示学术会议”在南京召开，会议由中国光学光电子行业协会光电子学分会，中国物理学会发光分会、液晶分会等联合主办，由电子部南京第五十五研究所承办。有来自美国、日本、中国香港地区和中国大陆的 150 多名代表参加。发表学术论文 109 篇。

22．1994 年 10 月 22 日～30 日

在电子部基础司的领导下，分会组织 5 位 LED 专家考察了 746 厂引进工程，提出了完善生产技术建设芯片基地的建议，签订了双边、多边合作协议。

23．1995 年 5 月 18 日～22 日

在山东济宁召开“光电器件专业分会”第二届第三次理事会和第五届 LED 学术交流筹备会议，有 31 名代表参加了会议。

24．1995 年 9 月 21 日～22 日

在北京召开液晶国产化和液晶行业座谈会，会上讨论了成立液晶专业分会事宜。

25．1995 年 11 月 20 日～22 日

中国光学光电子行业协会第三届第三次理事会决定将 LCD 从“光电器件专业分会”分出并成立液晶专业分会筹备会。

26．1996 年 5 月 13 日～5 月 15 日

光电器件专业分会理事会及第五届全国 LED 学术的筹备工作会议在广东省佛山市召开，有 18 家单位的 23 位代表参加了会议，中国台湾地区光

咨会也派代表参与学术会议的筹组、论文评审工作，会议评审了 34 篇论文，组委会决定在包头市召开学术交流会，理事会就三届理事会的组成方案讨论了意见。

27．1996 年 5 月 14 日

电子部电运（1996）025 号文批准成立“中国光学光电子行业协会液晶行业分会”。

28．1996 年 7 月 2 日～4 日

在北京召开中国光协液晶专业分会成立大会和技术交流会，出席会议的有 60 多家单位的 82 位代表，会上选出理事单位 25 个，在第一次理事会上，选举北京清华液晶技术工程研究中心的高鸿锦为理事长，天马微电子股份有限公司的董绪旺、电子部南京第五十五研究所国家平板显示工程研究中心的薛文进为副理事长，聘请北京电子管厂刘培正为秘书长。

29．1996 年 7 月 28 日～8 月 1 日

光电器件专业分会在内蒙古包头市召开全体会员大会及三届一次理事会，全国有 96 位代表参加了会议，选举了第三届理事会成员单位 21 家，理事会议选举朱野根先生为理事长（苏州半导体总厂），刘和初（南昌 746 厂）、布良基（佛山光电器材公司）、薛文进（南京第五十五研究所）、卢景贵（中科院长春物理所）为副理事长，聘请马坚铭为秘书长。

第五届全国 LED 学术会议同时召开，中国台湾地区、中国香港地区也派代表参加了会议，有些国外在华机构的代表也申请参加，大会交流论文 37 篇，其中中国台湾地区 9 篇，这些论文涉及光电材料、工艺结构、检测设备等各个方面。

30．1996 年 10 月 31 日～11 月 3 日

“1996 年全国平板显示学术会议”在北京召开。本次会议由中国光学光电子行业协会液晶分会、中国光学光电子行业协会光电子学分会、中国物理学会发光分会等联合主办，由北京清华大学承办。有来自美国、日本、新加坡、中国台湾及香港地区和中国大陆的 200 多名代表参加，发表学术论文 114 篇。

31．1997 年 5 月 19 日～5 月 22 日

在宁波市召开三届二次理事扩大会议，有 12 家单位的代表参加了会议，会议就 LED 产业的形势，1998 年第六届 LED 学术会议决定改在吉林长春市召开，并就组团访问中国台湾地区，建立行业规范等有关问题进行了重点讨论。

32．1997 年 9 月

中国光协液晶专业分会第二次全体会员大会在桂林召开，120 多名代表参加了会议，会议总结了液晶行业协会的发展过程，以及 1996 年至 1997 年中国液晶产业概况。1996 年中国光协液晶专业分会有会员单位 70 家，全行业职工 12400 人，液晶屏产量 64 万 m^2，液晶产业（含材料）销售额 21.5 亿元，出口创汇 1.6 亿美元，ITO 玻璃生产能力已达 200 万 m^2，TN 液晶材料生产能力已达 10t。

33．1998 年 8 月 18 日～20 日

“1998 年中国平板显示学术会议”在长春召开。会议由中国物理学会发光分科学会、液晶分科学会，中国光协液晶分会、光电子学分会等联合主办，由中科院长春物理所、北方液晶工程研究开发中心承办，吉林电子股份有限公司协办。有来自日本、德国、中国香港地区的 90 多家单位的 210 多名代表参加，发表学术论文 145 篇。

34．1998 年 12 月 1 日～5 日

在深圳召开了“98 中国液晶行业年会”，91 家单位的 135 名代表参加了会议，国家计委高技术产业发展司、信息产业部电子信息产品管理司、深圳市科技局等有关领导出席了会议，液晶分会理事长高鸿锦作了“中国液晶产业年度报告”，秘书长刘培正作了“1998 年工作报告”。1998 年有会员单位 82 家，其中 LCD 厂 33 家，其他单位 49 家，收到行业调查表 30 份，30 家单位总投资 3.5 亿美元，其中 16 家 LCD 厂的总投资 2.6 亿美元，1997 年收入为 18 亿元，其中 LCD 收入 15.9 亿元。

会议期间召开了第三次理事会，就 1999 年主要工作做了安排，主要有以下几点：①协助信息产业部进行“通信用显示产品国产化调查”；②进行行业调查，编写行业名录；③召开“21 世纪显示技术和产业发展研讨会”。

35．1999 年 11 月 8 日～10 日

中国光协与中国真空电子行业协会联合在京召开了“DTI′ 99－显示技术与产业发展研讨会”，来自信息产业部、国家科技部及中国光协、中国真空电子行业协会、中国计算机行业协会、中国通信行业协会及其他单位的 225 名代表出席了大会，大会对 21 世纪显示技术的发展趋势及我国的发展战略进行了研讨。

会议期间召开了液晶分会第四次理事会，理事会决定由清华液晶中心万博泉同志接替刘培正同志担任分会秘书长的工作。

36．2000 年 8 月 21 日～24 日

中国光学光电子行业协会液晶专业分会在南京召开了第二届会员大会，参加大会的共有 54 家会员单位，大会根据民政部的规定进行了理事会换届选举，大会通过会员单位无记名投票的形式，共选出理事单位 30 家。其中包括理事长单位一家，北京清华液晶技术工程研究中心当选；常务副理事长单位一家，深圳天马微电子股份有限公司当选；副理事长单位两家，分别是 55 所国家平板显示工程研究中心和深圳科技工业园；常务理事有 11 家单位当选，理事单位有 15 家单位当选。

同时，大会还选举理事长一人，由北京清华液晶技术工程研究中心主任高鸿锦担任，并由理事长提名，万博泉先生当选为秘书长，孙政民先生当选为副秘书长。

37．2000 年 8 月 21 日～24 日

“2000 年中国平板显示学术会议”在南京召开。由中国光学光电子行业协会液晶专业分会、中国电子学会量子电子学和光电子分会、中国电子学会显示技术委员会、中国真空电子行业协会真空光电器件分会和中国光学光电子行业协会联合主办，由信息产业部南京第五十五研究所、国家平板显示工程技术研究中心联合承办。共有来自 180 余家单位的 320 余名中外注册代表参加了会议，发表学术论文 98 篇，并有部、省、市领导出席了大会并代表各家单位向大会的召开表示了热烈的祝贺。共有 70 余篇技术论文在会上进行了交流，促进了平板显示领域同行的相互了解和合作。

38．2001 年 10 月 26 日～27 日

中国光学光电子行业协会液晶专业分会于 2001 年 10 月 26 日～27 日在上海光大会展中心召开了 2001 年液晶行业年会及常务理事会会议，并与中国电子器材总公司共同举办了“中国（上海）国际平板显示技术与产业发展论坛”。来自日本、韩国、中国台湾地区及中国大陆的 160 家中外企业、大专院校、研究所及商社的 250 名代表参加了会议。会议发表论文 23 篇，内容涉及 LCD、LCOS、PDP、OLED 等平板显示器件及相关材料、设备的技术和产业发展动态。

日本东北大学著名的平板显示专家内田龙男教授作了“FPD 的最新发展动向”的报告，报告精辟分析了几种主要平板显示技术的现状及将来发展的趋势。韩国资深液晶专家郑琥相先生详细分析了韩国 LCD 工业发展的现状和展望。国内的专家学者也对平板显示技术的发展趋势及我国的现状进行了分析。

信息产业部电子信息产品管理司基础产品处季国平处长在会上作了“中国平板显示产业现状及发展战略”的报告。

理事长高鸿锦教授代表理事会在会上作了 2001 年年度报告，报告总结了一年来我国 LCD 行业器件、材料、LCD 设备的发展情况。

常务理事会审议了秘书处的工作，讨论了明年的工作要点。增选豪威科技集团公司为常务理事，将海晶的常务理事换成上海广电液晶显示器有限公司，海晶改成理事单位。2002 年的年会及平板显示学术会于 2002 年 11 月在深圳举行，举办单位为天马微电子股份有限公司，晶华、深辉、南玻、深圳莱宝、豪威科技等公司协办。

39．2001年11月11日～20日

中国液晶行业协会赴韩考察团一行七人对韩国LCD及PDP产业进行了考察。考察团先后访问了LG-PHILIPS、LG-电子、SEC、ORION、三星康宁、三星电子、Hydis、UPD、三星SDI等公司，并与这些公司的高层负责人进行了交流，还参观了它们的LCD、PDP、ITO玻璃、手机、COG设备生产线。通过这次访问和交流，使我们对韩国LCD及PDP产业的发展历史及现状有了一个比较详细的了解。韩国发展平板显示器件（FPD）的经验给了我们许多启发，值得认真研究和借鉴。

40．2002年7月25日

“2002年海峡两岸LCD产业发展研讨会”于7月25日在北京清华大学举行。以中国台湾平板显示联谊会会长兼碧悠电子总经理林文彬先生为首的20余名台湾产业界代表到会。大陆方面有包括液晶专业分会常务理事单位在内的30余家企业和研究机构的60余名代表参加了研讨。

液晶专业分会理事长高鸿锦教授在会上作了“中国大陆液晶产业现状”的报告。中国台湾地区林文彬会长作了题为“两岸LCD产业合作前景”的演讲。会上两岸的产业界与学术界的代表进行了气氛热烈的研讨，同时发布了一批最新的研究成果与产品。此次研讨会的召开，增进了两岸产业界的相互了解，提供了两岸企业的合作机会，为两岸的行业协会今后的进一步合作打下了良好的基础，达到了预期的目标，代表们反应良好。

在同期召开的液晶专业分会常务理事会上，秘书处对以下两项工作的进展情况向常务理事单位进行了通报。第一，根据2002年工作计划，开始筹备2003年国际平板显示展览会，与总会领导一起对入围的展览公司进行了评估与筛选。第二，关于行业协会网站的问题。另外，天马微电子的孙政民总工程师通报了2002年全国平板显示学术会议的筹备工作。经过讨论，展览会的提案获得了常务理事单位一致通过，并且希望办成每年一届的具有国际水准的专业盛会。在行业协会网站的问题上，比较集中的意见是要慎重，有条件尽量由协会自己办。

41．2002年12月4日～6日

“2002中国平板显示学术会议”在深圳市银湖旅游中心举行。这次会议是由中国光学光电子行业协会液晶专业分会、中国电子学会量子电子学和光电子分会、中国电子学会显示技术委员会、中国真空行业协会真空光电器件分会、中国光学光电子行业协会、中国物理学会发光科学分会主办，由深圳天马微电子股份有限公司承办，由深圳晶华显示器材有限公司、深圳深辉技术有限公司、深圳南玻集团、深圳莱宝高科技股份有限公司和深圳豪威真空光电子股份有限公司协办。参加大会的共有200多家单位的450名中外代表，加上深圳周边地区企业、深圳市政府有关部门和新闻媒体，总人数超过500人。信息产业部和深圳市的领导都出席了大会，并向大会的召开表示热烈的祝贺。大会上共有109篇论文进行了宣读和交流，来自日本、美国、中国台湾地区和香港地区的专家在大会上作了精彩报告。这次会议集中地介绍了两年来我国平板显示产业所取得的进展，对同行之间的合作和交流起到了积极作用。

42．2002年12月3日

在深圳银湖旅游中心召开了中国光学光电子行业协会液晶专业分会2002年年会，信息产业部电子信息产品管理司领导出席了会议。液晶专业分会理事长高鸿锦教授作了“2001年中国液晶显示行业发展状况”的报告，秘书处作了“液晶分会工作报告”。国家环保总局清洗行业整体淘汰ODS特别工作组组长孙良欣对清洗行业淘汰ODS作了重要讲话，并要求各有关单位做好这项工作。

43．2003年3月5日

在深圳市召开了中国光学光电子行业协会液晶分会二届四次常务理事会议，共有18家单位的25名代表出席了会议。常务理事会认为，为了适应液晶显示产业的蓬勃发展，进一步发挥行业协会的作用，调动企业参加行业协会活动的积极性，有必要增加理事单位、常务理事单位和副理事长单位的数目。经过代表的充分讨论和协商，决定理事单位由原来的32家增加到41家，常务理事单位由原来的17家增加到20家，副理事长单位由原来的3家增加到8家。会议决定由深圳天马微电子股份有限公司出任理事长单位，北京清华液晶技术工程研究中心为常务副理事长单位，副理事长单位为中国电子科技集团第五十五研究所国家平板显示工程研究中心、上海广电电子股份有限公司、河北冀雅电子有限公司、深圳晶华显示器材有限公司、深圳南玻集团、深圳莱宝高科技股份有限公司、中国北方彩晶集团有限公司。新增补的常务理事单位有厦门高卓立液晶显示器有限公司、北京京东方科技集团股份有限公司、深圳清溢精密光电有限公司和北京维信诺科技有限公司。新增补的理事单位有长春联信光电子有限责任公司、苏州瑞红电子化学品有限公司、南京华日液晶显示技术有限公司、迈尔科特微电子（深圳）有限公司、中国电子科技集团公司第二研究所、常州东南液晶显示有限公司、蚌埠华益导电膜玻璃有限公司、显邦电子有限公司和江门亿都半导体有限公司。会议决定由深圳天马微电子股份有限公司总经理董绪旺先生担任理事长，高鸿锦先生担任名誉理事长，董友梅女士担任常务副理事长，孙政民先生担任秘书长，刘嘉先生担任副秘书长。

为了更好地开展协会工作，进一步健全协会组织，会议决定成立秘书处、培训处、信息统计处和对外联络处。

会议对2003年和2004年的工作进行了部署，对会刊、培训、网站、展览和对外交流等问题进行了讨论和研究，并作了相应的安排。

44．2003年10月16日

由深圳市高新技术产业园区领导小组办公室和中国光学光电子行业协会液晶分会主办，深圳豪威真空光电子股份有限公司协办的“2003年深圳平板显示行业发展研讨会”在深圳市高新技术产业园区举行。会议邀请了中国台湾地区和深圳市平板显示产业界的知名人士作特邀报告，共同探讨平板显示器的发展现状及趋势。

45．2003年11月20日～21日

在广东省珠海市珠海度假村酒店举行了中国光学光电子行业协会液晶分会2003年年会。出席会议的代表来自国内外130多家单位，共计240余人。大会通过了2003年3月5日在深圳召开的二届四次常务理事会议关于调整液晶分会的领导班子并增补常务理事单位和理事单位的决定，另外增补的常务理事单位还有深圳亚视通广告有限公司，增补的理事单位还有北京京城清达电子设备有限公司。信息产业部电子产品管理司季国平处长在大会上作了“新型显示器件的发展”的报告，液晶分会理事长董绪旺作了“2002年中国液晶行业发展状况”的报告，液晶分会秘书长孙政民则对2003年分会所做的工作向大会作了汇报。大会邀请了中国台湾拓璞产业研究所和中华映管股份有限公司作专题报告。来自国内的大专院校、研究所和企业的专家、学者、工程技术人员以及日本、美国、德国和韩国的专家对平板显示及相关产业的最新进展作了介绍。

11月19日晚召开了二届五次常务理事会议。中国光学光电子行业协会秘书长陈玉江先生和吕玉华女士出席了会议。国家民政部正式为液晶分会颁发了社会团体分支（代表）机构的登记证书及副本。

46．2004年6月17日～18日

由中国光学光电子行业协会液晶分会举办的“平板显示技术和产业发展战略研讨会”在深圳市举行。信息产业部季国平处长主持了会议。会议听取了专家就国内外平板显示技术和产业发展态势所作的报告，并就“十一五”期间我国平板显示的发展规划进行了认真和热烈的讨论。

47．2004年6月18日

由深圳中国国际高新技术成果交易中心、中国光学光电子行业协会液晶分会和深圳市亚威广告有限公司共同组织承办的“第六届中国国际高新技术成果交易会光电子及平板显示技术与产品展”新闻发布会于下午在深圳市五洲宾馆举行。信息产业部和深圳市有关领导出席了新闻发布会。这次展览是高交会专业展的主要组成部分之

一，为光电与平板显示领域内的企业、科研院所以及中介服务机构和投融资机构打造了一个展示、交流和交易的良好平台。

48．2004 年 6 月 30 日～7 月 2 日

在日本东京举行了第 14 届平板显示制造技术展览和研讨会，这次展览是全球平板显示制造设备和材料的一次大型展览。我国平板显示领域中的许多单位都派人参观了这次展览。在开幕式上，来自中国（包括香港地区）的 6 位人士作为剪彩嘉宾，格外引人注目。信息产业部季国平处长和液晶分会常务副理事长董友梅应邀在大会上作了报告，介绍了我国平板显示产业的发展。

49．2004 年 8 月 13 日～15 日

中国光学光电子行业协会液晶分会二届六次常务理事会暨“2004 中国（蚌埠）平板显示技术和产业发展研讨会”在蚌埠华益导电膜玻璃有限公司综合会议室举行。出席会议的有信息产业部、安徽省信息产业厅和蚌埠市有关领导，液晶分会全体常务理事及国内 LCD 企业和相关产业的代表，以及安徽省华光集团和华益公司的工程技术人员和管理人员，共计近 200 人。来自日本、美国及国内的专家就平板显示各个领域的发展作了特邀报告。

二届六次常务理事会就 2004 年以来分会所做的工作进行了讨论，并对今后的工作做了安排。由于分会已指定中华液晶网为协会网站，为了报道和工作的方便，会议通过了中华液晶网的主办单位广州晶盟光电显示信息服务有限公司为理事的提案。

50．2004 年 8 月 23 日～27 日

第 24 届国际显示研究会议和第 4 届国际信息显示会议在韩国大邱市举行。应韩国信息显示学会的邀请，液晶分会秘书长孙政民参加了会议，并在“Special Evening Session ”上作了题为“中国平板显示产业发展”的报告，受到了与会者的关注。

51．2004 年 10 月 21 日

在上海召开了中国光学光电子行业协会液晶分会第三届会员大会。大会举行了理事会换届选举，经过民主协商选出了第三届理事会，共有 54 家理事单位。随后理事会又选举了理事长单位、副理事长单位和常务理事单位，共有 27 家单位。深圳天马微电子股份有限公司当选为理事长单位，北京清华液晶技术工程研究中心当选为常务副理事长单位，中国电子科技集团公司第 55 研究所等 8 家单位当选为副理事长单位，康惠（惠州）半导体有限公司等 17 家单位当选为常务理事单位。接着召开了三届一次常务理事会，会议决定由董绪旺出任理事长，高鸿锦为名誉理事长，季国平为顾问，董友梅为常务副理事长。另经理事长提名，常务理事会一致通过由孙政民出任秘书长，许生和杨君为副秘书长。

52．2004 年 10 月 12 日～17 日

在深圳市举办了第六届“中国国际高新技术成果交易会”（以下简称“高交会”）。在高交会上，液晶分会与深圳市中国国际高新技术成果交易中心和深圳市亚威广告公司共同承办了首届“光电子及平板显示技术与产品展”。在这次展览会上，共有来自美国、英国、德国、日本、意大利、瑞士等国和中国港台地区的 105 家专业机构参展。在展览的同时，液晶分会、中华液晶网和 AKT 公司还举办了两场报告会。

53．2004 年 10 月 20 日～22 日

在日本横滨举行了“FPD International 2004”展览及研讨会，这是日本在平板显示领域的两大展览之一（另一个是“Finetech Japan”）。为了反映中国近年来 FPD 的迅速发展，会议组织者特地安排了一场专门的报告会，邀请我国京东方、TCL、天马和维信诺等企业就中国发展 TFT-LCD、OLED、平板显示应用产品等方面进行了演讲。

54．2004 年 10 月 22 日～23 日

“2004 年中国平板显示学术会议”在上海召开。会议由中国光协液晶分会、中国光协光电子学分会、中国物理学会发光分会等联合主办，上

海广电电子股份有限公司承办。信息产业部和上海市有关领导出席了会议。有来自美国、加拿大、日本、韩国、新加坡、中国台湾及香港地区和中国大陆的近200名代表参加。发表学术论文82篇，其中包括 TFT-LCD、STN-LCD、PDP、LCOS、OLED、FED 等新型平板显示器件在材料、制造、工艺、设备等技术和学术领域的研发成果。大会邀请了来自日本NEC、松下、韩国三星、美国柯达等公司国际一流的平板显示专家作了专题报告。会议还制作了中国平板显示学术会议会旗。

55．2005 年 3 月 18 日

液晶分会三届二次常务理事会在海南省三亚市三亚湾假日酒店举行，共有21家单位的代表出席了会议。在这次会议上，着重讨论了2005年年会的召开、高交会光电平板显示展览及论坛、举办平板显示培训班、网站和信息统计等工作。

56．2005 年 4 月 20 日～22 日

在日本举办“Display 2005”，即第十五届平板显示研究开发和制造技术展览会及研讨会。深圳天马微电子股份有限公司作为国内唯一的参展单位在会上展出了各种中小尺寸 TFT-LCD 和快速响应 STN-LCD（又称 SFD）产品。作为剪彩嘉宾，董绪旺理事长和孙政民秘书长分别代表行业协会和天马公司出席了开幕式。在本次大会上，会议组织者特别安排了一场“Special Session”报告会，邀请日本、韩国和中国的官员介绍各国发展 FPD 产业的状况。孙政民秘书长代表信息产业部季国平处长在会上作了题为“中国平板显示产业的发展”的报告。

57．2005 年 7 月 31 日～8 月 1 日

中国光学光电子行业协会液晶分会 2005 年年会在河北省承德市举办，共有来自国内外近90家单位的200余人参加了此次年会。本次年会由中小企业筹办，重点是为中小企业提供一个交流经验和促进行业发展的平台。会议由石家庄永生华清公司承办，冀雅、京城清达和二所协办。董绪旺理事长和孙政民秘书长分别作了“2004年中国液晶产业发展状况”和液晶分会的工作报告。京东方、天马、永生华清等国内11家企业和日本、美国的公司代表在大会上作了报告。

此前，7月29日液晶分会三届三次常务理事会在北京举行，会议总结了上一年的工作，并对今后工作进行了布置。

58．2005 年 10 月 12 日～17 日

在深圳市第7届高交会上，由液晶分会等单位第二次筹办了“光电子及平板显示技术与产品展”。此次展出面积达7 500m^2，共有6个国家和地区的150余家企业参展，吸引了3万多名来自40多个国家和地区的专业买家和参观商。

59．2005 年 10 月 12 日～14 日

由中国国际高新技术成果交易中心、中国光学光电子行业协会、深圳市平板显示行业协会和深圳市科技专家委员会共同主办，深圳亚威资讯集团承办的“中国显示器大会（CDIC）2005”在深圳市举行。会议邀请了全球著名的分析机构（如 Displaysearch 等）和知名 FPD 企业（如 Samsung、Hitachi、AKT 等）的高级管理人员及技术专家到会作了30多场报告，介绍了全世界平板显示发展的最新动向，会议期间还安排了一场高峰论坛，共有1000多人次参加了这次国际研讨盛会。

60．2006 年 4 月 7 日

中国光学光电子行业协会液晶分会三届四次常务理事会暨武汉平板显示报告会在武汉市科技会展中心举行。出席会议的有信息产业部和湖北省信息产业厅的有关领导，来自美国、日本、韩国和国内企业的专家作了6场特邀报告。

三届四次常务理事会就 2005 年以来分会所作的工作进行了讨论，并对以后的工作进行了安排。会议通过了康宁（中国）有限公司和广州进鼎光电显示信息服务有限公司为液晶分会理事单位的提案。

61．2006 年 4 月

信息产业部电子信息产品管理司基础产品处王勃华处长应邀出席了在日本东京举办的第 16 届 Finetech Japan 和第2届 Display 2006 展览会，

并作为 18 位剪彩嘉宾之一参加了开幕式的剪彩仪式。同时在展览会召开的特别演讲会上，王勃华处长作了题为“中国 FPD 产业的市场、现状与趋势”的演讲，向千余名与会人士介绍了我国平板显示技术的发展概况、相关上下游产业链的建设和未来的发展趋势，受到与会者的热烈欢迎。

62．2006 年 5 月 26 日

在深圳市召开了由中国光学光电子行业协会液晶分会和深圳市平板显示行业协会联合主办的“深圳平板显示产业座谈会”。深圳市许宗衡市长、刘应力常务副市长、唐杰秘书长、信息产业部季国平助理巡视员，以及京东方总裁梁新清、创维董事局主席王殿甫、赛格集团总经理孙盛典和 30 家企业的总经理出席了会议。孙政民秘书长作了“关于加快深圳 TFT-LCD 产业发展的建议”的报告，创维、京东方、AKT、旭硝子、豪威、帝光等企业负责人纷纷发表各自建议，许宗衡市长在会上作了重要讲话，表示深圳市委和市政府将全力支持，打造深圳平板显示产业链。

63．2006 年 9 月 20 日

2006年年会及三届五次常务理事会在北京召开。出席会议的代表有信息产业部基础产品管理司领导、中国光电子行业协会秘书长以及液晶分会各成员单位。

常务理事会同意董绪旺先生因年龄原因辞去液晶分会理事长职务的请求，并一致同意刘瑞林先生代表深天马接任液晶分会理事长职务。

64．2006 年 9 月 21 日～22 日

“2006 年中国平板显示学术会议”在北京召开。会议由中国光协液晶分会、中国光学光电子协会、中国物理学会发光分会、中国物理学会等 6 家学会协会联合主办，京东方科技集团股份有限公司承办。会议邀请了来自中国大陆、中国台湾地区以及韩国、日本等国家和地区的院士、知名专家就全球显示技术和产业发展作了精彩的报告，信息产业部产品司丁文武副司长、北京市科委马林主任和超过 500 名中外代表参加了本次会议，发表学术论文 148 篇。会议期间还举办了 TFT-LCD 产业高峰论坛，信息产业部产品司肖华司长、国务院发展中心企业所陈小洪所长、京东科技集团公司王东升董事长、国家开发银行北京营业部赵洪贵副总经理、康宁显示科技部中国区卞强总裁、日立工业设备株式会社村山孝夫常务取缔役等业内众多的知名人士出席了本次高峰论坛。

65．2007 年 3 月 9 日

三届六次常务理事会在云南丽江召开，信息产业部基础产品管理司领导、中国光电子行业协会秘书长以及液晶分会理事长、常务副理事长、副理事长、常务理事单位的代表 30 多人出席了本次会议。

本次常务理事会同意原秘书长孙政民请辞，并同意深圳天马微电子股份有限公司推荐的肖锦接任液晶分会秘书长职务。分会新任秘书长肖锦主持讨论了 2007 年工作计划。

常务理事会决定聘请信息产业部基础产品管理司王勃华处长担任液晶分会顾问、季国平担任名誉顾问、董绪旺担任名誉理事长。会议讨论通过增补两家常务副理事长单位，分别为京东方科技集团股份有限公司与上海广电（集团）有限公司，增补 6 家常务理事单位。会议确定上海天马微电子有限公司为“2008 年中国平板显示学术会议”及学会年会承办单位，由上海广电（集团）有限公司等协办。会议还决定成立工作小组起草本分会章程草案，交会员大会讨论通过，章程草案由理事长和常务副理事长单位的相关人员负责起草。

66．2007 年 4 月

为了给液晶行业的各位同行提供一个更为广阔通畅的交流平台，实现信息共享，新一届液晶协会秘书处从2007年4月开始每月推出一次行业快讯。快讯分政策信息、行业动态、厂商动态、新品新知和协会信息 5 个版块，全面、详细地报道行业最新动态。

67．2007 年 9 月 8 日

2007年液晶分会年会及三届七次常务理事会

在山西太原召开。液晶分会理事长、常务副理事长、副理事长、常务理事单位及会员单位的代表共 153 人出席了年会，并听取了有关行业动态与新技术发展的专题报告。

本次常务理事会同意原秘书长肖锦请辞，并同意深圳天马微电子股份有限公司李曙新代液晶分会秘书长职务。会议听取了上海天马微电子有限公司为“2008 年中国平板显示学术会议”所做准备工作的汇报，以及协会秘书处关于本分会章程草案工作进展的汇报，并进行了相关讨论。

68．2008 年 3 月 10 日

2008 年 3 月 10 日，中国光学光电子行业协会液晶分会年会在上海天马召开，会上表决通过了液晶分会章程。

69．2008 年 3 月 11 日～12 日

2008 年 3 月 11 日～12 日，由中国光学光电子行业协会液晶分会主办，上海天马微电子有限公司承办，SEMI（国际半导体设备及材料协会）、上海广电（集团）有限公司等单位协办的“2008 中国平板显示学术会议”在上海虹桥宾馆隆重召开。作为国内规模最大、水平最高的平板显示技术交流盛会，此次会议共有来自美国、韩国、日本、新加坡、意大利、捷克、中国台湾、中国香港和中国大陆的超过 300 家单位约 660 名中外学术界和产业界代表参加。国内外 50 多家媒体对本次盛会进行了跟踪报道。

70．2008 年 9 月 19 日

2008 年 9 月 19 日，中国光学光电子行业协会液晶分会三届八次常务理事会在湖北宜昌召开。工信部、总会领导及常务理事单位参加了此次会议，会议内容包括行业交流、协会工作交流与研讨。

71．2009 年 5 月 15 日

2009 年 5 月 15 日，中国光学光电子行业协会液晶分会 2009 年年会在武汉召开。液晶分会理事长、副理事长、常务理事单位及会员单位的代表共 83 人出席了年会，会上分会领导做了工作总结和计划，并听取了平板显示产业最新趋势和相关技术发展的专题报告。

72．2010 年 3 月 17 日

2010 年 3 月 17 日上午，中国光学光电子行业协会液晶分会三届九次常务理事会暨 2010 年会员大会在上海通茂大酒店举行。

常务理事大会一致通过了下届理事长单位由京东方科技集团股份有限公司担任。此外，当选常务副理事长单位的 3 家单位分别是：天马微电子股份有限公司、北京清华液晶技术工程研究中心、深圳莱宝高科技股份有限公司，当选副理事长单位的是中国电子科技集团公司第 55 研究所、河北冀雅电子有限公司、深圳晶华显示器材有限公司、南玻集团精细玻璃事业部，另外，深圳帝光电子有限公司等 26 家公司当选为常务理事单位。

在常务理事大会之后的会员大会上，协会通报并一致通过了本届改选结果。

京东方科技集团股份有限公司提名京东方科技集团总裁王东升先生为新一任液晶分会理事长，王东升先生提名京东方科技集团副总裁董友梅女士为协会秘书长。王东升先生就协会下一步的工作安排进行了发言，将未来协会工作的思路概括为“1234”战略。

73．2010 年 7 月 22 日～23 日

中国光学光电子行业协会液晶分会（以下简称“液晶分会”）于 2010 年 7 月 22 日～23 日在合肥召开了液晶分会第四届一次常务理事会。除特邀嘉宾外，出席本次常务理事会的有理事长、常务副理事长、副理事长以及常务理事共 30 家单位的 43 位代表。

此次会议通过的提案有：

通过液晶分会秘书长变更事宜。常务理事会同意原液晶分会秘书长董友梅因工作原因，辞去秘书长一职；同意由被提名的京东方集团副董事长梁新清担任本届液晶分会秘书长。

原则通过了秘书处 2010 年的工作计划，原则同意液晶分会拟于 2010 年 12 月在北京举行平板显示国际论坛。

通过液晶分会服务产品提案。会议同意液晶分会秘书处除定期编发会刊（《平板显示文摘》）外，还定期、不定期地提供行业数据收集、统计、行业研究报告、培训、网页管理、商务考察、专业展览、展示、专业论坛、学术会议等。

通过了液晶分会 2010 年财务预算提案；审议通过了液晶分会会费调整提案；通过了关于增补液晶分会常务理事单位的提案。

74. 2010 年 11 月 18 日

2010 年 11 月 18 日，由合肥市政府主办，中国光学光电子行业协会液晶分会、合肥新站综合开发试验区管委会承办的“2010 中国•合肥平板显示关键原材料及设备制造本土化高峰论坛”在合肥市新站开发区成功举办。此次高峰论坛主题为“合作与创新”。会议邀请到了工业和信息化部电子信息司丁文武副司长、合肥市吴存荣市长，以及爱发科、AKT、住友化学等众多材料与设备厂商及平板显示业内专家 60 余人参加。会议由中国光学光电子行业协会液晶分会秘书长、京东方科技集团股份有限公司副董事长梁新清先生主持。与会者就“合作与创新，加强平板显示产业链本土化建设”进行了广泛、深入的研讨。

75. 2010 年 12 月 10 日

2010 年 12 月 10 日，由中国光学光电子行业协会液晶分会和日经 BP 社共同主办的“中国•北京 2010 国际平板显示产业高峰论坛”在北京国家会议中心隆重举行。来自日本、韩国及中国大陆地区等海内外的平板显示产业的专家、学者、企业技术人员 600 余人到会。

国家工业和信息化部电子信息司肖华司长、国家发展和改革委员会高技术产业司李新副处长、北京市经济和信息化委员会阎冠和副主任等先后致辞，介绍了中国平板显示产业的发展现状以及政府决定大力促进中国平板显示产业发展的战略规划。

本次论坛的主题是“合作、创新与发展——中国 FPD 产业的机遇和挑战”。海内外众多知名大厂、高校的专家及学者深入剖析和探讨了中国平板显示产业的发展机遇和挑战，并充分共享了来自世界各地的平板显示行业最新管理和技术信息。

76. 液晶分会与韩国显示产业协会签署合作谅解备忘录

2011 年 3 月 16 日，液晶分会与韩国显示产业协会在上海签署了合作谅解备忘录。今后，液晶分会将和韩国行业协会共同探讨在商业、行业标准和环境问题等方面的信息交流与合作。

77. 液晶分会第四届二次常务理事会在南京召开

液晶分会第四届二次常务理事会于 2011 年 4 月 27 日～28 日在南京市召开。理事长王东升主持会议，秘书长梁新清作了“液晶分会 2011 年工作报告”。中国光学光电子行业协会的王琳秘书长，液晶分会名誉理事长高鸿锦、董旭旺，液晶分会顾问季国平等出席。来自 36 个常务理事单位的代表出席本次常务理事会。会议审议通过了《液晶分会 2011 年工作报告》、中国•北京国际平板显示产业高峰论坛方案、液晶分会网站方案以及 2012 年平板显示学术大会筹备方案等提案。

78. 液晶分会接待中国台湾显示器产业联合总会来访

液晶分会秘书处 2011 年 7 月 18 日接待中国台湾工业总会访问，并与来访的中国台湾显示器产业联合总会就两岸产业合作进行了深入沟通，双方正在洽谈两岸合作备忘录，为进一步合作奠定基础。

79. 2011 年液晶分会会员大会在京召开

2011 年液晶分会会员大会于 9 月 4 日在北京国家会议中心召开。工信部电子信息司彭红兵处长、中国光学光电子行业协会秘书长王琳、液晶分会名誉理事长高鸿锦、行业专家张百哲以及来自各会员单位的代表 70 余人参加了当天的会议。

京东方科技集团董事长、液晶分会理事长王东升在致辞中首先分析了液晶行业面临的形势，重申了他 2010 年对行业协会工作提出的“1234”的发展战略以及对行业发展的重要性，对协会新秘书处组建以来的工作给予了充分肯定，并对下一步工作提出了更高要求。

液晶分会秘书长梁新清围绕“1234”战略主题，从服务政府、服务会员、组织搭建各种桥梁与平台、对外交流与合作几方面向与会代表详细汇报了新一届秘书处组建以来所开展的各项工作。

王琳和彭红兵分别作了重要讲话。彭红兵指出，当下是“十二五”布局的关键期、敏感期，对平板显示产业一定要更科学、更合理地进行布局。他从现有技术升级、产业支撑、下一代显示技术三方面谈了我国面临的问题和应对策略，王琳和彭红兵都希望液晶分会能在“十二五”期间，对促进产业发展发挥更大的作用。

80．2011 国际平板显示产业高峰论坛在京举行

2011 年 9 月 5 日～6 日，由液晶分会和日经 BP 社共同主办的 “中国•北京 2011 国际平板显示产业高峰论坛”在北京国家会议中心隆重举行。

工业与信息化部总经济师周子学以及国家相关部委、北京市有关部门的领导出席了开幕式。

本次论坛的主题是“合作、创新与发展——携手推进中国平板显示产业发展”。来自三星、LG、台湾友达、京东方、中电熊猫、天马、日本先锋、长虹、彩虹、东电电子、应用材料等国内外行业巨头代表、科研院校的专家学者纷纷到场，大会盛况空前。

81．液晶分会组织会员单位赴日本参加第十八届日本横滨展

2011 年 10 月 26 日～28 日，液晶分会组织会员单位赴日本参加第十八届日本横滨展（FPD International 2011）。会员代表单位石家庄诚志永华显示材料有限公司在展会上收获颇丰，在展会现场利用展位洽谈区域约见客户；10 月 27 日合肥新站综合开发试验区在日本横滨太平洋会展中心成功举办招商推介会。

82．液晶分会组织会员单位访问韩国协会和企业

2011 年 11 月 28 日～12 月 2 日，液晶分会秘书处组织会员单位访问韩国协会和企业。互访中双方协会针对加入 WLICC 组织、韩国企业如何协助中小企业发展、产业人才问题等话题进行了深入交流。除行业协会之间的交流外，协会与会员单位代表一同拜访了 DMS、SONIC、KELON、LGD 等面板、设备、材料公司。韩国各个企业都派出了高层领导接待，介绍了企业的基本情况，与国内企业就材料、设备的发展情况进行了充分沟通。

83．液晶分会接待韩国协会及会员来访

2011 年 12 月 9 日，韩国显示产业协会组织 DMS、东进化学、Inatech、K.C. TECH、OCI 材料、SNU Precision SUNGDO ENG、Sunic System 等 8 家公司来中国访问，并参观京东方。

2011 年中国平板显示行业十大新闻

《平板显示文摘》编辑部

2011 年，我国平板显示产业在世界整体经济持续恶化、液晶面板企业全体亏损的情况下，乘势而进，表现不俗。

2011 年岁末之际，《平板显示文摘》报组织业内专家遴选出我国平板显示产业的重大事件，采取专家和网络投票的方式，评选出以下十大新闻，以飨读者。在此，特别感谢各位专家、热心读者一直以来对我们工作的大力支持！

以下为评选结果。

一、维信诺 AM-OLED 持续发力

昆山工研院新型平板显示技术中心和维信诺公司在国内率先全线打通了 LTPS-TFT 背板和 OLED 显示屏制造工艺技术，并取得一系列成果。

11 月，国内首款 7.6 英寸 AM-OLED 全彩显示屏研制成功；12 月，国内首款 12 英寸 AM-OLED 全彩显示屏研制成功。

此外，8 月 8 日，维信诺公司正式宣布启动 AM-OLED 产业化项目。维信诺公司计划投资建设一条 4.5 代以上 AM-OLED 生产线，并在 2013 年投产。

二、液晶基板玻璃建设持续火热

3 月 20 日，郑州旭飞光电科技有限公司自主研发的第一批 3 000 片第 5 代液晶基板玻璃正式发往下游用户，标志着旭飞公司核心技术和项目生产销售经验完全成熟。

5 月 18 日，中国建材集团两条日熔化量 150t 的电子信息显示超薄基板玻璃项目在蚌埠中国玻璃新材料科技产业园开工。项目建成投产后，将年产 ITO 导电玻璃用 0.33mm、0.55mm、0.7mm 超薄基板玻璃 1 亿 m^2。当日开工的还有中国建材集团年产 7 000t 高纯超细电熔氧化锆项目、年产 130 万片电容式触摸屏用导电玻璃项目和光电装备蚌埠基地项目。

5 月 28 日，石家庄旭新液晶基板玻璃项目首条生产线窑炉举行点火仪式，标志着该项目从建设阶段正式进入了调试和试生产阶段。石家庄旭新光电科技有限公司成立于 2009 年 9 月 7 日，该公司计划建设三条液晶基板玻璃生产线，年生产液晶基板玻璃 245 万 m^2，年销售收入近 13 亿元。

成都中光科技有限公司 TFT-LCD 第 4.5 代第 0.5mm 厚液晶基板玻璃生产线自 2010 年年底良品下线以来，经过 5 个月时间的生产稳定、爬坡、品质认证，完成产品认证并取得客户订单，实现批量供货。成都液晶基板玻璃产业基地规划分两期建成 10 条线，总建设规划用地 400 亩，其中一期工程 173 亩，总投资 27 亿元，共建设 3 条 0.5mm 的第 4.5 代（730mm×920mm）液晶基板玻璃生产线，设计产能 300 万片。

旭硝子第 8.5 代基板玻璃项目 6 月 23 日在深圳光明区正式开工建设，预计将于 2012 年实现量产。旭硝子第 8.5 代 TFT-LCD 基板玻璃深圳项目总投资 220 亿日元，每月产量 120K。

9 月 28 日，东旭集团芜湖平板显示基板玻璃产业园在芜湖经开区开工建设。芜湖平板显示基板玻璃产业园项目总投资 350 亿元，建设 50 条平板显示基板玻璃生产线，另配套建设液晶玻璃研究院和平板显示玻璃装备制造基地等项目。其中，一期项目建设 8 条第 6 代液晶基板玻璃生产线，1 条第 8.5 代液晶基板玻璃实验生产线。

11 月 18 日，南玻集团旗下的河北视窗玻璃有限公司全氧燃烧超薄电子玻璃生产线正式点火，其生产的 0.33mm 超薄电子玻璃产品将填补国内超薄电子玻璃的空白。

11 月 22 日，旭硝子显示玻璃（昆山）有限公司开业典礼在昆山光电产业园举行，多条第 8 代 TFT-LCD 基板玻璃生产线将逐步在昆山市投产。

三、鑫昊等离子全高清第一屏下线

1 月 30 日，由安徽鑫昊等离子显示器件有限公司生产的首批 50 英寸等离子全高清合格屏，在合肥新站综合开发试验区顺利下线，被行业界誉为“中国等离子全高清第一屏（FHD+3D）”，正式终结了中国上游等离子全高清屏市场一直以来被日韩垄断的历史。

四、我国液晶面板高世代线项目陆续投产

3 月 30 日上午，中电熊猫第 6 代液晶面板生产线投产仪式在南京经济技术开发区举行。

京东方合肥第 6 代线于 4 月底实现满产，达到月产能 9 万片玻璃基板。

6 月 29 日，中国大陆首条自主设计与自主建设的第 8.5 代线——京东方北京第 8.5 代 TFT-LCD 生产线在北京经济技术开发区点亮投产。9 月 27 日，实现量产。

8 月 8 日，深圳华星光电第 8.5 代液晶面板项目首期设备正式投产启动。10 月 12 日开始量产。

五、虹欧 3D 等离子屏成功量产

4 月 25 日，随着一张张具有自主知识产权的 3D 等离子显示屏从长虹旗下子公司虹欧公司的新型等离子显示屏生产线源源不断下线，中国拥有自主知识产权的 3D 等离子显示屏全面实现量产。

六、厦门天马低温多晶硅液晶面板项目开建

厦门天马项目 5 月 16 日正式在厦门火炬（翔安）产业区动工。该项目将建设一条第 5.5 代低温多晶硅（LTPS）TFT-LCD 生产线，总投资超过百亿元，首期投资 70 亿元。

七、上海建立国内最大的功能性薄膜产业基地

中国最大的功能性薄膜产业基地二期项目 7 月 26 日在上海金山正式开工。计划总共建设 25 条生产线，建成后，可年产扩散膜、棱镜膜、微透膜和复合膜 7 440 万 m^2，产能将位居世界前列，并打破功能性薄膜严重依赖进口的局面。这一产业基地由凯鑫森（上海）功能性薄膜产业有限公司投资建设，其中投资 1.3 亿元的一期 6 条 TFT-LCD 光学膜生产线已建成投产，此次开工的二期项目投资 2.2 亿元，将再建 19 条 TFT-LCD 光学膜生产线，待总共 25 条生产线建成后，凯鑫森将成为全球第 4 家能够生产全系列 4 个光学膜的企业。

八、第 5.5 代 AM-OLED 生产线签约鄂尔多斯

8 月 27 日，内蒙古鄂尔多斯市首个平板显示产业、由京东方科技集团有限公司和北京东胜昊华能源股份有限公司投资建设的第 5.5 代 AM-OLED 生产线及能源建设项目在东胜签约。该项目计划总投资达到 220 亿元，占地面积达到 1 250 亩。项目产品的定位主要为中小尺寸移动产品及电视显示模组，设计产能为 54K 片/月。

九、两条宽幅 TFT 偏光片在深圳投产

10 月 28 日，深圳市三利谱光电科技股份有限公司的国内首条宽幅（1 490mm）TFT 型偏光片生产线在深圳市光明新区正式投产。该生产线为三利谱 3 号线一期工程，总投资 2.8 亿元，建筑面积 2.2 万 m^2，于 2009 年 8 月开始建设，2011 年 8 月实现试生产，经过两个月的试生产后正式投产，预计年产能为 600 万 m^2。根据公司的规划，在未来的 5 年内，将在此生产线的基础上，再建成 3 条宽幅 TFT 偏光片生产线，届时其总产能将达到 3 000 万 m^2/年。

12 月 28 日，深纺集团盛波光电 TFT-LCD 用偏光片一期项目投产仪式在深圳坪山新区盛波光电科技园举行。此次投产的是幅宽 1 490mmTFT-LCD 用偏光片生产线。据了解，深纺集团盛波光电 TFT-LCD 用偏光片项目于 2010 年 5 月 30 日开工建设，项目规划用地约 7.8 万 m^2，按照“总体规划、分期建设”的方案，一期建设投资 9.26 亿元，建设一条幅宽 1 490mm 和一条幅宽 650mm 的 TFT-LCD 用偏光片生产线，新增产能 800 万 m^2。此次投产的是幅宽 1 490mmTFT-LCD 用偏光片生产线。

十、诚志永华百吨级 TFT 液晶材料基地奠基

11 月 12 日，国内首家百吨级 TFT 液晶材料生产基地在河北省石家庄高新技术产业开发区奠基。该项目总投资 3.2 亿元，占地 100 亩，新建车间、仓库、研发楼、办公楼及附属配套设施，总建筑面积 50 000 多平方米。建设分两期完成，其中，一期项目实施占地 52 亩，建筑面积 30 000 多平方米。项目一期，年产 TFT 液晶材料可达 50t，TN、STN 液晶材料达 40t 的生产规模，待项目全部完成投产后，年产 TFT 液晶材料可实现 100t，可实现年销售收入 16.7 亿元。

2011年平板显示行业大事件

《平板显示文摘》编辑部

1. 国家政策法规指导产业发展

三部委联合发布鼓励进口技术和产品目录

为积极扩大先进技术、关键零部件、国内短缺资源和节能环保产品进口，更好地发挥进口贴息政策对促进自主创新和结构调整的积极作用，国家发展改革委、财政部、商务部于4月底联合下发《鼓励进口技术和产品目录（2011年版）》，自发布之日起实施。

在“鼓励引进的先进技术”中，所涵盖的平板显示相关的技术有：TFT-LCD、PDP、OLED面板、配套材料制造技术和专用设备的设计制造技术，3D显示、激光显示制造技术和专用设备的设计制造技术；电子纸、触控显示面板新型显示器件制造技术；数字电视关键技术；CRT电视机激光PF分割技术；高性能铟锡靶材制备技术。

在“鼓励进口的重要装备”中，包括TFT-LCD、PDP、OLED面板生产用专用设备和仪器。

此外，电子专用设备、仪器制造项目；新型电子元器件（片式元器件、频率元器件、混合集成电路、电力电子器件、光电子器件、敏感元器件及传感器、新型机电元件、高密度印刷电路板和柔性电路板等）制造；PDP、OLED、TFT-LCD显示器件制造列入“鼓励发展的重点行业”。

平板显示相关产业获鼓励发展

国家发改委发布《产业结构调整指导目录（2011年版）》，平板显示相关产业位列于鼓励类中，为国家今后重点支持的产业。在信息产业类中，薄膜场效应晶体管LCD（TFT-LCD）、等离子显示屏（PDP）、有机发光二极管（OLED）、激光显示、3D显示等新型平板显示器件及关键部件，TFT-LCD、PDP、OLED、激光显示、3D显示等新型平板显示器件生产专用设备等均为鼓励类。此外，教育、文化、卫生、体育服务业中，移动多媒体广播电视、广播影视数字化、数字电影服务监管技术及应用，电子纸、阅读器等新闻出版新载体的技术开发、应用和产业化也将获得鼓励发展。而模拟CRT黑白及彩色电视机项目则列入了限制类。

此外，列入鼓励类发展的信息产业还有：集成电路设计，线宽0.8μm以下集成电路制造，球栅阵列封装（BGA）、插针网格阵列封装（PGA）、芯片规模封装（CSP）、多芯片封装（MCM）等先进封装与测试；集成电路装备制造；新型电子元器件（片式元器件、频率元器件、混合集成电路、电力电子器件、光电子器件、敏感元器件及传感器、新型机电元件、高密度印刷电路板和柔性电路板等）制造；半导体、光电子器件、新型电子元器件等电子产品用材料；半导体照明设备，光伏太阳能设备，片式元器件设备，新型动力电池设备，表面贴装设备（含钢网印刷机、自动贴片机、无铅回流焊、光电自动检查仪）等；半导体照明衬底、外延、芯片、封装及材料等。

此目录于2011年6月1日起施行，《产业结构调整指导目录（2005年版）》同时废止。

2. 液晶显示项目布局建设忙

冀雅液晶显示器项目落户固安工业区

3月6日上午，投资9.6亿元的冀雅液晶显示器项目签约落户河北固安工业区。

冀雅液晶显示器固安项目生产线涵盖所有高端LCD（液晶显示器）产品与LCM （LCD显示模组、液晶模块）所有制作工艺，达产后将形成LCD100万标盒/LCM 3500万块的年生产能力，预计年销售收入13.5亿元，建成后将成为国内第二大单色显示产业基地。后续，冀雅电子还将在固安工业区建设电容式触摸屏和背光源项目。

中电熊猫液晶面板第 6 代线投产

3 月 30 日上午，中电熊猫第 6 代液晶面板生产线投产仪式在南京经济技术开发区举行。

中电熊猫第 6 代液晶面板生产线坐落于“中国南京液晶谷”。该项目引进了日本夏普第 10 代线所使用的 UV^2A 等最新技术，使产品主要性能指标在国内外同行中最优，主要是：对比度高，能达到 5000:1 以上；响应速度快，能达到 4ms 以下，可用于 3D 电视；光利用效率高，节能 20%，属低碳产品；生产工艺简化，可节约成本。根据中电熊猫与夏普的协议约定，本项目可使用夏普全部技术许可，产品进入国际市场后知识产权能够得到有效保障。

TCL 与三星电子深度合作高世代面板项目

4 月 21 日，TCL 集团发布公告称，其控股子公司华星光电的股权结构出现变动，深超科技拟将其持有的华星光电 15%股权转让给三星电子，股权转让完成后，TCL 集团、深超科技与三星电子则分别持有华星光电 55%、30%、15%的股权。同时，TCL 与三星电子、苏州工业园区等三方签署合同，共同成立苏州三星电子液晶显示科技有限公司，从事第 7.5 代线 TFT-LCD 面板的生产与销售，TCL 出资 1 亿美元，持有苏州三星电子液晶显示科技有限公司 10%的股权。

另据公告，华星光电将根据三星电子的需要，为其提供液晶显示屏产品的 ODM 服务，合作期限为 5 年，合作生效时间在华星光电量产后另行协商。一旦协议如约履行，供货量最高可占华星光电第 8.5 代液晶面板 15%的产能，约 210 万～255 万块液晶电视模组。

京东方合肥第 6 代线提前满产

京东方合肥第 6 代线于 4 月底实现满产，达到月产能 9 万片玻璃基板，比原计划提前了 3 个月。

京东方合肥第 6 代线覆盖 37 英寸以下显示产品应用领域，包括 18.5 英寸和 21.5 英寸电脑用液晶屏、26 英寸和 32 英寸电视用液晶屏等市场主流产品，不仅填补了我国 32 英寸以上液晶屏国产化的空白，还改变了中大尺寸电视用液晶屏全部依赖进口的局面，有效缓解了国内彩电厂商的缺屏之痛。

厦门天马低温多晶硅液晶面板项目开建

厦门天马项目 5 月 16 日正式在厦门火炬（翔安）产业区动工，这意味着国内第一条第 5.5 代低温多晶硅（LTPS）TFT-LCD 生产线落户厦门。天马项目总投资超过百亿元，首期投资 70 亿元，年产值可达 60 亿元。

项目计划在 2014 年 6 月竣工投产，产品应用覆盖移动终端、车载显示、娱乐显示、工业仪表、办公显示等中小尺寸中高端显示市场。

中国大陆首条第 8.5 代液晶面板线投产

2011 年 6 月 29 日，中国大陆首条自主设计与自主建设的第 8.5 代线——京东方北京第 8.5 代 TFT-LCD 生产线在北京经济技术开发区点亮投产。

总投资 280 亿元的京东方北京第 8.5 代线主要生产 26 英寸至 55 英寸显示器和液晶电视用显示屏，设计产能为 9 万片玻璃基板/月，达产后，将实现年产液晶显示屏 1300 万片，年产值近 200 亿元。

北京第 8.5 代线达产后，京东方在全球液晶面板市场的份额将提升至 8%左右，出货量排名提升到全球前六，成为全球平板显示产业的世界级企业之一。

华星光电高世代液晶面板线正式投产

8 月 8 日，深圳市建市以来单笔投资额最大的工业项目——深圳华星光电第 8.5 代液晶面板项目首期设备正式投产启动。

华星光电于 2010 年 3 月 15 日开始打桩建设，在 17 个月的时间内完成了包括阵列厂、成盒厂及彩膜厂、模组厂等 72 万 m^2 主体厂房的基建工作，厂房装修、设备和动力安装，供排水和化学气体设施建设，生产设备测试和联动，制程工艺的调整和完善等工作。该项目建设周期创造了国内最大面积高世代面板项目建设速度的记录。

友达昆山第 8.5 代面板生产线项目获批

8 月 3 日，国家发展改革委批准了友达光电

（昆山）有限公司第8.5代TFT-LCD面板生产线项目。昆山与友达光电合作的第8.5代TFT-LCD面板生产线项目是昆山光电产业中最重要的项目之一，也是目前昆山单体投资最大的项目。

据了解，该项目总投资32.5亿美元，基板尺寸为2 200mm×2 500mm，月产能为7.5万片，产品涵盖32英寸、47英寸、55英寸大尺寸电视用液晶显示面板和模组，项目预计2012年第四季度可投产。该项目为原昆山龙飞光电第7.5代液晶面板生产线的升级版。

京东方第8.5代TFT-LCD生产线量产

9月27日，我国自主设计、自主建设的京东方第8.5代TFT-LCD生产线，在北京经济技术开发区实现量产，一举打破世界知名厂商对我国内地40英寸以上液晶面板的绝对垄断。

在产品开发上，京东方北京第8.5代线目前对23.6英寸、32英寸、46英寸及55英寸等主流尺寸液晶面板产品已全部开发完成，并与创维、海信、康佳、海尔、长虹、冠捷、三星、LG等国内外知名家电厂商推进产品认证和量产交货。

华星光电第8.5代面板线量产

10月12日，深圳华星光电自主建设的第8.5代液晶面板（TFT-LCD）生产线开始量产。

我国首条低温多晶硅第5代线在深圳建成投产

深超光电低温多晶硅液晶面板12月6日在深圳点亮投产。据悉，这是国内建成的首条、全球第二条低温多晶硅（LTPS）第5代线，由原来深超光电的第5代线改造而成。

3. OLED项目建设获得新进展

维信诺OLED荣获北京市专利发明奖一等奖

2011年4月21日，北京市第二届发明专利奖励大会在北京会议中心举行，清华大学和北京维信诺科技有限公司持有的OLED（有机电致发光显示器）专利荣获北京市专利发明奖一等奖。

维信诺启动AM-OLED大规模产业化项目

8月8日，维信诺公司正式宣布启动AM-OLED（有源有机电致发光显示器）产业化项目。维信诺公司计划投资建设一条第4.5代以上AM-OLED生产线，并计划在2013年投产。该项目的实施，将使维信诺公司成为中国大陆同时拥有自主设计的PM-OLED（无源有机电致发光显示器）和AM-OLED生产线的企业，标志着中国大陆OLED产业实现从小尺寸向大尺寸的重大跨越。

第5.5代AM-OLED生产线签约鄂尔多斯

8月27日，内蒙古鄂尔多斯市首个平板显示产业、由京东方科技集团有限公司和北京东胜昊华能源股份有限公司投资建设的第5.5代AM-OLED生产线及能源建设项目在东胜签约。

据了解，该项目计划总投资达到220亿元，占地面积达到1250亩。项目产品的定位主要为中小尺寸移动产品及电视显示模组，设计产能为54K片/月。项目预计于2013年实现产品下线。

国内首款12英寸AM-OLED全彩屏研制成功

12月，国内首款12英寸AM-OLED全彩显示屏在江苏昆山研制成功，这是目前国内自主研发的首款10英寸以上OLED显示屏。

据了解，此次研制成功的12英寸AM-OLED显示屏分辨率为1280×RGB×800（WVGA），色彩深度为16.7M。屏体厚度仅为1.8mm，NTSC色域达到73.4%，优于目前主流的TFT-LCD平板显示器，显示色彩更加艳丽。

上述研发工作得到了国家发改委、国家科技部的项目支持。

彩虹集团将巨资打造北京光电产业基地

5月18日，彩虹集团公司与北京经济技术开发区在钓鱼台国宾馆举行了签约仪式，计划在“十二五”期间投资200亿元人民币，在北京经济技术开发区打造集优势产业链和优质价值链于一体的彩虹北京光电产业基地。

根据彩虹集团“十二五”战略规划，拟于2011—2015年，整合在北京地区的总部、研发、商贸、产业等相关资源，集中发展LED封装及应用、高世代AM-OLED等战略性新兴产业，打造彩虹北京光电产业基地。该基地位于北京经济技术开发区内，占地面积为1000亩左右，按照整体规划、分期实施的原则，建设LED封装及应用、高世代AM-OLED的研发及生产基地，预计建成后可实现年产值200亿元人民币以上。

4. 触摸屏项目投资持续火热

昆山市首家触摸屏专业生产厂开业

1月11日，昆山市首家触摸屏专业生产厂——和霖光电高科有限公司在昆山高新区举行开业庆典。由中国台湾凌巨集团投资的和霖光电成立于2010年年初，公司主要从事显示屏材料及触摸屏制造和销售，拥有全球前五大专业投射式电容触摸屏模组技术生产线，是国内少数专业同时生产LED和纯玻璃贴合触摸屏模组的厂商。公司一期投资总额2 500万美元、注册资本1 000万美元，预计年产将达到500万片，年产值将达到8 000万美元。

长信科技投1.91亿元产“触摸大屏”

3月2日，长信科技发布公告表示，鉴于公司已经完成了中小尺寸的电容式触摸屏投资布局，项目正在建设之中，为实现公司主营业务的快速扩张，完善产品结构和提高市场配套能力，公司决定投资1.91亿元建设500万只“中大尺寸（7～10英寸）电容式触摸屏项目”。该项目的资金来源除了公司首发剩余超募资金4 255.4万元以外，还包括首发投资项目节余资金以及公司内部积累的自有资金。

资料显示，公司首发募投项目主要是“触摸屏用ITO导电玻璃”，该项目产品只是触摸屏的零件之一；而后期超募资金投资的“电容式触摸屏项目”也只属于中小尺寸，中大尺寸电容式触摸屏还是首次建设。

总投资42亿元的新型触摸屏项目落户兰考

4月20日，新型平板显示电容式触摸屏项目签约仪式在河南兰考县隆重举行。据介绍，该项目由香港华艺科技集团投资兴建，总投资42亿元，一期投资13.8亿元，主要生产新型平板显示电容式触摸屏，产品广泛用于移动通信、消费电子、汽车电子等行业。该项目的成功签约，是该县近年来坚持大力实施“开放兴县”经济发展战略、做大招商引资工作取得的又一丰硕成果。

触摸屏盖板玻璃项目落户郑州

5月22日，由河南国控宇飞电子玻璃有限公司承建的我国第一条触摸屏盖板玻璃生产线，在河南省郑州经济技术开发区奠基。

河南国控宇飞电子玻璃有限公司是河南省国有资产控股运营有限公司的全资子公司，掌握有电子玻璃池炉纯氧燃烧的核心技术。其触摸屏盖板玻璃项目总投资6亿元，预计2012年3月投产，并与富士康科技集团“苹果”手机等项目形成产业供应链。项目建成后，将年产触摸屏盖板玻璃240万m^2，年销售收入10亿元，实现利税3亿元。

此外，该公司后续还将建设3条盖板玻璃生产线，形成年产量960万m^2的规模。

国内首个千万级触摸屏生产线投产

深圳清华大学研究院下属无锡丽格光电科技有限公司，年产1000万多点电容阵列传感模组项目5月28日在江苏无锡惠山经济开发区正式投产。

无锡丽格光电常务副总经理吴勇介绍，目前国内电容触摸屏模组制造商大多为小型企业，这些企业的年产能在250万～300万片。而一些规模较大的企业在电容触摸屏模组制造上还处于研发阶段，能够量产的很少。

公司的目标是形成年产1 000万片的能力，并进军终端品牌市场。2012年公司计划增资1亿元，并扩充中大尺寸产品，以满足消费者需求，同时将开拓国际市场，形成年销售收入10亿～15亿元的产业规模。

莱阳3.8亿美元新型触摸屏项目签约

6月13日，烟台莱阳市在齐鲁王府酒店与香港华新科技开发有限公司举行新型触摸屏项目签约仪式。

据了解，香港华新科技开发有限公司是一家专业从事新材料和新技术研发的高科技企业，是全球仅有的两家有能力制造“无蚀刻痕透明导电膜”公司之一，此次在莱阳市兴建的烟台华汇电子科技新型触摸屏项目，总投资 3.8 亿美元，一期投资将会以生产触摸屏应用材料为主，后期将会导入贵金属薄膜电极材料的生产制造，项目将对莱阳市进一步调优产业结构产生积极的促进作用。

深越光电落户昆山开发区

12 月 9 日，国内最大的触摸屏生产厂商——深越光电技术有限公司签约落户昆山开发区。深越光电将在昆山开发区投资 4.5 亿元建设触摸屏厂，2012 年年底建成量产后可每月产 400 万片手机触摸屏，成为国内最大的触摸屏厂。

5. 平板显示技术异彩纷呈

鑫昊等离子全高清第一屏下线

1 月 30 日，由安徽鑫昊等离子显示器件有限公司生产的首批 50 英寸等离子全高清合格屏，在合肥新站综合开发试验区顺利下线，被行业界誉为“中国等离子全高清第一屏（FHD+3D）”，正式终结了中国上游等离子全高清屏市场一直以来被日韩垄断的历史。

以合肥为核心的华东等离子产业集群日渐成型，根据鑫昊公司和日立等离子显示器股份有限公司达成的协议，鑫昊引进日立等离子产品技术、制造技术，并承接日立等离子 30 年的技术积累和技术团队，同时获得专利许可，建设一条年产能为 150 万片（以 42 英寸计）的等离子面板生产线，产品规格覆盖 42 英寸、50 英寸、60 英寸、85 英寸等未来主流大尺寸，完全实现等离子产业本土化的制造。

虹欧 3D 等离子屏成功量产

4 月 25 日，随着一张张具有自主知识产权的 3D 等离子显示屏从长虹旗下子公司——虹欧公司的新型等离子显示屏生产线源源不断下线，中国拥有自主知识产权的 3D 等离子显示屏全面实现量产。

长虹表示，随着我国首条拥有自主知识产权的国际领先的 42 英寸以上的高清和全高清 3D 等离子显示屏的全面量产，产品月综合良品率将达到 90%以上，单日最高产品综合良品率将达到 95%，将实现单日产能 0.6 万片。

山东省首台激光电视问世

5 月 31 日上午，山东大学中心校区举行“新型激光显示系统”科技项目科技成果鉴定会。山东省首台激光显示器通过技术鉴定，鉴定委员会一致认为：该项目在激光显示色彩管理方面达到了国际先进水平，在整形匀光消散斑及色域覆盖率方面达到了国际领先水平。据介绍，该项目由山东大学信息科学与工程学院与山东华索数码电子有限公司共同承担，历时 3 年时间，成功申请国家发明和实用新型专利 16 项。

“电子纸”项目落户南京

6 月 16 日，晶奥微光电公司“电子纸”项目签约入驻南京江宁开发区。该公司主要研发基于电润湿原理的下一代平板显示器和电子纸，其总经理肖长诗说，“这种材料可以做户外广告屏、灯箱广告屏、计算机显示屏等，不同于目前液晶使用的基板玻璃，今后纸张、塑料都可以拿来做原材料，生产出的显示屏甚至可以卷起来。预计 3～5 年后，电子纸将诞生在江宁开发区。”

PDP 国家工程实验室获批

8 月 25 日，从国家发展改革委官方网站获悉，位于四川省绵阳市境内的 PDP 国家工程实验室项目资金申请报告获得国家批准。该项目将在现有基础上，建设和完善 PDP 高光效低功耗技术、高画质高分辨率技术、色彩还原技术等研究平台，光电特性分析技术、色彩分析技术等验证平台，以及相关工艺试验线。PDP 国家工程实验室的建设，将进一步推动我国等离子电视产业的发展。

台湾元太扬州电子纸项目投产

作为全球最大电子纸生产企业川奇光电的旗下子公司，川岳科技扬州有限公司 11 月正式运营投产，总投资 1.97 亿元，月产能可达 250 万片以上。

川奇光电科技（扬州）有限公司由中国台湾元太科技公司独资设立，目前已累计投资 100 亿元，旗下企业超过 15 个。

据元太科技董事长刘思诚介绍，川奇光电自 2002 年投产以来，电子纸月产能达 160 万片以上，产量占全世界产量的 90%以上，被亚马逊、索尼、三星、联想等公司采用。

川岳科技扬州有限公司主要生产与销售电子纸模块和中小尺寸（10.4 英寸以下）的薄膜晶体管液晶显示面板，引进了六轴涂胶机等设备，使产能大幅度提升，月产电子纸可达 250 万片以上。

6．基板玻璃项目四处开花

“郑州造”液晶基板玻璃批量下线

3 月 20 日，郑州旭飞光电科技有限公司自主研发的第一批 3 000 片第 5 代液晶基板玻璃正式发往下游用户。

从 2009 年以来，国内液晶基板玻璃生产线建设风生水起。河南省国有资产经营有限公司、郑州投资控股有限公司、东旭光电投资有限公司抢抓液晶显示产业发展机遇，共同出资在郑州经开区成立郑州旭飞光电科技有限公司，主要从事液晶基板玻璃的研发与制造。首条生产线总投资 9 亿元，年产基板玻璃 78 万 m^2。

东旭辽宁营口 90 亿元投液晶基板玻璃生产线

4 月 15 日，河北东旭集团 90 亿元基板玻璃生产线项目签约辽宁营口产业园。

河北东旭此次签约的项目总投资额 90 亿元，注册资金 9 亿元，将分两期建设 9 条第 5～第 6 代 TFT-LCD 基板玻璃生产线。2011 年上半年将动工建设，一期项目总投资 30 亿元，全部投产后年销售收入将达到 18 亿～21 亿元，年利润将达到 5.8 亿元。

彩虹第 8.5 代基板玻璃项目落户顺德

4 月 18 日，彩虹集团公司和佛山顺德区人民政府在顺德区华桂园举行彩虹广东高世代基板玻璃项目签约仪式，国内首条第 8.5 代基板玻璃项目落户顺德。

本次在顺德投资的是技术要求更高的第 8.5 代基板玻璃生产线，前期彩虹已经建成第 8.5 代基板玻璃中试线，本次在顺德分期分段规划建设第 8.5 代液晶基板玻璃生产线 12 条以上，除了供应彩虹本身的 OLED 项目以外，彩虹的基板玻璃主要给深圳华星和广州乐金等厂商第 8.5 代液晶面板项目配套。

中国建材集团超薄基板项目在蚌埠开工

5 月 18 日，中国建材集团两条日熔化量 150t 的电子信息显示超薄基板项目在蚌埠中国玻璃新材料科技产业园开工。项目建成投产后，将年产 ITO 导电玻璃用 0.33mm、0.55mm、0.7mm 超薄基板 1 亿 m^2。

当日开工的还有中国建材集团年产 7 000t 高纯超细电熔氧化锆项目、年产 130 万片电容式触摸屏用导电膜玻璃项目和光电装备蚌埠基地项目。

石家庄旭新液晶基板玻璃生产线点火

5 月 28 日，石家庄旭新液晶基板玻璃项目首条生产线窑炉举行点火仪式，标志着该项目从建设阶段正式进入了调试和试生产阶段。

石家庄旭新光电科技有限公司成立于 2009 年 9 月 7 日，该公司计划建设 3 条液晶基板玻璃生产线，年生产液晶基板玻璃 245 万 m^2，年销售收入近 13 亿元。据了解，项目于 2009 年 9 月 24 日奠基，经过一年多时间的建设，首条液晶基板玻璃生产线“窑炉部分”具备了点火条件。

旭硝子第 8.5 代基板玻璃项目在深圳开建

由 TCL 集团主导的华星光电第 8.5 代液晶面板配套企业——旭硝子第 8.5 代 TFT-LCD 基板玻璃项目 6 月 23 日在深圳光明区正式开工建设，以确保为第 8.5 代液晶面板项目提供足量基板玻璃等上游原材料，2012 年实现量产。

据悉，旭硝子第 8.5 代 TFT-LCD 基板玻璃深圳项目总投资 220 亿日元，每月产量 120K，本项目生产线利用旭硝子自己开发的研磨设备，采取浮法工艺和研磨技术，这些技术专利都是独家所有。

洛阳恒兆导电玻璃项目投产

6 月 18 日，洛阳恒兆电子有限公司导电玻璃项目在河南省孟津县朝阳镇投产，该项目占地 45 亩，总投资 2.7 亿元，主要建设 6 条透明导电玻璃生产线，设计年产 2 400 万片 ITO 透明导电玻璃。

芜湖东旭平板显示玻璃产业园开工建设

9 月 28 日，东旭集团芜湖平板显示基板玻璃产业园等 6 个重点项目在芜湖经开区集中开工。

芜湖平板显示基板玻璃产业园项目总投资 350 亿元，建设 50 条平板显示基板玻璃生产线，另配套建设液晶玻璃研究院和平板显示玻璃装备制造基地等项目。其中，一期项目建设 8 条第 6 代液晶基板玻璃生产线、1 条第 8.5 代液晶基板玻璃实验生产线。芜湖项目全部建成后可实现年销售收入 300 亿元以上。

昆山旭硝子 TFT-LCD 基板玻璃投产

11 月 22 日，旭硝子显示玻璃（昆山）有限公司开业典礼在昆山光电产业园举行，多条第 8 代 TFT-LCD 基板玻璃生产线将逐步在昆山市投产。

据悉，旭硝子显示玻璃（昆山）有限公司公司将主营第 8 代 TFT-LCD 基板玻璃及其有关配套产品的研发与生产，并已于 2011 年 6 月开始试生产。

旭硝子显示玻璃(昆山)有限公司注册资本 8 000 万美元，首期总投资 2.5 亿美元，最终投资总额约 10 亿美元，总占地面积 600 亩。待项目全部建成后将拥有 6 条研磨切割生产线，可年产基板玻璃 600 万 m^2。

南玻国内首条 0.33mm 超薄玻璃生产线点火

11 月 18 日，南玻集团旗下的河北视窗玻璃有限公司全氧燃烧超薄电子玻璃生产线正式点火，其即将生产的 0.33mm 超薄电子玻璃产品将填补国内超薄电子玻璃的空白。其超薄浮法玻璃将主要应用于多种工业和科技领域，如平板显示器件、盖板玻璃、太阳能集热发电、复印机、传真机及各类编码器用玻璃、显微镜、医用玻璃等。

东旭集团液晶基板玻璃项目落户武汉

11 月 20 日，东旭集团与湖北省签约，共同在光谷投资 52 亿元建设 TFT 液晶基板玻璃项目。据介绍，东旭集团武汉液晶基板玻璃项目首期将建设 6 条生产线，2012 年年底投产后年产值将达到 30 亿元以上，后期该项目还将建设 6 条生产线。

7. 上下游配套项目纷纷启动

日本东电 4 亿美元加盟昆山光电产业

全球最大液晶显示器设备与装备制造商——日本东京电子集团 1 月 18 日在昆山新设立的东电光电半导体设备（昆山）有限公司，在昆山光电产业园举行奠基仪式。该项目投资总额将达 4 亿美元，其中一期投资总额 1.5 亿美元。东电光电半导体设备（昆山）有限公司主要从事新型平板显示、太阳能和半导体设备的设计、研发、生产及售后服务。该项目达到设计生产能力后，将年产各类设备 500 台套，年销售收入逾百亿元。

乐凯巨资扩建 TAC 膜和背膜产能

3 月 3 日，总投资 3.5 亿元的中国乐凯集团股份有限公司液晶显示器用 TAC 膜二期生产线和太阳能电池背膜第三条生产线项目在河北保定正式开工建设。两项目建成后将有望打破国外企业在这两个领域的垄断格局，力促中国平板显示和光伏产业的发展。

目前，乐凯集团研发的高端 TAC 膜已得到客户试用，通过了应用性能测试。此次开建的二期生产线将进行多处工艺技术提高，并主要立足于中高端产品的生产，其产品将逐步替代进口中高档光学 TAC 膜，降低中国平板显示行业整体运行成本。

6 亿美元 LED 芯片项目签约广州

3 月 26 日，广州增城经济技术开发区与全球前三位的 LED 外延片芯片厂商台湾晶元光电、台达电子工业股份有限公司，以及创维数码签署了 LED 外延片、芯片项目落户协议书。

据悉，该项目的总投资额达到 6 亿美元，主要从事 LED 外延片、芯片及相关产品研发、生产和销售，预计年产外延片可达到 180 万片，成为华南地区最大的 LED 外延片、芯片生产基地。

合肥乐凯高机能薄膜研究所揭牌

4 月 22 日，合肥乐凯科技产业有限公司高性能膜材料研究所、全国光学功能薄膜标准技术委员会秘书处、国家高技术产业化示范工程、合肥市企业技术中心四项揭牌仪式隆重举行。

合肥乐凯公司东区高性能膜材料研究所于 2011 年 3 月正式落成，是中国第一家高性能膜材料研究所。据了解，在高性能膜材料领域，目前国内还没有相应的研究机构。合肥乐凯科技产业有限公司高性能膜材料研究所科室设计完善，研发设备先进，仪器仪表齐全。据悉，未来 3 年，该研究所成果转化率将达到 90%以上，带动 10 亿～20 亿元投资，形成 20 亿～30 亿元的生产规模，年创利税 5 亿～10 亿元。

平遥携手日韩企业开发新型光学材料

4 月 16 日，山西平遥煤化集团公司与国际知名企业日本日立造船株式会社、惠乐商事株式会社和世界 500 强企业三星集团控股德亚那株式会社合作的“液晶电视用新型光学材料项目”在山西平遥古城正式签约。

“液晶电视用新型光学材料项目”是技术、设备、管理“三引进”的高科技新材料项目，总投资 5.6 亿元，计划于 5 月开工建设，2012 年 4 月项目建成后，年均总产值可达 9 亿元，实现利润 3.2 亿元，上缴税金 1.3 亿元。

据了解，该项目是总投资 38.4 亿元的新型光学材料产业链项目的一期工程，二期、三期工程分别为新型光学材料及新型结构材料、液晶电视用背光模组及 LED 平面照明光源项目建设。整个项目 2015 年 11 月达产达效后，可实现年均总产值 98 亿元、利润 22.8 亿元、上缴税金 7.6 亿元，同时还可吸纳 2 200 余人就业。

年产 300 万台手机液晶显示项目落户重庆

2011 年 4 月 10 日，重庆秀山工业园区管委会与四川修罗投资管理有限公司签订年产 300 万台手机液晶显示模组生产项目投资协议，该项目总投资 14 008 万元，占地 37 亩，主要生产手机液晶显示模组产品，项目全部达产后，年产值可达 3 亿元以上，实现利税 5 400 万元以上，提供就业岗位 600 个以上。

冠捷投资 6 000 万美元广西设厂

冠捷科技 4 月 9 日与广西北海市政府签约，将投资 6 000 万美元，从事液晶显示器、液晶电视及相关零部件的研发、制造、销售和售后服务，第一年生产达到 150 万台以上，第三年将达到 500 万台以上规模，销售额约为 50 亿元。

台商志超科技入驻遂宁创新工业园

4 月 20 日，四川省遂宁创新工业园与台湾志超科技股份有限公司在苏州举行入园协议签约仪式。台湾志超科技股份有限公司是台湾最大的光电板生产商，主要从事用于 TFT-LCD 光电板的 PCB 双层板、多层板制造，其终端应用领域包括液晶电视、液晶显示器、笔记本电脑屏幕等，年产能达 100 万 m^2。此次在创新工业园投资建设液晶面板及笔记本主板项目规划用地 600 亩，总投资约 3 亿美元，年产电路板约 400 万 m^2，建设期 5 年。项目全部建成投产后，可实现年销售收入 6 亿美元以上，税收 3 000 万美元，安置就业人员 15 000 余人。

冠捷科技在成都高新区设立生产基地

5 月 4 日，全球最大的液晶显示器制造商冠捷科技集团与成都高新区签署投资合作协议，投资 9 000 万美元在成都高新区建设集制造、研发和销售于一体的生产基地。该基地计划 2012 年第四季度投产运营，1 年内达到包含液晶显示器、液晶电视、电脑显示一体机等显示产品整机 120 万台的年生产规模，5 年内达到 500 万台，预计年产值约 60 亿元。

康蓝光电 LED 蓝宝石基板项目开建

安徽康蓝光电总投资 20 亿元的 LED 蓝宝石基板项目，4 月在安徽芜湖市鸠江经济技术开发区举行了奠基仪式。项目建成后可年产 1 200 万片 LED 蓝宝石晶片，年产值 30 亿元。

旭瑞光电 LED 外延芯片项目开业

旭瑞光电 LED 外延芯片项目 5 月 23 日在佛山南海经济开发区正式开业，力争 2015 年成为世界半导体照明三强企业。

旭瑞公司 LED 芯片项目占地 100 亩，总投资超过 3.5 亿美元，分三期实施。首期投资总额约 6 亿元。产品自 2011 年 3 月投产以来，供不应求。

按照公司的规划，旭瑞光电将在 2013 年年底，拥有超过 100 台 MOCVD，能够同时生产 4 英寸、6 英寸 LED 外延片和大功率、高亮度 LED 芯片，LED 芯片月产能达到 3.8 亿个，力争到 2015 年，成为世界半导体照明三强企业。

中国第一颗 100 公斤级 LED 商用蓝宝石晶体在合肥问世

6 月 14 日，中国第一颗 100 公斤级 LED 商用蓝宝石晶体在合肥庐阳工业区的合肥晶桥光电材料有限公司试产成功，这标志着合肥市大力发展 LED 和光伏产业的进程中，蓝宝石基材供应本地化新纪元的开始。

经在场专家检测，该晶砣高 460mm，直径 270mm，重 93.5 公斤，通体透明，无气泡、无包裹体、无生长纹，结合生产工艺分析，初步认定为大规格蓝宝石单晶，可生产约 4 000mm2 英寸当量 LED 外延片蓝宝石衬底晶棒。

合肥晶桥光电材料有限公司总经理陈俊博士表示，该公司计划在 2012 年建成二期生产基地，年底形成 5 亿元销售额；到 2015 年，将完成总共三期约 15 亿元投资，实现 26 亿元年销售额，届时可拉动 LED 中游 200 亿元以上的外延、封装、测试产业，乃至 3 000 亿元左右的 LED 背光模块、汽车照明、工业、通用照明产业的发展。

LED 发光材料制造设备项目落户宁波

6 月初，宁波望春工业园区与一家生产蓝宝石设备的外资企业成功签约。

通过产业链的延伸与整合，引进一家家链上企业并串联起来，以更加专业化的分工和更加紧密的协作参与国际竞争，这是望春工业园区科技产业转型升级，发展战略性新兴产业的方向所在。此次签约的蓝宝石设备生产项目占地约 30 亩，预计前期年产值可达 3 亿元。

LED 蓝宝石晶体项目落户宜春

6 月 10 日，江西中赛光晶科技有限公司投资宜春经济开发区签约仪式在宜春经开区举行。本次引进的 LED 蓝宝石晶体项目总投资估算为 5.675 5 亿元，年产值达 3.6 亿元。

乐凯集团国内首创银盐法制备透明电磁屏蔽膜

中国乐凯胶片集团公司 6 月 7 日透露，该集团利用长期积累的银盐胶片制备技术与膜精密涂布技术相结合，成功开发出国内首个具有自主知识产权的透明电磁屏蔽膜。

据介绍，银盐法透明电磁波屏蔽膜是极具发展潜力的新型透明导电材料。乐凯集团开发的透明电磁波屏蔽膜系列产品可用于 PDP 显示行业、仪表表盘、各类精密电子设备终端显示窗，医院、计算机房、保密会议室等玻璃门窗的电磁辐射防护用，微波炉防微波泄漏的保护窗膜和视频识别技术系统的电子标签天线、柔性印刷线路板等领域以及其他军事领域，市场前景广阔。

韩国 3 亿美元项目落户南通

6 月 28 日，总投资 3 亿美元，注册资本 1.5 亿美元的韩国 SKC 功能薄膜项目正式落户江苏南通经济技术开发区。该项目由 SKC 株式会社与 SK 中国有限公司、东洋铝业株式会社、伊藤忠塑料株式会社、伊藤忠金属株式会社共同投资兴建，项目建成后将成为南通市光电和新能源产业链中的重要一环。

TCL 集团一项目落户呼和浩特

6 月 17 日，TCL 集团旗下 TCL 多媒体的全资子公司 TCL 王牌电器（惠州）有限公司（以下简称“TCL 王牌”）与呼和浩特市人民政府正式签约，TCL 多媒体设立 TCL 内蒙工业园液晶电视生产基地，由 TCL 王牌设立独资公司方式建设由中游背光模组至下游整机的一体化制造项目（以下简称“模组整机一体化项目”）。

据了解，TCL 内蒙模组整机一体化项目主要产品为 18～65 英寸液晶电视，年产液晶电视 300

万台。项目总投资额56 100万元，由TCL王牌设立全资子公司“内蒙古TCL光电科技有限公司”。该项目选址在内蒙古呼和浩特市鸿盛工业区，总占地约13.33万m^2，新增液晶电视生产线6条、一体化整机背光模组线4条，主体包括中游背光模组至下游整机一体化制造工厂，预计2012年9月建成试产。

汇成微电子LCD驱动IC项目开工建设

6月19日，江苏汇成微电子有限公司在扬州市邗江经济开发区举行LCD驱动IC项目开工奠基仪式。该项目总投资约30亿元，用地145亩，分两期投资，全部达产后，将会形成月产8英寸5万片芯片、12英寸1万片芯片、测试封装集成电路1.47亿颗IC的生产规模，年销售近20亿元。

上海建立国内最大功能性薄膜产业基地

中国最大的功能性薄膜产业基地二期项目7月26日在上海金山正式开工。计划中总共25条生产线建成后，可年产扩散膜、棱镜膜、微透膜和复合膜7 440万m^2，产能将位居世界前列，并打破功能性薄膜严重依赖进口的局面。

这一产业基地由凯鑫森（上海）功能性薄膜产业有限公司投资建设，其中投资1.3亿元的一期6条TFT-LCD光学膜生产线已建成投产，此次开工的二期项目投资2.2亿元，将再建19条TFT-LCD光学膜生产线，计划2012年6月完成。待总共25条生产线建成后，凯鑫森将成为全球第4家能够生产全系列4个光学膜的企业。

平遥煤化集团PMMA项目开工

7月16日，山西平遥煤化集团公司与国际知名企业日本日立造船株式会社、惠乐商事株式会社和世界500强企业三星集团控股德亚那株式会社合作的“液晶电视用新型光学材料项目”在平遥正式开工建设，该光学材料为光学级PMMA，为液晶显示背光中导光板的主要原材料。

该项目总投资38.4亿元。第一期为液晶电视用新型光学材料建设项目，总投资5.6亿元，占地50亩，建设周期10个月，预计2012年4月建成投产，届时将实现年产值9亿元。

第二期为新型光学材料及新型结构材料建设项目，总投资7.5亿元，占地340亩，建设周期为2013年2月—2014年8月，建成投产后将实现年产值21亿元。

第三期为液晶电视用背光模组及LED平面照明光源建设项目，总投资25.3亿元，占地590亩，建设周期为2014年11月—2015年11月，建成投产后，可实现年产值68亿元。整个项目2015年11月达产达效后，可实现年利润22.8亿元、上缴税金7.6亿元，可吸纳2 200余人就业。

合肥乐凯光学硬化膜量产

合肥乐凯科技产业有限公司3号精密涂布生产线自2011年6月正式量产以来，各生产设备保持稳定，已经实现整月连续生产。该生产线主要定位于生产高档光学级聚酯薄膜深加工涂层材料，目前可生产平板显示用光学硬化膜和模内装饰技术（IMD）用光学硬化膜等。随着触摸屏市场急剧扩大，平板显示用光学硬化膜需求旺盛；IMD技术常被应用于汽车、通信、电子、电器、仪表、仪器的面板上，集装饰性与功能性于一身，前景十分广阔。

TCL内蒙古模组整机一体化项目奠基

2011年8月25日上午，以液晶模组整机一体化为核心的TCL内蒙古液晶产业园，在内蒙古呼和浩特市新城区鸿盛工业园举行隆重的开工奠基仪式。

TCL内蒙古液晶产业园总占地面积13.33万m^2，项目新增液晶电视生产线6条、一体化整机背光模组线4条，主体包括中游背光模组至下游整机一体化制造工厂，主要产品为18～65英寸的液晶电视，年产液晶电视300万台。

诚志永华北京研发中心正式启用

2011年9月1日，石家庄诚志永华显示材料有限公司北京研发中心启动仪式在北京隆重举行。

作为石家庄诚志永华显示材料有限公司整体战略发展规划的重要组成部分，北京研发中心是由诚志永华公司与清华大学化学系联合建立的，主要承担新型液晶单体分子研究、显示用其他化学品（包括 OLED 材料、光学膜材料等）的研究，以及基础和前瞻性技术的跟踪研发等工作。该中心于 2010 年中开始筹建，2011 年 3 月进入试运行阶段，一期总投入超过 1 000 万元，拥有包括清华大学化学馆以及同方大厦两处 1 000m^2 以上的实验室，配备世界先进的研发、检测设备 20 多台/套，共有包括博士后 2 名、博士研究生 5 名，以及从国外引进的 3 名高层次海归人员等在内的高级专业技术人才 20 余名。

特种聚酯薄膜项目落户潍坊

8 月底，由合资企业山东圣丰洋有限责任公司实施的特种聚酯薄膜项目正式在山东潍坊高新区落户。

该项目总投资 9 980 万美元，注册资本 6 000 万美元，投产后年产值可达 24 亿元人民币，利税可达 5 亿元人民币。

此次落户高新区的特种聚酯薄膜项目，主要建设 9 万 t 特种聚酯薄膜研发生产基地，生产采用世界最先进的制膜技术，具有技术先进、生产效率高、产品质量好、生产成本低等优点，生产的特种功能性聚酯薄膜广泛应用于电子、电气和太阳能产业，包括 TFT-LCD 背光源用基材膜片、热缩膜等特种薄膜产品。国内高档薄膜主要依赖进口，而该企业产品实现量产后，可以替代进口产品。

天龙山西光学薄膜项目开工奠基

8 月 22 日，天龙控股的山西金正光学科技有限公司的 TFT-LCD（LED）光学薄膜项目举办了奠基暨开工仪式。

山西金正光学科技有限公司董事长田家俊介绍，该项目以韩国纳米系统有限公司自主开发的多项关键生产技术为基础，引进 5 条 1.2m 宽幅光学薄膜自动生产线，投产后可生产多种规格的光学薄膜产品。达产后的产量为每年 1 200 万 m^2。

康得新光学膜示范线投入试生产

康得新 9 月 8 日发布公告称，9 月 2 日，公司光学膜示范线投入试生产。公司公告显示，2011 年年初，为启动光学膜项目，公司在张家港现有厂房中，腾出 1 万 m^2 进行净化改造，并增订光学膜生产设备，筹建光学膜示范线，产能为 4000 万 m^2/年，示范线的产品系列包括 LCD 背光模组件用膜、ITO 膜、硬化膜、反光膜、3D 膜、LED 匀光膜等。

公司同时公告称，LCD 背光模组件用膜中的增亮膜产品样品已通过京东方的产品认证。公司表示，样品认证通过，证明了公司在产品的技术水平和制造能力上是成熟的。

联想合肥产业基地开工建设

10 月 8 日，由联想集团和台湾仁宝电脑公司共同在合肥投资建设的联想（合肥）产业基地项目在合肥经济开发区正式开工建设。

据介绍，联想（合肥）产业基地预定于 2012 年年底投产，产品为联想笔记本电脑和一体台式机产品，年产能预计超过千万台。而该基地是以合资公司的形式运营，向联想独家供应销往全球更具成本优势、技术领先的 PC 产品。联想将持有合资公司 51%的股份，仁宝将持有 49%的股份。

三利谱宽幅 TFT 偏光片正式投产

10 月 28 日，深圳市三利谱光电科技股份有限公司的国内首条宽幅（1 490mm）TFT 型偏光片生产线在深圳市光明新区正式投产。此生产线的投产，填补了我国中、大尺寸 TFT 偏光片生产领域的空白，并彻底打破了依赖进口的历史，为我国的液晶面板产业配套国产化进一步奠定了坚实基础。

据悉，该生产线为三利谱 3 号线一期工程，总投资 2.8 亿元，建筑面积 2.2 万 m^2，于 2009 年 8 月开始建设，2011 年 8 月实现试生产，经过两个月的试生产后正式投产，预计年产能为 600 万 m^2，产品主要应用于平板电脑、电脑显示屏、液晶电视等领域。根据公司的规划，在未来的 5 年内，将在此生产线的基础上，再建成 3 条宽幅 TFT 偏光片生产线，届时其总产能将达到 3 000 万 m^2/年。

康得新公司张家港光学膜示范基地已投产

10 月 18 日，北京康得新在张家港年产 4 000 万 m^2 的光学膜示范基地正式投产，主要产品为扩散膜、增亮膜、ITO 膜、IMD 膜、导光膜、3D 膜等光学膜。

诚志永华百吨级 TFT 液晶材料基地奠基

11 月 12 日上午，由石家庄诚志永华显示材料有限公司建设的国内首家百吨级 TFT 液晶材料生产基地在河北省石家庄高新技术产业开发区隆重奠基。

据诚志永华公司总经理王奎先生介绍，该项目总投资 3.2 亿元，占地 100 亩，新建车间、仓库、研发楼、办公楼及附属配套设施，总建筑面积 50 000 多平方米。建设分两期完成，其中，一期项目实施占地 52 亩，建筑面积 30 000 多平方米。项目一期，年产 TFT 液晶材料可达 50t， TN、STN 型液晶达 40t 的生产规模，待项目全部完成投产后，年产 TFT 液晶材料可实现 100t，可实现年销售收入 16.7 亿元。

内蒙古导光板生产线投产

10 月下旬，位于鄂尔多斯准格尔旗大路工业园区的内蒙古特弘众普新光源科技有限公司 LED 背光源复合导光板生产线投产。

内蒙古特弘众普新光源科技有限公司创立于 2010 年 11 月，是由内蒙古特弘煤电集团公司、北京众普环宇新光源科技有限公司共同出资组建而成，注册资本金为 5 000 万元。该项目总投资 60 亿元，项目规划用地 400 亩。该项目包含两个子项目，其一为投资 25 亿元、年产 42 英寸超薄复合导光板 6 000 万片的 LED 平板光源项目，于 2011 年 4 月 25 日启动，产品主要为韩国的三星、LG，日本的夏普和国内京东方的新型液晶显示器配套；其二为投资 35 亿元的年产 60 万 t PMMA 板项目。该项目全部投产之后，将实现销售收入 80 亿元，税收 9.6 亿元。

液晶材料项目落户山东胶南

2011 年 11 月 2 日，由山东省胶南市贸促会、科技局、临港经济开发区联合引进的新加坡 AJA 集团总投资 1.2 亿美元的生产基地和研发中心项目签约。其中生产基地项目选址胶南市临港经济开发区，总投资 7 000 万美元，注册资本 3 000 万美元，规划建筑面积 5.4 万 m^2，主要生产液晶及配套产品、化工产品、光伏材料，项目达产后，每年可实现销售收入 2.5 亿美元、利润 1 亿美元、税金 3 000 万美元。研发中心项目总投资 5 000 万美元，注册资本 2 000 万美元，规划建筑面积 5 万 m^2，主要从事液晶材料的基础研究和应用研究以及国际先进产品在中国的应用转化和测试。

液晶基板玻璃高档硅微粉项目落户天津

比利时矽比科集团投资的石英砂深加工项目于 11 月 17 日在天津开发区现代产业区开工。据介绍，该项目总投资 1 250 万美元，注册资本 500 万美元。项目规划用地 2.5 万 m^2，计划建设 2 条生产线，项目全部达产后可实现年产 10 万 t。此外，项目还为后期发展预留了 1.7 万 m^2 用地。项目生产的高档硅微粉等产品是液晶基板玻璃的重要原材料。

我国自主知识产权硅基液晶显示芯片投产

12 月，全球第三条硅基液晶微型虚拟显示芯片设计、制造及其液晶屏封装生产线，在深圳建成投产。这标志着我国拥有自主知识产权研发生产的硅基液晶显示芯片结束了内地虚拟显示核心器件完全依赖进口的历史，也标志着深圳长江力伟公司跻身世界三大掌握硅基液晶显示芯片技术的公司之列。

高纯 CAN 项目落户乐山

12 月 14 日，四川乐山市犍为县乐山东承新材料有限公司 LCD 配套产品项目开工。据了解，乐山东承新材料有限公司 LCD 配套产品项目总投资 2 亿元，项目竣工投产后，可年产 3 000t 高纯 CAN（醋酸-硝酸纤维素）和 1 000t 汽车尾气净化催化剂，实现年销售收入 3.7 亿元，预计 2012 年 5 月项目投产。

盛波光电偏光片生产线在深投产

12 月 28 日，深纺集团盛波光电 TFT-LCD 用偏光片一期项目投产仪式在深圳坪山新区盛波光电科技园举行。

据了解，深纺集团盛波光电 TFT-LCD 用偏光片项目于 2010 年 5 月 30 日开工建设，项目规划用地约 7.8 万 m^2，按照“总体规划、分期建设”的方案，一期建设投资 9.26 亿元，建设一条幅宽 1 490mm 和一条幅宽 650mm 的 TFT-LCD 用偏光片生产线，新增产能 800 万 m^2。

此次投产的是幅宽 1 490mm 的 TFT-LCD 用偏光片生产线，项目产品可配套深超光电第 5 代线，京东方第 6 代线、第 8.5 代线，华星光电第 8.5 代线等液晶面板生产线。

8. 其他

中国航空技术国际有限公司购买日本 NEC 所持 NLT 股权

2 月 25 日，中国航空技术国际有限公司在日本与 NEC 正式签约，向 NEC 购买其所持 NEC 液晶技术株式会社（NLT）的股权，并将购入业务委托中航国际旗下的深天马进行管理。

根据相关协议，NLT 在 2011 年 7 月后成为中航国际和 NEC 的合资公司。中航国际持有新合资公司 70%的股权，NEC 则保留 30%，合资公司将继续推进以中小尺寸平板显示为中心的事业发展。

中国 OLED 产业联盟正式成立

由国内 19 家 OLED 企事业单位共同发起的中国 OLED 产业联盟 6 月 2 日在广东惠州正式宣布成立。

据中国 OLED 产业联盟秘书处介绍，OLED 产业联盟是由从事 OLED 产品及应用的研究、开发、制造、服务的企、事业单位及有关机构自愿组成的非营利性的全国性社会组织，19 家发起单位涵盖了有机材料、专用装备、显示器件、整机应用等在内的全产业链骨干企业，在行业内具有充分的代表性和极高的影响力。

《云电视行业推荐标准》出台

10 月 28 日，中国电子视像行业协会、中怡康时代市场研究有限公司、TCL、凤凰网、中国网络电视台、新浪、腾讯、搜狐、网易等 20 家权威机构和媒体，联合发布“2011 年度大型调查——云时代生活状态消费调研”结果——《云时代生活状态消费调研报告》，在全球首次推出《云电视行业推荐标准》，让云电视终于有了清晰的定位，并从此有章可循。

据介绍，《云电视行业推荐标准》对云电视从系统、平台、硬件、软件、应用、交互、服务、产业链等角度做了全面界定，这在全球尚属首次。

北京 OLED 行业知识产权联盟成立

11 月 14 日，在北京市知识产权局以“聚焦知识产权联盟，促进产业协同发展”为主题的第五届中国专利周联盟专场活动上，北京 OLED 行业知识产权联盟正式成立，联盟将整合北京市 OLED 行业的重点企业和高校、科研机构团结协作，“抱团”发展。

第10章

企业名录

LCD 器件

TCL 集团工业研究院

简介：主要研究领域包括 TFT-LCD 的运动图像模糊，CCFL 背光源的动态控制，LED 背光源，PDP 驱动技术，FED 驱动技术，OLED 器件的开发和 IC 设计等，取得了一系列重要成果，并转化到产品上实现量产。

电话：0755-33311306

网址：www.tcl.com

安德液晶显示技术（深圳）有限公司

简介：从事液晶显示器（LCD）及其模块（LCM）的设计、生产及经营的高科技外向型港资企业。

鞍山亚世光电显示有限公司

简介：是一家具有独立设计开发和生产经营 LCD 和 LCM 能力的专业化公司。

电话：0412-5211903

网址：www.yes-lcd.com

蚌埠方圆光电科技有限公司

简介：集 TFT 模块开发、生产、销售于一体的专业制造商，可生产 1～12 英寸 TFT、CSTN 等各种类型的液晶显示模块。

北方液晶工程研究开发中心

简介：中心承担 TFT-LCD、TN/STN/CSTN-LCD、OLED-TFT、O-TFT、EL 等多项国家和吉林省科技发展计划项目，为集团公司的未来发展提供了技术支持和产品储备。

电话：0431-84666091/84627137

北京德彼克创新科技有限公司

简介：成功地将各类 LCD 产品推广到通信、交通、金融、工控、医疗等工业领域以及 PDA、车载 DVD 等消费类电子产品领域中，与各行业的知名企业建立了深入而持久的合作关系，为不同需求的客户和合作伙伴提供完善的解决方案。

北京迪特福科技有限责任公司

简介：核心产品有 TN、STN、FSTN 型液晶产品（SMT、COB、COG、TAB、COF），ColorSTN、TFT，OLED 等光电产品，触摸屏等高新技术产品。

北京东方蓝野科技有限公司

简介：研发、设计、销售各类液晶显示屏，液晶模组、模块，以及其他专用功能电子模组、模块的专业公司。

北京华田信科电子有限公司

简介：提供各种规格的 TN、HTN、STN、FSTN 液晶显示屏以及 COB、SMT、TAB、COG、COF 和 H/S 液晶显示模块。

北京集粹电子设备制造有限公司

简介：从事液晶显示器件的开发、生产和经营的高科技企业。从产品的形式上，公司目前可以生产 TN 型、HTN 型、STN 型和 FSTN 型等多种标准液晶显示屏和液晶显示模块。

北京技博科技有限公司

简介：以液晶显示及相关产品的研发、行销、服务为主的高新技术企业。致力于解决各种尺寸及各种规格的 TFT 液晶屏驱动方案的研发。

北京精电蓬远显示技术有限公司

简介：主要从事小型平板显示模组的设计、生产、销售和技术服务。

北京奇创彩晶科技发展有限公司

简介：是一家专业工业液晶显示器产品、液晶显示模块、提供技术咨询的高新技术类企业。

北京青兰石光电子有限公司

简介：主营业产品包括 TFT-LCD 液晶模组及数码手持终端产品，产品主要应用于手机、液晶显示器、数码手持终端、GPS 导航仪等。

北京青云创新科技发展有限公司

简介：专业从事单色和彩色 TN、STN、C-STN、TFT、OLED、LED、EL 等显示产品的设计、开发和生产，其中 TN、STN 液晶显示模块年生产能力在几百万只以上，其品种达上千种，在全国仪器仪表等行业占有较大的市场份额。

北京清华液晶技术工程研究中心

简介：目前办有《平板显示文摘》这一国内首份平板显示行业内的专业级报刊。中心十分关注并致力于我国液晶行业的人才培养，在专业人才培训上做了大量工作。采取在清华大学集中开课与为企业上门培训两种方式开展人才培训。中心十多年来一直承担编撰中国光学光电子行业协会液晶分会年鉴的工作。

电话：010-62771794/62795895

网址：www.tclc.com.cn

北京宇田信达科技有限公司

简介：主要产品有工业液晶显示器、常温或宽温液晶模块及相关驱动组件、液晶平板电脑、一体化液晶工作站、多媒体会议系统、GPRS 定位系统等。

贝纳化电子科技有限公司

简介：是一家专业生产液晶显示器和液晶显示模块的高科技企业。产品主要以 TN、STN、FSTN、CSTN 等类型为主。

比亚迪股份有限公司第四（LCD）事业部

简介：主要产品包括 LCD 屏板：TN、HTN、STN、CSTN；LCD 模组：TN、STN、CSTN、TFT、OLED 和 Camera。

博源科电子（深圳）有限公司

简介：主要产品有中/小尺寸液晶模组（TFT、STN、TN、COG、COG、TAB）。

长春聚尔科技有限公司

简介：生产 TN、HTN、STN、FSTN、C-STN 等液晶屏产品及 COB、Heat、Seal、TCP/TAP、COG 等多种连接方式的液晶模块产品，可用于手机、PDA、车载显示器等多个领域。

长春联诚仪器有限公司

简介：公司主营业务包括仪器仪表、光学器件、半导体器件、工业自动化设备、液晶显示器件和模块、计算机软/硬件的技术开发、生产和销售。

长春市芳冠电子科技有限公司

简介：年生产 LCD 屏 50 000m^2、LCD 模块 300 万块。主营产品或服务包括液晶材料、电子元器件的加工、进料加工、模块产品、三来一补、相关的进出口业务。

长沙太阳人电子有限公司

简介：拥有强大的 COB、TAB、COG、COF 液晶模块生产能力和完善的产品检测系统。同时专业研制、生产、销售各种石英晶体振荡器、小型无漂移铷原子钟等产品。

常州东南联发彩屏电子有限公司

简介：是一家集 TN、STN、FSTN、C-STN、TFT 等液晶显示屏及模块的研发、生产、销售服务于一体，拥有自营出口权的高新技术企业。

常州东南液晶显示有限公司

简介：是一家集液晶显示屏（LCD）和液晶显示模块（LCM）的研发、生产、销售服务于一体，拥有自营出口权的高新技术企业。

电话：0519-6568578

网址：www.dnlcd.com.cn

常州捷安生光电科技有限公司

简介：从事高端（TN、HTN、STN-LCD）液晶模块的研究、开发、生产和经营。

常州雅松光电科技有限公司

简介：生产各种液晶显示器（TN、HTN、STN 及 FSTN），是现今世界上唯一能研发和生产高对比度（1 200:1）硅片液晶显示器（L-COSLCD）、高对比度黑白液晶显示器（PWTN-LCD）及染料液晶显示器（DILCD）的综合型公司。

潮州市蓓蕾电子有限公司

简介：专业设计、制造液晶显示产品及配套部件。

电话：0768-6856261

川奇光电科技（扬州）有限公司

简介：专业研发、生产、代工、销售中小尺寸（10.4 寸以下）薄膜晶体管彩色液晶显示面板、LCM 的专业制造商和液晶模组代工厂商。

创维液晶器件（深圳）有限公司

简介：创维集团的下属公司，专业生产液晶模组的公司，集生产、研发于一体。

大连东方科脉电子有限公司

简介：从事中高档液晶显示器 LCD、液晶显示器模组 LCM（无源及有源 TFT）及 MCU 相关产品的生产。更专注于中高端 TN 和 STN 液晶显示器及特种无源液晶显示器的生产，重点研发垂直取向技术、超低温 TN 液晶、全彩色和双稳态等液晶显示器，自主研发了基于 VA 技术的新型 LCD 产品。

电话：0411-87407681

网址：www.dkelcd.com

大连东福彩色液晶显示器有限公司

简介：专业从事液晶显示器、液晶显示模块及相关电子产品生产、开发、应用的大型生产工厂。

大连东显电子有限公司

简介：是专业从事液晶显示器（LCD）及其模块（LCM）的设计、生产及经营的国内知名企业。可完成 SMT、COB、TAB、COG 模组工艺技术制作。现已为国内外客户设计和生产出段码式、字符点阵式、图形点阵式液晶显示器千余种。

电话：0411-39966556/0411-87615826

网址：www.ed-lcd.com

大连佳显电子有限公司

简介：专业从事中高档液晶显示器 LCD、液晶显示器模组 LCM（无源及有源 TFT）及相关产品的生产厂商。

大连益显达电子有限公司

简介：年生产能力为液晶显示屏 8 万 m^2，液晶显示模组及相关电子组件 500 万件。

东莞华鼎电子有限公司

简介：专业生产 TN、STN、FSTN 和其他特殊类型的 LCD 以及 COG、TAB、COB 模组。

东莞劲佳光电股份有限公司

简介：主营产品为 LCD（TN、HTN、STN、FSTN、TFT）及 LCM。

东莞市创显科技有限公司

简介：生产各种标准及非标准 TN、HTN、STN、FSTN 型 LCD 及 SMT、COB、TAB、COG 封装的 LCM。

东莞市飞尔液晶显示器有限公司

简介：开发、生产与销售液晶显示器（TN、HTN、STN、FSTN 型 LCD）。

东莞市嘉源光电科技有限公司

简介：专业开发生产中高端液晶显示元件（LCD&LCM）。主要致力于 ColorSTN 和 TFT，以及 FSTN、STN、TN 产品的研究和生产制造。

东莞市拓达电子科技有限公司

简介：专业生产 TN、HTN、STN、FSTN、TFT 及 SMT、COB、TAB、COG 模块，产品涵盖断码型、标准字符型、图形点阵（点阵可达 640×480）和带字库液晶。

东莞通华液晶有限公司

简介：产品涵盖从 TN 到 FSTN 的各种档次的液晶显示器，COB/COG/TAB 等液晶显示器模块也有相当发展。

飞天科技有限公司

简介：专业生产液晶显示器和液晶显示模块及从事电仪用品的开发、销售、服务的高科技、外向型企业。

福建金视界液晶显示科技有限公司

简介：年产能力可达 300 万片 14 英寸×16 英寸 LCD 产品和 1 000 万片 LCM 产品。

福建莆田新威电子工业有限公司

简介：STN/FSTN/TN 系列液晶显示屏。
电话：0594-3791968/3793988
网址：www.sunway.com.cn

福建省健威液晶科技有限公司

简介：液晶显示器件（LCD/LCM）的专业化生产厂家。

福建省晋江市晶宝达液晶科技有限公司

简介：开发、设计、生产、销售 TN、HTN、STN 等各种档次 LCD 和 LCM，月生产能力 9 万对（14 英寸×16 英寸）。

福州宏裕液晶显示器有限公司

简介：专业研发、制造和销售液晶显示器件（LCD、LCM）的高新技术企业。

福州华映视讯有限公司

简介：主要生产 LCDMonitor 的重要零部件 B/L（背光模组）。

富相科技股份有限公司

简介：液晶显示屏（LCD）和液晶显示模块（LCM）的设计、生产、经营企业。

高华电子显示（深圳）有限公司

简介：成立于 1983 年，着力于液晶显示器及液晶显示屏的研发和制造。

高怡科技公司

简介：专业设计和生产液晶显示产品的公司，本公司可为客户提供各种液晶显示产品，包括液晶显示器、液晶电视、家用显示器、液晶显示终端。

光王电子贸易（上海）有限公司

简介：生产 LCD 液晶显示片（TN、STN、CSTN、TFT、OLED）。

广东风华高新科技股份有限公司

简介：目前在 STN-LCD、VFD 等领域已初具规模，PDP、TFT-LCD、OEL 等项目正在探讨研发阶段。

广西灵山天山微电子有限公司

简介：专业从事液晶显示产品的开发、生产和销售的高科技企业。

广州驰为电子科技有限公司

简介：专业生产液晶显示屏和液晶显示模组的厂家，产品涵盖 TN、HTN、STN、FSTN 液晶显示屏和 COG、TAB、COB、SMT 液晶显示模组；有笔段型、字符型、图形点阵型和中文图形等液晶显示模块。

广州龙宇电子有限公司

简介：产品涵盖 TN、HTN、STN、FSTN 等 LCD 面板产品，COG、COB、TAB 等 LCM 产品及其他应用 LCD/LCM 的 OEM 产品。可提供 1 000 万平方英寸/月的 LCD 面板，300K/月的 LCM 模块的生产能力。

广州市方舟电子有限公司

简介：提供性能稳定、品类齐全的系列 LCD 面板与 LCD 模块。

广州市龙宇电子有限公司

简介：产品涵盖 TN、HTN、STN、FSTN 等 LCD 面板产品，COG、COB、TAB 等 LCM 产品及其他应用 LCD/LCM 的 OEM 产品。

广州同华实业有限公司

简介：主要产品为 TN、STN、FSTN 型液晶显示屏及各种段码式、点阵字符型、点阵图形型液晶显示模块。

广州铜铧电子有限公司

简介：主要产品为 TN、STN、FSTN 型液晶显示屏（LCDPanel）及各种段码式、点阵字符型、点阵图形型液晶显示模块（LCM）。

广州亿圣（比纳科）电子有限公司

简介：生产 TN/HTNLCD、LCM 模块，还可以帮客户邦定 IC，也可根据客户的要求开发、生产非标准的 LCD 产品。

海德威科技股份有限公司

简介：专业于消费性电子产品的应用及开发设计，提供液晶屏驱动板、PDP 方案和 PMP（MP4）方案。

海南清华显示器科技开发有限公司

简介：生产能力为：LCD 60 000 对/月，COG 120 万/月，LCM 500 万/月。

杭州创凌电子有限公司

简介：专业开发、设计、生产 LCD 液晶显示屏、LCM 液晶模块等相关产品。

杭州夺盛电子科技有限公司

简介：专业于液晶显示器、液晶显示模块、背光源（LED）的生产。

杭州平望科技有限公司

简介：以市场为导向、致力于为用户提供液晶显示整体解决方案的公司，主要产品为 2.4～10.4 英寸真彩 TFT 液晶屏。

杭州清达光电技术有限公司

简介：专业开发、设计、生产及销售液晶显示屏 LCD（TN、HTN、STN、FSTN）、液晶显示模块 LCM（COB、SMT、COG、TAB、COF）、彩色液晶（STNCOLOR、TFT）、OLED、EL 及其他光电产品。

电话：0571-88256346

网址：www. tsingtek.com

杭州天硕信息技术有限公司

简介：显示器方面主要提供小尺寸 LCD、LCOS、OLED 显示器（SVGA）模组、LCOS 和 LCD、OLED 微型显示器模组及光学组件和驱动板，以及从事单目双目头带显示器（HMD）、电子寻像器（EVF）、近眼显示器（NTE）的开发、生产、销售。

杭州远见光电显示技术有限公司

简介：能够提供各类高品质 TN、HTN、STN、FSTN 类型的 LCD。

航天科技半导体有限公司

简介：生产液晶显示器（LCD）、液晶显示模块（LCM），包括 STN-LCD、COG-LCM、TAB-LCM、COB-LCM 和 COF-LCM。

合力泰微电子（深圳）有限公司

简介：产品涵盖 TN、HTN、STN、FSTN、CSTN 和 TFT 等模式的液晶显示屏，以及 COB、COG、COF、TAB 等类型的液晶模块。

和美光电科技（苏州）有限公司

简介：生产 TN-LCD、STN-LCD、CSTN-LCD、TFT-LCM 及各种 LCM。

电话：0512-68051029

河北冀雅电子有限公司

简介：提供各种规格的 TN、HTN、ETN、STN、FSTN、CSTN 和 TFT 液晶显示屏，以及 COB、SMT、TAB、COG、COF 液晶显示模块。

电话：0311-87757909

网址：www. jiyalcd.com

河源青雅电子科技有限公司

简介：专业生产液晶显示器、液晶电视机和 TFT 液晶显示模块。

湖南曙光电子集团有限公司液晶显示器厂

简介：专业生产液晶显示屏。

电话：0731-85559518/84177027

网址：www.shuguangelec.com

华东电子光电科技有限公司

简介：产品涵盖显像管、显示管、LCD、节能光源、晶体元器件、医疗电子设备、消防电子系统、微电子芯片、商用空调、GPS 网络服务、太阳能系列产品、多功能制水机、特种电子材料等二十多个门类的几百个品种。

华锐光电科技有限公司

简介：致力于中小尺寸 TFT-LCD 液晶模组的研发、生产和销售。

华映视讯（吴江）有限公司

简介：主要生产 TFT-LCD 面板/模块。

惠科电子（深圳）有限公司液晶模组事业部

简介：产品涵盖等离子电视机、液晶电视、液晶显示器、CRT 显示器、LED 显示屏。

惠州市天兴光电显示科技有限公司

简介：从事开发、制造及销售液晶显示模块（LCM）和 LED 背光源的高新技术企业。

惠州市中显电子科技有限公司

简介：研发、生产液晶显示屏（LCD）和液晶显示模块（LCM），其中 LCD 类型包括 TN、HTN、STN、FSTN、TFT 或以上 COB、COG、COF、TAB 模块。

吉林北方彩晶数码电子有限公司

简介：设计、开发 6.5 英寸/8.2 英寸液晶模块，以适应车载、消费类市场快速上升的需求。

吉林紫晶电子有限责任公司

简介：规模生产各种 TN、STN 液晶显示屏和液晶显示模块，还可为客户定制专用及特殊产品。

技博科技深圳有限公司

简介：专业从事于液晶及相关产品的开发、生产、营销的科技有限公司，公司提供各种尺寸的液晶屏，并提供完整的显示解决方案。

嘉源光电科技有限公司

简介：是一家台商独资的高新技术企业，专业开发生产中高端液晶显示器件（LCD&LCM）。主要致力于 ColorSTN 和 TFT，以及 FSTN、STN、TN 液晶显示器件的研究开发和生产制造。

江门亿都半导体有限公司

简介：主要生产 TN、HTN、STN 及 LCD 元件（LCM）。

电话：0750-3866733

网址：www. yeebo.com.cn

江苏句容骏升显示技术有限公司

简介：主要生产液晶显示屏，其生产能力是 7 万 m^2。现有 80%产品远销中国香港地区、韩国。

电话：0511-7267802

江苏尚扬电子科技有限公司

简介：致力于高品质中小尺寸 TFT-LCD 模组的研发与制造。

江西合力泰微电子有限公司

简介：产品涵盖 TN、HTN、STN、FSTN、CSTN 和 TFT 等模式的液晶显示屏，以及 COB、COG、COF、TAB 等类型的液晶模块。

京东方科技集团股份有限公司

目前，京东方拥有一条月产能 4.5 万片玻璃基板的第 4.5 代 TFT-LCD 生产线、一条月产能 10 万片的第 5 代线、一条月产能 10 万片的第 6 代线、一条月产能 9 万片的第 8.5 代线，在建一条月产能 9 万片的第 8.5 代线、在建一条月产能 5.4 万片的第 5.5 代 AM-OLED 线。

电话：010-64318888

网址：www.boe.com.cn

京东方现代（北京）显示技术有限公司

简介：主要生产 TN、STN、CSTN 显示模块，产品类别有黑白、4 级灰度、4 000 色、6 500 色彩色 STN 模块和 TFT 模块，产品主要应用于移动终端（手机、PDA 等）、工业设备、商业设备等。年生产能力超过 1 400 万片。

晶蕾电子有限公司

简介：提供标准的 TN、HTN、STN、FSTN 型 LCD，以及 COF、TAB、COG 等模块。

晶星光电有限公司

简介：专业设计生产专用 TN、HTN、STN 液晶显示片，各种普通、八角、单色、彩色、激光，单色丝印，多色丝印的电子装液晶显示屏（片）。

精电（河源）电子有限公司

简介：主要产品有仪表液晶显示器、计时液晶显示器、游戏机液晶显示器及通信器材液晶显示器等。

精电显示技术（深圳）有限公司

简介：设计、开发、生产液晶显示产品、超扭曲液晶显示产品（STN）、新型显示器件及相关产品。

精士电子有限公司

简介：生产各种型号的 TN、STN、COLORSTN、FSTN 段式、点阵、图文 LCM。

久正光电股份有限公司

简介：产品先后获得 Motorola、西门子、HP、SANYO、3M、松下、波导、联想、南方高科、华冠等公司的认可。

巨浪光电（深圳）有限公司

简介：从事彩色移动电话显示器件，汽车应用显示器件，MP3、MP4、GPS 应用显示器件 FPC、手机主板、数码相框、MP3、MP4、摄像头等 SMT 贴片的加工。

康惠（惠州）半导体有限公司

简介：其生产能力为 14 英寸×16 英寸玻璃 18 万片/月。生产产品有 TN、HTN、STN、FSTN 液晶显示器和各类通用标准或专用的 COB、TAB、COG 模块。

电话：0752-2630199

网址：www.casilsemi.com

昆山凌达光电科技有限公司

简介：公司系 LCD&LCM 供应商，专业设计、生产和销售 LCD Panel（STN、FSTN、C-STN）和 LCMModule（STN、FSTN、C-STN、TFT）。

昆山龙腾电子有限公司

简介：液晶显示器、液晶显示屏、液晶显示器件及计算机等周边产品的开发、生产、销售并涵盖上述所有业务的技术服务。

昆山龙腾光电有限公司

简介：于 2005 年 7 月 12 日由昆山经济技术开发区资产经营有限公司与龙腾控股有限公司共同出资成立，是国内第三家第 5 代 TFT-LCD（薄膜晶体管液晶显示器）生产厂商，产品以台式显示器、笔记本电脑及液晶电视面板为主。

电话：0512-57278888

网址：www. ivo.com.cn

联建（苏州）科技有限公司

简介：主要从事 ITO 导电玻璃的生产，触控电板、导光板及 TN、STN、CSTN、TFT 的液晶显示器的研究开发、设计、制造、销售、维修。

电话：0512-62568178

网址：www.wintek.com.tw

梅县梅雁电子科技工业有限公司

简介：公司拥有全自动液晶显示器生产线，能生产 6.4～47 英寸的多媒体 TFT 彩色液晶显示器、大屏幕数字化液晶电视。

南京北方慧华光电有限公司

简介：从事开发、制造并且在国内和国际市场销售以 SMD 变压器、CCFL 型背光电源等为代表的 LCD 产业链上游产品和其他光电产品。

南京电子器件研究所

简介：主要产品包括 GaAs 微波、单片集成电路及多芯片模块，微波器件及电路，微波器件，微波通信设备，电子材料及新型III-V 族化合物半导体材料，声表面波器件；液晶、等离子体、电致发光等平板显示器件及组件；光电倍增管，特种真空摄像器件及整机；电子信息系统等。

南京国显电子公司

简介：产品涉及各类通用 TN、HTN、STN 和 FSTN 液晶显示屏及 SMT、COB、TAB、COG 液晶显示模块、非标准液晶显示模块；特种平板显示器及其组件；LED 系列显示组件、LED 背光源、EL 冷光源及其各种附加产品（如消防应急灯）。

南京瀚宇彩欣科技有限责任公司

简介：专门生产薄膜电晶体液晶显示器面板，主要应用领域为膝上型电脑显示器及桌上型电脑监视器。

南京华日液晶显示技术有限公司

简介：是由南京华东电子信息科技股份有限公司、日本株式会社 ITT 和南京新港高科技股份有限公司合资组建的液晶显示器件专业制造公司。

电话：025-85803333

网址：www.huarilcd.com

南京瑞福达微电子技术有限公司

简介：外向型的高新科技企业，专业生产 TN、STN、FSTN、CSTN、TFT 和其他特殊类型的 LCD，以及 COF、SMT、TAB、COG 模块等。

南京中电熊猫液晶显示科技有限公司

简介：其第 6 代液晶面板生产线导入了夏普 10 代线的 UV^2A 等最新技术，具有技术先进、专利有保障、投资节约、产业链垂直整合、技术再创新等方面优势。未来将投建更高世代液晶面板线。

电话：025-89617777

宁波高新区七鑫旗科技有限公司

简介：主要产品覆盖手机用 TFT-LCD、中尺寸 TFT 模组，主要用于车载 DVD、GPS、数码相框；另外还进行液晶电视的生产，主要产品线是 15 英寸、17 英寸、19 英寸的液晶电视。

电话：0574-87915560

网址：www.sevlag.com.cn

宁波经济技术开发区明信电子有限公司

简介：专业开发、设计、生产及销售液晶显示屏 LCD（TN、STN、HTN、STN、FSN）、液晶模块、硅胶按键、导电条、斑马纸、LED 背光。

宁波奇美电子有限公司

简介：专业生产模块（LCM），可广泛运用于 Notebook、Monitor、PDA、Mobilephone 及 LCDTV 等领域。

莆田市莆辉光电科技有限公司

简介：专业生产 TN、HTN 及 STN 液晶显示器及配套产品的公司，是原中国电子工业部“八五”规划重点项目之一，是福建省电子 20 家重点电子企业之一。

电话：0594-2281371

网址：www.ptvk.com

莆田市诺斯顿电子发展有限公司

简介：品种包括 TN、STN、HTN，拥有段码式、字符式及图形点阵三大系列。

青岛浩日鑫电子科技有限公司

简介：生产、销售液晶显示屏和液晶显模块（LCM）的高科技企业。主营各类 TN、HTN、STN、FSTN、CSTN 液晶显示屏和模块。

青岛莱科达微电子有限公司

简介：专业生产 TN、STN 液晶显示器、液晶显示模块和 LED。

铨晶科技开发（深圳）有限公司

简介：中小尺寸液晶屏生产、销售，液晶驱动板、VideoDecoder/T-conIC、MultimediaController 的专业设计以及相关产品解决方案的专业供货商。

群康科技（深圳）有限公司

简介：从事面板模块、成品组装与材料之研发、设计、生产销售及售后服务。

日立显示器件（苏州）有限公司

简介：日立显示器集团在中国设立的第一家专业从事液晶显示器件产品的设计、制造和销售的独资子公司。

山东蓝山液晶科技有限公司

简介：生产液晶显示器、笔记本电脑、液晶背投电视机以及光引擎的大型企业。

山东烟台特晶电子有限公司

简介：公司主要生产 640×480 点阵以下 TN、STN、FSTN 液晶显示模块，工艺包括 COB、COG、SMT、TAB 等。

汕头超声显示器（二厂）有限公司

简介：研制超声电子仪器、双面及多层印制电路板及液晶显示器。

汕头超声显示器有限公司

简介：生产能力达年产 14 万 m^2 液晶显示器及超 3 000 万套液晶显示模块。

电话：0754-88192283

网址：www. goworld-lcd.com

汕头锐科电子有限公司

简介：专业研发并生产电路板（PCB）、液晶显示器（LCD）和液晶模块（LCM）等产品。

汕头市众利电子科技有限公司

简介：研发、制造、销售液晶显示模组系列产品和微机液晶显示界面控制器的科技型企业。

上海翱博电子有限公司

简介：提供高标准、高品质的黑白和彩色 LCD、LCM、TOUCHPANEL、BACKLIGHTMODULE 等液晶产品及相关产品。

上海常祥实业有限公司

简介：为 LCM 模组、LED、太阳能电池组件、触摸屏、无源器件、集成电路、表面贴装、电气绝缘等行业的高端客户提供产品和服务。

上海凡捷电子科技有限公司

简介：为客户专业提供 Video、VGA、TV、DVI 等接口的液晶显示器，车载电视，广告机，LCD 驱动板卡、LCD 连接线，Inverter 等并可为客户量身定做各种驱动方案。

上海恒方电子有限公司

简介：生产、销售的产品包括液晶显示模块、液晶显示屏、触摸屏、数显仪表、温湿度计、太阳能电池、光电器件、紫外线探测器、传感器、高科技环保仪器等。

上海宏光液晶显示技术有限公司

简介：专业研制、开发、生产液晶显示器和液晶显示模块的高新技术企业。

上海华嘉光电技术有限公司

简介：专业从事 LTPS-TFT-LCD 低温多晶硅薄膜晶体管液晶显示器的研发、设计、制造、销售和服务的高科技公司。

上海晶桥电子科技有限公司

简介：主要从事电子元器件、集成电路设计及制造、光电显示器件、电子专用设备及 OEM 来料加工等。光电显示器件是公司目前主要投资项目。

上海朗睿电子科技有限公司

简介：专业从事军工、工业液晶显示器开发、生产和服务的高科技公司。

上海乐臣光电科技有限公司

简介：专业从事液晶显示器及其模块的设计、生产经营企业。

上海立汉洲数字设备有限公司

简介：产品有 1.8～21 英寸及以上的液晶显示模块，提供可配套 7～21 英寸液晶的驱动板卡（A/D 板），包括 PC、AV、TV 等接口输入方式。

上海领先微电子有限公司

简介：主要经营产品包括电子产品设计开发、控制芯片（MCU）销售、液晶（LCD）设计销售、产品模块委托设计。

上海市九山电子科技有限公司

简介：专业开发、设计及销售液晶显示屏 LCD（TN、HTN、STN、FSTN、TFT）、液晶显示模块 LCM（COB、SMT、COG、TAB、COF）、触摸屏及其他光电产品的高新技术企业。

上海天马微电子有限公司

简介：在上海浦东新区建设国内第一条第 4.5 代 TFT-LCD 生产线，自主掌握 TFT-LCD 设计与制造等关键技术，形成自主知识产权和自主创新技术能力。项目一期设计产能为月加工 730mm×920mmTFT-LCD 玻璃基板 3.0 万张，目标市场定位于 10.4 英寸以下全球中小尺寸显示市场，于 2007 年第四季度试生产，2008 年第一季度量产。

上海欣为机电科技有限公司

简介：主要从事液晶显示屏和液晶显示模块产品的研发、生产及销售，包括 TN 和 STN 两大类。

上海益菱光电有限公司

简介：可以生产 TN 型、HTN 型、STN 型、

FSTN 型、CSTN 型、TFT 型 LCD 产品；从组装方式上，可以生产 SMD、COB、TAB、COG、COF 等多种类型的模块。

上海盈贸微电子有限公司

简介：是一家专业生产、经营高性能 TN、HTN、STN、FSTN 型液晶显示器及模块的中外合资企业。

上海彰峰电子科技有限公司

简介：主营产品包括液晶屏、触摸屏、驱动板卡、液晶显示器、触摸显示器、多媒体广告机、工业整机产品等。

上海中航光电子有限公司

简介：生产液晶显示器、笔记本电脑和液晶电视的液晶屏（TFT-LCD）及模块等。

上海中科联和显示技术有限公司

简介：专业从事 OTFT 平板显示技术与关键装备领域的技术开发、试验、中试及产业化推广工作。

电话：021-20325195

劭旭电子技术有限公司

简介：集 LCD、LCM、MP3 液晶模块等产品的设计、生产、销售于一体的专业性高新科技企业。

深超光电（深圳）有限公司

简介：致力于笔记本电脑、PC 显示器及液晶电视机等产品的 TFT-LCD 显示面板的设计、研发、测试及制造。

深圳奥创微电子有限公司

简介：专业生产液晶显示器（LCD）和液晶显示模块（LCM）的厂家。

深圳奥利莱电子科技有限公司

简介：主营 TN、STN、FSTN 等液晶显示器和设备。点阵字符、图形模组年生产能力大于 150 万件。

深圳超亮科技实业有限公司

简介：生产超高亮阳光下可视 TFT-LCD 液晶显示屏，可从−40℃到 70℃环境中使用的宽温显示屏，以及其他特殊用途液晶显示系统（如在阳光下的 TFT-LCD 液晶幕墙显示系统）等。

深圳晨旭阳光科技有限公司

简介：专业生产 TFT-LCD 彩色显示模块、彩色液晶监视器、液晶电视、汽车后视倒车雷达系统。

深圳创凯电子有限公司

简介：致力于小尺寸数字/模拟液晶屏方案模块的开发。公司还开发完成采用 GENESIS8125 支持的 20 英寸液晶的美国方案，以及适用于 32 英寸以上液晶/PDP 的大尺寸成熟方案。

深圳恩泽瑞显示科技有限公司

简介：专业生产 TN、STN、FSTN、CSTN 和其他特殊类型的 LCD，以及 COF、SMT、TAB、COG 模块等。

深圳富创电子有限公司

简介：专业从事液晶显示模块（LCM）的开发设计、生产及销售的高新技术企业。公司拥有 COB、SMT、COG、TAB 等生产工艺，可生产标准及客户定制图形点阵、字符点阵、字段式液晶模块。

深圳富鹏技术有限公司

简介：集生产、研发、销售于一体的专业液晶显示器（LCD）、液晶显示模块（LCM）的高科技企业。

深圳富士康群创光电科技股份有限公司

简介：产品线将从大小尺寸面板、大小尺寸模块到终端系统产品，各类产品组合完整。

深圳固利达微电子有限公司

简介：专业设计、制造各种类型通用、专用TN、STN 液晶显示器和显示模块。
电话：0755-83982322/27642742
网址：www.sanyoulcd.com

深圳合力顺电子公司

简介：生产 TN、HTN、STN、FSTH、BLACKMASK 型液晶显示器（LCD）及 SMT、COB、TAB、COG 等液晶显示模块（LCM）。

深圳华丰光电科技有限公司

简介：设计、生产各类通用、专用 TN、STN、HTN、FSTN、TFT 彩屏和各种类型的偏光片，以及礼品类的电子产品。

深圳华映显示科技有限公司

简介：深圳华映（SDT）是 CPT 在大陆地区投资的第五家公司，为 CPT 在深圳设立的前沿基地，SDT 是华南地区第一家投产液晶电视模组的公司。

深圳佳之讯电子有限公司

简介：液显产品包括段式、字符及图形液晶显示器和场致发光板，工控产品包括单板计算机、工业计算机机箱、工作站、工业平板电脑、PC/104、电源及底板等产品。

深圳晶华显示器材有限公司

简介：专业生产液晶显示器（LCD）和液晶显示模块（LCM）。
电话：0755-82442741/82055402
网址：www.china-lcd.com

深圳晶辉达电子有限公司

简介：从事高品质液晶显示器（LCD）、液晶显示模块（LCM）开发、生产的高新技术企业，主要产品有字符、字段、图形标准模块，并可按客户要求加工、定制各种液晶显示器。

深圳晶信光电科技有限公司

简介：生产各类通用、专用 TN、HTN、STN、FSTN 液晶显示器的专业制造商。

深圳久日光电子有限公司

简介：制造液晶显示面板（LCD）、液晶显示模块（LCM）的专业厂家。能够提供 TN、HTN、STN、FSTN 的液晶面板（LCD）及 COB、TAB、COG、COF 类型的液晶模块（LCM）。

深圳诺群电子有限公司

简介：专业生产 LCD、液晶显示产品及导电性连接片，以及将光能转化为电能的环保型太阳能电池，并于 2005 年投产 ITO 镀膜生产线。

深圳秋田微电子有限公司

简介：已通过 ISO 9001：2000 认证和

QC080000RoHS 符合性认证，是一家集研发、制造、销售 COB、TAB、COG 液晶显示模组产品和微控制器（单片机）开发于一体的中外合资企业，同时参与 LCD、LED 和 PCB 的设计与生产。

深圳瑞特电子有限公司

简介：公司主要开发生产 TN、HTN、STN、FSTN、TFT 型液晶显示屏，并承接客户各种定制的产品。

深圳瑞通光电有限公司

简介：专业设计、生产、销售液晶显示器（LCD）及液晶显示器模组（LCM），并可承接 LCD 专用设备及净化工程设计的专业化公司。

深圳赛科显示器有限公司

简介：LCD 和 LCM 的生产厂家和销售商。
电话：0755-28172887
网址：www.santechdisplay.com

深圳市百视明显示技术有限公司

简介：专业设计、制造 TN/HTN/STN/FSTN 笔段式、点阵式液晶显示屏（LCD）、BLACKMASK 黑膜多色显示屏、液晶显示模块模组（LCM）。

深圳市宝盛电子技术有限公司

简介：产品类型包括 TN、HTN、STN、FSTN、黑模 LCD 及相配套的 COG、TAB、SMT 模组。

深圳市北帝科技有限公司

简介：专业生产和销售液晶显示器 LCD（TN、HTN、STN、FSTN、CSTN）和 LCM（COB、TAB、COG、TFT）模块等。

深圳市蓓蕾电子有限公司

简介：产品有 LCD（TN、HTN、STN、FSTN）、单色显示 LCM（COB、TAB、COG）和彩色 TFTLCM。

深圳市奔马显示技术有限公司

简介：专业的 LCD/LCM 液晶显示器生产厂家，公司集设计、开发、生产、销售于一体。

深圳市长平兴科技有限公司

简介：专业从事开发、制造、营销各类 LCD（液晶显示器）和 LCM（液晶显示模块）的高新科技企业。

深圳市长晟科技有限公司

简介：专业研发、生产、经营各类 LCD 液晶显示器和 LCM 液晶显示模块的高科技企业。

深圳市潮丰实业有限公司

简介：产品涵盖了 TN、HTN、STN、FSTN 系列液晶面板产品，包括 COB、TAB、COG 等液晶显示模块产品，可提供 5 000 万片/月的 LCD 液晶屏和 10 万/月的 LCD 模块生产能力。

深圳市晨盛达电子有限公司

简介：开发、生产、销售 TN、STN、FSTN 型液晶显示模块，拥有段码式、字符式、图形点阵式 3 个系列近 200 余种标准模块。

深圳市德龙电子有限公司

简介：专业从事设计、开发、生产及销售各种大、小尺寸的 LCD 液晶显示器、液晶电视，以及车载 DVD、VCD、CD、MP3 等汽车影音系统的高科技公司。

深圳市迪创电子科技有限公司

简介：提供 TN、STN、FSTN 等类型的 LCD，同时还提供 COB、COG、TAB、COF 等类型的 LCM 产品，点阵可达 640×480，点间距最小为 0.01mm。

深圳市帝晶实业有限公司

简介：集 LCM（COG、TAB、COF）、SMT 等产品研发、生产、销售于一体的高科技公司。

深圳市电光比龙显示科技有限公司

简介：是液晶显示器（LCD）、液晶显示模块（LCM）、背光源（LED）、TFT 及控制板的专业设计与制造企业。

深圳市尔泰科技有限公司

简介：专业开发、生产液晶显示屏（LCD Panel）和液晶显示模块（LCD Module）的高科技企业。

深圳市格物致电子有限公司

简介：大规模制造 TN、HTN、STN、FSTN 液晶显示屏和点阵类 LCD，月产量 LCD 可达到 15 000 m^2。

深圳市广源达电子有限公司

简介：①特殊定制各种 TN、STN 型液晶显示屏（LCD）；②批量生产多种段式、点阵式标准尺寸液晶显示模块（LCM）；③为客户设计、开发、生产非标准性液晶显示模块以及部分软件控制的电子产品；④销售液晶显示模组控制 IC。

深圳市国显科技有限公司

简介：从事 LCD 液晶模组的研发、生产与销售（生产产品有 1.8 英寸、2.0 英寸、2.4 英寸、3.5 英寸、4.3 英寸、5 英寸、7 英寸屏等），重点在 GPS、车载、移动电视等方面有较强的优势。

深圳市汉达威电子有限公司

简介：专业从事研发、生产液晶显示面板（LCD）、液晶显示模块（LCM）的厂家。

深圳市汉昇实业有限公司

简介：开发、制造、生产、销售各类 STN、FSTN、TAB、COG 型的液晶显示器模块的厂家。

深圳市汉通科技电子有限公司

简介：主导产品为车载 TFT-LCD 液晶显示器。

深圳市洪泰显示科技有限公司

简介：承接各种 LCD、LCM 的开发设计、开模定制、单片机开发及来料加工。产品主要包括 TN、HTN、STN、FSTN、TAB、COG、CSTN、TFT 等。

深圳市虹视实业有限公司

简介：致力于 LED、LCD 显示屏产品的研发、生产、销售、服务及国内外机场行业、轨道交通行业强、弱电系统集成项目的规划、设计、实施与服务。

深圳市华星光电技术有限公司

简介：其第 8.5 代 TFT-LCD 面板线的主要产品为 26 英寸、32 英寸、46 英寸及 55 英寸液晶面板，设计产能为每月 10 万张，年产约 1 400 万块。

电话：0755-86208876

网址：www.tcl.com

深圳市辉斯达电子有限公司

简介：拥有先进的 LCD、LCM 生产线和技术，拥有黑白、彩色液晶显示产品的强大供货能力，点阵可达 640×480，最小点可达 0.17mm，最小点距可达 0.015mm。

深圳市嘉诺鑫科技有限公司

简介：专业开发、生产与销售 LCD 液晶显示屏（TN、HTN、STN、FSTN）及液晶显示模组 LCM（COB、COG、SMT、TAB，包括段码、字符、图形点阵及 TFT）的生产厂家。

深圳市剑飞电子技术有限公司

简介：生产和销售 TN、HTN、STN、FSTN、TAB、COG 等类型的 LCD 及 E-ink 显示器，产品达 5 000 余种。

深圳市捷锐电子有限公司

简介：主要产品包括 LED 照明灯、RFID 标签、塑料壳、大功率 LED 灯珠、发光二极管、贴片 LED、射频卡、LCD 系列产品等。

深圳市晶讯电子有限公司

简介：专业生产液晶显示器的高新技术企业。

电话：0755-84117379

网址：www.jenson-lcd.com

深圳市九立科技发展有限公司

简介：专业从事高品质 TN、HTN、STN、FSTN 液晶显示器及液晶显示模块开发、生产的高新技术企业。

深圳市骏显电子科技有限公司

简介：产品有 TN、HTN、STN、FSTN 及 SMT、COB、TAB、COG 模块，产品涵盖段码型、标准字符型、图形点阵（点阵可达 640×480）和带字库液晶。

深圳市康展科技有限公司

简介：产品涵盖 TN、HTN、STN、FSTN 等 LCD 面板产品，COG、COB、TAB 等 LCM 产品及其他应用 LCD/LCM 的 OEM 产品。

深圳市科春泰电子有限公司

简介：生产 TN/STN 字符型液晶模块、彩色 STN-LCD 面板、各种 CSTN/TFT 手机模块、PDP 模块。

深圳市科诺亚电子有限公司

简介：产品涵盖了 TN、HTN、STN、FSTN 系列液晶面板产品，COB、TAB、COG 等液晶显示模块产品，可提供 5 000 万片/月的 LCD 液晶屏和 8 万片/月的 LCD 模块生产能力。

深圳市蓝月亮科技有限公司

简介：液晶显示器 LCD、LCM 及 LED 背光板的专业制造和销售商。产品涵盖 TN、HTN、STN、FSTN 等 LCD 面板。

深圳市立德通讯器材有限公司

简介：设计、生产及销售 TFT-LCD、OLED、CSTN、STN 等液晶显示模块产品的高科技企业。

深圳市利鼎液晶科技有限公司

简介：专业的液晶显示器（LCD）液晶模组、背光源、冷光片、触摸屏设计、开发、生产及销售厂家。

深圳市龙邦达科技发展有限公司

简介：专业从事 TFT 液晶显示器、TFT 液晶模组，集生产、设计、研发、销售于一体的高新技术企业。

深圳市奈立科技有限公司

简介：产品包括 TN、HTN、STN 和 FSTN 等多种模式的液晶显示屏（LCD），以及 COB、TAB 和 COG 等结构形式的液晶显示模块（LCM）。

深圳市欧普迪科技开发有限公司

简介：主要产品涵盖 TN、HTN、STN、FSTN、BLACKMASK（黑膜）等各类液晶显示屏以及各类 COB、COG、TAB、SMT 的液晶显示模块；可按客户需求为客户量身定做、生产各种非标准的液晶显示屏、液晶模块。

深圳市鹏基光电有限公司

简介：设计、生产、销售 TFT 液晶显示模块的高科技企业。

电话：0755-26405702，82532486

网址：www.szpjgd.com

深圳市普瑞翔电子有限公司

简介：产品包括液晶屏和液晶模组。液晶屏有 TN、STN、HTN、FSTN 等类型，液晶模组有 SMT、COB、COF、COG、TAB 等封装形式，尤以 COG 为优势。

深圳市秋田视佳实业有限公司

简介：集研发、制造、销售 COB、TAB、COG 液晶显示模组产品和微控制器（单片机）开发的中外合资企业，同时参与 LCD、LED 和 PCB 的设计与生产。

深圳市瑞福达液晶显示技术股份有限公司

简介：是一家外向型的高科技企业，专业生产 TN、HTN、STN、FSTN 和其他特殊类的 LCD 以及 COB、SMT、TAB、COG 模块等。

电话：0755-27041286

网址：www.rifdalcd.com

深圳市瑞捷兴科技有限公司

简介：专业设计、制造各类通用、专用的 TN、HTN、STN 液晶显示器和显示模块。

深圳市赛维光电实业有限公司

简介：致力于液晶显示器（TFT-LCD）、控制板卡、触摸屏及相关产品的研发和应用推广，为用户提供专业、完美的液晶显示解决方案。

深圳市三索平板显示技术有限公司

简介：主要从事日用电子产品、企业信息产品的开发工作，是深圳第一家专业从事平板显示产品的开发、配套等技术服务的公司。

深圳市三元晶液晶显示科技有限公司

简介：主要产品有图形点阵、字符点阵、笔段式，涵盖 TN、HTN、STN、FSTN、CSTN 5 种模式；融合 COG、COF、TAB、COB、SMT 等各种工艺结构形式。

深圳市松山电子科技有限公司

简介：主要产品包括字符型模块、图形点阵模块、彩色 TFT 模块，在提供标准产品的同时也具备根据客户需要设计、开发、定制特殊用途和规格产品的能力。

深圳市拓普微科技开发有限公司

简介：产品主要包括液晶显示屏（LCD

Panel）、液晶显示模块（LCD Module）及液晶显示应用产品的系统设计。

深圳市显能实业有限公司

简介：拥有 TN-LCD、STN-LCD、SMT-LCM、COB-LCM、COG-LCM、COF-LCM、TAB-LCM 等液晶显示产品的强大供货能力，点阵可达 640×480，最小点间距为 0.01mm，最小线宽为 0.03mm。

深圳市新三维机电有限公司

简介：主要产品有 STN/CSTN/TFT-LCD 模组，1.5～7 英寸 TFT-LCD 彩色显示模组。

深圳市兴宇合电子有限公司

简介：制造液晶显示面板（LCD）、液晶显示模块（LCM）的专业厂家。主要产品有字符点阵、图形点阵、中文字库、段码等标准或非标准模块。

深圳市旭日东方科技有限公司

简介：专业生产 TN、STN 和 FSTN 液晶及其模块产品，是一家以液晶显示器件设计与生产为中心的公司。

深圳市溢洋科技开发有限公司

简介：产品主要包括 LED 普通侧背光、高亮度白光和 CCFL 背光源等。

电话：0755-26505538

网址：www.ebulent.com.cn

深圳市宇顺电子股份有限公司

简介：其产品涵盖了 TN、HTN、STN、FSTN、COB、TAB、COG、TFT、CSTN 等，广泛应用于通信、终端、家用电器、工业设备、仪器仪表和电子消费品等领域。

深圳市裕丰隆科技有限公司

简介：主要生产和销售的产品包括液晶显示模块、液晶显示器和液晶电视机等系列产品。

深圳市裕田电子有限公司

简介：主要提供 TN 型、HTN、STN 型、FSTN 型系列的液晶显示屏的定制业务，同时供应各种通用的液晶显示组件。

深圳市泽恩科技有限公司

简介：研发、生产、销售液晶显示模块以及液晶屏专用正负电源和 LED 背光等相关产品。

深圳市中显微电子有限公司

简介：产品涵盖了 TN、HTN、STN、FSTN 等 LCD 面板产品，COB、TAB、COG 等 LCD 模块产品，TFT、CSTN 等彩色 LCD 显示产品。

电话：0755-25843700/25843710/25273830

网址：www.cdtlcd.com

深圳市卓立恩科技有限公司

简介：公司拥有 COB、SMT、COG 等生产工艺，主要产品为各种图形点阵、图形中文字库、字符点阵、字段式液晶显示模块及 TN、HTN、STN、FSTN 型液晶显示屏。

深圳数灵通电子有限公司

简介：从事电子产品的开发、生产和销售，主要产品有液晶显示模块、液晶遥控器及液晶显示相关的电子产品。

深圳松山电子科技有限公司

简介：主导产品包括点阵系列包括字符、图形，品种规格有 COB、SMT、TAB、COG，从 1601 到 640480 系列；非点阵类包括电话机系列、水、电、气表等。

深圳威科拓科技有限公司

简介：能生产 ITO 厚薄为 1.1mm、0.7mm、0.55mm、0.4mm 的 TN、HTN、STN 型的 LCD 及 COB、TAB、COG 模式的 LCM。

深圳新超亮特种显示设备有限公司

简介：其产品源自美国硅谷的光机电高科技公司提供部分技术转移与协作，是全新研制开发和专业化生产超高亮和超宽温严寒环境和强阳光下清晰可视液晶显示系列模组及特殊要求液晶显示设备的光机电高科技公司，是全球少有的能设计和制造系列尺寸规格的（面板尺寸从 3.5 英寸至 46 英寸）超高亮液晶模组专业化生产厂家之一。

深圳新晶电子科技有限公司

简介：生产中高档 TN、HTN 和 STN、FSTN 型 LCD 屏以及 LCM（COB、COG、TAB、COF），公司重点项目 OLED（有机发光体显示屏）已成功推出样品。

沈阳科希-硅技半导体技术第一有限公司

简介：主营产品或服务包括 SMD 各色 LED，LAMP 各色 LED，TFTLCD 显示屏，汽车仪表盘光源，CDMA 模块，手机键盘背光源，LCD，LCM，LCDModule。

石家庄电光电子有限公司

简介：以研发、设计、生产液晶显示屏和液晶显示模组为主的高科技中外合资企业。

电话：0311-87761324

网址：www.lcd-dgec.com

石家庄高新区远景科技有限公司

简介：主要生产 TN、HTN、STN、FSTN 液晶显示屏，段式模组，字符点阵至图形点阵模组的全系列液晶显示产品。

石家庄冠晶电子科技有限公司

简介：集 TN、STN-LCD、LCM 的研发、生产、设计、销售于一体的高科技企业。

石家庄光王电子有限公司

简介：产品包括液晶显示屏、液晶显示模块、液晶显示相关器件、字符模块、段式模块、图形字库模块、全点阵图形模块。

石家庄开发区天健电子有限公司

简介：专业生产液晶显示屏（LCD）、液晶显示模块（LCM）和 COB 加工的高科技外向型企业。

苏州光宝康电子有限公司

简介：致力于为彩色液晶模组厂商提供 OEM 服务，以及为客户提供高性价比的液晶模组产品。

天津市俊龙电子材料商贸有限公司

简介：专业从事液晶显示行业的研究、开发与销售的企业。主要产品有 TFT、STN、EL 背光源、手机模块、丝网、络版等以及相关技术咨询服务。

天马微电子股份有限公司

简介：成立于 1983 年，1995 年在深交所上市（股票代码 000050），是专业生产、经营液晶显示器（LCD）及液晶显示模块（LCM）的高科技企业。经过二十多年的发展，现已发展成为一家集液晶显示器的研发、设计、生产、销售和服务于一体的大型公众上市公司。投资设立的企业包括深圳天马、上海天马、成都天马、武汉天马、欧洲天马、美国天马、韩国天马等。拥有 STN-LCD、CSTN-LCD、TFT-LCD 及 CF 生产线及模块工厂。

电话：0755-86225888

网址：www.tianma.cn

统宝光电（南京）有限公司

简介：生产 LTPS、TFT-LCD 模块，是中国大陆首家、全球第四家专业制造厂商。

微视显示器科技（深圳）有限公司

简介：主要生产 CSTN，点间距可做到 8μm。有 6 条 COG 模组生产线，8 条 TAB 生产线。

温州嘉恩电子科技有限公司

简介：开发、生产与销售液晶显示器（TN、HTN、STN、FSTNLCD）、显示模组（TFT、FSTN、STN、HTN、TNLCM）及各种液晶显示器背光源产品。

无锡阿尔法电子科技有限公司

简介：从事液晶显示屏、背光源、液晶模块及其触摸屏、LED 照明及液晶屏相关部件的设计、开发、制造和销售。

无锡威峰科技有限公司

简介：生产 TFT 液晶显示模组（10.4～32 英寸）和 EPD 电子纸显示屏体，提供 EPD 终端系统方案。

无锡夏普电子元器件有限公司

简介：生产液晶显示装置及其配套零部件，用于有线电视、卫星电视接收机、液晶电视、计算机的高科技调谐器及一般电子调谐器，射频调制器，激光拾音器及零部件，高性能电源；高频信号分配器，电子部件的贴片，新型电子元器件，数字照相机关键件；销售自产产品。

西安海晶光电科技有限公司

简介：专业设计、生产、销售高品质 TN、HTN、STN 液晶显示屏和液晶显示模块的一家高新技术企业。

厦门高卓立科技有限公司

简介：成立于 1992 年，是一家中外合资、专业生产液晶显示器（LCD）和液晶显示模块（LCM）及车载、电仪用品的高科技、外向型企业。

电话：0592-6026022

网址：www.lcdchina.com

厦门精显电子有限公司

简介：专业生产高品质液晶显示屏（LCD）、液晶显示模块（LCM）及其 LCD 生产设备、原材料的高科技企业。

电话：0592-5686622

网址：www.lcdproduct.com

厦门赛特勒电子有限公司

简介：致力于液晶显示产品的开发、生产和销售，产品运用 TN、HTN、STN、FSTN、TFT 等显示技术，包含笔段型、字符型、图形点阵等单色与彩色显示模式，并采用 COB、COG、COF、TAB 等封装方式组装。

电话：0592-2650988

网址：www.zettlercn.com

厦门维托克光电有限公司

简介：以液晶显示模块和液晶显示屏以及背光源的研发、制造、销售为中心的高新技术企业。

厦门信之恒电子有限公司

简介：专业生产高品质液晶显示模块及其 LED 背光源灯的高科技企业。

厦门易显电子有限公司

简介：主要产品为 TN、HTN、STN、FSTN 型液晶显示屏及各种段码式、点阵字符型、点阵图形型液晶显示模块。

电话：0592-2913376
网址：www.xmeasydisplay.com

显邦电子有限公司

简介：主要生产液晶显示器、液晶显示模块、鱼群探测器及其他应用液晶显示器的产品。
电话：0758-2873200

新辉开科技（深圳）有限公司

简介：专业研究、开发和制造液晶显示器、液晶显示模块的高新技术企业，拥有彩色液晶显示器制造分厂。
电话：0755-61266888

信利半导体有限公司

简介：主要产品有液晶显示屏（LCD）和液晶显示模块（LCM），类型包括 TN、STN、FSTN、CSTN，COG、COF、TAB 模块；OLED 显示屏，包括单色、2 色、3 色及 65 000 色 OLED；数字型和模拟型触摸屏。
电话：0660-3387016
网址：www.trulysemi.com

兴飞电子（深圳）有限公司

简介：生产包括 TN、HTN、STN、FSTN、CSTN、T/P 触摸屏和 BlackMask 在内的产品，以及装配包括 COB、COF、COG、Tochplane 等在内的部件。

徐州科洋光电技术有限公司

简介：主要生产 TN、HTN、STN 型液晶显示器及 COB、COG、TAB 液晶显示模组。

旭璟光电科技（惠州）有限公司

简介：主要产品包括标准品液晶显示器（TN HTN STN）、客制品液晶显示器（TN HTN STN）、标准品液晶显示模块、客制品液晶显示模块。
电话：0752-2361888
网址：www.sunview.cn

雅深电子（香港）有限公司

简介：公司专业设计生产各种标准或非标准 TN、HTN、STN、FSTN 液晶显示器和各种字段型、字符型和图形型液晶显示模块等产品。

扬州钜鼎（扬州）光电显示科技有限公司

简介：产品包括液晶显示器（TN、HTH、STN）、液晶显示模块等，其中液晶触摸显示器是获得国家专利的高科技产品。

依利安达（广州）显示器有限公司

简介：专业生产各种规格液晶显示器（LCD）及液晶显示器模组（LCM）的中外合资高新技术企业。

英联特希克斯电子（苏州）有限公司

简介：是专业的液晶显示模组研发、设计、制造厂及 OEM 电子成品组装、测试、制造厂。

永兴科技（惠州）有限公司

简介：自建 8 192 个 16×16 点的中文字型以及 126 个 16×8 点半宽的字母符号字型，另外绘图显示画面提供一个 64×256 点的绘图区域（GDRAM），无须编码即可显示中文字。

友达光电（苏州）有限公司

简介：生产大、中、小各种尺寸的面板模组。
电话：0512-62588800
网址：www.auo.com

于都上晴电子有限公司

简介：从事液晶显示模块制造与研发的外商独资企业，可提供SMT、COB、TAB、COG、COF类型的液晶显示模块。

元太通讯科技有限公司

简介：致力于高品质TFT-LCD模块的研发与制造，并已顺利通过ISO 9002鉴定。

肇庆市金鹏科技有限公司

简介：以开发、生产和销售液晶显示模块（LCM）为主的高新科技企业。是国内首家生产中文字库液晶显示模块的厂家，产品涵盖标准字段型、字符型和图形点阵型等液晶显示产品。

肇庆市显达电子有限公司

简介：专业开发、生产、经营液晶显示器、液晶显示模块以及其他应用液晶显示技术的电子产品。

浙江凯信光电科技有限公司

简介：可年产14英寸×16英寸的LCD液晶660 000对，并可生产路数为1/240Duty、ITO玻璃的最小厚度为0.4mm、最小线宽线距为10μm的LCD。

中电熊猫液晶显示科技有限公司

简介：项目于2009年9月中旬开工，生产线于2010年年底建成，2011年实现量产。建成后每年可形成销售收入近100亿元，配套销售400亿元。南京中电熊猫液晶科技有限公司的液晶面板第6代线项目是南京“液晶谷”系列重点项目之一，也是“液晶谷”系列项目的开端，规划中的液晶面板第8代线项目和与夏普合作的液晶面板研究院也将先后展开，总投资将达到500亿元。

中国电子科技集团公司第55研究所

简介：从事微波毫米波半导体、平板显示器件、特种真空电子和MEMS 4个主要专业领域及信息系统工程的研究、开发、应用和生产的国家大型骨干性研究所。

电话：025-86858351

网址：www.nedi.cn

中山三晶光电科技有限公司

简介：生产TN、HTN、STN、FSTN、CSTN液晶显示屏及COG、TAB、COF、SMT、LED背光源等液晶显示模块。

重庆群壑电子有限公司

简介：主要产品包括各种LCD液晶显示屏系列（TN、HTN、STN、FSTN显示屏，COG、TAB、COB、TFT液晶显示模组、彩色模块）以及单色、双色、三色（全彩色）LED点阵模块，异形发光条，侧光源板（导光板系列），各种平面显示器件。

珠海亚晶电子显示技术有限公司

简介：具有国际先进水平的LCD制造设备和工艺技术，并拥有先进的COG、TAB模块生产线，可以大规模制造各种TN、STN、黑膜（BALCKMASK）车载液晶显示屏和液晶显示模块。

卓盈微电子（昆山）有限公司

简介：设计、生产各种新型平板显示器件，各种光电子、电器件等电子元器件。

PDP

安徽鑫昊等离子显示器件有限公司

简介：一期工程计划投资3亿美元（约20亿元），2009年7月开工建设，2011年3月正式投产，将实现年产150万片（42英寸计）等离子显示模组的能力。

大连明则达光电科技制品厂

简介：主营产品或服务包括发光粉，钡粉，UV光固油墨，A、B胶，导电银浆，ITO导电膜，生产设备，发光胸牌，EL冷光片等。

德庆兴邦稀土新材料有限公司

简介：从事PDP等离子粉发光材料的技术开发。

辽宁享欧晶体材料有限公司

简介：生产PDP用氧化镁等。

辽宁中大超导材料有限公司

简介：主要研制、生产高纯氧化镁单晶体材料及高温超导材料，用于高温超导基片和PDP保护膜等。

洛阳裕辉光电材料有限公司

简介：主要产品包括电（场）致发光粉、红外（上转换）防伪粉、蓄能型（长余辉）夜光粉、电致柔性冷光线、场致（夜光）发光标牌、背投影（CRT）彩管粉、等离子体（PDP）彩色材料、各类灯用稀土三基色发光材料、LED专用彩粉、优级纯（ZnS）硫化锌等。

南京华显高科有限公司

简介：2007年2月，华显高科研制成功42英寸全彩色符合国家高清标准的荫罩式PDP样机（像素为1 366×768），标志着南京华显高科在技术成果上又上一个台阶。

南京金视显科技有限公司

简介：主营PDP用光敏银浆。

上海科润光电子材料科技有限公司

简介：主要产品包括显示器发光材料、等离子体显示器（PDP）发光材料、场发射显示器（FED）发光材料、高亮度大屏幕彩色投影管发光材料等。

四川旭虹光电科技有限公司

简介：一期于2010年5月在绵阳经开区内建设一条八面取等离子玻璃基板生产线，包括一条浮法联合生产线、两条前后板精加工生产线、一条ITO镀膜生产线。

OLED

北京阿格蕾雅科技发展有限公司

简介：专注于新型有机发光材料（OLED）的研发及应用。

北京维信诺科技有限公司

简介：业务范围已经广泛涉及OLED显示产品、工业级以上显示产品、照明产品（OLED/LED）

和液晶显示模块（LCM）及触摸屏的设计、开发、生产和销售，全方位、多角度地为客户提供专业、高效的服务和技术支持。

电话：010-58851122

网址：www.visionox.com

北京意莱特光电材料技术有限公司

简介：专门从事OLED有机电致发光材料开发与制备的高科技公司，总部设在加拿大温哥华。

彩虹（佛山）平板显示有限公司

简介：厂区总占地面积66 700m^2，建筑面积21 000m^2。项目建设期一年，建成后将成为国内领先并拥有国际一流的自主知识产权的OLED制造商，形成年产OLED显示屏（以2.2英寸产品计）1 200万片的生产规模。

东莞彩显有机发光科技有限公司

简介：生产OLED显示屏和OLED相关镀膜、封装设备。

东莞宏威数码机械有限公司

简介：OLED面板线将量产规格为370mm×470mm的OLED面板，预计日产量将达到150万片。

敦行国际（潍坊）光电科技有限公司

简介：主要生产OLED手机显示屏。

广东中显科技有限公司

简介：低温多晶硅TFTAMOLED生产企业。

吉林奥来德光电材料股份有限公司

简介：规模化生产以有机电致发光材料为主的光电功能材料。

昆山方圆光电材料科技有限公司

简介：主要产品包括：①中间体类，如PPV、PF、PT等PLED材料中间体、小分子黄光、红光、蓝光中间体等；②小分子蓝光、绿光、红光及黄光发光体；③高分子有机发光体，如PPV、PF、PT等；④传输材料等。

昆山维信诺科技有限公司

简介：公司于2001年成立，主要从事有机发光显示器OLED等新型显示产品的开发、生产和销售。

南京第壹有机光电有限公司

简介：以OLED照明面板及灯具产品研发、生产、销售为主的股份制民营企业。

宁波金腾化工有限公司

简介：从2002年起，金腾化工就启动了OLED及OPC功能材料的研发工作，现在已经拥有最常用的产品的全部量产。

四川虹视显示技术有限公司

简介：以OLED显示器件、模组及其相关应用电子产品的研发、制造、销售及服务为主的高科技公司。

四川宜宾盈泰光电有限公司

简介：产品涵盖单色OLED（黄色、蓝色、绿色）；全彩OLED、FSTN、CSTN液晶显示屏和触摸屏及COG、COB、COF、TAB等显示模块。

无锡虹彩科技发展有限公司

简介：致力于有机电致发光材料的研发和生产，公司专利产品波长转换材料WSM是一款新型的有机荧光材料。

西安近代化学研究所（204 研究所）

简介：主要研究内容有：①单体液晶、MCRI 型混合液晶系列：用于各种数字显示的 LCD，包括电子表、游戏机、钟表、计算器及仪器仪表等；②液晶手性添加物 CN、CB15：混合液晶添加物，也是宾主液晶显示的关键材料；③彩色液晶显示材料开发：用于灌装高性能彩色液晶显示器；④有机电致发光材料开发：对有机物施加电压导入电流而发光的新型显示材料；⑤共轭聚合物薄膜太阳电池：以共轭聚合物为光电转化材料的新型太阳能电池。

电话：029-88291846

网址：www.mcri204.com.cn

西安瑞联近代电子材料有限责任公司

简介：公司的经营范围包括液晶材料、有机电致发光材料、医药中间体、光固化高分子材料、光记录材料。

电话：029-68669089

网址：www.xarlm.com

云南北方奥雷德光电科技股份有限公司

简介：公司以科研、设计、生产、销售“主动式 OLED 微型显示器”及相关产品为主。

LED 显示

爱迪森迅（北京）光电科技有限公司

简介：从事 LED 显示屏开发、生产、销售的高新技术企业。

巴可

简介：主要提供显示器、投影系统、多重投影系统、灯光产品、LED 显示解决方案、软件系统、影像处理、传感器及其处理系统、服务器与工作站等。

北京北方铭扬科技发展有限公司

简介：专业制造室内、外全彩色、双色、单色系列等各类 LED 产品。

北京海潮瑞德尔电子技术有限责任公司

简介：研制、开发、生产和销售 LED 显示屏的高科技企业。

北京华澳世显光电科技有限公司

简介：集 LED 显示屏和控制系统的研究、生产、销售、租赁、服务于一体的综合性高科技企业。

北京凯德光电公司

简介：致力于 LED 显示屏事业的发展，专业制造全彩色（单色、三色）室内、外系列大型显示屏、证券行情显示屏、体育场馆显示系统、车站（码头、机场）引导显示系统、计时记分显示系统等各种光电产品。

北京蓝星达数字科技有限公司

简介：专业的 LED 显示系统的研发和服务厂商，公司拥有先进、完全知识产权的 LED 显示屏生产技术和专业的 LED 设计和研发人员。

北京利亚德电子科技有限公司

简介：为客户提供视频及信息发布显示屏整体解决方案和 LED 灯光系统解决方案的专业公司。

北京利亚德金显科技有限公司

简介：集开发、生产、销售、服务于一体的 LED 显示屏的专业制造商。

北京联合佳光科技有限公司

简介：主要有LED全彩显示屏、发光二极管、数码管、点阵模块、SMDLAMP及其他LED应用产品。

北京南洋三越科技开发有限公司

简介：主要产品包括室内显示屏、室外显示屏、LED显示屏OEM、箱体、LED发光模组、LED护栏管。

北京神州彩虹科技发展有限公司

简介：从事LED电子显示屏及LCD高清液晶显示器研发、生产、销售的专业公司。

北京世纪华科电子科技有限公司

简介：主要提供室内全彩色、室内双基色、室内单基色、室外全彩色、室外双基色室外单基色显示屏。

北京世纪新云蓝通科技有限公司

简介：致力于LED显示屏的研制、开发以及DLP大屏幕、MPDP等离子、DID液晶屏四大显示设备的软件支持、营销、施工安装和售后服务的高新技术企业。

北京四通智能交通系统集成有限公司

简介：公司提供交通管理综合信息集成平台，面向公众的交通信息服务综合平台，智能化交通指挥调度系统，交通流动态信息采集、处理（分析）、发布系统，交通诱导信息室外显示系统，区域停车诱导系统。

北京银海通科技发展有限公司

简介：开发、设计、承接各类LED显示系统工程、多媒体视频会议系统和电视监视系统工程。

北京振远基业科技发展有限公司

简介：专业从事各种类别LED电子显示屏的设计开发、生产制造、销售安装及维护的新一代高科技企业。

北京中显信泰科技发展有限公司

简介：提供全彩色LED显示屏、双基色LED显示屏、LED舞台演出彩幕、LED网络显示屏、LED景观照明。

长春半导体股份有限公司

简介：主要产品包括LED芯片、LED及LED应用产品、LED显示屏、发光管、点阵、数码、LED灯饰照明。

长春希达电子技术有限公司

简介：新一代“全彩色LED集成三合一显示屏”经过了包括9位中国工程院院士和来自美国、日本、法国的专家在内的57位专家评审委员会的评审，荣获2007中国国际工业博览会铜奖。

大连路明光电工程有限公司

简介：提供户外单色显示屏、LED多媒体百叶屏、户内双基色视频屏、户外全彩显示屏。

东莞勤上光电股份有限公司

简介：示范工程包括国家大剧院照明工程、北京绿色奥运道路照明工程、上海F1赛车场照明工程、广东科学中心广场及周边道路照明工程、清华大学内奥运场馆道路照明工程以及中山、东莞等市区、镇区路灯全面改造工程等。

东莞市莱硕光电科技有限公司

简介：集中高档 LED 发光二极管、LED 显示屏专用 LED 灯、LED 灯饰、LED 照明设计、生产、销售和服务于一体的高新科技企业。

福建福日科光电子有限公司

简介：公司下设三个事业部：封装事业部、应用产品事业部和大功率事业部。拥有成套的自动化设备和先进的精密仪器，专精于各种高亮度发光二极管、大功率发光二极管、点阵模块、数码管的封装以及应用产品的设计、开发和制造，产品广泛应用在绿色照明、精细显示、生态农业等领域。

福建海峡彩亮光电科技有限公司

简介：生产加工 LED 室外全彩屏、LED 室内全彩屏、单元板、LED 室内裸板及 LED 室外显示屏箱体等。

广州市欣瑞电子有限公司

简介：主要产品系列包括排队叫号系统、LED 显示屏系统、酒店排队叫号系统、自助发卡系统、网络多媒体数字播放系统、电子回单柜管理系统、多互式触摸查询多媒体广告发布系统等。

电话：020-34259242

网址：www.gzxinrui.cn

南京汉德森科技股份有限公司

简介：提供高品质的信息发布显示系统、大功率半导体（LED）道路照明、隧道照明产品和半导体照明解决方案的专业厂家。

南京洛普股份有限公司

简介：公司起源于中国电子科技集团公司第十四研究所，是国内最早研制、生产大型 LED 显示屏的机构。

清投视讯（北京）科技有限公司

简介：主要提供大屏幕拼接设备，大屏幕拼接墙，大屏幕显示系统集成，大屏幕拼接工程，大屏幕背投拼接（含 DLP 背投拼接、LCD 背投拼接、LCOS 背投拼接、液晶拼接、LED 显示屏）。

山西省长治市路港科技有限公司

简介：公司提供双色、全彩色 LED 电子显示屏、LED 发光模块、LED 电子显示屏单元板批发、LED 户外显示屏及箱体生产销售；LED 护栏灯、LED 灯带、LED 数码管、LED 水底灯、LED 幕墙灯等。

汕头市科维光电科技有限公司

简介：提供高品质的信息发布显示系统、大功率 LED 应用产品和半导体照明的专业厂家。

上海大晨光电科技有限公司

简介：专业从事半导体 LED 芯片、LED 器件、LED 灯生产。

上海三思科技发展有限公司

简介：在 LED 显示、LED 照明产品应用方面积累和掌握了大量高科技核心技术，拥有多项自主产权专利技术，共申请国内外专利 150 余项，其中授权专利 90 余项，并先后通过 ISO 9001、ISO 14001 管理体系的认证。

上海信茂新技术有限公司

简介：专业从事 LED 显示技术研究、产品开发、市场推广和应用技术服务的高科技企业。

深圳博伦特光电科技有限公司

简介：主要提供户内全彩表贴三合一、表贴

三拼一及户内模块全彩显示屏，户外全彩显示屏、多媒体幕墙及各类 LED 照明产品等。

深圳蓝普科技有限公司

简介：以 LED 显示屏与配套产品的研发、设计、生产、销售及工程为主的高新技术企业。

深圳蓝通光电有限公司

简介：主要生产电子大屏幕、广告显示屏、LED 显示屏查询、LED 户外广告屏、广场大屏幕、利率汇率显示屏、LED 价格、LED 彩屏墙。

深圳雷曼光电科技有限公司

简介：中国领先的专业化、国际化、高品级的 LED 制造商。产品涵盖全彩色显示屏、景观照明、交通信号及信息显示三大领域。

深圳锐视全彩科技有限公司

简介：专业研发和生产各规格室内外全彩 LED 电子显示屏、单元板（箱）、LED 彩屏幕墙、LED 背景彩灯/屏，具有丰富的生产、施工经验和技术实力。

深圳三升高科技股份有限公司

简介：2008 年北京奥运会主会场国家体育场（即“鸟巢”）和国家游泳馆（即“水立方”）显示屏工程的承担者。

深圳市华尔威光电科技有限公司

简介：产品包括各种规格的点阵，各种规格的发光二极管，各种规格的背光源，各种规格的（户外、半户外）模块、模组，各种规格户外（单色、双色、全彩）箱体、显示屏及各种城市亮化照明工程所用的 LED 护栏灯、彩灯、背景墙、球泡灯、大功率 LED 照明灯泡等。

深圳市励研科技有限公司

简介：向 LED 显示屏制作公司提供室内、外双基色、全彩色 LED 电子显示屏控制系统，并承接室内、外双基色全彩色 LED 电子显示屏系统设计。

深圳市联创健和光电股份有限公司

简介：以 LED 显示和软件控制系统为核心技术，提供室内、外 LED 显示屏。

深圳市全彩科技有限公司

简介：以研究、开发、生产 LED 显示屏以及配套产品为主的专业化高科技企业。

深圳市易事达电子有限公司

简介：供应 LED 显示屏、LED 模组和 LED 显示屏箱体，所生产的 LED 显示屏远销全世界 150 多个国家和地区。

深圳市元亨光电股份有限公司

简介：从事 LED 数码显示屏、LED 室内显示屏、LED 户外显示屏的技术开发、生产、销售。

深圳市洲明科技有限公司

简介：是 LED 光电产业的高科技民营企业。作为中国顶级 LED 应用产品制造服务商，在同行业已率先通过国家级高新技术企业认定。

深圳同洲电子股份有限公司

简介：主要提供 LED 高速公路显示屏产品。

沈阳市方大半导体照明有限公司

简介：主要产品包括照明用大功率发光二极管，照明灯板、灯条及各种规格的背光模组，各种照明灯具，各种数码控制的户内、户外泛光和景观照明系统，各种室内、室外广告显示系统和彩显幕墙系统。

石家庄科航光电科技有限公司

简介：河北省第一家专业化承制 LED 显示屏的双软认证、高新技术企业。

石家庄伟志光电有限公司

简介：从事 LED 电子显示屏、LED 照明灯具的开发、生产、销售。

四川九洲光电科技有限责任公司

简介：产品包括 LEDLAMP、SMD 系列、点阵、数码，LED 显示模块系列和大功率 LED 路灯、城市景观亮化系列产品、T-5、T-8LED 日光灯、MR16LED 射灯、PA30 筒灯等室内、外照明产品。

四川科维实业有限责任公司

简介：专门从事 LED 显示屏、LED 交通信号灯、LED 照明光源制造和技术培训的高新技术企业。

太原卓越现代电子设备有限公司

简介：专业从事 LED 电子显示屏系列产品的开发和销售。

天津光电星球显示设备有限公司

简介：集 LED 显示屏开发、设计、生产、销售、服务和 LED 灯光系统解决方案于一体的专业高科技公司。

同辉佳视（北京）信息技术有限公司

简介：具备了成熟的多媒体网络信息发布、大屏幕拼接显示、触摸查询互动、高亮度室外应用等多个门类的解决方案。

西安百迅电子科技有限公司

简介：集 LED 电子显示屏、电子屏、LED 灯饰、触摸屏的生产、销售、售后服务及维修于一体。

西安青松科技股份有限公司

简介：致力于 LED 显示技术/产品开发、生产、销售和系统集成的高科技公司。

西安万显电子科技有限公司

简介：集半导体 LED 显示、灯饰的研发、生产、销售、安装、售后服务于一体的高科技公司。

西安新骊电子技术有限责任公司

简介：集 LED 显示屏研制、生产、销售于一体的高新技术企业。

厦门三安电子有限公司

简介：专业开发超高亮发光二极管、芯片的厂家，并且配置封装及应用生产线，产品有显示屏、交通灯及各种装饰灯系列。

郑州赛潮电子信息技术有限公司

简介：集 LED 电子显示屏、触控技术、多媒体技术及相关软件研发、生产、销售和服务于一体的高科技企业。

中电金蜂显示技术有限责任公司

简介：专业从事投影屏幕和LED屏幕生产，向用户提供投影显示系统集成、LED显示系统集成、电视墙、等离子拼接、视频处理等。

中原显示技术有限公司

简介：产品包括大型彩色显示屏、车载式显示屏、双基色、单色信息显示屏和电视墙以及专用超大规模集成电路。

LCOS显示

河南南方辉煌图像信息技术有限公司

简介：世界三大LCOS光学引擎生产商之一，专业制造LCOS光学引擎。

河南中光学集团有限公司

简介：目前公司已实现LCOS、DLP光机的批量生产。

齐威电子光显电视有限公司

简介：主导产品为75英寸LCOS光硅晶电视、70英寸液晶电视、液晶拼接等。

武汉全真光电科技有限公司

简介：公司主营光电显示科技产品，组建了现代化生产LCOS光机及整机厂房，生产其他超大屏及超微型光电HD投影系统产品。

西安北方光电有限公司

简介：公司的光学元件主要用于投影电视（CRT、LCOS）、投影仪、DVD等光学系统。

浙江海盛科技股份有限公司

简介：专业研发LCOS 65英寸以上超大屏高清数字电视。

VFD显示

安徽省旌德富阳电子配件厂

简介：重点生产VFD荧光显示屏。

长沙曙光荧光显示器件有限公司

简介：是国内第一家自主研制荧光数码管的高新技术企业，具备生产各种用途真空荧光显示屏的能力。

慈溪市飞达电子实业公司

简介：生产的VFD荧光显示屏，采用国外进口材料和国内独家首创的高温振动老化台，产品具有低功耗、高亮度、耐振动、高可靠性、长寿命等特点。

富士电机产业（上海）有限公司

简介：主要生产VFD真空荧光显示屏。

上海三星真空电子器件有限公司

简介：主要开发、制造和销售薄膜真空荧光显示屏（VFD）。

上海中荧显示技术有限公司

简介：以民营资本为主体的真空荧光屏（VFD）的专业制造商。

深圳市和路元电子有限公司

简介：VFD 的开发、设计在国内处于领先地位，占国内市场的 45%。

双叶电子科技开发（北京）有限公司

简介：主要产品为汽车类产品 VFD 显示屏。

宿迁市创优电子有限公司

简介：主要产品为 VFD 显示屏、真空电子荧光屏系列、液晶显示屏系列、发光管显示产品。

浙江京东方显示技术股份有限公司

简介：专业生产真空荧光显示屏（VFD）的电子工业企业。

基板玻璃、导电玻璃

安彩集团

简介：生产彩色显像管玻壳、电子特种玻璃新产品及新型显示器等。

安徽方兴科技股份有限公司

简介：主导产品为 ITO 导电膜玻璃、CVD 在线镀膜玻璃，荣获省级高新技术产品称号，产销能力居全国领先地位；浮法玻璃和玻璃深加工制品被评为省名牌产品和中国公认名牌产品。

安徽省蚌埠华益导电膜玻璃有限公司

简介：生产和销售导电膜玻璃和显示器玻璃等。

电话：0552-4085988/3980008/3980005

网址：www.hy-ito.com

常州康龙电子有限公司

简介：可年产 TN 型和 STN 型各种规格 ITO 透明导电玻璃 840 万片。

电话：0519-85113788/85116628

成都中光电科技有限公司

简介：2009 年 6 月 8 日在成都高新区注册，公司在成都建设运营液晶玻璃基板、薄膜太阳能电池等光电、光伏产业项目。

电话：028-87956868

多纳勒烟台电子有限公司

简介：专业生产 ITO 透明导电玻璃的高新技术企业，公司产品 ITO 透明导电玻璃被广泛用于液晶显示器、电致发光、消静电膜、触摸屏等技术领域。

电话：0535-6377393

佛山市俊一明镜业玻璃有限公司

简介：主营业务包括 ITO 导电玻璃、特殊功能膜层。

电话：0757-22808628

网址：www.j-ym.com

邯郸华天真空电子有限公司

简介：年产 ITO 导电玻璃 180 万片。

华益导电膜玻璃有限公司

简介：生产和销售导电膜玻璃和显示器玻璃等。可年产 TN、STN、TOUCH-PANEL、COLORFILTER 等各种规格的 ITO 导电膜玻璃及 AR 玻璃 2 100 万片。

佳晶光电（厦门）有限公司

简介：主要生产、加工 LCD 特种导电基片玻璃。

金坛康达克光电科技有限公司

简介：是华东地区大规模生产 ITO（氧化铟锡）透明导电玻璃的专业生产厂家。具有年产 80 万 m^2 透明导电玻璃的生产能力。

康宁显示科技（中国）有限公司

简介：是有源矩阵液晶显示器（LCDs）大尺寸玻璃基板在开发、生产和供应方面的全球领导者。其 EAGLE XGR 玻璃是市场上首款不含砷、锑、钡以及卤化物的 LCD 玻璃基板。

电话：010-67873838

网址：www.corning.com

南玻集团精细玻璃事业部

简介：南玻集团主营业务为高档浮法玻璃原片、工程及建筑玻璃、精细玻璃、光伏科技绿色能源产品（高纯硅材料、太阳能超白玻璃、晶体硅太阳能电池、薄膜太阳能电池及其组件）、结构陶瓷等产品的研制、开发、生产经营及设备技术的咨询和服务，以及投资控股兴办实业等。

电话：0755-26030386

网址：www. csgholding.com

南京汇金锦元光电材料有限公司

简介：专业从事以触摸屏用 ITO 导电膜为主的各类光电薄膜材料产品的研发、生产与经营。

南京三友电子材料有限公司

简介：从事 ITO 用金属铟的专业生产厂家，现为日本和韩国的 ITO 生产商回收废弃 ITO 靶材中的金属铟。

普罗威光电科技（深圳）有限公司

简介：专业生产、销售 ITO 导电膜、OCA 光学胶、PC、PMMA。

陕西彩虹电子玻璃有限公司

简介：以生产 LCD 用玻璃基板为主业。

深圳昂志薄膜科技有限公司

简介：专业生产高品质柔性（菲林）透明导电膜（ITO 膜）产品，并从事薄膜技术及相关产品的开发、研究。所生产的 ITO 膜产品的品质已达到国际先进水平，可完全替代进口产品。

深圳豪威科技集团有限公司

简介：公司已切入触摸屏用导电基板、纳米太空膜、PC/PMMA 镀膜材料、PDP 光电玻璃、TFT 彩色滤光片、LCOS 用微显玻璃、OLED 等新型薄膜材料的研制、开发、生产、销售，产品广泛应用于显示、通信、汽车、建筑等行业。

电话：0755-86149000

网址：www.hivacgroup.com

深圳豪威真空光电子股份有限公司

简介：豪威科技（集团）有限公司始创于 1994 年 11 月，1997 年荣获深圳市高新技术企业认证，2001 年改制为股份制企业，是一家专业从事光电薄膜装置及光电薄膜材料生产的技术开发型高科技企业集团。

电话：0755-86149088

网址：www. hivac.cn

深圳精美特玻璃有限公司

简介：主要产品包括 2～19mm 厚度的强化玻璃、AR 减反射玻璃、AG 抗反射玻璃、半透镜面玻璃、防偷窥角度玻璃、TV 底座玻璃、太阳能高透玻璃、ITO 导电玻璃、纯平强化复印机玻璃、电子磅秤和家用电器配套玻璃等。

深圳莱宝高科技股份有限公司

简介：从事 ITO 导电玻璃及彩色滤光片研发和生产的高科技企业，是深圳 ITO 导电玻璃及彩色滤光片最具实力的生产商。

电话：0755-26982490

网址：www. laibao.com

深圳力合光电传感技术有限公司

简介：目前从事研发和生产高性能的多点电容式触摸屏传感阵列器件（ITO SENSOR）及其模组，液晶显示行业用 STN、TN 型透明 ITO 导电玻璃和光学膜器件产品。

电话：0755-26995781

网址：www.leaguer-sz.com

深圳市三信达实业发展有限公司

简介：主要产品包括 ITO 导电玻璃（LCD、TP 用），ITO 导电膜（TP 用），电子玻璃等。

深圳市万家明电子有限公司

简介：已投入生产的产品包括场致发光浆料、场致发光粉专用调胶、ITO 透明导电薄膜、导电银浆、透明导电胶水、电极导电粘结胶等。

深圳市新济达光电科技有限公司

简介：专业研发触摸屏和生产 ITO 导电玻璃、减反射膜（AR 膜）和彩膜的企业。

深圳新南亚技术开发有限公司

简介：主要产品包括 TN-ITO 导电玻璃、STN-LCD 导电玻璃。

电话：0755-82266593/0755-82448248

网址：www.sznanya.com

石家庄豪威光电薄膜技术有限公司

简介：现有两条月产 25 万片的镀膜生产线，一条月产 50 万片的玻璃切割磨边生产线，公司的主营业务为 TN、STN 型和 ITO（氧化铟锡）导电玻璃系列等显示器件和材料。

石家庄旭新光电科技有限公司

简介：建设了 3 条液晶玻璃基板生产线，年生产 0.7mm 液晶玻璃基板 245 万 m^2。

苏州板硝子电子有限公司

简介：主要生产液晶显示板用基板玻璃，办公机器用玻璃加工制品，办公机器及通信用光学系列玻璃材料（SLA），TN 型及 STN 型液晶显示玻璃的 ITO 镀膜基板玻璃（含彩色滤色层上 ITO 膜和反光膜）。

天津美泰真空技术有限公司

简介：主要产品有手机和 DVD 用的镀铝镀镍 PMMA/PC/PET 面板、背投电视和复印机等用的高反射镜、LCD 和触摸屏用的 ITO 导电玻璃、橱窗和镜框用的减反射 AR 玻璃。

无锡康力电子有限公司

简介：从事电子信息材料——ITO 透明导电玻璃的生产和销售，是无锡市首家生产 ITO 透明导电玻璃的厂家。

电话：0510-87289333/87280567

网址：www.kanglidz.com

芜湖长信科技股份有限公司

简介：专业从事平板显示器件中真空薄膜材料的研发、生产、销售和服务，产品包括液晶显示器（LCD）用ITO透明导电玻璃、触摸屏（Touch Panel）用ITO透明导电玻璃和其他平板显示器件中真空薄膜产品等平板显示行业上游的关键基础材料。

电话：0553-5961030/5846862

网址：www.token-ito.com

厦门爱特鸥光电实业有限公司

简介：公司拥有先进的ITO（氧化铟锡）导电玻璃镀膜生产线、玻璃切割磨边生产线、抛光线，各种检测设备齐全。主营业务为生产销售STN、TN型多种规格ITO（氧化铟锡）导电玻璃。

电话：0592-6518152

网址：www.xmito.cn

厦门万德宏光电科技有限公司

简介：主要生产ITO导电玻璃、显示器部件、液晶模组，产品可广泛应用于液晶显示器件、电致发光、触摸屏、OLED和等离子显示器件等方面。

旭硝子（中国）投资有限公司

简介：旭硝子（AGC）在中国主要从事建筑玻璃、汽车玻璃、显示器用玻璃、化学品、环保、节能产品的生产。AGC致力于成为以玻璃、氟化学等为核心技术的全球性供应商。

电话：010-65058029

网址：www.agc.com

旭硝子精细玻璃(深圳)有限公司

简介：公司主要加工用于触摸屏、液晶显示器（TN、STN）所需的0.28～1.1mm等精细浮法玻璃基片。产品主要用于电子仪器、通信等领域。

电话：0755-26826802

网址：www.agc.com

郑州泰克电子玻璃有限公司

简介：产品为PDP前挡保护屏玻璃，LCD前挡保护屏玻璃，触摸屏前挡保护玻璃，扫描仪、复印机电子玻璃等。

郑州旭飞光电科技有限公司

简介：首期建设一条第5代TFT-LCD玻璃基板生产线，规格为 1 100mm×1 300mm，产量为55万片/年。

电话：0371-67395809

玻璃减薄

奥思睿德世浦电子科技有限公司

简介：根据客户要求进行设计、研发、生产定制系列化LCD、LCM、LED背光、高灵敏度TP以及TFT减薄产品等。

成都工投电子科技有限公司

简介：成立于2009年，是成都工投电子新材料有限公司与韩国GAT株式会社共同出资成立的一家高新技术企业。主要致力于TFT-LCD液晶面板玻璃减薄、玻璃化学镀膜等光电显示产品加工以及液晶显示配套材料技术方案提供。公司已成功为成都京东方、成都天马的第4.5代TFT-LCD面板玻璃进行薄化加工，根据客户需求薄化厚度至0.6～0.4mm不等。

电话：028-87805431

网址：www.cd-ist.com.cn

佛山鑫源玻璃科技有限公司（佛山凯杰玻璃科技有限公司）

简介：从事来料加工减薄、液晶玻璃减薄、削薄玻璃、减薄玻璃、LCD 玻璃减薄等业务。

广州盛诺电子科技有限公司

简介：专业生产销售高品质的 ITO 导电玻璃产品，同时还能大量接受 TFT 减薄加工以及薄化基板加工。拥有技术先进的基片抛光机、ITO 镀膜设备和 20 000m^2 的生产车间。

湖北优尼科光电技术有限公司

简介：是一家从事玻璃薄化加工的高科技企业。一期投资 1 亿元，可达 6 亿片薄化面板的年加工生产能力。

江西沃格光电科技有限公司

简介：成立于 2009 年，专注于 TFT-LCD 玻璃减薄。公司拥有目前世界上最成熟的全自动玻璃减薄蚀刻生产线，可同时处理不同尺寸的产品。

满纳韩宏电子科技（南京）有限公司

简介：主要从事 TFT-LCD 液晶面板的减薄化加工，并研发减薄化工艺技术、生产设备及相关生产原料，半导体，LCD、太阳能电池生产设备并从事上述所列产品及部件的销售及相关进出口业务。

南京坤宝光电材料有限公司

简介：由台湾统宝光电公司与韩国 GD 公司共同投资设立，以液晶显示玻璃面板为原材料，通过薄化等工序将液晶显示玻璃面板进行薄化。

上海仪捷光电科技有限公司

简介：成立于 2008 年 3 月，是国内首家集 LCD 及光学玻璃封胶、薄化、研磨于一体的现代化公司。

烟台韩宏电子科技有限公司

简介：韩国独资企业，主要业务是手机屏的蚀刻工作，给 LG 做纳品。

扬州百德光电有限公司

简介：专业的面板薄化加工厂，从事 TFT 及强化玻璃的薄化设计与生产。运用高安全性及尖端的先进技术，针对制式标准规格的玻璃减薄至各种不同厚度的特殊需求，以满足高新 IT 产业前瞻设计的创新与开发要求。

彩色滤光片

湖南普照爱伯乐平板显示器件有限公司

简介：主要产品为液晶显示器用彩色滤光片。

上海广电富士光电材料有限公司

简介：中国大陆首家也是唯一一家第 5 代线 TFT-LCD 用彩色滤光片生产厂商，总规划占地面积约 7.8 万 m^2，拥有员工 500 余人，设计生产能力达 80K/月。

电话：021-64933072
网址：www.sva-ff.com

深圳莱宝高科技股份有限公司

简介：从事 ITO 导电玻璃及彩色滤光片研发和生产的高科技企业，是深圳 ITO 导电玻璃及彩色滤光片最具实力的生产商。

深圳南玻伟光导电膜有限公司

简介：主要生产 ITO 导电膜玻璃，彩色 STN-LCD 和第 2.5 代 TFT-LCD 用彩色滤光片，经多次扩建目前年产能已达到 110 万片，是中国大陆反射式、透射式、半透式 CF 玻璃的主要供货商之一。2007 年，公司继续加大相关投资，开始向电容式触摸屏等新兴产业进军。

偏振片

LG 化学中国投资有限公司

简介：主要产品包括偏光板、PDPFilter、荧光体、OLED、感光材。

电话：010-65632070

网址：www.lgchem.com.cn

迪吉泰光电（深圳）有限公司

简介：加工、生产导光板、模架、偏光片、双面胶、反射片、组装、生产单色、彩屏手机背光源，销售自产产品。

东莞艾斯光电科技有限公司

简介：是韩国 ACE 偏光片公司在中国的后段加工企业，于 2004 年 6 月成立于广东省东莞市莞城科技园，主要负责 ACE 偏光片在中国市场的销售和服务工作。

电话：0769-22667704

佛山纬达光电材料有限公司

简介：生产液晶显示器（LCD）用偏光片的专业生产厂商。

电话：0757-87320835

网址：www. winda.cn

广东福地日合偏光器件有限公司

简介：生产 TN 型液晶用偏光片。

合肥乐凯科技产业有限公司

简介：主要生产用于平板显示器材（FPD）的光学级聚酯薄膜及其涂层深加工产品。

乐凯薄膜有限责任公司

简介：成立于 2001 年 4 月，生产线具有在线双面底层涂布的先进装置，可生产 65～200μm 厚度的双向拉伸聚酯薄膜和聚酯片基。产品主要应用于影像、光电、建材等领域。

莆田市奥奇偏振器件有限公司

简介：致力于自主研究、开发和生产偏振片，并为国内 LCD 厂商提供本土化优质服务和产品。

日东电工（苏州）有限公司

简介：制造柔性线路板（FPC）、液晶显示偏光膜、电子用胶带等 IT、电子关联材料的生产基地。

上海兰庆包装材料有限公司

简介：产品广泛应用于各行各业，如 LCD 行业（棱镜膜、偏光片、扩散片、反射片、背光模组）、精密注塑、薄膜开关、不锈钢冲压、真空镀膜等。

深圳市三利谱光电科技股份有限公司

简介：公司生产的 FSTN、CSTN（彩色 STN），以及中小尺寸的 TFT 偏光片广泛应用于电子词典、MP3、MP4、手机、电脑显示器等产品。

电话：0755-36676888

网址：www.sunnypol.com

深圳市深华港科技有限公司

简介：生产各类通用、专用 TN、STN、HTN、FSTN、TFT 彩屏和各种类型的偏光片，以及礼品类的电子产品。

深圳市晟华科技有限公司

简介：专业加工、销售偏光片。

深圳市盛波光电科技有限公司

简介：其产品覆盖 TN、HTN、STN-LCD 及偏光眼镜用偏光片等广泛领域。

电话：0755-83933850/83935914

网址：www.szsapo.com

深圳市吾盛微电子有限公司

简介：偏光片（偏振片）的代理及制造商，同时从事液晶玻璃及模块的生产。

温州市侨业经济开发有限公司

简介：年产 150 万 m^2LC 偏光片的供应商。现开发产品有 TN 系列、FSTN 系列偏光片、彩色片。

电话：0755-86523999

网址：www.qiaoye.com

新乡市百合光电有限公司

简介：主要产品包括各种宽带增透膜、分光膜、透明导电膜、干涉截止滤光片、窄带滤光片、偏振膜、IR-CUT 滤光片、VCD 分光镜、各类激光膜、调色温膜、光纤头镀膜。

中国乐凯胶片集团公司

简介：主要产品包括聚酯薄膜类、聚酯片基类、功能薄膜类、TAC 片基、TAC 薄膜、PVB 中间膜、PVA 膜产品。

电话：0312-7922886

网址：www.luckyfilm.com

液晶材料

北京八亿时空液晶科技股份有限公司

简介：拥有并掌握单体液晶材料（Liquid Crystal Materials）、混合液晶材料以及液晶中间体的合成制备、分离纯化及混配技术，现已开发出多种具有国内领先水平的液晶材料。

电话：010-69762688

网址：www.81lcd.com

北京马氏精细化学品有限公司

简介：现有成熟品种 200 多个，包括有机化学试剂、有机中间体、液晶原材料及单体等。

北京世纪拓鑫精细化工有限公司

简介：从事液晶材料生产。

海泰新型电子材料有限责任公司

简介：主营业务为液晶显示材料、有机电致发光材料、绿色化学品、医药中间体的研发、生产和销售。

邯郸市水木阳光电子科技有限公司

简介：公司产品 PCO 是液晶 TFT 的重要中间体。

汉朗科技（北京）有限责任公司

简介：世界上最领先的多稳态液晶技术及其产品研发和生产制造商，也是世界上首个将多稳态液晶技术进行产业化的公司。

河北鹿泉新型电子材料有限公司

简介：主要从事液晶材料、中间体材料（含氟类中间体、医药中间体）、医药原料等精细化工产品的生产。其中，液晶产品包括 TN 型、HTN 型、STN 型，广泛应用于各种终端显示产品。

电话：0311-82279036

网址：www.heblc.com

河北迈尔斯通电子材料有限公司

简介：集研发、生产、销售于一体的高新技术企业，主导产品为中高档液晶材料和电致发光材料。

电话：0311-82715888

网址：www.china-milestone.cn

河北美星化工有限公司

简介：专业从事液晶中间体、液晶单体及医药化学品研发、生产、销售的中外合资高科技企业。

济南运嘉化工有限公司液晶材料公司

简介：主要生产液晶中间单体（液晶材料）。

江苏广域化学有限公司

简介：从事精细化学产品的开发和生产，品种涉及高性能液晶及中间体、农药中间体、医药中间体、新型电子化学品及中间体等多个领域。

江苏海翔化工有限公司

简介：主要从事电子化学品、医药中间体、农药中间体等精细化工产品的研发、生产和进出口业务。

江苏和成化学材料有限公司

简介：是一家专业从事液晶材料、OLED 发光材料及精细化学品的研究开发和生产销售的中外合资企业。

电话：025-58815588

网址：www.hcch.net.cn

蓬莱市东海化工厂

简介：通过长期对液晶材料中间体的开发与研制，现已有单环环己烷甲酸、双环环己烷甲酸、环己醇 3 个系列的 12 个品种投放市场。

青岛迪爱生精细化学有限公司

简介：主要研究领域为有机合成及其相关产品、聚合物及其相关产品、工程塑料及其功能性复合材料。

青岛润兴光电材料有限公司

简介：以精细化工产品研究开发和国际贸易为主导方向，科研力量雄厚，技术设备先进，其研发产品主要以偶氮系列引发剂、彩色液晶中间体、光电材料为主。

山东潍坊奥德精细化工有限公司

简介：专业生产定制精细化工中间体及液晶

中间体的化工企业，目前主导产品为高纯三苯基氧化膦。

山东淄博晶润精细化工有限公司

简介：主要产品为工业用液晶中间体。

上海康鹏化学有限公司

简介：主要从事电子材料和小分子化学药物的外包配套生产服务。

石家庄国大工业有限公司

简介：致力于液晶材料的开发、生产和销售，主要提供 STN、HTN、TN 等混合液晶。

石家庄诚志永华显示材料有限公司

简介：主要从事 TN、HTN、STN、TFT 型系列液晶材料的研发、生产和销售。
电话：0311-83831155
网址：www. slichem.com

石家庄科润显示材料有限公司

简介：主要从事混合液晶、液晶材料及其他精细化学品和医药原料药中间体的研发、生产和销售。
电话：0311-84951516

石家庄市京盛化工有限公司

简介：专业生产液晶中间体、医药中间体等精细化工产品。

烟台德润液晶材料有限公司

简介：主要生产烷基苯甲酸、烷基环己基甲酸、烷基环己基苯酚、烷基环己基溴苯等液晶中间体，以及腈类、酯类、醚类、醇类、烯类等单体和医药中间体等精细化学品。

烟台华奇化工有限公司

简介：现有主导产品包括液晶中间体、液晶单体等多个系列、多个品种。

烟台万润精细化工股份有限公司

简介：从事液晶材料和其他精细化工产品研究、开发、生产和销售的高新技术企业。
电话：0535-6385715
网址：www. valiant-cn.com

烟台显华化工科技有限公司

简介：公司前身为液晶中间体、单体的专业生产厂家，于 2002 年成立显华化工科技有限公司，专业从事混合液晶的生产与制造，在液晶材料领域取得了显著突破，相继推出了常温、宽温、低阈值、高阈值的 TN 型系列液晶产品及部分 HTN 和 STN 系列液晶产品，年产量超过 20t。
电话：0535-6934138
网址：www. xianhualc.com

扬州神舟新材料有限公司

简介：主营产品为胆甾相液晶材料。

枣庄昊润化工有限公司

简介：溴系列液晶、医药中间体中试生产基地。

浙江永太科技股份有限公司

简介：培育与发展领先和完善的氟精细化学品产业链条，产品被广泛应用于技术更新前沿的医药、农药、液晶材料等领域，产品品质在国内处于领先水平。

背光模块

安森美半导体

简介：提供广泛的产品系列，包括定制、电源管理、信号、逻辑和分立；提供的器件涵盖从简单的二极管及晶体管到复杂的数字信号处理器（DSP）及定制专用集成电路（ASIC）。

宝鸡市博信金属材料有限公司

简介：研发出新一代LCD背光源发光体新材料——钼板。

宝隆高科国际有限公司

简介：专业从事LED/CCFL背光源研发和销售的综合性高科技企业。

北京吉乐电子集团有限公司

简介：主要产品是侧发光SMDLED、顶发光单晶/多晶SMDLED，以及大功率LED等光电子器件，用于中小尺寸LCD背光源、室内全彩显示屏幕、灯饰照明、汽车照明、路灯、矿灯、高档LED手电筒、广告牌等。

电话：010-64354808

网址：www.jile-e.com.cn

北京京东方大和光电子有限公司

简介：主要产品为冷阴极平面荧光灯和冷阴极平面紫光灯，拥有先进的生产工艺、技术和先进的设备、设计能力。

北京康特荣宝电子有限公司

简介：主要从事液晶显示器CCFL背光源用M/F的模具设计、开发和M/F的注塑，液晶显示器CCFL背光源用导光板的制造，PCBA线路板开发、生产及手机主板部件印刷线路板。

北京世元达电子技术有限公司

简介：专门研发、生产TFT-LCD背光源的公司。

电话：010-67855020

长春博益信息技术有限公司

简介：主营产品包括LCD视频板卡、MCU驱动TFTLCD板卡、MCU驱动STNLCD板卡、单灯逆变器、2灯逆变器、4灯逆变器、液晶显示屏、TTL转LVDS转接板、LVDS转TTL转接板。

常州丰盛光电科技股份有限公司

简介：从事光学电子材料在平面显示、新能源、传统家电等尖端领域的研究、开发、生产与销售，致力于为电子、家电、建材等各行业提供液晶显示用导光板、冰箱板、PC阳光板、PC耐力板、PMMA建筑装饰板、PP、PE、EVA工程板等产品。

电话：0519-85104883

网址：www.fsoptronics.com

大连路明发光科技股份有限公司

简介：主营产品包括发光颜料、发光油漆、丝网印刷油墨、硅橡胶、凹网印刷、玻璃专用发光粉、白光LED发光粉。

东莞山技光电科技有限公司

简介：专业从事背光源用各种膜片的生产和销售。产品主要包含增光片、扩散片、反射片和遮光片。

东莞市超越电子有限公司

简介：主要产品包括液晶显示屏引线、混合集成电路引线、通信类端子、各种贴装载带及金属插脚等精密端子类产品。

电话：0769-86320116

网址：www.chaoyuedz.com

东莞市奕东电子有限公司

简介：制造 LCD 端子、HIC 端子及各类通信类金属端子接插件和半导体引线框架；LCM 固定铁框和电脑及通信设备中所用的固定支架；光电显示中所需的导光板，背光源（LED 背光）及其他精密注塑件。

电话：0769-22204295

网址：www. yidong.com.cn

丰盈鑫光电科技有限公司

简介：主营产品或服务包括：①LCD 液晶显示屏；②LED 背光源；③其他根据客户要求定做的液晶显示及背光系列。

佛山市国星光电股份有限公司

简介：主营产品包括片式 LED、白光 LED 系列产品、LED 液晶显示背光源等。

福州日升光电科技有限公司

简介：开发生产冷阴极灯管、紫外线灯管、特种用途电光源以及相关配套组件。目前每月生产各式冷阴极系列灯管及紫外线系列灯管约 20 万支。

高治达科技股份有限公司

简介：大型 LCDTV、NB、Monitor、手机用 TFT 及背光模块使用光学材料，分为光学类与机构类。光学类包含直下式反射片 Reflector Film、直下式扩散板 Diffusor Plate、扩散片、V-cut 之银反射片、彩色手机之银反射片、遮光胶带。

冠虹电子有限公司

简介：从事 LED、CCFL 背光源开发、生产和经营的专业性公司。

冠鑫光电（苏州）有限公司

简介：专门生产背光模块、薄膜晶体液晶显示器、成品及相关零部件的外资企业。

广东佛山市顺德仙宇电子有限公司

简介：主营产品包括无光源背光板、带光源背光板（光源为 LED 或 CCFL）、带光学膜类和无光学膜类。

广东亚一照明科技有限公司

简介：产品包括 LED 背光源、照明、显示及发光器件等，能够充分满足 TV 和 NB 背光源、家用电器背光源、室内照明、景观照明、道路照明、汽车照明、标识及显示等领域的需求。

广州市鸿利光电子有限公司

简介：产品包括 HIGH POWER LEDs、SMD LEDs、LAMP LEDs、IR LEDs 等系列，产品广泛用于背光、汽车、照明等领域。

杭州福华光电科技有限公司

简介：是 SMDBOBBIN 的主要制造商，主要采用 LCP 材料与 PIN 针的埋入注塑等制程，生产的产品属于精密电子元组件，主要应用于 TF-LCD 背光 CCFL 部分的电子组件。

杭州瑞辉光电科技有限公司

简介：从事导光板、背光源、太阳能电子发光路名牌、薄型灯箱标牌的研发。“彩色液晶显示背光源项目”得到国家科学技术部中小企业创新基金立项。

电话：0571-86685762

网址：www.rh-china.com

杭州士兰微电子股份有限公司

简介：专业从事集成电路及半导体微电子相关产品的设计、生产与销售的高新技术企业。

宏荣精密塑胶钢模（昆山）有限公司

简介：主营产品为导光板。

鸿准精密模具深圳有限公司

简介：专业从事背光模组和背光源零件的制造厂商，产品包括小尺寸（彩屏手机用）及中尺寸（车载电视用、手提电脑用）背光源。

湖南长沙亚达电子显示器有限公司

简介：专业生产电致发光显示器件（ELD）的高科技企业。

吉安市嘉昱实业有限公司

简介：专业从事 LED 数码显示屏、背光源、面光源及 LED 应用智能系统开发生产的高新技术企业。

嘉兴成祥光电科技有限公司

简介：从事 LCD 背光模组用光扩散膜、反射膜的加工。

江苏博睿光电有限公司（苏博特）

简介：主营产品为白光 LED 荧光粉、发光油墨（涂料）、冷阴极荧光灯用三基色荧光粉、等离子显示屏用荧光粉。

江苏稳润光电有限公司

简介：近年来大力研发、生产大功率 LED、白光 LED、全彩 TOP LED 及 LED 照明产品，产品销往美国、德国、法国、日本、韩国、巴西、南非、伊朗等世界各地，是施耐德、三星、西门子、欧司朗等世界 500 强企业的全球优秀合作伙伴。

江西联创光电科技股份有限公司

简介：已经形成了 LED 外延、芯片、器件、背光源及半导体照明光源等较完整的产业链和规模化生产能力。

金坛市晨辉电子有限公司

简介：长期承接 LED、CCFL 背光源的来料加工业务及特殊规格的研发及定制业务。

金誉腾达照明技术（北京）有限公司

简介：集冷阴极荧光灯（CCFL）、半导体发光二极管（LED）等系列景观照明、商业照明产品的设计、开发、生产、销售和安装服务于一体的专业制造商。

凯鑫森（上海）功能性薄膜产业有限公司

简介：主营产品包括 TFT-LCD 背光源模组用光学膜、TFT-LCD 面板模组用偏光膜（片）、TFT-LCD 电路板及驱动模组用软性电路复合膜（片）。

科美胶粘应用材料（深圳）有限公司

简介：专业模切卫型 LCD、LED 光电背光模块光学膜片，电子电器等产品组装用双面胶带、单面胶带、PET 片、导热绝缘片等部材的加工厂商及 3M 工业胶水、工业胶带产品的特约经销商。

昆山定宏光电有限公司

简介：主要经营 CCFL、Inverter、背光模组、Ballast 高效能照明产品等光电相关产品。

利达光电股份有限公司

简介：主要经营反射膜、偏振膜、减反膜、分光膜、滤光膜、位相膜。

临安科技（苏州）有限公司

简介：以研发、设计、生产、制造 TFT-LCD 背光模块的关键零部件——光扩散片（Diffuser Sheet）及高精密无尘薄膜（Film）涂布为主。

龙科工业有限公司

简介：专业生产 LED、LCD、反射盖、数码显示板、背光板、CCFL 导光板、手机导光板等光电、五金、塑料配套产品，并从事五金、塑料模具开发、设计、制作。

南京磁海电子科技有限公司

简介：提供逆变电源、镍锌铁氧体粉料、电子变压器、电感、LCD 背光源产品。

南京冠鑫光电有限公司

简介：主要从事 PMMA 导光板及 PMMA 挤出板、复合材料挤出板，TFT-LCD 背光模组，LCD 电视用扩散片的生产、加工工作。

南京凯燕电子有限公司

简介：本公司于 2004 年 9 月与南京东南大学合作，建立了月产 150 万的 CCFL 冷阴极荧光灯管生产基地，产品质量得到广大 LCD 背光源厂商的认可。

南京朗光电子股份有限公司

简介：专业生产液晶背光源用的高品质CCFL（冷阴极荧光灯管）。

宁波大亿科技有限公司

简介：主要从事大尺寸背光模块、液晶电视、液晶监视器及相关零部件的制造与销售。

宁波激智新材料科技有限公司

简介：集扩散膜、光学薄膜的研发、生产、技术服务于一体的高新科技企业。

普利亚斯光电科技有限公司

简介：主营产品或服务包括 LED 护栏管、LED 水底灯、LED 灯串、LED 彩虹管、LED 背光源、LED 发光字招牌、LED 数码屏。

钱塘光电（海宁）有限公司

简介：主要产品为用于彩屏手机、数码相机等显示器的各类中小尺寸 LED 背光源、CCFL 背光源。

瑞仪光电（苏州）有限公司

简介：产品类型主要以液晶显示器光电组件为主，如精密光电导光板（LGP）、背光板模组（B/L）、FILM（模片）、导光板裁切等产品，产品使用范围以液晶产业、LCD 等光电产品为主。

陕西彩虹荧光材料有限公司

简介：主营产品包括 CRT 荧光粉、高纯度硫化锌、三基色灯用荧光粉、新型荧光材料及其他材料。

上海剑高电子有限公司

简介：是专业开发、设计、生产薄膜开关、薄膜面板、EL 冷光片（EL 背光源）及 EL 驱动器、CCFL 驱动器、LED（发光二极管）背光片和配套 EL 驱动 IC 的厂家。

上海科锐光电发展有限公司

简介：美国上市公司 CREE 的全资子公司，专业生产和销售半导体照明（LED）产品。其产品主要用于全彩色影像显示屏、信息显示板、汽车、消费品电子产品、液晶显示屏背光源、室内外照明及特殊照明。

上海蓝光科技有限公司

简介：从事氮化镓基 LED 外延片、芯片产业化生产。

上海派乐电气有限公司

简介：属中外合资企业，引进和吸收国外先进技术，研发、生产和销售液晶显示光源、背光源、冷阴极光源的专业性企业。

深圳帝光电子有限公司

简介：是一家专门从事 LED/CCFL 背光源、LED 照明、LED 显示模组的研发、生产和销售的高新技术企业。

电话：0755-26553152

网址：www.diguang.com

深圳鼎科实业有限公司

简介：业务包括 TFT 液晶显示控制板、液晶显示器、液晶电视等设计、制造、销售，以及代理相关液晶显示器件。

深圳格力浦电子有限公司

简介：专业生产混合集成电路端子、液晶显示屏端子、计算机和手机连接器端子、通信接插件等精密电子零件。

电话：0755-33662817

网址：www. szclip.com

深圳国冶星光电子有限公司

简介：专业生产发光二极管、数码管、点阵（室内、室外、半户外）模块、背光源、贴片 SMD、显示屏、城市景观照明、光电检测设备等光电系列化产品。

深圳宏志光普光电子有限公司

简介：专门从事 1.1～12 英寸 TFT-LED/ CCFL 背光源的研发、生产及经营。

深圳泓瑞实业有限公司

简介：主要产品包括：①LED 背光源和 CCFL 背光源；②屏蔽冲模材：导电布、铜箔、导电海绵等；③代理日本优泊“王子”光扩散膜、光反射膜。

深圳华龙科技实业有限公司

简介：主要研发、设计和制造 LED 背光源、CCFL 背光源、EL 背光源等背光源光电产品。

深圳劲拓光电有限公司

简介：设计、生产、销售 LCD 液晶屏及 LED、CCFL 背光源的专业厂商。

深圳聚信光电贸易有限公司

简介：主要产品包括各种创新的发光二极管驱动芯片，产品应用领域涵盖发光二极管显示屏应用、发光二极管照明应用、发光二极管背光应用及电源管理应用等。

深圳科显光电技术有限公司

简介：从事 LCD 显示驱动和 LCD 背光源驱动的研究、制造与销售。

深圳耐驰科技有限公司

简介：专注于 LED 导光板、CCFL 导光板、导光板超薄灯箱的研发制造，以满足电子电器产品业界的各种背光产品需求。

深圳三川光电有限公司

简介：集光电材料高精密模切、背光源产品配套模组的研发、生产、销售、工程、服务于一体综合性的高科技企业。

深圳三盟数码科技有限公司

简介：从事 LCD 逆变器（应用于 13 英寸、15～22 英寸、9～17 英寸或以上四灯液晶显示器、液晶电视、银行终端机等）的生产制造。

深圳市奥佳光电材料有限公司

简介：专注于光电产品扩散膜、反射膜的应用、推广及销售。

深圳市宝明光电子有限公司

简介：主要产品为 LED 背光源、CCFL 背光源等，目前已开发用于彩色 STN 和 TFT-LCD 的高效率背光源产品。

深圳市博瀚光电有限公司

简介：从事 LCD 背光技术的生产型企业，致力于 LCD 用背光板的设计和制造。

深圳市诚业电子有限公司

简介：主营产品包括 LCD 用 LED 背光源、TFT 用 CCFL 背光源及各种 LED 相关产品。

深圳市大帝电子有限公司

简介：从事 LED 背光源的研发、设计、生产和销售的厂商。公司产品主要包括 LED 光背光源和 CCFL 背光源。

深圳市帝显实业有限公司

简介：专门从事 LED、CCFL 背光源产品研发、生产和销售的企业。主要产品包括 LED 背光源、TFT 彩屏、CCFL 背光源、导光板及 LED Display 等光电系列产品。

深圳市飞鑫光电有限公司

简介：集 LED 背光源的中大尺寸 TFT 液晶屏研发、生产和销售于一体的综合性民营高新技术企业。

电话：0755-89370850

网址：www.fx-tftlcd.cn

深圳市福瑞尔光电子有限公司

简介：主要生产 LED 背光源、CCFL 背光源、彩屏背光源、硅胶、塑胶等系列产品。

深圳市高科光电有限公司

简介：主营产品包括普通 LED 侧部背光源、CCFL 背光源、彩屏背光源、大尺寸背光源。

深圳市宏佳科技有限公司

简介：公司在 TFT-LCD 背光电源领域有着专业的研制、开发和生产能力，产品主要应用于 LCD 显示器、LCD-TV、笔记本、手机、DVD 等电子产品。

深圳市虹天扬科技发展有限公司

简介：从事液晶显示器背光模组电源设计与生产的专业厂商，公司的逆变器产品广泛配套于液晶显示器、液晶彩电、车载液晶电视、工业控制LCD显示、平面灯显示、便携式液晶终端PDA、DVD等产品。

深圳市鸿富鑫精密工业有限公司

简介：集研发、生产、经营CCFL、LED背光源及其光电器件于一体的高新科技性质的专业生产厂家。

深圳市鸿升隆电子有限公司

简介：集开发、生产、销售于一体，专业致力于LED数码管、多彩屏、发光二极管、平面管、侧/底背光源的生产和服务。

深圳市鸿智电子技术有限公司

简介：产品主要包括LED背光源、CCFL背光源。

深圳市明瑞达光电科技有限公司

简介：专门从事LED、CCFL背光源的研发、生产和经营的厂家。

深圳市锐信电子科技有限公司

简介：开发和生产LED、CCFL背光源的专业厂家。

深圳市锐臻科技有限公司

简介：以液晶显示技术及电源技术为依托，集TFT-LCD背光电源（Inverter电源逆变器）、液晶电视驱动板的研发设计和生产销售于一体的高科技型企业。

深圳市瑞泰祺电子科技有限公司

简介：主营产品包括EL背光源、冷光片、EL标志灯、触摸屏、LED导光板。

深圳市深华龙科技实业有限公司

简介：专业的TFT液晶显示用LED背光和半导体照明的核心应用技术完整解决方案提供商与品牌商。

深圳市盛泰实业有限公司

简介：专业从事开关电源供应器、电源适配器、电池充电器等产品的研发、生产、销售及服务的工厂。

深圳市水源电子材料有限公司

简介：主营产品或服务包括反射膜、扩散膜、遮光铝膜、黑白双面胶、增光膜、双面胶、PORON、电子绝缘材料、手机导电泡棉。

深圳市万和达电子有限公司

简介：主营产品包括背光源、导光板。

深圳市威亮光电科技有限公司

简介：专业从事LED背光模组的生产制造。

深圳市威天光电科技有限公司

简介：从事LED、CCFL背光源研究、开发、设计、生产和销售的企业。

深圳市钰晟电子科技有限公司

简介：从事LED、CCFL背光源的研制、生产经营和销售。

深圳市越华晖实业有限公司

简介：专业生产LED背光源和液晶显示玻璃片。

深圳市兆利达有限公司

简介：LED、CCFL 背光源的专业生产厂家。

深圳市正光社电子有限责任公司

简介：每月可生产中小型液晶显示器用（CCFL）背光模组 10 万套。

盛宇光电子（北京）有限公司

简介：生产光电行业所需要的胶带、保护膜、扩散片、反射片、遮光片、增光片等光学薄膜、材料。

松下电器研究开发(苏州)有限公司

简介：主营产品包括普通照明用荧光灯、CCFL 等。

电话：0512-62581001

网址：www.panasonic.com

苏州璨宇光学有限公司

简介：主营产品包括 LCD 背光模组、光学零部件。

苏州京东方茶谷电子有限公司

简介：从事液晶显示器用 CCFL 背光源的设计、开发和制造。

苏州尚邦光电有限公司

简介：生产背光模组、液晶显示板、导光板、扩散板等。

苏州市三鑫塑业有限公司

简介：主营产品包括光学级 PMMA 片材、扩散板。

苏州迎辉光电有限公司

简介：主营产品包括 TFT 等专用聚光片、上扩散片。

天通控股股份有限公司

简介：专业从事软磁铁氧体材料和磁芯的研发、生产和销售。

电话：0573-80701391

网址：www.tdgcore.com

威友光电（苏州）有限公司

简介：由目前台湾第一大冷阴极灯管专业制造商——威力盟电子于 2003 年 5 月登记成立。

伟志光电（深圳）有限公司

简介：为不同客户提供 LED 背光源、LED 照明灯、LED 显示屏等产品的最佳解决方案。

无锡芯朋微电子有限公司

简介：为客户提供高性价比，灵活多变，性能优异的电源、LED 驱动、显示控制驱动，产品广泛应用于个人电脑及周边产品、移动电话、个人数字终端、平板显示系统等。

吴江均龙电子科技有限公司

简介：以生产小点印刷式导光板、印刷式背光板模块、非印刷式导光板、非印刷式背光板模块为主。

武汉良师通明科技发展有限公司

简介：主要产品为聚酯薄膜，目前可生产 0.1～0.3mm 厚的 PET 包装膜、电器绝缘膜，以及光学膜和 LCD 反射膜。

电话：027-84469045

厦门京东方电子有限公司

简介：公司位于厦门翔安火炬园，厂房面积 5 000 m^2，主要生产液晶显示器件用背光源及相关部件、配套元器件。

厦门瑞发莱光电科技有限公司

简介：专业从事侧背光源、底背光源、CCFL 背光源的研发、设计、生产和销售。

厦门伟然科技有限公司

简介：专业从事背光源、LED 光学运用等系列产品（背光模组/背光源/导光板/护栏灯管（轮廓灯管）/光学镜头/光学透镜）的设计、开发、制造与销售。

厦门中佳光电科技有限公司

简介：主营产品包括 LED 背光源、背光源、CCFL 背光源、背光板、背光片、底部背光源、侧部背光源、LCD 背光源。

星磊电子（深圳）有限公司

简介：专门从事 LED、CCFL 背光源的研发、生产和销售的企业。主要生产用于 STN、CSTN 和 TFT-LCD 显示模组的中小型尺寸的 LED 背光源和 CCFL 背光源。

星源电子科技（深圳）有限公司

简介：主要产品系列包括 STN-TFT-LCD 背光源、LED 背光源、CCFL 背光源、手机彩屏背光源等。

宣茂光电（苏州）有限公司

简介：扩散片生产厂家，主要加工、生产背光模组等产品。

亚固光电科技（上海）有限公司

简介：主要生产（CCFL）液晶模块用发光光源、侧立式背光源及背光照明产品。

亚通光电科技（深圳）有限公司

简介：主营产品包括单屏背光源、双屏单彩背光源、胶框铁框一体化、双屏双彩背光源、三色背光源。

电话：0755-88862318

网址：www.atc-china.com

宜昌劲森光电科技股份有限公司

简介：生产 LCD 背光模组用冷阴极灯管。

有研稀土新材料股份有限公司

简介：主营产品包括金属卤化物灯用药丸、高品质稀土三基色荧光粉、高光效 LED 荧光粉、CCFL 荧光粉、PDP 荧光粉、高压汞灯粉、重氮粉、紫外粉、彩色装饰荧光粉等。

镇江金星电光源有限公司

简介：主营产品包括优质冷阴极荧光灯、应用于液晶显示器的背光源。

中电熊猫集团深圳市中联数源电子有限公司

简介：产品定位于全球市场，包括驱动管冷阴极灯管（CCFL）的逆变器、直流电转交流电（DC/AC）的逆变器、变压器、电感、磁蕊等产品系列。

中山市东升镇颍川光电研究所

简介：专业制造高科技的 TFT-LCD 背光模组。

中山市汉仁电子有限公司

简介：生产开关电源模块、CCFL 背光源驱动模块、CCFL 驱动变压器等。

中源科技（深圳）有限公司

简介：从事中小尺寸液晶显示模块、液晶背光源的专业制造，以及光电材料精密模切加工。

珠海钜晶电子科技有限公司

简介：集研发、生产、销售于一体的，国内最早从事 TFT-LCD 液晶显示器背光模组电源，即逆变器设计生产的专业厂商之一。

触摸屏

北京触点时代科技有限公司

简介：生产表面声波、红外线、四线电阻、五线电阻和电容感应触摸产品。

北京豪普曼世纪系统工程技术有限公司

简介：主营产品包括大屏幕互动银幕触摸屏、沙盘（模型）控制/多媒体查询机柜、绚丽多彩的多媒体查询应用软件、空中翻书/Generaltouch 表面声波触摸屏、G-touch 电阻屏、LCD 触摸显示器。

北京景华时尚科技有限公司

简介：多媒体触控技术研发、制作和服务的提供商。

北京欣科华科技有限公司

简介：从事工业液晶显示器、触摸屏、触控显示器、触摸一体机等产品的研发、生产、销售。

北京意力电路世界有限公司

简介：专营生产薄膜按键开关、ITO 透明触摸屏和柔性印制电路板三大专业产品。

宸鸿科技（厦门）有限公司

简介：主要从事触控显示器、触控系统、触控组件、触控屏幕、触控技术、应用软件、硬件、触控相关周边配件的研发、生产。

成都吉锐触摸电脑有限公司

简介：专业生产表面声波触摸屏，且所有产品都可提供防眩选项，LCD 触摸屏显示器有桌面型和 Panel/Rearmount 型系列产品。

成都市东骏博锐数据技术有限公司

简介：主营产品包括触摸屏、触摸屏显示器、点菜机、触摸屏触控查询一体机、排队机、多媒体触摸查询软件。

创为精密材料股份有限公司

简介：主营产品包括数字及模拟式触控屏幕。

点金光电（深圳）有限公司

简介：专业设计、生产触摸屏的外商独资企业。

东莞冠智电子有限公司

简介：主要以生产四线、五线、八线模拟电阻式触摸屏为主。

东莞市平波电子有限公司

简介：以生产触摸屏、EL 冷光片为主。

东莞市永泰电子有限公司

简介：主营产品包括触摸屏、数字式触摸屏、类比式触摸屏、手机触摸屏、纯平触摸屏等。

广州华意电路有限公司

简介：专业生产薄膜按键开关、ITO 透明触摸屏、印制电路板、柔性印制电路板和硅橡胶按键五大专业产品。

广州市富可欧科技有限公司

简介：从事 LCD 液晶屏推广及应用的科技型企业，在 LCD 的应用方面有扎实的专业技术，能为客户应用各类液晶显示屏提供专业完整的解决方案。

广州市键创电子科技有限公司

简介：目前生产的各类型的触摸屏成功销售到美洲、欧洲和澳洲等地，月产量达到 100 万片。

广州市雄州电子有限公司

简介：主营产品包括表面声波触摸屏系列产品和红外触摸屏。

广州市宇联电子科技有限公司

简介：生产、销售触摸屏、工业触摸显示器、触摸屏平板电脑及触摸屏 POS 终端、触摸屏查询一体机等触摸屏相关产品的专业化生产厂家。

广州市中触电子有限公司

简介：主营产品包括四线电阻式触摸屏、五线电阻式触摸屏、八线电阻式触摸屏、多点电阻式触摸屏、电容式触摸屏。

广州鑫顺光电科技有限公司

简介：产品包括 ITO 触控面板、触摸一体机、触摸电脑、薄膜开关等。

广州益图电子设备有限公司

简介：专业触摸屏及其他触控产品的制造商和供应商；触摸屏采用最先进的触摸感应技术，产品受到业内同行的一致认可和普遍欢迎。

广州永安伟业触摸电脑有限公司

简介：致力于触控产品研究生产与软件开发的高科技公司。

杭州宏拓科技有限公司

简介：专业从事开发及销售嵌入式工控机、嵌入式主板、凌动工控主板、LCD 液晶屏、触摸屏、数据采集模块等产品的研发、生产、营销及服务。

杭州京杭电子有限公司

简介：专业生产 ITO 触摸屏、手机导电膜、薄膜开关、柔性电路、铭牌面板的企业。

洪毅触摸设备技术有限公司

简介：专注从事电阻式触摸屏的研制及生产，拥有大型自动印刷机及全自动蚀刻线。

湖南金雅触控公司

简介：是一家触控产品生产厂家，销售触控

一体机、触控屏、查询软件、LED 电子显示屏、电梯与车载广告机等。

华屏电子科技有限公司

简介：专业生产触摸屏的生产厂商。

黄石瑞视光电技术股份有限公司

简介：主要从事电子触摸屏的生产制造，其产品应用于移动电话、手提电脑、汽车卫星导航系统等多个领域，目前市场上的好记星、步步高、诺亚舟学习机和 TCL、康佳等公司都是其客户。

江门同益科技有限公司

简介：具有年产 10 万 m^2 热压导电纸，5 万 m^2 触摸屏，5 万 m^2 电致发光片的生产能力。

捷蔚光电科技上海有限公司

简介：生产电容式触摸屏。

兰亭科技（北京）有限公司

简介：致力于模式识别技术、触摸屏技术的开发和销售。

牧东光电（苏州）有限公司

简介：一家专业生产触控产品的企业。

南京点面光电有限公司

简介：电阻式触摸屏的生产能力为 420 万片/月（以 2.8 英寸手机用触摸屏为标准），同时开发生产电容式等相关触摸屏产品。

南京华睿川电子科技有限公司

简介：从事触摸屏（TouchPanel）、电致发光片（EL）和柔性电路（FPC）等光电显示产品的研发、生产和销售。

电话：025-58843008

网址：www.wally-panel.com

南京亚旭电子科技有限公司

简介：专门从事多媒体系统集成及相关技术研发、制造、品牌营销的民营高科技企业公司，是专业的触摸屏和 LED 显示屏的供应商、系统集成商。

南通德立德电子有限公司

简介：是由韩国 TERADISPLAYCO.,LTD 和新加坡万德国际合力打造的公司，注册资本 300 万美元，主要从事触摸屏生产。

南阳首控光电有限公司

简介：主营产品包括 MD 高清数字电视、交互式电子白板、大屏幕拼接显示系统、投影机、视频会议机（触摸屏）。

青岛拓达科技有限公司

简介：对触摸一体机专业生产技术、触摸排队系统集成技术、多媒体软件开发技术及 LED 大屏显示技术都有着丰富的经验和完整、可行的整体方案。

陕西金雅触控科技有限公司

简介：主营产品包括触摸屏、触摸显示器、触摸查询一体机、触摸屏考勤打卡一体机、工业触摸平板显示器、工业触摸平板电脑、工业触摸一体化工作站、LED 电子显示屏、排队叫号机。

上海碧辉电子有限公司

简介：目前国内触摸行业集研发、制造、品牌营销于一体的民营高科技企业公司，是专业的多媒体触控产品的供应商、系统集成商。

上海康泰克电子技术有限公司

简介：专业生产各类高品质、高性能的工业控制计算机和网络产品、I/O接口模板、工控软件包、LCD液晶平面显示器、LCD查询机等。

上海泰思电子有限公司

简介：在触控系统、显示拼接系统、软件开发、系统集成等各个领域为各类企业提供完善的一体化解决方案和专业的技术服务。

上海显威电子科技有限公司

简介：主营产品包括液晶网络电视、液晶广告机、液晶触摸显示器、液晶工业平板电脑等。

深圳凰泽光电技术有限公司

简介：生产广泛应用的平面电阻式触摸屏，特别是数字矩阵式和模拟电阻式触摸屏。

深圳欧菲光科技股份有限公司

简介：开发和生产数码摄像系统中的红外截止滤光片及组立件、触摸屏、光纤镀膜、低通滤波器等产品的精密光学光电子薄膜元器件。

深圳市北泰显示技术有限公司

简介：开发四线、五线、八线的控制器和驱动程序，并实现双膜手机触摸屏的开发及量产。

深圳市德普特光电显示技术有限公司

简介：专业生产触摸屏、LED背光源、触摸显示器。

深圳市高显光电技术有限公司

简介：专业设计、生产及销售电阻式触摸屏、场致发光（EL）背光源的高科技企业。

深圳市航泰光电有限公司

简介：专业从事触摸屏（Touch Panel）的研发、设计、生产与销售。

深圳市豪威薄膜技术有限公司

简介：以多层膜为主的科研、生产一体化的高新技术公司。

深圳市宏源触控技术有限公司

简介：设计开发1.5～21英寸的各式触摸屏产品。

深圳市华和兴科技有限公司

简介：研发、生产、销售各类电阻式、电容式触摸屏与其他延伸产品。

深圳市江天公司实业有限公司

简介：自主开发设计了一系列拥有国家专利的软、硬件产品，是国内触摸屏产品的专业生产、制造、供应商。

深圳市明光利电子有限公司

简介：从事模拟式触摸屏、数字式触摸屏、LED背光源的研发、生产及销售。

深圳市荣亨达科技有限公司

简介：专业从事触摸屏原材料及触摸屏成品的生产，是集加工和贸易于一体的公司。

深圳市深越光电技术有限公司

简介：主营产品包括四线电阻式触摸屏、五线电阻式触摸屏和表面声波式触摸屏。

深圳市昕辉科技有限公司

简介：专业生产薄膜开关、薄膜面板、触摸

面板、标牌、EL/LED 背光源、LCD 液晶模块、LED 显示屏、触摸屏、PCB、FPC 的厂家。

深圳市业际光电有限公司

简介：致力于电阻式及电容式触摸屏开发、生产、销售的专业制造商。

深圳市致竑光电有限公司

简介：专业触摸屏制造公司，公司产品广泛用于 MP4、GPS、UMPC、POS 机、手机等。

深圳维纳新科光电有限公司

简介：从事电阻式及声波式触摸屏的研发、生产和销售。

首钢环星触摸电脑有限公司

简介：专门从事触摸屏、触摸一体机、系统集成、软件开发及相关产品的研发、生产和营销的公司。

苏州科奥智能科技有限公司

简介：硬件产品包括多媒体触摸屏查询机（KIOSK）、数字化信息发布终端（DSS）、生物识别考勤系统（KFP）、工业智能化控制系统、多媒体资讯播放机等。

天津市指点触摸电脑有限公司

简介：公司掌握先进水平的触摸屏控制卡技术、LED 电子屏控制技术、Internet 触摸浏览技术、公共电脑远程管理技术。

突破光电国际贸易（上海）有限公司

简介：产品包括触控面板、触控显示器、控制器及其芯片。

武汉至唯科技有限公司

简介：专业从事多媒体触控产品开发、制造及系统集成的高科技民营企业。

西安吉尔触控科技有限公司

简介：专业从事触控产品、多媒体查询软件及 LED 电子显示设备研发与生产的高科技企业。

盐城市中联发电子有限公司

简介：生产电阻模式触摸屏，目前已经完成投资 4 000 多万元，建成一条可年产 60 万片手机触摸屏的生产线。在生产 24 英寸触摸屏的基础上，自主设计开发了 35 英寸触摸屏。

易控科技（香港）有限公司

简介：从事触摸屏原材料（导电银浆、绝缘油墨、耐酸油墨、保护胶、绝缘点胶等，ITOGlss、ITOFilm 等）、薄膜开关原材料（导电银浆、绝缘油墨）、生产设备（精密印刷机、脉冲压合机、线性测试机等）的销售，并可提供触摸屏生产全套技术。

应用光电科技有限公司

简介：电阻式触摸屏专业制造厂商。

浙江贝力生科技有限公司

简介：产品应用在移动电话、资讯家电、工控仪器、车载 GPS 终端、公共咨询系统、自动销售系统等领域。

浙江金指科技有限公司

简介：公司配置了国内外先进高端设备，集成能力强大的生产制造体系，年产电容式触摸屏 2 600 万片，主要面向全球提供全尺寸触控产品。

电话：0572-6210820

网址：chinagft.com

掩膜版

湖南电子信息产业集团有限公司

简介：从事高精度“零缺陷”匀胶铬版研发、生产与销售的专业厂家。

深圳清溢光电股份有限公司

简介：产品主要应用于液晶显示器（LCD）、有机电致发光显示器（OLED）等平板显示（FPD）行业、集成电路（IC）及其相关行业、印制电路板（PCB）行业及精细元器件行业。产品包括 TFT、彩色 STN、STN 和 TNLCD 铬版掩膜版；EL、OLED 铬版掩膜版；PDP、VFD 铬版掩膜版；IC 封装、HDI，包括 BGA、CSP、BUMPING 等铬版掩膜版和干版掩膜版；MEMS、SENSOR 和 ENCODZR 等精细电子元器件用铬版掩膜版；LCD 用固体凸版和液体凸版。

电话：0755-26712047/26638994

网址：www.supermask.com

深圳市科利德光电材料股份有限公司

简介：产品由最开始的 PI（聚酰亚胺）扩展为全系列的 LCD 掩膜版类（如凸版、铬版、菲林等）。

深圳市路维光电股份有限公司

简介：致力于平板显示（TFT、OLED、TP、LED 等）、高端线路板（PCB）和半导体集成电路（IC）封装等各类掩膜产品的专业生产、制作、销售。

深圳市美精微光电股份有限公司

简介：专为液晶生产厂家配套生产菲林掩膜版、PI 印刷版、铬版掩膜版等光刻掩膜版。

电话：0755-26610321/26610401

网址：www.photo-mask.com

烟台正海电子网板股份有限公司

简介：具备为客户提供质量优异的大尺寸、超高精度干版掩模版的能力。产品主要用于 PDP 行业，中、低精度的 LCD 行业，高密度 PCB 行业，IC 载板和 IC 封装等行业。

电子材料

宝鸡市欧凯溅射靶材科技有限公司

简介：主要生产平板显示器用靶材、镀膜玻璃工业（主要包括建筑玻璃、汽车玻璃、光学薄膜玻璃等）用靶材、薄膜太阳能工业用靶材、表面工程（装饰和工具）用靶材、电阻靶材、汽车车灯镀膜用靶材等。

宝鸡市深大华钛业有限公司

简介：集贸易原材料、钛工艺制品、靶材研发、生产、销售于一体的高科技企业。

北京艾特奥科技发展有限责任公司

简介：集 ITO 粉、ITO 靶材、研发、生产和销售于一体的高科技企业。

北京高德威金属科技开发有限责任公司

简介：专业生产贵金属靶材、高纯金属靶材、普通金属靶材、稀土靶材、各类合金靶材。

北京华镥托日靶材科技有限公司

简介：专业生产铬靶材、锡靶材、锌靶材、铝靶材、硅靶材、锌锡合金靶材等各种靶材。

北京蒙泰有研技术开发中心

简介：开发了 100 余种镀膜材料及靶材。

常州苏晶电子材料有限公司

简介：从事研发与生产大型平板显示器面板和薄膜太阳能换能制造过程中真空溅射薄膜材料（靶材）。

成都超纯应用材料有限责任公司

简介：生产透明、ITO 导电膜，提供各类溅射靶材。

东清电子（上海）有限公司

简介：从事背光源里用各种材料及胶带的冲切加工，以及手机、PDA 和 OA 机器用绝缘材料，电气功能材料的加工，以上相关产品的组装。

东莞桥头良泰线材塑料厂

简介：是专业的 LCD Cable 制造厂，为客户提供全系列 LCD 信号线，主要应用于液晶显示器、液晶电视、工业计算机、收银系统、可携式 DVD 播放器、专用电视、等离子电视等产品。

东莞市科特博电子有限公司

简介：专业开发及生产柔性扁平电缆、FFC/FPC 连接器、导电斑马纸、导电斑马条、柔性线路板，代理异方性导电薄膜。

东莞市欧莱溅射靶材有限公司

简介：生产溅射靶材和蒸发材料的专业公司。

东莞市欧旗电子有限公司

简介：产品包括铁氟龙膜及胶带、偏光片剥离胶带、破坏胶带、奈米胶带、KAPONT 胶带、热电偶、富士滤光片等。

东莞市亚马电子有限公司

简介：产品包括 LCD/LCM 专用耗材及配件系列、LCD/LCM 专用设备、EMI 导电屏蔽胶带及材料、高温绝缘材料及胶粘制品系列。

东莞维盟电子绝缘材料有限公司

简介：产品包括光电件类、绝缘件类、橡胶件类、双面胶类、EMI 屏闭、缓冲材料类、非金属特殊材料等。

东营耐尔科技有限公司

简介：研发生产高纯材料，特别是应用于电子工业的高纯材料，为集成电路、平板显示器、光伏电池、制药、化工、科研等行业提供各种特种气体、湿化学品以及特种气体包装输送柜等产品及服务。

佛山市钜仕泰粉末冶金有限公司

简介：自主研发的钨-钛合金离子溅射镀膜靶材填补了国内市场的空白。

贵阳晶华电子材料有限公司

简介：从事封接玻璃、电子浆料、超细功能陶瓷粉体等电子材料的生产和开发。

汉高乐泰（中国）有限公司

简介：主营产品包括复合型胶黏剂、合成橡胶型胶黏剂、树脂型胶黏剂、其他合成胶黏剂、无机胶黏剂。

电话：021-28918000

合肥科晶材料技术有限公司

简介：主要产品包括高温超导薄膜基片，磁性铁电/压电外延薄膜基片，半导体基片，金属单晶/多晶基片，溅射靶材以及各种粉料、包装盒等。

江苏纳为新材料科技有限公司

简介：产品包括银纳米粒子、银纳米线、LED/OLED 用导电银胶、PCB/FPC 用导电油墨、薄膜开关导电浆料、RFID 印刷导电油墨及各向异性导电胶、太阳能电池用导电浆料、电磁屏蔽用导电浆料等。

昆山市丰骅电子有限公司

简介：是我国专业生产导电橡胶条的最大的企业之一，其生产工艺和产品的技术指标均处于国内同类产品的领先地位，产品的关键技术参数达到国际同类产品的水平。

山东天诺光电材料有限公司

简介：生产防静电产品、作业防护、军需用品、电磁屏蔽室等。

上海大恒光学精密机械有限公司

简介：从事系列晶体材料生长和各种光学元器件、晶体材料及光学玻璃的定向、切割、研磨、抛光，为国内外各大高校及科研院所提供高质量、多品种的外延薄膜基片。

上海贺利氏工业技术材料有限公司

简介：生产导电胶、导热胶。

电话：021-33575688

网址：www.heraeus-hmts.com

上海金溢源国际贸易有限公司

简介：是一家工贸一体化的公司，在上海拥有聚合材料生产型企业，多年来从事聚酰亚胺 6051 的出口。公司除生产常用规格的聚酰亚胺薄膜外，开发的厚膜也已形成生产规模。

上海卓扬电子有限公司

简介：专业生产嵌入式计算机主板、液晶屏、LCD 连接线及外围设备的高科技公司。

深圳固泰伟橡塑制品有限公司

简介：从事各类硅橡胶制品、绝缘导热新产品、光电膜材等新产品的研发、制造、销售。

深圳锦泰真空科技有限公司

简介：产品完整覆盖了真空镀膜设备、磁控溅射靶材、真空泵、真空负压系统、真空泵油、退膜剂和其他各类真空应用耗材等所有产品系列。

深圳市爱伦特科技有限公司

简介：生产二氧化硅靶、钼靶、铬靶、氧化铟锡靶等。

深圳市安品有机硅材料有限公司

简介：专注于有机硅领域的研究及有机硅产品的生产和经营。为各行各业的客户针对性地提供有机硅材料的解决方案。

深圳市飞世尔实业有限公司

简介：在平板显示器等微电子材料方面，成功开发出适用于 LCD 的紫外固化胶粘剂、环氧边框胶、聚酰亚胺树脂、电测机、黑膜（BM）材料，2011 开发出 CTP 钼铝钼清洗液、显影液、蚀刻液、退膜液、液态 OCA 光学胶、LENS 清洗液、返工液等。

电话：0755-29675975/29675966

网址：www.fisher-hk.com

深圳市杰德利科技有限公司

简介：产品分为六大类：绝缘材料、屏蔽材料、导热材料、胶粘材料、光电材料、橡胶泡棉。

深圳市科迈机电有限公司

简介：从事电磁屏蔽材料、导电泡棉、导电布、金属胶带、铍铜弹片等材料的生产制造。

深圳市联创力科技有限公司

简介：专业从事 EMI 屏蔽材料、LCD 背光源用扩散片、保护膜、反射片、增光片及遮光片、黑白胶制品等的生产。

深圳市矽谷溅射靶材有限公司

简介：目前可提供近 20 种纯金属、合金靶材，并可根据客户的需要调整合金材料的成分比例，以满足镀膜工艺要求。

深圳市真毅成科技有限公司

简介：提供 TP 建厂整体解决方案。同时，公司在大亚湾经济技术开发区配套了平板显示 FPD 与印制电路 PCB 湿制程高品质、高纯度物料生产基地。

深圳先电科技有限公司

简介：主要从事多功能、多性能电子、光电用特种胶带和光学薄膜的研发和生产。

深圳鑫达电子实业有限公司

简介：致力于电脑及数码产品精密连接器、高性能连接线束、信号线的研发和生产。

四川新力光源有限公司

简介：专注于 LED 照明与稀土发光材料领域。

四川中物材料有限责任公司

简介：从事高性能聚合物复合材料研发、生产和销售的高新技术企业。

苏州金禾新材料股份有限公司

简介：主要生产硅胶片、缓冲材、TAPE、EMI 遮蔽材料，并可以根据客户需求进行各种规格产品的设计生产。

电话：0512-66877345

网址：www.jhgd.com.cn

苏州金杰电子有限公司

简介：生产 EMI 电磁屏蔽材料（导电泡棉、导电布、铜铝箔）和绝缘材料（PC、PP、FR-PP、PVC、PET、KAPTON、FOMEX、醋酸布、矽胶）。

索尼凯美高电子（苏州）有限公司

简介：主要产品包括挠性印制线路板（FPC），扁平电缆（FFC）、异向性导电膜（ACF）及 MOSAIC 等。

太湖金张科技有限公司

简介：主要产品有各种平板显示器模组专用硅胶保护膜，锂离子电池专用胶带及LED封装胶带等，广泛用于平板显示器配套生产，新能源锂电及汽车专用动力锂电池组装，以及LED数码和点阵组件树脂封装等领域。

电话：0556-4298086

网址：www.jzt3.com

通泰胶粘制品有限公司

简介：生产LCD行业用偏光片剥离胶带、电子行业用离型膜、双面胶带。

厦门松德电子有限公司

简介：专业生产环保型有机硅橡胶按键、杂件和环保型 LCD 用高分子导电有机硅橡胶连接器，以及电子陶瓷材料。

化学品

陶氏化学（中国）有限公司

简介：以其领先的特种化学、高新材料、农业科学和塑料等业务，为全球160个国家和地区的客户提供种类繁多的产品及服务，应用于电子产品、水处理、能源、涂料和农业等高速发展的市场。

电话：021-38512712

网址：www.dow.com

3M中国有限公司

简介：主要产品为LCD光学膜、胶黏剂、研磨产品、投影仪产品、商用及家庭清洁用品等。

电话：020-32113769

网址：www.mmm.com

北京海斯迪克新材料有限公司

简介：专业于胶黏剂、密封剂等功能性材料的开发与应用。

北京金翼新技术开发中心

简介：研究开发、生产销售微电子行业专业清洗剂、化学试剂标准液、工业粘合剂和代理石化设备及相关产品的高新技术企业。

电话：010-67100371

网址：www.goldenwing.com.cn

北京科华微电子材料有限公司

简介：已建成投产的燕山基地主要生产紫外负型光刻胶、G 线正胶和配套试剂等产品，已经建成的美国波士顿研发实验室现正在做 I-线与TFT-液晶胶配方的完善工作和248nm深紫外胶的中试研发工作。

成都金桨高新材料公司

简介：开发、生产的 LCD 彩色过滤板用的RGM和BM颜料光刻胶，高温黏结剂和高温涂层高温印刷线路板材料，新型全芳香族高分子超化聚酰亚胺等。

大连保税区科利德化工科技开发有限公司

简介：生产各种高纯超净电子气体、高纯金属有机化合物、高纯金属醇盐、混合气等技术产品。

东莞市喜丽康硅胶材料有限公司

简介：产品包括 LCD 封口补强胶，LED 灌封胶、导热胶、导电胶，电路板专用三防胶，芯片底部填充胶，银粉导电、导热胶和银粉印刷油墨系列，芯片波峰阻焊胶系列等。

东莞市智高化学原料有限公司

简介：专业提供各制造行业专用清洗剂，并提供可靠、完整的清洗解决方案。

东莞依美电子制品有限公司

简介：提供导热介面材料、EMI 屏蔽材料、聚合物粘合剂材料、绝缘材料、电感元器件及热固性复合材料。

飞世尔（香港）科技股份公司

简介：生产的水基型、准水基型、溶剂型三大系列几十种型号的专业清洗剂，广泛适用于 ITO 玻璃、LCD 液晶屏、精密零件、印制电路板、光学镜片等诸多清洗领域；并开发成功适用于 TN、STN、FSTN 等的环氧边框胶 FER 系列和 UV 胶系列产品。

广东东莞市天润电子材料有限公司

简介：专业生产彩色电视机显像管和电脑显示管用导电涂料。

广州市回天精细化工有限公司

简介：公司在 UV 光固化胶、丙烯酸酯胶、环氧胶、硅橡胶方面的基础研究处于国内领先地位。

电话：020-36867996

网址：www.gz-huitian.com

杭州格林达化学有限公司

简介：主要产品为高纯电子化学品、季铵化合物和精细化学品、显影液 TMAH（电子级四甲基氢氧化铵）。

电话：0571-87774348

网址：www.greendachem.com

湖南先伟实业有限公司

简介：生产 TFT-LCD 用光刻胶剥离液。

化药化工（无锡）有限公司

简介：生产和销售特种环氧树脂、丙烯酸单体和丙烯酸齐聚体。

江苏奥瑟亚新材料科技有限公司

简介：是韩国化工和绿色能源公司奥瑟亚（OCI）根据市场需求及企业自身发展需要，投资 6 500 万美元，在镇江新区建设年产 1 500t 电子用高科技化学品三氟化氮。

电话：0511-81987701

江阴市润码电子材料有限公司

简介：生产适用于中大规模集成电路、半导体分立器件及硅材料等生产领域所需的高端微电子化学品，拥有年生产 2 500t 高纯化学试剂的能力。

空气化工产品（上海）有限公司

简介：专业提供瓶装气体、特种气体、液体和大宗气体、现场制气系统、化学品等。

林德电子特种气体（苏州）有限公司

简介：主要经营气体及叉车设备，生产用于半导体和光纤行业的电子特种气体。

眉山胜科电子化学有限公司

简介：攻破了电子级磷酸生产关键技术，拥有完全自主知识产权。液晶用和半导体用电子级磷酸产品，各项检测指标均优于国际半导体化学品委员会标准（SEMIC36-0301）。

美国三开化学公司上海代表处

简介：生产的 TMAH 是半导体电子工业和TFT-LCD 平板显示器工业的上游产品，在其光刻电路后的清洗工艺过程中使用。

电话：021-52080330

网址：www. sacheminc.com

美利达颜料工业有限公司

简介：主要产品有铜酞菁、活性铜酞菁、C.I.颜料蓝 15、C.I.颜料蓝 79（氯铝酞菁、ClAlPc）和预分散颜料等十大系列九十多个专用品种。广泛应用于油墨、涂料、油漆、塑料、橡胶、色母粒、印花色浆、文教用品和液晶滤色片着色等工业领域。

绵阳艾萨斯电子材料有限公司

简介：专业生产 ITO 刻蚀液、BR 刻蚀液、显影液、剥离液、再生液、清洗液。

宁波综研化学有限公司

简介：主要生产各类工业用胶带，胶粘剂年生产能力为 1 000t，胶带的年生产能力为 1 000 万 m^2。

帕卡国际贸易（上海）有限公司

简介：专业生产 FPD 清洗剂，为 TFT-LCD、OLED 等生产行业广泛应用。

青岛盖洛普商务有限公司

简介：是 3C 行业屏蔽漆、UV 涂布液、特殊油漆涂料及被动元器件的国外知名品牌代理商。

三键化工（上海）有限公司

简介：从事日本三键株式会社生产的液体压圈、液体环氧树脂、紫外线硬化树脂、导电胶等销售贸易活动。

电话：021-58207810

网址：www. threebond.com.cn

三井化学（上海）有限公司

简介：经营从石化、基础化学品到机能材料等多种产品，涉及各个行业，活跃在世界舞台的综合化学品制造商。

上海回天化工新材料有限公司

简介：专业生产免清洗锡膏、导电银胶、贴片胶 6406、邦定胶、灌封材料系列、粘接密封系列、导热硅脂阻尼膏系列、模具胶系列等。

上品综合工业股份有限公司

简介：生产半导体、液晶工业所需的氟碳树脂产品。

深圳艾克化工有限公司

简介：专业生产无泡清洗剂、中性清洗剂、酸刻液、环保液晶清洗剂等。

深圳科玺化工有限公司

简介：专业生产平板显示液晶清洗（含 TN、STN、TFT）系列产品。

深圳市道尔顿科技有限公司

简介：集 LCD 制造用高分子材料 PI 液、TOP 液的研发、生产和销售于一体。

深圳市华天河科技有限公司

简介：生产全系列单组分室温固化硅橡胶（RTV），单组分加成型加热固化硅橡胶（HTV），双组分液体灌封胶（LSR），涂敷胶、导电胶、UV 胶（紫外光固化胶或无影胶）、快干胶（瞬间胶）、厌氧胶和导热、散热硅脂，绝缘硅脂等产品。

深圳市纳微科技有限公司

简介：生产液晶显示器用的间隔物（SPACER）、扩散板（膜）中的光扩散剂和生物产品的分离纯化介质。

电话：0755-26737300

网址：www.nanomicrotech.com

深圳市容大电子材料有限公司

简介：生产应用于平板显示与半导体加工的光刻胶系列、应用于精密丝网印刷的丝网感光胶等。

深圳市佑达环保材料有限公司

简介：专业开发、生产、销售液晶清洗剂、消泡剂、金属表面除锈、除蜡、水性研磨防锈剂及各种环保精细化工产品。

电话：0755-27916992

网址：www.qz-yd.com

苏州瑞红电子化学品有限公司

简介：产品包括光刻胶、配套试剂、高纯化学试剂。

电话：0512-66035708

网址：www.szruihong.com

苏州市联创新材料有限公司

简介：生产各种蚀刻液、单酸、碱、无水乙醇 NMP、IPA、BC、TMAH 等。

电话：0512-65207088

网址：www.sz-jx.net

厦门映日液晶材料有限公司

简介：专业生产 PI 取向剂、PI 定向膜、液晶取向膜、聚酰亚胺取向剂，产品系列包括 STN-LCD 和 TN-LCD 取向剂。

电话：0592-2560111/2564511

烟台德邦科技有限公司

简介：专业研发、制造和销售工业、电子用胶粘剂、密封剂，用于汽车、电子、农业机械、工程机械、铁路车辆、电力、冶金、有色、油田建材等行业。

电话：0535-6375522

网址：www.darbond.com

依美（上海）电子制品有限公司

简介：生产结构性及一般用途黏合剂，绝缘涂层、防潮及抗热黏合剂，邦定、晶片接著、碳油，灌封胶、UV 胶，快干胶及其他。

浙江衢州巨化昭和电子化学材料有限公司

简介：公司 500t/年的电子化学品生产装置现已建成投产。

防静电、净化

东莞市东元新能源科技有限公司

简介：为广大用户提供了 500 多套纯水、超纯水、环保及资源综合利用的工程范例和全程优质服务。

电话：0769-85393088

网址：www.dongyuanwater.com

东莞市和生工业服装有限公司

简介：无尘防静电工衣清洗、销售、出租，防静电手套无尘清洗再生及其他超洁净防静电产品清洗等业务。

东莞市金领防静电有限公司

简介：生产防静电产品、无尘室消耗品、空气过滤器、除静电产品等。

东莞市威立雅水处理设备有限公司

简介：集纯水设备、RO 反渗透设备、EDI 超纯水设备、水处理设备、水处理环保设备、废气除尘、噪音治理等环保设备的研发、制造、安装、调试、运营管理、售后服务于一体的高新技术企业。

东莞市盈通净化科技有限公司

简介：从事现代化厂房改造、静电控制与防尘技术的专业化公司。

东莞扬帆净化技术有限公司

简介：承建 10～100 000 级空气净化空调工程的设计、制造、安装、调试、检测等综合性成套服务及专业生产净化设备。

汇杰集团

简介：为微电子、光磁技术、生物工程、医疗卫生、电子机械、精密仪器、航空航天、食品卫生、精细化工、科研教学等高新技术领域提供洁净环境和洁净技术服务。

昆山清阳净化系统工程有限公司

简介：致力于无尘室、内部空间设计、空调机电工程等领域，涵盖研发、技术、设计、施工管理、品质管理、采购、物流、人员储备和培训，以及售前、售后服务等各方面。

南京天惠利净化工程有限公司

简介：承建各种净化级别、工艺要求、平面布局的空调净化厂房。

山东招远金鹰科技有限公司

简介：防静电系列产品包括感应式静电消除毛刷、高压放电式静电消除器、无火花无冲击式静电消除器、除静电离子风机、离子风枪、离子风嘴。

上海恩硕电子科技有限公司

简介：致力于工业静电消除设备的研发、制造及销售的中外合作企业。

上海韩松电子有限公司

简介：集研发、生产、销售于一体的专业从事防静电产品、无尘室净化用品及设备的公司。

上海捷涌科技经贸发展有限公司

简介：IC、光电子、平面显示、汽车电子、航空航天等行业生产现场的微粒子控制与解决方案提供商。

深圳市宝森净化科技有限公司

简介：从事空气净化系统、纯水系统的研发、设计与销售，并承建空气净化系统工程、纯水系统处理工程的高科技企业。

电话：0755-27487316

网址：www.baosun.cn

深圳市碧海迪特洁净科技有限公司

简介：从事设计和安装空气净化、空气调节、工业除湿加湿系统的专业公司。

电话：0755-26452329

网址：www.puritop.com

深圳市兴业卓辉实业有限公司

简介：生产无尘布、无尘纸、SMT 自动钢网擦拭卷纸、净化棉签、防静电无尘服、无尘衣清洗、消毒产品系列、防静电产品、净化工程、仪器仪表产品。

深圳市永洁净化工程有限公司

简介：提供空气净化系统工程整体解决方案的大型承建商。

深圳市永盛旺实业有限公司

简介：主要产品包括风/货淋室、超净工作台、FFU、高效送风口、传递窗、洁净棚、无尘储物柜、生物安全柜、初/中/高效空气过滤器、离子风机、离子风枪等防静电设备。

深圳市兆和信洁净科技有限公司

简介：专业从事在无尘净化环境、防静电区域、防热阻燃防化场所等所使用到的一系列防护产品的生产和销售。

深圳市中建南方净化设备有限公司

简介：集研发、设计、制造、销售、服务及承接洁净工程的设计、施工安装、维护于一体的专业且较大规模的洁净企业。

深圳市中洁净化技术有限公司

简介：从事净化设备生产，净化工程设计、施工、调试及洁净技术服务的企业。

深圳兴成达净化技术有限公司

简介：专业生产无尘布（10 万级～10 级）、无尘纸、SMT 自动擦拭卷纸（MPM、DEK、SANYO 等）、防静电净化工衣、防静电工鞋、防静电屏蔽袋、防静电中空板箱（可定制加工）等。

苏州能辉电子科技有限公司

简介：生产防静电工作服、防静电工作鞋、防静电帽子、静电手套、手指套、防静电口罩、包装材料等。

天津楚天昊远防静电科技有限公司

简介：专业从事防静电产品及净化产品的研发、生产和销售的高新技术企业。

天津市洁风空气净化工程有限公司

简介：承揽大面积、高级别（十万级、万级、千级、百级、十级）超净厂房的设计、制造、安装、调试等工作。同时还生产各种规格的无隔板高效空气过滤器及高效、中效、粗效空气过滤器、风淋室、洁净工作台。

电话：022-27726982

网址：www.chaobiao.com

卫利国际科贸（上海）有限公司

简介：外商独资企业，制造和销售防静电、无尘净化、制药生化医疗方面用品的专业公司。

电话：022-23787898

网址：www.winifred-hk.com

厦门市康保无纺布制品有限公司

简介：生产超细纤维无尘布、无尘纸及乳胶手套等。

电话：0592-7253131

网址：www.xmkb.com

珠海飞鹏净化科技有限公司

简介：专业生产的风淋室、洁净工作台、FFU、传递窗、层流罩、送风口、散流罩、调节阀、铝合金送回风口完全达到国家及行业规定标准。

设　备

（北京）东旭投资集团有限公司

简介：代表产品有：电子装备生产线，包括显像管、玻壳设备；玻璃退火窑、退火炉；物流输送设备；冶金设备生产线。

NAKAN 株式会社

简介：创办于 1937 年，一直从事印刷机械的开发和生产。

电话：021-63188091

爱发科商贸（上海）有限公司

简介：本公司作为株式会社 ULVAC（爱发科）在中国的售后服务中心，参与了各种真空设备的安装调试，熟悉各类真空设备的性能和技术参数。在安装调试方面，由日本制造厂商提供雄厚的技术支持。

电话：021-61456815

网址：www.ulvac-shanghai.com

爱立发自动化设备（上海）有限公司

简介：研发、制造高端 IC 封装设备。

电话：021-64956756

网址：www.athlete-china.com

百德应用薄膜（上海）有限公司

简介：百德应用薄膜（上海）有限公司总部设在美国科罗拉多州，是全球大面积真空镀膜设备领导厂商。

宝鸡彩光电子设备科技有限公司

简介：专业制造线路板设备，并为 LCD、LED、PCB 行业提供各种光刻涂胶辊、湿膜涂胶机等。

北方微电子

简介：专注于为集成电路制造企业提供国际先进水平的干法刻蚀、薄膜生长设备及相关工艺技术。

北京北仪创新真空技术有限责任公司

简介：在真空测量技术、真空获得技术、光学多层全自动镀膜技术、通用磁控溅射及多靶磁控溅射技术（DC、MC、RF 溅射技术）以及 PECVD 技术等方面处于国内领先水平，并有多项科研成果获得国家专利。

北京国瑞升科技有限公司

简介：研制、开发超精密抛光膜（研磨纸）、研磨液、聚晶金刚石微粉和纳米金刚石粉。

北京航天高力通科技发展有限公司

简介：集光清洗技术和光清洗机的研究、设计、生产、销售于一体的高新技术企业。

北京航天宏达光电技术有限公司

简介：生产真空紫外光谱仪、光清洗机、特种光源电源、系列空气净化器和水处理产品。

电话：010-58894308

网址：www. uvcn.cn

北京华林嘉业科技有限公司

简介：从事太阳能电池片清洗刻蚀设备、微电子半导体清洗刻蚀设备、LCD 液晶玻璃基板清洗刻蚀设备、尾气处理设备、化学自动供液系统等设备的研发、制造。

北京金盛微纳科技有限公司

简介：从事半导体设备、微细加工设备的产品研制、设计开发、生产销售，并开展相关工艺的研究及应用。

北京京城清达电子设备有限公司

简介：主要从事开发、生产平板显示相关领域的液晶显示器（LCD）、PDP、OLED 及太阳能电池、半导体等生产线上所需专用设备和测量仪器。主要产品包括摩擦机、摩擦线等设备、全自动 ITO 图形短路检查仪、盒厚测试仪、全自动 COG 邦定设备等。

电话：010-87397649

网址：www.bjtstd.com.cn

北京堀场汇博隆精密仪器有限公司

简介：从事热式质量流量控制器和热式质量流量计的研制、开发、制造、销售及相关的服务。

电话：010-84929404

网址：www.metron.cn

北京七星华创电子股份有限公司

简介：生产半导体工艺设备、太阳能电池设备、工业炉设备、绿色环保电池设备、TFT-LCD 制造设备、气体质量流量计。

北京清大天达光电科技有限公司

简介：主要从事开发、生产平板显示相关领域的液晶显示器（LCD）、PDP、OLED 及太阳能电池、半导体等生产线上所需专用设备和测量仪器。主要产品包括摩擦机、摩擦线等设备、全自动 ITO 图形短路检查仪、盒厚测试仪、全自动 COG 邦定设备等。

电话：010-87397649

网址：www.bjtstd.com.cn

北京希波尔科技发展有限公司

简介：拥有激光加工、多种电火花加工、超硬材料精密研磨及抛光、CVD 金刚石制备、钻石刀轮、超硬刀具、激光设备以及玻璃切割设备制造等方面的专业技术和日趋强大的生产能力。

北京兴伟自动化设备有限公司

简介：主要经营范围是 TFT-LCD 模组生产装备的研发、制造，包括清洗设备、偏光片贴附设备、TCP 压接设备、PCB 压接设备、模块组装设备、老化设备、包装设备等。

常州力达电子设备有限公司

简介：主要产品包括碱性蚀刻机、显影机、抗氧化、水平棕化生产线、显影、蚀刻、化学清洗机等。

常州市百杰精密机械有限公司

简介：是生产各类涂布机、淋膜机、复合机、分切机、印刷机等机械设备的专业化设备制造商。

成都工投电子设备有限公司

简介：主要进行半导体、平板显示、太阳能等行业专用设备的开发、设计和制造，以及设备技术改造、精密零件和模具加工。

电话：028-61620862

网址：www.gtise.com

成颂电子设备（上海）有限公司

简介：主要从事半导体及 LCD 生产专用设备制造。

创技电子机械（上海）有限公司

简介：制造、销售一系列高品质的平面研磨机、抛光机、半导体平坦化设备、超音波洗净机，并代理液晶面板等制程工艺设备。

电话：021-50462888

网址：www.speedfam.com

大连精亿德机电设备制造有限公司

简介：生产 COGIC 邦定机、ACF 预贴机、FPC/HS 邦定机等 LCD 专用生产设备。

迪恩士电子（上海）有限公司

简介：以生产、销售半导体设备（如硅片清洗机）、液晶显示设备为主的企业。

东电电子（上海）有限公司

简介：是全球领先的半导体集成电路、设备制造、液晶模块设备制造的跨国供应集团。

电话：021-38954800

网址：www. tel.com

东莞市大震网印器材有限公司

简介：制造、销售各种高精密度专用自动网印机。

东莞市得士威机械工业有限公司

简介：专业生产模切机、大尺寸模切机、全自动模切机、贴合机。

东莞市飞新达精密机械科技有限公司

简介：自行研发、自主创新设计出专业用于非金属材料冲型、贴合的多系列模切机，广泛应用于电子、IT、汽车等制造行业，如背光模组用光学膜片、胶粘制品、防尘材料、防震产品、绝缘材料、耐热隔热材料的冲型等。

电话：0769-83261000

网址：www.fxdcn.com

东莞市启天自动化设备有限公司

简介：设备广泛用于 LCD、LCM、LED、PCB、微电子、连接器、太阳能电池等行业。

东莞泰利测试设备有限公司

简介：主要产品包括无尘室温湿度环境实验室、可靠度恒温恒湿试验机系列及 IC 动态测试设备及 TFT-LCD、AGING、TEST、SYSTEM、BURN、IN 设备。

饭沼精密机械（苏州）有限公司

简介：日本 IINUMA GAUGEMFG CO.,LTD 在中国投资的一家主要从事设计、开发、制造液晶设备和冶金机械设备的公司。

福州洁特环境新技术有限公司

简介：从事环境设备新技术、新产品研制、开发。引进日本技术，开发线流型洁净室系统，生产空气净化设备。

富泰净化科技（昆山）有限公司

简介：引进最先进的洁净室设备设计/制造专业技术，生产高品质的洁净化与化学制程设备。

固伟电子（上海）有限公司

简介：生产示波器、频谱分析仪、函数发生器、电源供应器、数字万用表、安规测试仪器、频率计数器失真测试仪、交流毫伏表、抖动仪、品保段应用设备、环境试验机、恒温器 LCM 模组测试设备、电子负载、前段应用设备、IC 测试仪、LCR 测试器、功率计。

广州大恒自动化设备有限公司

简介：生产手动点胶机、LED 底胶点胶机、LED 白光点胶机、全自动配胶机、全自动沾胶机、全自动灌胶机，并开发固晶机、分光机等设备。

广州巨龙印制板设备有限公司

简介：产品包括 PCB 内层、外层、软板（FPC）、LCD 等湿制程设备，外观、性能均达到国内一流水平。

广州市统富机电设备有限公司

简介：研发、生产各款高精度光泽仪、漆膜划格器、铅笔硬度计、盐雾试验箱、高低温湿热箱等涂装及金属表面处理的检测仪器。

河南平原光电有限公司

简介：中国兵器工业集团公司所属的研制、生产光机电一体化产品的军工绿色企业。

湖南宇晶机器实业有限公司

简介：从事双面、单面研磨机，抛光机及相关设备的研制和生产。

济南力骜太敬自动化有限公司

简介：提供清洗线用传输轴、生产线用特殊传输轴、生产线用 SMSC 传输轴，FPD、半导体用传输滚轮，FPD、半导体用特殊滚轮，滚轮用特殊 O 型环，清洗线用铝合金传输轴等。

佳士自动化科技（建阳）有限公司

简介：以设计、制造环保型超声波清洗设备、表面处理设备、电镀设备、物料传送设备为主。产品广泛适用于航天航空、电脑制造、液晶显示、五金电镀、微电机、制药、光学、电子、半导体等工业领域。

嘉兴天日工业技术设备技术有限公司

简介：主要在无尘车间内装配和生产液晶显示屏专用的制造设备及搬送设备。

江苏苏净集团有限公司

简介：承建、提供空调净化厂房系统工程，空气净化设备及空气过滤器，气体分离及纯化设备，环保设备及水处理工程，组合式空调器及风机盘管，净化环保检测仪器等。

江苏有为光子科技有限公司

简介：提供各类高强度准分子单色紫外冷光源、高效准分子紫外光清洗机、新型光化学气相沉积（Photo-CVD）薄膜制备系统、高效紫外光表面改性和退火设备、快速高效 UV 冷式固化系统。

江西省赣州金鼎科技有限公司

简介：专业生产“WFR”系列 LCD 检测仪和 ACF 贴付机、TAB（脉冲、恒温）热压机系列、COG/COF（自动、手动）系列 IC 邦定设备、各种辅料。

江西省万载县迈凯利光电机械有限公司

简介：生产切割机/偏光片切片机、裂片机、摩擦机、灌晶机、单刀玻璃切割机、曝光机、涂胶机、全系列超声波清洗机、预烘炉等。

精泰电子（上海）有限公司

简介：提供集成电路制造的所有前道设备，如步进式光刻机、匀胶显影机、扩散炉、干法刻蚀机、湿法刻蚀机和 CVD 设备，也能提供各类探针测试台。

均华精密机械有限公司

简介：提供 IC 封装设备、LCD 制程、自动化及检测设备、工业用机器人、精密零部件、新品开发及清洗再生等设备。

均强机械（苏州）有限公司

简介：从事液晶显示器自动化设备及集成电路封装测试设备的制造。

科美仪器（昆山）研发有限公司

简介：在半导体、平板显示器、电子物质、生命科学和化学分析上，研发和提供了独特的、先进的解决方案。

电话：0512-57900888

网址：www.cn.kmac.to

科信园防静电设备东莞有限公司

简介：专业的高端静电消除设备及测试仪器制造商。

昆山庆声电子科技有限公司

简介：从事 LCM 恒温恒湿试验机、LCM 恒温恒湿试验机的生产、制造。

莱宝光学设备（北京）有限公司

简介：目前涉及的领域有：平板显示器（STN、TFT-CF、PDP-ITO 及触摸屏）、低辐射建筑玻璃、薄膜太阳能电池交钥匙方案、三维注塑件（如汽车车灯、笔记本电脑及手机外壳等）、光学应用（精密光学、光通信以及眼镜片等）、卷绕镀膜（电容和包装）以及特殊研发和生产设备系统。

电话：010-67803366

网址：www.leyboldoptics.com

兰州瑞德设备制造有限公司

简介：在光学光电子、ITO 导电玻璃、半导体、水晶玻璃、视窗行业、液晶显示、计算机（支架、磁盘等）、光学晶体、压电晶体、磁性材料、宝石、陶瓷、钼片以及金属加工等行业的研磨、抛光、切割、倒角等制备主要设备上已具有完全配套能力。

兰州瑞德实业集团有限公司

简介：提供用于 STN-LCD、TFT-LCD 液晶显示玻璃基材或其他平行平面玻璃材料的研磨、单面减薄与抛光类产品、玻璃精细抛光类产品的设备。

力高美电子机械有限公司

简介：产品有光电显示类制造设备，热压黏合、成型设备、测试机器及相关的配件、耗材等。

联得自动化机电设备有限公司

简介：从事 AB 构装设备、各种热压机、ACF 构装设备、ACF 贴片机、LCD 铁壳装配推脚机、LCD 铁壳装配推脚机、LCD 自动喷墨线、LCD 装配机架、半自动印刷机、各种 SMT 表面贴装设备的生产、制造。

电话：0755-33687810

网址：www.szliande.com

辽宁益盛达机电设备制造有限公司

简介：从事 LCM 全套设备及控制系统的研发、制造、销售及服务。

南京利生光学机械有限责任公司

简介：公司生产的 JBP100 型玻璃基板抛光机主要用于 STN、TN、TFT 等 LCD 液晶显示器玻璃基板的抛光。

南京远标精密机械有限公司

简介：主要产品包括精密机械设备、自动化传送线、精密模具、精密加工件、备品配件、无尘室用品、平板显示器。

宁波江北超晋达专用设备有限公司

简介：供应电镀生产线和超声波清洗机。

诺信中国

简介：提供行业领先、屡获奖项的下列产品：精密自动点胶系统、表面涂敷系统、点胶泵及点胶阀、辅助部件、配件及相关软件。

勤泰科技（香港）有限公司

简介：是专业设计及制造超声波表面清洗设备、工业用冷水机、纯水机以及自动流水线的港资企业。

然斯康波达机电设备（深圳）有限公司

简介：在原香港三和超声波工程有限公司及原深圳波达超声工程设备有限公司的基础上，由原波达公司外方股东——香港三和公司、新加坡然斯康机电有限公司以及日本富丽美株式会社出资组建。

日立（中国）有限公司

简介：提供 PFC 气体处理设备、冷热电三联供系统、水处理设备、变频器、空气压缩机、冷温水机。

电话：010-65399060

网址：www.hitachi.cn

日新意旺高科技（扬州）有限公司

简介：主要从事半导体晶元和液晶面板用离子注入机等半导体制造设备的生产、研发和销售。

电话：0514-87887757

瑞安丰日机械有限公司

简介：研制和开发高精度模切机、分切机、裁切机、贴合机（覆膜机）等机械设备。

三和国际集团

简介：主要产品包括油墨、丝印材料、丝印设备、精密网版、PCB。

电话：0755-88353384

网址：www.samwo.com

三井信息电子（上海）有限公司

简介：主要产品包括显示器（电视机、笔记本电脑、液晶显示器、投影仪、手机、PDA、汽车导航系统、工业设备用显示器）和半导体设备（圆片光刻设备、工艺设备、液晶光刻设备、FPD 湿式清洗机、DNP 光掩膜）。

山西风华信息装备股份有限公司

简介：生产玻璃自动分断机、高精度偏光片贴附机、LCD 玻璃研磨机、多分断玻璃裂片机等。

汕头市灵迪机械设备有限公司

简介：生产搬送式热板预固化机、搬送式热板主固化机、IR/UV 光清洗机、冷却机、基板自动上下料机、缓冲机、自动转角机、US 清洗机、手动贴合机、玻璃热压机、自动裂片机、真空烘箱、灌晶机、高精度调盒机、偏光片贴片机、FOG 热压机等。

上海恒商精密仪器有限公司

简介：生产冷热台、高低温晶圆夹盘冷热平板、温控设备及附件、液晶检测仪器等。

上海晶岛液显设备材料有限公司

简介：目前产品主要有 PR 涂刷机、PI 涂刷机、摩擦机、喷粉机、固化炉、供料机、模块生产设备等。

上海科伟达超声波科技有限公司

简介：一家专业从事超声波焊接设备、超声波清洗设备、电镀设备并集研发、设计、制造、销售和服务的大型中外合作高新技术企业。

上海通彩自动化设备有限公司

简介：从事冲压、汽车、钢铁、电子、体育、金融、包装、服装、办公等行业自动化设备的研发、制造，其中冲压行业连线机械手设备达到国际先进水平。

电话：021-64421632

网址：www.tonsail.com

上海微电子装备有限公司

简介：主要从事用于集成电路制造的中高端光刻机等关键设备的开发、制造和技术支持与服务，以帮助客户和合作伙伴取得成功。

上海新阳半导体材料有限公司

简介：有化学和设备两大类产品，主要应用于半导体前后制程、航空航天和电子零部件的表面处理等。

上海研德仪器有限公司

简介：专业开发、制造 LCM 背光自动测量台、LCD 全视角测量系统、LCD 响应时间测量系统、白平衡测试系统、CCFL 灯管辉度测量系统、背光模组手动测量台、OLEDI-V-L 测试系统、LCD 缺陷检测系统、字符检测系统、光学 AOI、机器视觉检测、VI 测试仪、环境试验机等。

深科达精密机械有限公司

简介：生产小尺寸热压设备、COG 邦定机、ACF 贴附机、脉冲热压机、恒温热压机、热熔机、大尺寸热压设备、TFT 热压机、PDP 热压机、偏光片设备、触摸屏专用热压设备。

深圳敖翔科技有限公司

简介：研发和制造的液晶显示周边生产设备主要包括液晶贴片设备、偏光片切片机、玻璃自动摩擦机等，已经形成液晶显示设备专业化生产能力。

深圳和科达集团

简介：以生产超声波清洗设备、电镀设备、水处理设备而著名的高科技企业。

电话：0755-27048149/28175797

网址：www.szhekeda.com

深圳恒兴精密机械有限公司

简介：主要产品包括涂胶机、涂胶辊、磨边机、磨角机、切割刀头、PIN 治具、打条机等。

深圳科伟达超声波设备有限公司

简介：是一家超声波设备研制、生产、销售及开发各种高难度清洗技术的大型中外合作企业。

深圳来科成电子有限公司

简介：从事开路短路测试系统、全自动光学检测设备/锡膏检测设备、全自动铆钉机、点胶机、X-Ray 检测设备、扫描电子显微镜、能量散布光谱仪等半导体检测设备的设计及生产。

深圳日东电子设备有限公司

简介：生产物流设备、环保清洗设备、静电、喷涂/喷粉生产线等。

电话：0755-27393550

网址：www. suneast.com.cn

深圳润正实业有限公司

简介：已能提供 LCD 前段从前清洗机至电测机的整厂设备，还能提供 ITO 镀镆厂所用的 50 英寸大切割机、抛光机、磨边机等专用设备。

深圳时代超声设备有限公司

简介：生产与销售超声波清洗机设备、超音波设备、超声波震板、喷淋清洗机、塑料焊接机。

深圳市超纯环保股份有限公司

简介：主要生产、经营超滤系统（UF）、微滤系统（MF/CMF）、反渗透膜分离水处理系统（RO）、连续电去离子系统（EDI）、离子交换系统、膜生物反应器（MBR）、各种过滤设备及其相关水处理设备。

电话：0755-26755888

网址：www.upw.cn

深圳市超晋达表面处理科技有限公司

简介：提供全自动化学镀生产线、全自动滚镀生产线、全自动挂镀电镀生产线、金属线材连续电镀生产线、环型钓鱼式电镀生产线、环型垂直升降电镀生产线、电脑接插件 U 形电镀生产线、卷对卷连续电镀生产线、半自动滚镀生产线、贵金属电镀生产线、药水在线添加系统、电镀电源、化学药液过滤机、废气处理设备等。

深圳市大族激光科技股份有限公司

简介：提供一整套激光加工解决方案及相关配套设施，主要产品包括激光打标机系列、激光焊接机系列、激光切割机系列、绿激光演示系列、PCB 激光钻孔机系列、CTP 激光制版机系列、直线电机系列等多个系列 200 余种工业激光设备及其配套产品。

电话：0755-86161454

网址：www.hanslaser.com

深圳市福和达电子设备有限公司

简介：从事 TFT-LCD/LCM 液晶模组加工整套设备、脉冲/恒温热压系列设备以及其他精密自动化设备的定制设计、开发。

电话：755-86130698

网址：www.forahead.cn

深圳市航通科技有限公司

简介：产品涵盖了 TN、HTN、STN、FSTN 等 LCD 面板产品；COB、TAB、COG 等 LCD 模块产品。

深圳市和波达超声设备有限公司

简介：专业制造超声波清洗机及工业冷水机、塑胶焊接机等多种大型自动化清洗设备及其配套设施。

深圳市极而峰工业设备有限公司

简介：是一家生产及销售液晶产业生产专用设备、净化设备和除静电设备的民营企业，是专业无尘室建造专家。

深圳市晶向科技有限公司

简介：从事 LCD、TFT、触摸屏、VFD、EL、光学、镀膜行业的设备及非标设备的研发、生产。

深圳市凯利达科技有限公司

简介：生产 TFT 导电粒子压痕检测仪。

深圳市科伟达科技有限公司

简介：集超声波精密清洗设备、电镀设备、纯水设备、超声波塑焊机的研发、制造、营销及服务于一体的大型企业。

深圳市立磊科技有限公司

简介：提供光电产业（LCD Panel、LCD Module、LED、PCB、半导体）设备，包括COG热压机、点胶机、偏光片去泡机等，PHOTO MASK（铬板），液晶显示器面板（TN、STN、CSTN、TFT），部品（ACF、硅胶、偏光片、电阻、电容、电感）、耗材。

深圳市迈创利机电设备有限公司

简介：全自动金球焊线机、自动焊线机、固晶机、封胶机等半导体封装设备的主要生产商。

深圳市三力自动化设备有限公司

简介：专业从事 LCM 全套设备及控制系统的研发、制造、销售及服务。

深圳市蜀丰科技有限公司

简介：主要产品包括涂胶机、曝光机、PI涂布机、洁净预烘机、磨擦机、喷粉机、对位贴合机、热压机、单刀玻璃切割机、多刀玻璃切割机、自动裂片机、全自动液晶灌注机、切片机、边角偏光片切片机、手机翻盖试验机、手机旋转试验机等。

深圳市添力自动化机电设备厂

简介：专业开发设计和生产制造各类电子厂自动化专用生产设备、各类工装、测试治具的厂家。

深圳市万仕诚电子设备材料经销部

简介：专业设计、生产、销售光电显示设备、光电显示行业专用工装夹具及设备耗材。

深圳市网印巨星机电设备有限公司

简介：从事丝网印刷机械及辅助设备设计、开发、生产和网印工艺技术培训，拥有独立的进出口经营权。

电话：0755-27390330/27312555

网址：www.screen-star.com

深圳市威正净化技术有限公司

简介：从事净化设备研发、生产，净化工程系统设计、施工、安装、调试、维护等综合性技术服务的高科技企业。

深圳市旭崇自动化设备有限公司

简介：已成功研发出恒温热压机、脉冲热压机、ACF贴附机、偏光片除泡机、偏光片揭片机、偏光片贴片机、斑马纸热压机、大尺寸TFT热压机、等离子热压机、COG 对位设备、COG 本压设备、ITO 测试机、拉力测试机等光电平板专用设备。

深圳市怡和兴机械设备有限公司

简介：专业从事电子、家电、塑胶等各种工业生产流水线、流水线辅助专用设备、工业电炉、烤箱、塑料辅助机械的研制、开发、生产和销售。

深圳市友邦科技有限公司

简介：提供超声波铝丝压焊机系列、超声波金丝球焊机系列；漆包线电点焊机系列；半导体后道工序产品类；LED 电脑检测仪、点阵数码测试仪、扩张机、贴膜机和点胶机等半导体生产设备。

深圳市宇通精密机电设备

简介：提供邦定机系列产品：（邦定机）超声波金丝球焊机、超声波铝丝焊线机、扩晶机、背胶机、点胶机、显微镜座等半导体系列产品。

深圳市振宇达电子科技有限公司

简介：生产 LCD、TAB、COG、ACF、H/S、FPC 等生产工序焊接设备。

深圳市正阳工业清洗设备有限公司

简介：生产超声波清洗机、喷淋清洗机、LCD 清洗机、液晶清洗机、硅片/硅料清洗机、真空清洗机等。

深圳市中正仪器有限公司

简介：专业从事各种环境试验设备、品质检测设备、PCB 流程制造设备的制造与销售。

深圳亿洋光电设备厂

简介：从事 LED 及 COB 整厂设备的专业制造。

沈阳真空技术研究所

简介：是国内最早从事真空技术及真空成套设备研制与开发生产的唯一国家级研究所，原属于机械工业部，现隶属于中国机械工业集团。

圣仁电子科技（沈阳）有限公司

简介：生产 PROBE CARD（探针卡）、PROBE UNIT、LCD TEST UNIT（液晶检测单元）。

硕克网版科技有限公司

简介：生产平行光晒版机、高精密自动上膜机、刮胶研磨机、大型电动拉网机、高精密机械式拉网机。

四川南光真空科技有限公司

简介：生产真空计、光刻机、热处理炉、排气台、真空炉、氢气炉。

四川英杰电气股份有限公司

简介：现主要生产全数字直流电动机调速器，晶闸管调压、调功装置，交流电动机软起动装置，同步电机励磁装置等设备。

电话：0838-2900586

网址：www.injet.cn

苏州弗士达科学仪器有限公司

简介：研发并生产与 LCD 色度、亮度检测相配套的自动测量设备，包括 LCD/LCM 色度辉度自动测量系统，背光模组（BLU）辉度及均一性自动测量系统，CCFL 辉度自动测量系统，LED 检测仪等。

苏州工业园区高联科技有限公司

简介：致力于为 LCD 企业提供各种先进的制造、测试设备，产品包括 TAB、ACF、COG 及各种 LCD、LCM 生产辅料等。

苏州市和科达超声设备有限公司

简介：目前有 18 个系列 100 多种规格的品种齐全的标准系列产品，以及大型非标运用 PLC、触摸屏及工控电脑控制屏幕显示的全自动超声波清洗机。

苏州苏大维格光电科技股份有限公司

简介：产品涉及定位激光转移材料、宽幅激光转移与烫金材料、证件视读薄膜、微纳结构衍射光学器件、平板显示材料及背光模组、亚微米激光直写与刻蚀设备、微纳米压印光刻设备等。

苏州怡信光电科技有限公司

简介：生产光栅数显、高精度测长仪、光学投影仪、刀具预调测量仪、影像测量仪、激光抄数机、三坐标测量机产品，广泛应用于机械、模具、电子、电器、航空、汽车、塑料、橡胶、钟表、齿轮、PCB 线路板、菲林等行业。

太原风华信息装备股份有限公司

简介：从事新型电子片式元器件、LCD 液晶显示器、薄膜电容器等机电一体化专用生产设备及技术装备的研制开发。

太原艺星科技有限公司

简介：在微电子组装设备、绕线设备、液晶显示器生产设备、真空焊接设备、清洗和表面处理设备以及立体仓储设备研发领域形成了优势和特色，可为用户提供工艺和设备的系统集成服务。

特迈科技（上海）有限公司

简介：生产脉冲式热压机、ACF 预贴机、回流焊接机、半自动 COG 预压机/COG 本压机、TAB 热压机等。

腾新机械（上海）有限公司

简介：提供一些与液晶相关的制造、检查、修正设备及冷阴极灯管生产线。

电话：021-68775388

网址：www.systech-sh.com

天力精密系统（深圳）有限公司

简介：研发、设计各种 LCM（液晶显示模组）、IC 封装设备及系列精确检查装置。

天通吉成机器技术有限公司

简介：积极拓展液晶面板制造专用设备与搬送装置的制造，以及水处理环保设备的生产。

天准精密技术有限公司

简介：天准是中国精密测量领先品牌，致力于完成对物体的平面及三维几何尺寸的高精度、高效率测量，提供全方位的测量解决方案，帮助用户提高产品质量，推进整个制造业的品质提升。

电话：010-68940984

网址：www.tztek.com

万亿达电子设备有限公司

简介：生产多层板设备、挠性板设备、LCD 设备、精密蚀刻设备共五大系列，近百个品种。

武汉华工激光工程有限责任公司

简介：以工业激光器及数控激光加工成套装备、光通信器件及资讯、电子元器件、图像防伪及信息安全技术为主营业务。

电话：027-87180266

网址：www.hglaser.com

西北机器有限公司

简介：生产基板玻璃抛光系统、大尺寸平板显示器光电检测系统、电容器材料分切设备等。

厦门晟诺电子科技有限公司

简介：生产 LCD、TAB、FPC 等热压机，全自动滴胶机，自动封装蜂名片机，AGV 自动异引车，ACF 贴合机等。

咸阳华清设备科技有限公司

简介：致力于新型平板显示器件（PDP、LCD、OLED 等）制造设备的开发、制造和服务，同时从事新型平板显示器、大屏幕拼接显示技术开发、技术服务和代理业务。

芯硕半导体（中国）有限公司

简介：致力于芯片制造、掩膜版制造和 PCB 生产领域中的直写光刻和光学检测技术的研究、产品设计和开发，提供直写光刻系统（DWL）、直接成像系统（LDI）和自动光学检测系统等产品和相关技术解决方案。

应用材料（中国）有限公司

简介：主要经营半导体生产设备和液晶显示生产设备。

电话：021-38616000

网址：www.amat.com

约翰内斯·海德汉博士（中国）有限公司

简介：是世界上最早制造光刻产品和机床数控系统的公司，在光刻和数控系统制造领域拥有多项专利技术。

电话：010-80420079/80420000

网址：www.heidenhain.com.cn

肇庆科润真空设备有限公司

简介：生产 ITO 导电玻璃镀膜设备、ITO 导电玻璃镀膜设备、清洗设备、玻璃清洗设备。

肇庆市恒讯电子机械有限公司

简介：生产全自动 ACF 贴付机、脉冲式旋转热压机、脉冲式热压机 TAB、COG、FPC 等。

浙江大学三色仪器有限公司

简介：专业从事光谱、光度和色度测量仪器，电参数、力学和温度测量仪表的研究和生产。

芝浦机电上海有限公司

简介：提供液晶制造装置、半导体制造装置、半导体制造装置、真空成膜制造装置等。

志圣科技（广州）有限公司

简介：主要从事 PCB/IC/LCD 设备的研发、生产、制造，以及紫外线干燥机、精密烤箱、曝光机、压膜机、无尘烤箱的生产和销售。

中导光电设备有限公司

简介：研发和生产液晶显示屏及其他平板显示器相关工业检测设备。

电话：0758-2865881

网址：www.3i-systems.com.cn

中国电子科技集团公司第二研究所

简介：以微组装设备、液晶显示生产设备、真空焊接设备为代表的产品行业地位突出，影响力强，远销到日本、美国等国家和地区。

电话：0351-6522867

网址：www.ersuo.com

中微半导体设备（上海）有限公司

简介：致力于高真空半导体制程设备的研发、生产、销售及服务一体化的高科技创业公司。

涿州市蓝天特灯发展有限公司

简介：主要产品包括 UV 光固化灯，UV 光清洗灯，UV 晒版曝光灯，红外线 IR 灯，配套变压器，镇流器，触发器，反光罩（片）及石英隔热片等；UV 光纤点光源固化机及配套光纤导管，球形灯，防护眼镜。

电话：0312-3954595

网址：www.Lt-uv.com

高校、研究机构

安徽华东光电技术研究所

简介：目前已开发出各种单色/彩色 CRT 显示管、雷达指示管、液晶平板显示器件、投影显示管及立体显示器等各种显示技术产品，已形成系列产品。

北京大学微电子所

简介：下设三个研究所和两个实验室，分别为 ULSI 新器件及集成技术研究所，系统芯片（SoC）研究所，微电子机械系统（MEMS）研究所，ICCAE 实验室，工艺实验室。

北京科技大学材料科学与工程学院

简介：下设材料学系、材料加工与控制工程系、材料物理与化学系、无机非金属材料系、粉末冶金研究所、功能材料研究所、腐蚀与防护中心、实验测试中心四系两所两中心。

北京理工大学信息学院光电工程系

简介：主要产品包括 LCD 设计仿真软件，光学薄膜仿真软件及器件，光子晶体器件的仿真及制备，通信系统中的调制器件，平板显示器件。

电话：010-68913659

东南大学电子科学与工程学院显示技术研究中心

简介：中心在电子光学、电子束与离子束及显示技术方面的学术水平均为国内一流，在新型平板显示器 PDP、FED 的研究方面取得了一定的技术创新成果，在这些领域已跨入国际、国内先进行列，中心的研究成果受到国内外同行专家的关注与重视。

福州大学

简介：开展光电显示材料与技术、大屏幕平板显示器——场致发射显示器（FED）的研究。

电话：0591-87893299

复旦大学先进材料实验室平板显示工程研究中心

简介：开展 TFT 平板显示技术的综合性基础研究和前瞻性研究。

电话：021-51630349

河北工业大学应用物理系

简介：培养液晶物理与液晶器件物理专业本科、硕士人才，从事相关领域科研工作。

电话：022-60435662

华南理工大学高分子光电材料及器件研究所

简介：主要从事高分子发光显示屏技术研究、薄膜晶体管技术研究、太阳电池技术研究。

电话：020-87114535

华烁科技股份有限公司

简介：由湖北省化学研究院整体转改制而设立的股份制公司。主要从事化学新材料、化工新产品、化工新工艺的研究和开发、技术培训、技术服务及相关领域的工程设计与施工；光通信与电子信息材料、工业催化剂与净化剂、化工与医药中间体、建筑与建材化学品及精细化工产品的相关领域的设备、仪器、仪表的开发、生产、销售。

电话：027-87427927

网址：www.haiso.com.cn

清华大学微电子学研究所

简介：主要开展微纳电子器件研究及集成电路设计、制造、系统集成技术的开发，具有一条较为完备的集成电路开发与工业性试验线，是国家重点支持的信息科学与技术国家实验室及北方微电子研究开发基地的重要组成部分。

山东大学光电材料与器件研究所

简介：主要研究方向为：①光电子薄膜信息材料；②光电子器件；③半导体器件清洗工艺；④光电子薄膜材料的电子结构、电子输运过程及器件的物理机制。

山东大学晶体材料研究所

简介：主要研究领域包括新功能晶体的探索和研究，薄膜晶体材料的生长和研究，晶体生长基本过程的研究，以及相应产品的开发。

西安交通大学电子与信息工程学院

简介：拥有如下自主创新技术：①高对比度驱动波形设计技术；②基于人眼视觉效应的动态伽马校正技术；③暗场灰度反转校正技术；④白平衡和色温校正技术；⑤自适应亮度增强技术；⑥基于新型算法的自动功率控制技术；⑦基于直方图检测的自适应子场编码驱动技术；⑧高阻维持驱动技术；⑨逻辑控制电路设计与制作；⑩高压驱动波形发生电路设计与制作；⑪存储控制电路设计与制作。

中科院长春应用化学研究所

简介：学科方向包括高分子科学、无机化学、分析化学、有机化学和物理化学。

中山大学物理科学与工程技术学院

简介：学院拥有光电材料与技术国家重点实验室、显示材料与技术广东省重点实验室、能源工程研究院太阳能系统研究所、激光与光谱学研究所、凝聚态物理研究所、纳米技术研究中心、专用集成电路 ASIC 设计中心等一批国家级、省级和校级科研机构。

电话：020-84110916

网址：spe.sysu.edu.cn/spe/index

贸　易

安信思拓（北京）科技有限公司

简介：主要负责日本 ASSIST 公司产品在中国区的销售，ASSIST 是从事电器光纤通信和触摸显示屏研发、设计、生产和销售的综合性公司。

安智光刻电子材料（上海）有限公司

简介：技术和产品的核心是防反射涂料、用于晶片凸块和封装的厚膜光刻胶、旋制介电材料及用于平板显示器的全部产品。

北京博曼科斯塔夫科技有限公司

简介：经营氟塑料制品的专业公司，是日本中兴化成（CHUKOH）株式会社的代理店，也是德国博曼（BOHME）公司的中国独家经销商，并同时与国内、外多家氟塑料制品公司密切合作。

北京恒融达经贸有限公司

简介：从事国外先进机电设备及产品代理的贸易公司，其业务之一涉及彩色显示器件领域的产品。

电话：010-65614068

北京吉平元科贸有限公司

简介：公司销售各种类型表面声波、红外、电阻、电容、液晶触摸屏，以及各种型号的触摸一体机。并提供相关的技术咨询，代理各大触控品牌产品。

北京嘉恒阳光科技有限公司

简介：以中韩贸易为主，主要销售韩国产LED芯片生产设备——镀膜机、蚀刻机（ICP）、E-beam、LED背面全自动等、LED大功率蓝光芯片、LED蓝光绿光外延片、蓝膜等。

北京伟伯康科技发展有限公司

简介：代理产品包括张力控制系统、纠偏控制系统、高速分切系统、除尘系统、静电吸墨辅助系统、UV固化系统、电晕系统等。

北京誉信佳业科技发展有限公司

简介：提供的产品包括：①点阵系列：包括字符以及图形，类型有COB、TAB、COG等；②非点阵系列：电话机系列、水、电、气表等。此外，还能根据用户需要，设计、开发定制特殊用途和规格的产品、微控制器（单片机）、触摸屏。

东莞市齐乐电子材料有限公司

简介：销售LCD、背光源、触摸屏材料、化工材料。

东莞市上博电子有限公司

简介：专业代理及销售国外知名品牌厂商生产的增光膜、扩散膜、反射膜、防刮伤膜、PEN和PET音膜原材。

富时国际（香港）有限公司

简介：致力于TVPanel、MonitorsPanel、NotebookPanel、手机屏等各种规格尺寸的液晶显示屏，DID液晶屏（DID拼接液晶屏）产品销售，以推动全球液晶电视、液晶显示器普及化为目标。

光好电子材料有限公司

简介：专业提供软性电路板、液晶显示屏、背光板等电子产品用的各种材料。

杭州云达贸易有限公司

简介：提供软包装材料、光电材料、彩屏手机LED背光专用材料、单色LED背光材料、CCFL背光材料、触摸屏材料等。

吉世科贸易（上海）有限公司

简介：提供的产品包括：①diX特种涂敷材料及设备，②化学药品、合成树脂及其他化学品原材料，③充退磁机装置及磁性材料，④电子、半导体、液晶等关联设备及材料。

上海安田化学品有限公司

简介：其经营产品涉及偏光板、双面胶、电子材料用黏合剂、PET/PE保护膜、PET隔离膜、PE保护膜、背光源、高机能剥离剂（洗净彩色滤光片）、显影液、清洗剂等。

上海长濑贸易有限公司

简介：从事LCD等显示器制造用的玻璃、偏光板、隔垫材料、液晶等材料及制造/检验设备及仪器的销售。

上海承永贸易有限公司

简介：专业代理FUJIKURA的全系列导电胶，广泛应用于硬性和柔性电路板、薄膜按键开关、液晶显示器、发光二极管、冷光片、触摸屏、谐振器等电子元器件行业。

上海迪爱生贸易有限公司

简介：主要经销 DIC 公司包括 TN、STN、TFT 在内的各种液晶材料产品，是集研发、设计、生产、销售和服务于一体的专业液晶材料供应商。

电话：021-62289911

网址：www. dic.com.cn

上海东紫环电子有限公司

简介：从事 TFT-LCD 液晶屏、液晶玻璃、方案、主要芯片及其他电子元器件的供应；是台湾友达光电（AUO）的大陆代理商，还是凌阳、华邦等元器件大厂的代理商。

上海法柏化工科技有限公司

简介：是法国 FranklabS.A.在中国大陆地区的唯一销售机构，专业从事 Franklab 工业清洗用化学品的销售。FranklabS.A.总部于 1976 年成立于法国，是专业的洗剂研发和生产销售商。

上海和路元电子技术有限公司

简介：专业性的元器件代理和销售及提供优质技术服务的公司。

上海鸿鹏国际贸易有限公司

简介：主要从事新型平板显示器件，TFT-LCD、PDP、OLED 相关尖端电子产品的专用设备及相关材料的销售。

上海佳进电子有限公司

简介：集电子产品开发、设计、生产、贸易于一体的企业，是美国 PIXELWORKS 公司授权的代理商，经销美国 PIXELWORKS 公司的数字芯片，以及从事相关技术开发和配套业务。

上海旌众卓贸易有限公司

简介：专营 TFT-LCD 的高新技术企业，公司自成立至今，一直从事液晶显示设备的研发、销售及集成。

上海凯群贸易有限公司

简介：业务目前主要涉及台塑、台化、南亚、日本、美国、韩国等各世界大厂的塑胶原料代理，以及 PUNG、HAN 电源端子总代理和 JST、AMP 代理。

上海耐奥特有限公司

简介：韩国耐奥特（株）专业从事静电除尘器（CLEANING MACHINE-C/M）、板面清洁机、静电机、除尘机、整面机、滚纸机、导光板清洁机、珍珠纸除尘机及所需耗材的生产，本公司是其在中国的销售及售后服务公司。

上海荣立贸易有限公司

简介：从事涂料树脂（醇酸、丙烯酸等）及 STNLCD 用取向膜销售。

上海盛永国际贸易有限公司

简介：专业从事高科技电子产业所用的原材料、部品部件及生产设备的进出口贸易，同时介绍引进日本等先进国家的生产技术及工程项目。涉及平板显示、半导体集成电路、电光源、电池、货币识别等电子产业。

电话：021-68549640

网址：www.shanghai-sotec.com.cn

上海凸版国际贸易有限公司/凸版（上海）企业管理有限公司

简介：凸版（上海）企业管理有限公司为日本凸版印刷（株）在中国的地区总部。LCD 用彩色滤光膜（CF）为日本凸版印刷（株）电子事业本部的主要产品之一。

电话：021-52341300

网址：www.toppan.co.jp

上海拓米电子材料有限公司

简介：营业范围包括电子材料、化学材料等产品的贸易及与电子行业相关的项目投资策划、咨询、贸易服务及电子、净化工程专业行业的技术咨询服务等，呈多元化形式。

上海拓朴晶光电科技有限公司

简介：日立工业设备技术株式会社（HPT）在中国地区唯一的全权代理商，专业从事日立TFT-LCD生产设备、全自动搬送设备及自动仓库（硬件、软件）、SMT 生产用的网板印刷机的销售代理及售后服务。

电话：021-54450338

上海夏恒微电子科技有限公司

简介：是液晶生产设备（TN、STN、FSTN、C-STN、TFT、PDP 等）的供货商，可供应液晶生产设备和日本 Hugle 防静电设备。

上海怡康化工材料有限公司

简介：台湾华立集团在大陆的子公司，主要从事国内外著名化工产品的一级代理，如伊士曼 PCTA/PETG、福聚 PP、阿科玛 PMMA、台湾奇美、南亚、帝人、旭化成等众多产品。

电话：021-52419090

网址：www.shanghaiyk.com

上海住友商事有限公司

简介：经营范围涉及电力电子、钢铁、有色金属、成套设备、机械、汽车、化学品。

电话：021-61461888

深圳安伯特科技开发有限公司

简介：致力于销售台湾友达光电（AUO）的全系列全新 A 级 TFT-LCD 液晶屏。

深圳崇胜科技有限公司

简介：从事 OLED 显示模块：128×64、96×64（双色、四色、全彩）的代理和销售。

深圳鸿远达电子有限公司市场部

简介：专业的半导体器件供应商及贸易商，经销欧、美、日、韩各国不同品牌的芯片，包括偏门、停产、断档、紧缺的 IC。主营 SHARP、JRC、TOSHIBA、SANYO、MITSUBSHI、SAMSUNG、PHILIPS、ST、MOTOROLA 等各品牌的芯片。

深圳锦华电子有限公司

简介：主要经销日本 SEIKO、台湾众福、微端、达威液晶显示模块和国产液晶显示屏；TDK、FSP、国产逆变器；负压芯片/模块等电子元器件。

深圳市富科尔电子科技有限公司

简介：专注于 LCD 液晶屏销售及应用的科技型企业。

深圳市惠乐光电有限公司

简介：广泛涉及液晶产品、液晶制造设备、液晶关联原材料、液晶行业情报的专业贸易公司。

电话：0755-89800161

网址：www.keiraku.cn

深圳市康迈电子有限公司

简介：专业代理销售液晶显示模块、提供技术咨询、开发相关配套产品的技术服务类企业。

深圳市群乔实业发展有限公司

简介：专业代理 FPM 平面显示器、背光模块、LCM 液晶模块、LCD-TV/DTV 等量测设备。

深圳市顺佳盛科技有限公司

简介：经营产品包括尾池 ITO 导电膜、日东双膜、卓韦导电膜、ITO 导电玻璃、PC 硬化板、PMMA 硬化板、PET 薄膜。

深圳市微普诺薄膜技术有限公司

简介：为 PVD 和 CVD 镀膜的生产研究提供核心部件和技术解决方案。公司主要代理产品和服务包括德国 Huettinger 电源，英国 Gencoa 磁控溅射阴极、阳极层离子源、反应溅射控制器，美国 SCI 旋转阴极及 PMI 靶材等。

深圳思得柯实业有限公司

简介：提供 LCD 液晶显示幕湿制程生产设备、PDP 显示屏幕生产设备等。

丸红信息技术（上海）有限公司

简介：从事 STN/TFT-LCD 模组和 SHARP TFT-LCD 模组的代理销售。

显导电子上海国际贸易有限公司

简介：从事 LCD（STN、TFT-LCD）全套设备的销售及服务，同时销售 STN、TFT-LCD Panel/Module 及 SMT 全套 PCB 组装及检测设备和半导体封装设备。

智索国际贸易（上海）有限公司

简介：是 ChissoCorporation 在中国的销售公司。向国内的液晶面板厂商供应 Chisso 公司的液晶、取向膜柱状 Spacer、OverCoat 等高品质产品。

电话：021-64661919

网址：www.chisso.com.cn

协会、资讯

《精细与专用化学品》杂志社

简介：专门供从事精细与专用化学品生产、开发、科研、教学、管理、贸易、建设和市场开拓的人员阅读。

《平板显示文摘》编辑部

简介：《平板显示文摘》是由北京清华液晶技术工程研究中心主办的、面向平板显示行业发行的文摘性报刊，双周发行；从 2005 年 7 月 1 日创刊以来，在业内外广大热心读者的关心与支持下得以迅速发展，逐步成为平板显示行业唯一的专业性报刊。

《液晶与显示》杂志

简介：征集有关液晶和各类显示材料及制备方法、液晶物理、生物液晶、液晶非线性光学、液晶显示、等离子体显示、阴极射线管显示、发光二极管显示、场发射显示、电致发光显示、真空荧光显示、电致变色显示及其他显示、各类显示器件物理和制作技术、各类显示新型模式和驱动技术、显示技术应用、显示材料和器件的测试方法与技术、各类显示器件的应用等研究论文。

SEMIChina 中国办公室

简介：SEMI China 是 SEMI 在中国的常驻机构，SEMI China 的宗旨是帮助全球会员公司服务中国市场，积极推动中国半导体、太阳能、平板显示产业的蓬勃发展。SEMI 在国内召开国际平板显示器件、设备材料及配套件展览会；同期举办的中国平板显示学术会议是 SEMI 与国内行业权威组织联手打造的技术交流平台。

电话：021-50270909

网址：www.semi.org.cn

《现代显示》

简介：会聚了液晶（LCD）、发光二极管（LED）、大屏幕和投影、数字电视、OLED、ELD、FED、VFD、PDP、微显示、CRT 等所有显示技术，同时囊括相关的驱动、芯片、集成电路、模块、各种配套器件等上游技术。

广东省电子行业协会

简介：协会现有团体会员中包括了电子信息产业大部分企业集团、各大门类的龙头企业和代表性的中小企业。

广州进鼎光电显示信息服务有限公司

简介：旗下包括中华液晶网、《平显时代》（月刊）和《手机资讯》（月刊）。

电话：020-85265586

网址：www.FPDisplay.com

南京经济技术开发区管委会/南京平板显示行业协会

简介：南京平板显示行业协会由南京市平板显示企业和相关科研院校（所）组成，是非官方、行业性、地方性、非营利性、自愿结成的社会组织。

电话：025-85800946

深圳市亚威会展有限公司

简介：公司集杂志、网站、展览、研讨会、培训等 FPD 专业服务于一体。

电话：0755-86149046

网址：www.chinafpd.net

中国电子材料行业协会

简介：是由从事电子材料的生产、研制、开发、经营、应用、教学的单位及其他相关的企、事业单位自愿结合组成的全国性的行业社会团体，不受部门、地区和所有制的限制。工作主要通过民主协商、协调，为本行业的共同利益服务。

中国电子材料行业协会覆铜板材料分会

简介：协会的宗旨是为中国覆铜板工业的发展服务，为会员服务，在企业与政府之间起桥梁沟通作用。本着这一宗旨，协会开展的工作有许多方面。

中国电子工业标准化技术协会

简介：开展与电子信息产业标准化有关的各项活动；加强国际交流，提高电子信息产业标准化的科学技术水平，促进电子信息产业标准化工作的健康发展，为振兴电子信息产业、实现社会主义现代化建设服务。

中国电子企业协会

简介：从 1984 年成立至今，始终致力于向电子信息企业和企业家、相关政府部门提供及时、完善的服务。经历二十余年的发展，积累了丰富的行业经验与资源。

中国电子器材总公司

简介：以电子元器件分销、通信业务、进出口贸易、会展等为主营业务，在全国设有 13 家全资子公司和 15 家控参股公司，形成了遍布全国的强大服务网络。

电话：010-51662329/68249403

中国电子视像行业协会

简介：是由从事视像行业及数字音/视频领域（电视机和大屏幕投影等各种显示终端、数字家庭、机顶盒、摄录编设备、数字电影、高清存储、IPTV 接收设备、音/视频编解码、超宽带无线传输、专用部件、视频监控等）生产、研发、运营、服务的企事业单位、大专院校、产业联盟相关单位和个人自愿组成，经国家民政部批准并合法登记，具有社团法人资格的全国性行业组织，业务主管单位是工业和信息化部。

中国电子学会

简介：中国电子学会的 44 个专业分会覆盖了半导体、计算机、通信、雷达、导航、微波、广播电视、电子测量、信号处理、电磁兼容、电子元件、电子材料等电子信息科学技术的所有领域。

中国电子元件行业协会

简介：下属分会包括电阻电位器分会、电容器分会、电子陶瓷及器件分会、磁性材料与器件分会、电子变压器分会、电感器件分会、压电晶体分会、混合集成电路分会、电接插元件分会、控制继电器分会、光电线缆分会、电声器件分会、微特电机与组件分会、敏感元器件与传感器分会。

中国电子专用设备工业协会

简介：协会的宗旨是为会员、用户、政府做好服务，维护整个行业和会员的合法权益及经济利益。协会在政府和行业内的企事业单位之间发挥了桥梁和纽带作用，推动了我国电子专用设备行业的发展。

中国电子装备技术开发协会

简介：以推进电子装备技术和管理现代化、提高电子产业装备自主研发、生产能力和经济效益为目标的非营利性、群众性、专业性的社会团体。

中国光学光电子行业协会

简介：按专业领域划分的分会有七个：激光分会、红外分会、光学元件和光学仪器分会、光电器件分会、光电二极管显示应用分会、液晶分会和激光全息分会。

中国真空学会

简介：学会的目的为：确保真空科学与技术的发展，加强真空科学与技术研究成果的普及和应用，促进真空科学与技术人才的成长，使真空科学与技术为中国的经济发展和现代化做出重要贡献。

液晶电视、液晶显示器

北京佳运通达工贸有限公司

简介：主要进行各类工控解决方案的优化设计及产品的集成。公司多年来专心致力于工业液晶显示器和工业平板电脑的开发、生产。

北京众维创通科技有限公司

简介：专业从事多媒体显示设备、液晶显示设备、触摸显示设备等 3C 产品制造，产品涉及数字标牌、教育白板、监视器、拼接屏等系列应用的高新技术企业。

电话：010-82893368

网址：www.bjzhongwei.com

创维光电科技（深圳）有限公司

简介：是创维集团的一个子公司，主要生产CRT 背投电视、平板液晶电视及 LCD 背投电视。

东莞市恒星光电科技有限公司

简介：致力于视讯产品的研发与销售，主营LCD 显示器、LCD 电视及其他便携式数码产品。

广州市杰威迅电子有限公司

简介：主营内藏式显示器、支架和头枕式显示器、吸顶式显示器、挡阳板显示器。

广州市索卡科技电子有限公司

简介：研发、生产、销售车载液晶显示器、电视机。

广州市拓普昇电子设备有限公司

简介：致力于工业液晶显示产品及其配套解决方案的设计和营销。

广州视景显示技术研发有限公司

简介：主要研究、开发、测试液晶显示技术、结构、装置，新型平板显示技术、结构、装置及液晶电视，提供技术转让、技术合作和技术咨询。

华腾科技（香港）有限公司

简介：主要产品包括数字多媒体播放器（DMP&PMP）、多媒体广告机、车载多媒体播放系统、数字多媒体液晶电视、掌上移动多媒体中心、数码相框等。

华忆科技（深圳）有限公司

简介：生产经营车用多媒体及液晶显示器复合体、可携带式移动多媒体及车用液晶显示器、车用放像机及液晶显示器复合体、GAME 系列液晶显示器。

江苏赛博电子有限公司

简介：生产液晶电视、DLP 背投影电视。

捷星显示科技（福建）有限公司

简介：主营业务包括液晶平面电视、等离子电视、液晶显示器、平面彩色显示器。

金羚集团有限公司

简介：从事电脑用液晶显示器的生产制造。

麦道微电子有限公司

简介：从事 LCD 液晶显示器开发、SKD 产品及关键部件供应的公司。

南京夏普电子有限公司

简介：公司目前的主导产品为：具有全球领先水平的系列液晶电视机、液晶数据投影机、数字摄像机等。

电话：025-85573714

网址：www.sharp-nsec.com

深圳帝硕科技有限责任公司

简介：主要经营液晶 TFT-LCD 显示器、液晶TFT-LCD 电视机，产品应用于车载 VCD、DVD、TV、影音系统、卫星导航系统、倒车后视系统等。

深圳富士电科技有限公司

简介：专业从事液晶显示器和液晶电视生产的高科技台资企业。

深圳翰林世界文化科技有限公司

简介：专注于液晶显示器及其相关产品的研发、生产和销售的新型高科技企业。

深圳华视新科技有限公司

简介：从事彩色液晶显示器、液晶模拟电视、液晶数字电视（DVB-T、ATSC）的研发与推广。

深圳汇博兴电子有限公司

简介：集研发、生产、销售于一体的民营科技企业，是显示终端设备的专业制造厂商。

深圳康冠科技集团有限公司

简介：是国内最早致力于显示终端产品制造的厂家之一。

深圳科特科技有限公司

简介：主要产品包括 CRT 显示器、液晶显示器、机箱、键盘、鼠标及显示器塑胶外壳等产品系列，同时承接模具制造、注塑加工、产品外形设计，并提供产品 OEM 生产服务。

深圳明辉行科技有限公司

简介：主要产品包括液晶显示器，液晶电视机，整机及套件、塑壳、主板、液晶屏等。

深圳世晶联实业有限公司

简介：从事液晶显示器、液晶电视、广告机、工业液晶显示器的开发与销售。

深圳市爱微视电子科技有限公司

简介：主要业务包括 TFT 液晶显示器、液晶电视、数码相框、画框电视、广告机、液晶显示控制板、高压条等相关液晶显示器 SKD 套件的设计、制造和销售。

深圳市飞尼特实业有限公司

简介：主要产品包括各种尺寸的车载电视、液晶显示器、液晶电视和 DVD 液晶电视一体机及相关的电子产品。

深圳市冠普电子科技有限公司

简介：先后研发了各种规格的液晶电视、多媒体液晶电视（带电视+DVD+读卡功能+USB+电脑显示器）、数字电视、数码相框等系列产品。

深圳市焌泰烽科技有限公司

简介：生产液晶显示器、液晶电视机、液晶（SKD）套件等。同时工厂承接 OEM、ODM 订单。

深圳市启悦光电有限公司

简介：集设计、研发、生产、销售液晶显示器、电视及相关产品的高新科技企业。

深圳市泰华晶彩电子有限公司

简介：致力于便携式 DVD、液晶电视和液晶显示器的研发、生产和销售。

深圳市同方多媒体科技有限公司

简介：生产液晶电视、PC、手机等。

深圳顺达数码资讯有限公司

简介：主要生产液晶显示器、液晶电视、等离子电视、汽车车载、液晶屏维修等系列产品，产品远销欧洲、美洲、东南亚、澳大利亚、韩国、日本等国家。

沈阳同方多媒体科技有限公司

简介：拥有 4 条现代化大型生产线，一条辅助生产线，可生产从 15～60 英寸八大系列 60 多种不同型号规格的液晶电视、等离子电视，年生产能力为 150 万台，年生产总值可达 20 亿元。

天略科技（深圳）有限公司

简介：公司现有十几个产品类型，包括 14～50 英寸的电脑液晶显示器和液晶电视机。

厦门华侨电子股份有限公司

简介：主要产品包括彩色电视机、彩色显示器、数字式移动电话（GSM）、传真机、电话机、防盗保安工程电话、卫星接收机、车载视听系统。

现代电子（天津）多媒体有限公司

简介：主要生产电脑用液晶显示器（15 英寸、17 英寸电脑用液晶显示器）。

友利华（河南）高科技开发有限公司

简介：专业从事彩色液晶显示设备、全球卫星定位系统、计算机通信及其他相关产品的研制开发与生产，国内首台工业彩色液晶显示器就在本公司诞生。

浙江忆丰科技有限公司

简介：产品包括 LCD 电视、数码相框、网络广告机等。

中山市东升镇升宝彩色液晶显示器厂

简介：产品包括吸顶式、头枕式、挡阳板式吊挂式等一系列多用途智能环保的车载液晶显示器、车载液晶电视和车辆后视配置系统。

电话：076086226930

大屏幕、拼接墙

GQY 视讯股份有限公司

简介：是国内首家推出 DLP 大屏幕组合显示系统的大屏幕厂商，是国家级高新科学技术企业和国家级火炬计划项目实施单位，是大屏幕领域的行业翘楚。

北京博睿联创科技发展有限公司

简介：提供拼接控制器、融合控制器、液晶拼接幕墙、多画面处理器等。

北京彩讯科技股份有限公司

简介：提供大屏幕显示系统、大屏幕图像处理设备、大屏幕信号处理设备、大屏幕显示设备。

北京环宇蓝博科技有限公司

简介：专业从事视频信息化产品大屏幕显示技术与开发、生产制造、工程安装及维护的高科技企业。

北京启予高科科技有限公司

简介：提供全息投影屏、LCOS 拼接单元、大屏幕拼接融合软件。

北京市兰星光科技有限公司

简介：是 LCD、DLP 等大屏幕多媒体数字显示系统专业的技、工、贸三位一体企业。

北京亚视创业科技发展有限公司

简介：在单片式 LCD 投影显示设备运用技术及光引擎技术方面取得了重大成果并拥有多项技术专利，是一家拥有 LCD 液晶投影技术自主知识产权的公司。

北京真彩科创电子技术有限公司

简介：以 LED、LCD、DLP 显示技术生产及应用、视频会议技术开发及应用为发展方向的高新技术企业。

成都域虹科技有限责任公司

简介：主要致力于大屏幕显示元器件的研发与生产。

大连视佳显示技术有限公司

简介：主要致力于大屏幕显示技术的研发、生产、工程安装及维护。

广东威创视讯科技股份有限公司

简介：主要提供数字拼接墙。

广州艾恩光电技术有限公司

简介：致力于光学、电子学领域，掌握核心专利技术，提供大屏幕显示系统的解决方案给商业及专业用户。

杭州三花科特光电有限公司

简介：是专业从事高清晰度液晶背投影电视光学引擎、高分辨率超大屏幕商用液晶背投影显示器、DLP 光机、拼接单元和拼接墙、融合显示大屏、综合管理平台、生产调度通信、光电学科教学仪器等产品的开发、生产和销售的高科技企业。

深圳市博康多媒体显示技术有限公司

简介：提供各种型号和尺寸的 DLP 投影单元、LCD 平板显示单元、LCD 控制模块。

深圳市展视科技有限公司

简介：从事 DLP 大屏幕拼接墙、大屏幕显示系统的研发、生产及销售。

深圳市中电视讯有限公司

简介：推出了包括 DLP 大屏幕数字拼接墙、多屏图像控制器、DLP 数字光学背投、交互式数字显示平台等一系列高端数字光电系列产品，产品销往海内外。

深圳中电数码显示有限公司

简介：专业研发、制造和销售 DLP、LCD 等数码高清大屏幕显示技术产品的高科技企业。

IC

安泰半导体科技（苏州）有限公司

简介：主要提供半导体 IC 芯片的设计，IC、LCD 及相关行业全套生产线的引进和相关技术转移。

北京凡达讯科技有限公司

简介：专注于为应用电子纸显示新材料的系统提供专用集成电路设计、开发及解决方案。

北京海尔集成电路设计有限公司

简介：致力于发展数字电视及无线通信核心芯片及整机系统方案。

北京华虹集成电路设计有限责任公司

简介：从事大规模集成电路设计、模块及子系统的开发及应用的高新技术企业，是上海华虹（集团）有限公司下属子公司，是中国“909 工程”的重要组成部分。

彩优微电子（昆山）有限公司

简介：公司主要产品为平板显示驱动 IC，目前已是 TFT-LCD 驱动 IC 出货量最大的极少数国内设计公司之一。

电话：021-50275586

网址：www.viewsil.com

敦泰科技（深圳）有限公司

简介：专注于 TFT-LCD 平板显示驱动芯片和 LED 驱动芯片的设计、开发、制造及销售。

上海华虹 NEC 电子有限公司

简介：专注于嵌入式 NVM、LCD 驱动、模拟电源管理，射频技术和消费类电子领域，提供具有竞争力和先进的特种工艺平台。

上海龙晶微电子有限公司

简介：设计、研发、制造和销售数字电视信源/信道解码芯片、先进的 SoC 产品、LCD 显示驱动产品、MCU 产品。

深圳市科特科技发展有限公司

简介：已研制出 15 英寸、17 英寸、19 英寸液晶显示器和 30 英寸液晶电视的驱动电路，并已投入批量生产，产品远销东南亚、北非、中东等地区。

苏州瀚瑞微电子有限公司

简介：专注于设计、开发、销售平板显示屏驱动芯片和触摸屏控制芯片，其业务涵盖集成电路设计的全部流程，包括集成电路设计、工艺开发、IC 封装技术、IC 测试、产品应用开发、产品验证、特性化测试及失效分析等。

天利半导体（深圳）有限公司

简介：专业生产 TCON、MSTN、TFTSource Driver、CSTN、OLED、TFT GATE Driver。

无锡中微爱芯电子有限公司

简介：专业从事集成电路设计、测试、应用、销售和服务的高新技术企业。

电话：0510-85572722

西安龙腾微电子科技发展有限公司

简介：生产彩屏手机用 TFT-LCD 驱动控制芯片、液晶电视用 TFT-LCD 驱动控制芯片、PWM/PFMDC-DC 稳压电源芯片、CMOS 图像传感器芯片、LED 背光源驱动芯片等。

新相微电子（上海）有限公司

简介：主要致力于提供领先的 TFT-LCD 驱动芯片及相关消费电子产品。

其　他

艾利和电子科技（中国）有限公司

简介：专业生产电子书。

安徽国风塑业股份有限公司

简介：形成了以塑料薄膜为主，塑料建材、木塑新材料、工程塑料、新型非金属材料为辅的产品多元化、支柱产品规模化格局。

电话：0551-5314872

网址：www.guofeng.com

安徽世龙电子技术有限公司

简介：自主开发的主要产品包括数字示波器系列产品、液晶显示控制板系列产品，数字示波器可用于教学、科研与生产。

北京弘森创新真空镀膜技术有限公司

简介：是一家专业从事真空镀膜技术开发、产品制造的现代化高科技企业。

北京嘉乐斯乐科技开发有限公司

简介：集研发、生产、销售、服务于一体，专业制造工业加湿器，是目前国内加湿行业的旗舰企业。

北京明韩电子有限公司

简介：在韩国、上海、北京三地都有设厂，北京公司拥有 SMT 生产线 8 条，上海公司拥有 SMT 生产线 9 条。

北京三岭视通科技有限公司

简介：现有产品包括头盔显示器（头戴式显示器）、微光枪瞄显示器、红外枪用瞄准显示器、火炮光电瞄准显示器、机载告警显示器（模拟机）、机载平视显示器（模拟器）等军用显示器。

北京三一友泰科技有限公司

简介：提供显示系统、大屏幕系统、等离子显示器、液晶显示器、投影屏幕、背投屏幕、双面投影屏、会议系统。

北京万物青科技有限公司

简介：专业生产电子书。

北京易鹏物友新材料科技有限公司

简介：提供减反射玻璃。

北京中视中科光电技术有限公司

简介：致力于激光显示技术研发及产业化的公司，公司的核心业务是研发、生产激光显示光源模组产品并提供相应的激光显示整体解决方案。

长智光电（四川）有限公司

简介：经营范围包括液晶显示器、液晶电视及光电周边产品与相关零部件的生产、加工、组装及维修。

常州吉恩化工有限公司

简介：主导产品有叔丁醇钠、叔丁醇钾等碱

金属盐、二碳酸二叔丁酯等氨基酸保护剂，以及保护氨基酸系列产品。

电话：0519-85720001

网址：www.genchem.cn

成都菲斯特科技有限公司

简介：提供高品质的光学背投屏幕（72～120英寸专业幕、42～72英寸电视幕）。

电话：028-66331999

网址：www.fscreen.com

成都工投电子新材料有限公司

简介：经营领域涉及进出口贸易、液晶面板减薄加工、太阳能设备制造、项目投资等。

电话：028-86679312

网址：www.cdgtdz.com

成都光明光电信息材料有限公司

简介：产品包括光学玻璃、光学电子玻璃、激光晶体、光学眼镜片毛胚、贵金属制品、特种耐火材料六大类200多个品种。

电话：028-84331612

网址：www.cdgmgd.com

大连大显股份有限公司

简介：涉及领域包括关键零部件、数字视听、通信网络等。

东泰（昆山）真空镀膜工程有限公司

简介：主要生产等离子电视滤光板，液晶显示器的减反增透膜层，LOW-E 玻璃及前反射镜（用于背投电视、扫描仪、复印机），高透光率的触摸屏用ITO导电玻璃及膜。

东莞市标奇广告有限公司

简介：拥有通过ISO 9001认证，占地7 000多平方米的专业标识、LCD广告机制作工厂。另外，投资3 000万元、占地面积达20亩的新工厂即将投入使用。

电话：0769-23182112

网址：www.beautkey.com

东莞市中瑞电子有限公司

简介：专业从事研发、生产和销售LED、LCD数字面板表（数字表头）、电子电源产品的公司。

东莞永佑电子胶带有限公司

简介：专业生产特殊工业胶带，主要产品包括醋酸布胶带、玻璃布胶带、卡普顿胶带、双面胶带、LED数码管用胶带、衣类用胶带等。

凡润电子（无锡）有限公司

简介：从事新型平板显示器件（LCD液晶电脑金属部件）和新型电子元器件的开发、生产、销售。

佛山市华特气体有限公司

简介：产品覆盖普通气体、激光气体、电光源气体、电子工业用气体、超高纯气体、标准气体、医用气体、食品工业用气体等十几个系列共200多个品种。

福建省莆田德信电子有限公司

简介：主要产品包括德信牌、卡迪奥牌计算器、LCD、FPC、电话机、防水表、万年历、游戏机、验钞机、电子辞典等电子产品。

电话：0594-3681058/3689513

富维薄膜（山东）有限公司

简介：目前，公司正在建设第五条特种 BOPET 厚型膜生产线，设计产能 23 000t，产品厚度范围 38～200μm，可生产广泛应用于电子、电工绝缘和 TFT-LCD 等多种工业用途的聚酯薄膜产品。

格力浦电子（常熟）有限公司

简介：专业生产通信、手机计算机等各类精密连接器、液晶显示屏端子、光电子器件、混合集成电路端子和精密电子零部件。

固安迪诺普科技有限公司

简介：主要生产自行研制的微型球面结构光学型背投影屏幕。

光洋化学应用材料科技（昆山）有限公司

简介：产品包括：①薄膜应用材料：薄膜靶材、蒸镀材料（银靶、金靶、铜靶、铝靶及各种合金靶）；②贵金属化学品及材料：氰化银、氰化银钾、硝酸银、银板、银锭；③表面装饰（SDC）连续溅射镀膜设备；④抗电磁波（EMI）连续溅射镀膜设备；⑤FPD 自动点灯检测设备。

广州奥翼电子科技有限公司

简介：公司自主研发的赛伦纸技术，是一种世界领先的电子纸显示技术，该技术基于纳米电泳显示原理，具有适于阅读、轻薄柔韧、省电节能等特点。经过近几年的潜心钻研，目前公司已经成功将该技术转化为批量生产的“赛伦纸”产品，且陆续应用于多个领域和产品中。

电话：020-34887222

网址：www.oedtech.com

广东星河一网通通信有限公司

简介：代理国外 CAD 软件及设备的专业集成公司，主要提供图形输入/输出系统的集成和电脑设计、打样系统的集成和服务。主要产品包括 GRAPHTEC（日图）大幅面工程扫描仪、喷墨打印机、滚筒切割机、平板切割绘图仪、LED 高速绘图仪、3D 打印机、骏图扫描、输出软件、骏图全自动打版输入/输出系统等四大类 50 余种产品。

电话：020-39283032/33

网址：www.ritu.com.cn

广西铟泰科技有限公司

简介：主要产品包括 ITO 靶材、ITO 粉体、氧化铟、高纯铟。

广州赛西光电标准检测研究院有限公司

简介：专业从事光电技术与产品标准研究、标准符合性检测、试验验证、技术咨询和培训，并为政府提供良好技术支撑的高技术服务机构。

杭州东亿科技有限公司

简介：从事 TFT-LCD 平板显示驱动及应用系统方案开发。

杭州深达玻璃有限公司

简介：生产 DLP 屏幕玻璃，LCOS、LCD、PDP 电视防眩屏。

合肥会通中科材料有限公司

简介：提供发泡聚丙烯、抗静电包装、发泡聚丙烯珠粒、发泡聚丙烯片材、EPP 汽车材料、EPP 缓冲包装材料、EPP 航模材料、EPP 大板、发泡聚丙烯工艺品材料、EPP 产品。

电话：0551-5771627

网址：www.orinko.com.cn

合肥茂丰电子科技有限公司

简介：是合肥新站区重大项目——合肥鑫昊等离子显示器件有限公司的重要配套企业，生产平板显示器湿化学品。

电话：0551-5283390

河北东光兆鑫电子有限公司

简介：专业生产液晶显示器（LCM）配套用铁框。

河南三阳（3D）光电有限公司

简介：已形成以三维可视化技术为基础的光栅材料生产、裸眼 3D 显示产品制造、立体影视广告制作、立体产品定制加工生产体系，并提供裸眼 3D 广告传媒运行平台解决方案和裸眼 3D 片源制作与转换解决方案。

惠州三华工业有限公司

简介：主导产品为彩电和计算机用回扫变压器（FBT）、适配器、LCD 内置电源、二合一电源及 PDP 电源、逆变器、自动售货机用部品、LCD 背光电源等高科技含量的产品。

霍尼韦尔（中国）有限公司

简介：经营范围涉及化工、矿业、金属与冶金、石油与天然气、能源与电力、造纸、纸浆、印刷、铝箔、塑料、橡胶、无纺布（CWS）、石化与炼油。

昆山开发区光电产业园管理委员会

简介：以生产液晶显示面板（TFT-LCD）项目为核心，积极吸引国内外著名光电产业上下游配套厂商进驻区内，力争通过 3～5 年的开发建设，打造国内第一，全球一流的光电产业基地。

电话：0512-55188206

网址：www.chinakov.com

昆山铨铼科技有限公司

简介：生产光显示组件及光通信组件（精密成型产品）。

电话：0512-57358989

柳州华锡铟材料有限责任公司

简介：主要从事铟及铟高新技术材料的研究、生产和销售。

南京电子网板科技股份有限公司

简介：是国内第一家平板荫罩专业生产厂家，成立于 1989 年 12 月 8 日，2002 年 12 月整体变更为中外合资股份有限公司。

南京冠佳科技有限公司

简介：专业模切加工各种工业用胶黏性产品、光电产业用辅助材料。

电话：025-85657308

网址：www.njgrandeur.com

南京华东电子光电科技有限责任公司

简介：主要从事各类军用真空显示器件、光电器件和特种光源产品的研制开发与生产，产品在国防工程中得到广泛应用。

睿立宝莱光电科技有限公司

简介：经营项目涉及光学立体眼镜、电子快门立体眼镜、立体解决方案、立体播放系统、立体游戏系统、立体影像制作、立体电视光学原理及制作等技术运用领域。

陕西捷盈电子科技有限公司

简介：主要生产各种规格的 LCD 电视用部件，包括 INVERTER 高压板、电源板、LIPS 电源板。

陕西昱华电子科技有限公司

简介：专业从事大屏幕数字显像拼接系统工程（DLP、LCD、LED）、视频会议系统、电子会议室、智能控制、安防监控工程、监控产品、IT 产品、LED 系列电子屏的研发、生产、销售、服务的高新技术企业。

上达电子（深圳）有限公司

简介：专业于软性电路板的研发、生产、组装和技术服务，月生产能力达 30 000m^2。

上海贝岭股份有限公司

简介：生产 LED 背光/照明驱动电路等。

上海联能科技有限公司

简介：2002 年起开发了用于液晶显示器的压电陶瓷变压器系列产品，以及液晶背光驱动控制芯片，从而成为国内少数几家能生产该类产品的企业。

上海易狄欧电子科技有限公司

简介：专业研制、生产、经营手持电子阅读器（电子书）设备并提供书源资讯。

韶关西格玛技术有限公司

简介：为中外客户提供粒径细、分散性好、纯度高的铟锡氧化物（ITO）纳米粉、氧化铟（In_2O_3）纳米粉、氢氧化铟（In（OH）$_3$）纳米粉和高密度、高均匀性、低缺氧率的 ITO 靶等系列产品。

深圳九星印刷包装集团有限公司

简介：是印刷包装产品及技术服务的集成提供商，代理销售印刷包装设备及耗材，同时为客户提供专业化的技术支持服务。

电话：0755-83073339

网址：www.999graphics.com

深圳欧莱溅射靶材有限公司

简介：生产适用于 TN、STN、TFT、FED、PDP 和 OLED、CF（彩色滤光片）等各种显示器基础元件制造所需的靶材。

深圳市安杰五金制品有限公司

简介：生产 LCD、LED、LCM、光纤等 IT、光电行业及数码产品五金配件。

深圳市常新精细材料有限公司

简介：专业研发生产玻璃粉 Spacer（LCD 液晶显示屏）的高科技企业。

深圳市纯水一号水处理科技有限公司

简介：是一家集软化水、纯水、污水处理技术开发、制造、营销和服务于一体的高科技实体。

深圳市方显科技有限公司

简介：致力于四线/五线触摸屏控制器、LCD 控制卡、模拟屏 AV+MCU 控制板、四线/五线触摸屏、数/模 LCD 转换卡、触摸液晶显示器、真彩液晶屏、通用医疗控制器的研发、生产与销售等。

深圳市唯时信电子有限公司

简介：致力成为业内领先的大型电子元器件分销及增值服务提供商；目前公司主理夏普、京东方、龙腾、台湾奕力 TFT-LCD 系列产品线，为上下游产业提供良好资源配置，引领行业发展。

深圳市颖网科技有限公司

简介：是一家从事数字营销传播系统开发与服务提供商，致力于信息发布系统、互动触控技术、移动手持终端运用及相关智能显示设备的研究开发的公司，是我国最早从事这一领域的开发商之一，是中国数字营销传播系统开发服务的开创者与领导者。

电话：0755-25668333

网址：www.winonetech.com

深圳太盈科电子有限公司

简介：制作高精度 PCB/LCD 光绘菲林的专业公司。

沈阳新松机器人自动化有限公司

简介：致力于激光技术在工业领域的产业应用，主导产品涵盖激光焊接成套装备、激光拼焊生产线、激光热处理装备、激光再制造装备、远程激光焊接装备、激光复合焊接装备、激光钎焊装备、塑料焊接装备等。

石家庄宝石电子玻璃股份有限公司

简介：宝石集团主要产品年生产能力为：彩壳 1 440 万只、销钉阳极帽 2 亿只、高铅玻管 1.2 万 t、荧光灯玻管 1.25 万 t、大径塑管 7 000t、无极荧光灯 55 万只、彩枪芯柱 2 500 万只、电子枪 400 万支。

四川博源科技有限责任公司

简介：提供的产品有银行营销展示产品系列、ATM 机防护亭系列、网上银行体验产品系列、导视系统、展示系统、LED 模组、亚克力吸塑灯箱、黑白板发光门楣等。

电话：028-85583472

网址：www.by-creat.com

四川维优科技有限责任公司

简介：专业致力于 LCD 液晶投影机、LED 光源及 LED 投影机、DLP 投影机、投影幕布、等离子幕布的生产、研发和销售。

苏州锦富新材料股份有限公司

简介：主要产品包括光学膜片、绝缘片、胶带等。

电话：0512-62825820

网址：www.jin-fu.cn

苏州巨像科技有限公司

简介：公司以全透明玻璃投影专利显示技术为核心，开发了单色视频激光投影机、DLP 视频投影机、DLP 全彩色视频投影机以及汽车全风挡玻璃显示系统，并致力于产品的技术创新和商业应用的运营。

台湾友诚自动化机械有限公司上海分公司

简介：主要生产 PCB 湿制程生产设备，自动化设备、半导体及 LED 生产设备，LCD、ITO、C/F 等玻璃板的抛光设备，TN、STN 玻璃切断磨边机，TFT 切割机及模块后切割机。

天津大东电子有限公司

简介：经营范围包括生产、加工、销售电子、电器零部件、手机护镜。

电话：022-88651241

天津津科电子有限公司

简介：主要从事“电子书”等移动信息平台、终端及各种应用软件的研制与开发。

天津三维显示技术有限公司

简介：从事立体成像技术的研究及相关产品的开发、生产和销售。

武汉精测电子技术有限公司

简介：是一家从事 TFT-LCD、PDP、OLED 显示信号测试技术的研究、开发、 生产与销售的高新技术企业，也是目前国内平面显示信号测试领域的龙头企业。

电话：027-87526905

网址：www.wuhanjingce.com

西安宝莱特光电科技有限公司

简介：基础研究与应用研究并重、具有较强技术研发实力、从事国际前沿高分子有机发光平面显示技术（PLED）研究的公司。

相干（北京）商业有限公司

简介：相干公司是世界第一大激光器及相关光电子产品生产商，产品服务于科研、医疗、工业加工等多个行业。

电话：010-82153600/82153618

网址：www.coherent.com.cn

亿思达显示科技有限公司

简介：专业从事 3D 显示技术、虚拟视觉显示技术产品及相关技术研发、生产、销售三位一体的高科技综合型企业。

浙江浦江中星（光电科技）有限公司

简介：从事新型 OLED 冷光源的研究、封装、应用、生产和销售服务的高新科技企业。

中国电子工程设计院

简介：具有国家认证的工程咨询、工程设计、工程承包、建设监理、造价咨询等甲级资质及电子工程专业承包（施工）一级资质，1992 年首批获对外经营资格。

电话：010-68207523/68207662

网址：www.ceedi.com.cn

第11章

附　录

中国光学光电子行业协会简介

一、概述

中国光学光电子行业协会（China Optics and Optoelectronics Manufactures Association ，COEMA）经国务院批准成立于 1987 年年初，是全国从事光学光电子科研、生产和教学的企、事业单位自愿组合的民政部批准法人资格的社会团体，是政府部门在光学光电子行业管理上的参谋和助手，由工业和信息化部归口管理，接受工业和信息化部的业务指导和民政部的监督管理。

中国光学光电子行业协会拥有注册团体会员 900 余个，按专业领域划分的分会有 7 个：激光分会、红外分会、光学元件和光学仪器分会、光电器件分会、发光二极管显示应用分会、液晶分会和激光全息分会。其中的大型会员单位包括北京京东方科技集团股份有限公司、上海广电电子股份有限公司、深圳天马微电子有限公司、上海尼赛拉传感器有限公司、中国大恒激光工程公司等国内一流高科技企业，还有如中国电子科技集团公司第十一研究所、中国电子科技集团公司第三十三研究所、北京清华液晶技术工程研究中心、中国航天工业总公司 8358 所、中科院福建物质结构研究所等国家级重点科研机构。

二、历史背景和现状分析

1987 年 1 月 23 日在北京成立中国光学光电子行业协会（原名中国光学行业协会）。原人大常委会副委员长严济慈致开幕词，原中国科协副主席光学专家王大珩作工作报告，原国家经委副主任朱镕基、原电子部部长谢高觉、原国务院科技领导小组办公室副主任钱振蒙到会并致贺词。大会推选严济慈为协会名誉理事长，推选王大珩为理事长。

1992 年 10 月 14 日由中国贸促会和中国光学光电子行业协会共同主办的“首届国际激光及光电子产品展览会”在北京国际展览中心举行，这是国内第一个国际光电展。协会理事长王大珩为展览会开幕剪彩，副理事长李国枢致开幕词。今天该展会已经成为具有非凡影响力、专业化极强的国际光电业界人士交流的舞台。

中国光学光电子行业协会是民政部管辖的 1 800 家一级协会之一，是中国工业经济联合会理事单位。

2005 年 2 月 28 日，中国光学光电子行业网（网址：http://www.coema.org.cn）及中国光学光电子行业论坛（网址：http://www.coema.org.cn/bbs）开通，并担负起为行业服务、为国际交流提供窗口的使命。

2004 年 11 月，中国光学光电子行业协会在中国厦门召开第六届会员代表大会第一次会议，大会听取了第五届秘书长陈玉江作的任期报告，并选举产生了新一届正副理事长、正副秘书长。华北光电技术研究所所长韩建忠同志兼任中国光学光电子行业协会理事长，两院院士王大珩、原电子部部长李国枢、原华北光电技术研究所所长张伟忠同志为名誉理事长；新一届理事会理事单位 47 家，其中常务理事单位 7 家。选举王琳同志为第六届中国光协秘书长，副秘书长 6 名；大会同时还聘请了包括 5 名院士在内的 9 人顾问团。2008 年 11 月召开第七届会员代表大会选举产生第七届理事会，王琳女士当选为第七届秘书长。

中国光学光电子行业协会是政府部门在光学光电子行业管理上的参谋和助手，在自愿的基础上，以全国从事光学、光电子科研、生产、教学、商贸等的企事业单位为主要会员，同时吸收国家有关部门工作人员，以及光学光电子行业界知名人士联合组成的非营利性社会组织。

中国光学光电子行业协会的主要工作是：开展本行业市场调查，向政府提出本行业发展规划的建议；进行市场预测，向政府和会员单位提供信息；举办国际、国内展览会、研讨会、学术讨论会，致力新产品、新技术的推广应用；出版刊物报纸和行业名录；组织会员单位开拓国际、国内市场，组织国际交流，开展国际合作，推动行业发展与进步。

为使中国光学光电子行业协会真正成为代表中国光学光电子行业企事业单位利益的行业组织，逐步与世界相应的组织接轨，新一届中国光协理事会及秘书长正致力于协会建设，积极加强国内、国际交流与合作，扩大中国光学光电子行业协会的影响，充分发挥本行业协会在市场经济当中应有的作用，为企业、政府服务。

中国光学光电子行业协会 7 个分会的详细联系方式

中国光学光电子行业协会按专业领域划分的分会有 7 个：激光分会、红外分会、光学元件和光学仪器分会、光电器件分会、发光二极管显示应用分会、液晶分会和激光全息分会。

总会位于北京，联系方式：

秘书长：王琳女士

E-mail：wl@coema.org.cn

副秘书长：所洪涛先生

E-mail：suohongtao@coema.org.cn

信息咨询：coema@coema.org.cn

7 个分会联系地址和联系人如下。

1．激光分会

理事长单位：北京光电技术研究所
秘书处设在：北京光电技术研究所
通信：北京 648 信箱
地址：北京市东皇城根北街甲 20 号
邮编：100010
E-mail：lijl9358@yahoo.com.cn
电话：（010）84024561
传真：（010）64016627
理事长：陈光

2．红外分会

理事长单位：华北光电技术研究所
秘书处设在：华北光电技术研究所
地址：北京 8511 信箱 49 分箱
邮编：100015
电话：010-84321499
传真：010-64347322
秘书长：所洪涛
理事长：杨定江

3．液晶分会

理事长单位：京东方科技集团股份有限公司
秘书处设在：京东方科技集团股份有限公司
地址：北京市朝阳区酒仙桥路 10 号 京东方科技集团股份有限公司
邮编：100015

电话：010-64318888 转 6365/ 6586
传真：010-64363965-5111
理事长：王东升
秘书长：梁新清
具体联络人：孙莹　付佳

4．光电器件（LED）分会

第六届理事长单位：中国电子科技集团公司第十三研究所
秘书处设在：中国电子科技集团公司第十三研究所
地址：河北省石家庄市新华区合作路 113 号
通信地址：河北省石家庄市 179 信箱 70 分箱
邮编：050051
电话：0311-87091253
传真：0311-87045695
联系人：牛晓青　刘育青
秘书长：安国雨
理事长：杨克武

5．LED 显示应用分会

理事长单位：北京四通智能交通系统集成有限公司
秘书处设在：上海汉德森光电科技有限公司
联络人：张璐
地址：上海市普陀区中江路 870 弄 1 号 403 室
电话：021-52703216
传真：021-52703216
邮编：200333
E-mail：hyxh@leds.org.cn
秘书长：陆荣庆
理事长：关积珍

6．激光全息分会

理事长单位：山东北方光学电子有限公司（5808 厂）
秘书处设在：山东北方光学电子有限公司（5808 厂）
地址：山东泰安市第四十号信箱
邮编：271000
电话：0538-6511022
传真：0538-6511011
秘书长：刁瑞雪
理事长：杜吉智

7．光学元件与光学仪器分会

理事长单位：河南中光学集团

秘书处设在：中国光协秘书处

地址：北京 8511 信箱中国光协

邮编：100015

电话：010-84321499

传真：010-64347322

秘书长：程慧云

理事长：王天洲

中国光学光电子行业协会液晶分会简介

中国光学光电子行业协会液晶分会是隶属于中国光学光电子行业协会的二级协会，接受主管部门工业和信息化部的领导。分会成立于 1996 年 7 月，截至 2011 年年底，有会员 195 个，分布在中国各地，主要包括大、中型液晶显示器生产企业，主、辅材料制造厂商，专用设备厂商，科研机构，高等院校等。

分会的最高权力机构是会员大会，领导机构为会员大会选举产生的理事会及常务理事会。常设机构为秘书处，秘书处办公地点暂设在理事长单位，负责处理分会的日常工作。

分会的主要职能是服务职能和沟通职能。

服务职能主要是做好“两个服务”，即通过服务于政府，服务于会员，一方面，积极向政府献言献策，分析报告行业发展状况和发展趋势，为政府制定产业政策、决策重大项目提供咨询和参考建议；另一方面，为会员单位提供权威行业资讯，为其决策提供全方位服务，维护广大会员的合理权益。

分会的沟通职能是指分会要搭建“三个桥梁”，即在政府和行业之间交流的桥梁、不同会员之间交流的桥梁、国内和国外交流的桥梁。通过致力于促进官、产、学、研、用全方面的沟通合作与交流，促进各方在技术、战略上的深度合作；集中政府、企业和社会的技术、专利、标准等资源，促进全行业共同发展；帮助国内企业了解、熟悉国际产业环境，搭建国际合作交流平台，协助企业参与国际产业竞争。

为成为平板显示领域最专业的协会组织，保证协会秘书处工作的专业化和长期性，秘书处暂设四个部门开展各项工作，具体分工如下：

（1）行业研究部：负责收集、统计业内国际范围内行业数据、最新技术、经营战略等；编写行业研究报告、会刊、行业年鉴；协助工业和信息化部等主管部门研讨行业发展规划、评估行业项目等。

（2）会员服务部：负责收集整理会员基本信息，发展新会员；了解会员需求，提供相应服务；组织年会、行业培训、对外宣传、会刊发放，以及分会日常事务。

（3）国际交流部：负责组织国内外液晶及其他平板显示产业的商务考察、交流活动。

（4）会展部：负责洽谈、招商、组织各类专业论坛和展会。

中国光学光电子行业协会液晶分会

顾　　　　问：王勃华
名 誉 顾 问：季国平
名誉理事长：高鸿锦　董绪旺
理　事　长：王东升
常务副理事长：刘瑞林　李绍宗　李 军
副 理 事 长：陈向真　贾英杰　李 超　柯汉奇
秘　书　处：京东方科技集团股份有限公司
秘　书　长：梁新清
联　系　人：孙莹　付佳
通 信 地 址：北京朝阳区酒仙桥路10号
邮 政 编 码：100015
联 系 电 话：86-10-64318888 转 6365/ 6586
传　　　　真：86-10-64363965-5111
E-mail：lcb.coema@Gmail.com

中国光学光电子行业协会液晶分会章程

第一章　总　则

第一条　中国光学光电子行业协会液晶分会，是中国光学光电子行业协会下属分会，简称液晶分会（以下简称“本分会”）。英文简称 LCB COEMA，其中 COEMA 为中国光学光电子行业协会的英文简称，LCB 为 Liquid Crystal Branch 的简称。

第二条　本分会是由全国从事液晶显示和其他平板显示以及上下游相关产业的企业、事业单位自愿组成的非营利性社会团体，是跨地区、跨部门、跨所有制的行业组织，受中国光学光电子行业协会的领导，承认中国光学光电子行业协会的章程。

第三条　本分会的宗旨是遵守中华人民共和国宪法、法律、法规和有关政策，遵守社会道德风尚。为液晶及平板显示行业的共同利益服务，加强政府和企业、企业与企业、企业与社会之间的沟通，维护会员单位的合法权益。团结全国行业同仁，推动和加速我国液晶及平板显示技术的不断提高，促进产业的发展。

第二章　业务范围和任务

第四条　积极贯彻国家的方针政策，促进液晶及平板显示行业的发展与繁荣；提高本行业的科学技术水平，增强本行业的整体经济效益。在政府、企事业单位与用户之间起桥梁和纽带的作用并为其服务。

第五条　本分会具体工作任务

（一）开展对全国液晶及平板显示行业的生产、研发、市场销售、质量等基本情况的调查、搜集、分析和统计工作，定期向政府部门及本分会会员单位报送。

（二）向政府部门提出制定行业发展规划和重大技术改造项目的咨询建议。

（三）对涉及本行业发展的国家有关政策、法规的制定进行研讨并提出建议，协助政府部门监督、检查本行业对国家有关政策、法规的贯彻执行。

（四）接受政府部门委托，组织制定、修改本行业的国家标准和行业标准，并推进标准的贯彻实施。向本分会会员单位介绍有关国际标准的现状和发展情况。

（五）组织行业内及行业间的学术、产业、商务等交流活动，推动整个产业链的配套合作。

（六）参与行业性集体谈判，提出涉及会员和行业利益的意见和建议。

（七）在本行业内积极推动新技术、新工艺、新材料和科技新成果的开发应用。

（八）对本行业产品（包括进出口产品）价格、税收等情况进行调查分析，向政府部门提出上述有关产品的价格、税收的调整建议。

（九）创办行业刊物，建设协会网站，开展咨询服务，积极向行业提供国内外技术经济情报和市场信息，协助行业企业开拓国内外市场。

（十）根据需要，采取多种形式组织相关专业培训。

（十一）发展与中国港、澳、台地区及国外有关组织的联系，开展经济、技术等方面的合作与交流活动。在对外进出口、利用外资、引进技术方面，加强成员单位之间的信息交流与政策协调。

（十二）制定本行业的行规、行约并监督执行。

（十三）加强会员和行业自律，促进会员诚信经营，维护行业公平竞争。

（十四）开展本分会宗旨允许的其他业务和政府及其工作部门授权或者委托的其他事项。

第三章 会 员

第六条 申请加入本分会的会员，必须具备以下条件：

（一）从事液晶显示和其他平板显示以及上下游相关产业的研究、开发、设计、制造、测试、应用、投资、管理、中介、服务等各种所有制形式的企事业单位；

（二）有加入本分会的意愿，愿意参加本分会有关活动并按时缴纳会费；

（三）拥护并遵守中国光学光电子行业协会及本分会的章程。

第七条 会员入会的程序：

（一）提交入会申请书；

（二）经本分会秘书处审核、理事长批准通过；

（三）由本分会理事会或理事会授权的机构颁发会员证。

第八条 本分会会员享有以下权利：

（一）本分会的选举权、被选举权及表决权；

（二）参加本分会举办的各类活动优先权；

（三）优先享有本分会为会员单位提供的行业信息、科研成果、生产技术、人才培训和经营管理经验交流等服务；

（四）对本分会工作的提案权、建议权和监督权；

（五）退会自由。

第九条 本分会会员应履行以下义务：

（一）遵守本分会章程，执行本分会决议；

（二）维护本分会声誉和合法权益；

（三）积极完成本分会交办的各项工作；

（四）按规定时限和标准缴纳会费；

（五）向本分会如实提供经营情况及有关资料，以便行业统计工作；

（六）指派专人与本分会秘书处建立工作联系。

第十条 会员退会应书面通知本分会，并交回会员证。会员连续两年不缴纳会费，视为自动退会。

第十一条 会员单位如果破产倒闭，则其会员资格经常务理事会确认后取消；会员如有严重违反本分会章程的行为，经常务理事会表决通过，并予以除名。

第四章 组织架构和负责人的产生、罢免

第十二条 组织架构：本分会设理事长单位、常务副理事长单位、副理事长单位、常务理事单位、理事单位以及会员单位。

理事单位的产生：具有一定实力、积极参加本分会活动、按时缴纳会费的会员单位，由本单位申请，两家以上理事单位提名，经常务理事会审议通过，成为理事单位；

理事单位任满一年后，具有常务理事单位被选资格；

常务理事单位任满一年后，具有副理事长单位被选资格；

副理事长单位任满一年后，具有常务副理事长和理事长单位被选资格。

常务理事、副理事长、常务副理事长和理事长单位的产生：由两家常务理事以上单位提名，经常务理事会审议通过确定。

理事会成员由相关单位指定代表组成：理事长（1 名）、常务副理事长（1～3 名）、副理事长（2～6 名）、秘书长（1 名）、常务理事若干名、理事若干名。

常务理事与理事单位数量的设立原则为：常务理事单位不超过会员总数的 20%，理事单位不超过会员总数的 35%。

第十三条 本分会的最高权力机构是会员代表大会，会员代表大会每年召开一次。会员代表大会的职权是：

（一）批准本分会章程的制定和修改；

（二）听取和审议本分会的年度工作和年度财务报告；

（三）决定本分会的工作方针和任务；

（四）审议通过本分会常务理事会的任免；

（五）决定其他重大事项。

第十四条 会员代表大会须有 1/2 以上的会员单位出席方能召开，其决议须经到会会员单位 2/3 以上表决通过方可生效。

第十五条 常务理事会是会员代表大会的执行机构，在会员代表大会和理事会闭会期间领导本分会开展日常工作，对会员代表大会负责。

第十六条 常务理事会的职权是：

（一）执行会员代表大会的决议；

（二）选举和罢免理事长、常务副理事长、副理事长、常务理事、秘书长；

（三）召开会员代表大会；

（四）向会员代表大会作年度工作报告和年度财务报告；

（五）审议会员的吸收或除名；

（六）决定设立办事机构、分支机构、代表机构和实体机构；

（七）决定各机构主要负责人的聘任；

（八）领导本分会各机构开展工作；

（九）制定内部管理制度；

（十）决定其他重大事项。

第十七条 常务理事会须有 2/3 以上常务理事出席方能召开，其决议须经到会常务理事 2/3 以上表决通过方为有效。

第十八条 常务理事会每年至少召开一次会议。

第十九条 本分会的理事长、常务副理事长、副理事长、秘书长必须具备下列条件：

（一）在本分会业务领域内有较大影响；

（二）理事长、常务副理事长、副理事长、秘书长最高任职年龄不超过 70 周岁；

（三）身体健康，能坚持正常工作；

（四）未受过剥夺政治权利的刑事处罚；

（五）具有完全民事行为能力。

第二十条 本分会理事长、常务副理事长、副理事长、秘书长如超过最高任职年龄需继续任职的，须经常务理事会表决通过，报业务主管单位审查批准后，方可任职。

第二十一条 本分会理事长、常务副理事长、副理事长、秘书长任期 4 年。理事长单位原则上任期最长不得超过两届，因特殊情况需延长任期的，须经会员代表大会 2/3 以上会员表决通过，报业务主管单位审查批准后，方可任职。

第二十二条 本分会理事长行使下列职权：

（一）召集和主持常务理事会；

（二）检查会员代表大会、常务理事会决议的落实情况；

（三）代表本分会参加重要活动，签署有关文件；

（四）提名秘书长人选，交常务理事会决定。

第二十三条 本分会秘书长行使下列职权：

（一）在理事长单位设立本分会秘书处，处理日常事务；

（二）主持秘书处日常工作，组织实施年度工作计划；

（三）协调各分支机构、代表机构、实体机构开展工作；

（四）提名各办事机构、分支机构、代表机构和实体机构主要负责人及专职人员，提交常务理事会决定；

（五）处理其他日常事务。

第二十四条 经常务理事会讨论通过，对从事液晶及平板显示行业多年且成绩卓著，积极参与分会工作并做出过突出贡献的专家，根据情况授予名誉理事长、顾问等荣誉称号。

第五章 资产管理、使用原则

第二十五条 本分会经费来源：

（一）会费；

（二）捐赠；

（三）政府资助；

（四）服务收入；

（五）利息；

（六）其他合法收入。

第二十六条 本分会按照国家有关规定收取会员会费，具体标准为：

（一）理事长单位：5 000 元/年；

（二）常务副理事长、副理事长单位：4 000 元/年；

（三）常务理事单位：3 000 元/年；

（四）理事单位：2 000 元/年；

（五）会员单位：1 000 元/年。

第二十七条 本分会经费必须用于本章程规定的业务范围和事业的发展，不得在会员中分配。

第二十八条 本分会建立严格的财务管理制度，设立专门账户，保证会计资料合法、真实、准确、完整。

第二十九条 本分会配备具有专业资格的会计人员。会计不得兼任出纳。会计人员必须进行会计核算、实行会计监督。会计人员调动工作或离职时，必须与接管人员办清交接手续。

第三十条 本分会的资产管理必须执行国家规定的财务管理制度，接受会员大会和财政部门的监督。资产来源属于国家拨款或者社会捐赠、资助的，必须接受审计机关的监督，并将有关情况以适当方式公布。

第三十一条 本分会换届之前应接受主管单位组织的财务审计。

第三十二条 本分会的资产，任何单位、个人不得侵占、私分和挪用。

第三十三条 本分会如需设立专职工作人员，其专职工作人员的工资和保险、福利待遇，参照国家的有关规定执行，应由协会承担。协会一切活动费用由协会承担。如果协会在经济上尚无能力全部承担的，可与挂靠单位协商后，由挂靠单位承担一部分。

第六章　章程的修改程序

第三十四条 对本分会章程的修改，须经常务理事会表决通过后报会员大会审议。

第三十五条 修改后的章程，须在会员代表大会审议通过后，报业务主管单位审查批准后生效。

第七章　终止程序及终止后的财产处理

第三十六条 本分会完成宗旨或自行解散或由于分立、合并等原因需要注销的，由常务理事会提出终止动议。

第三十七条 本分会终止动议须经会员代表大会表决通过，并报业务主管单位审查同意。

第三十八条 本分会终止前，须在业务主管单位及有关机关的指导下成立清算组织，清理债权债务，处理善后事宜。清算期间，不开展清算以外的活动。

第三十九条 本分会经业务主管单位办理注销登记手续即为终止。

第四十条 本分会终止后的剩余财产，在业务主管单位的监督下，按照国家有关规定，用于发展与本分会宗旨相关的事业。

第八章　附　则

第四十一条 本章程经 2008 年 3 月 10 日会员代表大会表决通过。

第四十二条 本章程的解释权属于本分会常务理事会。

第四十三条 本章程自业务主管单位批准之日起生效。

中国光学光电子行业协会液晶分会成员名单

序 号	单位名称	职 位
1	京东方科技集团股份有限公司	理事长
2	天马微电子股份有限公司	常务副理事长
3	北京清华液晶技术工程研究中心	常务副理事长
4	深圳莱宝高科技股份有限公司	常务副理事长
5	深圳市华星光电技术有限公司	副理事长
6	中国电子科技集团公司第五十五研究所	副理事长
7	河北冀雅电子有限公司	副理事长
8	深圳晶华显示器材有限公司	副理事长
9	南玻集团精细玻璃事业部	副理事长
10	深圳帝光电子有限公司	常务理事
11	应用材料（中国）有限公司	常务理事
12	爱发科商贸上海有限公司	常务理事
13	东电电子（上海）有限公司	常务理事
14	SEMI	常务理事
15	NAKAN 株式会社	常务理事
16	康惠（惠州）半导体有限公司	常务理事
17	汕头超声显示器有限公司	常务理事
18	北方液晶工程研究开发中心	常务理事
19	深圳市中显微电子有限公司	常务理事
20	深圳豪威真空光电子股份有限公司	常务理事
21	厦门高卓立科技有限公司	常务理事
22	深圳清溢光电股份有限公司	常务理事
23	北京维信诺科技有限公司	常务理事
24	亚威资讯	常务理事
25	北京京东方光电科技有限公司	常务理事
26	TCL 集团工业研究院	常务理事
27	安徽省蚌埠华益导电膜玻璃有限公司	常务理事
28	石家庄诚志永华显示材料有限公司	常务理事
29	中国电子科技集团公司第二研究所	常务理事
30	北京清大天达光电科技公司	常务理事
31	北京京城清达电子设备有限公司	常务理事
32	莆田市莆辉方显光电子有限公司	常务理事
33	苏州瑞红电子化学品有限公司	常务理事
34	深圳格力浦电子有限公司	常务理事
35	常州东南液晶显示有限公司	常务理事
36	南京平板显示行业协会	常务理事
37	大连东显电子有限公司	理事
38	江苏句容骏升显示技术有限公司	理事
39	鞍山亚世光电显示有限公司	理事
40	潮州市蓓蕾电子有限公司	理事
41	信利半导体（中国）有限公司	理事

续 表

序 号	单位名称	职 位
42	深圳市盛波光电科技有限公司	理事
43	新辉开科技（深圳）有限公司	理事
44	南京华日液晶显示技术有限公司	理事
45	江门亿都半导体有限公司	理事
46	广州进鼎光电显示信息服务有限公司	理事
47	东莞市奕东电子有限公司	理事
48	南京华睿川电子科技有限公司	理事
49	中国电子工程设计院	理事
50	深圳新南亚技术开发有限公司	理事
51	康宁显示科技（中国）有限公司	理事
52	河北工业大学理学院应用物理系	会员
53	显邦电子有限公司	会员
54	多纳勒烟台电子有限公司	会员
55	电光电子有限公司	会员
56	中国乐凯胶片集团公司	会员
57	天津市超标净化设备有限公司	会员
58	烟台万润精细化工股份有限责任公司	会员
59	成都光明器材厂	会员
60	芜湖长信科技股份有限公司	会员
61	旭硝子精细玻璃（深圳）有限公司	会员
62	深圳市超纯环保股份有限公司	会员
63	上海盛永国际贸易有限公司	会员
64	深圳东显微电子有限公司	会员
65	曙光电子集团公司液晶显示器厂	会员
66	常州康龙电子有限公司	会员
67	涿州市蓝天特灯发展有限公司	会员
68	上海怡康化工材料有限公司	会员
69	上海迪爱生贸易有限公司	会员
70	东莞市超越电子有限公司	会员
71	深圳市飞世尔实业有限公司	会员
72	西安瑞联近代电子材料有限责任公司	会员
73	上海贺利氏工业技术材料有限公司	会员
74	福建省莆田德信电子有限公司	会员
75	南京夏普电子有限公司	会员
76	三键化工（上海）有限公司	会员
77	深圳市美精微光电股份有限公司	会员
78	北京恒融达经贸有限公司	会员
79	深圳九恒印刷设备器材有限公司	会员
80	创技电子机械（上海）有限公司	会员
81	北京航天宏达光电技术有限公司	会员
82	深圳市瑞福达液晶显示技术股份有限公司	会员
83	无锡康力电子有限公司	会员
84	碧海永乐净化科技有限公司	会员

续 表

序 号	单位名称	职 位
85	厦门爱特鸥光电实业有限公司	会员
86	凸版（上海）企业管理有限公司	会员
87	佛山纬达光电材料有限公司	会员
88	深圳市网印巨星机电设备有限公司	会员
89	上海拓朴晶光电科技有限公司	会员
90	北京金翼新技术开发中心	会员
91	杭州清达光电技术有限公司	会员
92	美国三开化学公司上海代表处	会员
93	深圳赛科显示器有限公司	会员
94	腾新机械（上海）有限公司	会员
95	莱宝光电设备（北京）有限公司	会员
96	深圳市惠乐光电有限公司	会员
97	上海住友商事有限公司	会员
98	石家庄科润显示材料有限公司	会员
99	鹿泉市新型电子材料有限公司	会员
100	天通控股股份有限公司	会员
101	三和国际集团	会员
102	天津大东电子有限公司	会员
103	旭璟光电科技（惠州）有限公司	会员
104	东莞艾斯光电科技有限公司	会员
105	华南理工大学	会员
106	LG 化学中国投资有限公司	会员
107	泉州市佑达化工材料有限公司	会员
108	复旦大学	会员
109	福州大学	会员
110	中山大学物理科学与工程技术学院	会员
111	福建莆田新威电子工业有限公司	会员
112	北京理工大学信息学院光电工程系	会员
113	湖北省化学研究所	会员
114	中山市东升镇升宝液晶显示器厂	会员
115	昆山铨铼科技有限公司	会员
116	温州市侨业经济开发有限公司	会员
117	大立高分子工业股份有限公司	会员
118	和科达集团 LCD 事业部	会员
119	和美光电科技（苏州）有限公司	会员
120	中国电子器材总公司	会员
121	深圳市联得自动化机电设备有限公司	会员
122	深圳市晶讯电子有限公司	会员
123	北京世元达电子技术有限公司	会员
124	深圳溢洋科技开发有限公司	会员
125	中国兵器工业第二 O 四研究所	会员
126	深圳日东电子设备有限公司	会员
127	厦门精显电子有限公司	会员

续 表

序 号	单位名称	职 位
128	亚通光电科技（深圳）有限公司	会员
129	江苏晶源电子科技有限公司	会员
130	深圳市宝森净化科技有限公司	会员
131	3M 中国有限公司	会员
132	深圳市力合薄膜科技有限公司	会员
133	石家庄国大工业有限公司	会员
134	苏州市联创新材料有限公司	会员
135	爱立发自动化设备（上海）有限公司	会员
136	日立（中国）有限公司	会员
137	深圳市纳微科技有限公司	会员
138	厦门映日液晶材料有限公司	会员
139	友达光电（苏州）有限公司	会员
140	江苏宜兴经济开发区	会员
141	智索国际贸易（上海）有限公司	会员
142	厦门市康保无纺布制品有限公司	会员
143	杭州瑞辉光电科技有限公司	会员
144	北京吉乐电子集团有限公司	会员
145	深圳市福和达电子设备有限公司	会员
146	宁波高新区七鑫旗科技有限公司	会员
147	河北迈尔斯通电子材料有限公司	会员
148	广州市回天精细化工有限公司	会员
149	佛山市俊一明镜业玻璃有限公司	会员
150	厦门赛特勒电子有限公司	会员
151	松下电器研究开发（苏州）有限公司	会员
152	深圳市鹏基光电有限公司	会员
153	苏州锦富新材料股份有限公司	会员
154	东莞市东元新能源科技有限公司	会员
155	上海中科联和显示技术有限公司	会员
156	成都中光电科技有限公司	会员
157	约翰内斯・海德汉博士（中国）有限公司	会员
158	深圳市大族激光科技股份有限公司	会员
159	四川英杰电气股份有限公司	会员
160	天准精密技术有限公司	会员
161	北京八亿时空液晶科技股份有限公司	会员
162	常州丰盛光电科技股份有限公司	会员
163	肇庆中导光电设备有限公司	会员
164	合肥茂丰电子科技有限公司	会员
165	烟台显华化工科技有限公司	会员
166	郑州旭飞光电科技有限公司	会员
167	杭州格林达化学有限公司	会员
168	常州吉恩化工有限公司	会员
169	亚德科超精密有限公司	会员
170	广东星河一网通通信有限公司	会员

续　表

序　号	单位名称	职　位
171	合肥会通中科材料有限公司	会员
172	安徽国风塑业股份有限公司	会员
173	江苏和成化学材料有限公司	会员
174	东莞市飞新达精密机械科技有限公司	会员
175	厦门易显电子有限公司	会员
176	深圳市三利谱光电科技股份有限公司	会员
177	武汉良师通明科技发展有限公司	会员
178	卫利国际科贸（上海）有限公司	会员
179	陶氏化学（中国）有限公司	会员
180	相干（北京）商业有限公司	会员
181	烟台德邦科技有限公司	会员
182	无锡中微爱芯电子有限公司	会员
183	南京冠佳科技有限公司	会员
184	旭硝子（中国）投资有限公司	会员
185	东莞市标奇广告有限公司	会员
186	四川博源科技有限责任公司	会员
187	广州市欣瑞电子有限公司	会员
188	北京堀场汇博隆精密仪器有限公司	会员
189	联建（中国）科技有限公司	会员
190	深超光电（深圳）有限公司	会员
191	日新意旺高科技（扬州）有限公司	会员
192	武汉精测电子技术有限公司	会员
193	成都工投电子新材料有限公司	会员
194	科美仪器（昆山）研发有限公司	会员
195	上海通彩自动化设备有限公司	会员

中国真空学会显示技术专业委员会章程

第一章 总 则

第一条 中国真空学会显示技术专业委员会是中国真空学会下属分会，中文名称“中国真空学会显示技术专业委员会”，简称“显示专业委员会”；英文名称“Beijing Chapter of the Society for Information Display”，简称“SID Beijing Chapter”。

第二条 中国真空学会显示技术专业委员会（以下简称“显示专业委员会”）是由中国显示科学技术工作者和从事显示技术科研、生产、教学、应用和经营的科技工作者和有关单位自愿组成，经民政部依法登记，具有社会团体法人资格的全国性、学术性和非营利性的科技社会团体，是中国科学技术协会（以下简称“中国科协”）的组成部分，是中国真空学会的一个专业委员会，是发展我国显示科技事业的重要社会力量。

第三条 显示专业委员会的宗旨是：团结和动员全国显示科学技术工作者和从事显示技术科研、生产、教学、应用和经营等的单位以经济建设为中心，坚持科学技术是第一生产力的思想，实施科教兴国和可持续发展战略，大力开展多种形式的科技服务，促进显示科学技术的繁荣和发展，促进显示科技成果的推广应用，积极开展学术交流，促进显示科技创新和促进显示科技人才的成长与提高，促进显示科学技术与经济的结合；广泛开展科普活动，促进全民族科学文化素质的提高，为社会主义物质文明和精神文明建设服务，为加速我国社会主义现代化做出贡献。

第四条 显示专业委员会贯彻国家发展科学技术工作基本方针，遵守宪法、法律、法规和国家政策，遵守社会道德，弘扬“尊重知识，尊重人才”的风尚，倡导“献身、创新、求实、协作”的精神。坚持独立自主、民主办会的原则和“百花齐放、百家争鸣”的方针，反映显示科技工作者的意见，维护显示科技工作者的合法权益，为显示科技工作者服务，充分发挥桥梁和纽带作用，努力办成显示科技工作者之家。

第五条 本显示专业委员会接受业务主管单位中国真空学会及中国科协和社团登记管理机关中华人民共和国民政部的业务指导和监督管理。

第六条 显示专业委员会住所设在北京市海淀区上地信息路 11 号彩虹大厦 1 层，邮政编码：100085。

第二章 业务范围

第七条 显示专业委员会的主要业务范围：

1. 在显示科学技术与应用科学领域，开展国内外学术交流活动，活跃学术思想，促进显示科学技术的发展。

2. 积极组织编辑出版显示技术领域科学论著和相关资料。

3. 组织显示科技工作者发挥咨询和顾问作用，对我国显示科学技术的发展战略和政策、措施提出建议，促进显示科学技术与国民经济相结合；接受委托进行显示科技方面的项目评估、科技成果鉴定、技术职务资格评审，科技文献和标准的编审。

4. 普及显示科学技术基础知识，开展显示科技的继续教育和培训工作，捍卫科学尊严、传播科学思想和方法、推广先进生产技术，开展青少年显示科技教育活动。

5. 举荐人才、表彰奖励在显示科学技术活动中取得优异成绩的会员和科技工作者。

6. 积极开展民间国际显示科学技术交流活动，促进民间国际科技合作。

7. 组织举办显示科技和新工艺、新技术、新产品交流展览会，发布显示科技发展和产品生产、市场信息，举办为会员服务的事业和活动。

8. 反映会员和显示科技工作者的意见和呼声，维护会员的合法权益。

9. 充分利用、发挥现代信息化手段，向国内外宣传本显示专业委员会工作、展示我国显示技术及产品水平、联络广大会员。

第三章 会 员

第八条 本会会员包括个人会员、外籍会员、团体会员、荣誉会员。个人会员又分为高级会员、普通会员、学生会员。凡拥护显示专业委员会章程，符合会员条件，有加入本会意愿者，可申请为本会会员。

第九条 会员条件：

1．个人会员：

（1）具有讲师、助研、工程师以上技术职务或取得技术职务资格的显示科技人员，具有高级职称的可申请高级会员；

（2）显示科学技术相关专业高年级本科生、攻读硕士或博士学位的在校研究生可申请学生会员；

（3）高等学校本科以上毕业，在科研、教育、生产单位从事显示科学技术工作，并具有一定学术水平者，或虽非高等学校本科毕业但已具有实际工作经验相当于上述学术水平者；

（4）对显示技术革新和科学实验活动有一定的成就和贡献者；

（5）热心和积极支持本会工作并具有相应专业知识的管理工作者。

2．外籍会员：

在学术上有较高成就，对我国友好，热心支持本会工作并愿同本会进行学术交流和合作的外籍显示科学技术专家、科学家。

3．团体会员：

凡具有一定数量的科技人员从事显示科学技术及产品的教学、科研、生产和使用维护、经营工作，愿意参加显示专业委员会有关活动，积极支持显示专业委员会工作的企、事业单位或社团（含大专院校的系）。

第十条 入会程序：

1．个人会员：由本人申请，本会会员介绍或经由单位申报，报显示专业委员会审查批准，可成为显示专业委员会个人会员。

2．外籍会员：本人提出申请，两名会员介绍，报显示专业委员会，经常务委员会讨论批准，并报业务主管单位中国科协备案，可成为显示专业委员会外籍会员。

3．团体会员：由单位提出书面申请，报经常务委员会讨论批准，可成为显示专业委员会团体会员。

4．会员证统一由中国真空学会办公室颁发。

第十一条 会员的权利和义务

1．会员的权利：

（1）个人会员：

① 有本显示专业委员会的选举权、被选举权和表决权；

② 对显示专业委员会工作有批评建议权、监督权；

③ 参加显示专业委员会的活动；

④ 取得显示专业委员会及 SID 的刊物和学术资料；

⑤ 有取得显示专业委员会服务的优先权；

⑥ 入会自愿，退会自由。

（2）外籍会员：

① 取得显示专业委员会及 SID 的刊物和学术资料；

② 可应邀参加显示专业委员会在国内主办的学术会议；

③ 可应邀参加显示专业委员会举办的国际性学术会议。

（3）团体会员

① 有本显示专业委员会的选举权、被选举权和表决权；

② 优先选派会员和科技人员参加显示专业委员会的有关活动；

③ 对显示专业委员会工作有批评建议权、监督权；

④ 取得显示专业委员会的刊物和学术资料；

⑤ 可优先要求显示专业委员会给予技术咨询及有关信息服务；

⑥ 可委托显示专业委员会举办技术培训和技术交流等活动。

2．会员的义务：

（1）遵守会章，按规定交纳会费；

（2）执行显示专业委员会的决议，维护显示专业委员会的合法权益，完成显示专业委员会所委托的工作；

（3）积极参加显示专业委员会举办的学术活动，撰写学术论文和科普文章；

（4）弘扬科学精神，遵守科学道德，不断更新知识；

（5）向显示专业委员会反映情况，提供有关资料；

（6）协助显示专业委员会发展会员。

第十二条 荣誉会员

荣誉会员是显示专业委员会授予会员的终身荣誉称号，年龄在 60 岁以上（对外籍荣誉会员不受会员与否和年龄限制）并具备下列条件之一者，经推荐由常务委员会或委员会讨论通过授予荣誉会员称号。

荣誉会员条件：

1．学术上有突出成就，在显示界有一定影响；

2．在显示科学技术或生产建设上有突出贡献；

3．在显示专业委员会工作上有特殊贡献。

第十三条 会员有退会的自由。会员退会应书面通知显示专业委员会并交回会员证。

会员如果一年未缴纳会费或不参加显示专业委员会活动的，在显示专业委员会向其提示后，在一年内仍不缴纳会费或不参加显示专业委员会活动的，视为自动退会。

第十四条 会员如有严重违反本会章程的行为，经委员会或常务委员会表决通过，将予以除名。

第四章 组织机构和负责人产生、罢免

第十五条 显示专业委员会的最高权力机构是全国会员代表大会，全国会员代表大会的职权是：

1．制定或修改显示专业委员会章程；

2．制定显示专业委员会的工作方针和任务；

3．选举和罢免委员；

4．审议委员会的工作报告和财务报告；

5．决定终止事宜；

6．决定其他重大事宜。

第十六条　会员代表大会原则上须有 2/3 以上的会员代表出席或者委托出席方能召开，其决议须经到会会员半数以上表决通过方能生效。

第十七条　委员会是全国会员代表大会的执行机构，在全国会员代表大会闭幕期间，领导开展日常工作，对全国会员代表大会负责。

第十八条　委员人选应是学术上有成就、学风正派、热心显示专业委员会工作的科学家、专家和科技工作者，以及热心和支持显示专业委员会工作并从事有关显示科技管理的管理工作者。

第十九条　委员会组成要老、中、青相结合。委员会委员应在充分酝酿、民主协商基础上按章程规定的民主程序选举产生。

第二十条　委员会的职权为：

1．执行全国会员代表大会的决议；

2．选举和罢免主任、副主任、秘书长；

3．筹备召开全国会员代表大会；

4．向全国会员代表大会报告工作和财务状况；

5．决定会员的吸收或除名；

6．决定设立办事机构、分支机构、代表机构和实体机构；

7．决定副秘书长、各机构的主要负责人的聘任；

8．领导显示专业委员会和工作机构开展工作；

9．制定内部管理制度；

10．聘请名誉主任和顾问；

11．决定其他重大事项。

第二十一条　委员会每届任期 5 年。因特殊情况需提前或延期换届的，须由委员会表决通过，报中国真空学会审查批准。但延期换届最长不超过 1 年。

第二十二条　委员会须有 2/3 以上的委员出席方能召开，其决议须经到会委员 2/3 以上通过方能生效。

第二十三条　委员会每年至少召开一次会议；情况特殊的，也可以通信形式召开。

第二十四条　本显示专业委员会设立常务委员会。常务委员会由委员会选举产生，在委员会闭幕期间行使第二十条中第 1、3、5、6、7、8、9、10 款的职权，对委员会负责。

第二十五条　常务委员会须有 2/3 以上的常务委员出席方能召开，其决议须经到会常务委员 2/3 以上表决方能生效。

第二十六条　常务委员会至少半年召开一次会议；情况特殊的，也可以通信形式召开。

第二十七条　显示专业委员会的主任、副主任和秘书长必须具备下列条件：

1．热爱祖国，坚持四项基本原则，具有良好的学风和道德品质，工作作风民主；

2．在本专业学科和业务领域内有一定影响的著名专家、学科带头人或有较大影响的人士；

3．主任、副主任任职最高年龄（届满时）不超过 70 周岁，秘书长任职最高年龄（届满时）不超过 65 周岁，主任不得兼任其他学会、协会的主任（会长）和法定代表人；

4．热心显示专业委员会工作，身体健康，能坚持正常工作；

5．未受过剥夺政治权利刑事处罚；

6．具有全民事行为权利。

第二十八条 显示专业委员会的主任、副主任和秘书长候选人超过最高任职年龄的，由委员会表决通过，报中国真空学会审查并经民政部批准同意后方可任职。

第二十九条 显示专业委员会的主任、副主任和秘书长最长任期不得超过两届。担任社团主任（会长）、副主任（副会长）、秘书长以上领导职务不得超过 2 个。因特殊情况需延长任期的，须经全国会员代表大会 2/3 以上会员代表表决通过，报中国真空学会审查并经民政部批准同意后方可任职。

第三十条 显示专业委员会的主任为显示专业委员会法定代表人，如因特殊情况需由副主任或秘书长担任法定代表人，需经常务委员会讨论通过，报中国真空学会审查批准后，方可任职。

第三十一条 显示专业委员会的主任行使下列职权：

1. 召集和主持委员会及常务委员会；
2. 检查全国会员代表大会、委员会及常务委员会决议的落实情况；
3. 代表显示专业委员会签署有关重要文件。

第三十二条 显示专业委员会根据工作需要下设：

1. 专业会刊；
2. 网站；
3. 培训中心；
4. 显示专业委员会办公室。

第三十三条 显示专业委员会秘书长行使下列职权：

1. 主持办事机构开展日常工作，组织实施年度工作计划：
2. 提名副秘书长以及各办事机构、代表机构和实体机构主要负责人，交办委员会或常务委员会决定；
3. 决定各办事机构、代表机构和实体机构专职工作人员的聘用；
4. 处理其他日常事务。

第五章　领导关系

第三十四条 显示专业委员会经费来源：

1. 会员缴纳的会费；
2. 国内外单位、团体和个人的资助和捐赠，挂靠单位的资助；
3. 政府资助；
4. 在核准的业务范围内，显示专业委员会举办各种活动或服务的收入；
5. 利息；
6. 其他合法收入。

第三十五条 显示专业委员会按照国家有关规定收取会员会费。

第三十六条 显示专业委员会经费必须用于本章程规定的业务范围和事业的发展，不得在会员中分配。

第三十七条 显示专业委员会建立严格的财务管理制度，保证会计资料合法、真实、准确、完整。

第三十八条 显示专业委员会配备具有专业资格的会计人员。会计不得兼任出纳。会计人员必须进行会计核算，实行会计监督。会计人员调动工作或离职时，必须与接管人员办清交接手续。

第三十九条 显示专业委员会的资产管理必须执行国家规定的财务管理制度，接受全国会员代表大会和财政部门的监督。资产来源属于国家拨款或者社会捐赠、资助的，必须接受审计机关的监督，并将有关情况以适当方式向社会公布。

第四十条 显示专业委员会换届或更换法定代表人前必须接受社团登记管理机关和业务主管单位

组织的财务审计。

第四十一条 显示专业委员会的资产，任何单位、个人不得侵占、私分和挪用。

第四十二条 显示专业委员会的专职工作人员的工资和保险、福利待遇，参照国家对事业单位的有关规定执行。

第六章　章程的修改程序

第四十三条 对显示专业委员会章程的修改，须经委员会表决后报全国会员代表大会审议。

第四十四条 显示专业委员会修改的章程，须在全国会员代表大会通过后 15 日内，报请中国真空学会审查同意后生效。

第七章　终止程序及终止后的财产处理

第四十五条 显示专业委员会完成宗旨或自行解散或由于分立、合并等原因需要注销的，由委员会或常务委员会提出终止动议。

第四十六条 显示专业委员会终止动议须经全国会员代表大会表决通过，并报请中国真空学会审查批准。

第四十七条 显示专业委员会终止前，须在中国真空学会及有关机关指导下成立清算组织，清理债权债务，处理善后事宜。清算期间，不开展清算以外的活动。

第四十八条 显示专业委员会经民政部办理注销登记手续后即为终止。

第四十九条 显示专业委员会终止后的剩余财产，在中国真空学会和民政部的监督下，按照国家有关规定，用于发展与显示专业委员会宗旨相关的事业。

第八章　附　则

第五十条 显示专业委员会章程经 2008 年 1 月第一届全国会员代表大会表决通过。

第五十一条 本章程的解释权属显示专业委员会。

第五十二条 本章程自社团登记管理机关核准之日起生效。

中国真空学会显示技术专业委员会委员名单

序　号	姓　名	所属单位	显示技术专业委员会职务
1	许宁生	中山大学教授	名誉理事长
2	欧阳钟灿	中科院理论物理所院士	资深顾问
3	曹　镛	华南理工大学院士	资深顾问
4	伍　浩	国家发改委处长	顾问
5	彭红兵	工业和信息化部处长	顾问
6	张新民	科技部副处长	顾问
7	卞曙光	科技部处长	顾问
8	王保平	东南大学教授	主任/理事长
9	邱　勇	清华大学教授	副主任/副理事长
10	巫英坚	长虹集团副总经理	副理事长
11	董友梅	北京京东方副总裁	副主任/副理事长
12	金　松	上海广电中央研究院院长（已离职）	副主任/副理事长
13	张少文	彩虹集团副总裁	副主任/副理事长
14	刘瑞林	深圳天马微电子董事长	副主任/常务理事
15	许　生	深圳豪威集团董事长	常务理事
16	阎晓林	TCL 中央研究院院长	常务理事
17	柯汉奇	深圳南玻集团副总裁	常务理事
18	王亚俊	深圳莱宝公司董事长	常务理事
19	陈向真	南京电子 55 所副总工	常务理事
20	刘卫东	海信研发中心副主任	理事
21	邓少芝	中山大学教授	理事
22	郭太良	福州大学教授	理事
23	汪　浩	中华液晶网总经理	理事
24	彭俊彪	华南理工大学教授	理事
25	刘纯亮	西安交通大学教授	理事
26	高鸿锦	清华液晶中心教授	理事
27	赵　勤	现代显示杂志社社长	理事
28	易治明	深圳亚威信息总经理	理事
29	雷　威	东南大学教授	理事/秘书长
30	万博泉	北京维信诺公司高工	理事/副秘书长

中国 OLED 产业联盟

中国 OLED 产业联盟成立于 2011 年 6 月 2 日，英文名称为 China OLED Industry Alliance（简称 OLED 联盟或 COIA），总部（即联盟秘书处所在地）设在中国北京。OLED 联盟是在工业和信息化部、国家发展和改革委员会的指导下，由积极投身于 OLED 产业，从事 OLED 产品及应用的研究、开发、制造、服务的企/事业单位及有关机构自愿组成的非营利性的社会组织。OLED 联盟的 19 家发起单位由中国 OLED 产业的精英组成，涵盖研发设计、生产制造、测试验证及产业配套等各关键环节，同时还包括产业研究机构和行业协会，具备广泛的行业代表性，代表着中国 OLED 产业界的骨干力量。

联盟致力于贯彻执行中国关于 OLED 产业发展的方针、政策、规划，协助政府提升产业整体的技术研发水平及制造水平，促进在中国建设完善的 OLED 产业链和成熟健康的市场，维护产业和成员单位的合法权益。

中国 OLED 产业联盟的业务范围包括：

（一）促进 OLED 产业内部及与其他产业在技术、经济、管理、知识产权等方面的合作，协调联盟成员之间的关系，建立并完善 OLED 产业链；

（二）推动制定 OLED 产业的行业、国家或国际标准，使其在本行业和其他相关行业中得到广泛的认可和推广，推动产品认证、质量检测等体系的建立和完善；

（三）开展对产业基础资料的调查、收集、统计、研究，向相关政府部门报告本产业发展情况及存在问题，反映成员的愿望和诉求，提出产业发展建议，为政府制定相关产业政策提供依据；

（四）组织联盟成员推动 OLED 市场发展，营造良好的产业环境和舆论氛围；

（五）搭建 OLED 产业共享信息、培训交流的平台，促进产业资源有效整合与利用，对外开展咨询服务和人才培训等活动；

（六）扩大与国内外相关组织、企业的联系和交流，开展多种形式的国际交流与合作，维护中国 OLED 产业的利益和形象；

（七）组织联盟成员防止产业不正当竞争行为，积极应对国际纠纷；

（八）开展有益于 OLED 产业发展的公益事业。

中国 OLED 产业联盟热忱欢迎全社会积极投身于 OLED 产业的业界同仁加入联盟。凡具有独立法人资格，从事或准备从事 OLED 产业的研发、制造、服务的企、事业单位及相关机构，承认 OLED 联盟章程，均可向联盟提出申请，经批准后成为联盟正式成员。联盟成员能够享受参加联盟组织的交流、培训、国际合作等活动，参加联盟各工作组的活动，获得联盟提供的有关技术等相关资料的服务。

联盟大会是联盟的最高权力机构。联盟大会每年召开一次，由联盟秘书长召集。联盟大会须有联盟成员的 2/3 以上出席方能召开，除非另有规定，其决议须经到会成员半数以上表决通过方能生效。理事会是联盟的决策机构，对联盟大会负责。理事会成员的任期为 3 年，可以连任，首届理事会由联盟发起人组成。理事会设立联合主席原则上不超过 6 名，由理事会会议选举产生，任期为 3 年，可以连任，任期不超过两届。联合主席在理事会成员中选举产生，采取轮值制。

秘书处是联盟的执行机构，负责联盟的日常事务。联盟秘书处设秘书长 1 名，根据需要设置副秘书长若干名。秘书长、副秘书长每届任期为 3 年，可以连任，任期不超过两届。

联盟根据发展需要成立了 6 个工作组，各工作组在联盟理事会及秘书长的统一协调下开展工作。

联盟成员

主席单位：彩虹集团
主席单位：京东方科技集团股份有限公司
主席单位：南京第壹有机光电有限公司
主席单位：四川虹视显示技术有限公司
主席单位：北京维信诺科技有限公司
主席单位：天马微电子有限公司
理事单位：北京阿格蕾雅科技发展有限公司
理事单位：河北东旭集团有限公司
理事单位：深圳清溢光电股份有限公司
理事单位：西安瑞联近代电子材料有限公司
理事单位：吉林奥来德光电材料股份有限公司
理事单位：深圳路维电子有限公司
理事单位：广东中显科技有限公司
理事单位：TCL 集团
理事单位：云南北方奥雷德光电科技股份有限公司
理事单位：东莞宏威数码机械有限公司
理事单位：上海微电子装备有限公司
理事单位：中国电子信息产业发展研究院
理事单位：昆山允升吉光电科技有限公司

中国 OLED 产业联盟
地址：中国北京市海淀区万寿路 27 号院电子大厦
邮编：100846
联系电话：010-68200509/83
邮箱：oledcn@163.com

电子信息百强企业：综合实力攀升 结构调整深化

——第二十六届电子信息百强企业发展评述

工业和信息化部运行监测协调局

根据2011年电子信息产业统计年报数据，通过对企业规模、效益和研发进行综合考核，经地方主管部门核对，并由工业和信息化部最终审定，第26届电子信息百强企业名单现正式揭晓。华为技术有限公司位居榜首，联想控股有限公司、海尔集团分列第2、第3名，列第4～第10名的企业是：中兴通讯股份有限公司、长城科技股份有限公司、海信集团、四川长虹电子集团有限公司、TCL集团股份有限公司、北大方正集团有限公司和比亚迪股份有限公司。

2011年是国家"十二五"规划开局之年，也是电子信息产业调整转型的重要一年。面对国际环境新变化和国内经济运行新形势，电子信息百强企业积极调整发展战略，深入落实国家转变经济发展方式的各项政策措施，在规模扩张、转型升级、科技创新、国际经营和社会责任履行等多个方面取得显著成果，与"十一五"初期相比，取得长足进步，继续成为电子信息产业科学发展和跨越发展的排头兵。

一、稳步发展 综合实力持续攀升

（一）整体规模再创新高

本届百强企业主营业务收入合计17 615亿元，比上届增长14.7%，是"十一五"初的1.6倍，占全行业总量比重达到24%。其中，主营业务收入超过100亿元的企业有34家，比上届增加7家，比"十一五"初增加了32家；排名前3位的企业主营业务收入均超过1 000亿元，其中华为和联想均入围2012年《财富》全球500强。本届百强企业主营业务收入最低水平为23.5亿元，比上届提高3.5亿元，比"十一五"初增加近5亿元。本届百强资产总计达到17 253亿元，比上届增长20%以上。

（二）效益水平保持领先

本届百强企业实现利润总额884亿元，占全行业总量的27%；利润率达到5.0%，比全行业平均水平高0.6个百分点，比"十一五"初提高3.0个百分点。其中，利润总额超过10亿元的企业有23家，超过20亿元的企业有7家，分别比"十一五"初增加了15家和6家；利润率超过5%的企业有53家，超过10%的企业有12家，百强企业的经营效益水平不断提高。2011年，百强企业平均总资产周转率达到1.2次，应收账款周转率达到4.4次，存货周转率达到12.4次，利息保障倍数达到7.1倍，均在行业中处于领先地位，达到《企业绩效评价标准值》中所设定的电子行业优秀值水平，且分别高于整体工业良好值平均水平0.2次、0.4次、0.6次和1.4倍。

（三）产销规模继续扩大

本届百强企业2011年生产计算机2 788万部、彩色电视机7 688万台、手机24 654万部、集成电路243亿块，分别比上年增长3.4%、7.5%、33.5%和2.3%，占全行业总量的8.7%、64.1%、21.8%和33.8%，在全行业中占据重要地位。海尔、海信、创维、TCL、联想等百强企业积极配合国家落实"家电下乡"、"以旧换新"和"节能惠民"等扩大内需政策，不仅在销售规模方面位居前茅，在服务质量方面还根据各级市场的特点成立具有针对性的工作组，提供完善的售前、售中和售后服务。

二、自主创新 研发实力不断增强

（一）研发投入持续提高

本届百强企业研究开发人员共计 27.6 万人，比上届增加 2.1 万人，占全部员工数的 19.6%，比上届提高 0.6 个百分点；研发经费投入合计达 868 亿元，比上届增长 17.8%，比“十一五”初期增长了 1 倍；占主营业务收入的比重达到 4.9%，高于全行业平均水平 2.0 个百分点，比“十一五”初提高了 1 个百分点。

其中，19 家企业研发投入超过 10 亿元，比上届增加了 6 家；研发投入最高的华为达到 228 亿元，占其主营业务收入的比重达到 11%。在本届百强企业中，共有 30 家企业研发投入比例超过 5%，基本达到国际高技术型企业的研发投入水平。

（二）技术创新成果显著

本届百强企业截至 2011 年年底总计拥有专利数量 10 万件，比上届增加 2.6 万件；其中发明专利 5.2 万件，占比超过 50%。在国家知识产权局发布的 2011 年发明专利授权量前 10 强企业中，中兴、华为、比亚迪、大唐移动、中芯国际分列第 1、第 2、第 7、第 8 和第 9 位，在 10 强中占据半壁江山，远超过其他行业水平。2011 年，在 PCT 国际专利申请量企业排名中，中兴通讯以 2 826 件的申请量跃居首位；华为以 1 831 件的申请量居第 3 位。在 2011 年信息产业重大技术发明评选中，中兴通讯股份有限公司的“高性能 LTE 无线接入通信系统”脱颖而出。在 2011 年度国家科学技术奖励大会上，武汉邮科院、海尔、华为和中兴等百强企业荣获国家科学技术进步奖，在光通信、研发创新平台、新一代通信网络等多个领域取得新的突破。

（三）标准战略加快推进

近年来，我国电子信息产业标准化工作不断取得新的成果，涉及数字家庭、平板显示、汽车电子、太阳能光伏、新一代通信网络等领域的一批重要标准相继制定和发布，在这些标准的制定过程中，都有百强企业的主持和参与。与此同时，百强企业还积极参与国际标准的制定工作，如华为已加入全球 130 个行业标准组织，在 OMA、CCSA、ETSI 和 ATIS 等权威组织担任董事会成员；中兴通讯加入全球 80 多个国际标准化组织和论坛，累计向这些组织提交提案 1.2 万余件，并积极参与物联网、云计算、4G 等新兴领域国际标准的制定。百强企业还采取技术标准联盟等形式集中优势、增强话语权，彩虹、长虹、京东方等企业参与成立的中国 OLED 产业联盟为推动技术合作、推进相关标准制定做出了积极贡献。

三、转型升级 结构调整趋于深化

（一）转型调整步伐加快

百强企业在计算机、视听产品、通信终端等整机制造领域，通过产品创新和模式创新不断提高产品附加值和市场竞争力。在产品创新方面，联想、同方、华为、中兴等企业推出基于移动互联网应用的计算机和通信终端设备；浪潮、方正、上海贝尔、华胜天成等企业推出基于云计算的软硬件平台产品；创维、TCL、长虹、海信、康佳等企业推出网络化、智能化、节能型的数字电视产品，并不断加大 3D 电视和数字家庭智能终端的研发和产业化力度。在模式创新方面，百强企业加快由制造领域向服务领域延伸，进一步加强了设计、制造、服务的融合互动，华为、中兴、大唐等通信类企业，海尔、创维、长虹等家电类企业以及联想、方正、同方等计算机类企业纷纷加快服务化转型步伐，积极开拓增值服务，建立内容服务和网络服务平台，将经营重心由出售硬件产品向出售软件、服务及解决方案转移。

（二）新兴领域日益壮大

百强企业通过引进吸收与自主创新不断掌握核心关键技术，在关键元器件、电子材料、新型平板显示、LED 和太阳能光伏等领域取得较快发展，为建立结构优化、配套完整的基础电子产业体系做出了积极贡献。在本届电子信息百强企业中，集成电路与元器件、太阳能电池与多晶硅、液晶显示等基础领域企业的收入比重分别达到 4.9%、2.5%和 3.3%，分别比上届提高 1.0 个、0.6 个和 1.8 个百分点，分别比“十一五”初提高 2.3 个、1.6 个和 3.0 个百分点。在本届百强新入围的 14 家企业中，包括光伏企业 4 家、集成电路与元器件企业 3 家以及液晶显示企业 1 家。在集成电路方面，中芯国际与上海华虹的多条 12 英寸生产线建成投产，8 英寸与 6 英寸生产线的制造工艺也在加快改造升级；在新型平板显示领域，京东方、创维、TCL 等纷纷投资高世代生产线，多条第 8.5 代线建成投产，结束了我国大尺寸液晶显示屏完全依赖进口的历史；在太阳能光伏领域，晶龙集团具有自主知识产权的高质高效多晶电池“晶枫”实现规模性量产，具有里程碑意义。

（三）融合带动作用增强

百强企业在带动性较强的领域加大研发力度，突破关键技术，如中冶赛迪、浪潮集团在传统工业领域，比亚迪、清华同方在汽车电子领域，方正在医疗电子和金融电子领域，长城科技、南京南瑞在智能电网领域，以及其他一些百强企业在工业自动化、经营信息化和促进节能减排等领域，均取得良好的发展成绩，为加强信息技术广泛应用、促进两化深度融合、催生新的产业增长点做出了积极贡献。

四、国际经营 竞合层次日益提升

（一）出口规模持续扩大

百强企业作为我国电子信息产业的骨干力量，对稳定电子信息产品出口发挥了重要作用。本届百强企业实现出口交货值 4 558 亿元，比上届增长近 10%，比“十一五”初增长 50%以上，占主营业务收入的比重超过 25%。其中，出口交货值超过 100 亿元的企业有华为、长城、中兴、海尔、联想、TCL 等 8 家，其中华为达到 936 亿元，列百强企业首位；出口比例超过 50%的企业共有 20 家，超过 30%的企业有 32 家。从主要产品看，计算机出口 1 517 万台、手机出口 15 151 万部、彩电出口 3 998 万台、集成电路出口 166 亿块，占产量比重均超过 50%。

（二）经营层次不断提升

在国际化经营中，百强企业“走出去”的层次不断提高，产品由低端向高端、由硬件向技术服务发展，市场从单一化向多元化拓展，模式从产品、资本国际化向知识产权国际化转变，百强企业逐步取得了与一流跨国公司同场竞技的资格。在百强企业出口产品中，3G 及 4G 手机、笔记本电脑、液晶电视在同类产品中的比重不断提升，平板电脑、台式一体机、3D、网络、智能电视等新型产品不断涌现，与此同时，东软、南瑞等企业的软件与信息技术服务，华为、中兴、上海贝尔等企业一体化解决方案的出口规模不断扩大，由单纯硬件出口向技术和服务输出转变的趋势逐步显现。华为、联想、海尔、TCL、长虹、海信、康佳等企业在巩固原有市场的基础上，成功进入南非、南美、印度、巴基斯坦等新兴市场，并取得优异的销售成绩。华为、中兴、上海贝尔等百强企业在多个国际标准技术组中担任主席、副主席职位，为主导国际标准发挥了积极作用。

（三）国际并购有序推进

全球电子信息领域兼并重组步伐加快，百强企业在“走出去”战略的支持下，加快海外并购步伐，不断扩大市场份额，提高品牌影响力及核心竞争力。联想通过与 NEC 成立合资公司并购其 PC 业务，成为日本 PC 市场第一大厂商，进一步巩固了其在亚太市场的领袖地位；通过收购梅迪昂公司（Medion）成为德国第三大 PC 供应商，在西欧的市场份额也得到显著提升。华为通过收购华赛，完成了由运营商业务领域向企业业务领域的战略扩张。浪潮通过二次收购奇梦达公司资产，在济南建成了我国首条高端集成电路存储器封测生产线。借助此次并购，浪潮建立起了包括芯片设计、芯片制造和芯片应用在内的完整产业链条，为浪潮在云计算基础装备实现芯片级的研发、制造提供了支撑，有力提升了我国存储器产业的整体竞争力。

五、优势整合 集聚效应逐步显现

（一）产业集中趋向明显

随着大公司战略的积极推进，百强企业日益成为推动产业集中的重要力量。百强企业以不到全行业 0.5%的数量比重，创造了全行业 1/4 的销售收入、近 1/3 的利润和 1/2 以上的税收。在百强企业中，一半以上的收入又集中在前 10 家企业里，本届排名前 10 位企业的主营业务收入合计达 10 264 亿元，占百强企业总量的 58%；利润总额 411 亿元，占百强企业总额的 47%；出口交货值 2 977 亿元，占百强企业总额的 65%；前 10 位企业的收入、利润和出口集中度分别比“十一五”初提高 5 个、34 个和 21 个百分点。

（二）资源整合步伐加快

百强企业为适应新形势下的发展需要，努力寻找合作机会，加快推进优势资源整合，为提高产业整体竞争力发挥了积极作用。一是在产业内部以优势互补为基础结成联盟。由百强企业主导或参与的 TD、AVS、LED、OLED 等产业联盟的成立，为积聚优势资源、推进自主创新、完善产业链条、推动产业发展做出了突出贡献。二是跨产业推行战略合作。例如，大唐电信与新华社合作成立数字内容传播和数字文化产品交易公司，创新商业模式，推出社交型数字文化产品服务平台。海尔集团与青岛出版集团建立战略合作关系，为青岛市数字出版业的发展创造了良好环境。上海贝尔和上海建工以全球业务合作为基础建立战略合作伙伴关系，在全球范围内分享投资和承包机会，成为创建共赢的企业合作的典范。

（三）聚集效应不断显现

在本届百强企业中，长三角、珠三角及环渤海三大经济区域企业占 80%以上。其中，广东、江苏、浙江 3 省百强企业超过 10 家，北京、山东入围企业均超过 5 家。在这些主要区域中，百强企业依托辐射效应，一方面促进了大批中小企业向周边聚集，形成了较为完整的产业链体系；另一方面带动了人才、技术等智力资源的汇集，形成了紧密的产学研互动体系，产业集群效应日趋显现。与此同时，百强企业积极顺应外部发展环境的发展变化，加快向中西部地区进军，华为、中兴、海尔、TCL、京东方、浪潮等企业纷纷在重庆、四川、安徽、陕西、湖南等中西部省市设立研发中心和生产基地，通过经营模式复制和区域集聚发展，在壮大自身实力的同时，有力促进了各地电子信息产业的发展和经济结构的改善。

六、立足长远 品牌建设成效显著

（一）品牌建设卓有成效

电子信息产业是我国市场化程度最高的产业之一，在优胜劣汰的竞争中，百强企业的品牌优势加速形成。在世界品牌实验室编制公布的2012年“中国500最具价值品牌”排行榜前100家企业中，有7家电子信息百强企业，华为、联想、海尔、长虹、中兴、TCL、海信分列第8、第11、第12、第18、第39、第43和第78位。在2011年“世界品牌500强”排行中，联想、海尔、华为、长虹四家百强企业入围，列居第121、第127、第275和第298位。以百强为代表的本土企业在世界范围内品牌知名度的不断提高，对我国电子信息产业的整体国际竞争力提升具有积极推动作用。

（二）服务质量日益改善

在品牌战略带动下，百强企业的产品质量和服务意识日益提高，将产品质量视为企业发展的根本，加大生产监督力度，从源头抓好产品质量，并在此基础上，逐步提高服务的意识和标准。由中国电子质量管理协会评选的“2011年度中国电子信息用户满意企业”中，创维、九洲电器、长虹等百强企业榜上有名。在由中国商业联合会和中国保护消费者基金会共同主办的第五届（2011）全国售后服务评价活动中，海尔荣获“全国售后服务功勋企业奖”，中电熊猫、长城、宇龙等企业荣获“全国售后服务十佳单位”称号。

（三）市场份额不断提升

品牌战略的深入实施，使主要电子信息产品的市场份额不断向本土知名品牌集中。2011年，TCL、创维、海信、长虹和康佳等企业在国内彩电市场的总占有率接近80%；联想、华为、中兴、宇龙等企业在国内手机市场上的份额接近40%，与国外品牌的差距正逐步缩小；在PC市场上，仅联想一家企业的市场占有率就超过30%，百强企业计算机品牌整体市场占有率接近50%；此外，紫光、同方、广州无线电、海康威视、晶龙等企业在扫描仪、安检系统、ATM机、视频监测系统和太阳能电池等领域的市场占有率也均居前列，且呈不断提高态势。

七、贡献突出 社会责任全面履行

（一）经济贡献持续增强

本届百强企业共上缴税金912亿元，比上届增长超过20%，比“十一五”初增长1.6倍，占全行业总量的60%以上；员工人数达到141万人，比上届增长7万人，占全行业从业人员总量的15%以上。

百强企业积极响应国家政策，加大力度推动信息技术应用，促进信息产业与传统产业的互动发展，充分发挥了信息技术对传统产业改造提升的服务和支撑作用，为促进两化深度融合做出了突出贡献。

（二）全面贯彻节能环保

随着电子制造业规模不断扩大，资源、能源消耗量持续增加，废旧电子产品环境污染问题越来越受到社会的关注，绿色发展成为行业共识。百强企业将绿色理念贯穿于生产经营全过程，在节能降耗、绿色制造方面发挥了表率作用。

在设计制造环节，华虹、中芯国际、歌尔声学等元器件企业通过原材料管控、工艺升级、产成品把关等多管齐下的方式降低和消除产品中有害物质的含量。

在产品方面，创维、TCL、海信、长虹、康佳等企业推出节能型平板电视；华为、中兴、上海贝尔等企业倡导“绿色通信”理念，推出端到端的通信网络节能减排解决方案；联想、方正、同方等企业在生产中积极选用LED屏幕及其他节能部件，推出以节能环保为特点的一体机和笔记本产品。

在废旧产品回收利用方面，TCL、海尔、长虹等百强企业积极筹备建立了配套的废弃产品拆解处理机构，并取得了相关资质，为完善电子信息产业“源头控制”+“末端治理”的全产业链“绿色制造”发挥了积极作用。

（三）积极履行社会责任

百强企业始终坚持经济责任和社会责任的有机统一，在自身发展壮大的同时，积极采取多种方式回馈社会。在2012年“中国企业社会责任100强排行榜”中，中兴、联想、长城科技等多家百强企业入围。

此外，华为、海尔、海信、长虹、TCL、方正、比亚迪、浪潮、创维、同方等大批百强企业在教育、医疗、环保、扶贫救灾、助老扶残和社会保障等方面通过直接捐赠物资、设立相关基金、组织社会活动等多种形式践行社会责任，为促进社会主义精神文明建设，推动和谐社会构建作出了突出贡献。

多年来，电子信息百强企业的经济规模持续扩大，产品结构不断优化调整，自主创新能力显著增强，国际化经营不断迈上新的台阶，已经成为我国本土电子信息企业的主导力量，引领着产业发展和结构调整的方向。

“十二五”时期，我国电子信息产业面临结构调整和战略转型的迫切任务，电子信息百强企业作为产业发展的骨干力量，肩负重要的使命。我们要围绕中央提出的主题主线，加快实施大公司战略，继续完善电子信息百强发布的科学性和合理性，加强宏观引导，加快结构调整，促进上下游合作，真正推动电子信息百强企业做大做强，为改造提升传统产业和走新型工业化道路做出新的更大贡献。

附表：

2012年（第26届）电子信息百强企业名单

序 号	公司名称	序 号	公司名称
1	华为技术有限公司	51	河南森源集团有限公司
2	联想控股有限公司	52	杭州海康威视数字技术股份有限公司
3	海尔集团	53	普天东方通信集团
4	中兴通讯股份有限公司	54	深圳市神舟电脑股份有限公司
5	长城科技股份有限公司	55	东软集团股份有限公司
6	海信集团	56	震雄铜业集团有限公司
7	四川长虹电子集团有限公司	57	广东生益科技股份有限公司
8	集团股份有限公司	58	哈尔滨光宇集团股份有限公司
9	北大方正集团有限公司	59	横店集团东磁有限公司
10	比亚迪股份有限公司	60	侨兴集团有限公司
11	浪潮集团	61	彩虹集团公司
12	南京中电熊猫信息产业集团有限公司	62	浙大网新科技股份有限公司
13	晶龙实业集团有限公司	63	深圳普联技术有限公司

续 表

序 号	公司名称	序 号	公司名称
14	创维集团有限公司	64	宁波韵升股份有限公司
15	同方股份有限公司	65	福州福大自动化科技有限公司
16	亨通集团有限公司	66	泰豪集团有限公司
17	上海贝尔股份有限公司	67	北京华胜天成科技股份有限公司
18	宝胜集团	68	中芯国际集成电路制造（上海）有限公司
19	康佳集团股份有限公司	69	大连环宇阳光集团
20	永鼎集团有限公司	70	歌尔声学股份有限公司
21	武汉邮电科学研究院	71	紫光股份有限公司
22	南京南瑞集团公司	72	深圳市兆驰股份有限公司
23	京东方科技集团股份有限公司	73	浙江正泰太阳能科技有限公司
24	江苏宏图高科技股份有限公司	74	大连辽无二电器有限公司
25	许继集团有限公司	75	江苏新潮科技集团有限公司
26	四川九洲电器集团有限责任公司	76	上海华虹（集团）有限公司
27	惠州市德赛集团有限公司	77	深圳桑达电子集团有限公司
28	航天信息股份有限公司	78	江苏双登集团有限公司
29	南京联创科技集团股份有限公司	79	天马微电子股份有限公司
30	上海飞乐股份有限公司	80	江苏通能信息有限公司
31	天津中环电子信息集团有限公司	81	大唐电信科技股份有限公司
32	浙江万马集团有限公司	82	浙江晶科能源有限公司
33	陕西电子信息集团有限公司	83	长飞光纤光缆有限公司
34	中天科技集团有限公司	84	风帆股份有限公司
35	通鼎集团有限公司	85	深圳市共进电子股份有限公司
36	铜陵精达铜材（集团）有限责任公司	86	大恒新纪元科技有限公司
37	富通集团有限公司	87	华润微电子有限公司
38	惠州市华阳集团有限公司	88	南通华达微电子集团有限公司
39	浙江富春江通信集团有限公司	89	沈阳先锋计算机工程有限公司
40	中冶赛迪工程技术股份有限公司	90	中国乐凯胶片集团公司
41	中利科技集团股份有限公司	91	湖南红太阳光电科技有限公司
42	深圳华强集团有限公司	92	深圳市康冠技术有限公司
43	中国华录集团有限公司	93	山东鲁鑫贵金属有限公司
44	广州无线电集团有限公司	94	汕头超声电子股份有限公司
45	株洲南车时代电气股份有限公司	95	宜都东阳光化成箔有限公司
46	海润光伏科技股份有限公司	96	扬州曙光电缆有限公司
47	福建省电子信息（集团）有限责任公司	97	河南环宇集团有限公司
48	中国四联仪器仪表集团有限公司	98	浙江天乐集团有限公司
49	中国振华电子集团有限公司	99	益阳科力远电池有限责任公司
50	宇龙计算机通信科技（深圳）有限公司	100	海太半导体（无锡）有限公司

2012 年（第 25 届）中国电子元件百强企业

中国电子元件行业协会

中国电子元件百强企业的核准工作已经进入第 25 个年头，25 年来，作为中国电子元件行业的排头兵、领头羊，中国电子元件百强企业在行业中的先锋模范作用更加突出。

虽然受到欧美债务危机、人力成本上涨等多重压力，但 2012 年（第 25 届）中国电子元件百强企业仍然在 2011 年取得了不错的成绩，为整个电子元件行业做出了表率。第 25 届中国电子元件百强企业共完成主营业务收入 1 590.16 亿元，实现利润总额 138.58 亿元，出口创汇 68.16 亿美元，为我国国民经济建设做出了巨大的贡献。

收入总额近 1 600 亿元

2011 年度主营业务收入总额达到 1 590.16 亿元，同比增长 18.62%，光电线缆企业占尽优势。

第 25 届元件百强企业 2011 年度主营业务收入总额达到 1 590.16 亿元，同比增长 18.62%。与上届元件百强的主营业务收入总额相比，增长 2.93%。近 10 年来，中国电子元件百强的主营业务收入总额增长 3.4 倍。

在本届元件百强当中，有 42 家企业的主营业务收入超过 10 亿元，比上届增加 3 家。有 8 家企业的主营业务收入超过 50 亿元，比上届增加 1 家。

亨通集团有限公司、中天科技集团有限公司、浙江富春江通信集团有限公司、富通集团有限公司、永鼎集团有限公司 5 家光电线缆行业巨头垄断了主营业务收入的前 5 名。除亨通、中天两家主营业务收入超过百亿元的企业外，富春江集团、富通集团两家富阳企业的主营业务收入也超过 90 亿元。

在另一项衡量企业规模的重要指标——资产总额的排序中，光电线缆企业依然占尽优势，亨通集团夺冠，富通集团有限公司排名第二，中天科技名列第三。

亨通 140 亿元蝉联冠军

亨通以 140 多亿元的主营业务收入远超群伦，资产总额雄踞元件百强之首，实现四连冠。

由于本届电子元件百强采用了全新的核准方法，所以榜单中与往年相比的名次变化已经基本没有意义，但亨通集团仍以超强的综合实力稳居第一位，其 140 多亿元的主营业务收入远超群伦，资产总额也雄踞元件百强之首，当仁不让地蝉联冠军，实现四连冠。另一家光电线缆企业——中天科技集团有限公司屈居第二位。第三名是瑞声科技控股有限公司，虽然主营业务收入刚刚超过 40 亿元，但凭借极佳的财务状况而晋身三强。

在本届元件百强的前十名中，除了亨通与中天之外，还有 4 家光电线缆企业凭借规模优势跻身十强。生益科技、歌尔声学、横店东磁则占据了前十名的其余席位，分别是第 7 名、第 8 名和第 10 名。

本届有 11 家新企业首次进入中国电子元件百强榜单，新增元件百强的数量是最近几年最多的一届。另外，成立于 1958 年的老牌国有企业——陕西华星电子集团有限公司已阔别元件百强多年，经过改制之后重新焕发青春，再次入围元件百强行列，名列第 99 名，实在难能可贵。

多数磁材企业收入年增 15%

2011 年我国加强了对稀土的管控，磁性材料价格大涨，多数磁性材料企业年增长率均在 15%以上。

从本届开始，元件百强的核准开始考察企业的持续发展能力，以资产保值增值率、总资产增长率和主营业务收入增长率3项指标来进行综合评定。

在本届元件百强中，主营业务收入的增长速度超过10%的企业有65家，比上届少20家，增长速度超过50%的企业有7家，也远低于上届的30家。这是因为在2010年时，电子元件企业刚刚从国际金融危机的低谷中走出，企业主营业务收入普遍增长较快。而进入2011年之后，欧美陷入债务危机，国内经济也同时进入转型期，大多数企业没能够重复2010年的飞速增长，仅有磁性材料企业例外。由于2011年我国加强了对稀土的管控，导致磁性材料价格大涨，除个别企业之外，多数磁性材料企业均因此收入大增，年增长率均在15%以上。在仅有的实现翻番增长的3家元件百强中就有两家是磁性材料企业，宁波科宁达工业有限公司和浙江英洛华磁业有限公司的主营业务收入分别增长了159.34%和103.58%。另一家实现主营业务翻番增长的企业是生产线缆组件的深圳立讯精密工业股份有限公司，增长率达到152.89%。在本届元件百强中，有11家企业的主营业务收入出现负增长，其中，有3家企业的主营业务下滑程度超过10%。

在发展能力的综合排序中，浙江英洛华磁业有限公司、深圳立讯精密工业股份有限公司、宁波科宁达工业有限公司，凭借远远超出其他企业的主营业务收入增长率而一举斩获前三名，成为本届元件百强中发展最好的企业。而在前三名中，虽然英洛华磁业的主营业务收入增长率最低，但由于在总资产增长率和资产保值增值率上的表现均强于其他两家企业而荣登成长性十强企业榜首。

整体赢利水平堪忧

三成企业利润同比减少，其中27家企业的利润降幅超过10%，7家企业利润下滑超过了50%。

本届元件百强共实现利润总额138.58亿元，同比增长13.21%。

在本届元件百强中，67家企业2011年利润总额同比实现增长，比上届减少20家；增长率超过50%的企业达到了15家，比上届减少29家；仅有4家企业的利润总额实现翻番，比上届减少16家。三成企业利润同比减少，其中27家企业的利润降幅超过10%，更有7家企业的利润下滑程度超过了50%。

在利润总额的排名当中，瑞声科技控股有限公司名列第一，中天科技集团有限公司、亨通集团有限公司、歌尔声学股份有限公司、广东生益科技股份有限公司分列第二名至第五名。

按照本届元件百强的排序方法，企业的赢利能力用总资产贡献率和销售毛利率两项指标来衡量，在综合考查之后，潮州三环（集团）股份有限公司成为本届元件百强企业中赢利能力最强的公司，其总资产贡献率在百强中排名第一，而且数据远远超过其他企业，在销售毛利率排名中则名列第二。两家新上榜的企业，福建火炬电子科技股份有限公司和深圳市麦捷微电子科技股份有限公司分别位居第二和第三，也同样表现出极强的赢利能力。

平均研发投入比不足4%

本届元件百强的平均研发投入比不足4%，仅有22家企业的研发投入比超过5%。

在本届元件百强的排序中，引入了研发投入这一指标。纵观本届元件百强，贵州航天电器股份有限公司的研发费用占其主营业务收入的比例最高，该公司连同四川永星电子有限公司、深圳市得润电子股份有限公司、肇庆华锋电子铝箔股份有限公司一起成为本届元件百强中仅有的研发投入比超过9%的企业。但是，本届元件百强的平均研发投入比不足4%，仅有22家企业的研发投入比超过5%，鉴于中国电子元件百强已经是行业中的顶尖企业，这足以证明我国整个电子元件行业的技术研发投入水平令人担忧。

2011年内，本届元件百强共有81家企业获得专利授权，高于上届的73家。获得授权的各类专利总数达到1 601项，其中发明专利216项。

在专利指标的排名中，中航光电科技股份有限公司以28项发明专利、191项其他专利的成绩夺冠。

瑞声科技股份有限公司名列第二，2011 年，该公司共获得 9 项发明专利和 215 项其他专利。深圳市崇达电路技术股份有限公司以 6 项发明专利和 164 项其他专利位列季军。但如果单看发明专利，贵州航天电器股份有限公司以 31 项发明专利名列第一。

出口创汇额保持高速增长

本届元件百强企业的出口创汇总额达到 68.16 亿美元，同比增长 33.67%，占主营业务收入总额的 27.3%。其中，有 18 家企业的出口额超过了 1 亿美元。

在本届元件百强企业中，96 家企业有出口业务，其中 78 家企业的出口获得不同程度的增长。出口额超过 1 000 万美元的企业达到 71 家，出口总额超过 5 000 万美元的企业有 34 家，有 18 家企业的出口额超过了 1 亿美元。

粤、浙、苏占百强席位超 7 成

广东、浙江、江苏 3 省是元件百强企业最为集中的地方，企业数分别为 32 家、28 家和 12 家。

新一届元件百强的地区分布格局与前几届相比并没有出现大的变化。100 家企业分布在我国 18 个省、市、自治区。广东、浙江、江苏 3 省仍然是元件百强企业最为集中的地方，企业数分别为 32 家、28 家和 12 家。3 省元件百强总席位达到 72 家。

从本届元件百强企业所处城市来看（按企业总部所在地统计），深圳以 16 家企业成为拥有元件百强企业最多的城市，而杭州、宁波、东莞 3 个城市并列第二，元件百强企业数均为 6 家。

2012 年（第 25 届）中国电子元件百强企业名单

排名	企业名称	2011 年主营业务收入（万元）	2011 年出口创汇（万美元）
1	亨通集团有限公司 HENGTONG GROUP CO., LTD.	1 422 774	39 100
2	中天科技集团有限公司 ZHONGTIAN TECHNOLOGY GROUP CO., LTD.	1 026 338	11 030
3	瑞声科技控股有限公司 AAC TECHNOLOGIES HOLDINGS INC.	405 969	44 541
4	富通集团有限公司 FUTONG GROUP CO., LTD.	911 989	5 156
5	浙江富春江通信集团有限公司 ZHEJIANG FUCHUNJIANG COMMUNICATION GROUP CO., LTD.	928 023	128
6	永鼎集团有限公司 ETERN GROUP CO., LTD.	648 078	6 124
7	广东生益科技股份有限公司 GUANGDONG SHENGYI TECHNOLOGY CO., LTD.	587 690	51 143
8	歌尔声学股份有限公司 GOERTEK INC.	399 974	49 730
9	长飞光纤光缆有限公司 YANGTZE OPTICAL FIBRE AND CABLE CO., LTD.	585 165	7 541
10	横店集团东磁有限公司 HENGDIAN GROUP DMEGC MAGNETICS CO., LTD.	555 748	25 399

续　表

排名	企业名称	2011 年主营业务收入（万元）	2011 年出口创汇（万美元）
11	厦门宏发电声股份有限公司 XIAMEN HONGFA ELECTROACOUSTIC CO., LTD.	294 205	21 089
12	深圳立讯精密工业股份有限公司 SHENZHEN LUXSHARE PRECISION INDUSTRY CO., LTD.	255 557	35 216
13	杭州富生电器有限公司 HANGZHOU FUSHENG ELECTRICAL APPLIANCE CO., LTD.	250 307	3 753
14	新疆众和股份有限公司 XINJIANG JOINWORLD CO., LTD.	200 258	7 183
15	中山大洋电机股份有限公司 ZHONG SHAN BROAD-OCEAN MOTOR CO., LTD.	209 201	20 918
16	中航光电科技股份有限公司 CHINA AVIATION OPTICAL-ELECTRICAL TECHNOLOGY CO., LTD.	186 637	524
17	广东风华高新科技股份有限公司 FENGHUA ADVANCED TECHNOLOGY HOLDING CO., LTD.	208 189	6 440
18	潮州三环（集团）股份有限公司 CHAOZHOU THREE-CIRCLE （GROUP） CO., LTD.	160 935	3 037
19	江苏俊知技术有限公司 JIANGSU TRIGIANT TECHNOLOGY CO., LTD.	182 275	388
20	厦门法拉电子股份有限公司 XIAMEN FARATRONIC CO., LTD.	129 425	8 675
21	浙江长城电子科技集团有限公司 ZHEJIANG GREATWALL ELECTRONIC SCIENCE & TECHNOLOGY GROUP CO., LTD.	308 642	—
22	上海飞乐股份有限公司 SHANGHAI FEILO CO., LTD.	288 927	4 888
23	宁波云环电子集团有限公司 NINGBO YUNHUAN ELECTRONICS GROUP CO., LTD.	229 697	17 510
24	国光电器股份有限公司 GUOGUANG ELECTRIC CO., LTD.	215 439	28 795
25	宁波科宁达工业有限公司 NINGBO KONIT INDUSTRIES INC.	166 027	24 923
26	上海京瓷电子有限公司 SHANGHAI KYOCERA ELECTRONICS CO., LTD.	193 664	20 539
27	南通江海电容器股份有限公司 NANTONG JIANGHAI CAPACITOR CO., LTD.	175 500	8 160
28	汕头超声印制板公司 CHINA CIRCUIT TECHNOLOGY （SHANTOU） CORPORATION	182 322	11 509
29	深圳市得润电子股份有限公司 SHENZHEN DEREN ELECTRONIC CO., LTD.	150 927	3 700
30	江苏中联科技集团有限公司 JIANGSU UNITED TECHNOLOGY CO., LTD.	175 020	7 834
31	开平依利安达电子有限公司 KAIPING ELEC & ELTEK CO., LTD.	177 017	12 939

续 表

排名	企业名称	2011 年主营业务收入（万元）	2011 年出口创汇（万美元）
32	东莞生益电子有限公司 DONGGUAN SHENGYI ELECTRONICS LTD.	164 467	2 320
33	湖南艾华集团股份有限公司 HUNAN AIHUA GROUP CO., LTD.	136 885	3 117
34	浙江英洛华磁业有限公司 ZHEJIANG INNUOVO MAGNETICS CO., LTD.	111 121	—
35	深圳市崇达电路技术股份有限公司 SHENZHEN SUNTAK CIRCUIT TECHNOLOGY CO., LTD.	93 778	10 397
36	贵州航天电器股份有限公司 GUIZHOU SPACE APPLIANCE CO., LTD.	86 023	238
37	浙江天乐集团有限公司 ZHEJIANG TIANLE GROUP CO., LTD.	165 012	11 972
38	北京七星华电科技集团有限责任公司 BEIJING SEVENSTAR SCIENCE & TECHNOLOGY CO., LTD.	108 362	1 496
39	江苏华威世纪电子集团有限公司 JIANGSU HUAWEI CENTURY ELECTRONICS GROUP CO., LTD.	116 930	6 217
40	合兴集团有限公司 CWB GROUP CO., LTD.	85 022	1 873
41	浙江凯恩特种材料股份有限公司 ZHEJIANG KAN SPECIALTY MATERIAL CO., LTD.	51 030	1 116
42	四川九洲线缆有限责任公司 SICHUAN JIUZHOU WIRE AND CABLE CO., LTD.	203 344	210
43	东莞美维电路有限公司 DONGGUAN MEADVILLE CIRCUITS LIMITED	155 053	22 486
44	安徽铜峰电子集团有限公司 ANHUI TONGFENG ELECTRONIC （GROUP） CO., LTD.	118 184	1 516
45	天通控股股份有限公司 TDG HOLDING CO., LTD.	135 823	4 239
46	深圳市特发信息股份有限公司 SHENZHEN SDG INFORMATION CO., LTD.	119 225	1 314
47	广东江粉磁材股份有限公司 JPMF GUANGDONG CO., LTD.	89 579	7 114
48	江苏上骐集团有限公司 JIANGSU SHANGQI GROUP CO., LTD.	97 296	2 846
49	深圳市京泉华电子有限公司 SHENZHEN JINGQUANHUA ELECTRONICS CO., LTD.	69 679	8 605
50	深圳市凯中精密技术股份有限公司 SHENZHEN KAIZHONG PRECISION TECHNOLOGY CO., LTD.	57 719	5 608
51	深圳顺络电子股份有限公司 SHENZHEN SUNLORD ELECTRONICS CO., LTD.	55 043	4 044
52	东莞市大忠电子有限公司 DONGGUAN DAZHONG ELECTRONIC CO., LTD.	70 064	222

续 表

排名	企业名称	2011 年主营业务收入（万元）	2011 年出口创汇（万美元）
53	深圳可立克科技股份有限公司 SHENZHEN CLICK TECHNOLOGY CO., LTD.	63 647	7 086
54	中国振华（集团）新云电子元器件有限责任公司 CHINA ZHENHUA （GROUP） XINYUN ELECTRONIC CO., LTD.	61 113	—
55	成都宏明电子股份有限公司 CHENGDU HONGMING ELECTRONICS CO., LTD.	65 648	1 338
56	深圳市金洋电子股份有限公司 SHENZHEN COMLINK ELECTRONICS CO., LTD.	64 480	693
57	山东共达电声股份有限公司 SHANDONG GETTOP ACOUSTIC CO., LTD.	45 107	4 329
58	福建火炬电子科技股份有限公司 FUJIAN TORCH ELECTRON TECHNOLOGY CO., LTD.	25 794	47
59	浙江万马天屹通信线缆有限公司 ZHEJIANG WANMA TIANYI COMMUNICATION WIRE＆CABLE CO., LTD.	60 100	2 400
60	绵阳开元磁性材料有限公司 MIANYANG KAIYUAN MAGNETISM MATERIAL CO., LTD.	50 344	4 269
61	宁波向阳坦科斯特电子有限公司 NINGBO XIANGYANG TECH CITY ELECTRONTCS CO., LTD.	59 182	794
62	四川华丰企业集团有限公司 SICHUAN HUAFENG ENTERPRISE GROUP CO., LTD.	56 189	875
63	宁波碧彩实业有限公司 NINGBO BICAI INDUSTRY CO., LTD.	53 593	925
64	深圳市和宏实业有限公司 SHENZHEN D&S INDUSTRIES CO., LTD.	50 396	5 515
65	扬州升达集团 YANGZHOU SHENGDA GROUP	49 726	1 318
66	陕西华达科技股份有限公司 SHAANXI HUADA SCIENCE TECHNOLOGY CO., LTD.	45 915	77
67	海宁联丰磁业股份有限公司 HAINING LIANFENG MAGNET INDUSTRY CO., LTD.	37 261	1 790
68	深圳市海光电子有限公司 SHENZHEN HIGHLIGHT ELECTRONIC CO., LTD.	40 976	300
69	宁波福特继电器有限公司 NINGBO FORWARD RELAY CORPORATION LTD.	38 561	2 972
70	杭州日月电器股份有限公司 HANGZHOU RIYUE ELECTRONIC STOCK CO., LTD.	32 910	4 033
71	合肥博微田村电气有限公司 HEFEI ECRIEE-TAMURA ELECTRIC CO., LTD.	37 406	2 825
72	宝安区沙井新岱电子厂 NEWTIME（BANAN DIST.） ELECTRONIC FACTORY	34 939	4 542
73	杭州微光电子股份有限公司 HANGZHOU WEIGUANG ELECTRONIC CO., LTD.	28 819	2 949

续 表

排名	企业名称	2011 年主营业务收入（万元）	2011 年出口创汇（万美元）
74	广东惠伦晶体科技股份有限公司 GUANGDONG FAILONG CRYSTAL TECHNOLOGY CO., LTD.	30 586	4 583
75	江西联创宏声电子有限公司 JIANGXI LIANCHUANG HONGSHENG ELECTRONIC CO., LTD.	30 717	753
76	唐山晶源裕丰电子股份有限公司 TANGSHAN JINGYUAN YUFENG ELECTRONICS CO., LTD.	28 769	3 365
77	深圳市豪恩声学股份有限公司 SHENZHEN HORN AUDIO CO., LTD.	28 013	3 800
78	嘉兴佳利电子股份有限公司 JIAXING GLEAD ELECTRONICS CO., LTD.	22 649	681
79	江苏吴通通讯股份有限公司 JIANGSU WUTONG COMMUNICATIONS CO., LTD.	25 535	77
80	浙江五峰电子有限公司 ZHEJIANG WUFENG ELECTRONICS CO., LTD.	29 035	—
81	常州祥明电机有限公司 CHANGZHOU XIANGMING ELECTROMOTOR CO., LTD.	25 456	1 363
82	浙江东晶电子股份有限公司 ZHEJIANG EAST CRYSTAL ELECTRONIC CO., LTD.	25 273	2 896
83	西安富士达科技股份有限公司 XI’AN FORSTAR S&T CO., LTD.	25 603	805
84	肇庆华锋电子铝箔股份有限公司 ZHAOQING HUAFENG ELECTRONIC ALUMINIUM FOIL CO., LTD.	23 623	615
85	四川永星电子有限公司 SICHUAN YONGXING ELECTRONICS CO., LTD.	17 975	83
86	汕头高新区松田实业有限公司 SHANTOU HIGH-NEW ZONE SONGTIAN ENTERPRISE CO., LTD.	21 987	1 080
87	深圳市麦捷微电子科技股份有限公司 SHENZHEN MICROGATE TECHNOLOGY CO., LTD.	13 072	1 115
88	宝龙电子集团有限公司 BAOLONG ELECTRONIC GROUP CO., LTD.	16 630	125
89	无锡市好达电子有限公司 SHOULDER ELECTRONICS LIMITED	12 105	991
90	临安奥星电子有限公司 LINAN AOXING ELECTRONIC CO., LTD.	36 512	630
91	深圳美凯电子股份有限公司 SHENZHEN MEIKAI ELECTRONICS STOCK CO., LTD.	25 170	1 280
92	宁波兴瑞电子有限公司 NINGBO SUNRISE ELECTRONICS CO., LTD.	48 965	3 978
93	东莞市三友联众电器有限公司 DONGGUAN SANYOU ELECTRICAL APPLIANCES CO., LTD.	59 467	2 734
94	金龙控股集团有限公司 JINLONG HOLDING GROUP CO., LTD.	62 520	5 853

续 表

排名	企业名称	2011 年主营业务收入（万元）	2011 年出口创汇（万美元）
95	横店集团浙江英洛华电声有限公司 ZHEJIANG INNUOVO LOUDSPEAKER CO., LTD. HENGDIAN GROUP	33 936	2 716
96	广西新未来信息产业股份有限公司 GUANGXI NEW FUTURE INFORMATION INDUSTRY CO., LTD.	21 247	209
97	陕西华经微电子股份有限公司 SHAANXI HUAJING MICRO-ELECTRONIC CO., LTD.	24 649	218
98	浙江嘉康电子股份有限公司 ZHEJIANG JIAKANG ELECTRONICS CO., LTD.	16 074	1 170
99	陕西华星电子集团有限公司 SHANXI HUAXING ELECTRONICS GROUP CO., LTD.	30 539	384
100	深圳市宇阳科技发展有限公司 SHENZHEN EYANG TECHNOLOGY DEVELOPMENT CO., LTD.	61 820	6 539

平板显示技术标准工作组 2011 年工作概况

平板显示技术标准工作组秘书处

2011 年 11 月 4 日～6 日，平板显示技术标准工作组（以下简称“平板工作组”）在江苏昆山召开了 2011 年度成员大会暨标准研讨会。

平板工作组成员大会对 2011 年开展的标准化活动及标准制定工作情况做了总结，明确了 2012 年的工作计划，同时表彰了优秀成员代表。

平板工作组各分组同期召开了标准研讨会，对制定中的标准草案进行了讨论，提出了很多修改意见及建议，推进了标准制定进度。

会议的主要内容如下。

1. 成立两个技术分组

此次会议通告了平板工作组于 2010 年 12 月成立了“3D 显示器件”和“电子纸”两个新分组的情况。平板工作组目前有以下 6 个分组：LCD 分组、PDP 分组、OLED 分组、LED 显示屏分组、3D 显示器件分组、电子纸分组。

2. 标准制定进展情况

会上，汇报了工作组研究制定的 8 项国家标准和 17 项电子行业标准的进展情况，相关标准进展情况如表 1 和表 2 所示。

表 1 平板工作组制定的国家标准进展

序 号	标准名称	当前状态
1	液晶显示器件第 1-1 部分：术语和符号	待发布
2	液晶显示器件第 6-1 部分：测试方法——光电参数（透射型）	待发布
3	液晶显示器件第 1 部分：总规范待发布	
4	有机发光二极管显示器件第 6-1 部分：测试方法——光学和光电参数	待发布
5	等离子体显示器件第 2-3 部分：测试方法——质量	待发布
6	等离子体显示器件第 6 部分：数字电视机用等离子体显示器件空白详细规范	报批稿审查阶段
7	等离子体显示器件第 5 部分：总规范	报批稿审查阶段
8	等离子体显示器件第 2-5 部分：数字电视机用器件特性测量方法	送审稿审定阶段

表 2 平板工作组制定的电子行业标准进展

序 号	标准名称	当前状态
1	LED 显示屏通用规范	报批稿审查阶段
2	液晶显示器件第 2-2-2 部分：显示器用彩色矩阵液晶显示模块详细规范	送审稿审定阶段
3	液晶显示器件第 2-2-3 部分：便携式电脑用彩色矩阵液晶显示模块详细规范	送审稿审定阶段
4	液晶显示器件第 2-2-4 部分：手机用彩色矩阵液晶显示模块详细规范	送审稿审定阶段
5	液晶显示器件第 2-2-1 部分：车载用彩色矩阵液晶显示模块详细规范	送审稿待公示阶段
6	液晶显示用背光组件第 1 部分：总规范	送审稿待公示阶段
7	液晶显示用背光组件第 2 部分：CCFL 背光组件空白详细规范	送审稿待公示阶段
8	液晶显示用背光组件第 3-2 部分：显示器用 LED 背光组件空白详细规范	送审稿待公示阶段
9	有机发光二极管显示器第 1-1 部分：总规范	送审稿待公示阶段

续　表

序　号	标准名称	当前状态
10	有机发光二极管显示器第 5-1 部分：环境试验方法	送审稿待公示阶段
11	液晶显示器件第 7-1 部分：无源液晶显示器件外形和窗口优选尺寸系列	征求意见稿阶段
12	有机发光二极管显示器第 6-2 部分：测试方法-视觉质量	征求意见稿阶段
13	等离子体显示器件第 6-1 部分：数字电视机用等离子体显示器件详细规范	征求意见稿阶段
14	等离子体显示器件第 4-1 部分：数字电视机用等离子体显示器件可靠性试验方法	征求意见稿阶段
15	液晶显示用背光组件第 3-3 部分：电视接收机用 LED 背光组件空白详细规范	征求意见稿阶段
16	液晶显示用背光组件第 6-1 部分：测试方法——光学与光电参数	征求意见稿阶段
17	液晶显示用背光组件第 6-2 部分：测试方法——动态光学与光电参数	征求意见稿阶段

3. LED 显示屏光辐射安全标准研究

中国电子技术标准化研究所承担了国家公益性行业科研专项——“半导体显示光辐射安全要求的标准研究”，组织 LED 显示屏分组就 LED 显示屏存在的光安全问题进行了讨论，对表征光安全问题的性能参数进行了分析，对如何测试这些参数进行了研究，对课题实施的技术路线进行了规划。

4.“海峡两岸信息产业技术标准论坛 ”达成专项共识

2011 年 6 月，在台北召开的第八届海峡两岸信息产业技术标准论坛上，平板显示分论坛签署了“海峡两岸推动平板显示技术共通标准制定合作备忘录”，并达成了五项共识：

（1）根据“海峡两岸推动平板显示技术共通标准制定合作备忘录”所提出的标准制定工作，成立技术专家委员会开展相关工作；

（2）完成“3D 术语”共通标准制定工作；

（3）开展制定“眼镜式 3D 显示器件测试方法”共通标准；

（4）就电子纸显示器件测试方法开展合作，共同研究国际标准草案；

（5）探讨 OLED 标准合作机会，加强 OLED 标准信息交流。

2011 年 11 月 2 日，在北京召开了“海峡两岸专家共通标准制定专家技术委员会成立仪式暨第一次工作会议”，此次会议确定制定以下两项共通标准：《3D 显示器件术语》和《眼镜式 3D 显示器件测试方法》。

同时，建议就以下标准或技术进行交流和探讨：《电子纸显示器件光学特性测试方法》、《智慧绿能面板能源效率标准》、《3D 显示器人因研究》。

5. 参与 IEC/TC110 国际标准化工作

IEC/TC110 平板显示器件技术委员会近年来标准化工作十分活跃，其工作范围不断拓展，目前已开展了 LCD、PDP、OLED、3DD、电子纸（EPD）和柔性显示等各类新型显示器件的标准化活动。平板工作组秘书处单位中国电子技术标准化研究所作为 IEC/TC110 技术对口单位，组织平板工作组专家深入参与 IEC/TC110 的标准化工作，近年来取得了很大成绩。

（1）组长王保平教授接任 IEC/TC110 主席，是我国信息技术领域第一位 IEC 的 TC 主席，任期从 2011 年 10 月 1 日至 2017 年 9 月 30 日；

（2）TC110 中有 21 位中国专家，涉及了所有工作组和项目组（LCD、PDP、OLED、3DD、EPD、FDD、BLU 和 HHG）；

（3）我国有三位专家获得 IEC 1906 大奖：TCL 集团黄卫东（2011 年度）、杭州浙大三色牟同升

（2010 年度）、中国电子技术标准化研究所赵英（2009 年度）；

（4）参与、承担 TC110 标准制定工作情况：

- 承担制定并出版的标准有 2 项：IEC 61988-2-3 等离子体显示器件第 2-3 部分测试方法——图像质量，IEC 62341-6-1 有机电致发光二极管显示器件第 6-1 部分：测试方法-光学和光电；
- 正在制修订的标准有 4 项：IEC61747-2-1 液晶和固态显示器件第 2-1 部分：无源矩阵单色液晶显示模块空白详细规范（修订），IEC61747-4 液晶和固态显示器件第 4 部分：液晶显示模块和屏——基本额定值和特性（修订），IEC 62341-6-3 有机电致发光二极管显示器件第 6-3 部分：测试方法-图像质量（CDV 阶段），IEC 62595-1-1 液晶用背光组件第 1-1 部分：总规范；
- 参与制定标准 4 项。

6．2012 年平板工作组计划

2012 年，平板工作组将组织完成已立项的国家标准和电子行业标准的制定工作；完成新项目的申请和起草工作；完成国家公益项目的研究和相关标准申请、起草工作。

平板工作组还将继续推进我国制定国际标准的工作，将我国的研究成果引入到国际标准中；加强标准的宣贯，使标准在产业中进一步得到广泛应用，在应用中得到检验，在检验中进一步提高，进入标准与产业互相促进的良性循环。

（作者：赵英）

平板显示相关网站

政府部门及协会

国家工业和信息化部网站：http://www.miit.gov.cn
中国光学光电子行业协会：http://www.coema.org.cn
中国光学光电子行业协会液晶分会：http://www.coda.org.cn
中国物理学会：http://www.cps-net.org.cn
中国电子行业信息网：http://www.ceic.gov.cn
中国电子视像行业协会：http://www.cvianet.org.cn
中国 OLED 产业联盟：http://chinaoled.org.cn

媒体、研究机构

中国电子信息产业网：http://cena.com.cn
赛迪网：http://ccidnet.com
中华液晶网：http://cn.fpdisplay.com
平显资讯：http://www.fpdnews.com.cn
液晶与显示：http://www.yejingyuxianshi.org
现代显示：http://www.xdxs.net
中国电子资讯网：http://www.ithowwhy.com.cn
国际光电子产业资讯：http://www.optoelectro.com
中华显示网：http://www.chinafpd.net
国际液晶显示器组织网：http://www.lcdmonitor.org
中国触摸屏网：http://www.51touch.com
中国平板显示器网：http://www.lcdchina.net
中电网：http://www.chinaecnet.com
飞达光学网：http://www.33tt.com
液晶时代：http://www.lcdera.com
彗聪网：http://hc360.com
中国半导体照明网：http://www.china-led.net
国际 LED 网：http://www.ledchina.com.cn
中国产业经济信息网：http://www.cinic.org.cn.
上海情报服务平台：http://www.istis.sh.cn
半导体国际：http://www.sichinamag.com
中国电子信息行业网：http://www.cnii.com.cn
亚洲门户：http://www.asiaoutdoor.net
中华报告网：http://www.ccmnet.com
中国报告网：http://www.chinabgao.com
国家光电信息服务中心：http://www.oeinfo.cn
DisplaySearch：http://www.displaysearch.com.cn

Displaybank：http://www.displaybank.com
DigiTimes：http://www.digitimes.com.tw
WitsView：http://www.witsview.com
国家光电信息服务中心平台：http://www.oeinfo.cn
中国材料与投资网：http://www.matinvest.com.cn
灵通产业研究：http://www.ltmic.com
光机电一体化技术：http://omet.stlib.gd.cn
台湾工业技术研究院：http://newwww.itri.org.tw/chi
台湾科技政策研究与资讯中心：http://cdnet.stpi.org.tw
台湾科技产业资讯室：http://cdnet.stpi.org.tw/techroom.htm

平板显示产品主要产商

京东方：http://www.boe.com.cn
天马：http://www.tianma.com.cn
龙腾光电：http://www.ivo.com.cn
诚志永华：http://www.slichem.com
长虹：http://cn.changhong.com
海信：http://www.hisense.com
彩虹：http://www.irico.com.cn
厦华：http://www.xoceco.com.cn
创维：http://www.skyworth.com
TCL：http://www.tcl.com
海尔：http://www.haier.com
虹欧：http://www.cocpdp.com
康佳：http://www.konka.com
冠捷：http://www.tpv.com.cn
优派：http://www.viewsonic.com.cn
德浩：http://www.det.com.cn

世界液晶研究小组、研究中心

（亚洲）

日本亚洲技术信息委员会：http: //www.atip.or.jp
日本秋田大学 Sato 实验室：http: //www.ee.akita-u.ac.jp/~sato-www/elab
日本北海道大学结构化学实验室：http: //barato.sci.hokudai.ac.jp/stchem/eng
日本 Kitasato 大学分子结构实验室：http: //jet.sci.kitasato-u.ac.jp/lms/index
日本九州大学 Kajiyama 实验室：http://www.cstf.kyushu-u.ac.jp/kajiyamalab/index.html
日本日本东京大学 Kato 实验室：http: //www.chembio.t.u-tokyo.ac.jp/chembio/lab
日本日本理科大学 Kondo 实验室：http: //kndo-www.ch.kagu.sut.ac.jp
韩国 Kyunghee 大学 TFT-LCD 研究中心：http: //www.tftlcd.kyunghee.ac.kr

香港科技大学显示研究中心：http: //www.ee.ust.hk/~cdr
印度 Raman 研究所：http: //www.202.54.37.67/lc/,http: //rri.ernet.in

（欧洲）

英国 Exeter 大学 Bruce 研究小组：
http: //www.ex.ac.uk/chemweb/Staff_research/dwb
http: //newton.ex.ac.uk/research/thinfilms/tfi.html
英国 Hull 研究小组：
http: //www.hull.ac.uk/prospectus/chem_ liquidcr
http: //www.hull.ac.uk/Hull/Chem_Web/computational_chemistry/ccc.html
英国 Manchester 研究小组：http: //esl.ph.man.ac.uk/lxtals/index.htm
英国伦敦 Imperial 学院 Seddon/Templer 研究小组：http: //www.ch.ic.ac.uk/liquid_crystal
英国 Oxford 研究小组：http: //prague.eng.ox.ac.uk/~flcse/lc_tech.htm
德国 Hamburg 大学 Volkmar Vill 液晶小组：http: /liqcryst.chemie.uni-hamburg.de
德国 Ch.Bahr 研究小组：http: //www.staff_ www.uni-marburg.de/~schlaufd/welc
德国 Halle 研究小组：http: //lcsl.mpglcs.uni-halle.de
德国柏林 Heppke 研究小组：http: //www.tu-berlin.de/~insi/agheppke.html
德国 Halle 大学 Tschierske 研究小组：http: //www.chemie.uni-halle.de/org/ak/tschiers
匈牙利 Budapest 研究小组：http: //www.kfki.hu/~szfkihp/fkrist.hmtl

（美国和加拿大）

美国 KENT 大学 ALCOM 液晶态光学材料科研中心：http: //alcom.kent.edu/ALCOM/ALCOM.html
美国美国肯特大学液晶研究所：http: //www.lci.kent.edu
美国 Colorado 大学 Clark 研究小组：http: //bly.colorado.edu/
美国 Brandeis 大学复杂流体研究小组：http: www.elsie.brandeis.edu/
美国 Cornell 大学蓝相研究小组：http: www.Lassp.cornell.edu/sethna/LiquidCrys
美国 Florida 州立大学液晶研究小组：http: //lcopt.physics.fsu.edu
美国 MIT 大学 Swager 研究小组：http: //web.mit.edu/tswager/www/home.html
加拿大 Queens 大学 Lemieux 研究小组：http: //www.chem.queensu.ca/faculty/lemieux/lem
加拿大 Simon Fraser 大学 John Bechhoefer 研究小组：http: //www.eeap.ogi.edu/~barbero/Flat/FPD.html
加拿大 Calgary 大学 James Gleeson 研究小组：http: //www.ucalgary.ca/~gleeson

世界液晶组织

国际信息显示协会：
http://www.sid.org/pub.html （文献索引）
http://www.sid.org/dic/patents/patents.html （专利）
国际液晶学会：http://www.ilcsoc.org/ILCS/
英国液晶学会：http: //friedel.dur.ac.uk/~dch0mrw/blcs/blcs.ht
日本液晶学会（JLCS）：http: //www.soc.nacsis.ac.jp/jlcs/index-e.html
日本液晶科学家联合会（JALCS）：http: //jalcs.c.u-tokyo.ac.jp/JALCS/JALCShome-e

意大利液晶学会：http: //bohp03.bo.infn.it/sicl/

与液晶显示有关的科学机构

ACS（Ameican Chemical Society 美国化学学会）：http: //www.acs.org
APS（Ameican Physical Society 美国物理学会）：http: //www.aps.org
IUPAC（International Union of Pure and Applied Chemistry 国际纯粹和应用化学联合会）：http: //www.chemistry.rec.org/rsc/iupac.htm
MRS（Materials Research Society 材料研究会）：http: //www.mrs.org
RSC（Royal Society of Chemistry 皇家化学学会）：http: //www.rsc.org
SID（Society for Information Display 信息显示学会）：http: //www.sid.org
SPIE（The International Society for Optical Engineering 国际光学工程学会）：http: //www.spie.org

世界著名平板显示行业公司

测试和模拟液晶显示器：http: //www.autronic-melchers.de
光阀和显示器的 Displaytech 公司：http: //www.displaytech.com
生产 LCD 检测设备：http: //www.instec.com
德国 Merck 液晶公司：http: //www.merck.de/
英国 Merck 液晶公司：http: //www.merck-ltd.co.uk/
3M：http: //www.3m.com
Sharp 公司：http://www.sharp.com
三星：http://www.samsung.com
三星 SDI：http://www.sdichina.com
LG Display：http://www.lgphilips-lcd.com
LG Electronic Worldwild：http://www.lge.com
松下：http://panasonic.cn
日立：http://www.hitachi.com.cn
东芝：http://www.toshiba.com
NEC：http://www.nec.com
富士通：http://cn.fujistsu.com
飞利浦：http://www.philips.com
三洋：http://www.sanyochina.com
友达光电：http://www.auo.com
奇美电子：http:// www.chimei-innolux.com
瀚宇彩晶：http://www.hannstar.com
中华映管：http://www.cptt.com.tw
和鑫光电：http://www.sintek.com.tw
胜华科技：http://www.wintek.com.tw
志圣工业：http://www.csun.com.tw
凸版印刷：http://www.toppan.co.jp

大日本印刷：http://www.dnp.co.jp
大日本网屏：http://www.screen.co.jp
Speedfam ：http://www.speedfam.com
东电电子：http://www.tel.com
爱发科：http://www.ulvac.co.jp
德国伊斯拉 ISRA VISION：http://www.israglassvision.com
TOKKI：http://www.tokki.co.jp
日本株式会社：http://www.evatech.co.jp
日本写真印刷：http://www.nissha.co.jp
英国剑桥显示器技术公司：http://www.cdtltd.co.uk
可乐丽：http://www.kuraray.com.cn

液晶研究现状

WTEC（World Technology Evaluation Center 世界技术评估中心）：

http: //itri.loyola.edu/displays/toc.htm（包括液晶显示、真空荧光显示、电致发光、场致发光等平板显示的有关材料和器件的详细介绍及俄罗斯的研究情况介绍。）

JTEC（Japanese Technology Evaluation Center 日本技术评估中心）：

http: //itri.loyala.edu/dsply_ip/toc.htm（包括平板显示的材料和器件的详细介绍及日本的研究情况介绍。）

免费专利及文献检索

SID 提供的专利检索：http: //www.sid.org/dic/patents/patents.html
SID 提供的文献检索：http: //www.sid.org/pub.html

北京八亿时空液晶科技股份有限公司

Beijing Bayi Space LCD Materials Technology Co.,Ltd.

创新发展、诚信服务

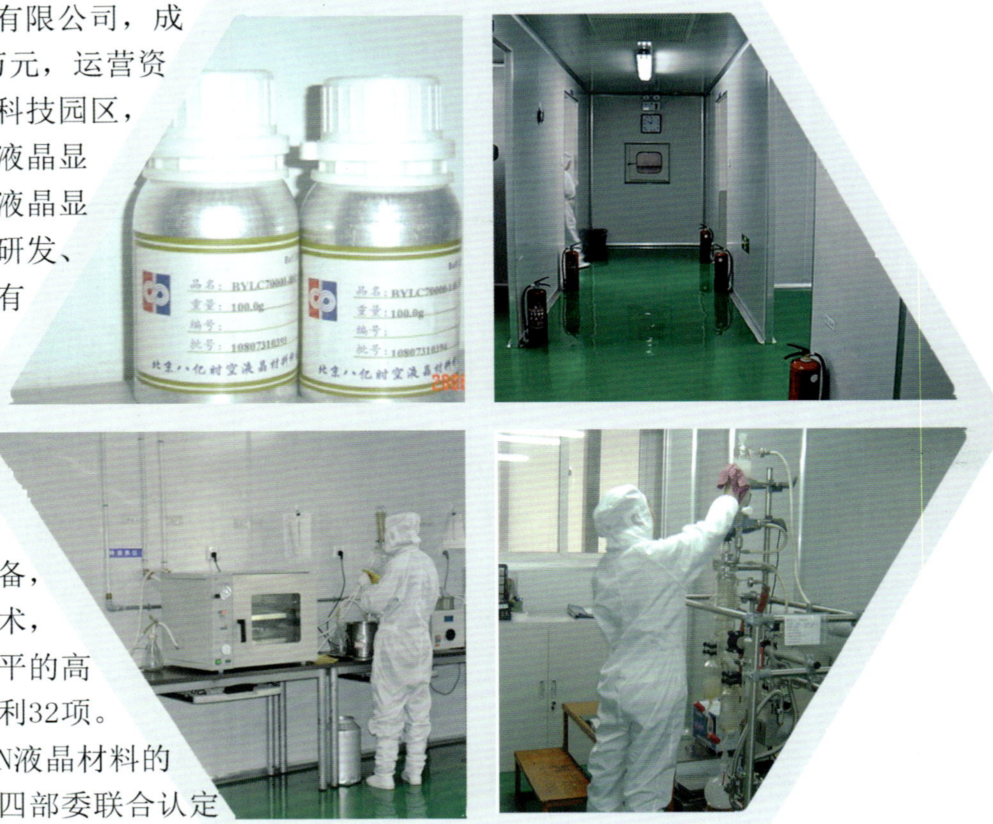

北京八亿时空液晶科技股份有限公司，成立于2004年7月。注册资本3588万元，运营资本9500万元。位于北京市中关村科技园区，是一家专业从事TN、STN、TFT型液晶显示材料以及PDLC智能薄膜、OLED液晶显示材料以及特殊用途液晶材料的研发、生产和销售的高新技术企业，拥有自营进出口许可权。

公司拥有一支优秀的研发队伍，研发带头人具有近二十年的液晶材料研发经验，拥有国内外最先进和完备的用于液晶材料研究所需的分析检测仪器和设备，拥有国际先进的液晶显示材料技术，现已研制出多种具有国内领先水平的高档液晶材料，已申报国家发明专利32项。

公司是国内首家推出彩色STN液晶材料的企业，该产品获得国家科技部等四部委联合认定的国家重点新产品证书。2004年，公司的显示用液晶材料项目被列入北京市中关村科技园区重大产业化专项。公司通过ISO9001和ISO14001国际质量环境管理体系认证。2010年6月，我公司被北京市科委批准为液晶材料分析及应用重点实验室建设单位，是国内唯一一家在液晶材料领域拥有省部级重点实验室的企业。公司目前承担国家火炬计划和国家科技部创新基金项目，获得中关村管委会和北京市科委4项项目资金资助。公司技术力量雄厚，已完全掌握ODF模式TFT产品研制与产业化关键技术，VA和3D液晶产品性能与品质处于国内领先水平。

更多详情请查看：http://www.81lcd.com